Kolleg

Werte und Normen

herausgegeben von Monika Sänger
erarbeitet von Mathias Balliet, Gerhard Gräber, Gernot Herrmann,
Helke Panknin-Schappert, Ulrich Plessner,
Marcel Remme, Monika Sänger und René Torkler

C.C.BUCHNER

KOLLEG WERTE UND NORMEN

Unterrichtswerk für die Oberstufe in Niedersachsen

herausgegeben von Monika Sänger
erarbeitet von Mathias Balliet, Gerhard Gräber,
Gernot Herrmann, Helke Panknin-Schappert, Ulrich Plessner,
Marcel Remme, Monika Sänger und René Torkler

1. Auflage, 3. Druck 2018

Alle Drucke dieser Auflage sind, weil untereinander unverändert, nebeneinander benutzbar.

Dieses Werk folgt der reformierten Rechtschreibung und Zeichensetzung. Ausnahmen bilden Texte, bei denen künstlerische, philologische oder lizenzrechtliche Gründe einer Änderung entgegenstehen.

www.ccbuchner.de

Layout und Satz: creo Druck & Medienservice GmbH, Bamberg
Druck und Bindung: creo Druck & Medienservice GmbH, Bamberg

ISBN 978-3-661-21000-1

Kolleg

Werte und Normen ist ein neues Arbeitsbuch für die gymnasiale Oberstufe in Niedersachsen. Der Band ist in vier große Bereiche geteilt, die sowohl die im Kerncurriculum verbindlich vorgegebenen Pflicht- als auch alle Wahlmodule der Qualifikationsphase aufnehmen:

Im ersten Kapitel mit dem Rahmenthema Fragen nach Individuum und Gesellschaft steht die Auseinandersetzung mit Gerechtigkeitsprinzipien und Rechtsformen im Mittelpunkt; die Begriffe Recht und Gerechtigkeit geben den ethisch-moralischen Bezugsrahmen für die gesellschaftswissenschaftlich, philosophisch-politisch sowie religionswissenschaftlich akzentuierten Themen der Wahlmodule.

Im zweiten Kapitel mit dem Rahmenthema Fragen nach dem guten Handeln werden Grundpositionen ethischen Argumentierens anhand kontrastiver ethischer Positionen vermittelt, religiöse, deontologische, utilitaristische und teleologische Paradigma schlagen die interdisziplinäre Verbindung zu den ethisch relevanten Wissenschaften, zu Medizin und Ökologie sowie zu Medien und Wirtschaft.

Im dritten Kapitel mit dem Rahmenthema Fragen nach dem Wesen des Menschen werden Formen der Selbstinterpretation des Menschen behandelt sowie Bestimmungen und Definitionen des Wesens des Menschen. Einsichten in die Komplexität des menschlichen Wesens vermitteln die Wahlmodule, die Selbstbewusstsein, Willensfreiheit, Zeitlichkeit und Sprache als spezifische Dimension des Menschseins untersuchen.

Im vierten Kapitel mit dem Rahmenthema Fragen nach Wissen und Glauben tritt ausgehend von verschiedenen Dimensionen des „Für-Wahr-Haltens" das philosophische Wahrheitsproblem ins Zentrum, verschiedene Wahrheitstheorien und Verifikationsverfahren legen die Basis für die Erörterung des Wahrheitsproblems in den Wissenschaften, in Religionen und Weltanschauungen, in Kunst und Medien sowie in Grenzbereichen.

Das **Doppelseitenprinzip** des Lehrwerks sorgt für eine klare Struktur: Jede Doppelseite besteht aus Materialien für den Unterricht und einem Aufgabenapparat. Die Doppelseiten sind jeweils als in sich abgeschlossene Einheit konzipiert und können nach Bedarf auch im Unterrichtsgeschehen kombiniert werden. Komplexere Fragestellungen werden thematisch jeweils über mehrere Doppelseiten umfassend aufbereitet. Inhaltliche Querverweise zu anderen Themenseiten fördern dabei das vernetzte Denken. Mit Sternchen * gekennzeichnete Seiten behandeln weiterführende Aspekte für das erhöhte Anforderungsniveau im vierstündigen Kurs.

Die **Materialien** – Originaltexte wie Sekundärquellen, Artikel aus Zeitungen und Zeitschriften wie literarische Texte, aber auch Bilder, Cartoons und Karikaturen – sorgen für eine anschauliche und abwechslungsreiche Darstellung der Inhalte. Die Inhalte der Seiten knüpfen an das Grundwissen an und bereiten in der Regel das verpflichtende Wissen für die Abiturvorbereitung auf.

Die zentralen Inhalte der einzelnen Kapitel werden insgesamt auf den Seiten **Wissen kompakt** jeweils am Ende der vier Kapitel des Bandes noch einmal knapp und verständlich zusammengefasst. Dieses Kompaktwissen dient dem selbständigen Nachlesen und damit auch der Abiturvorbereitung.

Auch die **Methoden-Bausteine** am Ende des Buches sind ein Zusatz-Angebot, das bei der konkreten Arbeit mit den Unterrichtsmaterialien ergänzend (und auch wiederholend) herangezogen werden kann.

Inhaltsverzeichnis

1 Fragen nach Individuum und Gesellschaft

* = zusätzliche verbindliche Unterrichtsaspekte für das vierstündige Prüfungsfach auf erhöhtem Anforderungsniveau

2 Fragen nach dem guten Handeln

Pflichtmodul: Grundpositionen ethischen Argumentierens **86**

Wahlmodul 1: Ethik in Medizin und Wissenschaft

Wahlmodul 2: Ökologische Ethik

Wahlmodul 3: Medienethik

Wahlmodul 4: Wirtschaftsethik

Wissen kompakt **160**

* = zusätzliche verbindliche Unterrichtsaspekte für das vierstündige Prüfungsfach auf erhöhtem Anforderungsniveau

3 Fragen nach dem Wesen des Menschen

* = zusätzliche verbindliche Unterrichtsaspekte für das vierstündige Prüfungsfach auf erhöhtem Anforderungsniveau

4 Fragen nach Wissen und Glauben

* = zusätzliche verbindliche Unterrichtsaspekte für das vierstündige Prüfungsfach auf erhöhtem Anforderungsniveau

Ambrogio Lorenzetti, Allegoria del Buon Governo, 1337–1339

In diesem Kapitel werden Sie:

- Formen von Recht und Gerechtigkeit unterscheiden
- Problemfelder von Gerechtigkeit untersuchen
- Umsetzungen von Recht und Gerechtigkeit in unterschiedlichen Gesellschaften und Gemeinschaften beurteilen
- Vorstellungen von einer gerechten Gesellschaft entwerfen

1 Fragen nach Individuum und Gesellschaft

Pflichtmodul: Recht und Gerechtigkeit

Wahlmodul 1: Pluralismus

Wahlmodul 2: Staatliche Gemeinschaft

Wahlmodul 3: Religion und Gesellschaft

Wahlmodul 4: Anspruch und Wirklichkeit individueller Glücksvorstellungen

1 Was Recht ist

M1 Nachrichten aus der Rechtsgeschichte

Ca. 1700 v. Chr. Babylon. König Hammurabi lässt Gesetze in Steinsäulen meißeln und öffentlich aufstellen.

Ca. 1225 v. Chr. Palästina. Moses beginnt das jüdische Rechts- und Gesetzbuch, die Thora.

Ca. 600 v. Chr. Athen. Solon verfasst ein umfassendes Gesetzeswerk.

Ca. 500 v. Chr. China. Lebens- und Rechtsregel des Konfuzius.

Ca. 500 v. Chr. Rom. Mit der Gründung der Römischen Republik und der Expansion Roms im gesamten Mittelmeerraum und Westeuropa wird Römisches Recht entwickelt und exportiert.

Ca. 800 n. Chr. Westmitteleuropa. Das Frankenreich Karls des Großen übernimmt als Nachfolgereich der Römer deren Rechtssystem in Verbindung mit germanischen Rechtsprinzipien.

Ca. 15. und 16. Jahrhundert Europa. Der Absolutismus als Herrschaftsform setzt den Willen des Fürsten als Recht.

Ca. 17. Jahrhundert Europa. Die Aufklärung entwirft die Idee eines von herrschaftlicher Gewalt unabhängigen Rechts. Aufgeklärte Monarchen verstehen sich als „erste Diener des Staates".

1776 Nordamerika. Die 13 britischen Kolonien erklären ihre Unabhängigkeit vom Mutterland ausdrücklich mit Verweis auf ein der Macht der Krone übergeordnetes Freiheitsrecht der Menschen.

1804 Paris. Napoleon I. erlässt den *Code civil* (Code Napoléon), eine in allen von ihm beherrschten Gebieten gültige Zivilgesetzgebung.

Ca. 1900 Berlin. Das Werk eines einheitlichen Bürgerlichen Gesetzbuches und eines Strafgesetzbuches für das Deutsche Reich wird vollendet.

1948 Paris. Allgemeine Erklärung der Menschenrechte durch die Vereinten Nationen.

1949 Bonn. Das Grundgesetz für die Bundesrepublik Deutschland tritt in Kraft. Basis des Grundgesetzes sind die Grundrechte, die sowohl die wesentlichen Menschenrechte als auch die grundlegenden Bürgerrechte enthalten.

M2 Recht, ein komplexes Regelwerk

I. Recht im „objektiven" Sinn ist der Inbegriff von normativen Verbindlichkeiten (Normen, aber auch Strukturen und Verfahren sowie dem ihnen gemäßen Verhalten), die – zu einer bestimmten Zeit und für eine konkrete politische Gemeinschaft gültig – das Zusammenleben formell regeln. Die Rechtsnormen finden ihren Ausdruck vor allem in Rechtssätzen, den geschriebenen oder ungeschriebenen (Gewohnheitsrecht) *Gesetzen* und ihrer richterlichen Auslegung [...].

II. Recht im „subjektiven" Sinn heißen die Ansprüche, etwas zu tun, zu fordern oder zu besitzen, die jemandem durch das Recht im objektiven Sinn ausdrücklich zuerkannt sind.

III. Trotz einer ursprünglichen Einheit und immer noch bestehender mannigfaltiger Beziehungen (das Vertragsrecht z. B. enthält moralische Begriffe wie: Treu und Glauben, Arglist, gute Sitten) ist das Recht heute begrifflich von Moral und Sitte zu unterscheiden. [...]

IV. Das Recht bildet einen komplexen hierarchischen Zusammenhang. Es besteht aus Regeln erster Ordnung mit Geboten (z. B. Steuern zu zahlen), Verboten (z. B. von Diebstahl oder Mord) und Verfahrensregeln (z. B. über Ehe- oder Vertragsschließung) sowie aus Regeln zweiter Ordnung für die Entscheidung von Streitfällen und die Schaffung neuer Rechtsverhältnisse (mit Verfahrensvorschriften und normativen Leitprinzipien über die Einführung, Veränderung oder Abschaffung von Regeln erster Ordnung). [...]

V. Das Recht wurzelt in fundamentalen Bedingungen des Menschseins, ohne aus ihnen ableitbar zu sein: Da Menschen zur gleichen Zeit den gleichen Lebensraum teilen, geraten sie in wechselseitigen Einfluss. Aufgrund unterschiedlicher Bedürfnisse, Interessen und Sinnvorstellungen sowie der Knappheit vieler Güter ist das Zusammenleben ständig von Konflikten bedroht, die aufgrund mangelnder Instinkte nicht schon biologisch geregelt sind. Überdies sind die Menschen in vielfacher Hinsicht aufeinander angewiesen (vgl. Hilfsbedürftigkeit der Kinder, Sexualität, Arbeitsteilung, Sprach- und Kommunikationsbegabung). Das Recht stellt jene Form dar, die wechselseitige Angewiesenheit und die Konflikte zu bewältigen (sie zu lösen oder schon ihr Entstehen zu verhindern), die sich nicht nach den jeweiligen Machtverhältnissen richtet, sondern an deren Stelle allgemeine Regeln, die Gesetze, treten lässt.

VI. Im Rechtszustand wird eine über die Ausnahmesituation der Notwehr hinausgehende Gewalt als Mittel individueller Konfliktbewältigung abgelehnt; jede nicht vom Gesetz legitimierte Gewaltanwendung ist Rechtsbruch [...]. Mit Ausnahme weniger Sonderfälle (Kirchenrecht, Völkerrecht) und einiger gewohnheitsrechtlich geregelter Gebiete ist es der Staat, der durch die Legislative Recht setzt, so wie er es durch die Exekutive und das Gerichtswesen durchsetzt. Der Staat hat das Rechtsmonopol: Jede Setzung der entsprechenden Staatsorgane schafft tatsächlich geltendes Recht: das *positive* Recht.

nach Otfried Höffe (Hrsg.), Lexikon der Ethik, S. 211-213

M3 Funktionen von Recht

Auf dem Gang durch zweieinhalbtausend Jahre Rechtsphilosophie begegnet man vier Funktionen von Recht. [...] Die vier sind:

1. **Ordnungsfunktion**
2. **Gerechtigkeitsfunktion**
3. **Herrschaftsfunktion**
4. **Herrschaftskontrollfunktion**

Zum einen, um es in die Gegenwart zu übersetzen, ist Recht ein Ordnungselement. Übliches Beispiel dafür ist der Straßenverkehr. Wie man ihn im Einzelnen regelt, das ist letztlich gleichgültig. Ob Linksverkehr, wie in angelsächsischen Ländern, oder Rechtsverkehr, wie auf dem europäischen Kontinent, das ist egal. Es muss nur eine bestimmte Ordnung geben. Das ist fast immer die Funktion von Recht, nicht nur im Straßenverkehr.

Zweitens: Recht dient der Durchsetzung von Gerechtigkeit. Das ist seine moralische und soziale Funktion, die es immer noch nicht voll erfüllen kann. Ein Defizit, das verursacht wird durch die Verbindung mit der dritten, der Herrschaftsfunktion. Recht hat nämlich außerdem die Funktion, Herrschaft aufrechtzuerhalten. Rechtswissenschaft ist auch eine Herrschaftswissenschaft, eine Wissenschaft zur Aufrechterhaltung von Herrschaft. Sicherlich ist Herrschaft heute, ist der Staat auch ein Ordnungselement. Insofern gibt es eine Identität von Herrschafts- und Ordnungsfunktion des Rechts. Aber sie täuscht. Es sind Kreise, die sich nur teilweise decken. Erstens ist Herrschaft oft eine Art Selbstzweck. Sonst gäbe es nicht so viele, die sie gern hätten. Zweitens dient sie immer auch anderen Interessen. In einer bürgerlichen liberalen Demokratie sind es die der Erhaltung des Privateigentums an den Produktionsmitteln. Damit ist eine Fülle von Problemen verbunden, Probleme der sozialen Gerechtigkeit, der Sittlichkeit, des Umweltschutzes und des Friedens, die bis heute nicht gelöst wurden.

Die zum Teil negativen Wirkungen der Herrschaftsfunktion werden dadurch gemildert, dass das Recht inzwischen auch ein Mechanismus zur Kontrolle von Herrschaft geworden ist. Bei uns ist das im Wesentlichen die Funktion der Verwaltungs- und der Verfassungsgerichtsbarkeit. Das ist der Gedanke des Rechtsstaats. Auch staatliche Herrschaft ist an das Recht gebunden, muss sich kontrollieren lassen, wobei allerdings der Staat selbst die Rahmenbedingungen dafür gesetzt hat.

Uwe Wesel, Fast alles, was Recht ist, S. 406f.

1 Sammeln Sie genauere Informationen zu den einzelnen Nachrichten aus der Rechtsgeschichte und verfassen Sie jeweils einen kurzen Artikel zu den Nachrichten (arbeitsteilige Gruppenarbeit). ➜ M1

2 Formulieren Sie Zwischenüberschriften für die Absätze I-VI. ➜ M2

3 Erklären Sie die vier Funktionen von Recht in eigenen Worten. ➜ M3

4 Suchen Sie gemeinsam ein Fallbeispiel, an dem der mögliche Konflikt zwischen Gerechtigkeits- und Herrschaftsfunktion von Recht deutlich wird. ➜ M3

2 Gesetz ist Gesetz

M1 Recht als Unrecht

Cover des Katalogs zur Wanderausstellung „Was damals Recht war ..." – Soldaten und Zivilisten vor Gerichten der Wehrmacht.

Das Wüten der NS-Militärjustiz und ihre Opfer sind erstmals Gegenstand einer Ausstellung in der Bundesrepublik. [...] 30 000 Soldaten und Zivilisten sind während des Zweiten Weltkriegs wegen Fahnenflucht, Wehrkraftzersetzung und anderer Delikte von der nationalsozialistischen Militärjustiz zum Tode verurteilt worden, 22 000 Todesurteile wurden vollstreckt. [...] Die Überlebenden wurden nach 1945 geächtet, sie galten als Vorbestrafte. Bis der Bundestag im Mai 2002 die NS-Urteile endlich als Unrecht anerkannte und die Opfer rehabilitierte. [...] Warum gerade an dieses Kapitel so lange niemand rühren mochte, erklärt Ulrich Baumann, Mitarbeiter der Stiftung Denkmal für die ermordeten Juden Europas und einer der Kuratoren der Ausstellung mit dem Delikt, um das es vor allem ging, Fahnenflucht, die in jeder Armee der Welt bestraft wird – im Dritten Reich allerdings mit besonderer Grausamkeit verfolgt wurde. *Margarete Limberg, Justiz als Täter. In: Deutschlandradio, 21.06.2007*

M2 Gesetz zur Wehrkraftzersetzung

Der Bekämpfung der Gegner des Nationalsozialismus und der Stabilisierung der NS-Herrschaft galt das „Gesetz gegen die heimtückischen Angriffe auf Staat und Partei und zum Schutz der Parteiuniformen" vom 20. Dezember 1934. Das sogenannte Heimtücke-Gesetz bestrafte Kritik an Staat und Partei mit dem Gefängnis. Die Kriegssonderstrafrechtsverordnung (KSSVO) vom 17. August 1938 verschärfte das Vorgehen, indem der Straftatbestand der „Wehrkraftzersetzung" (§ 5) neu eingeführt wurde. Wehrkraftzersetzung wurde mit dem Tode bestraft, nur in minderschweren Fällen mit Zuchthaus oder Gefängnis. Als Vergehen galten unter anderem Aufforderung zu Ungehorsam oder Fahnenflucht, Selbstverstümmelung (also Selbstverletzungen, um sich dem Wehrdienst zu entziehen), alle öffentlichen Aufforderungen zur Verweigerung des Dienstes in der Wehrmacht sowie sonstigen Versuche, die „wehrhafte Selbstbehauptung" zu lähmen oder zu zersetzen. Mit fortschreitender Dauer des Zweiten Weltkriegs wurden fast alle kritischen Äußerungen als Wehrkraftzersetzung eingestuft.

Aus einem Urteil zu § 5 KSSVO:

Walter A. ist ein gefährlicher Defaitist[1]. Er hat um die Wende des vierten und fünften Kriegsjahres zu Volksgenossen gesagt: Es sei Schluss mit dem Deutschen Reich, wir seien schuld am Kriege, es handele sich nur noch darum, wieweit die Schuldigen bestraft würden. Durch diesen Defaitismus ist er für immer ehrlos geworden. Er wird dafür mit dem Tode bestraft.

Bundesminister der Justiz (Hrsg.), Im Namen des Deutschen Volkes, Justiz und Nationalsozialismus, S. 211

[1] Defaitist (franz. *défaite*: Niederlage): jemand der schwarzsieht; im Ersten Weltkrieg wird Defaitismus allgemein als Schlagwort für Zweifel am militärischen Sieg geprägt

M3 Rechtssicherheit vor Gerechtigkeit

Gustav Radbruch (1878–1949) war Justizminister in der Weimarer Republik und Rechtsprofessor in Heidelberg. 1932 schreibt er in seiner Rechtsphilosophie*:*

Für den Richter ist es Berufspflicht, den Geltungswillen des Gesetzes zur Geltung zu bringen, das eigene Rechtsgefühl dem autoritativen Gesetzesbefehl zu opfern, nur zu fragen, was rechtens ist, und niemals, ob es auch gerecht sei. Man möchte freilich fragen, ob diese Richterpflicht selbst, [...] diese Blankohingabe der eigenen Persönlichkeit an eine Rechtsordnung, deren künftige Wandlungen man nicht einmal ahnen kann, sittlich möglich sei. Aber wie ungerecht immer das Recht seinem Inhalt nach sich gestalten möge – es hat sich gezeigt, dass es *einen* Zweck stets, schon durch sein Dasein, erfüllt, den der Rechtssicherheit. [...] Wir verachten den Pfarrer, der gegen seine Überzeugung predigt, aber wir verehren den Richter, der sich durch sein widerstrebendes Rechtsgefühl in seiner Gesetzestreue nicht beirren lässt [...].

Gustav Radbruch, Rechtsphilosophie, S. 84f.

M4 Rechtspositivismus

[D]er Rechtspositivismus [betrachtet] Rechtsnorm und Rechtsordnung primär als empirische Gegebenheiten der sozialen Wirklichkeit. Dabei nimmt er zwischen Recht und Moral eine begriffliche Trennung vor: Ob eine bestimmte Norm mit gewissen moralischen Anforderungen übereinstimmt, erscheint ihm für ihren *Rechts*charakter als unerheblich. „Autorität, nicht Wahrheit macht das Wesen eines Gesetzes aus“, wie Thomas Hobbes (1588 bis 1679) in programmatischer Form formulierte.

In der gegenwärtigen rechtsphilosophischen Diskussion wird der Ausdruck „Rechtspositivismus“ häufig leider in einer mehrdeutigen Weise verwendet. So werden einer rechtspositivistischen Betrachtungsweise nicht selten unterschiedslos die folgenden Positionen unterstellt:

1. Der Begriff des Rechts ist so zu definieren, dass er von dem Begriff der Moral getrennt bleibt.
2. Es gibt keine Erkenntnis der Kriterien des richtigen Rechts.
3. Das Recht ist unter allen Umständen zu befolgen.
4. Der Begriff des Rechts ist so zu definieren, dass nur von einem Gesetzgeber erlassene Normen unter ihn fallen.
5. Eine Rechtsordnung ist ein in sich geschlossenes System, aus dem sich sämtliche Einzelfallentscheidungen wertungsfrei deduzieren[2] lassen.

Es ist äußert wichtig zu sehen, dass die Positionen 2-5 von Position 1, der sogenannten Trennungsthese, streng unterschieden werden müssen. Zwar ist die eine oder andere der Positionen 2-5 von dem einen oder anderen Anhänger der Trennungsthese *zusätzlich* vertreten worden. Diese Tatsache verschafft aber nicht die Berechtigung, die eventuelle Fragwürdigkeit dieser Positionen als Argument gegen die in jedem Fall im Zentrum des Rechtspositivismus stehende Trennungsthese ins Feld zu führen.

nach Norbert Hoerster, Recht und Moral, S. 11f.

---

[2] deduzieren: das Besondere aus dem Allgemeinen ableiten

1 Diskutieren Sie Baumanns Erklärung dafür, dass die NS-Urteile erst 2002 aufgehoben wurden. ➜ M1/2

2 Untersuchen Sie, welche der wehrkraftzersetzenden Taten von heutigen Grundrechten gedeckt wären. ➜ M2

3 Prüfen Sie das Argument ehemaliger NS-Militärrichter, mit dem diese ihre damaligen Urteile verteidigten: „Was damals Recht war, kann heute kein Unrecht sein“. Inwiefern können sie sich auf rechtspositivistische Positionen stützen? ➜ M3/4

4 Legen Sie dar, worin das Hauptanliegen rechtspositivistischer Positionen besteht. ➜ M3/4

5 Erörtern Sie, unter welchen Voraussetzungen auch ein Rechtspositivist die NS-Militärjustiz als Unrecht bewerten könnte. ➜ M3/4

3 Kein Mensch muss müssen

M1 Die Nürnberger Prozesse

Nach dem Zweiten Weltkrieg bildeten Frankreich, Großbritannien, USA und UdSSR einen Internationalen Militärgerichtshof, vor dem in Nürnberg am 18. Oktober 1945 Anklage gegen 22 „Hauptkriegsverbrecher" des NS-Regimes erhoben wurde. Dieser Hauptprozess endete am 1. Oktober 1946 mit zwölf Todesurteilen, sieben Haftstrafen zwischen zehn Jahren und lebenslänglich sowie drei Freisprüchen. Von 1946 bis 1949 fanden noch zwölf Folgeprozesse vor amerikanischen Militärgerichten statt. Im Hauptprozess waren die Anklagen wegen Kriegsverbrechen und Verbrechen gegen die Menschlichkeit völkerrechtlich definiert. Dem Argument der Verteidigung, dass die Angeklagten unter Hitlers Befehlsgewalt gehandelt hätten und daher nicht verantwortlich seien, wurde in der Urteilsbegründung eine klare Absage erteilt:

„Dass ein Soldat den Befehl erhalten hat, unter Verletzung des Völkerrechts zu töten oder zu martern, ist niemals als ein Entschuldigungsgrund für solche brutalen Handlungen anerkannt worden, wenn auch ... der Befehl als mildernder Umstand bei der Bestrafung berücksichtigt werden kann. Der wirkliche Prüfstein ... ist nicht das Bestehen eines solchen Befehls, sondern die Frage, ob eine den Sittengesetzen entsprechende Wahl tatsächlich möglich war". [...]

Erstmals in der Geschichte wurden Staatsmänner persönlich für Angriffskriege und organisierte Massenvernichtung zur Rechenschaft gezogen und bestraft. [...] Der Nürnberger Prozess sollte zur Grundlage eines neuen [naturrechtlich orientierten] Völkerrechts werden. Der amerikanische Chefankläger Robert Jackson hatte unermüdlich betont, dass sich die Nürnberger Prinzipien nicht nur auf Deutschland und auf die Nationalsozialisten beziehen sollten: „[...] Der letzte Schritt, periodisch wiederkehrende Kriege zu verhüten, die bei internationaler Gesetzlosigkeit unvermeidlich sind, ist, die Staatsmänner vor dem Gesetz verantwortlich zu machen. ... Lassen Sie es mich deutlich aussprechen: Dieses Gesetz wird hier zwar zunächst auf deutsche Angreifer angewandt, es [...] muss [aber], wenn es von Nutzen sein soll, den Angriff jeder anderen Nation verdammen, nicht ausgenommen die, die jetzt hier zu Gericht sitzen".

Gabi Müller-Ballin, Die Nürnberger Prozesse 1945-1949, S. 32, 35

„Er hat mir's doch befohlen!" Karikatur von 1946

M2 Naturrechtsdenken

Welche generellen Voraussetzungen müssen erfüllt sein, damit wir von einer Rechtsnorm beziehungsweise einer Rechtsordnung sprechen können? Seit den Anfängen der Rechtsphilosophie in der Antike stehen sich in der Beantwortung dieser Fragen zwei große Denkrichtungen gegenüber. Man kann sie, pauschal gesprochen, als die *naturrechtliche* und die *rechtspositivistische* Denkrichtung bezeichnen. Naturrechtstheorien behaupten, dass Rechtsnormen nur solche Normen sein können, die gewissen moralischen Anforderungen genügen. Dabei werden unterschiedliche Auffassungen darüber vertreten, in welcher Art von Moral diese Anforderungen zu suchen sind. Gewöhnlich sind Naturrechtler von der Existenz eines menschlichen Interessen und Idealen vorgegebenen, absolut geltenden Sittengesetzes ausgegangen.

Seinen klassischen Ausdruck findet ein solches Naturrechtsdenken etwa in der pointierten These von AURELIUS AUGUSTINUS (354-430), Staaten ohne gerechte, an dem ewigen Sittengesetz ausgerichtete Normen seien keine Rechtsordnungen, sondern organisierte Räuberbanden.

Norbert Hoerster, Recht und Moral, S. 11

M3 Quellen des Naturrechts

Die unterschiedlichen Annahmen über die Quellen des Naturrechts bieten die Kriterien für die Unterscheidung von drei Hauptrichtungen der Naturrechtslehren.

Die Natur selbst und ihre Gesetzmäßigkeiten, vor allem die Idee eines Wesens des Menschen bzw. das der Natur des Menschen Gemäße werden als normbildend gesehen. Die Natur ist Quelle des Rechts und aus ihr abgeleitete Normen stehen über menschlicher Gesetzgebung.

Religion bzw. göttliche Schöpfung setzt Recht. In der christlichen Naturrechtslehre sind die geoffenbarten göttlichen Gesetze das Maß für menschliches Recht.

Seit der Aufklärung wird die Vernunft zur Begründung von naturrechtlichen bzw. vernunftrechtlichen Grundsätzen herangezogen. Es gibt durch die Vernunft einsehbare oberste Grundsätze, denen jedes gesetzte Recht entsprechen sollte.

M4 Kritik an Naturrechtslehren

Die Fragwürdigkeit dieses Konzepts begleitet die Naturrechtstheorie seit ihren Anfängen.

Schon die sophistische Kritik brachte eine grundlegende Schwierigkeit zum Bewusstsein: Wie kann in der erfahrbaren Natur ein nicht von Interessen geleitetes Kriterium gefunden werden, mit dem normative Aspekte von bloßen faktischen der Natur unterschieden werden können? Zum Beispiel könnte aus natürlichen Gegebenheiten leicht ein Recht des Stärkeren abgeleitet werden.

Als ebenso schwierig erwies sich die Aufgabe, in der vorgegebenen gesellschaftlichen Welt die natürlichen Momente von jenen künstlichen zu trennen, die reine menschliche Willkür darstellen, aber als explizite Rechtsetzung oder anonyme gesellschaftliche Prozesse erscheinen, zum Beispiel bei der Legitimierung von Herrschaftsordnungen (Demokratie versus Ständestaat, allgemeines und gleiches Wahlrecht versus Zensuswahlrecht). Vollends problematisch wird ein zielgerichtet begriffenes Naturrecht durch die Vorherrschaft des neuzeitlichen Wissenschaftsbegriffs, der Natur als wertfreien, mathematisch beschreibbaren Kausalzusammenhang bewegter Materie deutet. Hierzu kann der Begriff des Rechts bzw. der Pflicht in keine sinnvolle Beziehung gesetzt werden, denn er beinhaltet immer auch die Möglichkeit der Entscheidung, für oder gegen eine Rechtsnorm zu handeln.

nach Maximilian Forschner, Naturrecht. In: Otfried Höffe (Hrsg.), Lexikon der Ethik, S. 187

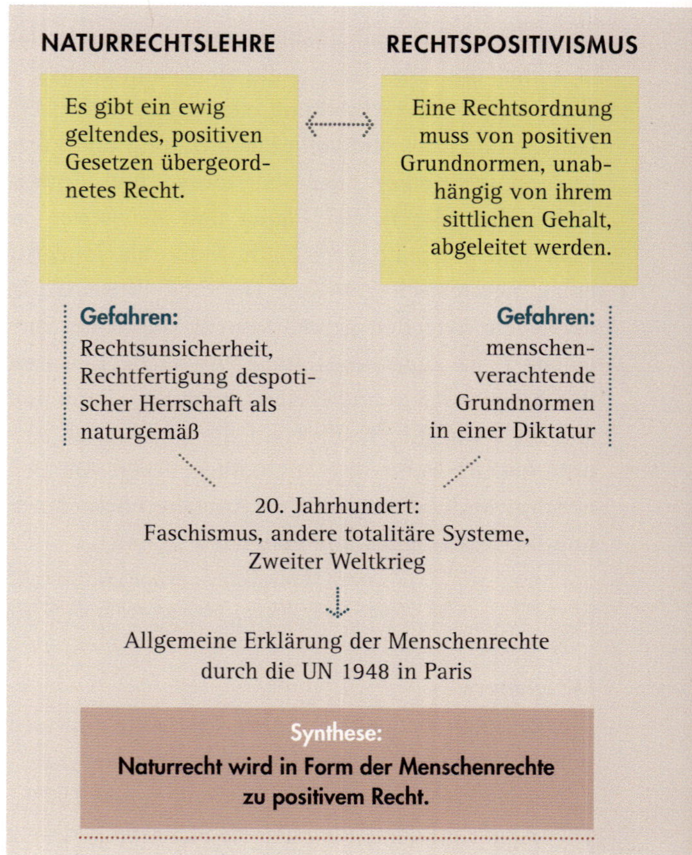

1. Interpretieren Sie die Karikatur. ➜ M1
2. Der Titel dieser Doppelseite „Kein Mensch muss müssen" ist ein Zitat von Gotthold Ephraim Lessing. Setzen Sie es in Beziehung zur Urteilsbegründung im Nürnberger Prozess. ➜ M1
3. Verfassen Sie einen möglichst knappen Lexikonartikel zum Begriff Naturrecht. ➜ M2/3
4. Untersuchen Sie, inwieweit die Nürnberger Richter auf naturrechtliche Positionen zurückgreifen. ➜ M1-3
5. Erörtern Sie, wie eine naturrechtliche Position den Gefahren entgehen kann, die ihre Kritiker sehen. Erläutern Sie dabei das Schaubild. ➜ M4

4 Naturrechtliche Konzeptionen

M1 Geschichte des Naturrechts

Antike

Natur wird verstanden als sinnvolles und verpflichtendes Ordnungsgefüge, das auch die Weise menschlichen Handelns und Zusammenlebens normierend bestimmt und alles Gesetz, das sich naturwüchsiger Sitte, expliziter Vereinbarung oder willkürlichem Erlass verdankt, als sinnvolle Entsprechung und Fortsetzung rechtfertigt oder als Störung und Abweichung diskreditiert. Bei *Platon* und *Aristoteles*, in Stoa und Neuplatonismus gilt Natur als Inbegriff einer hierarchisch gestuften Ordnung (Kosmos), in der jedem Seienden gemäß seinem Wesen der ihm eigene Platz zugewiesen ist. Menschliche Existenz, durch Bewusstsein und Freiheit vermittelt, kann und soll im vernünftigen Blick auf die zwecktätige Anordnung der Natur ihre aus vorgegebenen Anlagen ersichtliche (unterschiedliche) Aufgabe übernehmen und ihr Wesen selbsttätig vollenden.

nach Maximilian Forschner, Naturrecht. In: Otfried Höffe (Hrsg.), Lexikon der Ethik, S. 187

Mittelalter

Die gesamte Rechtsphilosophie des Mittelalters ist religiös geprägt. Für den Hauptvertreter der christlichen Naturrechtslehre, Thomas von Aquin (1225-1274), hat Gott dem Menschen die Fähigkeit gegeben, seine Natur und die göttliche Ordnung zu erkennen und die menschlichen Gesetze als Verwirklichung eines gleichsam göttlichen Naturrechts zu gestalten.

Neuzeit

Der Rationalismus der Neuzeit emanzipiert sich von religiösen Begründungen und sieht ausschließlich die menschliche Vernunft, die zur Natur des Menschen gehört, als Quelle der Erkenntnis von Recht: Naturrecht wird zu Vernunftrecht.

Neben Thomas Hobbes ist **Hugo Grotius** (1583-1645, niederländischer Philosoph, Theologe und Rechtsgelehrter) der bedeutendste Vertreter in dieser als klassisch geltenden Blütezeit des Naturrechts. Sein Buch heißt *De iure belli ac pacis (Vom Recht des Krieges und des Friedens)* und ist 1625 erschienen, mitten im Dreißigjährigen Krieg. Es ist die Theorie eines Rechts, das nicht auf staatlicher Macht beruht, wie bei Aristoteles, also unabhängig vom Staat und seinen Gesetzen existiert, und auch nicht religiös begründet ist, wie bei Thomas von Aquin, sondern einzig und allein durch die Vernunft hervorgebracht wird, die zur Natur des Menschen gehört. Deshalb ist es ein Naturrecht, das man auch Vernunftrecht nennt. Es ist die erste neuzeitliche Begründung eines staatsfreien Rechts ohne Rückgriff auf christliche Grundlagen, eines Rechts, „das allen Menschen so gemein ist, dass es keine Unterschiede der Religion zulässt". Schon das allein war eine polemische Wendung, denn die religiösen Unterschiede waren in jener Zeit sehr groß. Grotius postulierte also ein Recht, das sich aus der profanen Natur des Menschen ergibt, ein Naturrecht, das er nach einer ganz einfachen Methode konstruiert. Sie beruht auf dem Gedanken der Allgemeinheit. Wenn sich nämlich zu verschiedenen Zeiten und überall auf der Erde für einzelne Probleme immer wieder dieselben Regeln finden, dann sind sie so allgemein, dass sie der Natur des Menschen entsprechen müssen, unabhängig von Zeit und Ort, Staat und Religion.
[...] Das allgemeine Prinzip, das hinter allen Rechtsregeln und Bräuchen steht und der Natur des Menschen und seiner Vernunft entspricht, ist der Vertrag. Dieses Prinzip gilt von Mensch zu Mensch. Man verträgt sich auch ohne einen Staat, der über allen schwebt und alles regelt. Es regelt sich alles von selbst. Denn der Mensch ist vernünftig und gesellig [...]. Grotius beschreibt dieses Naturrecht nicht nur als Privatrecht, das von Bürger zu Bürger gilt, sondern auch – und das ist seine zweite große Erfindung – als Völkerrecht [...]. Denn auch über den Völkern gibt es keine höhere Instanz. Sie müssen ihre Konflikte selbst regeln, möglichst über den – völkerrechtlichen – Vertrag.

Wenig später schreibt **Thomas Hobbes** seinen *Leviathan*, 1651. Er entwickelt ein Naturrecht, das auf einer ganz anderen Auffassung von der Natur des Menschen gründet. Die Eigenschaften, die ihn auszeichnen, sind nicht Vernunft und Geselligkeit. Was ihn beherrscht, ist die Sucht nach dem Glück, das man sich nur verschaffen kann, wenn man mächtig ist [...]. Daraus rekonstruiert er seine Erfindung, einen vorstaatlichen Naturzustand. Er rekonstruiert ihn unter dem Eindruck des englischen Bürgerkrieges und aus Nachrichten über die kriegerischen nordamerikanischen Indianer. Im Naturzustand herrscht das Gesetz der Wildnis, das Chaos, der Krieg aller gegen alle. Also beschließen die Menschen, so vernünftig sind sie auch noch bei Thomas Hobbes, ihre Wolfsnatur an einen Oberwolf abzutreten, an den Staat, der damit das Monopol auf Gewalt erhält [...].

nach Uwe Wesel, Fast alles, was Recht ist, S. 393-395

20. Jahrhundert

In der zweiten Hälfte des 19. und der ersten Hälfte des 20. Jahrhunderts wurde die Naturrechtslehre zunächst vom Rechtspositivismus (s. S. 12f.) in den Hintergrund gedrängt.

Zu einer wahren „Naturrechtsrenaissance" kam es nach dem Zweiten Weltkrieg und der Ablösung des NS-Unrechtsregimes durch die Bonner Republik [...]. Hier wurden nicht nur ganze Naturrechtsordnungen entworfen, sondern das Naturrecht gewann auch Einfluss auf die Rechtsprechung, die mit mäßigem Erfolg das NS-Unrechtsregime strafrechtlich zu bewältigen versuchte. Die dabei eingesetzte sogenannte Radbruch'sche Formel [...], nach der Gesetze, die in einem offensichtlichen und unerträglichen Widerspruch zur Gerechtigkeit stehen, gesetzliches Unrecht darstellen und deshalb keine Geltung beanspruchen können, ist vom Bundesgerichtshof erneut bemüht worden, als in den sogenannten „Mauerschützen-Fällen" ein gewichtiger Teil des DDR-Unrechtsregimes strafrechtlich zu bewältigen war [...]. *Kristian Kühl, Recht und Moral, S. 474f.*

1951 bekennt sich das Bundesverfassungsgericht ausdrücklich zu einer naturrechtlichen Konzeption:

„Das Bundesverfassungsgericht erkennt die Existenz überpositiven, auch den Verfassungsgeber bindenden Rechtes an und ist zuständig, das gesetzte Recht daran zu messen."

Entscheidungen des Bundesverfassungsgerichts, Band 1, S. 14, Leitsatz 27

M2 Naturrecht auf Widerstand?

Friedrich Schiller hat der Idee eines überstaatlichen Naturrechts in seinem Schauspiel Wilhelm Tell *mit der Rütlischwur-Szene ein eindringliches Bild gegeben.*

Nein, eine Grenze hat Tyrannenmacht:
Wenn der Gedrückte nirgends Recht kann finden,
Wenn unerträglich wird die Last – greift er
Hinauf getrosten Mutes in den Himmel
Und holt herunter seine ew'gen Rechte,
Die droben hangen unveräußerlich
Und unzerbrechlich, wie die Sterne selbst –
Der alte Urstand der Natur kehrt wieder,
Wo Mensch dem Menschen gegenübersteht –
Zum letzten Mittel, wenn kein andres mehr
Verfangen will, ist ihm das Schwert gegeben –
Der Güter höchstes dürfen wir verteid'gen
Gegen Gewalt –

Friedrich Schiller, Wilhelm Tell, 2. Aufzug, 2. Szene, S. 46

1 Skizzieren Sie den Wandel des Naturrechts von der Antike bis zur Gegenwart. → M1
2 Erarbeiten Sie die wesentlichen Merkmale des neuzeitlichen Naturrechts. → M1
3 Erläutern Sie Schillers Metaphorik. Wann ist Widerstand gegen die Obrigkeit erlaubt? → M2

5 Was ist gerecht?

M1 Justitia – Sinnbild der Gerechtigkeit

Klassische Justitia-Figur

Justizkritische Karikatur von Rainer Pahl

Der Begriff der „Gerechtigkeit" wird häufig auf eine bestimmte Weise versinnbildlicht: als „Justitia" mit verbundenen Augen, in der einen Hand eine Waage, in der anderen ein Schwert. Die verbundenen Augen symbolisieren die Unparteilichkeit, die ihr zentrales Merkmal ist; die Waage repräsentiert die Idee der Ausgewogenheit, des gleichen Maßes, das „jedem das Seine" gewährt; das Schwert unterstreicht die Endgültigkeit und die Autorität ihres Urteils. Die Gerechtigkeit ist die oberste politisch-moralische Tugend, an der rechtliche, politische und soziale Verhältnisse insgesamt – die Grundstruktur einer Gesellschaft – gemessen werden.

Bei genauerem Hinsehen melden sich jedoch Zweifel an dieser Darstellung der Idee der Gerechtigkeit. Worin ist ihre normative Autorität gegründet, wenn das göttliche oder das natürliche Gesetz ihre Geltung verloren haben? Besagt „Gerechtigkeit" nicht jeweils etwas anderes, abhängig davon, in welcher Zeit und in welcher Kultur man sich auf sie beruft? [...]

Auch die Augenbinde gibt Anlass zu fragen: Was für eine Vorstellung von Unparteilichkeit ist es, die davon ausgeht, „ohne Ansehen der Person" einzelnen Personen „gerecht" zu werden? Läuft eine Vernunft, die sich von konkreten menschlichen Erfahrungen abschottet, nicht Gefahr, selbst blind zu werden für die unterschiedlichen Bedürfnisse von Menschen? Wie kann sie, wenden wir uns dem Symbol der Waage zu, ein einheitliches Maß für die Komplexität widerstreitender Ansprüche finden? Und setzt der Einsatz des Schwertes nicht ein für Menschen unerreichbares, endgültiges und unfehlbares Urteil auf der Basis absolut geltender Normen voraus?

Rainer Forst, Kontexte der Gerechtigkeit, S. 9

M2 Gerechtigkeit als Tugend

In der heutigen Moralphilosophie ist es gängig, den gesamten Bereich des moralisch Richtigen als den der Gerechtigkeit zu bezeichnen, also das Wort „gerecht" gleichbedeutend mit „moralisch richtig" zu verwenden; dabei sind mit dem Moralischen – im Unterschied zu Fragen des guten Lebens – alle Fragen gemeint, die mit unserem Handeln *gegenüber anderen* zu tun haben. Ähnlich definiert Aristoteles nun die Gerechtigkeit im weiten Sinn so, dass sie die ganze *aretē* [Tugend] ist, jedoch nicht für sich betrachtet, sondern in ihrem Handlungsbezug auf andere [...].

Ursula Wolf, Aristoteles' „Nikomachische Ethik", S. 97

M3 Gerechtigkeit als Vollkommenheit

Wir sehen, dass alle mit „Gerechtigkeit" eine solche Grundhaltung bezeichnen wollen, aufgrund derer man fähig ist, gerecht zu handeln, dann auch tatsächlich gerecht handelt und das Gerechte will. [...] Wie wir gesehen hatten, ist ungerecht, wer die Gesetze missachtet, gerecht, wer sie achtet. Daraus folgt, dass alles, was gesetzlich ist, in gewissem Sinne auch gerecht ist. Was nämlich vom Gesetzgeber verfügt wird, ist gesetzlich und jede dieser Verfügungen ist, wie wir sagen, gerecht. Die Gesetze treffen nun in allen Bereichen Verfügungen und zielen dabei auf das Gemeinwohl aller ab. [...] In einem Sinne bezeichnen wir also als gerecht, was dazu dient, das Glück und dessen einzelne Komponenten zum Wohle des Gemeinwesens hervorzubringen und zu bewahren. [...] Diese Gerechtigkeit ist nun eine vollkommene Tugend, allerdings nicht absolut, sondern in Bezug auf den anderen. Und deshalb gilt die Gerechtigkeit oft als höchste unter den Tugenden und „weder Abendstern noch Morgenstern sind so wundervoll". Und wir sagen sprichwörtlich: „In der Gerechtigkeit ist alle Tugend zusammengefasst." Und sie ist besonders deshalb vollkommene Tugend, weil sie die Anwendung der vollkommenen Tugend ist. Vollkommen ist sie aber, weil der, der über sie verfügt, diese Tugend nicht nur an sich selbst, sondern auch im Kontakt mit anderen Menschen verwirklichen kann. [...] Gerechtigkeit in diesem Sinne ist also nicht ein Teil der Tugend, sondern Tugend in ihrer Gesamtheit. *Aristoteles, Nikomachische Ethik, V, 1, 3*

M4 Gerechtigkeit als „fremdes Gut"

Die Gerechtigkeit ist [...], wie Aristoteles formuliert, als einzige Tugend ein „fremdes Gut", derjenige, der gerecht handelt, tut das für einen anderen Zuträgliche. Das muss in zwei Hinsichten präzisiert werden. Erstens sind mit den gerechten Handlungen nicht solche gemeint, die in dem spezielleren Sinn auf andere bezogen sind, dass man unmittelbar etwas für Freunde oder Angehörige tut. Diese Handlungen bleiben auf die eigene *eudaimonia* [Glückseligkeit] bezogen, während Handlungen dann als gerechte betrachtet werden, wenn man sie als öffentlich-politische Handlungen sieht [...]. Der andere, der von der Gerechtigkeit des Bürgers profitiert, muss in politischen Begriffen beschrieben werden. Dieser andere ist nun, das ist die zweite Präzisierung, je nach Staatsverfassung verschieden, er kann der Beste, der Herrschende, die Gemeinschaft usw. sein. Das Gerechte ist so je nach Verfassung das für die Gemeinschaft Gute, das für die Besten Gute oder das für die Regierenden Gute. Die gute Polis wird das für die Polis im Ganzen und so auch für jedes Individuum Gute sichern.
Fragen wir uns, ob Aristoteles die Reichweite der ethischen Tugend und die der Gerechtigkeit vollständig gleichsetzt, so lautet seine Antwort, dass beides faktisch zusammenfällt, dass es sich jedoch um begrifflich unterschiedene Phänomene handelt.

nach Ursula Wolf, Aristoteles' „Nikomachische Ethik", S. 99f.

1 Erarbeiten Sie aus dem Text, welche inhaltlichen Probleme der Autor in der traditionellen Versinnbildlichung von Gerechtigkeit durch die Figur der Justitia sieht. Vergleichen Sie die Bedenken mit der Aussage der Karikatur. ➜ M1

2 Stellen Sie den Unterschied zwischen dem moralisch Richtigen und Gerechten und der Frage nach dem guten Leben dar. ➜ M2

3 „Gerechtigkeit ist die trefflichste aller Tugenden, weil...": Erarbeiten Sie aus dem Aristoteles-Text Argumente, die die These begründen. ➜ M3

4 Erläutern Sie die Formulierung von Aristoteles, Gerechtigkeit sei ein „fremdes Gut". ➜ M4

6 Gerechtigkeit ist – Gleichheit

M1 Achtung der Gleichheit

Was spezielle Formen der Gerechtigkeit und das jeweils entsprechende Gerechte angeht, so hat die eine Grundform es mit der Verteilung von öffentlichen Ehrungen, Geld und allen anderen Werten zu tun, die unter die Mitglieder einer staatlichen Gemeinschaft aufgeteilt werden können. Dabei kann es sein, dass der eine gleich viel oder nicht gleich viel wie der andere zugeteilt erhält. Die andere Grundform regelt die Arten des zwischenmenschlichen Verkehrs. Sie zerfällt in zwei Teile, da solche Beziehungen teils freiwillig, teils unfreiwillig sind. Freiwillig sind zum Beispiel Verkauf, Kauf, Darlehen, Bürgschaft, Verleih, Hinterlegung von Pfändern und Miete. Man nennt sie freiwillig, weil das Prinzip dieser vertraglichen Beziehungen die freie Entscheidung der Vertragspartner ist. Zu den unfreiwilligen Beziehungen gehören einerseits die heimlich wie Diebstahl, Ehebruch, Giftmischerei, Kuppelei, Aufwiegelung von Sklaven, Meuchelmord und Meineid, andererseits die offen gewaltsamen wie Misshandlung, Freiheitsberaubung, Totschlag, Raub, Verstümmelung, üble Nachrede und Beleidigung.

Da der Ungerechte das Prinzip der Gleichheit verletzt und das Unrecht Ungleichheit bedingt, ist klar, dass es auch etwas in der Mitte zwischen den Polen der Ungleichheit geben muss. Das ist das Gleiche. Bei jeder Handlung nämlich, bei der es ein Mehr und ein Weniger gibt, gibt es auch das Gleiche. Wenn nun das Ungerechte Ungleichheit bedeutet, dann bedeutet das Gerechte Gleichheit. [...] Folglich muss das Gerechte eine Mitte und etwas Gleiches sein; es muss sich weiterhin auf etwas beziehen und für bestimmte Personen relevant sein. Und insofern es eine Mitte ist, muss es die Mitte zwischen zwei Extremen, dem Zuviel und dem Zuwenig, sein; insofern es aber ein Gleiches ist, muss es dies bezogen auf zwei Glieder sein, insofern es gerecht ist, muss es dies für bestimmte Personen sein. [...]

Dies ist also die eine Form des Gerechten. Die andere aber, die noch übrig ist, ist die ausgleichende Gerechtigkeit, die in den freiwilligen und unfreiwilligen Formen des zwischenmenschlichen Verkehrs zum Tragen kommt. [...] Das Gerechte bei diesen Formen des Verkehrs bedeutet zwar auch eine bestimmte Art von Gleichheit – und das entsprechende Ungerechte Ungleichheit –, es folgt aber nicht einer „geometrischen", sondern einer arithmetischen Proportion. Es spielt dabei nämlich keine Rolle, ob ein anständiger Mensch einen schlechten beraubt hat oder ein schlechter Mensch einen anständigen, auch nicht, ob ein anständiger Mensch Ehebruch begangen hat oder ein schlechter. Vielmehr schaut das Gesetz nur auf die Höhe des angerichteten Schadens, behandelt die beiden Parteien gleich und fragt nur, ob der eine Unrecht getan, der andere es erlitten hat und ob der eine Schaden verursacht hat, der andere geschädigt worden ist. Deshalb versucht der Richter, dieses Unrecht, das eine Verletzung der Gleichheit bedeutet, auszugleichen.

Aristoteles, Nikomachische Ethik, Buch V, 5, 6, 7

M2 Gleichheit bedarf keiner Begründung

Der grundsätzlichste Streitpunkt bei der Theorie der distributiven Gerechtigkeit betrifft natürlich die Frage, wie die Verteilungsregel auszusehen hat: Verdienen alle die gleiche Menge der zu verteilenden Güter oder nicht? Seit den Anfängen des Nachdenkens stehen sich hier zwei Positionen gegenüber. Die eine ist die egalitäre; die andere ist die, die Aristoteles vertreten hat und die ich hier als die aristotelische bezeichnen will. Sie besagt: nur denjenigen das Gleiche, die gleich viel verdienen; es wäre ungerecht, denjenigen, die Ungleiches verdienen, gleich viel auszuteilen. [...]

Es ist zuerst wichtig zu sehen, dass die beiden Auffassungen nicht ganz so entgegengesetzt sind, wie es auf den ersten Blick scheinen kann. Es gibt Übereinstimmungen. [...] Der Aristoteliker ist mit dem Vertreter des egalitären Konzeptes darin einig, dass, *wenn* keine relevanten Gründe für ungleiches Verdienst angeführt werden können, gleich zu verteilen ist. Dass dies zwingend ist, kann man sich an dem häufig für Fragen der distributiven Gerechtigkeit herangezogenen Beispiel einer Tortenverteilung gut veranschaulichen. Ist eine Torte unter mehreren Kindern zu verteilen, können verschiedene Gründe für eine ungleiche Verteilung angeführt werden. Ein Kind könnte erklären, dass es besonders großen Hunger hat. Das ist das sogenannte Bedürfnisargument. Ein anderes Kind könnte sagen, dass ihm die Mutter bereits die Hälfte der Torte versprochen hat: das Argument aus erworbenen Rechten. Ein drittes könnte anführen, dass es für die Mutter gearbeitet hat: das Argument aus Verdienst im engeren Sinn (Leistung). Viertens könnte ein Kind sagen, ihm gebühre ein größeres Stück, weil es das erstgeborene ist. Dieser Grund läuft darauf hinaus, dass es vorweg einen größeren Wert hat. Alles das sind gegebenenfalls relevante Gründe. Kann jedoch kein relevanter Grund angeführt werden, so bleibt nur die egalitäre Teilung übrig. Es muss nicht nur ein Grund angegeben werden können, er muss auch als relevant einleuchten. Würde ein Kind sagen, ihm gebühre das größte Stück, weil es blaue Augen hat, würde das (es sei denn, dass zusätzliche Prämissen anerkannt werden) als irrelevant abgewiesen werden.

Der Aristoteliker setzt also das egalitäre Konzept als *Grundlage* voraus: Die gleiche Verteilung ist auch für ihn die gerechte, wenn es nicht Gründe gibt, die gegen sie sprechen. Es ist deswegen falsch, wenn häufig versucht wird, die egalitäre Position in einen primären Begründungszwang zu bringen. Die egalitäre Position bedarf an und für sich keiner Begründung [...].

Die ausgezeichnete Stellung der Gleichheit ergibt sich daraus, dass sie die einfachste Verteilungsregel ist. Der Gegenbegriff zu einer gerechten Verteilung – wie überhaupt zu jeder gerechten Entscheidung – ist der der willkürlichen Verteilung bzw. Entscheidung. Die erste Alternative, die sich bei einer Verteilung stellt, ist: Soll sie willkürlich oder nichtwillkürlich sein? Ist sie nicht willkürlich, wird ein objektiver Maßstab befolgt. Man betritt damit den Bereich des Gleichen, der auch für den Aristoteliker erhalten bleibt.

Ernst Tugendhat, Vorlesungen über Ethik, S. 373-375

M3 Gerechtigkeitsformen

Vom umfassenden Sinn der Gerechtigkeit als die vollkommene Tugend unterscheidet Aristoteles als Teilbereich eine spezielle Gerechtigkeit, die auf Gleichheit aus ist und die er wiederum unterteilt: in austeilende (distributive) und ausgleichende bzw. ordnende (korrektive) Gerechtigkeit. Aristoteles' Unterscheidung der Formen von Gerechtigkeit hat bis heute Geltung.

1. Erarbeiten Sie die Formen der Gerechtigkeit. → M1
2. Analysieren Sie Tugendhats Argumentation für seine These, dass gleiche Verteilung – das egalitäre Prinzip – keiner weiteren Rechtfertigung bedarf. Überprüfen Sie seine Begründung an eigenen Beispielen. → M2
3. Erläutern Sie das Schaubild mithilfe des Aristotelestextes M1. Ordnen Sie dabei die Beispiele aus dem Text dem Schema zu und finden Sie gegebenenfalls weitere Beispiele. → M3
4. Ergänzen Sie das Schaubild um die von Ernst Tugendhat dargelegten möglichen Kriterien (= Gerechtigkeitsformeln) zur Rechtfertigung ungleicher Verteilung. Gibt es noch weitere? → M3

7 Gerechtigkeit ist – Fairness

M1 Das Toskana-Experiment

SOZIALPSYCHOLOGISCHES EXPERIMENT

Teilnehmer/innen gesucht

Das JOHN-RAWLS-INSTITUT / PRINCETON führt IN ZUSAMMENARBEIT mit dem INSTITUT FÜR SOZIALPSYCHOLOGIE AN DER UNIVERSITÄT DER TOSKANA einen sozialpsychologischen Großversuch zur Erforschung von Gerechtigkeits- und Kooperationsfragen in sozialen Gemeinschaften durch.

Das Setting sieht folgendermaßen aus:

Uns steht ein verlassenes Dorf in der Toskana zur Verfügung, wo die Teilnehmer und Teilnehmerinnen ein Jahr lang leben und arbeiten werden. Zu Beginn des Experiments werden alle Teilnehmer in einer Versammlung grundlegende Regeln für ihre Gemeinschaft erstellen, ohne dass sie wissen, welche Rolle und welche finanziellen Mittel sie später im Dorf haben werden. Nach dieser Versammlung wird das Dorf bezogen und sie bekommen ihre Rollen bzw. Funktionen, die nicht ihren jetzigen Fähigkeiten und sozialen Positionen entsprechen, und unterschiedliche finanzielle Startbeträge zugewiesen. Unter wissenschaftlicher Beobachtung können die Dorfbewohner dann ihr Gemeinschaftsleben entfalten und ihre vereinbarten Regeln überprüfen und gegebenenfalls revidieren.

Nähere Informationen und Bewerbungsunterlagen erhalten Sie bei: Instituto Psicologia sociale, università di Toscana, Ponti, Via Gambetti 8, Tel.: 00394543397, mail: psisoc@unitoscana.it

M2 Theorie der Gerechtigkeit als Fairness

Der 2002 im Alter von 81 Jahren verstorbene amerikanische Philosoph John Rawls hat mit seinem 1971 erschienen Werk Eine Theorie der Gerechtigkeit *wie kein Zweiter die politisch-philosophische Diskussion zur Frage der sozialen Gerechtigkeit geprägt.*

Ich möchte eine Gerechtigkeitsvorstellung darlegen, die die bekannte Theorie des Gesellschaftsvertrages verallgemeinert und auf eine höhere Abstraktionsebene hebt.

I. Einleitung

Dazu darf man sich den ursprünglichen Vertrag nicht so vorstellen, als ob er in eine bestimmte Gesellschaft eingeführt würde oder eine bestimmte Regierungsform errichtete. Der Leitgedanke ist vielmehr, dass sich die ursprüngliche Übereinkunft auf die Gerechtigkeitsgrundsätze für die gesellschaftliche Grundstruktur bezieht. Es sind diejenigen Grundsätze, die freie und vernünftige Menschen in ihrem eigenen Interesse in einer anfänglichen Situation der Gleichheit zur Bestimmung der Grundverhältnisse ihrer Verbindung annehmen würden. Ihnen haben sich alle weiteren Vereinbarungen anzupassen; sie bestimmen die möglichen Arten der gesellschaftlichen Zusammenarbeit und der Regierung. Diese Betrachtungsweise der Gerechtigkeitsgrundsätze nenne ich Theorie der Gerechtigkeit als Fairness.

II. Kultur

In der Theorie der Gerechtigkeit als Fairness spielt die ursprüngliche Situation der Gleichheit dieselbe Rolle wie der Naturzustand in der herkömmlichen Theorie des Gesellschaftsvertrags. Dieser Urzustand wird natürlich nicht als ein wirklicher geschichtlicher Zustand vorgestellt, noch weniger als primitives Stadium der Kultur. Er wird als rein theoretische Situation aufgefasst, die so beschaffen ist, dass sie zu einer bestimmten Gerechtigkeitsvorstellung führt. Zu den wesentlichen Eigenschaften dieser Situation gehört, dass niemand seine Stellung in der Gesellschaft kennt, seine Klasse oder seinen Status, ebenso wenig sein Los bei der Verteilung natürlicher Gaben wie Intelligenz oder Körperkraft. Ich nehme sogar an, dass die Beteiligten ihre Vorstellung vom Guten und ihre besonderen psychologischen Neigungen nicht kennen. Die Grundsätze der Gerechtigkeit werden hinter einem Schleier des Nichtwissens festgelegt. Dies gewährleistet, dass dabei niemand durch die Zufälligkeiten der Natur oder der gesellschaftlichen Umstände bevorzugt oder benachteiligt wird. Da sich alle in der gleichen Lage befinden und niemand Grundsätze ausdenken kann, die ihn aufgrund seiner besonderen Verhältnisse bevorzugen, sind die Grundsätze der Gerechtigkeit das Ergebnis einer fairen Übereinkunft oder Verhandlung.

III. Fairness

Den Urzustand könnte man den angemessenen Ausgangszustand nennen, und damit sind die in ihm getroffenen Grundvereinbarungen fair. Das rechtfertigt die Bezeichnung „Gerechtigkeit als Fairness“: Sie drückt den Gedanken aus, dass die Grundsätze der Gerechtigkeit in einer fairen Ausgangssituation festgelegt werden. Sie will nicht besagen, die Begriffe der Gerechtigkeit und der Fairness seien ein und dasselbe. Die Gerechtigkeit als Fairness beginnt, so sagte ich, mit der allgemeinsten Entscheidung, die Menschen überhaupt zusammen treffen können, nämlich mit der Wahl der ersten Grundsätze einer Gerechtigkeitsvorstellung, die für alle spätere Kritik und Veränderung von Institutionen maßgebend sein soll. Nachdem sie nun eine Gerechtigkeitsvorstellung festgelegt haben, können wir uns vorstellen, dass sie eine Verfassung, ein Gesetzgebungsverfahren und anderes wählen müssen, alles gemäß den anfänglich vereinbarten Gerechtigkeitsgrundsätzen.

IV. Gerechtigkeitsgrundsätze

Ich werde jetzt in einer vorläufigen Form die beiden Gerechtigkeitsgrundsätze angeben, auf die man sich nach meiner Auffassung im Urzustand einigen würde.

1. Jedermann soll gleiches Recht auf das umfangreichste System gleicher Grundfreiheiten haben, das mit dem gleichen System für alle anderen verträglich ist. [= Gleichheitsprinzip]
2. Soziale und wirtschaftliche Ungleichheiten sind so zu gestalten, dass (a) vernünftigerweise zu erwarten ist, dass sie zu jedermanns Vorteil dienen, und (b) sie mit Positionen und Ämtern verbunden sind, die jedem offenstehen. [= Differenzprinzip]

Diese Grundsätze sollen in lexikalischer Ordnung stehen, derart, dass der erste dem zweiten vorausgeht. Diese Ordnung bedeutet, dass Verletzungen der vom ersten Grundsatz geschützten gleichen Grundfreiheiten nicht durch größere gesellschaftliche oder wirtschaftliche Vorteile gerechtfertigt oder ausgeglichen werden können.

John Rawls, Eine Theorie der Gerechtigkeit, S. 27-30, S. 81f. (gekürzt)

1 Führen Sie in Ihrem Kurs die Versammlung zur Festlegung der Grundregeln durch. ➜ M1

2 Formulieren Sie für die einzelnen Abschnitte I-IV des Rawls-Textes Zwischenüberschriften und fassen Sie die Überlegungen in diesen Abschnitten thesenartig zusammen. ➜ M2

3 Vergleichen Sie Ihre Regeln aus Aufgabe 1 mit den Regeln von Rawls und deren Herleitung. Worin besteht der Unterschied zwischen der Versammlung im Toskana-Experiment und Rawls' „ursprünglicher Versammlung“? ➜ M1/2

4 Rawls bietet kein politisches Rezept zur Reform des Sozialstaats, sondern ihm geht es um die Grundsätze einer solchen Reform. Dabei zielt er auf eine „reine Hintergrund-Verfahrensgerechtigkeit“. Das heißt: Die gesamte Grundstruktur einer Gesellschaft muss so gestaltet sein, dass keine ungerechtfertigten Ungleichheiten entstehen, die umfangreiche Korrekturen erforderlich machen würden. Überprüfen Sie, ob unser Bildungssystem als gesellschaftlicher Teilbereich in diesem Sinne gerecht ist.

8 Problemfelder von Gerechtigkeit

M1 Gerechtigkeit konkret

In den meisten ethischen und rechtlichen Debatten über Gerechtigkeit diskutiert man nicht konkrete Einzelfälle, sondern Situationstypen, in denen bestimmte menschliche Bedürfnisse auftreten und miteinander konfligieren. Meist geht es um institutionelle Zusammenhänge wie beispielsweise den Staat mit seinen Gesetzen, um Arbeitgeber bei der Lohnverteilung oder Ausbildungsstätten, die Studienplätze oder Stipendien vergeben. Institutionen sind Einrichtungen, die für bestimmte Aufgaben zuständig sind. Je nach den spezifischen Zielen oder Aufgaben, die solche Institutionen im öffentlichen Leben erfüllen, stehen auch schon die typischen Interessen der Adressaten fest, die bei gerechter Behandlung berücksichtigt werden müssen: seien es die politischen Interessen an den Grundrechten und -freiheiten, am Lebensunterhalt oder an einer höheren Ausbildung. *Dagmar Fenner, Ethik, S. 193*

M2 Gerechtigkeitsfragen: 5 Fälle

Problemfeld 1: Steuergerechtigkeit durch Flat Tax oder Progression

Die Frage, wer sich mit welchem Anteil seiner Einnahmen an den öffentlichen Ausgaben in einem Gemeinmeinwesen beteiligen soll, ist ein grundlegendes Gerechtigkeitsproblem. In Sozialstaaten wie Deutschland gilt generell, dass der Prozentsatz vom Einkommen mit der Einkommenshöhe steigen soll, Reichere also höhere prozentuale Lasten zu tragen haben (in Deutschland bis zum Spitzensteuersatz von 45 %). Diesem Progressionsmodell wird in der Diskussion in den letzten Jahren verstärkt das Modell eines einheitlichen Steuersatzes (Flat Tax) entgegengestellt. Auf der Basis eines Grundfreibetrags zahlen alle einen einheitlichen Prozentsatz (z. B. 25 %). Hier entsteht das Problem, wie eine progressive Steuer gerechtigkeitstheoretisch begründbar ist und ob eine „flatrate" gerechtere Verhältnisse schaffen könnte.

Problemfeld 2: Gerechte Kostenverteilung im Gesundheitswesen

Die Kosten im Gesundheitswesen steigen stetig. Grund: Die Gesellschaft überaltert, die Fortschritte in der Medizin machen immer mehr kostenintensive Therapien bzw. operative Eingriffe möglich. Deshalb wird schon seit langem diskutiert, wie die Kosten aufgebracht und sinnvoll unter Effizienz- und Gerechtigkeitsgesichtspunkten verteilt werden können. Der gegenwärtige Reformkompromiss seit 2007 ist dabei sicherlich nur ein Zwischenschritt für weitergehende Lösungen. Dahinter steht ein Streit zwischen zwei grundsätzlichen Modellen zur Finanzierung des Gesundheitssystems: Bürgerversicherung (alle Bürger zahlen einen bestimmten Prozentsatz all ihrer Einkommensarten) und Kopfpauschale (einheitlicher Pauschalbetrag für alle).
Hier ergibt sich die Frage, ob die solidarische Verteilung der Kosten für die Gesundheitsvorsorge überhaupt gerecht ist (vor allem auch im Hinblick auf selbst verschuldete Krankheitsrisiken) und ob Besserverdienende proportional stärker zur Kasse gebeten werden müssen, um das Risiko für alle zu tragen.

Problemfeld 3: Spaltung der Gesellschaft durch Erbschaften

Zurzeit werden in der Bundesrepublik jedes Jahr um die 100 Milliarden Euro privaten Vermögens vererbt, den Löwenanteil davon bekommt jedoch nur eine kleine Gruppe. Nur bei 2,5 % aller deutschen Haushalte wird ein Vermögen von über einer halben Million Euro hinterlassen. Knapp die Hälfte aller Haushalte erbt nichts. Es wird demnach nicht nur Vermögen, sondern vor allem soziale Ungleichheit vererbt.
Beim Übergang des Vermögens von einer Generation zur nächsten ist das wichtigste Instrument die Erbschaftssteuer, die aber für das Gesamtsteueraufkommen nur eine sehr geringe Rolle spielt. Die Staatseinnahmen belaufen sich auf ca. drei Milliarden Euro, was einer durchschnittlichen steuerlichen Belastung

von Erbschaften von drei Prozent bedeutet. Erben setzt das Leistungsprinzip völlig außer Kraft; wie lässt sich das rechtfertigen? Die Frage entsteht, ob es gerecht wäre, wenn der Staat in den innerfamiliären Vermögenstransfer eingreift und Erbschaften höher besteuern würde, um mit den Einnahmen Chancengleichheit zu fördern.

Problemfeld 4: **Bedingungsloses Grundeinkommen**

Aufgrund der Produktivitätsentwicklung mittels neuer Technologien in hochentwickelten Industriegesellschaften verringert sich der Bedarf an Arbeitskräften dramatisch. Das führt zu einem dauerhaften Sockel von Arbeitslosigkeit trotz Wirtschaftswachstum. Die an Erwerbsarbeit gekoppelten Sozialsysteme (Arbeitslosengeld, Rente) sind finanziell überlastet. Millionen von Menschen bleiben von Transferleistungen aus der Arbeitsgesellschaft abhängig und aus dem Produktionsprozess ausgeschlossen. Ein Vorschlag ist, diesem Problem durch eine radikale Umstellung unseres Sozialsystems auf ein „bedingungsloses Grundeinkommen" oder ein „Bürgergeld" zu begegnen.
Grundidee: Das bedingungslose Grundeinkommen stellt ein aus Steuermitteln finanziertes Einkommen für alle dar, das eine Grundlage zur Sicherung der Existenz und gesellschaftlichen Teilhabe sein soll, ohne dass eine Bedürftigkeitsprüfung erfolgt und ohne dass eine Bereitschaft zur Arbeit gefordert wird.
Wer über mehr Geld als das Grundeinkommen verfügen möchte, könnte sich dies immer noch (zum Beispiel durch Erwerbsarbeit) verdienen – es bestünde nur keine existenzielle Notwendigkeit mehr zur Erwerbsarbeit. Finanziert werden soll dieses Grundeinkommen durch eine radikale Erhöhung der Verbrauchssteuern. Die Befürworter eines solchen Modells erwarten sich davon eine Entfaltung gesellschaftlichen Kreativpotenzials jenseits von Lohnarbeitsverhältnissen. Zu bedenken wären die Folgen der Umstellung des Steuersystems auf die Konsumbesteuerung für die Frage des gerechten Zugangs zu Konsumgütern und wie die vorhandene Erwerbsarbeit verteilt werden soll, wenn die Nachfrage danach immer noch zu hoch ist.

Problemfeld 5: **Klimawandel**

Die CO_2-Konzentration in der Atmosphäre steigt an, die Erde erwärmt sich in diesem Jahrhundert um bis zu 6,4 Grad. Um die schlimmsten Folgen für die Menschheit abzuwenden, müssen die CO_2-Emissionen bis 2050 um die Hälfte reduziert sein. Die Schwierigkeiten, dieses Ziel zu erreichen, so zeigte es sich beim Kopenhagener Klima-Gipfel 2009, besteht vor allem darin, dass sich Entwicklungs- und Schwellenländer in ihrem Recht auf wirtschaftliche Entwicklung eingeschränkt sehen, wenn sie ihren CO_2-Ausstoß begrenzen müssen. Die Industrieländer leben dabei seit Jahrhunderten auf Kosten der Länder des Südens: 20 Prozent der Weltbevölkerung beanspruchen rund 80 Prozent der natürlichen Reichtümer der Erde für sich. Dazu gehört auch die Erdatmosphäre, die durch den CO_2-Ausstoß sukzessive geschädigt bzw. verbraucht wird. Heute verursacht ein Deutscher durchschnittlich 11 Tonnen, ein US-Amerikaner 20 Tonnen und ein Chinese 3,5 Tonnen CO_2-Ausstoß. Hier ist zu fragen, ob es ein Recht auf industrielle Entwicklung gibt.
Seit 2007 wirbt Bundeskanzlerin Angela Merkel für eine neue „Kohlenstoff-Gerechtigkeit": Bis 2050 soll jeder Mensch nur noch zwei Tonnen CO_2-Ausstoß verursachen dürfen. Eine gerechte Welt müsse jedem Menschen das gleiche Recht auf Kohlendioxidemission zugestehen. Zu überlegen wäre, ob dieser Vorschlag gerecht ist und ob generell Überlebensfragen der Menschheit Vorrang vor Gerechtigkeitsfragen haben.

1 Erörtern Sie an einem Thema, z. B. Vergabe von Studienplätzen oder Stipendien, den Konflikt zwischen Ansprüchen und gerechter Verteilung. → M1

2 Analysieren Sie die Problemfelder der Gerechtigkeit, indem Sie
- in Ihrem Kurs ein Thema auswählen (oder mehrere in Gruppen),
- dazu weitere Fakten und verschiedene Positionen recherchieren,
- die jeweiligen grundsätzlichen Gerechtigkeitsfragen herausarbeiten,
- prüfen, welche Antworten auf Basis welcher Gerechtigkeitstheorie gegeben werden könnten. → M2

9 Die ordnende Funktion des Rechts

M1 Wer ist im Recht?

Polizisten räumen eine Blockade vor dem Atommülllager in Gorleben

Von Demonstranten nachgebildetes Ortsschild

M2 Ziviler Ungehorsam und gewaltfreie Aktion

„Lieber heute aktiv als morgen radioaktiv". So stand es auf einem der Transparente, als am 18. Februar 1975 in Wyhl bei Freiburg der Bauplatz des dort geplanten Atomkraftwerks von einigen hundert Menschen aus der Umgebung besetzt wurde. Die Polizei räumte den Platz, was aber zur Folge hatte, dass drei Tage später 20.000 Menschen auf das Gelände zogen. Das war der Anfang vom Ende dieses Kraftwerksprojektes und gilt gleichzeitig als Beginn einer breiten Anti-AKW-Bewegung in der Bundesrepublik. Begrenzte Regelverletzungen hatten also von Anfang an im Protest und Widerstand gegen das Atomprogramm ihren festen Platz. [...]

Große Bauplatzbesetzungen oder Besetzungs-Versuche gab es nach Wyhl auch an anderen AKW-Standorten, wobei es dabei nicht immer nur gewaltfrei zuging, Stichworte sind hier Brokdorf und Grohnde. Als bedeutendste gewaltfreie Besetzung gilt die „Republik Freies Wendland", in der 1980 mehrere tausend Menschen 33 Tage lang auf dem geplanten Bohrloch 1004 über dem Salzstock Gorleben gegen die Errichtung des Atommüll-Lagers Widerstand leisteten. [...]

In der Atompolitik wurden und werden immer wieder Gesetze so hingebogen, dass sie nicht mehr den Interessen der Bevölkerung, sondern nur noch der Atomindustrie dienen. So entstand der Slogan: „Wo Recht zu Unrecht wird, wird Widerstand zur Pflicht". [...]

1988 ging das letzte AKW ans Netz, Neubauten waren nach der Tschernobyl-Katastrophe nicht mehr durchzusetzen. Jetzt verlagerte sich die Auseinandersetzung immer mehr auf das Atommüllproblem und hier auf die Castor-Transporte. [...]

Auch hier stand eigentlich nie in Frage, ob es legitim ist, auf der Strecke eines Atommülltransportes zu demonstrieren, sei es Schiene oder Straße. Deutlich wird dies beispielsweise 1995 in einer öffentlichen Ankündigung des Lüchow-Dannenberger Landrates und von 17 Bürgermeistern der Region, sich trotz Demonstrationsverbotes dem Castor-Transport in den Weg zu stellen. Oder anders ausgedrückt: Im Wendland ist es gute Tradition, dass sich kein Mensch an Versammlungsverbote hält. [...]

Bisheriger Höhepunkt war dabei die 52-stündige Blockade der Straße direkt vor dem Castor-Kran in Dannenberg 1997, an der sich 9.000 Menschen beteiligten und die von der Polizei nur mit brutaler Gewalt geräumt werden konnte. Trotz Wasserwerfereinsatz bei minus fünf Grad Kälte und trotz Schlägen und Tritten blieben die Menschen auf der Straße ruhig und besonnen und ließen die Situation nicht eskalieren. [...] Die Auseinandersetzung um Atomenergie ist noch längst nicht beendet. [...] So wird also auch die Anti-Atom-Bewegung noch gebraucht und der zivile Ungehorsam wird weiter eine große Rolle in diesem Konflikt spielen. Ganz nach dem Motto von 253 Lüchower SchülerInnen, die in einer Zeitungsanzeige erklärten: „Wenn Ihr unser Leben nicht achtet, achten wir Eure Gesetze nicht, denn die Gesetze schützen die Atomindustrie und nicht das Leben."

Jochen Stay, in: Friedensforum 5/2004, www.friedenskooperative.de

M3 Rechtsgehorsam als Ehrenpflicht

Spätestens bei den jährlich stattfindenden Atommülltransporten ins Zwischenlager Gorleben wird die Öffentlichkeit Zeuge, wie mit großem finanziellem Aufwand – man spricht von mehreren Millionen Euro – staatliches Interesse gegen Bürgerinteressen durchgesetzt wird. Mit virtuoser Begriffsakrobatik werden Blockaden zu „gewaltfreien Aktionen" umformuliert, wohlwissend, dass dort gezeigte Blockadeformen durchaus den Tatbestand von Straftaten erfüllen. [...]
Was üblicherweise bestraft wird, wenn ich jemandem den Weg versperre, scheint im Wendland nicht zu gelten. Dass die Täter den Zweck ihrer Gewaltanwendung für edel halten, sie diese mit moralischen Attributen schmücken, scheint den Gerichten auszureichen, um den Tatbestand schwerer Nötigung für nicht gegeben zu halten. Der Begriff „Gewaltfreiheit" wird mit immer gewaltsameren Inhalten gefüllt, das heißt zunehmend auch als Begründung für das Beschmieren von Häusern, Kirchen, dem Besprühen von Orts- oder Verkehrsschildern verwandt. Nicht weniger führt das vom Zeitgeist in Umlauf gesetzte Wort „ziviler Ungehorsam" in die Irre, weil er etwas Einschmeichelndes verkörpert und ein Hauch von „Zivilcourage" in ihm anklingt. In Wirklichkeit soll „ziviler Ungehorsam" die bewusste Gesetzesübertretung für politische Zwecke schönreden. Aber warum zivil? In einem demokratischen Staat werden die Gesetze von Parlamenten beschlossen, die die Bürger in Wahlen bestimmt haben. Insofern muss es den Bürgern eine Art Ehrenpflicht sein, diese Gesetze zu respektieren. Gesetzesungehorsam mag für den Untertan in einer Diktatur in Betracht kommen, der freie Bürger hingegen schuldet zivilen Gehorsam.
Von „Regelverletzung" sprechen verharmlosend bestimmte Gruppen gerne, wenn es um die Missachtung von Gesetzen geht. [...] Jeder einigermaßen gebildete Bürger weiß, dass es gerade die Gesetze sind, die uns wichtige Rechtsgüter garantieren. Ohne Rechtsform ist der Rechtsstaat undenkbar. [...]
Die übelste Worthülse aber, mit der Rechtsbrecher ihr Unrecht zu tarnen versuchen, lautet: Der Staat wolle gewaltfreie Aktionen „kriminalisieren". Dass eine solche Sprachversion bei manchem Mitbürger automatisch mittuende Unterstützung auslöst, entspricht den Absichten der gewaltbereiten Störenfriede. Indem man das Tun der Friedensbewegten so hinstellt, als täten sie ausschließlich etwas rechtlich durchaus Erlaubtes, von der Moral erst recht Gebotenes, während Polizei und Justiz daherkämen, um willkürlich einzuschreiten, entschuldigt man Rechtsbrüche. [...]
Der Trick, Legitimität gegen Legalität einzusetzen, wenn einer Minderheit die Entscheidung der Mehrheit nicht in den Kram passt, hat sich oft schon bewährt.

Gottfried Loeck, Im Sog des Rechtsnihilismus, in: Preußische Allgemeine Zeitung vom 12.02.2005

1 Deuten Sie die Aussage, die mit dem nachgebildeten Ortsschild beabsichtigt wird. → M1
2 Versetzen Sie sich in die Lage eines Polizisten, der blockierende Demonstranten von der Straße räumen muss. Wie könnte er sich fühlen? Was könnte er denken? Inwiefern handelt er rechtmäßig? → M1
3 Stellen Sie die Argumente zusammen, mit denen die Demonstrationen gezielte Rechtsbrüche (ziviler Ungehorsam) rechtfertigen. Wo sehen dabei die Demonstranten selbst die Grenze, deren Überschreiten sie nicht mehr rechtfertigen könnten? → M2
4 Verfassen Sie ein fiktives Streitgespräch (oder führen Sie es in einem Rollenspiel durch) zwischen Gottfried Loeck und Jochen Stay. → M2/3

10 Schuldfähigkeit

M1 Du bist schuld!

Foto: Viktor Peschel

M2 Schuld und Schuldgefühle

Der Text ist ein Auszug aus einem Rundfunkfeature von Eva-Maria Götz im Deutschlandradio, gesendet am 20. November 2008:

Nehmen wir Markus zum Beispiel: Der heute 20-jährige Mann kommt als Jugendlicher in ein Heim für schwer Erziehbare. Seine Mutter hat sich umgebracht, der Vater gibt dem einzigen Sohn die Schuld daran: Allein dessen zu nichts nützendes Dasein, wo ihn doch nie jemand gewollt habe, dazu später sein Alkohol- und Drogenproblem, hätten die Mutter ins Grab gebracht. Markus, der von seinem Vater von klein auf schwer geprügelt und misshandelt worden war, als 12-Jähriger musste er seinen Hund erschießen, wird kriminell. Es beginnt mit Autodiebstählen. Wegen gefährlicher Körperverletzung bei einer Prügelei wird er schließlich zu dreieinhalb Jahren Haft verurteilt. Eine Einsicht in diese Taten hat er nicht: Er hätte ja nur Autos von „Reichen" geklaut und die hätten es nicht anders „verdient". Und auch sein Prügelopfer hätte ihn schließlich provoziert. Schuld? Schuld sind immer die anderen. Ein Gefühl für seine eigene Schuld entwickelt Markus nicht.

> Schuldgefühle wurzeln nicht in bösen Taten, sondern in dem, wie wir unsere Taten beurteilen.

Meint Professor Jürgen Körner, Psychologe am Institut für Erziehungswissenschaften der Freien Universität Berlin.

> Wenn wir ein sehr strenges Gewissen haben, dann genügen schon allerkleinste Verfehlungen, und wir fühlen uns schon schuldig. Das heißt, es geht immer um Bewertungsprozesse. [...]

Schuld ist kein absoluter Begriff, sondern hat eine Voraussetzung: Der schuldig Gewordene muss die Möglichkeit gehabt haben, die Tat als schlecht zu definieren und sie deshalb zu unterlassen, meint auch der Psychoanalytiker Ludwig Haesler:

> Schuld hat immer etwas mit Handeln zu tun, mit der Freiheit meines Handelns und Entscheidens. Das ist bei Heidegger die existenzielle Schuld: Ich entscheide mich für das und nicht für das andere, und deswegen bin ich immer in der Schwierigkeit, und in dem inneren Vorwurf, ich hätte das, wogegen ich mich entschieden habe, vernachlässigt.

Die Erkenntnis von Schuld ist dabei untrennbar verknüpft mit der Angst vor der Entdeckung und Vergeltung.

> Dann haben Sie natürlich in der kriminellen Schuld die Gesetze. Das ist die Konsequenz meines Handelns. Und es geht immer um die Folgen meines Handelns. In der moralischen Schuld ist es etwas, was zu tun hat mit der Angst vor der vernichtenden Beschämung durch die anderen, zum Beispiel, weil ich moralisch gefehlt habe. [...]

Um ein Gefühl für die eigene Schuld zu entwickeln, muss der Schuldige also auch bereit sein, den nächsten Schritt zu gehen: Er muss die Konsequenzen, die sich aus seinem Handeln ergeben haben, akzeptieren. Ludwig Haesler:

> **Das Schuldgefühl ist die innere Repräsentanz dieser Konsequenzen. [...] Die Psychoanalyse hat sich von Anfang an vor allem um Schuldgefühle gekümmert. Die Patienten haben sehr häufig zu starke Schuldgefühle und kommen auch deswegen in die Praxis, weil sie darunter leiden, dass sie etwas getan haben, unter dem sie sich sehr schuldig fühlen. Und damit beschäftigt sich die Psychoanalyse sehr stark: Wie kommt es, dass ich ein überstrenges Gewissen habe? [...] Die Psychoanalytiker beschäftigen sich aber sehr wenig mit realer Schuld. [...] Wir treten nicht auf als Vertreter der Normen einer Gesellschaft. Wir beschäftigen uns dann mit den Menschen, wenn sie an diesen Normen scheitern. Entweder, dass sie sich sehr schuldig fühlen für Nichtigkeiten oder dass sie sich sehr wenig schuldig fühlen für wirkliche Straftaten.**

Jürgen Körner interessiert sich vor allem für den letzteren Fall: wenn jemand wie zum Beispiel Markus kein Bewusstsein entwickelt für die Taten, die er begangen hat. Gemeinsam mit dem Hildesheimer Pädagogen Burkhardt Müller entwickelte er [...] ein Trainingsprogramm [...].

> **[...] [Der straffällig gewordene] Jugendliche lernt bestimmte Kompetenzen. Er lernt die Fähigkeit, sich in andere Menschen hineinzuversetzen, deren Standpunkt zu berücksichtigen, er lernt die Fähigkeiten, die Folgen seiner Tat vorauszubedenken [...].**

Eva-Maria Götz, Der Begriff der Schuld in Psychoanalyse, Pädagogik und Rechtsprechung. In: www.dradio.de

M3 Schuldbegriffe

Rechtliche Schuld Eine schuldhafte Handlung muss dem Tatbestand eines Strafgesetzes entsprechen und rechtswidrig sein. Die Rechtswidrigkeit ist das objektive Unwerturteil über die Tat und die Schuld der Vorwurf gegenüber dem Täter, dessen subjektive Schuld. Wenn der Tatbestand erfüllt ist, geht man davon aus, dass rechtswidrig und schuldhaft gehandelt wurde. Es gibt drei Ausnahmefälle, in denen subjektive Schuld fehlt: Wenn der Täter nicht schuldfähig ist (zum Beispiel wegen Geisteskrankheit oder Strafunmündigkeit), in einem unvermeidbarem Verbotsirrtum gehandelt hat (der Täter konnte bei Begehung der Tat keine Einsicht in das Unrecht haben) oder in einem entschuldigenden Notstand, wenn die rechtswidrige Tat notwendig war, um eine Gefahr für Leben, Leib oder Freiheit von sich oder einer ihm nahestehenden Person abzuwenden. Davon zu unterscheiden sind die Fälle der Notwehr, der Nothilfe und des rechtfertigenden Notstands, die schon als Tatbestand nicht rechtswidrig sind.

Moralische Schuld Sie entsteht bei einem Verstoß gegen sittliche Normen durch Handeln, Unterlassen oder allein schon durch die Handlungsabsicht. Kontrollinstanz ist dabei das eigene Gewissen oder das soziale Umfeld.

Religiöse Schuld Diese wird durch den Begriff der Sünde beschrieben. Die christliche Glaubenslehre zum Beispiel unterscheidet zwischen der Erbsünde, verursacht durch den Sündenfall von Adam und Eva, der zu einem grundsätzlichen Spannungsverhältnis (Zustand der Ungnade) des Menschen zu Gott führte, und der Sünde als eines Verstoßes gegen die Gebote Gottes. Diese Schuld kann, wenn der Sünder an die Gnade Gottes glaubt, durch Reue und Umkehr gesühnt werden.

1. Beschreiben Sie die Wirkung, die von dem Bild auf Sie ausgeht. Unterscheiden Sie dabei die zwei Positionen: „Ich zeige mit dem Finger auf jemanden." – „Auf mich wird gezeigt." ➔ M1
2. Führen Sie eine Fallanalyse zum Fall Markus durch. ➔ M2
3. Legen Sie dar, worin der Unterschied zwischen realer Schuld und Schuldgefühl besteht. ➔ M2
4. Geben Sie eine mögliche Erklärung für das mangelnde Schuldgefühl von Markus. ➔ M2
5. Entwerfen Sie zum Begriffsfeld „Schuld" eine Mindmap. ➔ M1/3
6. Konstruieren Sie mögliche Fallbeispiele zu den einzelnen Möglichkeiten rechtswidriger Tatbestände ohne Schuld. ➔ M3
7. Das Strafrecht unterscheidet erst seit etwa 100 Jahren Schuld von Rechtswidrigkeit und Tat. Was wird dadurch gewonnen? Diskutieren Sie. ➔ M3

11 Wie viel Strafe muss sein?

M1 Unterschiedliche Strafen für gleiche Taten

	Vorsätzliche Tötung	Vergewaltigung	Rauschgifthandel	Diebstahl	Fahren ohne Führerschein
USA (Florida)	Lebenslänglich oder Todesstrafe	Bis 40 Jahre Gefängnis	Bis 15 Jahre Gefängnis	Bis 15 Jahre Gefängnis	Bis 60 Tage Gefängnis
Russland	Sechs bis 15 Jahre Gefängnis	Drei bis sechs Jahre Gefängnis	Vier bis acht Jahre Gefängnis	Geldstrafe oder bis zwei Jahre Gefängnis	Geldstrafe von sieben bis 15 Mindestmonatslöhnen
China	Zehn Jahre bis lebenslänglich oder Todesstrafe	Drei bis zehn Jahre Gefängnis	Geldstrafe oder bis drei Jahre Gefängnis	Geldstrafe oder bis drei Jahre Gefängnis	Geldstrafe oder bis 15 Tage Gefängnis
Iran	Todesstrafe	Todesstrafe	Sechs Monate bis zwei Jahre Gefängnis	Abschneiden von vier Fingern der rechten Hand	Bis zu 74 Peitschenhiebe
Elfenbeinküste	Lebenslänglich	Fünf Jahre bis lebenslänglich	Fünf bis zehn Jahre Gefängnis	Fünf bis 20 Jahre Gefängnis	Zwei Monate bis zehn Jahre Gefängnis
Deutschland	Fünf Jahre Gefängnis bis lebenslänglich	Zwei bis 15 Jahre Gefängnis	Geldstrafe oder bis fünf Jahre Gefängnis	Geldstrafe oder bis fünf Jahre Gefängnis	Geldstrafe oder bis ein Jahr Gefängnis

Geo 10/2007, S. 82

M2 Warum wird gestraft?

*Uwe Wesel (*1933), emeritierter Professor für Rechtsgeschichte und Zivilrecht, meint in seinem Buch* Fast alles, was Recht ist:

Welchen Zweck hat Strafe? Warum gibt es Strafrecht? Im bürgerlichen Recht und im Staats- und Verwaltungsrecht lässt sich eine solche Frage ziemlich leicht beantworten. Hier wie dort geht es um unsere Freiheit und um soziale Gerechtigkeit [...] und ihre Einschränkungen durch den Staat, der beides garantieren soll, Freiheit und soziale Gerechtigkeit, und gegen dessen Verwaltungshandeln der Einzelne wieder geschützt werden muss, weil auch dadurch seine Freiheit gefährdet werden kann.

Beim Strafrecht ist das alles viel schwieriger. Denn hier ist es genau umgekehrt. Es schränkt die Freiheit von Menschen ein, sehr lange, zum Teil lebenslang. Sie werden gezwungen, unter Bedingungen zu leben, die ihre Persönlichkeit verändern, ihre seelische Gesundheit gefährden und ihre Würde verletzen. Wie kann man das rechtfertigen?

M3 Theorien über den Strafzweck

Seit Jahrhunderten zerbrechen sich Philosophen und Juristen darüber den Kopf. Es geht um die sogenannten Straftheorien. Wir behandeln Strafgefangene als Objekte, wie Sachen, und nicht als Subjekte, Personen, und verstoßen damit gegen ihre Menschenwürde. Jeder findet es richtig, dass Verbrecher hinter Schloss und Riegel gehören. Aber niemand kann einen vernünftigen Grund nennen. Im Wesentlichen gibt es drei Straftheorien: Vergeltungstheorie, Generalprävention, Spezialprävention.

Die *Vergeltungstheorie* sagt, der Zweck der Strafe sei die Vergeltung. Auf Deutsch: Rache. Wenn jemand getötet hat oder gestohlen oder betrogen, dann muss es dafür Rache geben. [...] Rache im zwanzigsten Jahrhundert? Obwohl man um die sozialen Gründe von Kriminalität weiß? Rache ist neues Unrecht, sagt ein altes Sprichwort. Sicher, Rachegefühle sind menschlich. Jeder hat sie bisweilen. Aber können sie in einer freiheitlichen Demokratie der Grund sein, täglich sechzig- bis sieb-

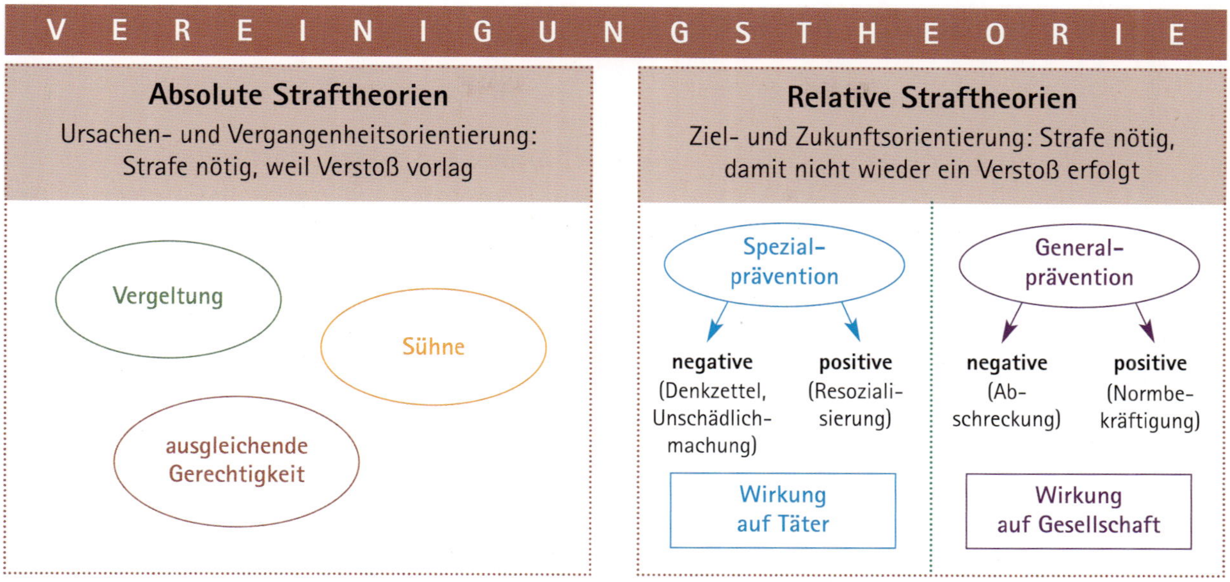

zigtausend Menschen wie Hühner einzusperren? Die Frage beantwortet sich von selbst.

Generalprävention. Auf Deutsch: *Abschreckung.* Das Strafrecht und die Existenz von Gerichten und Gefängnissen haben den Zweck, sagt man, die Menschen durch Angst vor Strafe davon abzuhalten, dass sie Straftaten begehen. Wie gut das funktioniert, kann man daran sehen, dass tagtäglich Tausende von Straftaten begangen werden.

Bleibt also die *Spezialprävention.* Das war die Lösung Franz von Liszts[1]. Er sah den sozialen Hintergrund von Kriminalität und meinte, das Strafrecht habe die Aufgabe, solche Fehlentwicklungen wieder auszugleichen, indem man auf den einzelnen Straftäter positiv einwirkt und ihn dazu erzieht, dass er nicht wieder Straftaten begeht. Das Mittel dazu sei das Gefängnis. Damit solle speziell auf den einzelnen Täter eingewirkt werden, nicht auf die Allgemeinheit. Spezialprävention statt Generalprävention, die ohnehin nicht möglich sei. Der Gefangene soll allmählich wieder in das normale gesellschaftliche Leben eingegliedert werden.

Resozialisierung. So steht es heute im Strafvollzugsgesetz. Sicher ist das ein gewisser Fortschritt an Menschlichkeit, wenn man es mit früheren Zeiten vergleicht. *M2/3: Uwe Wesel, Fast alles, was Recht ist, S. 214f.*

[1] Franz von Liszt (1851-1919): Rechtslehrer und Kriminalpolitiker

M4 Vereinigungstheorie

Das Bundesverfassungsgericht hat es als allgemeine Aufgabe des Strafrechts bezeichnet, die elementaren Werte des Gemeinschaftslebens zu schützen. Schuldausgleich, Prävention, Resozialisierung des Täters, Sühne und Vergeltung für begangenes Unrecht werden als Aspekte einer angemessenen Strafsanktion bezeichnet.

nach Heribert Ostendorf, Vom Sinn und Zweck des Strafens. In: Informationen zur politischen Bildung, Heft 248, www.bpb.de

1. Untersuchen Sie die unterschiedlichen Bestrafungen und stellen Sie die auffälligsten Differenzen fest. ➜ M1
2. Geben Sie Erklärungsversuche für die unterschiedliche Bestrafung. ➜ M1
3. Stellen Sie aus den Medien Urteile aus Strafprozessen zusammen. Finden Sie die Strafen gerecht? Begründen Sie Ihre Bewertungen.
4. Erläutern Sie, worin der entscheidende Unterschied zwischen der Strafe im bürgerlichen Recht und im Strafrecht besteht. ➜ M2
5. Erläutern Sie das Schaubild. ➜ M3/4
6. Knüpfen Sie nochmals an Ihre Diskussion zur Frage der Bedeutung von Schuld im Strafrecht an (Aufgabe 7, S. 29). Lässt sich diese Frage jetzt genauer beantworten? ➜ M1
7. Untersuchen Sie die Bestrafungen aus M1 und Ihre Beispiele aus Aufgabe 3 hinsichtlich der zugrunde liegenden Strafzwecke. ➜ M1-4

*12 Die Würde des Menschen

DIE WÜRDE DES MENSCHEN
IST UNANTASTBAR.
SIE ZU ACHTEN
UND ZU SCHÜTZEN
IST VERPFLICHTUNG ALLER
STAATLICHEN GEWALT.

Artikel 1 Grundgesetz, Absatz 1

M1 Ideengeschichte des Würdebegriffs

Die uns geläufige Idee der Menschenwürde als unverlierbare Wesensbestimmung war nicht allen Zeiten und Kulturen bekannt. In den Zeugnissen der antiken Griechen und Römer, welche die Sklaverei für philosophisch begründbar hielten, sucht man sie vergebens. Die Alten bestritten nicht nur, dass alle Menschen die gleiche Würde haben, sie leugneten auch die Würde als natürliche Grundausstattung. Würde war für sie nicht etwas, das allen Menschen zukommt, noch weniger etwas, das allen zusteht. Zwar gibt es im griechischen Altertum verschiedene Begriffe für Würde, wie „timē", „axia", „axioma", die man normalerweise mit Wert, Ehre oder Ansehen übersetzt; diese Ausdrücke bezeichnen aber in der Regel keine Eigenschaften, die der Mensch von Natur aus hat. Die Würde galt nicht als angeborenes Wesensmerkmal, sondern als Ergebnis moralischer Leistungen und Verdienste. [...] In Humanismus und Renaissance gilt die [...] Würde des Menschen als Wesensmerkmal, das dem Menschen als solchem zukommt, nicht allein gehobenem Stand, adeliger Herkunft und tadelloser Lebensweise. Aus diesem allen Menschen angeborenen Wesensmerkmal wird dann die Pflicht herausgelesen, ehrenhaft zu leben, sich selbst und andere zu achten, ohne dass die Würde auf diesen Gestaltungsauftrag reduziert wäre. Weit davon entfernt, sich vom christlich-metaphysischen Menschenbild abzukehren, das die Renaissance-Philosophen im Gegenteil weiter ausmalten, gründeten sie Größe und Erhabenheit des Menschen auf dessen Gottebenbildlichkeit, Verstand und Sonderstellung in der Welt.

Franz Josef Wetz, Die Würde der Menschen ist antastbar, S. 16, 33

M2 Dasein um seiner selbst willen

Das Grundgesetz proklamiert das Grundrecht auf Leben und die Unantastbarkeit der Menschenwürde. Dass diese Garantien als rechtlich verbindliche Garantien vorhanden sind, ist kein Zufall. Es waren die Erfahrungen aus der NS-Zeit, die dazu führten, dass gerade die Unverletzlichkeit und das Achtungsgebot der Menschenwürde sowie das Grundrecht auf Leben in das Grundgesetz aufgenommen wurden. Die Anerkennung und Achtung der Würde des Menschen wurde bewusst an den Anfang des Grundgesetzes gestellt. Sie sollte das (normative) Fundament der neu zu errichtenden staatlichen Ordnung verdeutlichen, damit sich das, was während der NS-Herrschaft an Erniedrigung der Menschen, an Verletzung ihres Rechts, ihrer Freiheit, ihrer Würde geschehen war, nicht mehr wiederholen könne. Und man ließ es nicht dabei, die Unantastbarkeit der Würde des Menschen nur zu proklamieren, vielmehr fügte man dieser Proklamation den Satz an: „Sie zu achten und zu schützen ist Aufgabe aller staatlichen Gewalt." Damit wurden die Anerkennung und Achtung der Menschenwürde als verbindliches normatives Prinzip für alles staatliche Handeln und auch für das Zusammenleben in der Gesellschaft festgelegt. Das bedeutet, dass die Anerkennung und Achtung jedes Menschen als Subjekt, als Träger grundlegender Rechte und der Freiheit zu verantwortlichem Handeln, vorgegeben ist und nicht zur Disposition steht. Somit steht ein Halte- und Orientierungspunkt bereit, der nicht nur ein ethisch-moralisches Angebot ist, das man annehmen kann, vielmehr als Teil der Verfassung ein verbindliches normatives Prinzip darstellt. [...]
Maßstäbe für das Verhalten der Menschen zueinander, Gebote und Verbote für ihr Handeln [...] zu formulieren und zu begründen ist eine Aufgabe von Philosophie, Ethik und – nicht zuletzt – des Rechts.

*Ernst-Wolfgang Böckenförde, Menschenwürde.
In: Deutsches Ärzteblatt 2003; 100: A 1246–1249 [Heft 19]*

M3 Menschenrechte als Gestaltungsauftrag

Im Zeitalter der modernen Naturwissenschaften bestehen erhebliche Zweifel an der angeborenen Menschenwürde überhaupt. So erschüttert etwa die neuzeitliche Kosmologie die stolze Anmaßung der Erdenbürger, eine besondere Würde zu besitzen, indem sie die Erde und die darauf lebenden Menschen nicht einmal wie flüchtige Pünktchen erscheinen lässt. Ähnliches bewirkt die biologische Evolutionslehre, wodurch die Menschheit als Zufallsergebnis einer langen, ungerichteten Entwicklung erbarmungslos in das Naturgeschehen hineingezogen wird. Dazu passen die moderne Genetik und die seit einigen Jahren in den Mittelpunkt philosophischen Interesses gerückten Neurowissenschaften, nach denen unser Verhalten und Geistesleben stärker als bisher angenommen von Erbanlagen und unbewussten Hirnprozessen bestimmt wird. Die Würde scheint heute dem Raubbau von Neuronen und Genen zu unterliegen, die sie sich mit wachsendem Appetit einverleiben. Offenbar gibt es in der Natur kein Zeichen, das der Mensch als Indiz für seine Wesenswürde auf sich beziehen könnte. [...] Dennoch werden wir uns mit einer völligen Verwerfung der Würdeidee weder anfreunden wollen noch abfinden können. [...] Nach alledem gibt es selbst heute noch einen allgemein gültigen Weg zur Menschenwürde: Er verläuft von der Bedürftigkeit und Verletzbarkeit des Einzelnen über seine Fähigkeit und Bereitschaft zu selbtdistanzierter Erkenntnis der allgemein menschlichen Situation hin zu ethischen Grundsätzen. So gesehen ist Würde nichts Vorgegebenes, kein abstraktes Wesensmerkmal mehr, sondern etwas Aufgegebenes, ein konkreter Gestaltungsauftrag. [...] Was aber ein würdevolles Dasein ist, das beschreiben wohl noch am besten die allgemeinen Menschenrechte [...]. Sie formulieren auf leicht verständliche Weise Rechtsansprüche des Einzelnen auf Leben, Freiheit und Sicherheit; Nahrung und Bildung; Gleichheit vor dem Gesetz, Unabhängigkeit der Justiz und überhaupt das Recht auf ein Gemeinwesen, das die Voraussetzungen dafür schafft. Diese Gleichsetzung von Leben in Würde mit verwirklichten Menschenrechten bleibt nicht ohne Folgen für das herkömmliche Verhältnis beider Begriffe zueinander. Normalerweise betrachtet man die Menschenwürde als tragendes Fundament der Menschenrechte, als deren unverbrüchlichen Ableitungsgrund [...]. Man sagt, die Menschenrechte seien Forderungen, die sich aus der Idee der Menschenwürde ergeben. Im Gegensatz dazu wird hier die Menschenwürde von den Menschenrechten her interpretiert: Die Menschenwürde sei der höchste Gipfel der Menschenrechte, weniger deren Grundlage als vielmehr deren Ziel. [...] Der zu erwartende Einwand, dass die Menschenrechte ihre Legitimation verlieren, wenn sie nicht auf die Idee der Wesenswürde als deren wahre Quelle gegründet werden, lässt sich nicht aufrechterhalten. Denn es ist einfach falsch, dass allein die Idee der angeborenen Wesenswürde die Menschenrechte garantieren kann. [...] Die Menschenrechte [können] durchaus ethisch begründet werden und dadurch für sich stehen. Es bedarf keiner tiefsinnigen Reflexion, um zu erkennen, dass Schmerz, Leid oder Unterdrückung nicht nur für einen selbst, sondern für alle etwas Schlimmes sind.

Franz Josef Wetz, Die Würde des Menschen: antastbar?, S. 13-16

DER MENSCH UND ÜBERHAUPT
JEDES VERNÜNFTIGE WESEN
EXISTIERT ALS ZWECK AN SICH SELBST,
NICHT BLOSS ALS MITTEL
ZUM BELIEBIGEN GEBRAUCHE
FÜR DIESEN ODER JENEN WILLEN [...].

Immanuel Kant, Grundlegung zur Metaphysik der Sitten, S. 428

1 Recherchieren Sie die Ideengeschichte des Menschenwürdebegriffs. ➜ M1

2 Legen Sie dar, inwiefern der Begriff der Menschenwürde im Grundgesetz von Kant geprägt ist, und nehmen Sie Stellung zum Gedanken Kants, dass jeder Mensch „als Zweck an sich selbst" existiert und nicht instrumentalisiert werden will. ➜ M2/Kantzitat

3 Erarbeiten Sie die Argumentation von Wetz bezüglich des Verhältnisses von Menschenwürde und Menschenrechten. ➜ M3

*13 Frei und an Würde und Rechten gleich

M1 Die Allgemeine Erklärung der Menschenrechte

„Alle Menschen sind frei und an Würde und Rechten gleich geboren"

Artikel 1, Satz 1 der Allgemeinen Erklärung der Menschenrechte der Vereinten Nationen 1948

Der Begriff der Menschenrechte formuliert die Verbindung zweier Komponenten: Es geht um Rechte, die mit dem Menschsein als solchem gegeben sind. Den ethischen Grund dafür bietet die Menschenwürde, die in jedem Menschen gleichermaßen zu respektieren ist. [...] Bildhaft wird davon gesprochen, dass die Menschenwürde und die Menschenrechte dem Menschen „angeboren" seien. In dieser Anknüpfung an das allgemeine Menschsein besteht der Universalismus der Menschenrechte.

Respekt für die Menschenwürde zeigt sich darin, dass jeder Mensch als ein *Subjekt freier Selbstbestimmung und freier Mitbestimmung* geachtet wird und dies auch rechtlich abgesichert wird. Als Rechtsansprüche auf freie Selbst- und Mitbestimmung sind die Menschenrechte wesentlich *Freiheitsrechte*. [...] Keineswegs selbstverständlich ist die Einsicht, dass auch *soziale Menschenrechte* Freiheitsansprüche formulieren. Zum Beispiel tragen das Recht auf eine soziale Mindestsicherung und das Recht auf Gewerkschaftsbildung dazu bei, dass Menschen im Arbeitsleben vor einseitigen Abhängigkeiten und daraus resultierender Unfreiheit geschützt sind. Zu den sozialen Menschenrechten zählt übrigens auch das Recht auf Bildung. [...] Das menschenrechtliche Freiheitsprinzip ist unauflöslich verbunden mit dem Anspruch der *Gleichberechtigung* [...]. Seine konkrete Ausformung findet der Gleichberechtigungsanspruch im *Diskriminierungsverbot*, das in allen menschenrechtlichen Dokumenten eine zentrale Stellung innehat.

Heiner Bielefeldt / Oliver Trisch, Menschenrechtsbildung, Ausgabe 1/Juli 2006

M2 Straße der Menschenrechte

Dani Karavan, Straße der Menschenrechte, 1993

In Nürnberg hat der israelische Künstler Dani Karavan die *Straße der Menschenrechte* geschaffen als Verbindung des alten und neuen Teils des Germanischen Nationalmuseums. Eine Fassade aus weißem Beton mit drei Torbögen auf der einen Seite, auf der anderen Seite die alte Stadtmauer. Der Raum zwischen den beiden Gebäuden des Museums wird von Säulen beherrscht, die die 30 Paragraphen der Allgemeinen Erklärung der Menschenrechte von 1948 tragen. Die Paragraphen sind auf der einen Seite in Deutsch, auf der anderen in einer Sprache zu lesen, die von einem Volk gesprochen wird, das weltweit Opfer von Diskriminierung war oder ist oder das sich durch seinen Widerstand gegen das Naziregime hervorgetan hat.

nach Pierre Restany, in: Dani Karavan, Eine ausdrücklich politische Kunst

M3 Menschenrechte als Jahrtausendaufgabe

In einer „Milleniums-Erklärung" der Vereinten Nationen bekräftigten über 150 Staats- und Regierungschefs im Jahr 2000 die Bedeutung der Menschenrechte in einer gemeinsamen Resolution. Dabei sind die Herausforderungen an die Staatengemeinschaft groß.

✱ Nach wie vor wächst der Hunger in der Welt und kostet jeden Tag Zehntausende Menschen das Leben [...]. Obwohl auf unserem Planeten genügend Nahrungsmittel für alle produziert und eine wesentlich größere Weltbevölkerung ernährt werden könnte, leiden viele Menschen unter den krassen Besitzunterschieden und der fehlenden Möglichkeit, ihren Lebensunterhalt selbst zu verdienen. Da die Bevölkerung gerade in den unterentwickelten Ländern rapide wächst, geht es für diese Menschen um das Recht zu überleben.

✱ Diese Probleme werden verschärft durch die weltweite Umweltzerstörung und die globale Erderwärmung, die das Klima und die Lebensbedingungen für Mensch und Tier dramatisch verändern. [...]

✱ Eine boomende Weltwirtschaft war bisher von übermäßiger Ressourcenverschwendung begleitet. Das Ölzeitalter neigt sich bereits seinem Ende entgegen. Nicht auszuschließen, dass noch mancher Krieg um Ressourcen und Rohstoffe entbrennt. Im Wettlauf um die Gunst rohstoffreicher Länder verschließen schon heute auch viele demokratische Staaten die Augen vor Menschenrechtsverletzungen, die in diesen Ländern geschehen.

✱ Auch die islamistischen Terroranschläge des 11. September 2001 in New York und Washington trübten nachhaltig die Euphorie des Jahrtausendwechsels. Unter dem Eindruck dieser und weiterer Attentate schränkten nicht wenige Staaten ihre Grundrechte erheblich ein, ohne den Bürgerinnen und Bürgern die Furcht vor neuen Anschlägen nehmen zu können. Der von den USA ausgerufene „Krieg gegen den Terror" brachte bisher nicht den gewünschten Erfolg, führte aber vor allem in Afghanistan und im Irak zu neuerlichen Menschenrechtsverletzungen.

nach Axel Herrmann, Menschenrechte und Weltprobleme im 21. Jahrhundert. In: Informationen zur politischen Bildung, Heft 297, www.bpb.de

M4 Vernunftidee oder Utopie?

Diese Vernunftidee einer friedlichen, wenn gleich noch nicht freundschaftlichen, durchgängigen Gemeinschaft aller Völker auf Erden, die untereinander in wirksame Verhältnisse kommen können, ist nicht etwa philanthropisch (ethisch), sondern ein rechtliches Prinzip. Die Natur hat sie alle zusammen (vermöge der Kugelgestalt ihres Aufenthalts, als globus terraqueus) in bestimmte Grenzen eingeschlossen; und da der Besitz des Bodens, worauf der Erdbewohner leben kann, immer nur als Besitz von einem Teil eines bestimmten Ganzen, folglich als ein solcher, auf den jeder derselben ursprünglich ein Recht hat, gedacht werden kann: so stehen alle Völker ursprünglich in einer Gemeinschaft des Bodens, nicht aber der rechtlichen Gemeinschaft des Besitzes (communio) und hiermit des Gebrauchs, oder des Eigentums an demselben, sondern der physischen möglichen Wechselwirkung (commercium), d. i. in einem durchgängigen Verhältnis eines zu allen Anderen, sich zum Verkehr untereinander anzubieten, und haben ein Recht, den Versuch mit demselben zu machen, ohne dass der Auswärtige ihm darum als einem Feind zu begegnen berechtigt wäre. – Dieses Recht, sofern es auf die mögliche Vereinigung aller Völker in Absicht auf gewisse allgemeine Gesetze ihres möglichen Verkehrs geht, kann das weltbürgerliche (ius cosmopoliticum) genannt werden.

Immanuel Kant, Metaphysik der Sitten, S. 352

1. Erläutern Sie, inwiefern Artikel 1 der UNO-Menschenrechtserklärung die Grundforderungen aller Artikel im Kern enthält. ➜ M1
2. Diskutieren Sie ausgehend vom Beispiel des Nürnberger Projekts (weitere Informationen auf der Homepage der Stadt Nürnberg: www.nuernberg.de), welchen Beitrag künstlerische Darstellungen zur Mahnung an die Menschenrechte leisten können. ➜ M2
3. Erarbeiten Sie, ob es eine moralische Pflicht gibt, sich für Menschenrechte einzusetzen. ➜ M3
4. Diskutieren Sie, inwiefern die Vernunftidee einer friedlichen Völkergemeinschaft als rechtliches oder utopisches Prinzip verstanden werden muss. ➜ M4

1 Pluralistische Gesellschaft und Moral

M1 Normenverfall?

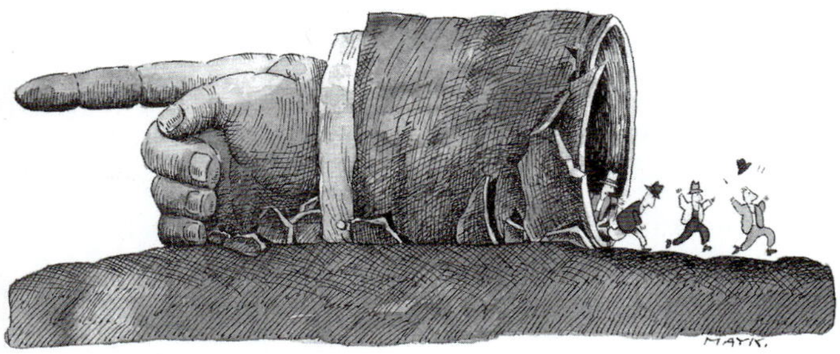

Janusz Majewski

M2 Motor: Individualisierung

Löst sich die Gesellschaft auf? Wenn man das Gejammere über „Individualisierung“ glaubt, könnte man es fast meinen. [...] Gibt es keine Solidarität mehr? Kann eine Gesellschaft der Ellebogen überhaupt noch „Gesellschaft“ genannt werden? [...] „Individualisierung“ meint [...] erstens die *Auf*lösung, zweitens die *Ab*lösung industriegesellschaftlicher Lebensformen (Klasse, Schicht, Geschlechterrolle, Familie) durch solche, in denen die Individuen ihre Biographie selbst herstellen, inszenieren, zusammenschustern müssen. Die Normalbiographie wird zur Wahlbiographie, zur „Bastelbiographie“. [...] Individualisierung beruht also keineswegs auf einer freien Entscheidung. Die Menschen sind – um es mit Sartre zu sagen – zur Individualisierung verdammt. Es handelt sich um einen Zwang, einen paradoxen Zwang freilich, zur Selbstherstellung, Selbstgestaltung, Selbstinszenierung, nicht nur der eigenen Biographie, sondern auch ihrer moralischen, sozialen und politischen Bindungen [...]. Wo alles in Entscheidungen, die riskant werden, verwandelt wurde, muss von nun an sogar die traditionale Ehe gewählt und mit all den in sie eingebauten Widersprüchen als persönliches Risiko begründet und gelebt werden. Früher dominierten ständische Heiratsverbote und -gebote, heute die anonymen Anforderungen der Erwerbsarbeit und sozialen Sicherungen, allerdings mit einem wesentlichen Unterschied: Während die engen Traditionsmuster zur Gemeinsamkeit verpflichteten, zwingen die Vorgaben heute dazu, ein eigenes Leben aufzubauen und zu führen, bei Strafe ökonomischer Benachteiligungen. [...] Was nicht heißt, dass Individualisierung nur passiv erlebt und erlitten wird. Niemand will zurück.

Ulrich Beck, Vom Verschwinden der Solidarität, S. 31-35

M3 Verbindliche Regeln für alle?

In einem Gespräch in der Zeitschrift „Geo“ diskutieren der katholische Pfarrer Franz Meurer und Inge Wolff, Vorsitzende des „Arbeitskreises Umgangsformen International“, mit den Philosophen Detlef Horster und Kurt Bayertz über Moral in einer pluralistischen Gesellschaft.

Geo: In welchem Zustand befindet sich die Moral? Einerseits gibt es ein großes Wehklagen über den zunehmenden Sittenverfall. Andererseits spenden die Menschen so viel wie noch nie. [...]

Wolff: Ich glaube, viel Zusammenhalt ist dadurch verloren gegangen, dass die verbindenden Rituale immer weniger geworden sind. Die Strukturen, die von der Kirche vorgegeben waren, haben sich weitgehend aufgelöst. Und es gibt keine großen homogenen Gruppen mehr, die sich der gleichen Moral verpflichtet fühlen. Jetzt fangen wir plötzlich an, darüber nachzudenken: Oh Gott, wie kriegen wir wenigstens diese kleinen Alltagswerte wieder hin, die den Umgang miteinander erträglicher machen? [...]

Horster: Wandel ist ja nicht unbedingt Verlust. Wenn ich die Vorstellung habe, außerehelicher Geschlechtsverkehr oder ein uneheliches Kind sind unmoralisch, dann leben wir natürlich in einer abgrundtief unmoralischen Gesellschaft. Aber wer sagt denn, dass das unmoralisch ist?

Meurer: Ich zum Beispiel. Wenn man mit 13, 14 oder 15 ein Kind bekommt, ist das nicht gut. [...] Das Fehlen moralischer Regeln ist gerade für arme und einfache Menschen ein großes Problem. [...]

Bayertz: Wir müssen einfach damit leben, dass die Gesellschaft sich ändert, und bestimmte Wertvorstellungen ändern sich auch. Wenn Sie sagen, es ist nicht gut, dass eine 13-Jährige ihr Kind bekommt – sofort einverstanden. Aber nicht alles, was wir nicht gut finden, ist deswegen schon unmoralisch. [...] Manche glauben, dass die Philosophie ihnen sagen kann, „wo es langgehen soll“. Diesem Bedürfnis sollte sich die Moralphilosophie aber entziehen. Ihre Leistung besteht darin, das Handwerkszeug zur Lösung von Problemen bereitzustellen, nicht die Problemlösung selbst. Philosophische Theorien ersetzen das eigene Denken und Entscheiden nicht. [...] Wir leben in einer Gesellschaft, die dem Individuum in ungeheurem Maße Freiheit zubilligt. Das ist ein großer Fortschritt. Nicht alle sind jedoch in der Lage, mit dieser Freiheit umzugehen. Daraus entsteht eine Verunsicherung, die manche in den Fundamentalismus treibt. Früher wurde einem vorgegeben, welchen Beruf man zu ergreifen hatte, welche Frau oder welchen Mann man heiraten sollte, in welcher Stadt man lebte, in welcher Kirche man war. Heute können wir uns alles frei aussuchen, sogar unseren eigenen Tod. Wir diskutieren zum Beispiel über Patienten-Testamente. Das heißt, ich kann festlegen, unter welchen Umständen ich reanimiert werden möchte oder nicht. Ich halte das für gut, aber wir dürfen nicht übersehen, dass viele Menschen damit überfordert sind. [...]

Horster: Jeder soll sich die Frage stellen: Welche Konsequenzen hat ein moralisches Handeln? Wenn ich mich in dieser Situation so entscheide, komme ich dann mit meinem Gewissen auf lange Sicht klar oder nicht? [...] Moralische Entscheidungen sind durch technische Entwicklungen wie Embryonenforschung, Pränataldiagnostik [...] sehr viel schwieriger geworden. Es gibt den Umgang mit Menschen aus fremden Kulturen. [...] All das hat es in früherer Zeit, als wir noch eine christlich-homogene Gesellschaft hatten, nicht gegeben. [...]

Geo: Reicht die Verfassung mit ihren Grundwerten als Fundament einer modernen nachchristlichen Moral? [...]

Bayertz: Die Verfassung ist eine notwendige, aber keine hinreichende moralische Bedingung. Das Gleiche gilt für die Kirchen, Greenpeace, für die Gewerkschaften. Alle Gruppen spielen im Moralkonzert eine Rolle. [...] Moralische Wahrheit kann in diesem Konzert niemand für sich beanspruchen. [...] Ein großer Teil der Unzufriedenheit mit modernen pluralistischen Moralauffassungen resultiert wohl daraus, dass wir immer noch der Vorstellung verhaftet sind, Moral sei ein unumstößliches Gesetz, das in steinerne Tafeln gemeißelt ist. Und eine zentrale Institution müsse dieses Gesetz vertreten und durchsetzen. Ich halte das für grundfalsch. Es ist doch eine Errungenschaft, dass wir heute nicht mehr nur eine Partei haben, sondern viele. Die gefallen uns vielleicht alle nicht besonders gut, aber immerhin können wir zwischen ihnen wählen. Warum soll es in Sache Moral anders sein? Es gibt zwar einen harten Kern von Regeln, die von allen respektiert werden müssen; drum herum ist aber Raum für verschiedene Ansichten.

Geo-Wissen Nr. 35/2005, S. 22-27

M4 Wertorientierung Jugendlicher

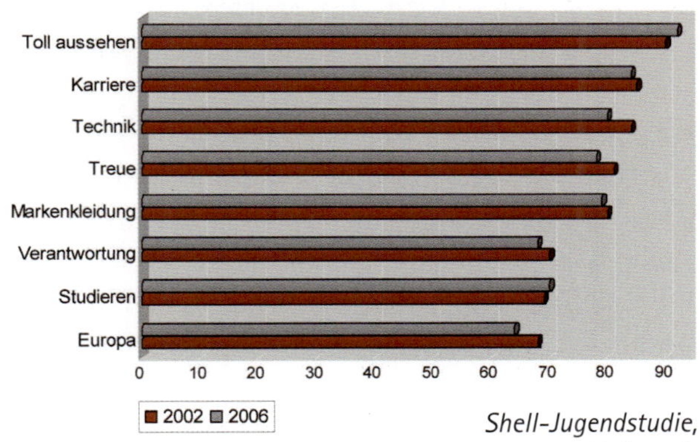

Shell-Jugendstudie, www.21-kom.de

1 Gestalten Sie Denk- und Sprechblasen für die einzelnen Personen. ➜ M1
2 Erläutern Sie, inwiefern Individualisierung „ein kollektives Schicksal“ (Beck) ist. ➜ M2
3 Erstellen Sie eine Mindmap von den Regeln, die Ihrer Auffassung nach in einer Gesellschaft von allen beachtet werden müssen. ➜ M3
4 Nehmen Sie Stellung zu der Aufgabe, die Bayertz der Moralphilosophie in einer Gesellschaft mit pluralistischen Wertvorstellungen zuweist. ➜ M3
5 Diskutieren Sie Vor- und Nachteile des Umstandes, dass wir in einer Gesellschaft leben, die „dem Individuum in ungeheurem Maße Freiheit zubilligt“ (Bayertz, M3, Z. 39f.). ➜ M1-4

2 Recht auf Meinungsfreiheit

M1 Köln wehrt sich gegen „Kongress"

Als historisches Ereignis hatten „Pro Köln" [...] ihren „Anti-Islamisierungskongress" angekündigt, Spitzenpolitiker der europäischen extremen Rechten [...] sollten unter dem Deckmantel der Islamkritik Hass und Angst schüren. [...] Heraus kam nun eine mehr als peinliche Lachnummer. [Es] [...] setzten Wirte und Hoteliers die Rechtspopulisten auf die Straße, Taxis verweigerten ihnen die Fahrt. Am Samstag schaffen es von den angeblich zu erwartenden 1500 Sympathisanten [...] gerade einmal ein paar Dutzend auf den Heumarkt. Rund um den Platz blockieren Gegendemonstranten jeden Zugang zum Kundgebungsort: Straßen, Gassen, Gleise, U-Bahn-Ausgänge – alle Wege sind dicht.

Lenz Jacobsen / Philipp Wittrock, Köln lässt Rechtspopulisten abblitzen, www.spiegel.de

Aufruf zum „Antiislamisierungskongress", www.pro-koeln.org

M2 Anhaltspunkte für den Verdacht rechtsextremistischer Bestrebungen

[Das Verwaltungsgericht Düsseldorf hat] [...] festgestellt, dass sich [...] aus Äußerungen in den „pro Köln"-Infoblättern sowie aus Artikeln, die sich im Archiv der Homepage von „pro Köln" befinden, Anhaltspunkte für den Verdacht von Bestrebungen ergeben, Schutzgüter der freiheitlichen demokratischen Grundordnung zu beseitigen oder außer Geltung zu setzen.

Verfassungsschutzbericht NRW 2008, S. 61

M3 Demonstrationsfreiheit gilt für alle!

Die Kölner dürfen sich die Ereignisse vom Wochenende als Triumph der Zivilgesellschaft ans Kostüm heften. Doch bleibt nach dem kölschen Hochamt für die Toleranz auch ein schaler Nachgeschmack. Bei aller Kritik an ihren Ansichten, wie steht es um die Demonstrationsfreiheit der Veranstalter? [...] Statt der großspurig angekündigten 1500 europäischen Rechten verlaufen sich 50 Sympathisanten auf dem Heumarkt in der Altstadt. Hoch zu Ross [...] ist die Polizei sofort präsent, als jugendliche „Autonome" am Rheinufer Rabatz machen. Müllcontainer brennen, von insgesamt 4000 Polizisten werden sechs leicht verletzt. [...] Der Krawall liefert der Polizei den Vorwand, es gebe „unkalkulierbare Risiken für die Sicherheit der Kölner [...]. Die Kundgebung wird untersagt." [...] Köln stand bei Weitem nicht am Rand des Bürgerkriegs. So ist schwer zu sehen, warum die Polizei nicht den Teilnehmern den Weg zu ihrer Demonstration bahnt. Zur Not mit hartem Durchgreifen. So will es das Grundgesetz, so sagen es die Verfassungsrichter. Und daran ändert sich auch nichts, wenn die Protestierer so auffallend kurze Haare haben [...]. Derlei Feinheiten stören Parteipolitiker jetzt nicht. [...] CDU-Ministerpräsident Rüttgers lobt die „Zivilcourage", mit der die 15000 Gegendemonstranten dem Häuflein Rechter entgegentraten. [...] Und Bundestagsvizepräsident Wolfgang Thierse (SPD) weist Kritik mit dem Argument zurück, man könne in solchen Fällen nicht nur „formaljuristisch" argumentieren: „Es geht schon darum, welches Anliegen welche Gruppierung vertritt, ob es dem friedlichen Zusammenleben dient, oder ob es stört." [...] Artikel 8 des Grundgesetzes gilt in Köln offenbar nur dann uneingeschränkt, wenn es die Mehrheit nicht stört.

Christian Denso, Haben Rechte Rechte?, S. 6

M4 Der Vorrang der Vorstellung vom guten Leben

Ich würde sagen, dass das Recht auf freie Meinungsäußerung durch eine moralische Bewertung der Zwecke gerechtfertigt sein sollte, denen sie dient. [...] Es kann aus praktischen Gründen wünschenswert sein, einige allgemeine Regeln für die Fälle aufzustellen, in denen das Recht auf freie Meinungsäußerung zu gelten [...] hat. [...] Diese Regeln müssten allerdings auf dem gründen, was das Recht auf freie Meinungsäußerung überhaupt rechtfertigt, und m. E. ist die beste Rechtfertigung dieses Rechts ein bestimmter Zweck, eine bestimmte Konzeption der guten Gesellschaft [...]. Lassen Sie mich einen [...] Fall anführen. Sollen Hetzreden erlaubt sein? Soll es einer Neonazipartei erlaubt sein, in Skokie aufzumarschieren, einer Stadt in Illinois, in der viele Überlebende des Holocaust wohnen? Ich würde fragen: Dienen die Hetzreden der Nazipartei [...] dem Ziel, einen Beitrag zur Selbstverwaltung oder zur demokratischen Meinungsbildung zu leisten? In diesem Fall hatte die Stadt Verfügungen zum Verbot von Hetzreden erlassen. Das Gericht hob diese Verfügungen mit der Begründung auf, sie seien nicht mit dem Recht auf freie Meinungsäußerung vereinbar; es verlange Neutralität gegenüber den Inhalten. Würde man die Meinungsfreiheit mit dem Argument verteidigen, dass sie dem öffentlichen Leben in einer Demokratie förderlich ist, dann könnten diese Verfügungen, dann könnten Gesetze zum Verbot von Hetzreden aufrechterhalten werden.

Michael J. Sandel, Die Grenzen der Gerechtigkeit und das Gute der Gemeinschaft, S. 246-248

M5 Gemeinschaft versus Fanatiker

[...] ein Pragmatist [...] unterscheidet zwischen Menschen, deren Gewissensentscheidungen geachtet werden müssen, und Menschen, die er als „fanatisch" zu betrachten sich erlauben kann. [...] Er muss das, was als vernünftig oder fanatisch gilt, im Hinblick auf die Tradition einer bestimmten Gemeinschaft, den Konsens einer bestimmten Gruppe, relativieren. Was als fanatisch gilt, kommt auf die Gruppe an, vor der wir meinen, uns rechtfertigen zu müssen.

Richard Rorty, Der Vorrang der Demokratie vor der Philosophie, S. 5

M6 Der Vorrang des Rechten vor dem Guten

Da eine gerechte Verfassung besteht, haben [...] alle Bürger die [...] Gerechtigkeitspflicht, sie einzuhalten. [...] Gerechte Bürger sollten also bemüht sein, die Verfassung mit allen ihren gleichen Freiheiten aufrechtzuerhalten, solange die Freiheit selbst und ihre eigene Freiheit nicht gefährdet ist. Sie können die Intoleranten in angemessener Weise zwingen, die Freiheit anderer zu achten [...]. Doch wenn die Verfassung selbst nicht in Gefahr ist, gibt es keinen Grund, den Intoleranten die Freiheit zu verweigern.

John Rawls, Eine Theorie der Gerechtigkeit, S. 248f.

M7 Die Grundsätze der Verfassung

Innerhalb eines politischen Gemeinwesens, dessen Bürger sich reziprok die gleichen Rechte einräumen, ist kein Platz mehr für eine Autorität, die eine Grenze des zu Tolerierenden einseitig festlegen könnte. Auf der Basis der Gleichberechtigung und der reziproken Anerkennung der Bürger besitzt niemand das Privileg, die Grenzen der Toleranz nur aus der Perspektive je eigener Wertsetzungen vorzunehmen. [...] Schon in der Verfassung selbst sind Institutionen und Verfahren festgelegt, die Konflikte der Verfassungsinterpretation entscheiden sollen - so auch die Frage, wo im Einzelfall die Grenze verläuft, jenseits derer [...] eine öffentliche Agitation „den Boden der Verfassung" verlässt.

Jürgen Habermas, Fundamentalismus und Terror, S. 29f.

1 Rekonstruieren Sie, inwiefern das Recht auf freie Meinungsäußerung durch die Kölner Ereignisse berührt wurde. Halten Sie das Verbot für angemessen? ➜ M1-3

2 Erarbeiten Sie den Streitpunkt zwischen Liberalen und „Gemeinschaftlern" (= Kommunitaristen) am Beispiel des Verständnisses des Rechtes auf Meinungsfreiheit. ➜ M3-6

3 Diskutieren Sie die Überzeugungskraft der jeweiligen Position und nehmen Sie Stellung. ➜ M3-7

3 Streitfall: Moscheebau

M1 Standpunkte

Abdul Tariq ist Imam der Berliner Ahmadiyyah-Gemeinde. 1982 floh er aus Pakistan, wo die Ahmadi-Muslime verfolgt werden. Joachim Swietlik ist Vorsitzender der „Interessengemeinschaft Pankow-Heinersdorfer Bürger".

DIE ZEIT: Wir treffen uns hier auf neutralem Boden [...]. Immerhin haben Sie beide sich zur Begrüßung die Hand gegeben.

Joachim Swietlik: Ich habe mir das, ehrlich gesagt, vorher gut überlegt. Als wir von der Bürgerinitiative uns zum ersten Mal mit den Mitgliedern der Ahmadiyyah-Gemeinde getroffen haben, da haben uns nämlich die Frauen den Handschlag verweigert mit der Begründung, das sei aus religiösen Gründen nicht üblich. Wir haben dann beschlossen, dass wir im Gegenzug den Männern der Gemeinde nicht die Hand geben. Aber jetzt sind wir ja quasi unter uns.

Abdul Tariq: Nach dem islamischen Glauben darf es keine Körperberührung zwischen fremden Männern und Frauen geben. Das geht nur im engeren Verwandtenkreis. Wir waren schon sehr verletzt, als Sie uns damals nicht die Hand gaben. Es hätte doch eine einfache Lösung gegeben: Die Männer geben den Männern die Hand, die Frauen den Frauen.

Swietlik: Sie haben sich nun mal entschlossen, in unserem Kulturkreis zu leben, und da ist der Gruß mit Handschlag Usus.

Tariq: Ich kann es nicht ändern, diese Sittlichkeit ist uns sehr wichtig. Der Heilige Prophet Mohammed, Gottes Friede sei mit ihm, hat fremden Frauen nie die Hand gegeben.

DIE ZEIT: Herr Swietlik, der Imam wird [...] eine neue Moschee in Berlin-Heinersdorf bauen, die erste Moschee im Ostteil der Stadt. [...] Warum wollen Sie ihn nicht als Nachbarn haben?

Swietlik: Wir sind nicht pauschal gegen Moscheen. Wir finden nur, eine Moschee sollte da stehen, wo die Gemeinde ihren Lebensmittelpunkt hat oder die Mehrzahl der Gemeindemitglieder. In diesem Fall wohnt die Hälfte in Reinickendorf, wo die bisherige Moschee in einem Einfamilienhaus untergebracht ist [...]. Die Mitglieder der Gemeinde würden touristengleich durch die Stadt nach Heinersdorf fahren, [...] dort ihr Gebet verrichten und wieder nach Hause fahren. Ein guter Muslim soll fünfmal am Tag beten. Also fahren die die ganze Zeit nur hin und her.

Tariq: Kaum einer kommt fünfmal am Tag zum Gebet, die Leute sind ja berufstätig. Wir sind meistens nur 10 bis 15 Leute, nur am Freitag sind wir 80 bis 100. Es gibt die Regel: Wenn die Moschee zu weit weg ist, kann man die Gebete auch zu Hause verrichten.

Swietlik: Warum brauchen Sie dann überhaupt eine neue Moschee? Sie haben doch immer gesagt, Sie benötigen mehr Platz. Da klaffen doch Behauptung und Realität auseinander, und wir fragen uns: Wie glaubwürdig sind Sie? Herr Tariq, Sie sind in Heinersdorf nicht beliebt; wir haben mehr als 6000 Unterschriften gegen Sie gesammelt. Wieso sind Sie nicht woanders hingegangen?

Tariq: Ach, wissen Sie, ich habe inzwischen gelernt, dass in Deutschland niemand eine Moschee in seiner Nachbarschaft haben will, genauso wie niemand ein Gefängnis will, eine Mülldeponie und auch kein ...

Swietlik: ... kein Atomkraftwerk!

Tariq: Genau. Egal, wo wir bauen: Wir werden nicht mit Blumen empfangen.

DIE ZEIT: [...] Auf einer Versammlung in Heinersdorf haben Moscheegegner gerufen: „Wir sind das Volk" und „Haut ab".

Tariq: An diesem Abend habe ich mich wirklich gefragt: Bin ich in Deutschland, in einem Land mit Religionsfreiheit?

Tanja Stelzer / Matthias Stolz, Dialog der Kulturen, DIE ZEIT, 11.01.2007, Nr. 3, S. 47

M2 Grundsätzliches Verbot des Moscheebaus?

ja	nein	weiß nicht
30%	68%	2%

nach Statista 2009, www.statista.com

M3 Der Fall Bad Wurzach

GEMEINDERAT

Wird in der Waldburgstraße eine Moschee gebaut?
Der türkisch-islamische Verein will in Bad Wurzach eine Moschee bauen. Konkrete Pläne hierfür liegen auf dem Tisch; das Grundstück, auf dem sie gebaut werden soll, gehört jedoch der Stadt – und eine Entscheidung darüber, ob die Stadt dieses für den geplanten Bau verkaufen will, steht noch aus.

Maria Anna Weixler-Schürger, in: Schwäbische Zeitung, 23.4.1997

PODIUMSDISKUSSION

Kirchenglocken und Ruf des Muezzin
Jeder fünfte Bürger des Kernorts Bad Wurzach ist Ausländer. 60,5 Prozent hiervon sind Türken [...]. In der gesamten Großgemeinde leben fast tausend Türken. Ein gutes Viertel aller Grund- und Hauptschüler sind Muslime. In der Innenstadt ist ein starker Zuzug von Türken festzustellen, türkische Geschäfte gibt es etwa 15. Soweit die Fakten. Für viele Wurzacher stellt sich daraus aber die Frage, welche Auswirkungen dies auf das künftige Leben in der Riedstadt haben wird.

Maria Anna Weixler-Schürger, in: Schwäbische Zeitung, 16.10.1997

M4 Rollenspiel zum Moscheebau in Bad Wurzach

Rollenkarte

J. Müller
Kreisrat
Seine Aufgabe ist die Leitung der Diskussion. Zunächst begrüßt er die Teilnehmer, stellt sie vor und erklärt den Ablauf. Danach erhält jeder Teilnehmer die Möglichkeit für ein zweiminütiges Statement. Nach der Hälfte der Zeit wird die Diskussion für Fragen aus dem Publikum geöffnet. Er wird darauf achten, dass jede(r) ausreichend zu Wort kommt und möglichst eine Lösung gefunden wird.

Rollenkarte

M. Ünal
Sprecher des türkisch-islamischen Vereins
Sein Verein hat den Bauantrag gestellt. Für die stark anwachsende muslimische Gemeinde ist der bisherige Gebetsraum viel zu klein geworden. Außerdem hält er es für eine Selbstverständlichkeit, dass auch seiner Gemeinde die ungestörte Religionsausübung nach Grundgesetz-Artikel 4 (2) angemessen ermöglicht wird.

Rollenkarte

B. Mayer
Sprecher der „Interessengemeinschaft Bad Wurzacher Bürger“
Die Interessengemeinschaft will den Moscheebau verhindern. Die Vorbehalte richten sich gegen das zu erwartende hohe Verkehrsaufkommen und die Lärmbelästigung, werden aber auch gespeist durch massive Befürchtungen, was den Islam betrifft.

Rollenkarte

W. Görtz
Bürgermeister
Er ist durch die z. T. heftigen Diskussionen im Gemeinderat und der Öffentlichkeit beunruhigt und hofft, dass in dieser Diskussion eine tragfähige Perspektive für eine Lösung gefunden wird. Er kann die Befürchtungen, die in der Bevölkerung da sind, nicht ignorieren, weiß aber auch, dass ein beachtlicher Anteil der Wähler seiner Stadt Ausländer sind.

1 Erstellen Sie in Gruppen weitere Rollenkarten (z. B. Teilnehmer auf dem Podium: Gemeinderäte, Rektor der Hauptschule, Anwohner, Integrationsbeauftragter, Vertreter der christlichen Gemeinde; im Publikum: Bürger und Bürgerinnen aus Bad Wurzach, Pressevertreter als Beobachter) und führen Sie das Rollenspiel durch. Besprechen Sie das gefundene Ergebnis. → M1–4

2 Recherchieren Sie in Gruppen, wie z. B. in Bad Wurzach, Berlin oder Köln der Streit um den Bau einer Moschee verlaufen ist, und vergleichen Sie die Ergebnisse mit dem Ihres Rollenspiels.

4 Was bedeutet Toleranz?

M1 Toleranz ist ...

- ○ eine herablassende und bevormundende Geste von Individuen, Gruppen oder Autoritäten, die andere dulden, welche von ihnen nicht geachtet, aber auch nicht als gefährlich eingestuft werden.
- ○ ein Ausdruck wechselseitigen Respekts unter Menschen, die sich bei allen Unterschieden in relevanten Hinsichten als Gleiche achten.
- ○ ein Gewährenlassen des anderen, da das Wahre nicht feststellbar ist.
- ○ ein Zeichen der Solidarität für den Fremden und der Wertschätzung einer Pluralität von Lebensformen und Werten.
- ○ eine Haltung, die besagt, dass ich den anderen in Ruhe lasse, wenn er mich in Ruhe lässt.
- ○ eine notwendige Bedingung für den Wettstreit von Ideen und die Durchsetzung der Wahrheit.
- ○ ein notwendiger Waffenstillstand zwischen Gruppen mit differierenden Auffassungen.
- ○ eine Haltung von „leben und leben lassen".
- ○ ein Aushalten von Unterschieden, das auf Selbstvertrauen und Charakterstärke beruht.
- ○ eine soziale Verfallserscheinung, die auf Urteilsschwäche beruht.
- ○ ein Gebot der Nächstenliebe.
- ○ eine minimale Form der Anerkennung, die die Möglichkeit der Koexistenz hervorbringt.
- ○ eine gute Sache, wenn man sie sich leisten kann.
- ○ eine Notwendigkeit angesichts der Tatsache, dass Überzeugungen nicht erzwingbar sind und die Freiheit des Gewissens folglich nicht einzuschränken ist.
- ○ eine Praxis, die die Differenz zwischen Wahrem und Falschem neutralisiert.
- ○ eine Tugend der Gerechtigkeit, da sie die willkürliche und einseitige Zuerkennung von Rechten an bestimmte ethisch-kulturelle Gemeinschaften verhindert.
- ○ das Privileg des Stärkeren.
- ○ eine Fortsetzung der Ratlosigkeit mit anderen Mitteln.

nach Rainer Forst, Toleranz, S. 8f.

M2 Verschiedene Toleranzkonzeptionen

Rainer Forst stellt vier Konzeptionen vor, die in gegenwärtigen demokratischen Gesellschaften präsent sind und sich alle auf den politischen Kontext beziehen, in dem es innerhalb eines Staates um die Toleranz zwischen Gruppen geht, die normativ tiefgreifende Differenzen kultureller oder religiöser Art aufweisen.

1. Der ersten Auffassung zufolge, die ich die *Erlaubnis-Konzeption* nenne, bezeichnet Toleranz die Beziehung zwischen einer Autorität oder einer Mehrheit und einer von deren Wertvorstellungen abweichenden Minderheit (oder mehreren Minderheiten). Toleranz besteht darin, dass die Autorität der Minderheit die Erlaubnis gibt, ihren Überzeugungen gemäß zu leben, solange sie – und das ist die entscheidende Bedingung – die Vorherrschaft der Autorität oder Mehrheit nicht in Frage stellt. [...] Toleranz wird hierbei [...] verstanden [...] als [...] das Dulden einer als weder wertvoll noch gleichberechtigt angesehenen Überzeugung oder Praxis, die jedoch nicht die „Grenzen des Erträglichen" überschreitet. [...]
2. Die zweite Konzeption der Toleranz, die *Koexistenz-Konzeption*, gleicht der ersten darin, dass ihr zufolge Toleranz als geeignetes Mittel zur Konfliktvermeidung und zur Verfolgung eigener Ziele gilt und nicht selbst einen Wert darstellt [...]. Was sich jedoch verändert, ist die Konstellation [...]: Denn nun stehen sich nicht Autorität oder Mehrheit und Minderheit(en) gegenüber, sondern ungefähr gleich starke Gruppen, die einsehen, dass sie um des Friedens und ihrer eigenen Interessen willen Toleranz ausüben sollten. [...] Die Einsicht in die Vorzugswürdigkeit eines Zustandes der Toleranz [...] ist eine Einsicht in praktische Notwendigkeiten [...], verändert sich das gesellschaftliche Machtverhältnis zugunsten der einen oder anderen Gruppe, fällt für diese der wesentliche Grund für Toleranz weg. [...]
3. Im Unterschied hierzu geht die *Respekt-Konzeption* der Toleranz von einer moralisch begründeten Form der wechselseitigen Achtung der sich tolerierenden

Individuen bzw. Gruppen aus. Die Toleranzparteien respektieren einander als autonome Personen bzw. als gleichberechtigte Mitglieder einer rechtsstaatlich verfassten politischen Gemeinschaft. Obwohl sich ihre ethischen Überzeugungen des guten und wertvollen Lebens und ihre Praktiken stark voneinander unterscheiden und in wichtigen Hinsichten inkompatibel sind, anerkennen sie einander [...] als ethisch autonome Autoren ihres eigenen Lebens oder als moralisch-rechtlich Gleiche in dem Sinne, dass ihnen zufolge die allen gemeinsame Grundstruktur des politisch-sozialen Lebens [...] von Normen geleitet werden sollte, die alle Bürger gleichermaßen akzeptieren können und die nicht eine „ethische Gemeinschaft“ bevorteilen. [...] [Diese Toleranzauffassung] [...] fordert [...] nicht, dass die sich tolerierenden Parteien die Konzeptionen des Guten der anderen als ebenfalls (oder teilweise) wahr und ethisch gut ansehen und schätzen müssen, sondern dass sie sie [...] als autonom gewählt bzw. als nicht unmoralisch oder ungerecht achten können. [...]

4. In den Diskussionen über das Verhältnis von Multikulturalismus und Toleranz findet sich [...] eine vierte Konzeption, die *Wertschätzungskonzeption* genannt werden kann. Sie enthält eine anspruchsvollere Form wechselseitiger Anerkennung als die Respekt-Konzeption, denn ihr zufolge bedeutet Toleranz nicht nur, die Mitglieder anderer kultureller oder religiöser Gemeinschaften als rechtlich-politisch Gleiche zu respektieren, sondern auch, ihre Überzeugungen und Praktiken als ethisch wertvoll zu schätzen. Damit dies allerdings überhaupt noch eine Konzeption der Toleranz ist und die [...] Ablehnungs-Komponente nicht verlorengeht, muss diese Wertschätzung eine beschränkte bzw. „reservierte“ sein, bei der die andere Lebensform nicht – zumindest nicht in den entscheidenden Hinsichten – als ebenso gut oder gar besser als die eigene gilt. Man schätzt bestimmte Seiten dieser Lebensform, während man andere ablehnt; doch der Bereich des Tolerierbaren wird durch die Werte bestimmt, die man in einem ethischen Sinne bejaht. So entspricht dieser Toleranzkonzeption – in liberaler Perspektive – eine Version des Wertepluralismus, dem zufolge es innerhalb einer Gesellschaft eine Rivalität zwischen an sich wertvollen, doch inkompatiblen Lebensformen gibt bzw. – in kommunitaristischer Perspektive – die Auffassung, dass es bestimmte, sozial geteilte Vorstellungen des guten Lebens gibt, deren partielle Variationen tolerierbar sind.

Rainer Forst, Toleranz, S. 123-130

M3 Komponenten des Toleranzbegriffes

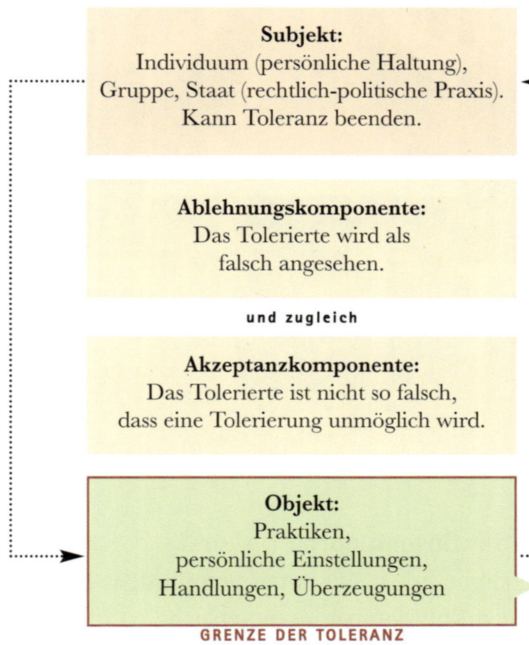

nach Rainer Forst, Toleranz, S. 120-123

1 Entscheiden Sie sich, welcher Auffassung von Toleranz Sie zustimmen können. Sie dürfen bis zu drei Aussagen wählen. → M1
2 Diskutieren Sie Ihr Verständnis von Toleranz in Ihrer Gruppe. Welche Vor- und Nachteile sehen Sie?
3 Erläutern Sie die Merkmale des Toleranzbegriffes an einem Beispiel. → M3
4 Klären Sie arbeitsteilig, welche Toleranzkonzeptionen Rainer Forst unterscheidet und welche Vor- und Nachteile er jeweils sieht. → M2
5 Ordnen Sie die Sätze „Toleranz ist ...“ der jeweiligen Konzeption zu. → M1/2

5 Möglichkeiten der Konsensbildung

M1 Diskursformen

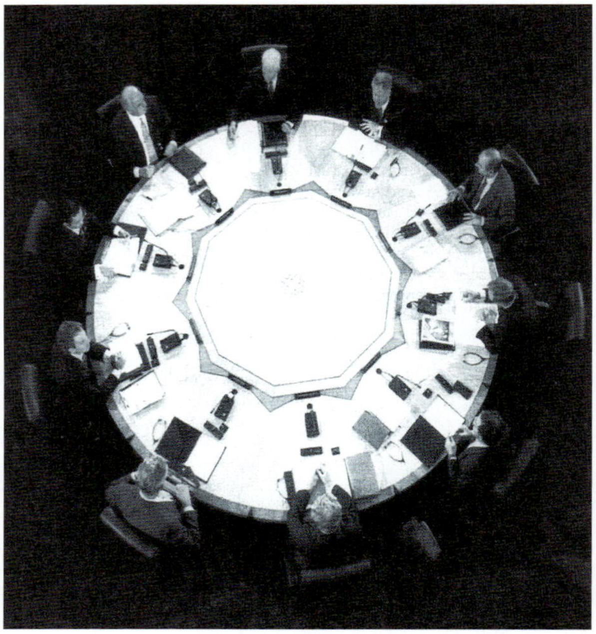

M2 Konfliktlösung durch Diskurs

Eine moderne Ethik, die durch vernünftiges Miteinanderreden Konflikte zu lösen versucht, ist die Ethik der Kommunikation oder Diskursethik mit den Hauptvertretern Jürgen Habermas und Karl-Otto Apel. Für Jürgen Habermas ist der Diskurs die „dialogförmige kritische Prüfung erhobener Geltungsansprüche allein aufgrund von Argumenten und unter Voraussetzung der Gleichberechtigung der Argumentierenden".

Ziel ist es, Konflikte im zwischenmenschlichen Bereich durch kommunikative Entscheidungsfindung vernünftig zu lösen. In einem gewaltlosen Prozess des Sich-Miteinander-Beratens soll aus den ursprünglich konkurrierenden Meinungen durch Argumentation eine gemeinsame Überzeugung erarbeitet werden. Damit ist nicht jedes beliebige Miteinandersprechen gemeint, sondern eine Kommunikation, die unter besonderen idealen Bedingungen stattfindet und grundlegende normative Prinzipien erfüllen muss.

M3 Wie funktioniert ein Diskurs?

Für das Verfahren der moralischen Argumentation stellt die Diskursethik folgende Grundsätze auf:

- Nur diejenigen Normen dürfen Geltung beanspruchen, die die Zustimmung aller Betroffenen als Teilnehmer eines praktischen Diskurses finden könnten.
- Bei gültigen Normen müssen Ergebnisse und Nebenfolgen, die sich voraussichtlich aus einer allgemeinen Befolgung für die Befriedigung der Interessen eines jeden ergeben, von allen zwanglos akzeptiert werden können.

Universalistisch nennen wir schließlich eine Ethik, die behauptet, dass dieses (oder ein ähnliches) Moralprinzip nicht nur die Intuitionen einer bestimmten Kultur oder einer bestimmten Epoche ausdrückt, sondern allgemein gilt. Man muss nachweisen können, dass unser Moralprinzip nicht nur die Vorurteile des erwachsenen, weißen, männlichen, bürgerlich erzogenen Mitteleuropäers von heute widerspiegelt.

nach Jürgen Habermas, Erläuterungen zur Diskursethik, S. 12

M4 Interview mit einem Diskursethiker

Was ist nach der Diskursethik oder Kommunikationsethik gutes, gerechtes Verhalten?

Die Grundnorm der Konsensbildungspflicht (Basisnorm) lautet: Wenn wir an der Lösung eines praktischen Problems ernsthaft interessiert sind, eines Problems, in dem es um die Berechtigung von Handlungsnormen, Zielen, Bedürfnissen, Interessen geht, und dies insbesondere im Falle eines Konfliktes zwischen Ansprüchen verschiedener Beteiligter, dann müssen wir uns um eine Lösung bemühen, der jeder irgendwie Betroffene zustimmen könnte: Wir müssen uns um einen vernünftigen Konsens bemühen. Wobei „vernünftig", wie wir erinnern wollen, heißen soll, dass kein Zwang außer dem des besseren Arguments ausgeübt werden darf.

Die Diskursethik gibt mir also keine direkte Antwort auf meine Frage, sondern schreibt mir nur ein Verfahren vor?

Ja. Die Diskursethik ist zweistufig. Wir müssen nämlich genau unterscheiden zwischen den konkreten Handlungsnormen (2. Stufe), die uns sagen, was wir hier und jetzt tun sollen, und den Basisnormen (1. Stufe), auf deren Grundlage die konkreten Handlungsnormen allererst herausgefunden werden können. Die wichtigste Basisnorm ist die eben genannte „Grundnorm der Konsensbildungspflicht".

Aber der Dialog mit den Betroffenen ist doch in den meisten Fällen gar nicht möglich?

Aber in den wichtigsten Fällen! Sonst gilt folgender Zusatz zur genannten Basisnorm: „Handle auch in einsamer Entscheidung wenigstens nach einer konsensfähigen Handlungsnorm!"

Kann man das alles nicht kürzer sagen?

Doch: Handle so, dass deiner Handlung alle von dieser Handlung möglicherweise Betroffenen tatsächlich zwanglos zugestimmt haben oder doch wenigstens zustimmen würden!

Gut, dies ist eine Ethik. Aber aus welchen Gründen sollte ich überhaupt ethisch handeln? Warum sollte ich das alles befolgen?

Aus egoistischen Gründen: um zu überleben! Dass heutzutage viele praktische Probleme in ihrer Komplexität lebensbedrohliche Dimensionen angenommen haben, zeigen Daten und Prognosen zur ökologischen Situation. Um „Wege aus der Gefahr" zu finden, bedarf es der Mithilfe aller. Zur Veranschaulichung: In einem Bericht des Worldwatch-Instituts Washington steht, dass in 100 Jahren möglicherweise nur noch 50 Prozent der „Naturvölker" existieren werden. Diese besäßen aber ein „unschätzbares Wissen über das weltweite Ökosystem", das der ganzen Menschheit zugute komme. Millionen Pflanzen- und Tierarten würde es nicht mehr geben, wenn ihre Kulturen den herrschenden Kulturen untergeordnet oder ausgerottet würden. Außerdem meine ich, dass wir von diesen Kulturen vielleicht etwas für unser Lebensglück lernen können.

nach Hauke Thomas, Hubert Würger, Gibt es moralische Normen, die kein Mensch bestreiten kann?, in: Ethik & Unterricht 2/1994, S. 26f.

1. Analysieren Sie anhand der Bilder die verschiedenen kommunikativen Situationen. Achten Sie auf die Haltung der Personen etc. → M1
2. Zeigen Sie, welche Formen des Diskurses hier dargestellt werden. → M1
3. Arbeiten Sie die Konfliktlösungsstrategie der Diskursethik heraus. → M2
4. Überprüfen Sie die Grundsätze der Diskursethik auf ihre Anwendbarkeit. → M3
5. Arbeiten Sie die Bedingungen heraus, denen eine universalistische Ethik genügen muss. → M3
6. Erläutern Sie, was die Diskursethik unter einem „vernünftigen Konsens" versteht. → M4
7. Erörtern Sie die Probleme, die sich bei der Formulierung von konkreten Handlungsnormen ergeben. → M4
8. Prüfen Sie die Argumente, warum wir ethisch handeln sollen. → M4

*6 Gerechtigkeitstheorien

M1 Der Mensch ist ein Rechtfertigungswesen

*Der Frankfurter Professor für politische Philosophie, Rainer Forst (*1964), leitet seine Bestimmung vom Wesen der Gerechtigkeit aus einer anthropologischen Grundannahme ab.*

Die Philosophie hat den Menschen auf vielerlei Weisen bestimmt: als Wesen, das mit Vernunft begabt *(animal rationale)*, mit der besonderen Fähigkeit der Sprache ausgestattet *(zoon legon echon)*, das zugleich endlich und begrenzt, ein „Mängelwesen" ist – und nicht zuletzt als ein gesellschaftliches *(animal sociale)* bzw. politisches Wesen, ein *zoon politikon*. In der Kombination dieser Bestimmungen zeigt sich meines Erachtens, dass der Mensch als ein *Rechtfertigungswesen* anzusehen ist: Er hat nicht nur die Gabe, sich für seine Handlungen und Überzeugungen gegenüber anderen mit Gründen zu rechtfertigen bzw. zu verantworten, sondern er sieht dies in bestimmten Kontexten als Verpflichtung an und setzt voraus, dass andere dies auch tun. Wenn wir menschliche Praktiken verstehen wollen, müssen wir sie stets als mit Rechtfertigungen verbundene Praktiken begreifen; was immer wir denken und tun, wir stellen an uns (und andere) den Anspruch, dass dies aus Gründen geschieht, seien sie ausdrücklich genannt oder (zunächst) implizit bleibend. „Politisch" nennen wir aus dieser Perspektive einen sozialen Zusammenhang, in dem sich Menschen in einer „Rechtfertigungsordnung" wiederfinden, welche aus Normen und Institutionen besteht, die das Zusammenleben – Konflikte ebenso wie Kooperationen – auf eine gerechtfertigte bzw. zu rechtfertigende Weise regeln sollen. Der wichtigste normative Begriff, der auf diese Ordnung Anwendung findet, ist der der *Gerechtigkeit*. Er überwölbt eine jede politische Form des Zusammenlebens, indem er nicht nur nach den Gründen fragt, weshalb wer welche Rechte oder Güter hat oder nicht hat, sondern in erster Linie danach, wie bestimmt wird, wer worauf einen Anspruch hat und wie die Beteiligten – im demokratischen Verständnis in ihrer Doppelrolle als Autoren und Adressaten der Rechtfertigung – zueinander stehen.

Nähern wir uns dem Begriff der Gerechtigkeit, so zeigt sich zunächst, dass er einen Bedeutungskern besitzt, der als wesentlichen Gegenbegriff den der Willkür hat: sei es die Willkürherrschaft Einzelner, sei es die eines Teils der Gemeinschaft (etwa einer Klasse), sei es die bestimmter Strukturen, die Privilegien bergen und reproduzieren, sei es die sozialer Kontingenzen, die als schicksalhaft hingenommen werden. Die Herrschaft der Willkür ist Herrschaft ohne legitimen Grund, und wo der Kampf gegen Ungerechtigkeit aufgenommen wird, richtet er sich gegen solche Formen der Herrschaft, die in einer mehr oder weniger personalisierten Form auftreten können.

Der Grundimpuls gegen die Ungerechtigkeit ist nicht primär der des Etwas- oder Mehr-haben-Wollens, sondern der, nicht mehr unterdrückt, bedrängt oder übergangen werden zu wollen in seinem Anspruch und *Grund-Recht auf Rechtfertigung:* Es drückt die Forderung aus, dass es keine politischen oder sozialen Herrschaftsverhältnisse geben soll, die gegenüber den Betroffenen nicht adäquat gerechtfertigt werden können. In welcher [...] Sprache diese Empörung, dieser Protest auch ausgedrückt wird, stets geht er im Kern auf das Einfordern des Rechts zurück, nicht Gesetzen, Strukturen oder Institutionen unterworfen zu werden, die „grundlos" sind [...]. Die Forderung nach Gerechtigkeit ist eine emanzipatorische, die mit Begriffen wie Fairness, Wechselseitigkeit, Symmetrie, Gleichheit oder Balance beschrieben worden ist; reflexiv gesprochen, liegt ihr der Anspruch zugrunde, als Rechtfertigungswesen respektiert zu werden [...]. Als Opfer der Ungerechtigkeit ist nicht primär die Person anzusehen, der bestimmte Güter fehlen, sondern die, die bei der Herstellung und Verteilung von Gütern nicht „zählt".

Rainer Forst, Das Recht auf Rechtfertigung, S. 9f.

M2 Gerechtigkeitstheorien im Überblick

Autor	Ausgangspunkt/Grundannahme	Abgeleitete Gerechtigkeitskriterien
Ernst Tugendhat (in Anlehnung an Aristoteles)	Gleiche Verteilung muss nicht begründet werden. Sie ist intuitiv die gerechte Verteilung sozialer Güter.	Von Gleichheit abweichende Verteilungen bedürfen einer relevanten Begründung: Verdienst/Leistung, Bedürfnis, erworbene Rechte.
John Rawls	Gedankenexperiment: Vernünftige Menschen unter dem Schleier des Nichtwissens würden sich auf gerechte Basisregeln zur Herstellung einer gerechten Ordnung einigen.	Zwei Basisregeln: 1. Gleichheitsprinzip: gleiches Recht für alle auf das umfangreichste System gleicher Grundfreiheiten. 2. Differenzprinzip: Soziale und wirtschaftliche Ungleichheiten sind so zu gestalten, dass alle, auch die am schlechtest Gestellten, davon profitieren.
Angelika Krebs/ Harry Frankfurt	Gleichheit ist ein leerer, rein relationaler Begriff und kann nicht die Basis für eine substanzielle Bestimmung von Gerechtigkeit sein. Entscheidend ist, dass alle und jeder für sich genug haben.	Vorstellungen vom guten menschlichen Leben, das in einer gerechten Ordnung alle führen können müssen. Gerechtigkeit ist Frage der Achtung und Würde.
Michael Walzer	Gerechtigkeit ist menschliches Konstrukt, das sich nicht in einem allumfassenden Prinzip erfassen lässt. Verschiedene soziale Güter konstituieren verschiedene soziale Sphären mit je eigenen Gerechtigkeitsmaßstäben.	Entscheidend für gerechte Verhältnisse ist die Trennung der Distributionssphären: Es ist darauf zu achten, dass der Besitz eines sozialen Gutes aus einer Sphäre (z. B. Ökonomie/Geld) nicht die Verteilung der Güter in anderen Sphären dominiert.
Rainer Forst	Der Mensch ist ein Rechtfertigungswesen. Er hat nicht nur die Gabe, sondern auch die Pflicht, sich für seine Handlungen und Überzeugungen gegenüber anderen mit Gründen zu rechtfertigen bzw. zu verantworten. Gerechte soziale Ordnungen sind demnach allgemein und gegenseitig gerechtfertigte Ordnungen. Nichtgerechtfertigte ungerechte Ordnungen sind willkürlich.	Substanzieller Kern von Gerechtigkeit ist nicht primär das Etwas- oder Mehr-haben-Wollen, sondern der Wunsch, nicht unterdrückt, bedrängt oder übergangen werden zu wollen in seinem Anspruch und *Grund-Recht auf Rechtfertigung.* Gerechtigkeit ist nicht nur die Frage, wie viel wer von welchen Gütern erhalten soll, sondern zuallererst die politische Machtfrage, wer aus welchen Gründen verteilt (gegenüber allen gerechtfertigte Verteilungsordnung).

1 Erläutern Sie mithilfe des Textes folgende zentrale Grundbegriffe in Forsts Gerechtigkeitsüberlegungen: Mensch als Rechtfertigungswesen – Rechtfertigungsordnung – Gerechtigkeit als Grundnorm – Willkür – Grundrecht auf Rechtfertigung. → M1

2 Vervollständigen Sie den Satz im Sinne Forsts: Gerechtigkeit bedeutet im Kern, ... → M1

3 Vergleichen Sie die in der Übersicht aufgezeigten gerechtigkeitstheoretischen Positionen miteinander: Gibt es Gemeinsamkeiten jenseits der Widersprüche? → M2

1 Herrschaft und Macht

M1 Machtvoller Auftritt …

M2 Formen der Herrschaft

Macht bedeutet jede Chance, innerhalb einer sozialen Beziehung den eigenen Willen auch gegen Widerstreben durchzusetzen, gleichviel worauf diese Chance beruht.

Herrschaft soll heißen die Chance, für einen Befehl bestimmten Inhalts bei angebbaren Personen Gehorsam zu finden; Disziplin soll heißen die Chance, kraft eingeübter Einstellung für einen Befehl prompten, automatischen und schematischen Gehorsam bei einer angebbaren Vielheit von Menschen zu finden.

[…] „Herrschaft" soll […] die Chance heißen, für spezifische (oder: für alle) Befehle bei einer angebbaren Gruppe von Menschen Gehorsam zu finden. Nicht also jede Art von Chance, „Macht" und „Einfluss" auf andere Menschen auszuüben. […]

Es gibt drei reine Typen legitimer Herrschaft. Ihre Legitimitätsgeltung kann nämlich primär sein:

1. rationalen Charakters: auf dem Glauben an die Legalität gesetzter Ordnungen und des Anweisungsrechts der durch sie zur Ausübung der Herrschaft Berufenen ruhen (legale Herrschaft), – oder
2. traditionalen Charakters: auf dem Alltagsglauben an die Heiligkeit von jeher geltender Traditionen und die Legitimität der durch sie zur Autorität Berufenen ruhen (traditionale Herrschaft), – oder endlich
3. charismatischen Charakters: auf der außeralltäglichen Hingabe an die Heiligkeit oder die Heldenkraft oder die Vorbildlichkeit einer Person und der durch sie offenbarten oder geschaffenen Ordnungen [ruhen] (charismatische Herrschaft).

Im Fall der satzungsmäßigen Herrschaft wird der legal gesetzten sachlichen unpersönlichen Ordnung und dem durch sie bestimmten Vorgesetzten kraft formaler Legalität seiner Anordnungen und in deren Umkreis gehorcht. Im Fall der traditionalen Herrschaft wird der Person des durch Tradition berufenen und an die Tradition (in deren Bereich) gebundenen Herrn kraft Pietät im Umkreis des Gewohnten gehorcht. Im Fall der charismatischen Herrschaft wird dem charismatisch qualifizierten Führer als solchem kraft persönlichen Vertrauens in Offenbarung, Heldentum oder Vorbildlichkeit im Umkreis der Geltung des Glaubens an dieses sein Charisma gehorcht. […]

Dass keiner der drei […] Idealtypen historisch wirklich „rein" vorzukommen pflegt, darf natürlich hier so wenig wie sonst die begriffliche Fixierung in möglichst reiner Ausprägung hindern.

Max Weber, Wirtschaft und Gesellschaft, S. 38, 159f.

M3 Schlüsselbegriffe der Politik

Es spricht, scheint mir, gegen den gegenwärtigen Stand der politischen Wissenschaft, dass unsere Fachsprache nicht unterscheidet zwischen Schlüsselbegriffen wie Macht, Stärke, Kraft, Autorität und schließlich Gewalt – die sich doch alle auf ganz bestimmte, durchaus verschiedene Phänomene beziehen und kaum existieren würden, wenn sie das nicht täten. [...]

Macht entspricht der menschlichen Fähigkeit, nicht nur zu handeln oder etwas zu tun, sondern sich mit anderen zusammenzuschließen und im Einvernehmen mit ihnen zu handeln. Über Macht verfügt niemals ein Einzelner; sie ist im Besitz einer Gruppe und bleibt nur so lange existent, als die Gruppe zusammenhält. Wenn wir von jemand sagen, er „habe die Macht“, heißt das in Wirklichkeit, dass er von einer bestimmten Anzahl von Menschen ermächtigt ist, in ihrem Namen zu handeln. In dem Augenblick, in dem die Gruppe, die den Machthaber ermächtigte und ihm ihre Macht verlieh (potestas in populo – ohne ein „Volk“ oder eine Gruppe gibt es keine Macht), auseinander geht, vergeht auch „seine Macht“. Wenn wir in der Umgangssprache von einem „mächtigen Mann“ oder einer „machtvollen Persönlichkeit“ sprechen, gebrauchen wir das Wort schon im übertragenen Sinn; nicht metaphorisch gesprochen handelt es sich um einen starken Mann oder eine starke Persönlichkeit.

Denn *Stärke*, im Gegensatz zu Macht, kommt immer einem Einzelnen, sei es Ding oder Person, zu. Sie ist eine individuelle Eigenschaft [...]. Stärke hält der Macht der Vielen nie stand; der Starke ist nie am mächtigsten allein, weil auch der Stärkste Macht gerade nicht besitzt. Wo der Starke mit der Macht der Vielen zusammenstößt, wird er immer durch die schiere Zahl überwältigt, die sich oft nur darum zusammenschließt, um mit der der Stärke eigentümlichen Unabhängigkeit fertig zu werden. [...]

Gewalt schließlich ist, wie ich bereits sagte, durch ihren instrumentalen Charakter gekennzeichnet. Sie steht dem Phänomen der Stärke am nächsten, da die Gewaltmittel, wie alle Werkzeuge, dazu dienen, menschliche Stärke bzw. die der organischen „Werkzeuge“ zu vervielfachen, bis das Stadium erreicht ist, wo die künstlichen Werkzeuge die natürlichen ganz und gar ersetzen.

Wenn wir uns solcher begrifflichen Unterscheidungen bedienen, dürfen wir nicht vergessen, dass sie zwar keineswegs willkürlich sind und den Phänomenen in der Wirklichkeit durchaus entsprechen, dass sie aber andererseits aus dieser Wirklichkeit gleichsam herauspräpariert sind und in begrifflicher Reinheit nur selten in ihr anzutreffen sind. So nimmt Macht in organisierten Gemeinwesen oft Kennzeichen an, die eigentlich der Autorität angehören, immer dann nämlich, wenn das Funktionieren des sozialen Lebens sofortige, fraglose Anerkennung von Anordnungen erfordert. [...]

Auch Macht und Gewalt treten gewöhnlich, wie wir sehen werden, kombiniert auf und sind nur in extremen Fällen in ihrer reinen Gestalt anzutreffen – woraus man natürlich nicht folgern kann, dass Autorität, Macht und Gewalt alle auf dasselbe hinauslaufen.

Nun ist allerdings die Versuchung, sich in der Bestimmung des Wesens der Macht an den Kategorien des Gehorchens und Befehlens zu orientieren, besonders groß, wenn es sich um die Staatsmacht handelt, also um einen speziellen Fall von Macht. [...] Bei näherem Zusehen jedoch sind diese und ähnliche Vorstellungen von dem Verhältnis zwischen Macht und Gewalt sehr viel weniger einleuchtend, als man auf den ersten Blick glaubt. *Hannah Arendt, Macht und Gewalt, S. 44–48*

1. Diskutieren Sie, welche der abgebildeten Personen Macht haben und welche nicht. Begründen Sie Ihre Meinung. → M1
2. Erläutern Sie in eigenen Worten, in welchem Verhältnis Macht und Herrschaft für Max Weber stehen. → M2
3. Arbeiten Sie in einem Begriffsnetz heraus, was Hannah Arendt unter Macht versteht, wie sie diese definiert und von welchen anderen Phänomenen sie sie abgrenzt. Verwenden Sie dazu die gelb unterlegten Begriffe und ergänzen Sie die Auswahl, wenn Ihnen weitere Begriffe wichtig erscheinen. → M3
4. Diskutieren Sie im Kurs, wie Arendt und Weber Aufgabe 1 lösen würden.
5. Vergleichen Sie Arendts Machtbegriff mit demjenigen Webers. Welche Folgen hat die Ausübung von Macht jeweils für das Verhältnis der beteiligten Personen? → M2/3

2 Der ideale Staat

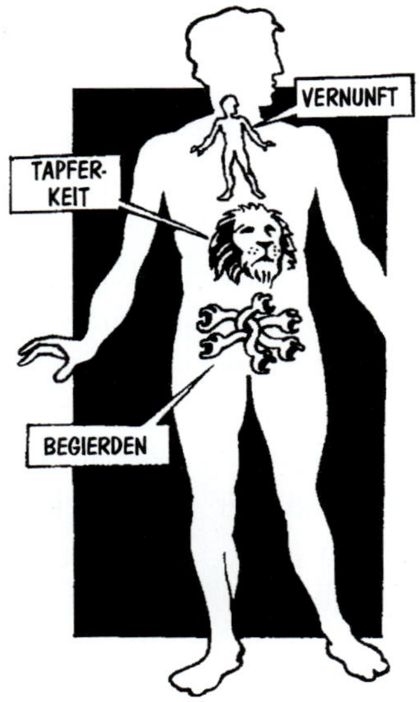

Illustration zu Platons Politeia, in: Richard Osborne, Philosophie, S. 21
In dem Buch geht es um die Frage, wie der ideale Staat aufgebaut sein müsste.

M1 Der Staat – eine Einheit, wie der Mensch?

Wir nahmen also an, wenn wir die Gerechtigkeit zuerst in einem größeren Gegenstande zu erkennen versuchten, dann wäre es nachher leichter, ihr Wesen beim einzelnen Menschen festzustellen. Dieser größere Gegenstand schien uns die Stadt zu sein, und so gründeten wir denn eine möglichst gute Stadt, wohl wissend, dass sich die Gerechtigkeit in der guten Stadt finden müsse. Was sich uns nun dort gezeigt hat, das wollen wir auf den Einzelnen übertragen [...].

„Ja", sagte er, „du nennst das richtige Verfahren, und so müssen wir es machen." [...]

So wird sich also ein gerechter Mann von einer gerechten Stadt, was die Gerechtigkeit selbst betrifft, nicht unterscheiden, sondern ihr ähnlich sein.

„Freilich", sagte er.

Nun, eine Stadt erschien uns doch als gerecht, wenn sich in ihr drei Arten von Naturen finden und jede das Ihre tut; als besonnen und tapfer dagegen und als weise dank anderen Zuständen und Haltungen dieser gleichen Arten.

„Richtig", erwiderte er.

Und wenn nun der Einzelne die nämlichen Arten in seiner Seele aufweist, mein Freund, dann werden wir diesen mit Recht auf Grund derselben Zustände die gleichen Namen zubilligen wie der Stadt.

„Ja, das ist unbedingt nötig", erwiderte er. [...]

Gibt es nun auch Leute, die zwar Durst haben, aber doch nicht trinken wollen?

„Ja", erwiderte er, „viele und in vielen Fällen."

Wird man nun, fragte ich, von diesen Leuten nicht sagen, es sei in ihrer Seele etwas, das sie trinken heißt, aber auch etwas, das sie daran hindert, und dieses sei anders und sei stärker als jenes, das sie antreibt?

„Ja, mir scheint das so", sagte er.

Wenn sich nun aber das einstellt, was Derartiges hindert, so entspringt es doch der vernünftigen Überlegung; was aber dazu antreibt und zieht, das entsteht durch Leidenschaften und ungesunde Zustände.

„Offenbar."

Nicht ohne Grund, fuhr ich fort, werden wir also der Meinung sein, dass die beiden zweierlei und voneinander verschieden sind, wobei wir das, wodurch die Seele vernünftig überlegt, als ihr Überlegungsvermögen bezeichnen und das, womit sie liebt und hungert und dürstet oder sonst etwas mit Leidenschaft begehrt, als das Unvernünftige und Begehrungsvermögen, den Freund von Sättigungen und Lüsten.

„Ja, das werden wir wohl mit Recht so annehmen", sagte er.

So wollen wir also bestimmt haben, fuhr ich fort, dass sich diese beiden Arten in unserer Seele finden. Was nun aber den Mut betrifft und das, wodurch wir mutig sind – ist das ein Drittes, oder welchem von jenen beiden wäre es wohl von Natur gleich?

„Vermutlich dem zweiten, dem Begehrenden." [...]

Wenn jemand wider seine vernünftige Überlegung von den Begierden bezwungen wird, dann schilt er sich selbst und wird unmutig über das, was ihm Zwang antut, und sein Mut stellt sich wie bei einem Bürgerkrieg zwischen zwei Parteien auf die Seite der Vernunft. Dass es aber gemeinsame Sache mit den Begierden macht und der Vernunft zuwiderhandelt, wenn diese ihm das verbietet – das hast du schwerlich je bei dir selbst beobachtet und wohl auch bei keinem anderen.

„Nein, beim Zeus", erwiderte er. [...]

Du verstehst also recht wohl, was ich sagen will, gab ich zur Antwort. Doch ob du nun auch das Folgende einsiehst?

„Was denn?"

Dass sich uns jetzt das Muthafte als das Gegenteil von dem erweist, was wir vorhin glaubten. Da meinten wir nämlich, es sei etwas dem Begehrungsvermögen Verwandtes. Jetzt aber behaupten wir, dies sei bei weitem nicht so; vielmehr ergreife es bei dem Bürgerkrieg, der sich in unserer Seele abspielt, die Waffen auf der Seite des Überlegungsvermögens.

„Ja, durchaus", erwiderte er.

Ist es nun auch von diesem verschieden, oder ist es eine Art des Überlegungsvermögens, so dass nicht drei, sondern nur zwei Arten in der Seele sind, das Überlegungsvermögen und das Begehrungsvermögen? Oder ist es wie in der Stadt: wie diese aus den drei Ständen, dem gelderwerbenden, dem helfenden und dem ratgebenden bestand, so ist dieses Muthafte auch in der Seele ein Drittes, von Natur ein Helfer des Überlegungsvermögens, wenn es nicht durch schlechte Erziehung verdorben ist.

„Es ist notwendig ein Drittes", sagte er. [...]

Damit wären wir nun also glücklich hindurchgeschwommen, sagte ich, und sind uns gebührend darüber einig geworden, dass die nämlichen Teile wie in der Stadt auch in der Seele jedes Einzelnen sich finden, und auch gleich viele.

„So ist es." [...]

Und wir haben doch sicher nicht vergessen, dass jene dadurch gerecht war, dass von ihren drei Ständen ein jeder das seine tut.

„Ich glaube nicht", sagte er, „dass wir das vergessen haben." *Platon, Der Staat, 434d-345d, 439a-441e, S. 180f., 188-192*

M2 Der Staat ist eine Vielheit

1. Da wir uns vorgenommen haben zu untersuchen, welches von allen die beste staatliche Gemeinschaft ist für diejenigen Menschen, die in der Lage sind, soweit als irgend möglich ihren Wünschen gemäß zu leben, so müssen wir auch die sonstigen Staatsverfassungen beachten [...].

Wir müssen mit dem beginnen, was der naturgemäße Anfang einer solchen Prüfung ist. Notwendigerweise haben alle Bürger entweder alles gemeinsam oder nichts oder einiges. Dass sie nichts gemeinsam haben, ist offenbar unmöglich. Denn der Staat ist eine Gemeinschaft und es ist als Erstes notwendig, den Raum gemeinsam zu haben; der Raum Eines Staates ist Einer und die Bürger sind Teilhaber eben an einem Staate. Aber ist es für einen Staat, der gut eingerichtet sein soll, am besten, dass die Bürger möglichst viel gemeinsam haben, oder nur einiges? Denn die Bürger können ja auch Frauen, Kinder und Besitz untereinander gemeinsam haben, wie es im Staate Platons der Fall ist. Dort sagt nämlich Sokrates, dass Kinder, Frauen und Besitz gemeinsam sein sollen. Ist es nun besser, es so zu halten, wie es tatsächlich ist, oder wie es in Platons Staat geregelt wird?

2. [...] Außerdem ergibt sich als das Ziel, das nach ihm der Staat erreichen soll, Unmögliches, so wie er nämlich die Sache formuliert. Wie man da aber unterscheiden müsse, davon wird nichts gesagt.

Ich meine dies, dass es das Beste sein soll, wenn der gesamte Staat so sehr als möglich eins wird; diese Voraussetzung macht nämlich Sokrates. Es ist aber doch klar, dass ein Staat, der immer mehr eins wird, schließlich gar kein Staat mehr ist. Seiner Natur nach ist er eine Vielheit. Wird er immer mehr eins, so wird er aus dem Staat ein Haus und aus dem Hause ein einzelner Mensch. Denn wir dürfen wohl sagen, dass ein Haus mehr eins ist als ein Staat, und ein einzelner Mensch noch mehr als ein Haus. Auch wenn man also diese Einheit herstellen könnte, dürfte man es nicht. Denn man würde den Staat überhaupt aufheben.

Aristoteles, Politik, 1261a, S. 69f.

1 Diskutieren Sie, was mit der Abbildung über den Menschen ausgesagt werden soll. ➔ M1

2 Erklären Sie, wie Platon das Verhältnis zwischen dem Einzelnen und dem Staat versteht. ➔ M1

3 Vergleichen Sie Ihre Ergebnisse aus Aufgabe 2 mit der Abbildung und verdeutlichen Sie die Zusammenhänge auf einem Lernplakat. Sie können dazu eine Vergrößerung der Abbildung anfertigen und diese in die Mitte des Plakats kleben. ➔ M1

4 Arbeiten Sie Aristoteles' Kritik an Platons Staatsauffassung heraus. ➔ M2

5 Auch Aristoteles Text enthält eine dreigliedrige Unterscheidung: Staat, Haus, Mensch. Fertigen Sie eine Visualisierung der Unterscheidung dieser Begriffe auf Folie an und präsentieren Sie diese im Kurs. ➔ M2

3 Durch Vertrag verträglich

M1 Wenn man keinem vertrauen kann

In seinem berühmten Werk Leviathan *beschreibt der Philosoph Thomas Hobbes den vorstaatlichen Naturzustand:*

Die natürlichen Gesetze wie Gerechtigkeit, Billigkeit, Bescheidenheit, Dankbarkeit, kurz, das Gesetz, andere so zu behandeln wie wir selbst behandelt werden wollen, sind an sich, ohne die Furcht vor einer Macht, die ihre Befolgung veranlasst, unseren natürlichen Leidenschaften entgegengesetzt, die uns zu Parteilichkeit, Hochmut, Rachsucht und Ähnlichem verleiten. [...]

Und eine Menge mag noch so groß sein: Wenn die Handlungen der Einzelnen von ihren besonderen Urteilen und Neigungen geleitet werden, so können sie von ihnen weder Verteidigung noch Schutz gegen einen gemeinsamen Feind, noch gegen Übergriffe, die sie sich gegenseitig zufügen, erwarten. [...] Und wegen dieses gegenseitigen Misstrauens gibt es für niemand einen anderen Weg, sich selbst zu sichern, der so vernünftig wäre wie die Vorbeugung, das heißt mit Gewalt oder List nach Kräften jedermann zu unterwerfen, und zwar so lange, bis er keine andere Macht mehr sieht, die groß genug wäre, ihn zu gefährden. [...] Es ist richtig, dass gewisse Lebewesen wie Bienen und Ameisen gesellig zusammenleben, weshalb sie von Aristoteles zu den politischen Lebewesen gerechnet werden, und dass sie doch keine andere Führung haben als ihre eigenen Urteile und Neigungen, auch keine Sprache, wodurch der eine dem anderen zu erkennen geben könnte, was seiner Meinung nach dem Gemeinwohl zuträglich ist. Und deshalb möchten manche vielleicht wissen, weshalb sich die Menschheit nicht ebenso verhalten kann. Darauf gebe ich zur Antwort: [...] Die Übereinstimmung dieser Lebewesen ist natürlich, die der Menschen beruht nur auf Vertrag, der künstlich ist. Und deshalb ist es kein Wunder, dass außer dem Vertrag noch etwas erforderlich ist, um ihre Übereinstimmung beständig und dauerhaft zu machen, nämlich eine allgemeine Gewalt, die sie im Zaum halten und ihre Handlungen auf das Gemeinwohl hinlenken soll. Der alleinige Weg zur Errichtung einer solchen allgemeinen Gewalt, die in der Lage ist, die Menschen vor dem Angriff Fremder und vor gegenseitigen Übergriffen zu schützen und ihnen dadurch eine solche Sicherheit zu verschaffen, dass sie sich durch eigenen Fleiß und von den Früchten der Erde ernähren und zufrieden leben können, liegt in der Übertragung ihrer gesamten Macht und Stärke auf einen Menschen oder eine Versammlung von Menschen, die ihre Einzelwillen durch Stimmenmehrheit auf einen Willen reduzieren können.

Thomas Hobbes, Leviathan, S. 95, 131-134, umgestellt

M2 Der Staat als rationale Handlungsstrategie

In der lähmenden Furcht des Kriegszustandes stagniert die zivilisatorische Entwicklung. Die Überlebensanstrengungen zehren alle Kräfte auf. Wie alle echten Grenzsituationen ist der Naturzustand völlig unproduktiv, weil sich produktive menschliche Energien nur in Situationen entfalten können, in denen die Befriedigung der transzendentalen Überlebensbedürfnisse mit unauffälliger Selbstverständlichkeit immer schon gewährleistet ist.

Aus dem Konfliktgeschehen selbst erwächst keine Friedensordnung, die doch alle wollen. Der Naturzustand Hobbes' kennt keine Kriegsgewinnler, die an einer Aufrechterhaltung des Kriegszustands interessiert sein könnten. Aber warum beenden dann die Menschen nicht einvernehmlich den Kriegszustand? [...] Hobbes' Naturzustandsargument und das logisch auf ihm aufbauende kontraktualistische Argument sind spieltheoretische Musterargumentationen. [...]

Die Lektion des Gefangenendilemmas besteht, allgemein gefasst, in der Einsicht, dass es vorteilhaft ist, die eigene Vorteilsmaximierungsstrategie Regeln zu unterwerfen, die einen für alle vorteilhaften Zustand ermöglichen und deren Aufrechterhaltung im langfristigen Interesse aller liegt.

Wolfgang Kersting, Thomas Hobbes zur Einführung, S. 118-125

M3 Arbeit soll sich lohnen ...

Um politische Gewalt richtig zu verstehen und sie von ihrem Ursprung abzuleiten, müssen wir erwägen, in welchem Zustand sich die Menschen von Natur aus befinden. Es ist ein Zustand vollkommener Freiheit, innerhalb der Grenzen des Gesetzes der Natur ihre Handlungen zu regeln und über ihren Besitz und ihre Persönlichkeit so zu verfügen, wie es ihnen am besten scheint, ohne dabei jemanden um Erlaubnis zu bitten oder vom Willen eines anderen abhängig zu sein. Es ist darüber hinaus ein Zustand der Gleichheit, in dem alle Macht und Rechtsprechung wechselseitig sind, da niemand mehr besitzt als ein anderer. [...]

Obwohl die Erde und alle niederen Lebewesen allen Menschen gemeinsam gehören, so hat doch jeder Mensch ein Eigentum an seiner Person. Auf diese hat niemand ein Recht als er nur allein. Die Arbeit seines Körpers und das Werk seiner Hände sind, so können wir sagen, im eigentlichen Sinne sein Eigentum. Was immer er also dem Zustand entrückt, den die Natur vorgesehen und in dem sie es belassen hat, hat er mit seiner Arbeit gemischt und ihm etwas Eigenes hinzugefügt. Er hat es somit zu seinem Eigentum gemacht. [...]

Das Maß des Eigentums hat die Natur durch die Ausdehnung der menschlichen Arbeit und durch die Annehmlichkeiten des Lebens festgesetzt. Keines Menschen Arbeit konnte sich alles unterwerfen oder aneignen, und sein Genuss konnte nicht mehr als nur einen kleinen Teil verbrauchen. [...] So war es die Arbeit, die zuerst ein Eigentumsrecht verlieh, wo immer der Mensch sie auf das Gemeingut verwenden wollte. [...] Doch später wurde in manchen Gegenden der Welt durch die Zunahme der Bevölkerung und des Viehbestandes und durch den Gebrauch des Geldes das Land knapp, wodurch ihm einiger Wert verliehen wurde. Die einzelnen Gemeinschaften setzten deshalb die Grenzen ihrer verschiedenen Gebiete fest, regelten durch eigene Gesetze das private Eigentum innerhalb ihrer Gesellschaft und entschieden so durch Vertrag und Übereinkunft die Frage des Eigentums, das seinen Ursprung in der Arbeit und im Fleiß hatte.

John Locke, Über die Regierung, S. 4-8

M4 Vertragstheorien

Im 17. Jahrhundert wollten viele Philosophen die Frage „Warum dürfen Menschen eigentlich über andere Menschen herrschen?“ nicht mehr mit „Weil Gott es so will!“ beantworten, wie die meisten absolutistischen Herrscher ihrer Zeit es taten. Zur Begründung des Staates fragten sie deshalb jetzt anders: „Was wäre, wenn es gar keinen Staat gäbe?“ Diese Überlegung führte sie zur Vorstellung eines Naturzustandes – eines Zustands ohne Staat, welchen es in dieser Form allerdings niemals gegeben hat und den man deshalb als Gedankenexperiment bezeichnen kann. Um aus diesem staatslosen, für die Menschen mit Problemen verbundenen Zustand entkommen zu können, soll ein Staatsvertrag dafür sorgen, dass das Leben in geordneten Bahnen verläuft.

Die bekanntesten Vertragstheoretiker des 17./18. Jahrhunderts sind Hobbes, Locke und Rousseau. Ihre auf unterschiedlichen Menschenbildern basierenden Theorien gehen alle von einem Naturzustand aus, der durch einen Staatsvertrag überwunden wird, wobei die Vorstellungen über Regelungen, Ziele und das Leben in dem Staat, den sie begründen wollen, zum Teil stark differieren.

1. Stellen Sie sich Menschen ohne Moral, ohne Recht, ohne Staat vor: Wie würden sie miteinander umgehen? ➜ M1
2. Recherchieren Sie im Internet, was ein „Gefangenendilemma“ ist. Erläutern Sie in eigenen Worten, warum Kersting meint, der Naturzustand sei mit einem Gefangenendilemma vergleichbar. ➜ M2
3. Vergleichen Sie die Situation des Naturzustandes bei Hobbes mit der bei Locke. ➜ M1/3
4. Erläutern Sie, inwiefern den unterschiedlichen Naturzustandsbeschreibungen unterschiedliche Staatsziele entsprechen. ➜ M1-4

4 Die bürgerliche Gesellschaft – ein Irrtum?

M1 Eine verhängnisvolle Unachtsamkeit ...

Schlüsselszene des Films „Die Götter müssen verrückt sein" (Botsuana 1980)

Aus der Handlung des Films:

In der Wüste Kalahari lebt ein Stamm Eingeborener in paradiesischer Harmonie – ohne Verbrechen, Gesetze oder Bestrafung, ohne Hierarchie oder Gewalt, glücklich und im Einklang mit der Natur. Von der Existenz einer „zivilisierten Welt" wissen die Eingeborenen nichts. Sie kennen auch kein Eigentum und keinen Besitz, denn die Kalahari gibt dafür wenig her – und alles, was es braucht, kann jedes Stammesmitglied selbst herstellen. Als ein Pilot gedankenlos eine leere Colaflasche aus dem Cockpit seiner Maschine wirft, landet die gläserne Flasche direkt vor den Füßen des Stammesoberhauptes Xi und sorgt unter den Eingeborenen für ziemliche Aufregung. Auch wenn niemand so recht weiß, wozu die als Werkzeug identifizierte Flasche eigentlich dienen soll, so ist das Interesse an ihr groß, weil es die Coca-Cola-Flasche – im Gegensatz zu anderen Gegenständen in ihrer Umgebung – nur einmal gibt.

M2 Die !Kung

Die Wirklichkeit in der Kalahari beschreibt ein aktueller Zeitungsartikel folgendermaßen:

Viele Tausend Jahre vor Beginn der großen Finanzkrise lebte in der Wüste Kalahari in Südwestafrika das Volk der !Kung. Zähe, klein gewachsene Männer und Frauen waren das, die Antilopen und Zebras mit vergifteten Pfeilen töteten. Bevor sie das Fleisch aßen, verteilten sie es. Die Beute des einen gehörte auch den anderen, so war das bei den !Kung.
Anfang der 1980er Jahre lebten die !Kung noch immer in der Kalahari. Auch sonst hatte sich dort wenig verändert. Der Rest der Welt hatte das Auto, die Atombombe und den Aktienhandel erfunden. Die !Kung schossen noch immer ihre Pfeile ab. Noch immer waren sie es gewohnt, zu teilen. Aber nicht mehr lange. Wenig später meldete ein amerikanischer Anthropologe gravierende Neuigkeiten aus den Dörfern der !Kung. Die Jäger blieben zu Hause, die Hütten standen jetzt so, dass die Nachbarn nicht mehr hineinsehen konnten, fast jede Familie hatte sich eine Kiste angeschafft, in der sie ihr Eigentum aufbewahrte. An den Kisten hingen Schlösser. Was genau war geschehen? Nicht viel. Die Regierung von Botswana hatte begonnen, Handel mit den !Kung zu treiben. Die Marktwirtschaft war in die Kalahari gekommen, ein kleines, bis dahin überaus genügsames Volk hatte Gefallen am Eigentum gefunden, das war alles.
Für die !Kung war es der Anfang vom Kapitalismus.

Wolfgang Uchatius, Kapitalismus in der Reichtumsfalle, in: DIE ZEIT, Nr. 46 vom 10.11.2011, S. 23

M3 Der Ursprung der Ungleichheit

Der Philosoph Jean-Jacques Rousseau hat bereits im 18. Jahrhundert einen ähnlichen Zusammenhang als Gedankenexperiment benutzt, um die Entstehung von Ungleichheit in der bürgerlichen Gesellschaft zu erklären:

Der Erste, der ein Stück Land eingezäumt hatte und dreist sagte: „Das ist mein" und so einfältige Leute fand, die das glaubten, wurde zum wahren Gründer der bürgerlichen Gesellschaft. Wie viele Verbrechen, Kriege, Morde, Leiden und Schrecken würde einer dem Menschengeschlecht erspart haben, hätte er die Pfähle herausgerissen oder den Graben zugeschüttet und seinesgleichen zugerufen: „Hört ja nicht auf diesen Betrüger. Ihr seid verloren, wenn ihr vergesst, dass die Früchte allen gehören und die Erde keinem!" Aber mit großer Wahrscheinlichkeit waren die Dinge zu dem Punkt gelangt, wo es nicht mehr so weitergehen konnte wie bisher. Denn dieser Begriff des Eigentums hängt von so vielen vorausgehenden Begriffen ab, die nur nach und nach entstehen konnten, dass er sich nicht auf einmal im menschlichen Geist bildete. Man musste große Fortschritte machen, viel Geschick und Kenntnisse erlangen und von Zeitalter zu Zeitalter weitergeben und vermehren, bevor man in dies letzte Stadium des Naturzustandes kommen konnte. Beginnen wir wieder ganz von vorne. Versuchen wir, diese allmähliche Abfolge der Ereignisse und Erkenntnisse unter einem einzigen Gesichtspunkt nach der ihnen natürlichsten Ordnung zusammenzufassen. [...] Solange sich die Menschen mit ihren ländlichen Hütten begnügten, solange sie sich darauf beschränkten, ihre Kleider aus Häuten mit Dornen oder Gräten zu nähen, sich mit Federn und Muscheln zu schmücken, sich den Körper mit verschiedenen Farben zu bemalen, Bogen und Pfeile zu verbessern und zu verschönern, mit scharfen Steinen einige Fischerkähne oder einige grobe Musikinstrumente zu zimmern, kurzum: solange sie nur Werke herstellten, die einer allein machen konnte, und Künste pflegten, die nicht die Zusammenarbeit mehrerer Hände erforderten, lebten sie so frei, gesund, gut und glücklich, wie sie es ihrer Natur nach sein konnten, genossen weiter unter sich die Wonne eines unabhängigen Verkehrs. Aber seit dem Augenblick, da der Mensch die Hilfe des anderen nötig hatte, seit man bemerkte, dass es einem Einzelnen nützlich war, Vorräte für zwei zu haben, verschwand die Gleichheit. Das Eigentum war eingeführt, die Arbeit wurde nötig und die weiten Wälder verwandelten sich in lachende Felder, die mit dem Schweiß des Menschen begossen werden mussten. Die Sklaverei und das Elend entsprossen bald auf ihnen und wuchsen mit den Ernten.

Jean-Jacques Rousseau, Schriften zur Kulturkritik, S. 99

M4 Der Gesellschaftsvertrag

Ich unterstelle, dass die Menschen jenen Punkt erreicht haben, an dem die Hindernisse, die ihrem Fortbestehen im Naturzustand schaden, in ihrem Widerstand den Sieg davontragen über die Kräfte, die jedes Individuum einsetzen kann, um sich in diesem Zustand zu halten. Dann kann dieser ursprüngliche Zustand nicht weiter bestehen und das Menschengeschlecht würde zugrunde gehen, wenn es die Art seines Daseins nicht änderte.

Da die Menschen nun keine neuen Kräfte hervorbringen, sondern nur die vorhandenen vereinen und lenken können, haben sie kein anderes Mittel sich zu erhalten als durch Zusammenschluss eine Summe von Kräften zu bilden, stärker als jener Widerstand, und diese aus einem einzigen Antrieb einzusetzen und gemeinsam wirken zu lassen. Diese Summe von Kräften kann nur durch das Zusammenwirken mehrerer entstehen: da aber Kraft und Freiheit jedes Menschen die ersten Werkzeuge für seine Erhaltung sind – wie kann er sie verpfänden, ohne sich zu schaden und ohne die Pflichten gegen sich selbst zu vernachlässigen? Diese Schwierigkeit lässt sich, auf meinen Gegenstand angewandt, so ausdrücken: „Finde eine Form des Zusammenschlusses, die mit ihrer ganzen gemeinsamen Kraft die Person und das Vermögen jedes einzelnen Mitglieds verteidigt und schützt und durch die doch jeder, indem er sich mit allen vereinigt, nur sich selbst gehorcht und genauso frei bleibt wie zuvor.“ Das ist das grundlegende Problem, dessen Lösung der Gesellschaftsvertrag darstellt.

Jean-Jacques Rousseau, Vom Gesellschaftsvertrag, S. 16f.

1 Beschreiben Sie in einer eigenen Zusammenfassung, wie der Film weitergehen könnte: Wie reagieren die Eingeborenen auf den Flaschenfund? Wie ändert sich möglicherweise ihr soziales Zusammenleben? ➜ M1
2 Vergleichen Sie Ihren Text mit dem Zeitungsbericht. Wie lässt sich die Entwicklung bei den !Kung erklären? ➜ M2
3 Erklären Sie, in welchem Verhältnis Eigentum und bürgerliche Gesellschaft für Rousseau stehen. ➜ M3
4 Erarbeiten Sie den Text als Bildergeschichte oder als Comic. ➜ M3
5 Erläutern Sie, welche Schlussfolgerungen Rousseau aus seiner Analyse zieht. ➜ M4
6 Erarbeiten Sie, wie ein Staat die von Rousseau beschriebenen Probleme lösen kann. ➜ M3/4

5 Globale Utopie

M1 Gerechtigkeit und Friede umarmen sich

Dirck de Quade van Ravensteyn zugeschrieben, um 1603

M2 Zum Ewigen Frieden

Am Schluss der 1795 in Königsberg erschienenen Schrift von Immanuel Kant heißt es:

Wenn es Pflicht, wenn zugleich gegründete Hoffnung da ist, den Zustand eines öffentlichen Rechts, obgleich nur in einer ins Unendliche fortschreitenden Annäherung, wirklich zu machen, so ist der e w i g e F r i e d e, der auf die bisher fälschlich so genannten Friedensschlüsse (eigentlich Waffenstillstände) folgt, keine leere Idee, sondern eine Aufgabe, die nach und nach aufgelöst, ihrem Ziele (weil die Zeiten, in denen gleiche Fortschritte geschehen, hoffentlich immer kürzer werden) beständig näher kommt.

Immanuel Kant, Zum Ewigen Frieden, S. 104

M3 Konkrete Utopie: Föderale Weltrepublik

*Der Tübinger Professor für politische Philosophie Otfried Höffe (*1943) entwirft die Konturen einer den Weltfrieden sichernden föderalen Weltrepublik. Seine Idee lässt sich in folgenden Thesen beschreiben:*

- Die Weltrepublik muss als eine freiheitliche Demokratie gestaltet werden und eine föderale Struktur haben.
- Die Einzelstaaten bleiben erhalten und werden durch die globale Rechts- und Staatsordnung lediglich ergänzt. (Subsidiaritätsprinzip: staatliche Aufgaben werden so weit als möglich von der jeweils unteren bzw. kleineren Einheit wahrgenommen)
- Dennoch erhält die Weltrepublik zentrale bindende Entscheidungsbefugnisse.
- Die moralischen Werte, die schon heute in der Charta der Vereinten Nationen und in ihren Menschenrechtspakten weitgehende Anerkennung gefunden haben, müssen weiter entwickelt werden.
- Dieses globale Demokratiemodell knüpft an die Gedanken des Philosophen Immanuel Kant zu einer weltweiten Friedens- und Rechtsordnung an.
- Nach Kant ist es den Menschen geboten, ihr Zusammenleben rechts- und staatsförmig zu organisieren. Dieses Gebot werde erst dort umfassend erfüllt, wo man zusätzlich zu den uns vertrauten Gemeinwesen einen Völkerbund, eine Weltrepublik und ein Weltbürgerrecht einrichtet.
- Die Gedanken Kants werden ergänzt durch konkrete Vorschläge, etwa die Einrichtung von Institutionen wie einem Weltschiedsgericht und einem Weltstrafrecht.
- Ein Weltparlament sollte aus zwei Kammern gebildet werden, einem „Welttag" aller Bürger und einem „Weltrat" aller Staaten.
- Eine solche Weltdemokratie kann in verschiedenen Entwicklungsstufen erreicht werden. Zunächst sollte es kontinentale Zwischenstufen geben nach dem Muster der Europäischen Union.
- Es ist ein moralisches Gebot, die Herrschaft von Recht, Gerechtigkeit und Demokratie auch auf globaler Ebene durchzusetzen. Das lässt sich letztlich nur durch eine

subsidiäre und föderale Weltrepublik erfüllen. An diesem Ziel muss sich die künftige Weltordnung orientieren.

* Innovationskräfte, die jedem Wettbewerb innewohnen, sind auch in einer Weltrepublik enthalten. Die Konkurrenz der Sprachen und Religionen, der Wirtschaftsräume und -formen, letztlich auch der Bildungswesen bleiben weiterhin erhalten. Die Weltdemokratie setzt einzig den rechtsmoralischen Rahmen, auf den die Menschen gegeneinander Anspruch haben und der dafür sorgt, dass der Freiraum des Wettbewerbs die Selbstlosigkeit und Friedensbereitschaft der Menschen nicht überfordert.

nach Otfried Höffe, Demokratie im Zeitalter der Globalisierung, passim

M4 Global governance

Da kein Staat formal berechtigt ist, die Nichteinhaltung international vereinbarter Regeln zu sanktionieren, besteht ein grundsätzliches Vertrauensproblem in den internationalen Beziehungen. [...] Dieses Vertrauensproblem kann zwar durch freiwillige Selbstbindungen – wie etwa zwischenstaatliche Verträge – reduziert, aber nicht aufgehoben werden, solange es keine zur autoritativen Steuerung befugte und durchsetzungsfähige Weltregierung gibt.

Eine Weltregierung, zum Beispiel im Rahmen der VN in New York, stellt aber sowohl aus normativen als auch aus praktischen Erwägungen keine befriedigende Lösung dar. Alle Probleme, die bereits im nationalstaatlichen Rahmen aus der Entfernung zwischen Regierung und Regierten entstehen, würden sich auf globaler Ebene noch vervielfältigen. Den für modernes Regieren notwendigen Legitimationsnachweis kann eine Weltregierung daher nur unzureichend erbringen. [...]

Wie aber soll Politik auf globaler Ebene organisiert werden, wenn eine Weltregierung weder wahrscheinlich noch wünschenswert ist? Seit einigen Jahren wird in diesem Zusammenhang über Global Governance diskutiert. [...] Ziel von Global Governance ist [...] die auf Effektivität und demokratische Legitimität gerichtete Koordination der politischen Steuerungsleistungen verschiedener Akteure auf unterschiedlichen politischen Ebenen – lokal, national, regional und global. [...] Sowohl souveränitätsgebundene Akteure, also die Nationalstaaten, als auch souveränitätsfreie Akteure, etwa supranationale Mehrebenensysteme wie die Europäische Union, Nichtregierungsorganisationen wie das Internationale Komitee vom Roten Kreuz, internationale (Regierungs-) Organisationen wie die Welthandelsorganisation oder politikfeldspezifische internationale Regime leisten einen Beitrag zu effektivem und demokratisch legitimiertem Regieren. [...] Oft wird überhaupt erst durch das Zusammenwirken staatlicher und nichtstaatlicher Akteure die effektive und legitime Problemregelung jenseits des Nationalstaates möglich. Beispielsweise ist eine wirksame Menschenrechtspolitik ohne die internationalen und regionalen Menschenrechtskonventionen, die von nationalen Regierungen unterzeichnet und von nationalen Parlamenten ratifiziert werden, nicht denkbar. Gleichzeitig leistet die geduldige und unparteiische Überwachung der Menschenrechte durch NRO wie Amnesty International einen wichtigen Beitrag zur schrittweisen Annäherung an das Ziel der globalen Durchsetzung der Menschenrechte.

Lars Brozus / Michael Zürn, Regieren im Weltmaßstab, in: Informationen zur politischen Bildung, Heft 280, 2003, www.bpb.de

1 Führen Sie ein Schreibgespräch durch: Wege zum Frieden.

2 Analysieren Sie das Gemälde hinsichtlich der Vorstellung friedlichen Zusammenlebens und vergleichen Sie es mit Lorenzettis *Allegorie der guten Regierung* (S. 8). → M1

3 Erläutern Sie Kants Unterscheidung von „Ewigem Frieden" und bloßen „Friedensschlüssen". → M2

4 Entwerfen Sie jeweils Schaubilder zu den Vorstellungen des Philosophen Otfried Höffe und der Idee von „global governance". Erläutern Sie, worin der Unterschied zwischen einem philosophischen und einem politologischen Text besteht. → M3/4

5 Diskutieren Sie: Ist eine moralphilosophische Begründung für Frieden (Kant, Höffe) nützlich für die politische Herstellung von Frieden? → M2/3

*6 Politische Grundwerte in heutiger Zeit

M1 Standpunkte

Es wird der „gemeinsame Boden“ unseres Zusammenlebens verlassen, wenn ...

a. jemand mit Burka in den Unterricht kommt.
b. ein Mädchen keine Anstellung bei einer Bank bekommt, weil es ein Kopftuch trägt.
c. alle Schüler und Schülerinnen auf dem Pausenhof deutsch sprechen müssen.
d. jemand einen Ehrenmord verteidigt.
e. jemand Geld für die Gefangenen der USA im „Kampf gegen den Terror“ sammelt.
f. Mitschüler glatzköpfig und mit Kampfstiefeln und Bomberjacke in die Schule kommen.
g. Mitschüler oder Mitschülerinnen Symbole verfassungsfeindlicher Gruppierungen offen tragen.
h. jeder vom anderen in Ruhe gelassen wird.
i. eine Zeitschrift durch Text und Bild die religiösen Gefühle anderer verletzt.
j. eine Lehrerin mit Kopftuch unterrichten darf.
k. im Ramadan meine Nachbarn abends lange laut sind.
l. jeder so leben kann, wie er will.
m. Krawallmacher den 1. Mai nutzen, um massiv Gewalt gegen Sachen anzuwenden.
n. Minderheiten in der Abi-Zeitung die Gelegenheit nutzen, um sich an Schülern oder Lehrern zu rächen.
o. ich den anderen respektiere.
p. mich die Frau meines muslimischen Nachbarn nicht grüßen darf.
q. Jungen in einer Klasse Mädchen nur mit sehr abfälligen Äußerungen belegen.
r. Mädchen aus religiösen Gründen nicht ins Schullandheim dürfen oder nicht am Sportunterricht teilnehmen dürfen.
s. jemand bei Einstellungsgespräch oder Einwanderung über seine sexuelle Orientierung Auskunft geben muss.
t. ...

M2 Was ist das „einigende Band“?

Das vermisste „einigende Band“ ist der demokratische Prozess selbst – eine nur gemeinsam auszuübende kommunikative Praxis, in der letztlich das richtige Verständnis der Verfassung zur Diskussion steht. So geht es etwa [in] aktuellen Auseinandersetzungen [...] nicht nur um einzelne policies [Politikinhalte], sondern immer auch um die strittige Interpretation von Verfassungsprinzipien – und implizit darum, wie wir uns im Licht der Vielfalt unserer kultureller Lebensweisen, unserer Weltanschauungen und religiösen Überzeugungen als Bürger der Bundesrepublik wie als Europäer verstehen wollen. Gewiss, im historischen Rückblick waren ein gemeinsamer religiöser Hintergrund und eine gemeinsame Sprache, vor allem aber das neu geweckte Nationalbewusstsein für die Entstehung einer hoch abstrakten staatsbürgerlichen Solidarität hilfreich. Die republikanischen Gesinnungen haben sich inzwischen jedoch von diesen vorpolitischen Verankerungen weitgehend gelöst [...]. Denken Sie an die politisch-ethischen Diskurse über den Holocaust und die im Namen der eigenen Regierung begangenen Massenverbrechen: Sie haben den Bürgern der Bundesrepublik die Verfassung als Errungenschaft zu Bewusstsein gebracht. Das Beispiel einer selbstkritischen [...] „Gedächtnispolitik“ zeigt, wie sich verfassungspatriotische Bindungen im Medium der Politik selbst bilden und erneuern können. [...] Entgegen einem weit verbreiteten Missverständnis heißt „Verfassungspatriotismus“, dass sich Bürger die Prinzipien der Verfassung nicht allein in ihrem abstrakten Gehalt, sondern konkret aus dem geschichtlichen Kontext ihrer jeweils eigenen nationalen Geschichte zu eigen machen. [...] Unter Staatsbürgern entsteht eine wie immer auch abstrakte und rechtlich vermittelte Solidarität erst dann, wenn die Gerechtigkeitsprinzipien in das dichtere Geflecht kultureller Wertorientierungen Eingang finden.

Jürgen Habermas, Vorpolitische Grundlagen des demokratischen Rechtsstaates?, S. 24f.

M3 Toleranz im interkulturellen Gespräch

Roman Herzog (Bundespräsident 1994-99) bezieht seine Äußerungen u. a. auf die Todesdrohungen der iranischen Regierung gegen den Schriftsteller Salman Rushdie (geb. in Mumbai / Indien, seit 1964 brit. Staatsbürger). Wegen angeblich gotteslästerlichen Passagen über den Propheten Mohammed in dem Roman Die satanischen Verse *verurteilte der iranische Revolutionsführer Khomeini 1989 in einer Fatwa Rushdie zum Tode. Auf Rushdie wurde ein Kopfgeld ausgesetzt. Sein japanischer Übersetzer wurde ermordet, weitere Verlagsleute verletzt.*

Das sind Erscheinungen, die wir unter gar keinen Umständen akzeptieren können und die wir weder aus außenpolitischen Rücksichtnahmen noch aus einem schwächlichen Werterelativismus tolerieren können. Wenn wir in einen Dialog mit anderen eintreten, bringen wir einige Essentials mit, die nicht verhandelbar sind. Dazu gehört die Freiheit der Rede und dazu gehört vor allem, dass niemand wegen seiner Überzeugung zu Schaden gebracht werden darf. Eine lange, oft blutige und grausame Geschichte hat uns Europäer gelehrt, dass diese Rechte niemals mehr zur Disposition stehen dürfen. Deswegen kann hier niemand Todesdrohungen für ein Buch akzeptieren. Wer diesem Satz nur eine partikuläre, westliche Überzeugung zuschreiben will, die sich zu Unrecht universale Geltung anmaße, dem sage ich: Einen Dialog gibt es nur, wenn niemand befürchten muss, wegen einer Äußerung gefangen genommen, gefoltert oder ermordet zu werden. Diese Spielregel ist weder westlich noch östlich noch sonst irgendwie geographisch relativierbar. Sie ist die begriffliche Grundvoraussetzung für ein Gespräch überhaupt. [...] Pluralität und Toleranz sind gewiss wichtige Dinge, auf die ich unter keinen Umständen verzichten möchte. Wenn sie aber funktionieren sollen, müssen sie realistisch und ehrlich sein, und das heißt: man muss einerseits die Positionen des anderen kennen und verstehen und man muss andererseits einen eigenen Standpunkt haben, um den des anderen überhaupt tolerieren zu können. Werterelativismus allein führt zur Standpunktlosigkeit und nicht zur Toleranz.

Roman Herzog, Laudatio anlässlich der Verleihung des Friedenspreises des deutschen Buchhandels vom 15.05.1995

M4 Meinungsfreiheit statt Zensur

Die in Somalia geborene Frauenrechtlerin Ayaan Hirsi Ali war niederländische Parlamentsabgeordnete. Nach der Ermordung ihres Freundes, des Filmemachers Theo van Gogh, durch moslemische Extremisten musste sie untertauchen.

Wenn westliche Politiker und Journalisten Verständnis für die verletzten Gefühle der Moslems äußern, vermutet sie dahinter nur Feigheit und mangelnde Solidarität mit den Opfern. „Schämt euch, ihr Journalisten, die ihr von der Freiheit der Rede lebt und gleichzeitig Zensur akzeptiert, schämt euch, ihr Politiker, die ihr die Karikaturen für unnötig erklärt [...]", sagte sie in ihrer flammenden Rede. [...] Der gegenwärtige Konflikt hat für Ayaan Hirsi Ali keinen ethnischen oder sozialen Hintergrund. „Es handelt sich", sagt sie, „um einen Kampf der Ideen". Hier die aufgeklärte, liberale Demokratie, dort der intolerante religiöse Fundamentalismus. Dabei setzt Demokratie auch ihre eigene Kritisierbarkeit voraus. Das weiß auch die niederländische Politikerin. „Ich habe nichts dagegen, wenn Moslems friedlich gegen die Karikaturen demonstrieren", sagt sie. Nein, das sei vielmehr ganz in ihrem Sinne, Ausdruck einer freien Meinungsäußerung. Und selbstverständlich müsse „das Recht zu beleidigen" Grenzen haben. Diese würden durch das Gesetz gezogen. Wer sich beleidigt fühle, möge bitte schön klagen. Doch die Grundlage für diese Auseinandersetzung, die Spielregeln der westlichen Gesellschaft, die dürften nicht zur Debatte stehen, verlangte Ayaan Hirsi Ali. *Katharina Schuler, Das Recht zu kränken, Zeit online, 10.02.2006*

1 Nehmen Sie Stellung. Erweitern Sie die Liste und stellen Sie Ihre Punkte zur Diskussion. ➜ M1

2 Diskutieren Sie, ob Sie die Habermas'sche Position, dass die Menschenrechte den Rahmen für die demokratische Willensbildung ziehen, überzeugt. ➜ M2

3 Diskutieren Sie, ob Ihnen der Stellenwert, den Roman Herzog den Prinzipien Toleranz und Pluralismus gibt, einleuchtet. Welche Vor- und Nachteile hat ein solches Verständnis für den interreligiösen/-kulturellen Dialog? ➜ M3

4 Erörtern Sie, welche Spielregeln einer Gesellschaft nicht zur Debatte stehen dürfen. ➜ M4

1 Bedeutung von Religion

M1 Keine Renaissance der Religion

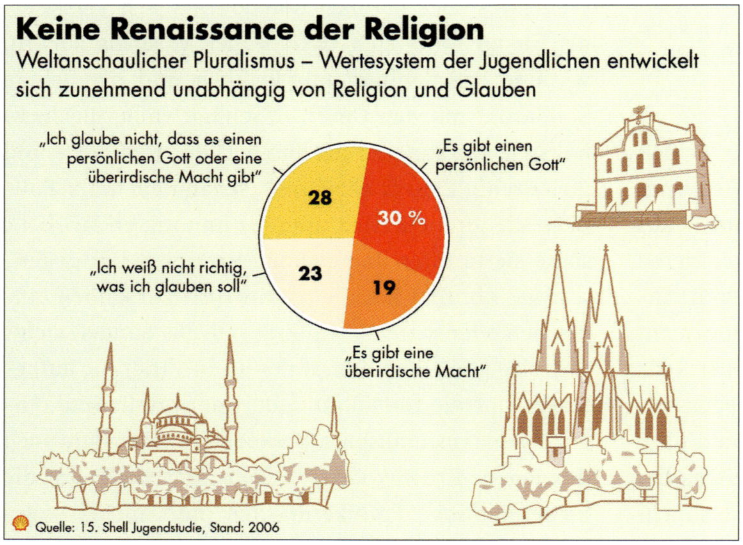

M2 Wer glaubt woran?

Ausführlicher als früher greift die Shell-Jugendstudie 2006 „Religiosität“ als eigenes Thema auf.

Zwar waren Jugendliche im Zusammenhang mit dem Tod des letzten und beim Besuch des neuen Papstes [Benedikt des XVI.] auf dem Weltjugendtag in Köln [2005] in den Medien besonders präsent. Außerdem ist die große Masse der Jugend mit Ausnahme der allermeisten ostdeutschen Jugendlichen weiterhin konfessionell gebunden. Dennoch haben Wertesystem und praktisches Verhalten der meisten Jugendlichen nach wie vor nur eine mäßige Beziehung zu kirchlich-religiösen Glaubensvorgaben. Nur 30 % der Jugendlichen bekennen sich in einem kirchennahen Sinne als religiös, indem sie an einen persönlichen Gott glauben. Weitere 19 % glauben an eine unpersönliche höhere Macht. Sie pflegen damit, besonders wenn sie älter werden, einen Glauben, der nur sehr bedingt etwas mit dem Glaubenssystem der Kirchen zu tun hat. Viele Jugendliche sind glaubensunsicher (23 %), besonders unter den jüngeren Jugendlichen. Weitere 28 % meinen konsequent, dass sie weder an Gott noch an eine höhere Macht glauben. Diese Absage an die Religion nimmt, ebenso wie der unkonventionelle Glaube an eine höhere Macht, mit dem Alter zu. [...]

Während sich Jugendliche in den neuen Ländern weitgehend von Religion und Kirche, aber auch vom Aberglauben verabschiedet haben, pflegen die meisten westdeutschen Jugendlichen eine Art „Religion light“. Sie sind fast immer konfessionell gebunden und haben eine zwar grundsätzlich positive, aber wenig intensive Beziehung zur Kirche. Die westdeutschen Jugendlichen, bei denen ein Bedürfnis nach Religiosität vorhanden ist, basteln sich oft eine „Collage-“ oder „Patchwork“-Religion zusammen, wofür verschiedenste religiöse oder pseudo-religiöse Versatzstücke verwendet werden. Schicksal und Vorbestimmung, Astrologie, Hellseherei und Geister sind Teil dieser oft durcheinander gewürfelten westdeutschen Glaubenswelt. Religiöse und pseudo-religiöse Glaubensformen, in der weiblichen Jugend ausgeprägter als in der männlichen, spielen allerdings für die praktische Lebensgestaltung meist nur eine mäßige Rolle. Ganz anders sieht es in der Gruppe der Jugendlichen mit Migrationshintergrund aus. In dieser Gruppe, die zumeist in den alten Bundesländern lebt, hat diejenige „echte“ Religiosität, die bei deutschen Jugendlichen inzwischen eher rar geworden ist, noch einen starken Rückhalt. 52 % der ausländischen Jugendlichen glauben an einen persönlichen Gott sowie 44 % der nicht in Deutschland geborenen Deutschen, aber nur 28 % der deutschen Jugendlichen. Besonders häufig an einen persönlichen Gott glauben islamische und christlichorthodoxe Jugendliche, vermehrt aber auch christliche Migranten, die den beiden großen einheimischen Kirchen angehören.

Zusammenfassung, 15. Shell Jugendstudie – Jugend 2006, www.shell.com

M3 Religion als Deutungssystem

Religionen als Deutungssysteme von Leben und Dasein wachsen aus menschlichen Kulturen und aus Kulturstufen heraus und bleiben eng mit diesen verflochten. Aufgrund dieser Einsicht verbindet sich heute Religionswissenschaft immer mehr mit den Kulturwissenschaften oder versteht sich als ein Teil von ihnen. [...] So lässt sich Religion zum einen als Symbolsystem der Weltdeutung, zum anderen als bildhaftes Bezugssystem auf eine „letzte Wirklichkeit" verstehen. Sie bindet Menschen zu festen Gruppen zusammen, hält Gruppen über lange Zeitepochen stabil und gibt ihnen eine klare Orientierung im Leben. Wir können sie auch als menschliche Antwort auf eine vermutete lebenstranszendente Wirklichkeit verstehen. Auf alle Fälle erscheint sie uns als ein grandioses Werk des menschlichen Geistes und drückt den kreativen Umgang mit den Grunderfahrungen des Lebens aus. [...] Damit bilden die Lebenserfahrungen der Menschen die großen Themen der religiösen Symbolwelten: Schwangerschaft, Geburt, Leiden, Krankheit, Tod, Wiederauferstehung, Sünde und Verwandlung. Alle diese Erfahrungen werden im Kontext von heiligen Erzählungen (Mythen) gedeutet; dem Leben und seinen vielfältigen sozio-kulturellen Bezügen wird so eine metaempirische Dimension gegeben.

Folglich sind religiöse Symbolwelten immer Selbstinterpretationen des menschlichen Daseins in bestimmten gesellschaftlichen und kulturellen Situationen. In den Religionen beziehen sich die Menschen auf die Ganzheit des Kosmos, zum „Urgrund" des Lebens, zur menschlichen Gemeinschaft oder auf eine transzendente Welt. Sie deuten den großen Kosmos anthropomorph [vermenschlicht] und gewinnen dadurch Geborgenheit und Sicherheit. Damit können sie leidvolle Erfahrungen des Daseins besser ertragen und vor allem dem Sterben einen Sinn geben. Auf diese Weise deuten sie ihr begrenztes Leben vom Anfang bis zum Ende.

Damit gehören die Religionen zu den großen und kreativsten Schöpfungen des menschlichen Geistes. In ihnen beziehen sich die Gläubigen auf unverfügbare und unsichtbare Wirklichkeiten; sie drücken darin ihre Grundgefühle der Angst, aber auch der Lebensfreude aus. Gleichzeitig ordnen sie ihr Leben mittels der praktischen Vernunft; damit aber haben religiöse Weltdeutungen immer auch rationale Strukturen. Der Mythos ist die heilige Erzählung, die einer Gruppe über längere Zeiträume hin eine feste Orientierung gibt.

Anton Grabner-Haider / Karl Prenner (Hg.), Religionen und Kulturen der Erde, S. 11, 13

M4 Die Realität der Religion

In der Religionswissenschaft besteht allerdings ein weitgehender Konsens darüber, dass ein religionswissenschaftliches Verständnis von „Religion" nicht selbst „religiös" sein darf, dass also strikt zu unterscheiden ist zwischen religiösem Diskurs – religiösen Aussagen, Handlungsträgern, Symbolen und Kategorien usw. – und religionswissenschaftlicher Konstruktion – der Bestimmung zusammengehöriger Elemente und Ausdrucksformen mit Hilfe eines Rasters formaler Begriffsbildungen auf der Ebene einer „Meta-Sprache", einer wissenschaftlichen Fachsprache jenseits religiöser Rede. [...]

Die Feststellung, dass es sich beim Religionsbegriff um ein wissenschaftliches Konstrukt handelt, besagt nun nicht, dass wir es mit einer bloßen Fiktion zu tun hätten, die in der Realität keine Entsprechung fände. Vielmehr schlägt sich „Religion" nicht nur in unserer Alltagssprache nieder, sondern findet beispielsweise in Recht und Gesetzgebung als Gegebenheit ihre Beachtung. Religion ist damit mehr als nur Schall und Rauch – sie ist eine soziale Realität, ein spezifischer Kommunikationsprozess, der Wirklichkeiten schafft und durch soziale Handlungen selbst reale Gestalt gewinnt.

Klaus Hock, Einführung in die Religionswissenschaft, S. 20f.

1. Diskutieren Sie die Ergebnisse der Shell-Studie. Wo würden Sie sich „glaubensmäßig" verorten? ➜ M1/2
2. Setzen Sie sich mit der These auseinander, dass Religionen als Teilbereiche von Kulturen und Kulturstufen gesehen werden müssen. ➜ M3
3. Fassen Sie Funktion und Aufgabe der Religionen thesenartig zusammen. ➜ M3
4. Bestimmen Sie – auch mit Hilfe ergänzender Lexika – Inhalt und Aufgabe der Religionswissenschaft im Unterschied zu Theologie und Religion. ➜ M4

2 Religion als Selektionsvorteil

M1 Die Funktion von Religion

Eine **Religion** ist ein solidarisches System von Überzeugungen und Praktiken, die sich auf heilige, d. h. abgesonderte und verbotene Dinge, Überzeugungen und Praktiken beziehen, die in einer und derselben moralischen Gemeinschaft, die man Kirche nennt, alle vereinen, die ihr angehören.

Das zweite Element, das in unserer Definition auftaucht, ist nicht weniger wichtig als das erste; denn wenn man zeigt, dass die Idee der Religion von der Idee der Kirche nicht zu trennen ist, dann kann man ahnen, dass die Religion eine im wesentlichen kollektive Angelegenheit ist.

Emile Durkheim, Definition des religiösen Phänomens und der Religion, in: Carl-Friedrich Geyer, Religionsphilosophie, S. 148

M2 Aufwändige Rituale

Mit Ketten und Kopfputz, oft auch mit Gesichts- und Körperbemalungen geschmückte tanzende Frauen in Papua-Neuguinea. Religiöse Riten, die mit aufwändigem Schmuck und Ritualen verbunden sind, finden sich in allen Kulturen. Sie helfen, die Kooperation in einer Gruppe abzusichern und könnten daher ein Selektionsvorteil in der Evolution gewesen sein.

M3 Lohnender Luxus

Aus evolutionsbiologischer Perspektive erscheint die menschliche Religiosität als reine Verschwendung. Doch jetzt haben Soziobiologen Selektionsvorteile des Glaubens gefunden.

[Die Soziobiologen] argumentieren dafür, dass Religiosität aus der Vernetzung und Interaktion von vier universellen, genetisch angelegten kognitiven Domänen der menschlichen Psyche entstanden ist, die zunächst ihre eigene Selektions- und Anpassungsgeschichte durchlaufen haben und bestimmten Hauptkomponenten nahezu aller Religionen entsprechen:

- Mystik: Sie schafft Weltbilder zur Orientierung und als Entscheidungshilfen in einer unübersichtlichen, zufälligen Wirklichkeit.
- Ethik: Sie erzeugt Sozialkompetenz, um Kooperationen und wechselseitigen Altruismus zu ermöglichen.
- Rituale: Sie verhindern die Ausbeutung von wechselseitigem Altruismus.
- Mythen: Sie erzeugen die soziale Identität und tragen dazu bei, die Mitglieder einer Gruppe von anderen abzugrenzen. [...]

Evolutionäre Selektionsvorteile können für Individuen gelten oder aber auch für ganze Gruppen. Für Individuen diskutieren Forscher vor allem die folgenden Hypothesen: Religion dient als Trost und Schutz (etwa hinsichtlich des Todes, der Weltangst, der Ungerechtigkeit), als vermeintlicher Garant von Sinn, Ordnung und Erklärbarkeit des Lebens und der Welt (im Gegensatz zum blanken Zufall oder blinden Schicksal) – vor allem zu einer Zeit, in der es noch keine richtigen wissenschaftlichen und philosophischen Erklärungsversuche gab, die ja zudem auch heute noch vielen Menschen unverständlich oder unbekannt sind. Religion bedeutet eine Entlastung und Ablenkung von der oftmals unerquicklichen Wirklichkeit. [..]

Ferner wurde Religiosität als Projektion und Kompensation interpretiert. Die Defizite und Vergeblichkeiten des menschlichen Lebens und Seins sollen durch eine metaphysische Erhöhung ausgeglichen, die Zwecklosigkeit und Absurdität durch eine höhere Instanz vermieden oder wettgemacht und das unerquickliche Diesseits mit den Verfehlungen und der Ohnmacht des Mängelwesens Mensch durch ein glorioses Jenseits entlastet und überwunden werden.

Rüdiger Vaas, Lohnender Luxus, in: bild der wissenschaft 2/2007, S. 34-39

M4 Was leistet Religion?

Dieses Problem wäre gelöst, wenn es gelänge, das *allen* Religionen *Gemeinsame* zu identifizieren und begrifflich als „Religion" zu fassen. Diesbezügliche Bemühungen gehen bislang vornehmlich in zwei Richtungen: Einerseits wird versucht, dieses Gemeinsame in bestimmten Inhalten, in einer gemeinsamen „Substanz" zu suchen (*substanzialistisches*, bisweilen auch *substanzielles* Verständnis); manche Religionsforscher hoffen gar, auf diese Weise das allen Einzelreligionen zugrunde liegende „Wesen", die „Essenz" der Religion ausfindig zu machen. Ein anderer Versuch besteht darin, nach dem zu fragen, was die verschiedenen Religionen – unabhängig von ihren unterschiedlichen Inhalten – leisten, welche Strukturen jenseits einzelner, je eigener Gegenstände und inhaltlicher Aspekte ihnen gemeinsam sind, welche Funktionen sie erfüllen (*funktionales* Verständnis, das auch dem *funktionalistischen* zugrunde liegt, von diesem hier aber terminologisch unterschieden werden soll). [...]
Sie fragen nicht, was Religion *ist*, sondern was sie tut bzw. was sie *bewirkt*, also was sie leistet und welche Funktionen sie erfüllt. Damit verbindet sich die Annahme, dass die Religion auf allgemeine und grundlegende menschliche Probleme reagiert, die nicht „technisch" lösbar sind – auf Grundbedürfnisse, auf Sinnfragen, auf existenzielle Krisen etc. –, und dass ihre Leistung darin besteht, für diese Probleme „Lösungen" anzubieten. Religion gehört folglich zum Menschsein des Menschen. Fraglich ist jedoch, inwieweit die genannten Probleme „an sich", also kulturunabhängig auftreten; wenn dies nicht der Fall ist, müssen auch die Antworten darauf, was Religion leistet, je nach kulturellem Kontext äußerst unterschiedlich ausfallen, und wir haben es plötzlich mit einer Vielzahl funktionaler Religionsbestimmungen zu tun. [...]
Von Bedeutung ist jedoch auch die Frage, welche Leistung von Religion im Blick auf das Ganze der Kultur erwartet wird: In der Perspektive „klassischer" funktionalistischer Modelle – hier wäre an erster Stelle auf den Hauptvertreter des ethnologischen Funktionalismus, Bronislaw Malinowski (1884-1942), aber auch schon auf den Religionssoziologen Emile Durkheim (1858-1917) zu verweisen – besteht die Hauptfunktion der Religion in der Integration der Gesellschaft. Damit verbindet sich zumeist ein Harmoniemodell von Kultur: Kultur, so die Annahme, „funktioniere" in idealer Weise, wenn die verschiedenen Teilbereiche, aus denen sie existiert (Wissenschaft, Wirtschaft, Recht, Religion ...), einander harmonisch ergänzen und aufeinander eingespielt sind. Die besondere Funktion und Leistung der Religion bestünde in diesem Zusammenhang darin, die Menschen in die Gesellschaft zu integrieren und auf diese Weise das harmonische Funktionieren der Gesellschaft zu gewährleisten. Aber trifft dies wirklich zu? Belegen nicht viele Beispiele – gerade aus der jüngsten Religionsgeschichte –, dass Religion auch eine desintegrierende Funktion hat und in dieser Gestalt gerade destabilisierend wirken kann?

Klaus Hock, Einführung in die Religionswissenschaft, S. 13-15

1. Erarbeiten Sie aus Emile Durkheims Bestimmung die Funktionen von Religion. → M1
2. Legen Sie die Funktion religiöser Riten in unserer Gesellschaft an Beispielen dar. → M2
3. Finden Sie Beispiele für die vier „universellen Domänen", aus denen Religiosität entstanden ist. → M3
4. Diskutieren Sie, ob nicht-religiöse Systeme (z. B. Wissenschaft) die gleichen Funktionen erfüllen können wie religiöse. → M3
5. Grenzen Sie ein substanzialistisches Religionsverständnis von einem funktionalistischen ab. → M4
6. Nehmen Sie Stellung zu dem klassischen funktionalistischen Modell. Integriert oder desintegriert Religion? → M4

3 Verhältnis von Religion und Gesellschaft

M1 Religiöse Mündigkeit

Wenn denn nun gefragt wird: Leben wir jetzt in einem *aufgeklärten* Zeitalter?, so ist die Antwort: Nein, aber wohl in einem Zeitalter der *Aufklärung*. Dass die Menschen, wie die Sachen jetzt stehen, im Ganzen genommen, schon im Stande wären, oder darin auch nur gesetzt werden könnten, in Religionsdingen sich ihres eigenen Verstandes ohne Leitung eines Andern sicher und gut zu bedienen, daran fehlt noch sehr viel. Allein, dass jetzt ihnen doch das Feld geöffnet wird, sich dahin frei zu bearbeiten, und die Hindernisse der allgemeinen Aufklärung, oder des Ausganges aus ihrer selbst verschuldeten Unmündigkeit, allmählich weniger werden, davon haben wir doch deutliche Anzeigen. *Immanuel Kant, Was ist Aufklärung, S. 40*

M2 Ohne kirchlichen Beistand?

Viele Menschen verzichten heute auf jegliche religiöse Bindung bei den wichtigen Ereignissen im Leben.

Standesamtliche Hochzeit

Anonyme Beerdigung

M3 Säkularisierung als Rationalisierung

In der gegen Ende des 19. Jahrhunderts sich konsolidierenden bürgerlich-kapitalistischen Gesellschaft wandelt sich das Interesse der Aufklärung an personaler und politisch-gesellschaftlicher Emanzipation in das Interesse an der technischen Verwertbarkeit des Wissens über natürliche, ökonomische und gesellschaftliche Sachverhalte. Zentrale Bedeutung [...] gewinnen Naturwissenschaft, Nationalökonomie und Soziologie. In dieser Zeit des unbedingten Glaubens an den Fortschritt und die Machbarkeit auch der sozialen Welt mittels Wissenschaft und Technik verliert die überlieferte kirchlich-christliche Religion zunehmend an Bedeutung. [...]
Zunächst bestimmt *Emile Durkheim* (1858-1879) Säkularisierung als das Verdrängtwerden kirchlich-christlicher Religion durch funktionale Äquivalente. [...] *Max Weber* (1864-1920) entdeckt dann in der Wirtschaftsethik des Calvinismus, als Endstufe der Entwicklung religiöser Rationalität, den geistigen Geburtshelfer der modernen kapitalistischen Gesellschaft. Im Zusammenfallen von Heilsvergewisserung und Berufsbewährung mit Hilfe von Kapitalanhäufung durch „innerweltliche Askese" bereitet sich die moderne rationale und systematische Nutzung von Sachgütern und Menschen unter der Herrschaft des allein zum Zwecke seiner selbst expandierenden Kapitals vor. So kann Weber Säkularisierung als umfassenden Rationalisierungsprozess deuten, der in seiner Gegenwart zum Abschluss gekommen ist. Die ausgebildete kapitalistische Gesellschaft funktioniert ohne die Notwendigkeit sinnstiftender Leistungen subjektiver Religiosität. *Jürgen Ebach / Hartmut Przybylski, Einleitung, in: Willi Oelmüller u. a. (Hg.), Diskurs: Religion, S. 37f.*

M4 Säkularisierung als innerweltliche Askese

Indem die Askese aus den Mönchszellen heraus in das Berufsleben übertragen wurde und die innerweltliche Sittlichkeit zu beherrschen begann, half sie an ihrem Teile mit daran, jenen mächtigen Kosmos der moder-

nen, an die technischen und ökonomischen Voraussetzungen mechanisch-maschineller Produktion gebundenen, Wirtschaftsordnung erbauen, der heute den Lebensstil aller Einzelnen, die in dies Triebwerk hineingeboren werden – *nicht* nur der direkt ökonomisch Erwerbstätigen –, mit überwältigendem Zwange bestimmt und vielleicht bestimmen wird, bis der letzte Zentner fossilen Brennstoffs verglüht ist.
[...] Indem die Askese die Welt umzubauen und in der Welt sich auszuwirken unternahm, gewannen die äußeren Güter dieser Welt zunehmende und schließlich unentrinnbare Macht über den Menschen, wie niemals zuvor in der Geschichte. Heute ist ihr Geist – ob endgültig, wer weiß es? – aus diesem Gehäuse entwichen. Der siegreiche Kapitalismus jedenfalls bedarf, seit er auf mechanischer Grundlage ruht, dieser Stütze nicht mehr. Auch die rosige Stimmung ihrer lachenden Erbin: der Aufklärung, scheint endgültig im Verbleichen, und als ein Gespenst ehemals religiöser Glaubensinhalte geht der Gedanke der „Berufspflicht" in unserm Leben um. [...] Niemand weiß noch, wer künftig in jenem Gehäuse wohnen wird und ob am Ende dieser ungeheuren Entwicklung ganz neue Propheten oder eine mächtige Wiedergeburt alter Gedanken und Ideale stehen werden [...].

Max Weber, in: Willi Oelmüller u. a. (Hg.), Diskurs: Religion, S. 237f.

M5 Säkularisierung: Wandel oder Verlust?

Vielen Vertretern von Säkularisierungstheorien dient der unbestreitbare Rückgang kirchlichen Einflusses als Beleg für „Verweltlichung" im Sinne eines Bedeutungsverlustes von Religion. Dieser wird durchaus unterschiedlich erklärt. Viele Forscher sehen allerdings in der Säkularisierung eine unmittelbare Folge von Modernisierungsprozessen: Industrialisierung und Urbanisierung haben die traditionelle Bedeutung der Religion in der Alltagskultur entwertet; mit zunehmender sozialer Differenzierung wird Religion aus dem öffentlichen Leben verdrängt und in gesellschaftliche Randbereiche verwiesen; eine „Vergesellschaftung" des sozialen Lebens sowie die damit verbundene Anonymisierung sozialer Beziehungen und Entwertung institutioneller Einbindungen haben die Orientierungsleistung religiöser Werte für die Gestaltung des Zusammenlebens weitgehend bedeutungslos werden lassen; im Zuge einer wachsenden Individualisierung wird Religion mehr und mehr als Privatangelegenheit betrachtet und ist damit in der Öffentlichkeit weitgehend „unsichtbar" geworden; und durch die Rationalisierung ist das gesellschaftliche Leben technischen und bürokratischen Prozessen von Zweck-Mittel-Beziehungen unterworfen, von denen die Religion ausgeschlossen ist. [...]
Von anderen Fachvertretern hingegen wird bestritten, dass das Faktum der Entkirchlichung als Säkularisierung im eben beschriebenen Sinne zu verstehen sei: Modernisierungsprozesse mögen vielleicht dazu führen, dass Religion im öffentlichen Raum nicht mehr eine solch prominente Position einnimmt wie dereinst; doch wäre es verfehlt, von einem Rückgang oder gar langsamen Verschwinden der Religion zu sprechen. Im Gegenteil: Es entstehen neue, dynamische Formen von Religion, die nicht mehr in Institutionen wie den großen Kirchen beheimatet sind, sondern von Individuen und kleineren Gruppen oder Bewegungen getragen werden. Wir haben es also mit religiösen Wandlungsprozessen hin zu neuen Sozialgestalten von „Religiosität" zu tun.

Klaus Hock, Einführung in die Religionswissenschaft, S. 107f.

1 Beantworten Sie Kants Frage, ob wir in einem aufgeklärten Zeitalter leben. → M1
2 Erörtern Sie, welche Bedeutung traditionelle religiöse Riten heute noch haben. → M2
3 Stellen Sie die Bedeutung der Fortschrittsidee für das Schwinden von Religion dar. → M3
4 Erläutern Sie den Zusammenhang zwischen der Säkularisierung und der Entwicklung des Kapitalismus. → M3
5 Formulieren Sie Grundsätze einer neuen Religion des Positivismus. → M3
6 Fassen Sie die Entwicklung, die Weber beschreibt, in eigenen Worten zusammen. → M4
7 Überlegen Sie, wer heute in dem „leeren Gebäude" wohnt. → M4
8 Diskutieren Sie, ob Säkularisierung heute einen Wandel oder Verlust von Religion bedeutet. → M5

4 Folgen der Säkularisierung

M1 Neue Leere?

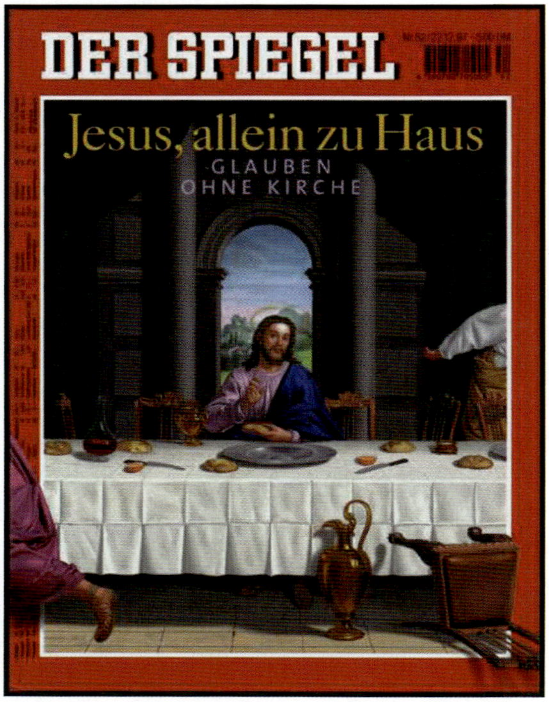

Der Spiegel 52/1997

M2 Neue Wahrheiten?

Ein weiterer Aspekt im Kontext der Säkularisierung sind Phänomene, die unter der Bezeichnung „New Age" verhandelt werden. Aus religionssoziologischer Perspektive ist insbesondere von Interesse, dass sich hier Religion in Sozialformen äußert, die nicht zu organisierten Institutionen, ja nicht einmal zu festen Gruppenbildungen geführt haben. [...] Was die scheinbar disparate Vielfalt des New Age im innersten zusammenhält, ist das Prinzip des „Holismus", eine Ganzheits-Sicht, die Geist und Materie in Einheit sieht. Vor diesem Hintergrund wird verständlich, weshalb die modernen Naturwissenschaften und ihr Verständnis des Kosmos und des Lebens für die New-Age-Bewegung so bedeutsam sind – scheinen sie doch die Möglichkeit zu eröffnen, das Materielle und das Immaterielle ebenso wie Religion und Wissenschaft zusammenzudenken. Im Zentrum solcher Vorstellungen steht der Gedanke des Kosmos als eines geordneten Ganzen, in das sich der Mensch harmonisch einfügen kann. Dieser Gedanke ist nicht neu. Bereits im 19. Jh. und dann stärker ausgeprägt im 20. Jh. wurde dem Erleben, der Erfahrung des Einzelnen in dieser Hinsicht eine besondere Wertschätzung entgegengebracht. Fast zwingend ergibt sich hieraus, dass die Sozialgestalt dieser Religiosität wenig institutionalisiert ist; ihre signifikanteste Ausprägung und Verwirklichung findet sie in Form individueller Selbsterfahrung.

Klaus Hock, Einführung in die Religionswissenschaft, S. 109

M3 Neue Gefahren?

Eine weitere Folge der Säkularisierung ist der Fundamentalismus, der zu Beginn des 20. Jahrhunderts aus christlich-konservativen Bewegungen des weißen Mittelstandes entstanden ist und sich durch aufklärungs-, vernunft- und fortschrittsfeindliche Haltungen auszeichnet.

Eine Überzeugung kann dann als fundamentalistisch bezeichnet werden, wenn sie es nicht gestattet, über ihre Voraussetzungen zu diskutieren, und sie die Möglichkeit anderer gleichberechtigter Überzeugungen innerhalb und außerhalb der eigenen Überzeugungsgemeinschaft ablehnt. Fundamentalismus ist nicht das Kennzeichen bestimmter Religionen oder Weltanschauungen. Jede Glaubenseinstellung oder Überzeugung kann fundamentalistische Formen entwickeln. Religiöser Fundamentalismus bezeichnet das strikte Beharren auf religiösen Grundsätzen, die meist auf einer sehr wörtlichen Auslegung göttlicher Überlieferungen (z. B. Bibel, Koran) beruhen. Fundamentalismus ist von Strömungen wie der Orthodoxie oder dem Konservatismus abzugrenzen: Im Gegensatz zum Fundamentalismus sind ihre Anhänger grundsätzlich bereit zum Dialog und zur Zusammenarbeit, auch wenn sie viele Entwicklungen in anderen Überzeugungen kritisch oder gar ablehnend bewerten – sie lassen andere Überzeugungen jedoch gelten.

Schülerduden Religion und Ethik, S. 109

M4 Rückkehr der Religionen?

Ein Gespenst geht um in der westlichen Welt – das Gespenst der Religion. Landauf, landab wird uns von ihr versichert, nach längerer Abwesenheit sei sie unter die Menschen der modernen Welt zurückgekehrt, man tue gut daran, mit ihrer neuen Präsenz ernsthaft zu rechnen. [...] Bei der versuchten Wiedereinsetzung der Religion in ihre ehemals verbrieften Rechte kommt ein Protokoll zum Tragen, das von den neu Bekehrten und frisch Faszinierten die Beichte ihrer bisherigen Verkennungen fordert. [...] So sollen auch heutigen Tags die Kinder der banalisierten Aufklärung verbrennen, was sie anbeteten, und anbeten, was sie verbrannten. Bei dieser Umkehr setzen sich versunkene liturgische Intuitionen in Szene. Sie verlangen von den Novizen der postsäkularen „Gesellschaft" eine öffentliche Distanzierung von den religionskritischen Lehrsätzen der aufklärerischen Jahrhunderte. [...]

Europäische Aufklärung – eine Formkrise? Ein Experiment auf der schiefen Ebene zumindest, und im globalen Horizont gesehen eine Anomalie. Die Religionssoziologen sagen es unverblümt: Überall auf der Welt wird weiterhin kräftig geglaubt, nur bei uns hat man die Ernüchterung verherrlicht. Tatsächlich, warum sollten allein die Europäer metaphysisch Diät halten, wenn der Rest der Welt unbeirrt an den reich gedeckten Tischen der Illusion tafelt? [...] Tatsächlich kehrt heute etwas wieder – doch die geläufige Auskunft, es sei die Religion, die sich zurückmelde, kann kritische Nachfragen nicht befriedigen. Es handelt sich auch nicht um die Rückkehr einer Größe, die verschwunden gewesen wäre, sondern um einen Akzentwechsel in einem nie zertrennten Kontinuum. Das wirklich Wiederkehrende, das alle intellektuelle Aufmerksamkeit verdiente, hat eher eine anthropologische als eine „religiöse" Spitze – es ist, um es mit einem Wort zu sagen, die Einsicht in die immunitäre [unantastbare] Verfassung des Menschenwesens. Nach mehrhundertjährigen Experimenten mit neuen Lebensformen hat sich die Einsicht abgeklärt, dass Menschen, gleichgültig unter welchen ethnischen, ökonomischen und politischen Bedingungen sie leben, nicht nur in „materiellen Verhältnissen", vielmehr auch in symbolischen Immunsystemen und rituellen Hüllen existieren. [...]

Die Einsätze sind hoch, ich wiederhole es. Wir haben gegen eine der massivsten Pseudo-Evidenzen der jüngeren Geistesgeschichte anzugehen: gegen den seit erst zwei- oder dreihundert Jahren in Europa grassierenden Glauben an die Existenz von „Religionen", mehr noch, gegen den ungeprüften Glauben an die Existenz des Glaubens. Der Glaube an die Gegebenheit von „Religion" ist das Element, das Gläubige und Nicht-Gläubige heute wie gestern vereint. Er ist von einer Unbeirrbarkeit, der jeden Präfekten der römischen Glaubenskongregation vor Neid erblassen lassen müsste. Die Ökumene der Missverständnisse hat die modernen Zeiten unangetastet überstanden. Kein Überwinder der Religion hat an der Existenz der Religion gezweifelt, so sehr man ihr jedes einzelne Dogma streitig machte. Keine Ablehnung hat dem Abgelehnten die Frage vorgelegt, ob es seinen Namen zu Recht trüge und ob es als solches überhaupt Bestand habe. Allein aufgrund der Gewöhnung an eine Fiktion vergleichsweise jungen Datums – sie kam erst seit dem 17. Jahrhundert in Gebrauch – kann heute von einer „Wiederkehr der Religion" die Rede sein. Es ist der ungebrochene Glaube an die Religion als einer konstanten und universellen Größe, die gehen und wiederkommen kann, der der aktuellen Legende zugrunde liegt. *Peter Sloterdijk, Du musst dein Leben ändern, S. 9-16*

1. Überlegen Sie die Motive, die zu den zunehmenden Kirchenaustritten führen, und diskutieren Sie die positiven und negativen Auswirkungen für die Stellung, Funktion und Aktivitäten der Kirchen in der Gesellschaft. → M1
2. Recherchieren Sie die neuen „religiösen" Erscheinungen des New Age (vgl. hierzu auch S. 300 f.). Worin liegt ihre Faszination im Unterschied zu den traditionellen Religionen? → M2
3. Setzen Sie sich mit dem Fundamentalismus unter dem Aspekt fortschreitender Säkularisierung auseinander. → M3
4. Der Karlsruher Philosoph Peter Sloterdijk fordert eine neue Aufklärung. Gliedern Sie den Text in Sinnabschnitte und verfassen Sie dazu kurze Kommentare. → M4

5 Zukunftsperspektiven

M1 10 Thesen zur Religion im 21. Jahrhundert

1 Die Gegenwartsmoderne ist keine gottlose Zeit. Sondern stark geprägt durch eine Attraktivität religiösen Glaubens.

2 Neue Formen des Christentums wachsen mindestens ebenso stark wie der Islam – und sie missionieren aggressiver.

3 Durch Migration gewinnt Religion neue Bedeutung.

4 Im globalen Kapitalismus müssen Gott, die Götter und der Glaube vermarktet werden.

5 Auf Religionsmärkten sind „harte" Formen des Glaubens erfolgreicher als weiche, liberale.

6 Die Religionskulturen des 21. Jahrhunderts leben in permanenter Wechselwirkung. Das führt zu Konflikten.

7 Das Christentum, den Islam oder den Buddhismus gibt es nicht.

8 Europa wird zum Einwanderungskontinent für Muslime. Aber die islamischen Lebenswelten in Europa sind bunt und vielfältig.

9 Viele Glaubenssucher verknüpfen Elemente unterschiedlicher religiöser Überlieferungen miteinander.

10 Deutsche Christen leben in überlegter Distanz zu den Kirchen – und sind dennoch religiöser, als viele meinen. [...]

Manche Fachleute reden von „believing without belonging". Demnach glauben die Menschen (etwa an einen Sinn des Lebens), nehmen aber nicht am Kirchenleben teil. Andere sprechen von „stellvertretenden Institutionen": Kirchen als Krisenmanager für die Notfälle des Lebens und die großen Krisen des Gemeinwesens. In jedem Fall werden die christlichen Kirchen – trotz mancher sehr schlechter religiöser Performance und nachlassender Überzeugungskraft ihres hauptamtlichen Personals – auch in den kommenden Jahrzehnten die wichtigsten religiösen Akteure in Europa bleiben. Denn sie verwalten einen faszinierenden Schatz: ein uraltes religiöses Symbolkapital, das immer noch starke Sinnrenditen abwirft.

Friedrich Wilhelm Graf, in: Geo kompakt, Nr. 16/2008, S. 23

M2 Die Zukunft der Weltreligionen

Weltreligionen sind uralte und sind gegenwärtige, sind überindividuelle, internationale und transkulturelle Systeme, die man verstanden haben muss, will man unsere Welt verstehen. Nur eine globale, eine welthistorisch-weltweite Betrachtung wird ihnen gerecht, die gleichzeitig ein Zweifaches anstrebt:

+ *Analysen* der aus jahrtausendjähriger Geschichte in der Gegenwart noch immer wirksamen religiösen Kräfte der Vergangenheit, der großen Namen wie der gesellschaftlichen Bewegungen: deshalb eine historisch-systematische *Anamnese* und *Diagnose*;
+ *Prospektiven* von der analysierten Gegenwart auf die in der Zukunft gegebenen verschiedenen geistig intellektuell wie gesellschaftlich-politisch relevanten religiösen Optionen: deshalb eine praktisch-ökumenische *Therapie* und *Prognose*. [...]

Soll das schwierige Unternehmen einer Grundorientierung über die religiöse Situation der Menschheit gelingen, so erhoffe ich mir, dass wir

+ bei aller Verschiedenheit der Nationen, Weltregionen und Weltreligionen eine *differenzierte globale Übersicht* über die Lage der Religion an der Schwelle eines neuen Jahrtausends gewinnen;
+ bei so mächtigen und vielverzweigten mehrtausendjährigen Gebilden wie den großen Weltreligionen trotz aller nur zu offenkundigen *Verschiedenheiten* eine zu fördernde *Konvergenz* zu erkennen vermögen;
+ bei allen auffälligen *Variablen* in jeder Religion doch einige grundlegende und sich durchhaltende *Konstanten* in Lehre, Praxis und Frömmigkeit sichten: permanente Determinanten also, die diese Religion durch alle Jahrhunderte über die Länder, Kulturen und Kontinente hinweg und durch alle Paradigmenwechsel hindurch von Grund auf bestimmen. Dieselben gleichsam ewigen Gestirne („stellae"), an denen wir uns bis heute orientieren, die jedoch immer wieder neue epochale „*Konstellationen*" bilden.

Hans Küng, Projekt Weltethos, S. 165f.

M3 Die Zukunft von Politik und Religion

Machtpolitisch gesehen, kann sich der weltanschaulich neutrale Staat mit der bloßen Anpassung der Religionsgemeinschaften an eine rechtlich durchgesetzte Religions- und Wissenschaftsfreiheit zufriedengeben. [...] Aber der liberale Staat kann mit einem solchen *modus vivendi* nicht zufrieden sein, und zwar nicht nur aus Gründen der Instabilität eines erzwungenen Arrangements. Als demokratischer Rechtsstaat ist er nämlich auf eine in Überzeugungen verwurzelte Legitimation angewiesen. Um sich diese Legitimation zu beschaffen, muss er sich auf Gründe stützen, die in einer pluralistischen Gesellschaft von gläubigen, andersgläubigen und ungläubigen Bürgern gleichermaßen akzeptiert werden können. Der Verfassungsstaat muss nicht nur weltanschaulich neutral handeln, sondern auch auf normativen Grundlagen beruhen, die sich weltanschaulich neutral – und das heißt nachmetaphysisch – rechtfertigen lassen. Und diesem normativen Anspruch gegenüber können sich die Religionsgemeinschaften nicht taub stellen. Deshalb kommt hier jener komplementäre Lernprozess ins Spiel, in den sich die säkulare und die religiöse Seite gegenseitig verstricken.

Statt der widerwilligen Anpassung an extern auferlegte Zwänge muss sich die Religion inhaltlich auf die normativ begründete Erwartung einlassen, die weltanschauliche Neutralität des Staates, gleiche Freiheiten für alle Religionsgemeinschaften und die Unabhängigkeit der institutionalisierten Wissenschaften aus eigenen Gründen anzuerkennen. Das ist ein folgenreicher Schritt. Denn dabei geht es nicht nur um den Verzicht auf politische Gewalt und Gewissenszwang zur Durchsetzung religiöser Wahrheiten, sondern auch um ein Reflexivwerden des religiösen Bewusstseins angesichts der Notwendigkeit, die eigenen Glaubenswahrheiten sowohl zu konkurrierenden Glaubensmächten wie zum Monopol der Wissenschaften auf die Produktion von Weltwissen in Beziehung zu setzen.

Umgekehrt muss sich allerdings auch der säkulare Staat, der mit seiner vernunftrechtlichen Legitimation als eine Gestalt des Geistes und nicht nur als empirische Gewalt auftritt, fragen lassen, ob er seinen religiösen Bürgern nicht etwa asymmetrische Verpflichtungen auferlegt. Der liberale Staat gewährleistet nämlich die gleichmäßige Freiheit der Religionsausübung nicht nur, um Ruhe und Ordnung aufrechtzuerhalten, sondern auch aus dem normativen Grund, die Glaubens- und Gewissensfreiheit eines jeden zu schützen. Er darf deshalb von seinen religiösen Bürgern nichts verlangen, was mit einer authentisch „aus dem Glauben" geführten Existenz unvereinbar ist.

Jürgen Habermas, Ein Bewusstsein von dem, was fehlt, S. 33-34

M4 Wo liegt die Wahrheit?

René Magritte, Das Meisterwerk oder Geheimnisse des Horizonts, 1955

1. Erläutern Sie die einzelnen Thesen an Beispielen. → M1
2. Diskutieren Sie, ob „believing without belonging" für Sie eine Zukunftsperspektive darstellt? → M1
3. Nehmen Sie Stellung zu Küngs Forderung nach einer globalen welthistorisch-weltweiten Betrachtung der Religionen. → M2
4. Erläutern Sie, wie die Religion und der liberale Staat aufeinander zugehen müssen, um eine freiheitliche Grundordnung zu garantieren. → M3
5. Interpretieren Sie das Bild von René Magritte, indem Sie ein religiöses Verständnis der „Geheimnisse des Horizonts" zugrunde legen. → M4

*6 Kritik an Religion

M1 Ein Bild von Gott?

Der widderköpfige ägyptische Tiergott Chnum, am oberen Nil seit der Frühzeit verehrt, erschafft die Menschen auf seiner Töpferscheibe. Wandbild im Tempel von Luxor, um 1400 v. Chr.

M2 Wie die Menschen – so ihr Gott

Schon in der Antike lässt sich Kritik an der Religion festmachen, die sich nicht nur mit den einzelnen Glaubensüberzeugungen auseinandersetzt, sondern die Frage nach der Entstehung der Religion und ihrer Funktion im Zusammenleben der Menschen aufwirft.

Alles haben Homer und Hesiod den Göttern angedichtet, was nur immer bei den Menschen Schimpf und Schande ist. Stehlen, Ehebrechen und sich gegenseitig Betrügen.

Doch die Sterblichen wähnen, die Götter würden geboren und hätten Gewand, Stimme und Gestalt ähnlich wie sie selber.

Die Äthiopen stellen sich ihre Götter schwarz und stumpfnasig vor, die Thraker dagegen blauäugig und rothaarig.

Wenn Kühe, Pferde oder Löwen Hände hätten und damit malen und Werke wie die Menschen schaffen könnten, dann würden die Pferde pferde-, die Kühe kuhähnliche Götterbilder malen und solche Gestalten schaffen, wie sie selber haben.

Xenophanes, in: Wilhelm Capelle, Die Vorsokratiker, S. 121

M3 Gott als Zuchtmeister

Es gab einmal eine Zeit, da war das Leben der Menschen jeder Ordnung bar, ähnlich dem der Raubtiere, und es herrschte die rohe Gewalt. Damals wurden die Guten nicht belohnt und die Bösen nicht bestraft. Und da scheinen mir die Menschen sich Gesetze als Zuchtmeister gegeben zu haben, auf dass das Recht in gleicher Weise über alle herrsche und den Frevel niederhalte. Wenn jemand ein Verbrechen beging, so wurde er nun gestraft. Als so die Gesetze hinderten, dass man offen Gewalttat verübte, und daher nur insgeheim gefrevelt wurde, da scheint mir zuerst ein schlauer und kluger Kopf die Furcht vor den Göttern für die Menschen erfunden zu haben, damit die Übeltäter sich fürchteten, auch wenn sie insgeheim etwas Böses täten oder sagten oder (auch nur) dächten. – Er führte daher den Gottesglauben ein:

Es gibt einen Gott, der ewig lebt, voll Kraft, der mit dem Geiste sieht und hört und übermenschliche Einsicht hat; der hat eine göttliche Natur und achtet auf dies alles. Der hört alles, was unter den Menschen gesprochen wird und alles, was sie tun, kann er sehen. Und wenn du schweigend etwas Schlimmes sinnst, so bleibt es doch den Göttern nicht verborgen. Denn sie besitzen eine übermenschliche Erkenntnis. – Mit solchen Reden führte er die schlauste aller Lehren ein, indem er die Wahrheit mit trügerischem Worte verhüllte. Die Götter, sagte er, sie wohnen dort, wo es die Menschen am meisten erschrecken musste, von wo, wie er wusste, die Angst zu den Menschen herniederkommt wie auch der Segen für ihr armseliges Leben: aus der Höhe da droben, wo er die Blitze zucken sah und des Donners grauses Krachen hörte, da, wo des Himmels gestirntes Gewölbe ist. [...] Mit Ängsten solcher Art schreckte er die Menschen und wies so passend und wohlbedacht der Gottheit an geziemender Stätte ihren Wohnsitz an und tilgte den ungesetzlichen Sinn durch die Gesetze.

Kritias, in: Wilhelm Capelle, Die Vorsokratiker, S. 378f.

M4 Gott ist auch weiblich

Nach typisch androzentristischer Manier der griechischen Metaphysiker wird der christliche Schöpfergott [...] mit größter Selbstverständlichkeit im Sinne des genealogischen Prinzips als männliche Verkörperung des Ureinen, aus dem alles hervorgeht, aufgefasst. Und ebenso selbstverständlich ist es ein Sohn, den dieser männliche Gott in der Vaterrolle zeugt. Der Gottessohn wiederum zeugt sich nicht leiblich fort, sondern umgibt sich mit Jüngern, in die er seinen Geist pflanzt. Feministische Theologinnen setzen daher vielfach mit ihrer Kritik bei der sexistischen Sprache ein, die in der religiösen Dimension an der Tagesordnung ist, und versuchen, gestützt auf eine durch keine orthodox-dogmatisch verfälschenden Vorurteile beirrte Bibellektüre, zu einem anderen Gottesbild zu gelangen, das die gesteigerten männlichen Potenzsehnsüchte durch weibliche Vorstellungen von Spiritualität und einer Muttergöttin ersetzen will, die im Schöpfungsakt die Welt als ein vielfältig differenziertes Wesen geboren hat und nicht als Schablone eines auf gegensatzlose Einheit dressierten Geistes. *Annemarie Pieper, Aufstand des stillgelegten Geschlechts, S. 132f.*

M5 Ansätze der Religionskritik

Religionskritik ist ein bestimmter Typus der Religionsphilosophie. Diese entstand als relativ eigenständige philosophische Disziplin mit dem Versuch der Aufklärung, Religion möglichst unabhängig von den Aussagen vorgegebener Religionen und deren Anspruch auf übernatürliche Offenbarung rein rational zu begründen. Ihre zentralen Fragestellungen

1. nach der objektiven Geltung religiöser Aussagen,
2. nach der moralischen und sozialen Funktion religiöser Vorstellungen,
3. nach der anthropologischen Basis der Entstehung von Religion

wurden in der im 19. Jh. systematisch auftretenden Religionskritik kritisch gegen Religion überhaupt gewendet, und zwar in szientifischer *(A. Comte)*, anthropologisch-moralischer *(L. Feuerbach, F. Nietzsche)*, soziologisch-politischer *(K. Marx, F. Engels)* und psychologischer *(S. Freud)* Argumentationsweise. Ihre Ansätze sind auch in der gegenwärtigen Religionskritik leitend. Das szientifische Argument sieht in religiösen Aussagen vorwissenschaftliche Erklärungsversuche undurchschauter Naturtatsachen. Religion als Resultat menschlicher Unwissenheit schwinde proportional zum Fortschritt menschlichen Wissens. Das anthropologische Argument interpretiert Religion als Projektion anthropologischer Tatbestände, den Gottesglauben als in wirkliche Wesen verwandelte Wünsche des Menschen. Das moralische Argument kennzeichnet Religion als Ideologie der Schwachen, die den Starken an seiner geglückten Selbstrealisation hindern soll und das Diesseits zugunsten eines imaginären Jenseits depotenziert. Marx und Engels übernehmen den Gedanken der Projektion und rekonstruieren die sozialen Bedingungen der Entstehung dieser Wünsche, die in Gestalt religiöser Projektion den politisch und sozial Unterdrückten eine entlastende Illusion, den Herrschenden ein willkommenes Instrument zur Verschleierung ungerechter Verhältnisse bescheren. Für die Psychoanalyse Freuds ist Religion „ein Versuch, die Sinneswelt, in die wir gestellt sind, mittels der Wunschwelt zu bewältigen. Insofern diese Illusion, deren Struktur und Funktion sich nach dem Modell frühkindlicher seelischer Mechanismen entschlüsseln lasse, durch ihr Denkverbot der wissenschaftlichen Wahrheitssuche Schranken setze, ist sie gefährlich und der vernünftigen Lebensbewältigung hinderlich. Gemeinsam ist all diesen religionskritischen Ansätzen die These, dass Religion der Selbstaufklärung und geglückten Selbstverwirklichung menschlichen Lebens im Wege steht. *Otfried Höffe, Lexikon der Ethik, S. 208f.*

1 Recherchieren Sie verschiedene Gottesbilder in den Religionen. → M1

2 Geben Sie weitere Beispiele für anthropomorphe (vermenschlichte) Gottesvorstellungen. → M2

3 Erarbeiten Sie die Argumentation des Textes:
- Warum erfanden die Menschen Götter?
- Welche Vorzüge hat die Vorstellung eines Gottes? → M3

4 Diskutieren Sie die Forderung der feministischen Kritikerinnen nach einem neuen, ungeschlechtlichen Bild von Gott. → M4

5 Fassen Sie kurz die Aufgabe der Religionskritik zusammen. → M5

1 Willst du glücklich sein im Leben ...

M1 Anweisungen zum Glücklichsein

„Glück ist, wenn die Biochemie im Gehirn stimmt."

„Schönheit macht glücklich"

„Glück ist Aktivität"

„Glücklich-Sein durch Meditation"

M2 Glück – rein privat?

Wenn man heute jemanden fragt, was er unter Glück verstehe, so wird man in den allermeisten Fällen zur Antwort bekommen, dass es eine Art Hochgefühl sei, das uns gelegentlich erfülle. Glück wäre demnach ein bestimmtes psychisches Phänomen, ein Gefühl, das, wie andere Gefühle auch, zuweilen in uns auftritt, zuweilen nicht und das als im höchsten Grade positiv empfunden wird. Die Konsequenz dieser Auffassung ist, dass jeder nur allein entscheiden kann, ob er glücklich ist. Denn zu unseren Gefühlen haben andere keinen unmittelbaren Zugang, so dass jeder nur über sich selbst urteilen kann, von welchen Gefühlen er zurzeit beherrscht wird. Wir rechnen durchaus mit der Möglichkeit, dass jemand, der offenbar vom Glück verwöhnt wird, der gesund und wohlhabend ist, im Beruf erfolgreich, mit einem zuverlässigen Partner in Liebe verbunden, woraus ein strebsamer Sohn und eine schöne Tochter entsprungen sind, und dem auch sonst zuteil wurde, was immer man für positiv halten mag – dass also ein solcher „wahrer Glückspilz" uns dennoch betrübt anblickt und behauptet, er sei todunglücklich. Und wenn wir ihm alle seine Vorteile herzählen und er dabei bleibt, dass er unglücklich sei, so sehen wir uns mit unserem Latein am Ende. Das gleiche gilt für die entgegengesetzte Situation. Wenn einer krank, bettelarm, erfolglos, vom Partner verlassen usw. ist und dennoch behauptet, er sei rundum glücklich, so werden wir das letztlich akzeptieren, weil eben Glück für uns eine reine Privatsache ist, über die kein anderer urteilen kann. [...]

Was wir mit „Glück" oder „Glückseligkeit" übersetzen, heißt im Griechischen „eudaimonia", was, wenn man es wörtlich nimmt, soviel bedeutet wie „einen guten Dämon haben", „unter einem guten Stern stehen", also einfach, dass es einem wohl ergeht. Dabei ist ursprünglich in erster Linie an das äußere Wohlergehen wie Schönheit, Reichtum, Macht und dergleichen gedacht. Aber bereits in der griechischen Klassik, die in der Philosophie vor allem durch Platon und Aristoteles repräsentiert wird, tritt uns ein verinnerlichter Glücksbegriff entgegen, allerdings in einem ganz anderen Sinn als dem oben skizzierten, der für uns typisch ist.

Malte Hossenfelder, Antike Glückslehren, Einleitung, S. XIII-XV

M3 Ist Glück messbar?

Inzwischen nämlich nehmen sich des Glücks-Problems auch die praktische und die theoretische Politik, d. h. die Parteiprogrammkommissionen und die Politologen sowie die empirische Sozialforschung unter dem Titel „Lebensqualität" an; es gibt ferner eine ganze Sparte der Psychologie, die sich unter der Bezeichnung „Happyologie" der Untersuchung der Bedingungen von Positiverfahrungen widmet; als Positiverfahrung wird hier sehr vorsichtig das bezeichnet, was man ansonsten – nämlich im Alltag, in der Philosophie und Dichtung und ebenso in der Unterhaltungskultur der Schlager, Filme und Familienromane – Glück zu nennen pflegt. Meinungsforscher haben inzwischen ein differenziertes Instrumentarium von Test- und Befragungsmöglichkeiten entwickelt, um die Glücks- und Zufriedenheitsgefühle der Zeitgenossen – nach Altersstufen, Einkommenshöhe, Geschlecht, Konfessionszugehörigkeit, Wohnverhältnissen, Familienstand, Stellung im Beruf und was es sonst noch alles an Differenzierungsmöglichkeiten für die Lebenslagen von Menschen gibt – zu erheben und zu quantifizieren. [...]

Man hat in raffiniert durchdachten Verfahren durch Umfragen erhoben und in Zahlenwerten vermessen, wie zufrieden die Menschen mit den 15 bzw. 31 Sektoren sind, nach denen man ihre Lebenslagen definieren kann, also mit dem Einkommen, der Wohnung, der Bildung, der Arbeit, der Familien- und Ehesituation und den politischen Verhältnissen usw. Dabei sind mehrere sehr bedeutungsvolle Einsichten gemacht worden. [...] Zwischen den objektiven Lebensbedingungen und dem Lebensstandard einerseits und der psychologischen Zufriedenheit mit der Lebenssituation andererseits besteht – das war ein erstes wichtiges Ergebnis – ein nur lockerer Zusammenhang. Man kann diese Befunde dahingehend zuspitzen, dass durchaus objektiv gute Lebensbedingungen mit einer als schlecht wahrgenommenen Lebensqualität zusammengehen können [...], und andererseits, dass trotz schlechter Lebensbedingungen sehr wohl eine positive Bewertung des Lebens und der Glücksbefindlichkeit gegeben sein kann [...].

Günther Bien, Über das Glück, S. 38f.

M4 Glückspsychologie

Mal ehrlich: Würden Sie einen Psychotherapeuten aufsuchen und ihn fragen: „Hören Sie, ich bin eigentlich ganz zufrieden mit meinem Leben. Aber könnten Sie mir vielleicht dabei helfen, mich so *richtig* glücklich zu fühlen?" Wohl kaum. Vermutlich hätten Sie Bedenken, er würde Sie auslachen – schließlich hat er Wichtigeres zu tun, seelisch kranke Menschen zu behandeln etwa. Oder schlimmer noch: Der Experte könnte ihnen unterstellen, Sie litten an einem ernstzunehmenden psychischen Problem!

Doch die Einstellungen haben sich geändert – auch oder vielmehr vor allem unter Psychologen. Ende der 1990er-Jahre forderte der damalige Präsident der Amerikanischen Psychologenvereinigung (APA) Martin E. P. Seligman seine Berufskollegen dazu auf, nicht immer nur auf den negativen Emotionen wie Trauer, Angst oder Wut herumzureiten. Vielmehr sollten sie sich endlich einmal genauso intensiv mit der Macht der guten Gefühle beschäftigen. Die erklärten Ziele der frisch aus der Taufe gehobenen „Positiven Psychologie": herauszufinden, was positive Emotionen kennzeichnet, an welche Bedingungen sie geknüpft sind, und nicht zu vergessen: wie sich der individuelle Glückspegel eines jeden Menschen ganz konkret steigern lässt.

Im Fokus: Glücksforschung.
In: www.gehirn-und-geist.de

1 Prüfen Sie die Modeschlagwörter und die Publikationen in Hinblick auf Ihr eigenes Leben: Inwiefern sind sie hilfreich für Ihr Leben? Was muss gegeben sein, damit Sie Ihr Leben als gelungen und glücklich bezeichnen würden? → M1

2 Unterscheiden Sie an Beispielen einen äußeren und einen inneren Glücksbegriff. → M2

3 Entwerfen Sie einen Fragebogen: *Was macht dich glücklich?*, führen Sie die Umfrage an Ihrer Schule durch und werten Sie sie aus. → M3

4 Recherchieren Sie im Internet die Ergebnisse der empirischen Glückforschung (zum Beispiel unter www.gluecksarchiv.de). → M4

2 Flow

M1 Flow-Flow-Flow

M2 Leben im Fluss

Ein Vordenker der Positiven Psychologie ist der Psychologe Mihaly Csikszentmihalyi [sprich:Tschik-Schent-mihaili]. Bereits 1975 beobachtete er, wann intensive Glücksgefühle entstehen. Er fand Folgendes heraus: Wenn ein Mensch mit seiner Tätigkeit verschmilzt, dabei die Zeit und sich selbst vergisst und ein Gleichgewicht zwischen der äußeren Anforderung und seinen persönlichen Fähigkeiten besteht, befindet er sich im sogenannten „Flow". In diesem Zustand fühlt sich der Mensch glücklich, losgelöst von allen Problemen. „Flow" tritt jedoch erst auf, wenn sowohl die Anforderungen als auch die Kompetenzen überdurchschnittlich hoch sind. Ist die Anforderung hoch, die Kompetenz hingegen unterdurchschnittlich, sind Ängste die Folge. Bei umgekehrten Voraussetzungen entsteht Erholung. Wenn sowohl Anforderung als auch Kompetenz unter dem Durchschnitt liegen, gerät der Mensch in Apathie.

Aus diesen Erkenntnissen forderte Csikszentmihalyi, „die Gesamtheit des Lebens" neu zu strukturieren. Die gesamte Lebenswelt sei so zu organisieren, dass Menschen immer wieder vor neuen Herausforderungen stehen, die ihre Fähigkeiten aber nicht beängstigend überfordern. Der „Flow" kann überall entstehen: bei der Arbeit, bei Computerspielen wenn der nächste Level erreicht wird, aber auch bei kriminellen Handlungen, wenn Diebe immer neue Schlösser knacken. Extremsportler suchen den „Flow" beim Freeclimbing, beim Marathon oder beim Tiefseetauchen.

Monika Sax, Positive Psychologie. In: www.planetwissen.de

M3 Flow – das Geheimnis des Glücks

*Mihaly Csikszentmihalyi (*1934) gilt als führender Glücksforscher, besonders durch die Entdeckung des Flow-Phänomens, das er weltweit bekannt machte. Er wies in empirischen Untersuchungen nach, dass „Flow-Erlebnisse" ein intensives Glückgefühl erzeugen. In Interviews wurden verschiedene Personen nach ihren Flow-Erlebnissen befragt:*

Eine Tänzerin beschreibt, wie sie sich fühlt, wenn ihre Vorstellung gut läuft: „Deine Konzentration ist vollständig. Deine Gedanken wandern nicht herum. Du denkst an nichts anderes: du bist total in deinem Tun absorbiert ... Deine Energie fließt sehr leicht. Du fühlst dich entspannt, angenehm und energievoll."

Ein Bergsteiger erklärt, wie er sich fühlt, wenn er eine Felswand durchklettert: „Man ist dermaßen in der Tätigkeit ‚drinnen', dass einem kein von der unmittelbaren Tätigkeit unabhängiges ‚Ich' in den Sinn kommt ... Man sieht sich selbst nicht getrennt von dem, was man tut."

Eine Mutter, die das Zusammensein mit ihrer kleinen Tochter genießt, sagt: „Lesen gehört zu ihren Lieblingsbeschäftigungen, und wir lesen oft zusammen. Sie liest mir vor, und ich lese ihr vor, und dann verliere ich den Kontakt mit dem Rest der Welt. Ich bin völlig in das vertieft, was ich tue."

Ein Schachspieler beschreibt ein Turnier:„ ... die Konzentration ist wie das Atmen – man denkt nie daran. Das Dach könnte einstürzen, und man würde es – falls es an einen nicht direkt trifft – nicht bemerken."

Mihaly Csikszentmihalyi, Flow, S. 80

M4 Flow-Aktivitäten

Flow-Aktivitäten treiben Personen zu höheren Leistungen an. Es entsteht eine Wechselwirkung, denn höhere Herausforderungen verbessern die persönlichen Fähigkeiten, die wiederum befähigen zu höheren Herausforderungen – man tritt in den „Flow-Kanal" ein.

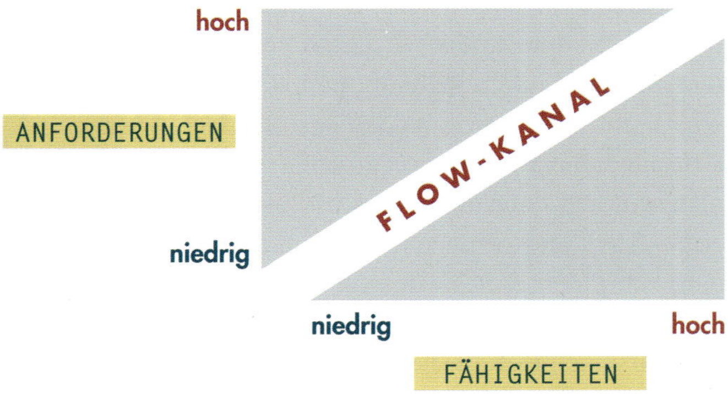

Wir haben in unseren Studien herausgefunden, dass jede *flow*-Aktivität, ob dazu eine Wettbewerbssituation oder eine andere Dimension der Erfahrung gehört, etwas gemeinsam hatte: Es wird ein Gefühl einer Entdeckung geschaffen, ein kreatives Gefühl, das das Individuum in eine andere Realität versetzt. Es treibt die Person zu höherer Leistung an und führt zu einem vorher ungeahnten Zustand des Bewusstseins. Kurz, es verändert das Selbst und macht es komplexer. Dieses Wachstum des Selbst stellt den Schlüssel zu *flow*-Aktivitäten dar. [...] Diese Dynamik erklärt, warum *flow*-Aktivitäten zu Wachstum und Entdeckungen führen. Man kann die gleiche Sache auf gleicher Ebene nicht lange genießen. Entweder langweilt man sich, oder man wird frustriert, und dann drängt einen der Wunsch, wieder Spaß zu haben, dazu, sich anzustrengen oder neue Möglichkeiten zu finden, seine Fähigkeiten anzuwenden.

Mihaly Csikszentmihalyi, Flow, S. 106, 108

M5 Das autotelische Selbst

Ein „autotelisches Selbst" kann potenzielle Bedrohungen leicht in positive Herausforderungen verwandeln und daher seine innere Harmonie behalten. Jemand, der sich nie langweilt, selten Angst hat, der an dem, was um ihn herum geschieht, Anteil nimmt und sich vorwiegend im *flow* befindet, kann als autotelisches Selbst bezeichnet werden. Der Begriff bezeichnet wörtlich „ein Selbst, das sich selbst die Ziele setzt", und er spiegelt den Gedanken wieder, dass ein solches Individuum relativ wenige Ziele hat, die nicht dem Selbst entstammen. [...]

Die Folgen eines autotelischen Selbst – lernen, sich Ziele zu setzen, Fähigkeiten zu entwickeln, auf Feedback zu achten, wissen, wie man sich konzentriert und vertieft – bedeuten, man kann das Leben genießen, auch wenn die objektiven Umstände hart und unangenehm sind. Steuerung des Bewusstseins bedeutet, dass praktisch alles, was geschieht, in eine Quelle von Freude umgewandelt werden kann. [...]

Doch um sämtliche Erfahrung in *flow* umzuwandeln, reicht es nicht aus, zu lernen, wie man von einem Moment zum anderen den Zustand des Bewusstseins kontrolliert. Man braucht einen Gesamtzusammenhang von Zielen, um das Alltagsleben sinnvoll zu gestalten. Wenn man von einer *flow*-Aktivität zur nächsten schreitet, ohne sie sinnvoll miteinander zu verbinden, wird es am Ende des Lebens schwer, auf die vergangenen Jahre zurückzublicken und einen Sinn in dem Geschehenen zu finden. Wenn man optimale Erfahrung erreichen will, muss man Harmonie in allem finden, was man tut. Diese letzte Aufgabe der *flow*-Theorie bedeutet, die Gesamtheit des Lebens zu einer einzigen *flow*-Aktivität zu gestalten, mit einheitlichen Zielen, die allem beständig Sinn verleihen.

Mihaly Csikszentmihalyi, Flow, S. 274, 279f.

1 Erarbeiten Sie eine eigene Bestimmung des Flow-Phänomens anhand persönlicher Erlebnisse. ➜ M1/2
2 Stellen Sie die Merkmale des Flow-Erlebnisses aus den Berichten der befragten Personen zusammen. ➜ M3
3 Finden Sie Beispiele für „Flow-Aktivitäten", die ein „Wachstum des Selbst" ermöglichen. ➜ M4
4 Benennen Sie die wichtigsten Eigenschaften eines „autotelischen Selbst" und überlegen Sie, was Erziehung zu seiner Ausbildung beitragen könnte. ➜ M5
5 Entscheidend für das Glückserleben durch Flow ist das Aufstellen von Zielen, die sich lohnen. Formulieren Sie persönliche Lebensziele. ➜ M5

3 Lebensstandard und Glück

Der Lebensstandard misst nicht allein die Verfügbarkeit materieller Güter, sondern ermöglicht dem Menschen ein Leben in Würde.

Amartya Sen

M1 Lebensstandard und Glück

Amartya Sen, Nobelpreisträger für Ökonomie im Jahre 1998, hat als Wirtschaftswissenschaftler immer wieder Fragen der Moral und der Ethik aufgegriffen und verkörpert daher wie kaum ein anderer die Annäherung von Ökonomie und Philosophie. Bekannt wurde er insbesondere durch seine Arbeiten zur Erforschung der Entstehung von Hungersnöten und Armut allgemein. Sen kritisiert einen einseitig an der Aufzählung von Gütern festgemachten Lebensstandard-Begriff und postuliert eine Orientierung an der konkreten Lebensweise: „Der Wert des Lebensstandards liegt in einer bestimmten Art zu leben und nicht im Besitz von Gütern [...]."

Unter dem Dach des allgemeinen Begriffs „Lebensstandard" stehen divergierende und konkurrierende Ansichten über Lebensqualität ungeordnet nebeneinander. Es gibt viele sehr unterschiedliche Auffassungen von Lebensqualität, und etliche sind von unmittelbarer Plausibilität. Man kann *gut gestellt* sein, ohne dass es einem *gut geht*. Es kann einem gut gehen, ohne das man in der Lage ist, das Leben zu führen, das man führen *wollte*. Man kann das Leben führen, das man führen *wollte*, ohne *glücklich* zu sein. Man kann *glücklich* sein, ohne viel *Freiheit* zu haben. Man kann viel *Freiheit* haben, ohne viel zu *leisten*. Diese Aufzählung ließe sich weiter fortsetzen. [...]

Man kann ohne weiteres annehmen, dass Glücklichsein etwas Wertvolles ist und dass Glück bei der Messung des Lebensstandards einen Wert (oder, falls Glück in pluraler Form gesehen wird, einen Komplex von Werten) darstellt. Die interessante Frage im Zusammenhang mit diesem Ansatz ist nicht die Legitimität der durchaus überzeugenden Auffassung, Glück sei etwas Wertvolles, sondern die *ausschließliche* Legitimität dieser Sichtweise. Nehmen wir einen sehr benachteiligten Menschen, der arm, ausgebeutet, überarbeitet und krank ist, durch soziale Konditionierung (etwa durch Religion, politische Propaganda oder kulturellen Druck) jedoch dazu gebracht wurde, sich mit seinem Schicksal zufrieden zu geben. Kann man wirklich annehmen, dass es ihm gut geht, weil er glücklich und zufrieden ist? Kann der Lebensstandard eines Menschen hoch sein, wenn das Leben, das er führt, voller Entbehrungen ist? Der Lebensstandard lässt sich nicht losgelöst von der Art des Lebens bestimmen, das ein Mensch führt. Als wertvoll erachtetes Gut kann Glück oder Lust (auch bei weit gefasster Definition) keinen ernsthaften Anspruch auf ausschließliche Relevanz erheben.

M2 Lebensstandard und Lebensgestaltung

Der Lebensstandard lässt sich nicht ausschließlich auf Wohlstand reduzieren, auch wenn er unter anderem durch ihn beeinflusst wird. Er muss direkt mit dem Leben zusammenhängen, das jemand führt, und nicht mit den Ressourcen, die jemand hat, um ein bestimmtes Leben zu führen. [...]

Warum sollten wir – nicht nur strategisch, sondern grundsätzlich – das Schwergewicht auf Wohlstand und nicht auf das legen, was Menschen zu tun oder zu sein in der Lage sind? Und wenn akzeptiert wird, dass es eigentlich um das Leben geht, das Menschen führen oder führen können, dann sollten „Grundbedürfnisse" im Hinblick auf die tatsächlichen Möglichkeiten und Fähigkeiten formuliert werden. Werden sie aus irgendeinem Grund als Güterbedarf definiert, dann kann der abgeleitete und kontingente Charakter dieser Definition klar herausgestellt werden. Wenn die tatsächlichen Möglichkeiten und Fähigkeiten Werte darstellen, dann sind die sogenannten „Grundbedürfnisse" in Form von Güterbedarf instrumentell (und nicht intrinsisch) wichtig. Die Hauptfrage ist, welche Qualität das Leben, hat, das jemand führt.

M1/2: Amartya Sen, Der Lebensstandard, S. 17, 26, 48

M3 Asylbewerberleistungsgesetz

Im Asylbewerberleistungsgesetz (AsylblG) wird unter anderem geregelt, dass Asylsuchende, Geduldete und teils auch Menschen mit Aufenthaltserlaubnis geringere Sozialleistungen erhalten als üblich. Statt Geld sollen sie Gutscheine, Lebensmittel- oder Hygienepakete bekommen. Die Leistungen können weiter bis auf das „zum Lebensunterhalt Unerlässliche" gekürzt werden. Erklärtes Ziel des Gesetzes ist die „Abschreckung". Aufgrund der diskriminierenden Auswirkungen fordern Menschenrechtsorganisationen seit Jahren die Abschaffung. *www.proasyl.de vom 23.02.09*

Getränkeration

für eine Woche an einen erwachsenen Asylbewerber im Sommer 2005:

- 2,5 Liter H-Milch
- 2 Liter Tafelwasser
- 2 Liter Saft
- 55 Gramm Kaffeemehl (für knapp 1 Liter Kaffee)
- 13 Beutel Schwarztee (13 Tassen entsprechen gut 1,5 Liter)

[...] macht **neun Liter Getränk** für sieben Sommertage.

Gesund wäre es, mindestens zwei bis drei Liter täglich zu trinken.

Anfang 2007 hat die Regierung der Oberpfalz die Realverpflegung auf das sogenannte Bestellsystem umgestellt. (Hinweis vom 09.11.2007)
vw.biasyl.de vom 25.02.2009 (Seite der Bürgerinitiative Asyl Regensburg)

Der Lebensstandard ist ein Standard des Lebens und nicht der Güter.

Amartya Sen

1 a) Informieren Sie sich über den Begriff des Lebensstandards.
b) Interpretieren Sie die Aussagen Amartya Sens bezüglich des Lebensstandards. ➜ Zitate

2 Vor der Textarbeit:
Arbeitsteilige Gruppenarbeit:
a) Stellen Sie eine Liste von Gütern zusammen, die Ihnen den für Sie persönlich gewünschten Lebensstandard ermöglichen würden.
b) Stellen Sie eine Liste von Gütern zusammen, die Ihrer Ansicht nach allen Menschen dieser Erde als Mindeststandard zur Verfügung stehen sollten.
c) Stellen Sie eine Liste von Fähigkeiten und Möglichkeiten zusammen, über die Menschen verfügen sollten, um ein Leben in Würde leben zu können.

3 Untersuchen Sie den Zusammenhang von Lebensstandard und Glück und suchen Sie konkrete Beispiele für die Unterscheidungen, die Sen im ersten Abschnitt vornimmt. ➜ M1

4 Versuchen Sie, Grundbedürfnisse zu formulieren, die nicht unter den Begriff „Güterbedarf" fallen. ➜ M2

5 Analysieren Sie, was Sen unter der „instrumentellen Wichtigkeit" von Gütern versteht. ➜ M2

6 Kommentieren Sie die Aussage Sens *„Die Hauptfrage ist, welche Qualität das Leben hat, das jemand führt."* und stellen Sie auftretende Schwierigkeiten dar. ➜ M2

7 Lesen Sie M3 aufmerksam und entscheiden Sie, ob Sie wie die Bürgerinitiative Asyl Regensburg von einer „Bevormundung" und von einer „fremdbestimmten Zwangsversorgung" sprechen würden. Stellen Sie einen Zusammenhang zu Sens Überlegungen her. ➜ M1-3

8 Überprüfen Sie Sens Forderungen zur Ausweitung des Lebensstandards-Begriffs und nehmen Sie persönlich Stellung. ➜ M1-3

4 Glück und Lust

M1 Die Lustmaschine

Friederike Groß

M2 Positive Emotionen

Stellen Sie sich vor, Sie könnten an eine „Erfahrungsmaschine“ angeschlossen werden, die Ihr Gehirn für den Rest Ihres Lebens stimulieren und Ihnen alle positiven Gefühle geben könnte, die Sie sich wünschen. Die meisten Menschen, die ich vor diese ja nur in der Vorstellung existierende Wahl gestellt habe, lehnten eine solche Maschine ab. Wir wollen nicht nur positive Gefühle erfahren, sondern auch einen berechtigten Anspruch auf unsere positiven Gefühle haben. Dennoch wurde eine Unzahl von Abkürzungen auf dem Weg zu guten Gefühlen erfunden: Drogen, Schokolade, Sex ohne Liebe, Einkaufen, Masturbation oder Fernsehkonsum sind Beispiele dafür. [...]
Der Glaube, dass wir uns auf Abkürzungen zu Glück, Freude, Begeisterung, Behagen und Ekstase verlassen und somit die Mühe umgehen können, menschliche Stärken und Tugenden zu praktizieren, ist das Lebensmotto unzähliger Menschen, die mitten im Überfluss seelisch verhungern.

Martin E. P. Seligman,
Der Glücks-Faktor, S. 26f.

M3 Philosophie der Freude

Darum behaupte ich, dass die Freude das A und O des glückselig gestalteten Lebens ist. Sie kennen wir als unser erstes angeborenes Gut, von ihr lassen wir uns bei unserem Streben und Meiden leiten und nach ihr richten wir uns, alles andere Gut mit ihrem Maßstab messend. Und gerade weil sie unser allererstes, naturgegebenes Gut ist, darum streben wir auch nicht nach jeder Freude, sondern übergehen bisweilen viele, wenn uns von ihnen nur ein desto größeres Unbehagen droht. Ja, viele Schmerzen bewerten wir mitunter sogar höher als Freuden, nämlich dann, wenn auf eine längere Schmerzenszeit eine umso größere Freude folgt. So bedeutet für uns also jede Freude, weil sie an sich etwas Annehmliches ist, zwar gewiss ein Gut, aber nicht jede ist erstrebenswert, wie umgekehrt jeder Schmerz wohl ein Übel ist, aber darum doch nicht unbedingt vermieden werden muss. Unsere Aufgabe ist es, durch Abwägen und Unterscheiden des Zuträglichen und Abträglichen immer alles richtig zu bewerten, denn manchmal bedienen wir uns des Guten gleich wie eines Übels und umgekehrt.
Auch die Selbstgenügsamkeit halten wir für ein großes Gut, doch nicht, damit wir uns unter allen Umständen am wenigen genügen lassen, sondern damit wir mit wenigem zufrieden sind, wenn wir nicht viel haben. Dabei leitet uns die Überzeugung, dass der einen reichen Aufwand am stärksten genießt, der seiner am wenigsten bedarf, dass alles Natürliche leicht zu beschaffen ist, das Sinnlose aber schwer, und dass schließlich die schlichten Genüsse ebenso viel Freude bereiten wie der größte Luxus, wenn nur das Schmerzgefühl des Entbehrens nicht aufkommt. Womit also gemeint ist, dass schon Brot und Wasser, wenn man sie zuvor entbehrte, einen Hochgenuss bereiten können. Außerdem fördert die Gewöhnung an eine einfache, nicht üppige Lebensweise die Gesundheit,

befähigt den Menschen, unverdrossen zu leisten, was das Leben von ihm fordert, lässt uns die reicheren Genüsse, die uns dann und wann einmal geboten werden, umso stärker empfinden und unterstützt unsere Furchtlosigkeit gegenüber dem Zufall.
Wenn wir nun also sagen, dass Freude unser Lebensziel ist, so meinen wir nicht die Freuden der Prasser, denen es ums Genießen schlechthin zu tun ist. Das meinen die Unwissenden oder Leute, die unsere Lehre nicht verstehen oder sie böswillig missverstehen. Für uns bedeutet Freude: keine Schmerzen haben im körperlichen Bereich und im seelischen Bereich keine Unruhe verspüren. Denn nicht eine endlose Reihe von Trinkgelagen und Festschmäusen, nicht das Genießen schöner Knaben und Frauen, auch nicht der Genuss von leckeren Fischen und was ein reich besetzter Tisch sonst zu bieten vermag, schafft ein freudevolles Leben, vielmehr allein das klare Denken, das allem Verlangen und allem Meiden auf den Grund geht und den Wahn vertreibt, der wie ein Wirbelsturm die Seelen erschüttert.
An allem Anfang aber steht die Vernunft, unser größtes Gut. Aus ihr ergeben sich alle übrigen Tugenden von selbst, ja sie ist sogar wertvoller als das Philosophieren, weil sie uns lehrt, dass in Freude zu leben unmöglich ist, ohne dass man ein vernünftiges, sittlich hochstehendes und gerechtes Leben führt, dass es umgekehrt aber auch unmöglich ist, ein vernünftiges, sittlich hochstehendes und gerechtes Leben zu führen, ohne in Freude zu leben. Denn die Tugenden sind mit dem freudevollen Leben eng verwachsen, und dieses ist von jenen nicht zu trennen.

Epikur, Philosophie der Freude, S. 43-46

M4 Fürchte weder die Götter noch den Tod

Glaube daran, dass die Gottheit ein unvergängliches und seliges Wesen ist – so jedenfalls lässt sich unsere Vorstellung von ihr ganz allgemein umreißen –, und hänge ihr nichts an, was ihrer Unvergänglichkeit zuwiderläuft oder was mit ihrer Seligkeit unvereinbar ist, vielmehr bringe zu ihr nur das in Beziehung, was ihrer mit Unvergänglichkeit gepaarten Seligkeit gemäß ist. [...]
Ferner gewöhne Dich an den Gedanken, dass der Tod für uns ein Nichts ist. Beruht doch alles Gute und alles Üble nur auf Empfindung, der Tod aber ist Aufhebung der Empfindung. Darum macht die Erkenntnis, dass der Tod ein Nichts ist, uns das vergängliche Leben erst köstlich. Dieses Wissen hebt natürlich die zeitliche Grenze unseres Daseins nicht auf, aber es nimmt uns das Verlangen, unsterblich zu sein, denn wer eingesehen hat, dass am Nichtleben gar nichts Schreckliches ist, den kann auch am Leben nichts schrecken. Sagt aber einer, er fürchte den Tod ja nicht deshalb, weil er Leid bringt, wenn er da ist, sondern weil sein Bevorstehen schon schmerzlich sei, der ist ein Tor; denn es ist doch Unsinn, dass etwas, dessen Vorhandensein uns nicht beunruhigen kann, uns dennoch Leid bereiten soll, weil und solange es nur erwartet wird!
So ist also der Tod, das schrecklichste der Übel, für uns ein Nichts: Solange wir da sind, ist er nicht da, und wenn er da ist, sind wir nicht mehr. Folglich betrifft er weder die Lebenden noch die Gestorbenen, denn wo jene sind, ist er nicht, und diese sind ja überhaupt nicht mehr da.

Epikur, Philosophie der Freude, S. 39-41

1 Gedankenexperiment: Stellen Sie sich vor, Sie wären an eine Lustmaschine angeschlossen, die Ihnen sofort die Befriedigung aller Ihrer Wünsche simuliert: Welche Erfahrungen sollte diese Maschine für Sie simulieren? Wären Sie glücklich an einer solchen Lustmaschine? Inwiefern würde es einen Unterschied machen, ob Sie sich dabei Ihrer Lage bewusst wären oder nicht? ➜ M1

2 Überprüfen sie anhand des Gedankenexperiments aus Aufgabe 1 die Aussagen Seligmans. ➜ M2

3 Bestimmen Sie durch eine genaue Textanalyse, was Epikur unter „Freude" versteht. ➜ M3

4 Begründen Sie, warum Epikur in der Selbstgenügsamkeit ein hohes Gut sieht. ➜ M3

5 Geben Sie möglichst genau die Argumente Epikurs wieder, warum wir weder die Götter noch den Tod fürchten müssen. ➜ M4

6 Grenzen Sie die Bestimmung der vernünftigen Lust gegen Vorstellungen der heutigen Spaßgesellschaft ab.

7 Schreiben Sie einen Artikel oder Essay: Über die Möglichkeiten, ein lustvolles Leben zu führen.

5 Glück in der Gemeinschaft

M1 Vom glücklichen Leben

Lieber Bruder Gallio!

Glücklich leben wollen alle, aber wenn man herausfinden will, was ein glückliches Leben ausmacht, dann gewinnt man keine Klarheit. Es ist nicht so leicht, ein glückliches Leben zu erreichen: Ist man vom richtigen Weg abgekommen, entfernt man sich umso weiter von seinem Ziel, je rascher man darauf zueilt. Führt aber der Weg in die entgegengesetzte Richtung, so ist eben jene Eile die Ursache für die wachsende Entfernung.

Deshalb muss man sich als Erstes vor Augen führen, welches Ziel man eigentlich erstrebt, sodann, wie man am schnellsten dorthin kommt. Ist man erst einmal auf dem rechten Weg, wird man sehen, wie viel man davon täglich zurückgelegt hat und wie weit das Ziel noch entfernt ist, zu dem uns ein natürliches Verlangen führt. Solange wir aber ohne Orientierung herumtreiben, uns von verworrenen Stimmen hierhin und dorthin ziehen lassen, wird unser Leben ein fortwährender Irrweg sein, auch wenn wir uns Tag und Nacht um eine richtige Ansicht von den Dingen bemühen. [...]

Inzwischen halte ich mich, worin alle Stoiker einig sind, an die Natur: Von ihr nicht abzuirren und sich nach ihrem Gesetz und Beispiel zu bilden – das ist Weisheit. Glücklich ist also ein Leben, welches mit seiner Natur im Einklang steht. Dieser Zustand aber ist nur dann erreichbar, wenn die Seele erstens gesund ist und bleibt, wenn sie stark, entschlossen und aufs Schönste leidensfähig ist, sich den Zeitumständen fügt, sich um den Körper und um alles, was damit zusammenhängt, kümmert, ohne Ängstlichkeit, wenn sie aufmerksam allem gegenüber ist, was zum Leben gehört, ohne irgendetwas Einzelnes zu überschätzen, bereit, die Gaben des Schicksals zu nutzen, nicht aber, ihnen sklavisch ausgeliefert zu sein.

Man kann aber den Begriff auch so bestimmen, dass man den Menschen glücklich nennt, für den es kein Gut und kein Übel gibt als allein eine gute oder schlechte Seele, der das sittlich Gute bewahrt, über seine Tugend hinaus nichts begehrt, den Zufälliges weder erhebt noch niederschlägt. Ein solcher kennt kein höheres Gut als das, das er sich selbst geben kann, und Lust bereitet es ihm, die Lust geringzuschätzen.

Seneca, Über das glückliche Leben, in: Wolfgang, Weinkauf (Hg.), Philosophie der Stoa, S. 261ff.

M2 Lasst die Begierden der Vernunft folgen!

Aber alles, was sittlich gut ist, entspringt einer dieser vier Quellen: Entweder beruht es auf der Erkenntnis der Wahrheit und der Fähigkeit, ihr gemäß zu handeln, oder auf dem Schutz der menschlichen Gesellschaft und dem Bemühen, jedem das Seine zuzuteilen, und auf der Verlässlichkeit bei eingegangenen Verträgen oder auf der Größe und Stärke eines herausragenden und unbezwinglichen Geistes oder schließlich auf der Ordnung und dem Maße aller Handlungen und Reden, worauf Mäßigung und Besonnenheit beruht. Wenngleich auch diese vier Tugenden untereinander verbunden und verflochten sind, so erwachsen doch aus jeder einzelnen bestimmte Arten von Aufgaben. Zum Beispiel erwächst aus der hier zuerst genannten Tugend – Weisheit und Klugheit – das Erforschen und Auffinden der Wahrheit, und eben dies ist die Aufgabe dieser Tugend.

Jede Handlung muss von Unachtsamkeit und Nachlässigkeit frei sein und man darf nichts tun, wofür man nicht einen überzeugenden Grund angeben kann. So etwa kann man den Begriff „Pflicht“ umschreiben. Man muss nämlich zu erreichen versuchen, dass die Begierden der Vernunft folgen und ihr nicht zuvorkommen, noch aus Trägheit oder Feigheit hinter ihr zurückbleiben, dass sie ruhig und frei von aller Unruhe und Verwirrung sind; aus solch einem Verhalten werden Beständigkeit und Mäßigung in ihrem ganzen Umfang erwachsen.

Cicero, Vom pflichtgemäßen Handeln 1, 4-17; 1,101-124, in: Wolfgang Weinkauf (Hg.), Die Philosophie der Stoa, S. 251f.

M3 Die Ethik des Guten und des Glücks

Philosophie der Antike ist die Lehre vom glücklichen gelungenen Leben. Der zentrale Gegenstand der antiken Ethik ist daher auch das höchste Gut, vorgestellt als Einheit von Glückseligkeit und Tugend, den sie als realen Endzweck und damit als entscheidenden Bestimmungsgrund des vernünftigen menschlichen Handelns auffasst. Ihre zentrale Frage lautet: Worin besteht das gute Leben für den Menschen? Was ist in diesem Leben wünschenswert, gut oder wertvoll?

Die Ethik des Guten entwickelt im Wesentlichen zwei Lehren: Die eine behauptet, die Lust (gr. *hedone*) sei dieses höchste Gut, die andere bestreitet dies und erklärt, dasselbe bestehe im Daseinsglück (gr. *eudaimonia*). Beide Lehren haben bis in die Gegenwart hinein, teilweise in abgewandelter Form, Vertreter gefunden. Man bezeichnet (den beiden griechischen Begriffen entsprechend) die eine als Hedonismus, die andere als Eudämonismus.

Die Hedonisten vertreten die These, dass *allein* die Lust als Zweck oder an sich gut ist, und dass außer der Lust alle Dinge, ob Verhalten, Tugend oder Wissen, ob Leben, Natur oder Schönheit, nur gut sind als Mittel zur Lust oder um der Lust willen, niemals aber um ihrer selbst willen oder als Selbstzwecke. *Eudaimonia* als philosophischer Begriff geht hervor aus der Auseinandersetzung mit dem Hedonismus, dessen Antwort auf die Frage nach dem glücklichen Leben insgesamt unzureichend ausfällt, weil er die Lust als einzigen Bestimmungsgrund des in seiner Gesamtheit gelungenen Lebens auffasst. Die Kritik des Eudämonismus setzt an der allgemeinen Erfahrung an, dass das gelingende Leben nicht in einem Leben bestehen kann, das letztlich immer um des hedonistischen Genusses willen gelebt wird. Der Eudämonismus bestimmt das Daseinsglück als höchstes Gut und damit als letztes Ziel allen menschlichen Handelns.

Für die klassische Philosophie der Antike (Platon, Aristoteles) gibt es einerseits die Einheit von Glück und Gutsein als Inbegriff eines gelungenen Lebens in der Polis, daneben gibt es das Glück der Erkenntnis, das vom Individuum in Selbstgenügsamkeit und Kontemplation als philosophisches Glück verwirklicht wird. Für die Stoa besteht das philosophische Glück in der Autarkie, der sich selbst bescheidenden Genügsamkeit und Selbständigkeit, das später seinen Ausdruck im Ideal des stoischen Weisen findet; auch hier ist die philosophische Kontemplation die geeignete Lebensform und Voraussetzung der Erfahrung von Glück.

Im Ideal des Weisen begegnen sich Epikur und die Stoa. Beide wollen die äußere Unabhängigkeit und Autarkie des von der Vernunft geleiteten Menschen und die unbedingte Freiheit der Seele gewährleisten. Ihre fundamentalen Unterschiede aber in Begründung und Zielsetzung soll die folgende Gegenüberstellung noch einmal zusammenfassend zeigen:

Epikur	Stoa
Jede Zweckmäßigkeit wird geleugnet.	Alles Einzelne dient einem gemeinsamen Zweck.
Die Götter kümmern sich nicht um Welt und Menschen.	Die Welt ist ein göttlich durchwirktes Ganzes.
Mit dem Tod stirbt auch die Seele.	Die Seele lebt nach dem Tod weiter.
Lust ist das einzige Gut.	Tugend ist das einzige Gut.
Ziel ist die *Eudaimonia*: Verbindung von Vernunft und lustvollem Leben.	Ziel ist die *Eudaimonia*: Verbindung von Tugend und Weisheit.
Ideale: Glück im Privaten, Individualismus, Freundschaft.	Ideale: Glück in der Tugend, Pflichten gegen den Staat, Dienst an der Gemeinschaft.

1 Teilen Sie den Seneca-Text in Abschnitte und fassen Sie die Kerngedanken in eigenen Worten kurz zusammen. → M1

2 Erarbeiten Sie, was die Stoiker unter „Pflichten" verstehen und wie sie diese hierarchisieren. → M1/2

3 Bereiten Sie eine Präsentation vor, in der Sie die beiden Glückslehren der Antike (Epikur und Stoa) vergleichen und auf ihre gesellschaftliche Relevanz hin überprüfen. → M1-3

*6 Ist Glück objektivierbar?

M1 Das „Zufallsglück"

Da ist zu allererst das *Zufallsglück*, das das ganze Leben hindurch Bedeutung hat: Menschen wünschen sich etwas, das ihnen unvermutet zufällt und günstig für sie ausfällt. Im Deutschen rührt das Wort „Glück" vom mittelhochdeutschen *gelücke* her, das in der Welt des Mittelalters den zufälligen Ausgang einer Angelegenheit bezeichnete, ursprünglich jedoch nicht nur im günstigen, sondern auch im ungünstigen Sinne. In antiker Zeit wurde die Zufälligkeit dieses Glücks, ebenfalls im doppelten Sinne, als Göttin verehrt und gefürchtet, *Tyché* im Griechischen, *Fortuna* im Lateinischen, erhalten als *fortune* im Französischen oder *fortune* im Englischen. Im Laufe der Zeit, erst recht in der Moderne, wurde diese Art von Glück dann immer mehr mit dem *günstigen* Zufall und der *erwünschten* Fügung in Verbindung gebracht: Das Positive allein sollte übrig bleiben. Jemandem Glück zu wünschen ist immer mit einer solchen Hoffnung verbunden. „Da hast du aber nochmal Glück gehabt", heißt so viel wie: Der Zufall war dir wohlgesonnen.

M2 Das „Wohlfühlglück"

Suchen Menschen in moderner Zeit nach Glück, so verstehen sie darunter meist, dass es ihnen gut geht, dass sie gesund sind, sich wohl fühlen, Spaß haben, angenehme Erfahrungen machen, Lüste empfinden, Erfolg haben, kurz: all das erleben, was als positiv gilt. Menschen suchen ihr Glück vorzugsweise in der „guten Stimmung" […]. Neben dem Zufallsglück geht es also um ein Glück, das man das *Wohlfühlglück* nennen kann, *happiness* im Englischen, *bonheur* im Französischen, während es im Deutschen nur ein Wort für alle Glücke gibt, eine merkwürdige Sparsamkeit der ansonsten so reichen und differenzierten Sprache, die auf einen historischen Mangel an Interesse schließen lässt: Es ging lange nur um Pflicht und eben nicht um Glück.

M3 Glücklich sein

Marc Chagall, Bonheur, Lithographie, 1969
Die Lithographie zeigt das Glück des Künstlers und seiner Frau. Marc Chagall, im Profil, hält in seinen Armen Vava und dazu Blumen und blickt durch das Fenster auf seine geliebte Landschaft von Saint-Paul. Vava schlingt voller Zärtlichkeit und Hingabe ihren rechten Arm um den Maler.

nach Roger Passeron, Chagall, S. 154

M4 Das Glück der Fülle

Abhängig ist dieses Glück der Fülle allein von der *geistigen Haltung* zum Leben, die ein Mensch einnimmt und im Laufe der Zeit im Denken einübt, ausgehend von der Überlegung, was denn das Eigentümliche des Lebens durch all seine Phänomene und Unwägbarkeiten hindurch ist: Ist es nicht die Polarität, die Gegensätzlichkeit und Widersprüchlichkeit, die sich in allen Dingen und Erfahrungen zeigt?

M1, 2, 4: Wilhelm Schmid, Glück, S. 10f., 16, 29

M5 Von dem Leiden des Lebens

Alles im Leben gibt kund, dass das irdische Glück bestimmt ist, vereitelt oder als eine Illusion erkannt zu werden. Hiezu liegen tief im Wesen der Dinge die Anlagen. Demgemäß, fällt das Leben der meisten Menschen trübselig und kurz aus. Die komparativ Glücklichen sind es meistens nur scheinbar, oder aber sie sind, wie die Langlebenden, seltene Ausnahmen, zu denen eine Möglichkeit übrig bleiben musste, - als Lockvogel. Das Leben stellt sich dar als ein fortgesetzter Betrug, im Kleinen, wie im Großen. Hat es versprochen, so hält es nicht; es sei denn, um zu zeigen, wie wenig wünschenswert das Gewünschte war: so täuscht uns also bald die Hoffnung, bald das Gehoffte. Hat es gegeben, so war es, um zu nehmen. Der Zauber der Entfernung zeigt uns Paradiese, welche wie optische Täuschungen verschwinden, wann wir uns haben hinäffen lassen. Das Glück liegt demgemäß stets in der Zukunft, oder auch in der Vergangenheit, und die Gegenwart ist einer kleinen dunkeln Wolke zu vergleichen, welche der Wind über die besonnte Fläche treibt: vor ihr und hinter ihr ist alles hell, nur sie selbst wirft stets einen Schatten. Sie ist demnach allezeit ungenügend, die Zukunft aber ungewiss, die Vergangenheit unwiederbringlich. Das Leben, mit seinen stündlichen, täglichen, wöchentlichen und jährlichen, kleinen, größeren und großen Widerwärtigkeiten, mit seinen getäuschten Hoffnungen und seinen alle Berechnung vereitelnden Unfällen, trägt so deutlich das Gepräge von etwas, das uns verleidet werden soll, dass es schwer zu begreifen ist, wie man dies hat verkennen können und sich überreden lassen, es sei da, um dankbar genossen zu werden, und der Mensch, um glücklich zu sein. Stellt doch vielmehr jene fortwährende Täuschung und Enttäuschung, wie auch die durchgängige Beschaffenheit des Lebens, sich dar als darauf abgesehen und berechnet, die Überzeugung zu erwecken, dass gar nichts unsers Strebens, Treibens und Ringens wert sei, dass alle Güter nichtig seien, die Welt an allen Enden bankrott, und das Leben ein Geschäft, das nicht die Kosten deckt; – auf dass unser Wille sich davon abwende.

Arthur Schopenhauer, Die Welt als Wille und Vorstellung, II, Kapitel 46, S. 666f.

M6 Die Paradoxie des Glücks

Es ist höchste Zeit, mit dem jahrtausendealten Ammenmärchen aufzuräumen, wonach Glück, Glücklichkeit und Glücklichsein erstrebenswerte Lebensziele sind. Zu lange hat man uns eingeredet – und haben wir treuherzig geglaubt –, dass die Suche nach dem Glück uns schließlich das Glück bescheren wird. [...]
Machen wir uns nichts vor: Was oder wo wären wir ohne unsere Unglücklichkeit? Wir haben sie bitter nötig; im wahrsten Sinne dieses Wortes. [...] Unserer Welt, die in einer Flutwelle von Anweisungen zum Glücklichsein zu ertrinken droht, darf ein Rettungsring nicht länger vorenthalten werden. Nicht länger darf das Verstehen dieser Mechanismen und Prozesse die eifersüchtig gehütete Domäne der Psychiatrie und der Psychologie bleiben. Die Zahl derer, die sich ihr eigenes Unglück nach bestem Wissen und Gewissen selbst zurechtzimmern, mag verhältnismäßig groß scheinen. Unendlich größer aber ist die Zahl derer, die auch auf diesem Gebiet auf Rat und Hilfe angewiesen sind.

Paul Watzlawick, Anleitung zum Unglücklichsein, S. 10, 12f.

1 Erarbeiten Sie, welche der von Wilhelm Schmid genannten „Glücke" sich im Bild von Marc Chagall (M3) spiegeln, und begründen Sie Ihre Ergebnisse. ➜ M1-4
2 Stellen Sie Beispiele aus Ihrem eigenen Leben für Zufallsglück, Wohlfühlglück und das Glück der Fülle dar. ➜ M1-4
3 Analysieren Sie, welches der genannten „Glücke" am glücklichsten macht. ➜ M1-4
4 Verfassen Sie einen Gegentext zu Schopenhauer, indem Sie beginnen: Nichts im Leben gibt kund, dass das irdische Glück bestimmt ist, ... ➜ M5
5 Wählen Sie und schreiben Sie einen Ratgeber: Anleitung zum Glücklichsein / zum Unglücklichsein. ➜ M6

1 Fragen nach Individuum und Gesellschaft

Pflichtmodul: Recht und Gerechtigkeit

Unter **Recht** verstehen wir die normativen Verbindlichkeiten (Normen, Strukturen, Verfahren), die für eine konkrete politische Gemeinschaft gültig das Zusammenleben regeln. Die Rechtsnormen finden vor allem in Rechtssätzen ihren Ausdruck, d. h. den geschriebenen oder ungeschriebenen (Gewohnheitsrecht) Gesetzen sowie ihrer richterlichen Auslegung.

Eine zentrale Frage ist, welche Voraussetzungen erfüllt sein müssen, um von einer Rechtsnorm beziehungsweise einer Rechtsordnung sprechen zu können. Hier stehen sich seit den Anfängen der Rechtsphilosophie in der Antike zwei große Denkrichtungen gegenüber: die naturrechtliche und die rechtspositivistische Denkrichtung.

- **Naturrechtstheorien** behaupten, dass Rechtsnormen nur solche Normen sein können, die gewissen moralischen Anforderungen genügen. Dabei werden unterschiedliche Auffassungen darüber vertreten, in welcher Art von Moral diese Anforderungen zu suchen sind. Gewöhnlich sind Naturrechtler von der Existenz eines menschlichen Interessen und Idealen vorgegebenen, absolut geltenden Sittengesetzes ausgegangen.
- Der **Rechtspositivismus** betrachtet im Gegensatz zum Naturrechtsdenken Rechtsnorm und Rechtsordnung als empirische Gegebenheiten der sozialen Wirklichkeit. Dabei erfolgt zwischen Recht und Moral eine begriffliche Trennung: Dem Rechtspositivismus erscheint es für den speziellen *Rechts*charakter einer bestimmten Norm unerheblich, ob diese mit gewissen moralischen Anforderungen übereinstimmt.

Gerechtigkeit galt schon in der Antike als die höchste Tugend. *Aristoteles* unterscheidet zwei Grundformen von Gerechtigkeit, die austeilende (distributive) bzw. verteilende Gerechtigkeit und die ausgleichende (korrektive) Gerechtigkeit. Letztere gehört in den Bereich der Rechtsprechung, wo es um gerechte Strafen als Ausgleich für eine Tat oder für Schäden geht. Die Fragen der Verteilungsgerechtigkeit sind heute vor allem Fragen der sozialen Gerechtigkeit und drehen sich um gerechte Einkommensverteilung, Bildungschancen, Zugang zu Ämtern/Machtpositionen etc. Die Theorie der Gerechtigkeit als Fairness *(John Rawls)* bildet eine mögliche Grundlage für Antworten auf Gerechtigkeitsfragen in sozialen und wirtschaftlichen Zusammenhängen und im globalen Maßstab. Betrachtet man die zweieinhalbtausend Jahre Rechtsgeschichte, lassen sich vier Funktionen von Recht unterscheiden:

1. Ordnungsfunktion,
2. Gerechtigkeitsfunktion,
3. Herrschaftsfunktion,
4. Herrschaftskontrollfunktion.

Der Staat hat das Rechtsmonopol; Rechtsgehorsam ist die Grundlage einer Demokratie; aber auch staatliche Herrschaft ist an das Recht gebunden und muss sich kontrollieren lassen.

Durch das Strafrecht schützt der **Rechtsstaat** die elementaren Werte des Gemeinschaftlebens. Fragen der Strafgerechtigkeit betreffen vor allem die Angemessenheit von Tat und Strafe und den Zweck der **Strafe** (Schuldausgleich, Prävention, Resozialisierung)

Der Philosoph *Immanuel Kant* hat dem Begriff der **Menschenwürde** die Bestimmung gegeben, die dem Artikel 1 des Grundgesetzes und auch der Menschenrechtserklärung zugrunde liegt. Die aktuelle Debatte über die Begründung von Menschenwürde dreht sich um die Frage, ob dieser idealistische Ansatz Kants noch Gültigkeit hat. Auch wenn sich die Menschenwürde als angeborenes Wesensmerkmal nicht halten ließe, bestünde aber immer noch der Auftrag, Menschen ein würdevolles Leben zu ermöglichen.

Entgegen einem weitverbreiteten **Kulturrelativismus** sind die **Menschenrechte** Rechtsansprüche auf freie Selbst- und Mitbestimmung und damit wesentlich Freiheitsrechte. Auch soziale Menschenrechte formulieren Freiheitsansprüche. Mit dem Freiheitsprinzip der Menschenrechte unauflöslich verbunden ist der Anspruch der Gleichberechtigung.

Wahlmodul 1: Pluralismus

Moderne Gesellschaften sind durch den Zwang zur Individualisierung gekennzeichnet. Dies bringt auch einen Wertewandel mit großen Freiheitsräumen für den Einzelnen mit sich. Dadurch stellt sich die Frage nach verbindlichen Werten, die für alle trotz divergierender Überzeugungen gelten müssen. Pluralistische Gesellschaften sind auf *Toleranz* angewiesen. Diese zeigt immer eine Ablehnungs- und Akzeptanzkomponente. Ihr Verhältnis zueinander bestimmt, ob ein Erlaubnis-, Koexistenz-, Respekts- oder Wertschätzungskonzept der Toleranz verfolgt wird. Das Zusammenleben in einer pluralistischen Gesellschaft bzw. das interkulturelle Gespräch ist auch darauf angewiesen, dass sich die Mitglieder bzw. Gesprächspartner verstehen und einen *Konsens* bilden können. Die Theorien zur Gerechtigkeit bilden eine mögliche Grundlage für Antworten auf Gerechtigkeitsfragen in sozialen und wirtschaftlichen Zusammenhängen und im globalen Maßstab.

Wahlmodul 2: Staatliche Gemeinschaft

Die Begründung und Zielsetzung von **Herrschaftsformen** werden stets unter zwei Aspekten diskutiert: Auf der einen Seite die aristotelische Vorstellung vom guten Leben in der *Polis*, auf der anderen Seite steht das Modell der „klassischen" vertragstheoretischen Begründung von Moral und Recht. Dabei geht es auch um die Frage, ob Herrschaft des Menschen über den Menschen überhaupt notwendig ist und wie man sie begründen kann. Eine Antwort darauf bietet der *Kontraktualismus*. Das Vertragsmodell prägt die gesamte neuzeitliche politische Philosophie; besonders die von *Thomas Hobbes* ausgearbeitete individualistische Staatsrechtfertigung erhält als legitimationstheoretisches Modell eine zentrale Bedeutung für die Entwicklung der kontraktualistischen Begründungstheorie, etwa bei *John Locke* und *Jean-Jacques Rousseau*. *Immanuel Kant* legt mit seiner Idee eines „Ewigen Friedens" die Grundlage für die konkrete *Utopie* einer föderalen Weltrepublik.
Ein Kernbestand gemeinsamer Werte muss im demokratischen Prozess entwickelt werden.

Wahlmodul 3: Religion und Gesellschaft

Religionen haben vielfältige Funktionen im Ganzen einer Gesellschaft; sie entwickeln eine Vorstellung vom Ganzen der Wirklichkeit, ein Menschenbild, machen Wertaussagen, legen Normen des Verhaltens fest, geben Antwort auf die existentiellen Fragen. Sie dienen in der Geschichte als evolutionärer Selektionsvorteil für Individuen und Gruppen, als Entlastung und Kompensation einer angstbesetzten Wirklichkeit; sie sichern die Kooperation in der Gruppe.
Mit der *Säkularisierung*, als „Entchristlichung" bzw. „Entkirchlichung" der Gesellschaft verstanden, kommt es zu einem unbestreitbaren Rückgang des kirchlichen Einflusses in der staatlichen Ordnung: Religion wird zur Privatangelegenheit, über die der Einzelne frei entscheidet. Andererseits entstehen Gefahren durch die Ausbildung eines (sich staatlicher Ordnung entziehenden) religiösen Fundamentalismus.
Religionskritik richtet sich auf die zentralen Aussagen, den Wahrheitsanspruch und die gesellschaftliche Rolle der Religionen.

Wahlmodul 4: Anspruch und Wirklichkeit individueller Glücksvorstellungen

Glücksforscher verschiedener Disziplinen untersuchen wissenschaftlich die Bedingungen von Glückserfahrungen. So bezeichnen Psychologen *Flow* als einen Zustand des Glücksgefühls, in den Menschen geraten, wenn sie gänzlich in einer Beschäftigung „aufgehen". Glück ist aber auch abhängig vom *Lebensstandard*, der Befriedigung von materiellen und geistig-kulturellen Bedürfnissen.
Die philosophische *hedonistische und eudämonistische Ethik* entwickelt positive Konzeptionen, in denen Glück eine Frage des gelingenden Lebens durch eine vernünftige individuelle Lebensführung ist. Sie gehen oft auf antike Glücksvorstellungen zurück (*Epikur:* Orientierung der Lebenspraxis am hedonistischen Lustprinzip; *Stoa:* Leben im Einklang mit der Natur/der göttlichen Ordnung als Zielsetzung).
Das *Problem der Objektivierbarkeit* des Glücksbegriffs ergibt sich vor allem daraus, dass Glück eine Sache individuellen Erlebens und Befindens ist.

Runder Tisch mit Schülern und Bürgerrechtlern, Deutsches Historisches Museum in Berlin 2009

In diesem Kapitel werden Sie:

- Typen, Funktionen und Geltungsbereiche von Normen unterscheiden
- Grundzüge kontrastiver Positionen normativer Ethik analysieren
- normative Grundpositionen im Hinblick auf ihre Alltagsrelevanz diskutieren
- metaethische Implikationen normativer Modelle untersuchen
- die Tragweite und Praktikabilität normativer Positionen in Bereichen der angewandten Ethik beurteilen

2 Fragen nach dem guten Handeln

Pflichtmodul: Grundpositionen ethischen Argumentierens

Wahlmodul 1: Ethik in Medizin und Wissenschaft

Wahlmodul 2: Ökologische Ethik

Wahlmodul 3: Medienethik

Wahlmodul 4: Wirtschaftsethik

1 Urteilen und begründen

M1 Das Ticking-Bomb-Szenario

M2 Moralische Urteile

1. „Foltern ist in manchen Fällen moralisch legitim."
2. „In der Gesellschaft a ist zum Zeitpunkt t die Mehrzahl der Personen davon überzeugt, dass foltern in manchen Fällen moralisch legitim ist."
3. „Es besteht ein statistisch signifikanter Zusammenhang zwischen einer autoritären Erziehung und dem Ausbilden der Überzeugung, dass foltern in manchen Fällen moralisch legitim ist."

Während Aussage (1) selbst eine moralische Aussage ist, werden mit der Äußerung von Satz (2) und (3) keine moralischen Urteile gefällt, vielmehr werden mit ihnen deskriptive Aussagen zum Ausdruck gebracht. Mit Aussage (2) wird beschrieben, welche moralischen Urteile in einer bestimmten Gesellschaft vertreten werden, und (3) beschreibt eine Bedingung, die zum Auftreten bestimmter moralischer Urteile führt. [...] Aber was ist eigentlich ein moralisches Urteil?

Nico Scarano, in: Marcus Düwell u.a. (Hg.), Handbuch Ethik, S. 25

M3 Begründung durch Intuition oder Emotion?

Die Metaethik, eine Position des 20. Jahrhunderts, fragt vor allem nach der Rechtfertigung sittlicher Urteile. Hier haben sich verschiedene Positionen ausgebildet:

- *Die Kognitivisten, z. B. die Intuitionisten, behaupten, moralische Aussagen würden sich auf eine rationale, objektiv überprüfbare Tätigkeit des Menschen beziehen.*
- *Die Nonkognitivisten, z. B. die Emotivisten, behaupten, moralische Aussagen brächten ein rein gefühlsmäßiges, nicht objektiv überprüfbares Verhalten des Menschen zum Ausdruck.*

Schwarz: Was ist denn an moralischen Tatsachen so problematisch? Wenn jemand die Existenz einer objektiven moralischen Ordnung leugnet oder die Behauptung aufstellt, dass ethische Aussagen Pseudoaussagen seien, kann ich ihn dann nicht dadurch widerlegen, dass ich ihm entgegenhalte: „Du weißt doch recht gut, dass es von Peter nicht richtig war, seine Frau zu schlagen. Du weißt recht gut, dass du Versprechen halten solltest. Du weißt recht gut, dass menschliche Zuneigung gut, Grausamkeit aber schlecht ist, dass viele Handlungen falsch und dass einige richtig sind?"

Weiß: Sind unsere Probleme mit moralischen Tatsachen nicht einfach ein spezieller Fall der Probleme, die wir mit der Erkenntnis bzw. mit dem Zustandekommen unserer Erfahrungen haben? Tatsachen über die Außenwelt finden wir durch Sehen und Hören heraus; Tatsachen über uns selbst durch unser Fühlen; solche über andere Leute durch Sehen, Hören *und* Fühlen. [...]

Du solltest dir dadurch nur gesagt sein lassen, ja nicht zu vergessen, dass der einzige Zugang zur moralischen Welt über die Gefühle der Reue, der Billigung usw. führt [...].

Schwarz: Ich gebe natürlich zu, dass wir das Gutsein von etwas nicht so sehen können, wie wir seine Farbe sehen, und dass wir nicht durch den Tastsinn entscheiden können, ob etwas richtig ist oder nicht. [...] Wir wissen von ihm allein durch die Intuition. Die fundamentale kognitive Situation in der Moral ist, dass wir die Richtigkeit einer bestimmten Handlung oder das Gutsein eines bestimmten Sachverhalts *unmittelbar sehen* (intuit). Emotionen und Urteile gründen sich jedoch gleichermaßen auf Intuitionen. Emotionen mögen die Türhüter zur moralischen Welt sein, das Tor selbst ist jedoch die Intuition.

Peter F. Strawson, Der ethische Intuitionismus, in: Sprache und Ethik, S. 100-102

M4 Ist das Tötungsverbot logisch begründbar?

Der Philosoph Norbert Hoerster sieht im Kontraktualismus die Möglichkeit einer rein rationalen Moralbegründung ohne Metaphysik. Damit müssten moralische Normen allein durch eine logisch zwingende Ableitung geschlossen werden können.

In der Logik nennt man die einfachste Form eines solchen Schlusses Syllogismus. Aus zwei Aussagen (Prämissen) mit Bezug auf einen die Sätze verbindenden Mittelbegriff kann ein dritter Satz geschlussfolgert werden:

- **Alle Menschen sind sterblich.** (1. Prämisse)
- **Sokrates ist ein Mensch.** (2. Prämisse)
- **Sokrates ist sterblich.** (Conclusio)

Wenn ich den beiden Prämissen zustimme, muss ich logisch zwingend auch der Schlussfolgerung, der conclusio, zustimmen, weil diese nichts enthält, was nicht schon in den Prämissen enthalten ist. Solche Syllogismen nennt man dann im Bereich der Ethik bzw. der praktischen Philosophie praktische Syllogismen, weil sie den Anspruch haben, eine moralische Handlungsnorm zu begründen:

- **Stehlen ist verwerflich.**
- **Ein geliehenes Gut nicht zurückzugeben ist wie Stehlen.**
- **Man soll Geliehenes wieder zurückgeben.**

Die Gültigkeit der Sollensaussage fällt und steht mit den Prämissen, vor allem mit der moralischen Basisaussage. Wie man aber einen solchen moralischen Basissatz logisch begründen könnte, versucht Hoerster am Beispiel eines allgemeinen Tötungsverbots zu zeigen. Er braucht also Prämissen, die als unabweisbare Aussagen logisch den Satz folgern lassen:

- **Man darf niemanden töten.**

Die Prämissen müssen dafür lauten:

- **Jeder ist an seinem Überleben interessiert.**
- **Jeder hat ein größeres Interesse am eigenen Überleben als am (gelegentlichen) Töten.**
- **Jeder kann sein Überlebensinteresse in der Gesellschaft dadurch und nur dadurch sichern, dass er auf sein (ihm geringerwertiges) Tötungsinteresse verzichtet.**

Unter Voraussetzung dieser Prämissen ist es begründet, nicht nur ein auf sich selbst bezogenes Tötungsverbot, sondern ein *allgemeines* Tötungsverbot zu wollen. Denn jeder ist zur Respektierung des Lebens aller anderen nur bereit, sofern auch sein eigenes Leben von jedem anderen respektiert wird. Und diesen wechselseitigen Respekt des Lebens von jedem durch jeden kann nur ein *allgemeines* Tötungsverbot sicherstellen. *nach Norbert Hoerster, Moralbegründung ohne Metaphysik, in: Aufklärung und Kritik, Sonderheft 7/2003, S. 24f.*

1 Versetzen Sie sich in die am Szenario beteiligten Personen und formulieren Sie für die Sprech- bzw. Denkblasen moralische Urteile, wie gehandelt werden sollte. ➜ M1

2 Formulieren Sie weitere normative und deskriptive moralische Urteile und erklären Sie den Unterschied. ➜ M2

3 Bilden Sie zwei Gruppen, Emotivisten und Intuitionisten, und erarbeiten Sie am Beispiel des Folterverbots eine Begründungsstrategie. ➜ M1-3

4 Konstruieren Sie weitere Beispiele für praktische Syllogismen. ➜ M4

5 Prüfen Sie, ob sich neben dem Tötungsverbot auch das zweite grundlegende Moralprinzip, das Verbot willkürlicher Ungleichbehandlung, logisch herleiten lässt. ➜ M4

2 Moral und Ethik

M1 Begründungen moralischer Handlungen

M2 Die Rolle der Moral

Eine *Moral* ist der Inbegriff jener Normen und Werte, die durch gemeinsame Anerkennung als verbindlich gesetzt worden sind und in der Form von

- Geboten (Du sollst ...) oder
- Verboten (Du sollst nicht ...)

an die Gemeinschaft der Handelnden appellieren. Jede Moral ist somit als geschichtlich entstandener und geschichtlich sich mit dem Freiheitsverständnis von Menschen verändernder Regelkanon immer eine Gruppenmoral, deren Geltung nicht ohne weiteres über die Mitglieder der Gruppe hinaus ausgedehnt werden kann. [...]

Bei manchen „primitiven“ Gruppen, z. B. bei den Eskimos, soll es Brauch gewesen sein, alte und schwache Leute zu töten. Diese Regel steht in krassem Widerspruch zu unserem Verständnis von Menschenwürde und wird nur nachvollziehbar vor dem Hintergrund extremer Lebensverhältnisse, die durch große Unwirtlichkeit des Lebensraums und knappe Lebensmittel gekennzeichnet sind. Nur so ist es verstehbar, dass die moralische Norm, seinen Eltern Gutes zu tun und ihnen Leid zu ersparen, dadurch erfüllt wird, dass man ihnen einen qualvollen Tod erspart, indem man sie auf schmerzlose Weise tötet und somit die Überlebenschance der Jungen vergrößert.

Hier wird also der moralische Grundsatz: „Du sollst deinen alten Eltern Gutes tun“ durchaus anerkannt, allerdings auf eine Weise, die uns als das genaue Gegenteil einer moralischen Praxis erscheint. Wenn man jedoch bedenkt, wie lieblos bei uns alte Menschen oft ohne Not in Alten- oder Seniorenheime abgeschoben werden, so kann man sich mit Recht fragen, ob diese Form der „Aussetzung“ in der Tat sehr viel menschenwürdiger ist als die Praxis sogenannter „primitiver“ Stämme.

Wohlgemerkt: Die Tötung alter Menschen geschah bei den Eskimos nicht gegen den Willen der Alten, sondern mit ihrem Einverständnis. Sie waren ja mit dieser Regel bereits aufgewachsen und wussten um ihre Bedeutung. Ihnen wurde also keineswegs Zwang oder Gewalt im eigentlichen Sinn angetan. [...] Die Frage, die sich in diesem Zusammenhang stellt, ist die, wie solche unterschiedlichen Praktiken ethisch zu beurteilen sind. *Annemarie Pieper, Einführung in die Ethik, S. 32f.*

M3 Begründung der Moral durch Ethik

Das Problem der Begründung oder Rechtfertigung von Moral – von moralischen Verhaltensweisen, Einstellungen, Urteilen – wurde nicht von Philosophen erfunden: Es ist ein Problem, mit dem wir alle fast täglich im Alltag konfrontiert werden. Bin ich in einer bestimmten Situation berechtigt zu lügen? Ist Ehebruch ausnahmslos moralisch verboten? Nach welchen Gesichtspunkten sollen wir unsere Kinder erziehen? [...] Solche und ähnliche Fragen lassen sich mit einem einfachen Ja oder Nein oder mit einem lapidaren Satz nicht zufriedenstellend beantworten. Zufriedenstellend ist eine Antwort nur dann, wenn wir diese Antwort als stichhaltig, begründet, gerechtfertigt betrachten können.

Die Antworten, die wir in unseren moralischen Alltagsüberlegungen und -argumentationen geben, werden diesem Erfordernis lediglich mehr oder weniger gerecht und können insofern auch nur bis zu einem gewissen Grade zufriedenstellen. Gewöhnlich haben wir weder genug Zeit noch die Ausbildung und das Wissen, um bis zur letztmöglichen Begründung unserer Auffassungen vorzudringen. Das zu tun, ist die Aufgabe der Ethik; sie versucht, die letzten Begründungsprinzipien des moralisch Richtigen und Guten zu ermitteln. [...]

Ein Beispiel

Angenommen, A möchte sich von seiner Frau scheiden lassen, um seine Sekretärin zu heiraten. B, ein Freund des A, macht ihm deshalb Vorhaltungen; er hält A's Schritt für moralisch falsch. B macht sich also das moralische Urteil zu eigen: „A sollte sich nicht scheiden lassen." Im Zuge der von A geforderten Begründung dieses Urteils könnte B früher oder später (je nach seiner moralischen Grundüberzeugung) etwa die folgenden Sätze ins Treffen führen:

1. „Wenn du dich scheiden lässt, versündigst du dich; nach dem Willen Gottes darf eine gültig geschlossene Ehe zu Lebzeiten der Ehegatten nicht aufgelöst werden"; oder
2. „Du hast deiner Frau durch die Eheschließung in bindender und feierlicher Form versprochen, zeitlich unbegrenzt eine enge Lebensgemeinschaft mit ihr zu führen. Ein solches Versprechen darf man nicht brechen, nur weil man jemanden kennengelernt hat, den man momentan attraktiver findet"; oder
3. „Das Unglück, das du durch eine Scheidung über deine Frau und deine Kinder brächtest, würde das Glück, das du in deinem Alter noch für dich und deine neue Frau erwarten könntest, weit überwiegen. Man darf sein eigenes Glück nicht auf Kosten anderer verfolgen"; oder
4. „Auf die Dauer gesehen, würdest du dir in deiner Situation mit einer Scheidung und einer Wiederheirat nur schaden. Man sollte nie etwas tun, wodurch man auf lange Sicht die eigenen Interessen verletzt".

Norbert Hoerster, Ethik und Moral, S. 9ff.

B kann sich auf unterschiedliche moralische Prinzipien stützen und sagen: Moralisch falsch handelt derjenige,

1. der Gottes Willen missachtet.	2. der seine Versprechen bricht.	3. der andere unglücklich macht.	4. der sich langfristig schadet.

A kann dagegen einwenden, dass für ihn diese moralischen Prinzipien nicht gelten:

1. Gottes Wille ist für mich kein Grund; ich bin nicht gläubig.	2. Versprechen ist bloße Konvention, an die man sich nicht halten muss.	3. Jeder ist seines Glückes Schmied; die Folgen kann niemand voraussagen.	4. Für mich zählt nur der Augenblick.

Hier handelt es sich um eine Auseinandersetzung im Bereich der *normativen Ethik*: Es geht um die oberste Norm – oder doch eine der obersten Normen – sittlich richtigen Handelns. Dabei repräsentieren die vier alternativen Argumente des B die vier wichtigsten normativ-ethischen Positionen innerhalb der Moralphilosophie: die Positionen einer religiösen, einer deontologischen [gr. *to deon*: Pflicht], einer utilitaristischen und einer egoistischen Ethik.

nach Norbert Hoerster, Ethik und Moral, S. 11f.

1 Erarbeiten Sie in Gruppen Beispiele für die verschiedenen Begründungen von Moral. ➜ M1

2 Diskutieren Sie, welche Begründung für Ihre Generation in Betracht käme. ➜ M1/2

3 Projektvorschlag: Recherchieren Sie verschiedene Gruppenmoralen in unterschiedlichen Kulturen, zum Beispiel in Bezug auf Ehe oder Kindererziehung. Überlegen Sie, ob sie sich in den moralischen Grundsätzen oder der moralischen Praxis unterscheiden. ➜ M2

4 Führen Sie die Argumentation weiter aus, indem Sie die Rolle von B übernehmen und A antworten. ➜ M3

3 Grundzüge christlicher Ethik

M1 Werke der Barmherzigkeit

[I]ch war hungrig und ihr habt mir zu essen gegeben; ich war durstig und ihr habt mir zu trinken gegeben; ich war fremd und obdachlos und ihr habt mich aufgenommen; ich war nackt und ihr habt mir Kleidung gegeben; ich war krank und ihr habt mich besucht; ich war im Gefängnis und ihr seid zu mir gekommen. [...] Amen, ich sage euch: Was ihr für einen meiner geringsten Brüder getan habt, das habt ihr mir getan.

Matthäus 25,35-36; 25,40

M2 Grundlagen katholischer Morallehre

Dies ist also das erste Gebot des Gesetzes: Das Gute ist zu tun und zu erstreben, das Böse ist zu meiden. [...] Da nun Gott aber kein anderes Ziel seines Willens kennt außer sich selbst, und Er das eigentliche Wesen des Guten ist, so muss alles andere naturhaft auf das Gute hingeneigt sein [...].

Es scheint, dass der Wille des Menschen nicht immer hinsichtlich des Gewollten mit dem göttlichen Willen übereinstimmen muss. Das, was wir nicht kennen, können wir nicht wollen; ein Gut wird nämlich erst als ein erfasstes zum Objekt des Willens. Das jedoch, was Gott will, wissen wir in den meisten Fällen nicht. Somit kann der menschliche Wille dem göttlichen nicht im Gewollten angeglichen werden. [...]

Außerdem: Der Widerstreit der Willen besteht darin, dass die Menschen Verschiedenes wollen. Wer nun einen Willen hat, der dem göttlichen widerstreitet, hat einen bösen Willen. Also hat immer der einen bösen Willen, der seinen Willen nicht dem Willensinhalt nach dem göttlichen Willen angleicht. [...]

Der Wille eines Menschen, der irgendein eingeschränktes Gut will, ist aber nur dann recht, wenn er es auf das umfassende Gute als sein Ziel bezieht; es richtet sich nämlich auch das natürliche Streben jedes Teiles auf das umfassende Gute des Ganzen.

Thomas von Aquin, in: Otfried Höffe (Hg.), Lesebuch zur Ethik, S. 153-158

M3 Die protestantische Ethik nach Martin Luther

Wie geht es aber zu, dass der Glaube allein kann fromm machen und ohne alle Werke so überschwänglich Reichtum geben, obgleich doch so viel Gesetze, Gebote, Werke, Stände und Weisen uns vorgeschrieben sind in der Schrift. [...] Darum sind sie nur dazu bestimmt, dass der Mensch drin sehe sein Unvermögen zu dem Guten und lerne an sich selbst verzweifeln. [...] So beweist das Gebot: „Du sollst nicht böse Begierde haben", dass wir allesamt Sünder sind und kein Mensch vermag zu sein ohne böse Begierde, er tue, was er will. [...] Wenn nun der Mensch aus den Geboten sein Unvermögen gelernt und empfunden hat, dass ihm nun angst wird, wie er dem Gebot genug tue, sintemal das Gebot muss erfüllt werden oder er muss verdammt werden, so ist er recht gedemütigt und zunichte geworden in seinen Augen, findet nichts in sich, damit er könne fromm werden – dann kommt das andere Wort, die göttliche Verheißung und Zusage, und spricht: willst du alle Gebote erfüllen, deine böse Begierde und Sünde los werden, wie die Gebote zwingen und fordern, siehe da, glaube an Christum, in welchem ich dir zusage alle Gnade, Gerechtigkeit, Frieden und Freiheit. Glaubst du, so hast du, glaubst du nicht, so hast du nicht. Denn was dir unmöglich ist mit allen Werken der Gebote, deren viele und die doch ohne Nutzen sein müssen, das wird dir leicht und kurz gefasst durch den Glauben zuteil. [...]

Sieh, also fließet aus dem Glauben die Liebe und Lust zu Gott und aus der Liebe ein frei, willig, fröhlich Leben, dem Nächsten zu dienen umsonst. Denn gleichwie unser Nächster Not leidet und unseres Übrigen bedarf, so haben wir vor Gott Not gelitten und seiner Gnaden bedurft. Darum, wie uns Gott hat durch Christum umsonst geholfen, so sollen wir durch den Leib und seine Werke nichts anderes, denn dem Nächsten helfen.

Martin Luther, Von der Freiheit eines Christenmenschen, S. 129f., 147, 150

M4 Woher leuchtet das Licht des Guten?

Lieber Umberto Eco,
ich wende mich an Sie mit der Frage, [...] welche letzte Begründung für die Ethik ein Nichtgläubiger in der Situation der „Postmoderne" vorbringt. Konkreter gefragt: Worauf beruht die Gewissheit und der imperative Charakter Ihres moralischen Handelns, wenn Sie für die Grundlegung der Absolutheit einer Ethik sich weder auf metaphysische Prinzipien oder jedenfalls transzendente Werte [...] berufen wollen? [...] Warum sind der Altruismus, die Redlichkeit, die Gerechtigkeit, die Achtung vor den anderen, die Vergebung gegenüber den Feinden immer ein Gut, und warum müssen sie, selbst auf Kosten des Lebens, den gegenteiligen Haltungen vorgezogen werden? Und wie kann man im konkreten Fall mit Gewissheit entscheiden, welches Handeln Ausdruck von Altruismus ist und welches nicht? Und wenn es keine letzte und allgemeingültige Rechtfertigung für solche Haltungen gibt, wie soll es dann praktisch möglich sein, dass sie vorherrschend werden und sich letztlich durchsetzen? Wenn es schon denen, die überzeugende Gründe für ein ethisches Verhalten haben, Mühe macht, sich danach zu richten, was ist dann mit denen, deren Gründe schwach, unsicher und schwankend sind? Ich kann nur schwer sehen, wie ein Leben, das sich an den genannten Werthaltungen (Altruismus, Redlichkeit, Gerechtigkeit, Solidarität, Vergebung) orientiert, über lange Zeit und unter allen Umständen durchzuhalten sein soll, wenn der absolute Wert der moralischen Norm nicht in metaphysischen Prinzipien oder in einem personalen Gott begründet werden kann. [...] Wenn die Moral nicht an den Geboten festgemacht wird, die sich aus einem Absoluten herleiten, wird sie dann nicht brüchig, relativ und schwankend sein und wird schließlich – oder kann zumindest – eine Unmoral werden, wenn nicht geradezu eine Antimoral? Trägt nicht das atheistische Denken die Verantwortung dafür, dass die Moral relativiert worden ist und somit der Weg zu ihrer Vernichtung frei wurde, zur Auflösung aller Werte und schließlich zu der Verirrung, in die wir uns gegenwärtig versteigen? Muss man nicht wieder vom Absoluten ausgehen, wenn man diese Werte neu gründen und das Reich des Egoismus, in dem wir versinken, verlassen will?

Carlo Maria Martini / Umberto Eco,
Woran glaubt, wer nicht glaubt?, S. 74, 79, 116

M5 Zwei Begründungsweisen von Moral

Die *Theologie*, insbesondere die katholische Moraltheologie, vertritt eine theonome Ethik (von griech. theos – Gott, nomos – Gesetz), d. h. sie führt alle verbindlichen Handlungsnormen letztlich auf den Willen Gottes zurück. [...]

Auch der Moraltheologie geht es um die Begründung von Formen gelungenen Menschseins. Anders jedoch als die Ethik macht eine Glaubensethik nicht die praktische menschliche Vernunft, sondern das christliche Selbstverständnis zum Fundament der Moralität. Der Anspruch der Theologie, moralisches Handeln religiös zu begründen, macht somit eine ethische Begründung solchen Handelns nicht überflüssig, sondern fordert sie geradezu, da moralisches Handeln prinzipiell jedem Menschen abverlangt wird, ganz gleich ob er Christ, Mohammedaner oder Atheist ist. Daher muss die Verbindlichkeit moralischen Handelns grundsätzlich jedem Menschen ohne Rückgriff auf Religion einsichtig gemacht werden können – wobei jedoch unbestritten ist, dass diese Einsicht durchaus religiös vertieft werden kann.

Ethik und Theologie sind somit durch ihr Interesse an einer normativen Begründung moralischen Handelns miteinander verbunden; im Unterschied zur Theologie bezieht sich die Ethik jedoch nicht auf einen göttlichen Willen als den Urheber aller moralischen Normen, sondern auf den vernünftigen Willen des Menschen, der sich in autonomer Selbstverfügung im Verbund mit anderen Menschen frei dazu bestimmt, er selbst zu sein.

Annemarie Pieper,
Einführung in die Ethik, S. 109-111

1. Vergleichen Sie die Grundlagen des moralischen Handelns bei Thomas von Aquin und Luther. → M2/3
2. Erklären Sie, wie von den Positionen M2 und M3 aus eine Praxis der Barmherzigkeit begründet werden könnte. → M1-3
3. Nehmen Sie Stellung zu der Frage von Kardinal Martini, ob moralische Normen zu ihrer Begründung einen personalen Gott benötigen. → M4
4. Diskutieren Sie die Stellung einer partikularen religiösen Ethik in einer globalisierten Welt. → M5

4 Das Prinzip der Nützlichkeit

M1 Pleasures

Keith Haring, Untitled, 1984

M2 Leid und Freude sind messbar

Die Natur hat die Menschheit unter die Herrschaft zweier souveräner Gebieter – *Leid* und *Freude* [pain and pleasure] – gestellt. Es ist an ihnen allein aufzuzeigen, was wir tun sollen, wie auch zu bestimmen, was wir tun werden. Sowohl der Maßstab für Richtig und Falsch als auch die Kette der Ursachen und Wirkungen sind an ihrem Thron festgemacht. Sie beherrschen uns in allem, was wir tun, was wir sagen, was wir denken: Jegliche Anstrengung, die wir auf uns nehmen können, um unser Joch von uns zu schütteln, wird lediglich dazu dienen, es zu beweisen und zu bestätigen. Jemand mag zwar mit Worten vorgeben, ihre Herrschaft zu leugnen, aber in Wirklichkeit wird er ihnen ständig unterworfen bleiben. Das *Prinzip der Nützlichkeit* erkennt dieses Joch an und übernimmt es für die Grundlegung jenes Systems, dessen Ziel es ist, das Gebäude der Glückseligkeit durch Vernunft und Recht zu errichten. [...]

Diese Bezeichnung [Prinzip der Nützlichkeit] hat man unlängst durch das Prinzip des *größten Glücks* oder der *größten Glückseligkeit* [the greatest happiness principle] ergänzt oder ersetzt. [...] Das Wort *Nützlichkeit* verweist nicht so eindeutig auf die Vorstellung von *Freude* und *Leid*, wie es die Wörter *Glück* und *Glückseligkeit* tun; es veranlasst uns auch nicht zur Berücksichtigung der Zahl der betroffenen Interessen, obwohl die *Zahl* der Umstand ist, der in größtem Ausmaß bei der Aufstellung des *Maßstabs, um den es hier geht, mitwirkt: des Maßstabs für Richtig und Falsch*, mit dem allein die Angemessenheit menschlichen Verhaltens in jeder Situation angemessen überprüft werden kann.

Unter Nützlichkeit ist jene Eigenschaft an einem Objekt zu verstehen, durch die es dazu neigt, Gewinn, Vorteil, Freude, Gutes oder Glück hervorzubringen [...] oder [...] die Gruppe, deren Interesse erwogen wird, vor Unheil, Leid, Bösem oder Unglück zu bewahren; sofern es sich bei dieser Gruppe um die Gemeinschaft im Allgemeinen handelt, geht es um das Glück der Gemeinschaft; sofern es sich um ein bestimmtes Individuum handelt, geht es um das Glück dieses Individuums. [...]

Die Gemeinschaft ist ein fiktiver *Körper*, der sich aus den Einzelpersonen zusammensetzt, von denen man annimmt, dass sie sozusagen seine *Glieder* bilden. Was ist also das Interesse der Gemeinschaft? – Die Summe der Interessen der verschiedenen Glieder, aus denen sie sich zusammensetzt.

Es hat keinen Sinn, vom Interesse der Gemeinschaft zu sprechen, ohne zu wissen, was das Interesse des Individuums ist. Man sagt von einer Sache, sie sei dem Interesse des Individuums förderlich oder *zugunsten* des Interesses eines Individuums, wenn sie dazu neigt, zur Gesamtsumme seiner Freuden beizutragen: oder [...] die Gesamtsumme seiner Leiden zu vermindern.

Man kann also von einer Handlung sagen, sie entspreche dem Prinzip der Nützlichkeit [...], wenn die ihr innewohnende Tendenz, das Glück der Gemeinschaft zu vermehren, größer ist als irgendeine andere ihr innewohnende Tendenz, es zu vermindern.

nach Jeremy Bentham, Eine Einführung in die Prinzipien der Moral und der Gesetzgebung, S. 56-58

M3 Das hedonistische Kalkül

Wenn man einen Menschen *für sich* betrachtet, so ist für ihn der Wert einer Freude oder eines Leids gemäß den folgenden Umständen größer oder geringer:

a) der *Intensität*,
b) der *Dauer*,
c) der *Gewissheit* oder *Ungewissheit*,
d) der *Nähe* oder *Ferne* einer Freude oder eines Leids,
e) der *Folgenträchtigkeit*,
f) der *Reinheit* der Freude oder des Leids.

Für eine *Anzahl* von Personen kommt für die Berechnung noch ein weiterer Umstand hinzu:

g) das *Ausmaß* (das heißt die Anzahl der Personen, die davon betroffen sind).

Wenn man also die allgemeine Tendenz einer Handlung, durch die die Interessen einer Gemeinschaft betroffen sind, bestimmen will, verfahre man so:

1. Man beginne mit einer der Personen, deren Interessen am unmittelbarsten durch eine derartige Handlung betroffen zu sein scheinen, und bestimme den Wert jeder erkennbaren *Freude* und jeden erkennbaren *Leids*, die die Handlung hervorgebracht hat.
2. Man addiere die Werte aller *Freuden* auf der einen und die aller *Leiden* auf der anderen Seite. Wenn die Seite der Freude überwiegt, ist die Tendenz der Handlung im Hinblick auf die Interessen der *einzelnen* Person insgesamt *gut*; überwiegt die Seite des Leids, ist ihre Tendenz insgesamt *schlecht*.
3. Man bestimme die *Anzahl* der Personen, deren Interessen anscheinend betroffen sind, und wiederhole dieses Verfahren im Hinblick auf jeden von ihnen.
4. Man *addiere* die Zahlen, die den Grad der *guten* Tendenz ausdrücken, die die Handlung hat, das Gleiche tue man für die Handlungen, die eine *schlechte* Tendenz zeigen.
5. Man ziehe die *Bilanz*: Befindet sich das Übergewicht auf der Seite der *Freude*, so ergibt sich daraus für die betroffene Gesamtzahl oder Gemeinschaft von Individuen eine allgemein *gute Tendenz* der Handlung; befindet es sich auf der Seite des *Leids*, ergibt sich daraus für die gleiche Gemeinschaft eine allgemein *schlechte Tendenz*.

nach Jeremy Bentham, Eine Einführung in die Prinzipien der Moral und der Gesetzgebung, S. 79-81

1 Benennen Sie die dargestellten Formen der Lust. Welche halten Sie für besonders befriedigend? ➜ M1

2 Erstellen Sie unter Verwendung der zentralen Begriffe eine Argumentationsskizze zu Benthams hedonistischer Grundlegung der Ethik. ➜ M2

3 Gestalten Sie Benthams Text in ein Interview um, indem Sie zu den einzelnen Abschnitten geeignete Fragen formulieren und die Antworten paraphrasieren. ➜ M2

4 Erläutern Sie, was unter der einer Handlung „innewohnende[n] Tendenz" zu verstehen ist. Welche Schwierigkeit ergibt sich daraus für die genaue Bestimmung des Nutzens einer Handlung? ➜ M2

5 Nehmen Sie Stellung zur der Behauptung Benthams, das Prinzip der Nützlichkeit könne und müsse nicht weiter begründet werden. ➜ M2

6 Arbeiten Sie an anschaulichen Fallbeispielen (z. B. Tempolimit, öffentliches Rauchverbot) heraus, welche Schwierigkeiten sich bei der Anwendung des hedonistischen Kalküls ergeben. ➜ M3

5 Das Prinzip des größten Glücks

M1 Quantität ist nicht gleich Qualität

Die Auffassung, für die die Nützlichkeit oder das Prinzip des größten Glücks die Grundlage der Moral ist, besagt, dass Handlungen insoweit und in dem Maße moralisch richtig sind, als sie die Tendenz haben, Glück zu befördern, und insoweit moralisch falsch, als sie die Tendenz haben, das Gegenteil von Glück zu bewirken. Unter „Glück" [happiness] ist dabei Lust [pleasure] und das Freisein von Unlust [pain], unter „Unglück" [unhappiness] Unlust und das Fehlen von Lust verstanden. [...] Zusätzliche Erklärungsversuche ändern nichts an der Lebensauffassung, auf der diese Theorie der Moral wesentlich beruht: dass Lust und das Freisein von Unlust die einzigen Dinge sind, die als Endzwecke wünschenswert sind, und dass alle anderen wünschenswerten Dinge [...] entweder deshalb wünschenswert sind, weil sie selbst lustvoll sind oder weil sie Mittel sind zur Beförderung von Lust und zur Vermeidung von Unlust. [...]

Fragt man mich nun, was ich meine, wenn ich von der unterschiedlichen Qualität von Freuden spreche, und was eine Freude – bloß als Freude, unabhängig von ihrem größeren Betrag – wertvoller als eine andere macht, so gibt es nur eine mögliche Antwort: Von zwei Freuden ist diejenige wünschenswerter, die von allen oder nahezu allen, die beide erfahren haben – ungeachtet des Gefühls, eine von beiden aus moralischen Gründen vorziehen zu müssen –, entschieden bevorzugt wird. Wird die eine von zwei Freuden von denen, die beide kennen und beurteilen können, so weit über die andere gestellt, dass sie sie auch dann noch vorziehen, wenn sie wissen, dass sie größere Unzufriedenheit verursacht, und sie gegen noch so viele andere Freuden, die sie erfahren könnten, nicht eintauschen möchten, sind wir berechtigt, jener Freude eine höhere Qualität zuzuschreiben, die die Quantität so weit übertrifft, dass diese im Vergleich nur gering ins Gewicht fällt.

Es ist nun aber eine unbestreitbare Tatsache, dass diejenigen, die mit beiden gleichermaßen bekannt und für beide gleichermaßen empfänglich sind, der Lebensweise entschieden den Vorzug geben, an der auch ihre höheren Fähigkeiten beteiligt sind. Nur wenige Menschen würden darein einwilligen, sich in eines der niederen Tiere verwandeln zu lassen, wenn man ihnen verspräche, dass sie die Befriedigung des Tiers im vollen Umfange auskosten dürften. Kein intelligenter Mensch möchte ein Narr, kein gebildeter Mensch ein Dummkopf, keiner, der feinfühlig und gewissenhaft ist, selbstsüchtig und niederträchtig sein – auch wenn sie überzeugt wären, dass der Narr, der Dummkopf oder der Schurke mit seinem Schicksal zufriedener ist als sie mit dem ihren. [...] Wer meint, dass diese Bevorzugung des Höheren ein Opfer an Glück bedeutet – dass das höhere Wesen unter den gleichen Umständen nicht glücklicher sein könne als das niedrigere –, vermengt die zwei durchaus verschiedenen Begriffe des Glücks [happiness] und der Zufriedenheit [content]. Es ist unbestreitbar, dass ein Wesen mit geringerer Fähigkeit zum Genuss die besten Aussichten hat, voll zufriedengestellt zu werden; während ein Wesen von höheren Fähigkeiten stets das Gefühl haben wird, dass alles Glück, das es von der Welt, so wie sie beschaffen ist, erwarten kann, unvollkommen ist. Aber wenn diese Unvollkommenheiten überhaupt nur erträglich sind, kann es lernen, mit ihnen zu leben, statt die anderen zu beneiden, denen diese Unvollkommenheiten nur deshalb nicht bewusst sind, weil sie sich von den Vollkommenheiten keine Vorstellung machen können, mit denen diese verglichen werden. Es ist besser, ein unzufriedener Mensch zu sein als ein zufriedenes Schwein; besser ein unzufriedener Sokrates als ein zufriedener Narr. Und wenn der Narr oder das Schwein anderer Ansicht sind, dann deshalb, weil sie nur die eine Seite der Angelegenheit kennen. Die andere Partei hingegen kennt beide Seiten.

John Stuart Mill, Der Utilitarismus, S. 13-18

M2 Bedürfnishierarchie

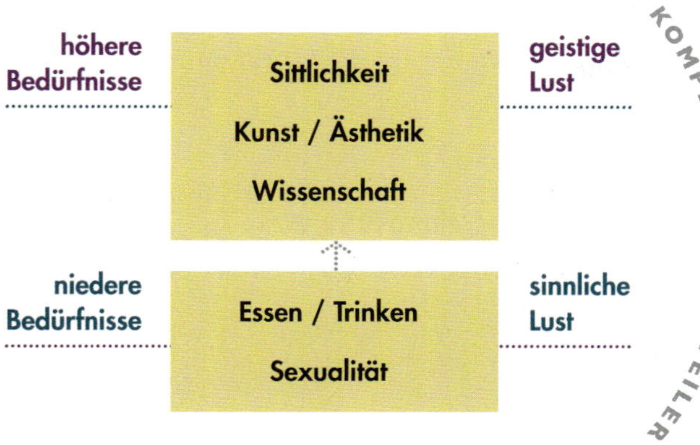

M3 Zum Wohl des Ganzen

Der Utilitarismus kann sein Ziel [...] nur durch die allgemeine Ausbildung und Pflege eines edlen Charakters erreichen, selbst wenn für jeden Einzelnen der eigene Edelmut eine Einbuße an Glück und nur jeweils der Edelmut der anderen einen Vorteil bedeuten würde. [...] Die Forderungen, sich dem andern gegenüber so zu verhalten, wie man möchte, dass er sich einem selbst gegenüber verhält, und den Nächsten zu lieben wie sich selbst, stellen die utilitaristische Moral in ihrer höchsten Vollkommenheit dar. Um sich diesem Ideal so weit wie möglich anzunähern, fordert das Nützlichkeitsprinzip erstens, dass Gesetze und gesellschaftliche Verhältnisse das Glück oder [...] die Interessen jedes Einzelnen so weit wie möglich mit dem Interesse des Ganzen in Übereinstimmung bringen; und zweitens, dass Erziehung und öffentliche Meinung, die einen so gewaltigen Einfluss auf die menschliche Gesinnung haben, diesen Einfluss dazu verwenden, in der Seele jedes Einzelnen eine unauflösliche gedankliche Verknüpfung herzustellen zwischen dem eigenen Glück und dem Wohl des Ganzen und insbesondere zwischen dem eigenen Glück und der Gewohnheit, so zu handeln, wie es die Rücksicht auf das allgemeine Glück gebietet; so dass er nicht nur unfähig wird, die Möglichkeit eines Glücks für sich selbst mit einer Handlungsweise, die dem Gemeinwohl zuwider ist, zusammen zu denken, sondern auch so, dass ein unmittelbares Motiv zur Förderung des allgemeinen Wohlseins jedem Einzelnen einer der gewohnheitsmäßigen Handlungsantriebe wird [...].

John Stuart Mill, Der Utilitarismus, S. 21, 30f., 49f.

M4 Stärken des Utilitarismus

Der Standpunkt des Utilitarismus ist erstens nichttranszendent, d. h., er beruft sich auf nichts, das außerhalb des menschlichen Lebens liegt, vor allem nicht auf religiöse Überzeugungen. Dadurch kommt er der durchaus vernünftigen Forderung entgegen, dass die Moral sich heutzutage offen vom Christentum emanzipieren sollte. [...]

Zweitens scheint das oberste Gut der Utilitaristen, das Glück, kaum irgendwelche Probleme aufzuwerfen: wie sehr sich die Menschen auch sonst unterscheiden mögen, sie möchten doch wenigstens alle glücklich sein; und welche anderen Ziele dabei auch aufgegeben werden müssen, das Streben nach einem Maximum an Glück muss sicherlich eine vernünftige Zielsetzung sein. [...] Der springende Punkt hier [...] ist vielmehr, dass es sich beim Utilitarismus um eine Moral handelt, die ein *minimales Engagement* erfordert: Sobald man der Mindestforderung für den Eintritt in das Reich der Moral genügt und bereit ist, die Wünsche und Bedürfnisse anderer ebenso in Betracht zu ziehen wie die eigenen, besitzt der Utilitarismus bereits eine Basis, von der aus er operieren kann. [...]

Der dritte Grund besteht darin, dass moralische Fragen durch die Berechnung ihrer empirischen Konsequenzen entscheidbar sind. Das moralische Denken wird empirisch und damit alle entscheidenden Fragen der Gesellschaftspolitik eine Sache der Sozialwissenschaft. [...]

nach Bernard Williams, Der Begriff der Moral, S. 94ff.

1. Analysieren Sie Mills Grundlegung des qualitativen Hedonismus, indem Sie die Argumentationsstruktur des Textes herausarbeiten. → M1
2. Beurteilen Sie Mills Verfahren zur Bestimmung der Qualität von Freuden und Leiden. → M1
3. Prüfen Sie die Überzeugungskraft von Mills Argument, dass Menschen höhere Freuden niederen immer vorziehen würden, sofern sie beide kennen. → M1
4. Rekonstruieren Sie Mills Menschenbild anhand der Graphik zur Bedürfnishierarchie. → M2
5. Setzen Sie sich kritisch mit dem utilitaristischen Ideal auseinander. → M3
6. Bilden Sie zwei Parteien, wobei die eine den Utilitarismus verteidigt, die andere ihn durch Fragen und Gegenargumente angreift. → M4

6 Grundformen des Utilitarismus

M1 Allgemeines Prinzip der Nützlichkeit

Utilitaristischer Imperativ „Handle so, dass die Folgen deiner Handlung bzw. Handlungsregel für das Wohlergehen aller optimal sind!“

Diejenigen Handlungen bzw. Handlungsregeln sind moralisch richtig, deren

1. Folgen	**Konsequenzenprinzip (Folgenprinzip)**	Moralische Richtigkeit einer Handlung oder Handlungsregel bestimmt sich ausschließlich von den **Folgen** her.
für das **2. Wohlergehen**	**hedonistisches Prinzip (Glücksprinzip)**	Kriterium der moralischen Beurteilung einer Handlung ist das durch die Handlung erzielte **Glück**.
3. aller Betroffenen	**universalistisches Prinzip (Verallgemeinerungsprinzip)**	Entscheidend für den moralischen Wert einer Handlung oder Handlungsregel ist das Wohlergehen **aller** von der Handlung **Betroffenen**.
4. optimal sind.	**Utilitätsprinzip (Nutzenprinzip)**	Maßstab für die Beurteilung der Folgen einer Handlung ist der **Nutzen** für das, was als an sich gut erachtet wird.

nach Otfried Höffe, Einleitung, S. 10f.

M2 Handlungs- und Regelutilitarismus

Wir müssen zwei Formen des Utilitarismus unterscheiden: den *Handlungsutilitarismus* und den *Regelutilitarismus*. Handlungsutilitaristen sind der Meinung, man solle, was richtig oder pflichtgemäß ist, im Allgemeinen [...] unter unmittelbarer Heranziehung des Prinzips der Nützlichkeit entscheiden; mit anderen Worten, man solle herauszufinden suchen, welche der möglichen Handlungen vermutlich das größte Übergewicht von guten gegenüber schlechten Konsequenzen in der Welt herbeiführen wird. Man muss sich fragen: „Welche Folgen wird *meine* Ausführung *dieser* Handlung in *dieser* Situation haben?“ [...] Verallgemeinerungen wie „Die Wahrheit zu sagen, dient wahrscheinlich immer dem größten allgemeinen Wohl“ oder „Die Wahrheit zu sagen, dient im Allgemeinen dem größten allgemeinen Wohl“ mögen als Faustregeln, gegründet auf in der Vergangenheit gemachte Erfahrungen, von Nutzen sein; aber die entscheidende Frage ist stets, ob es in *diesem* Fall dem größten allgemeinen Wohl dient, die Wahrheit zu sagen oder nicht. Es kann niemals richtig sein, der Regel, die Wahrheit zu sagen, Folge zu leisten, wenn in einem konkreten Fall stichhaltige Gründe für die Annahme bestehen, dass dem genannten Ziel mit einer Lüge besser gedient ist [...].

Anderer Meinung ist der Regelutilitarismus, [...] der aber erst in der letzten Zeit populär geworden ist. Der Regelutilitarismus betont die zentrale Rolle von Regeln für die Moral und besteht darauf – wenn schon nicht immer, so doch im Allgemeinen –, konkrete moralische Entscheidungen im Einklang mit einer Regel zu fällen (wie der Regel, die Wahrheit zu sagen), ohne Rücksicht darauf, welche Handlungsalternative in der betreffenden Situation die besten Folgen hat. Aber anders als die deontologische Auffassung verlangt der Regelutilitarismus weiter, Regeln stets so zu wählen, dass sie ihrerseits auf das größte allgemeine Wohl ausgerichtet sind. Das heißt, die Frage lautet nicht mehr, welche *Handlung* am nützlichsten ist, sondern welche *Regel*. Wenn wir eine Handlung in Betracht ziehen, so sollten wir uns nicht fragen „Was werden die Folgen sein, wenn ich in diesem Fall so handle?“, sondern „Was wären die Folgen, wenn jeder in derartigen Fällen so handelte?“ – eine Frage, die wir uns tatsächlich in unseren moralischen Überlegungen häufig stellen. Das Utilitätsprinzip wird – im Normalfall zumindest – nicht bei der Festlegung unserer konkreten Pflichten relevant, sondern bei der Festlegung von Regeln, nach denen diese sich richten. Die Auswahl, Beibehaltung, Abänderung und Aufhebung dieser Regeln darf allein auf der Basis ihrer Nützlichkeit erfolgen. Das Prinzip der Nützlichkeit bleibt damit der letzte Maßstab, wenn es auch, anstatt auf der Ebene von konkreten Urteilen, auf der Ebene von Regeln eingreift.

nach William K. Frankena, Analytische Ethik, S. 55f.

M3 Präferenzutilitarismus

Ethik nimmt einen universalen Standpunkt ein. Dies bedeutet nicht, dass ein einzelnes moralisches Urteil universal anwendbar sein muss. [...] Es bedeutet vielmehr, dass wir dort, wo wir moralische Urteile fällen, über unsere eigenen Neigungen und Abneigungen hinausgehen. Von einem moralischen Standpunkt *[moral point of view]* aus betrachtet ist die Tatsache unerheblich, dass ich es bin, der beispielsweise davon profitiert, zu mogeln, und dass du es bist, der dabei verliert. Die Ethik verlangt von uns, dass wir über „Ich“ und „Du“ hinausgehen hin zu einem universalen Gesetz, dem universalisierbaren Urteil, dem Standpunkt des unparteiischen Betrachters oder idealen Beobachters, oder wie immer wir es nennen wollen. [...]

Der universale Aspekt der Ethik, meine ich, liefert uns eine Basis dafür, zumindest anfänglich eine utilitaristische Position im weiteren Sinn einzunehmen. [...]

Meine Begründung für diese Behauptung ist folgende: Indem ich akzeptiere, dass moralische Urteile von einem universalen Standpunkt aus getroffen werden müssen, akzeptiere ich, dass meine eigenen Bedürfnisse, Wünsche und Interessen nicht einfach deshalb, weil sie meine Präferenzen sind, mehr zählen als die Interessen von irgendjemand anderem. Daher muss dann, wenn ich moralisch denke, mein ganz natürliches Bestreben, dass für meine Bedürfnisse, Wünsche und Interessen – ich werde sie von nun an als „Präferenzen“ bezeichnen - gesorgt wird, ausgedehnt werden auf die Präferenzen anderer. [...]

Also muss ich nun anstelle meiner eigenen Präferenzen die all der anderen berücksichtigen, die von meiner Entscheidung betroffen sind. Wenn es nicht irgendwelche weiteren ethisch relevanten Gesichtspunkte gibt, wird mich das dazu bringen, sämtliche vorhandenen Präferenzen abzuwägen und jenen Handlungsverlauf zu wählen, von dem es am wahrscheinlichsten ist, dass er die Präferenzen der Betroffenen weitestgehend befriedigt. [...]

Die hier skizzierte Denkweise ist eine Form von Utilitarismus, aber nicht die von klassischen Utilitaristen [...]. Diese behaupteten, dass wir immer das tun sollten, was Lust oder Glück vermehrt und Schmerz oder Unglück verringert. [...] Im Gegensatz dazu ist die bereits erwähnte Auffassung unter dem Namen „Präferenz-Utilitarismus“ bekannt, weil sie behauptet, dass wir das tun sollten, was per saldo die Präferenzen der Betroffenen fördert. *Peter Singer, Praktische Ethik, S. 37–41*

1 Wenden Sie das Verfahren der Verallgemeinerung im Handlungs- und im Regelutilitarismus auf Fallbeispiele an. Bewerten Sie die unterschiedlichen Ergebnisse. ➜ M1/2

2 Erörtern Sie, ob der Präferenzutilitarismus grundlegende Schwierigkeiten des klassischen Utilitarismus lösen kann. ➜ M3

7 Grundlagen der Gesinnungsethik

M1 Der gestirnte Himmel über mir ...

Anselm Kiefer: Der gestirnte Himmel über mir, das moralische Gesetz in mir, 1980
Der berühmte Titel von Anselm Kiefers Bild verweist auf Immanuel Kants Kritik der praktischen Vernunft. *Der Künstler gestaltet eine Schwarzweiß-Aufnahme seiner eigenen Person und schreibt der schwarzen Acrylfarbe eine verwirrende Komplexität seines Symbolkosmos ein: Er und seine Kunst sollen zu Mittlern werden zwischen Himmel und Erde.*

M2 Zwei Standpunkte

In dem folgenden fiktiven Interview stammen die Antworten aus dem berühmten Schluss von Kants Kritik der praktischen Vernunft.

Moderator: Herr Kant, Sie haben mit Ihrem Nachdenken über Gott, das Weltall und den Menschen die abendländische Philosophie revolutioniert, aber ihre Texte sind schwer zu verstehen. Können Sie uns mit wenigen Worten sagen, was Sie am meisten beeindruckt hat?

Kant: Zwei Dinge erfüllen das Gemüt mit immer neuer und zunehmender Bewunderung und Ehrfurcht, je öfter und anhaltender sich das Nachdenken damit beschäftigt: *der bestirnte Himmel über mir, und das moralische Gesetz in mir.* Beide darf ich nicht als in Dunkelheiten verhüllt, oder im Überschwänglichen, außer meinem Gesichtskreise suchen und bloß vermuten; ich sehe sie vor mir und verknüpfe sie unmittelbar mit dem Bewusstsein meiner Existenz.

Moderator: Wie sollen wir uns das vorstellen?

Kant: Das erste fängt von dem Platze an, den ich in der äußern Sinnenwelt einnehme, und erweitert die Verknüpfung, darin ich stehe, ins unabsehlich Große mit Welten über Welten und Systemen von Systemen, überdem noch in grenzenlose Zeiten ihrer periodischen Bewegung, deren Anfang und Fortdauer.

Moderator: Damit wäre also unsere Stellung im System der Natur erklärt. Was hat es nun mit dem zweiten „Ding“ auf sich?

Kant: Das zweite fängt von meinem unsichtbaren Selbst, meiner Persönlichkeit, an und stellt mich in einer Welt dar, die wahre Unendlichkeit hat, aber nur dem Verstande spürbar ist, und mit welcher (dadurch aber auch zugleich mit allen jenen sichtbaren Welten) ich mich, nicht wie dort, in bloß zufälliger, sondern allgemeiner und notwendiger Verknüpfung erkenne.

Moderator: Sie haben daraus bedeutende Folgerungen für das Selbstbewusstsein des Menschen gezogen. Wie fühle ich mich als reines „Naturwesen“?

Kant: Der erstere Anblick einer zahllosen Weltenmenge vernichtet gleichsam meine Wichtigkeit, als eines *tierischen Geschöpfs*, das die Materie, daraus es ward, dem Planeten (einem bloßen Punkt im Weltall) wieder zurückgeben muss, nachdem es eine kurze Zeit (man weiß nicht wie) mit Lebenskraft versehen gewesen.

Moderator: Diese Gedanken passen sehr gut in unser 21. Jahrhundert. Aber Sie behaupten, dass der Mensch mehr ist als bloße Materie. Können Sie uns auch hierzu eine kurze Erklärung geben?

Kant: Der zweite [Anblick] erhebt dagegen meinen Wert als einer *Intelligenz*, unendlich, durch meine Persönlichkeit, in welcher das moralische Gesetz mir ein von der Tierheit und selbst von der ganzen Sinnenwelt unabhängiges Leben offenbart, wenigstens so viel sich aus der zweckmäßigen Bestimmung meines Daseins durch dieses Gesetz, welche nicht auf Bedingungen und Grenzen dieses Lebens eingeschränkt ist, sondern ins Unendliche geht, abnehmen lässt.

Immanuel Kant, Kritik der praktischen Vernunft, S. 161f.

M3 Die moralisch-praktische Vernunft

Handeln nach Maßgabe der praktischen Vernunft – mit dieser Forderung zeigt Kant, dass moralisches Urteilen und Handeln nicht Sache eines persönlichen Gefühls oder einer willkürlichen Entscheidung, auch nicht eine Frage der Tradition oder Konvention ist, sondern Gegenstand einer rationalen Argumentation. Diese Behauptung einer moralisch gesetzgebenden, das heißt normsetzenden und zwecksetzenden und insofern motivierenden Vernunft steht im Gegensatz zu den ethischen Theorien, die in dem moralischen Gefühl oder einer Intuition die Motivation moralischen Handelns sehen. Kant stellt dagegen heraus: „Reine Vernunft ist für sich allein praktisch und gibt [dem Menschen] ein allgemeines Gesetz, welches wir das Sittengesetz nennen." Er behauptet damit, dass es unbedingte praktische Gesetze gibt, die in der Vernunft begründet liegen. Damit unterstellt Kant der Vernunft eine *Autonomie*, der zwei mögliche Fremdbestimmungen entgegenstehen:

- göttliche Gebote, die nicht aus Vernunft einsehbar sind;
- natürliche Triebe, Affekte und Neigungen als Äußerungen des natürlichen Selbstinteresses oder der Eigenliebe.

Besonders mit der zweiten Form der *Heteronomie* setzt Kant sich auseinander und zeigt, dass der Mensch als moralisch Handelnder aufgrund seiner Freiheit und Vernünftigkeit eine Autonomie in der Handlungsbestimmung erreichen kann durch die Fähigkeit, das Handeln unabhängig von den empirischen Bestimmungsgründen zu wählen.

Für diese bewussten und absichtlichen Handlungen und die dafür geltenden moralischen Normen grundlegend ist der Begriff der Maxime; sie ist eine selbstgesetzte Handlungsregel. Bedürfnisse und Zwecke bestimmen zwar das Handeln, Maximen aber sind die selbstgesetzten Grundsätze aufgrund dieser Bestimmungen. Maxime kann also eine Art Lebensentwurf sein, z. B.: „Ich will bei jeder Gelegenheit Profit machen."

M4 Vernunft bestimmt die Moral

In der Vorrede seiner *Grundlegung zur Metaphysik der Sitten* legt Kant den Ansatz seiner Moralphilosophie deutlich dar:

1. Jedermann muss eingestehen, dass ein Gesetz, wenn es moralisch, d. i. als Grund einer Verbindlichkeit, gelten soll, absolute Notwendigkeit bei sich führen müsse (z. B. das Gebot: du sollst nicht lügen);
2. der Grund der Verbindlichkeit liegt nicht in der Natur des Menschen oder den Umständen der Welt, darin er gesetzt ist, sondern a priori in Begriffen der reinen Vernunft;
3. daraus folgt: dass jede andere Vorschrift, die sich auf Prinzipien der bloßen Erfahrung gründet, niemals ein moralisches Gesetz heißen kann.

nach Immanuel Kant,
Grundlegung zur Metaphysik der Sitten, S. 389

1 Fertigen Sie zu Anselm Kiefers Bild eine genaue Bildanalyse an und deuten Sie die dargestellten Symbole. → M1

2 Bilden Sie zwei Gruppen und erarbeiten Sie die beiden Standpunkte, die der Mensch einnehmen kann. Ergänzen Sie Kants Argumente. → M2

3 Diskutieren Sie, inwiefern Kiefer Elemente des Kanttextes aufnimmt. → M1/2

4 Entwerfen Sie Möglichkeiten der Visualisierung von Kants dualistischem Menschenbild. → M2

5 Erklären Sie Heteronomie und Autonomie in Bezug auf die Begründung moralischer Urteile. → M3

6 Formulieren Sie Maximen, die Ihr Leben und Ihr Handeln täglich bestimmen. → M3

7 Erläutern Sie, welchen Anspruch ein oberstes Gesetz der Moral nach Kant haben muss. → M4

8 Der gute Wille

Eine wichtige Rolle, die die praktische Vernunft in den menschlichen Handlungen spielt, ist die Suche nach dem höchsten Gut, unabhängig von menschlichen Bedürfnissen und Wünschen. Nach Kant ist die praktische Vernunft dabei gerichtet auf:

1. ein bedingtes Gut: die Glückseligkeit,
2. ein unbedingtes Gut: den guten Willen.

Im Gegensatz zur überlieferten Moralphilosophie besteht das schlechthin Gute nicht in einem höchsten Gegenstand des Willens (z. B. der Eudämonie), sondern im guten Willen selbst.

Der Anfang der *Grundlegung zur Metaphysik der Sitten*, einer grundlegenden und einflussreichen Schrift der Moralphilosophie, beginnt mit der Bestimmung des an sich guten Willens.

Text:	Kommentar:
Es ist überall nichts in der Welt, ja überhaupt auch außer derselben zu denken möglich, was ohne Einschränkung für gut könnte gehalten werden, als allein ein *guter Wille*.	These: Nur ein guter Wille ist gut an sich bzw. absolut oder unbedingt gut. = zwei Teilthesen: 1. Außer dem guten Willen lässt sich nichts als absolut gut bezeichnen. 2. Der gute Wille ist ohne jede Einschränkung gut.
Verstand, Witz, Urteilskraft, und wie die *Talente* des Geistes sonst heißen mögen, oder Mut, Entschlossenheit, Beharrlichkeit im Vorsatze, als Eigenschaften des *Temperaments*, sind ohne Zweifel in mancher Absicht gut und wünschenswert; aber sie können auch äußerst böse und schädlich werden, wenn der Wille, der von diesen Naturgaben Gebrauch machen soll und dessen eigentümliche Beschaffenheit darum *Charakter* heißt, nicht gut ist.	1. Teil des Begründungsverfahrens: Prüfung: Gibt es andere Güter, die uneingeschränkt gut sind? Methode: Einteilung der natürlichen Eigenschaften des Menschen. Ergebnis: Naturgaben sind moralisch indifferent; sie können sowohl gute wie auch schlechte Handlungen hervorbringen. Fazit: Gut sind sie nur in Verbindung mit dem guten Willen.
Mit den *Glücksgaben* ist es eben so bewandt. Macht, Reichtum, Ehre, selbst Gesundheit, und das ganze Wohlbefinden und Zufriedenheit mit seinem Zustande, unter dem Namen der *Glückseligkeit*, machen Mut und hiedurch öfters auch Übermut, wo nicht ein guter Wille da ist, der den Einfluss derselben aufs Gemüt, und hiemit auch das ganze Prinzip zu handeln, berichtige und allgemeinzweckmäßig mache [...].	Prüfung: Wie steht es mit von außen kommenden Gütern? Ergebnis: Auch die „Glücksgaben" können nur in Verbindung mit dem guten Willen gut sein. Problem: Dass Macht und Reichtum nicht an sich gut sind, leuchtet ein, aber es ist schon etwas schwerer vorstellbar, dass selbst die Gesundheit oder die Glückseligkeit nicht etwas unbedingt Gutes ist.
Einige Eigenschaften sind sogar diesem guten Willen selbst beförderlich und können sein Werk sehr erleichtern, haben aber dem ungeachtet keinen innern unbedingten Wert, sondern setzen immer noch einen guten Willen voraus, der die Hochschätzung, die man übrigens mit Recht für sie trägt, einschränkt, und es nicht erlaubt, sie für schlechthin gut zu halten. Mäßigung in Affekten und Leidenschaften, Selbstbeherrschung und nüchterne	Kritik der Hauptaussage der aristotelischen Ethik: Im Gegensatz zur überlieferten Moralphilosophie besteht das schlechthin Gute nicht in einem höchsten Gegenstand des Willens, etwa der Glückseligkeit wie bei Aristoteles, sondern im guten Willen selbst.

Überlegung sind nicht allein in vielerlei Absicht gut, sondern scheinen sogar einen Teil vom *innern* Werte der Person auszumachen; allein es fehlt viel daran, um sie ohne Einschränkung für gut zu erklären (so unbedingt sie auch von den Alten gepriesen worden). Denn ohne Grundsätze eines guten Willens können sie höchst böse werden, und das kalte Blut eines Bösewichts macht ihn nicht allein weit gefährlicher, sondern auch unmittelbar in unsern Augen noch verabscheuungswürdiger, als er ohne dieses dafür würde gehalten werden.

Beispiel: So sind z. B. Mut und Entschlossenheit für einen Kriminalkommissar unentbehrliche gute Eigenschaften, bei einem Bankräuber hingegen sind sie äußerst böse und schädlich.

Der gute Wille ist nicht durch das, was er bewirkt oder ausrichtet, nicht durch seine Tauglichkeit zu Erreichung irgendeines vorgesetzten Zweckes, sondern allein durch das Wollen, d. i. an sich gut, und, für sich selbst betrachtet, ohne Vergleich weit höher zu schätzen als alles, was durch ihn zu Gunsten irgendeiner Neigung, ja, wenn man will, der Summe aller Neigungen, nur immer zu Stande gebracht werden könnte.

2. Teil des Begründungsverfahrens:
Was sind die Bedingungen für den guten Willen?

Antwort: Der gute Wille darf weder nach seinen Wirkungen noch als Mittel für eine bestimmte Wirkung beurteilt werden. Denn er ist an sich gut, d. h. allein gut durch das gute Wollen.
Folgerung: Daher hat er auch nicht sein Gutsein durch etwas, was außer ihm liegt, und sei es auch eine gute Wirkung.

Wenngleich durch eine besondere Ungunst des Schicksals oder durch kärgliche Ausstattung einer stiefmütterlichen Natur es diesem Willen gänzlich an Vermögen fehlte, seine Absicht durchzusetzen; wenn bei seiner größten Bestrebung dennoch nichts von ihm ausgerichtet würde und nur der gute Wille (freilich nicht etwa ein bloßer Wunsch, sondern als die Aufbietung aller Mittel, so weit sie in unserer Gewalt sind) übrig bliebe: so würde er wie ein Juwel doch für sich selbst glänzen, als etwas, das seinen vollen Wert in sich selbst hat.

Problem: So würde ein guter Wille, auch wenn er gar nichts bewirkt, seinen vollen Wert in sich selbst haben.

Die Nützlichkeit oder Fruchtlosigkeit kann diesem Werte weder etwas zusetzen noch abnehmen. Sie würde gleichsam nur die Einfassung sein, um ihn im gemeinen Verkehr besser handhaben zu können, oder die Aufmerksamkeit derer, die noch nicht genug Kenner sind, auf sich zu ziehen, nicht aber, um ihn Kennern zu empfehlen und seinen Wert zu bestimmen.

Folgerung: Wenn das so ist, dann kann das Gute eines guten Willens auch nicht vom Erfolg oder Misserfolg beim Erreichen der Wirkungen hergeleitet werden. Ein faktisch erreichter Nutzen ist lediglich eine „Einfassung des Juwels".

Immanuel Kant, Grundlegung zur Metaphysik der Sitten, S. 393f.

1 Der Text ist in Sinnabschnitte gegliedert. Formulieren Sie zu jedem Abschnitt die Frage, auf die der Text antwortet.

2 Fassen Sie die wichtigen Aussagen des Textes in Form von Thesen zusammen. Erläutern Sie jede These. Dazu können Sie
- auf den Text und den Kommentar zurückgreifen,
- die Gegenthesen ausformulieren und evtl. widerlegen,
- anhand von Beispielen die Thesen illustrieren.

3 Schreiben Sie einen eigenen Kommentar, in dem Sie Ihren Mitschülern die Grundgedanken des Textes erklären.

4 Antworten Sie in einem Kommentar auf den Text, indem Sie einzelne Aussagen, denen Sie nicht unbedingt zustimmen können, kritisch durchleuchten.

9 Der Moraltest

M1 Soll ich oder soll ich nicht?

Als Richard am Bankautomaten Geld abhob, erlebte er eine erfreuliche Überraschung: Obwohl er den Betrag von einhundert Pfund eingab, bekam er zehntausend Pfund ausgezahlt – mit einer Quittung über hundert. Zuhause überprüfte er seinen Kontostand online und stellte fest, dass ihm tatsächlich nur einhundert Pfund abgebucht worden waren. Er versteckte die Scheine an einem sicheren Ort, weil er fest damit rechnete, dass die Bank den Fehler bald bemerken und das Geld zurückfordern würde. Doch Wochen später hatte sich immer noch niemand gemeldet. Nach zwei Monaten war Richard sicher, dass die Bank ihn nicht mehr kontaktieren würde, und machte sich auf den Weg zum BMW-Händler. Unterwegs bekam er ein schlechtes Gewissen. Hatte er die Bank nicht bestohlen? Nun, dachte er, davon konnte nicht die Rede sein, denn schließlich hatte er das Geld ja nicht absichtlich genommen, sondern ungefragt erhalten. Für die Bank waren das Peanuts, und bestimmt hatte sie für solche Fälle eine gute Versicherung. Letztlich war alles der Fehler der Bank – sie brauchte sich nur um ein besseres Sicherheitssystem zu bemühen. Nein, es handelte sich definitiv nicht um einen Diebstahl, sondern um den größten Glücksfall, der ihm je widerfahren war.

Julian Baggini, 100 philosophische Gedankenspiele, S. 48

M2 Das falsche Versprechen

Ein anderer sieht sich durch Not gedrungen, Geld zu borgen. Er weiß wohl, dass er nicht wird bezahlen können, sieht aber auch, dass ihm nichts geliehen werden wird, wenn er nicht festiglich verspricht, es zu einer bestimmten Zeit zu bezahlen. Er hat Lust, ein solches Versprechen zu tun; noch aber hat er so viel Gewissen, sich zu fragen: Ist es nicht unerlaubt und pflichtwidrig, sich auf solche Art aus Not zu helfen?

Gesetzt, er beschlösse es doch, so würde seine Maxime der Handlung so lauten: Wenn ich mich in Geldnot zu sein glaube, so will ich Geld borgen und versprechen es zu bezahlen, ob ich gleich weiß, es werde niemals geschehen. Nun ist dieses Prinzip der Selbstliebe oder der eigenen Zuträglichkeit mit meinem ganzen künftigen Wohlbefinden vielleicht wohl zu vereinigen, allein jetzt ist die Frage: ob es recht sei?

Ich verwandle also die Zumutung der Selbstliebe in ein allgemeines Gesetz und richte die Frage so ein: wie es dann stehen würde, wenn meine Maxime ein allgemeines Gesetz würde. Da sehe ich nun sogleich, dass sie niemals als allgemeines Naturgesetz gelten und mit sich selbst zusammenstimmen könne, sondern sich notwendig widersprechen müsse. Denn die Allgemeinheit eines Gesetzes, dass jeder, nachdem er in Not zu sein glaubt, versprechen könne, was ihm einfällt, mit dem Vorsatz, es nicht zu halten, würde das Versprechen und den Zweck, den man damit haben mag, selbst unmöglich machen, indem niemand glauben würde, dass ihm was versprochen sei, sondern über alle solche Äußerung als eitles Vorgeben lachen würde.

Immanuel Kant, Grundlegung zur Metaphysik der Sitten, S. 422

Der Moraltest:

1. Beschreibe das moralische Dilemma.
2. Formuliere eine zweckrationale Maxime (immer wenn ..., dann ...).
3. Überprüfe diese Maxime im Verallgemeinerungstest.
4. Ergebnis: Denkunmöglichkeit der zweckrationalen Maxime als allgemeines Gesetz
5. Fazit für die Anwendung in der Praxis

M3 Formeln des kategorischen Imperativs

Der kategorische Imperativ bestimmt, welche Maximen zur Bestimmung einer moralisch guten Handlung tauglich sind. Die allgemeine Gesetzesfähigkeit der Maxime, die sie für jedes sinnlich-vernünftige Wesen zum unbedingten objektiven Prinzip macht, wird ausgedrückt durch die **Grundformel:** *„Handle nur nach derjenigen Maxime, durch die du zugleich wollen kannst, dass sie ein allgemeines Gesetz werde."*
Dies setzt folgende Annahmen voraus:

1. Das Prinzip moralischen Handelns muss für alle vernünftigen Wesen dasselbe sein, es darf keine Ausnahmen zugunsten subjektiver Vorlieben zulassen.
2. Das oberste moralische Gesetz muss allgemein sein, d. h. objektiv und unpersönlich – unparteiisch, als solches kann es aber nur die Form der moralischen Verbindlichkeit enthalten.

Während die erste Formulierung nur die Form betrifft, gibt dagegen die **Naturgesetzformel** eine inhaltliche Bestimmung: *„Handle so, als ob die Maxime deiner Handlung durch deinen Willen zum allgemeinen Naturgesetz werden sollte."*
Durch die vorsichtige Formulierung „als ob" wird das Sittengesetz nicht zum Naturgesetz im empirischen Sinne, sondern Kant überträgt nur die Form der Gesetzmäßigkeit. Analog formulieren wir eine Regel, die wie die Naturgesetze ohne Ausnahme, bedingungslos gültig wäre. Kant fordert den Handelnden auf, sich selbst zu fragen, „ob die Handlung, die du vorhast, wenn sie nach einem Gesetz der Natur, von der du selbst ein Teil wärest, geschehen sollte, du sie wohl als durch deinen Willen möglich ansehen könntest".

M4 Es kommt auf die Situation an

Nehmen wir das Beispiel der Lüge. Kant hat zwar bestritten, dass es irgendeine Situation geben könnte, in der es erlaubt sein könnte, zu lügen oder die Unwahrheit zu sagen. Aber er geht dabei von der irrigen Voraussetzung aus, es sei eine Handlung unter Menschen durch *einen* ihrer Charaktere schon voll bestimmt. Aber in den Fällen, in denen uns die sittliche Entscheidung schwer fällt, ist es regelmäßig anders. Da wäre eine Handlung zwar vielleicht einerseits eine Lüge, aber andererseits der einzige Weg, einen Menschen zu retten. Man denke an den Fall dessen, der einen politisch Verfolgten vor der Geheimpolizei verbirgt. Sagt er auf Fragen der Polizei die Wahrheit, so liefert er den Verfolgten einer ungerechten Anklage und Verurteilung aus. Ähnlich sehen sich auch demokratische Regierungen erpresserischen Drohungen von Entführern ausgesetzt. Hier stehen Pflicht zur Hilfe in Gefahr und Standfestigkeit gegenüber dem Unrecht in Konkurrenz.
Man soll seine Versprechen einhalten, aber niemand wird seinen Kindern während einer gefährlichen Epidemie erlauben, schwimmen zu gehen, bloß weil er es ihnen vorher versprochen hat. Denn die Handlung, die eine Erfüllung des Versprechens wäre, wäre zugleich leichtsinnige Gefährdung von Leben und Gesundheit der uns anvertrauten Kinder. So viel ist wahr: Ein Versprechensbruch oder eine Lüge machen jede Handlung sittlich verwerflich, falls nicht noch andere, sittlich relevante Züge an ihr auftreten. Aber es können doch andere Faktoren hinzutreten, die diesen negativen Charakter wieder aufwiegen.

Günther Patzig, Ethik ohne Metaphysik, S. 59f.

1 Teilen Sie sich in Gruppen und geben Sie Richard Hilfen für die ethische Entscheidungsfindung. → M1

2 Übertragen und vervollständigen Sie die Randspalte „Moraltest" → M2

3 Wenden Sie den kantischen Moraltest auf das Anfangsbeispiel an. → M1/2

4 Diskutieren Sie, welche der beiden Formeln des kategorischen Imperativs in der Praxis am ehesten umsetzbar ist. → M3

5 Begründen Sie, warum es nach der kantischen Ethik ausnahmslos verboten ist, die Unwahrheit zu sagen. →M2-4

6 Stellen Sie in eigenen Worten den Konflikt dar, in den der Handelnde nach den Beispielen geraten kann. → M4

7 Erläutern Sie an einem selbstgewählten Beispiel, welche Zusatzüberlegungen („andere Faktoren") angestellt werden müssen, um moralisch richtig zu handeln. → M4

10 Gesinnung und Verantwortung

M1 Der Ökofreak

Borislav Sajtinac, Ökofreak, 1993

M2 Gesinnungsethik und Verantwortungsethik

Der Nationalökonom, Soziologe und Politiker Max Weber (1864-1920) setzt gegen die traditionelle Ethik der „Gesinnung" den Gedanken einer Verantwortungsethik, die den eigentlich moralischen Wert einer Handlung in den realen oder möglichen Folgen sieht.

Wir müssen uns klarmachen, dass alles ethisch orientierte Handeln unter zwei voneinander grundverschiedenen, unaustragbar gegensätzlichen Maximen stehen kann: es kann „gesinnungsethisch" oder „verantwortungsethisch" orientiert sein. Nicht dass Gesinnungsethik mit Verantwortungslosigkeit und Verantwortungsethik mit Gesinnungslosigkeit identisch wäre. Davon ist natürlich keine Rede. Aber es ist ein abgrundtiefer Gegensatz, ob man unter der gesinnungsethischen Maxime handelt – religiös geredet: „Der Christ tut recht und stellt den Erfolg Gott anheim" – oder unter der verantwortungsethischen: dass man für die (voraussehbaren) Folgen seines Handelns aufzukommen hat. [...]

Wenn die Folgen einer aus reiner Gesinnung fließenden Handlung üble sind, so gilt ihm nicht der Handelnde, sondern die Welt dafür verantwortlich, die Dummheit der anderen Menschen oder – der Wille des Gottes, der sie so schuf. Der Verantwortungsethiker dagegen rechnet mit eben jenen durchschnittlichen Defekten der Menschen, – er hat [...] gar kein Recht, ihre Güte und Vollkommenheit vorauszusetzen, er fühlt sich nicht in der Lage, die Folgen eigenen Tuns, soweit er sie voraussehen konnte, auf andere abzuwälzen. Er wird sagen: Diese Folgen werden meinem Tun zugerechnet. „Verantwortlich" fühlt sich der Gesinnungsethiker nur dafür, dass die Flamme der reinen Gesinnung, die Flamme z. B. des Protestes gegen die Ungerechtigkeit der sozialen Ordnung, nicht erlischt. Sie stets neu anzufachen, ist der Zweck seiner, vom möglichen Erfolg her beurteilt, ganz irrationalen Taten, die nur exemplarischen Wert haben können und sollen.

Aber auch damit ist das Problem noch nicht zu Ende. Keine Ethik der Welt kommt um die Tatsache herum, dass die Erreichung „guter" Zwecke in zahlreichen Fällen daran gebunden ist, dass man sittlich bedenkliche oder mindestens gefährliche Mittel und die Möglichkeit oder auch die Wahrscheinlichkeit übler Nebenerfolge mit in den Kauf nimmt, und keine Ethik der Welt kann ergeben: wann und in welchem Umfang der ethisch gute Zweck die ethisch gefährlichen Mittel und Nebenerfolge „heiligt".

Ob man aber als Gesinnungsethiker oder als Verantwortungsethiker handeln soll, und wann das eine und das andere, darüber kann man niemandem Vorschriften machen. [...] Insofern sind Gesinnungsethik und Verantwortungsethik nicht absolute Gegensätze, sondern Ergänzungen, die zusammen erst den echten Menschen ausmachen, den, der den „Beruf zur Politik" haben kann.

Max Weber, Politik als Beruf, in: Gesammelte politische Schriften 3, S. 551-559

M3 Die Challenger-Tragödie

Am 28. Januar 1986 kam es in Cape Canaveral (Florida) zu einer der größten Katastrophen der Raumfahrtgeschichte. 73 Sekunden nach dem Start explodierte der Raumgleiter Challenger. Sieben Astronauten, die gesamte Besatzung, kamen ums Leben. [...] Die unmittelbare Unglücksursache war ein spröder Gummidichtungsring an einer der Antriebsraketen. An dieser Stelle trat Treibstoff aus und entzündete sich, worauf der Raumgleiter explodierte.

Ingenieure von Morton Thiokol, der Herstellerfirma der Raketen, hielten die Dichtungsringe schon seit längerer Zeit für eine der Schwachstellen. [...] Noch am Vorabend des geplanten Raumflugs hatten sich Ingenieure des Raketenherstellers – vor allem Allen McDonald, der Projektleiter, und Roger Boisjoly, der Experte für Raketendichtungen – gegen einen Start ausgesprochen. In einer Telefonkonferenz mit der NASA machten sie nochmals auf die Schwierigkeiten bei solch niedrigen Temperaturen aufmerksam, wie sie für den kommenden Tag, den Tag des Abflugs, zu erwarten waren. Die NASA und deren Projektmanager, Larry Mulloy, drängen aber auf einen Start. Er wies insbesondere darauf hin, dass es keine Starteinschränkungen wegen bestimmter Temperaturen gebe. Die Telefonkonferenz wurde daraufhin abgebrochen. Die Ingenieure trugen ihre Bedenken auch Robert Lund vor, dem stellvertretenden Direktor der Ingenieurabteilung bei Morton Thiokol. Lund schloss sich den Bedenken an und erstattete seinem Vorgesetzten, dem Ingenieur Jerry Mason, Bericht. In einer internen Besprechung beim Raketenhersteller Thiokol sagte Mason dann zu Lund den entscheidenden, die Diskussion beendenden Satz: [...] „Nimm Deinen Ingenieurs-Hut ab und setze Deinen Management-Hut auf!" Lund kapitulierte und stimmte der Startfreigabe zu. Er teilte dies dem Projektleiter der NASA mit. Dieser wiederum meldete seinen Vorgesetzten die Startfreigabe durch den Raketenhersteller Thiokol, ohne dessen Bedenken zu erwähnen. So nahm das Unglück seinen Lauf.

Christoph Hubig / Hans Lenk / Matthias Maring, Technikethik aus dem Elfenbeinturm. Forderungen an die Ethik, in: Funkkolleg Technik, Studienbrief 2, S. 4/10

M4 Der Neußer Ärztefall 1987

Einem Ärzteteam, in der klinischen Humanpharmakologie eines Neusser Pharmakonzern beschäftigt, wurde fristgerecht gekündigt, weil die Betroffenen sich weigerten, an der Erforschung eines neuen Medikaments für Krebskranke mitzuarbeiten, welches das Erbrechen nach bestimmten Chemo- und Strahlentherapien verhindert. Die Ärzte verweigerten die Arbeit als sie erfuhren, dass die Firma als relevanten Absatzmarkt den militärischen Bereich, die NATO, ins Auge gefasst hatte: Das Medikament sollte dazu dienen, im Falle eines Nuklearkrieges bei bereits tödlich verstrahlten Soldaten das Erbrechen zu verhindern, damit sie bis zu ihrem unvermeidlichen Tod noch weiterkämpfen können. Die Ärzte sahen unter diesen Bedingungen eine Mitarbeit als unvereinbar mit ihren ärztlichen Pflichten und ihrem Gewissen an: Die Menschenwürde der betroffenen Soldaten werde missachtet, weil das „Medikament" nur dazu diene, die Funktionsfähigkeit der Soldaten noch für einige Zeit zu gewährleisten; sie würden auf die Funktion eines bloßen Mittels reduziert.

Das Gericht, das die Klage der Ärzte gegen die Kündigung zunächst abwies, argumentierte im Sinne des Pharmakonzerns utilitaristisch: Gesellschaftliche Interessen gehen vor subjektiven Gewissensentscheidungen; wenn noch mehr Ärzte die Arbeit in Zukunft verweigern würden, würde dies zu erheblichen Schwierigkeiten in der Forschungsabteilung führen. Außerdem sei der im Rahmen des Arbeitsvertrags liegende Forschungsbeitrag wertneutral und von den Ärzten werde keine Identifikation verlangt. Erst in letzter Instanz wurde der Klage der Ärzte stattgegeben.

1 Beurteilen Sie das „reine Gewissen" des Ökofreaks. ➜ M1
2 Arbeiten Sie die Merkmale der Gesinnungs- und Verantwortungsethik heraus. ➜ M2
3 Analysieren Sie das Verhalten der beteiligten Personen unter gesinnungs- bzw. verantwortungsethischen Aspekten. ➜ M3
4 Prüfen Sie die Begründung der Ärzte und nehmen Sie Stellung zu dem Einwand, dass sie ihrer Verantwortung für Staat und Gesellschaft nicht nachgekommen sind. ➜ M4

*11 Grundlagen der Tugendethik

M1 Viele Zwischenziele – ein Endziel

Aristoteles legt in seiner philosophischen Ethik den Grund für eine eudämonistische Handlungstheorie, die die Frage nach dem Glück als letztem Ziel und Zweck menschlichen Handelns thematisiert. Dabei geht er von den gegebenen Wert- und Normvorstellungen einer konkreten Gesellschaft aus. Er sammelt die in der „Meinung der Menge" vorhandenen Vorstellungen vom Guten, beschreibt und ordnet sie systematisch.

1. Jedes praktische Können und jede wissenschaftliche Untersuchung, ebenso alles Handeln und Wählen strebt nach einem Gut, wie allgemein angenommen wird. Daher die richtige Bestimmung von „Gut" als „das Ziel, zu dem alles strebt". Dabei zeigt sich aber ein Unterschied zwischen Ziel und Ziel: das eine Mal ist es das reine Tätig-Sein, das andere Mal darüber hinaus das Ergebnis des Tätig-Seins: das Werk. Wo es Ziele über das Tätig-Sein hinaus gibt, da ist das Ergebnis naturgemäß wertvoller als das bloße Tätig-Sein. Da es aber viele Formen des Handelns, des praktischen Könnens und des Wissens gibt, ergibt sich auch eine Vielzahl von Zielen: Ziel der Heilkunst ist die Gesundheit, der Schiffsbaukunst das Schiff, das Ziel der Kriegskunst: Sieg, der Wirtschaftsführung: Wohlstand. Überall nun, wo solche „Künste" einem bestimmten Bereich untergeordnet sind – so ist z. B. der Reitkunst untergeordnet das Sattlerhandwerk und andere Handwerke, die das Reitzeug herstellen, während die Reitkunst ihrerseits, wie das gesamte Kriegswesen, unter der Feldherrnkunst steht, und was dergleichen Unterordnungen mehr sind –, da ist durchweg das Ziel der übergeordneten Kunst höheren Ranges als das der untergeordneten: um des ersteren willen wird ja das letztere verfolgt.

Hierbei ist es gleichgültig, ob das Tätig-Sein selber Ziel des Handelns ist oder etwas darüber hinaus wie bei den eben aufgezählten Künsten.

Wenn es nun wirklich für die verschiedenen Formen des Handelns ein Endziel gibt, das wir um seiner selbst willen erstreben, während das Übrige nur in Richtung auf dieses Endziel gewollt wird, und wir nicht jede Wahl im Hinblick auf ein weiteres Ziel treffen – das gibt nämlich ein Schreiten ins Endlose, somit ein leeres und sinnloses Streben –, dann ist offenbar dieses Endziel „das Gut", und zwar das oberste Gut.

2. Nachdem also jede Erkenntnis und jeder Entschluss nach einem bestimmten Gut zielt, wollen wir wieder einsetzen mit der Frage: „Was ist das Ziel der Staatskunst und welches das höchste von allen Gütern, die man durch Handeln erreichen kann?" In seiner Benennung stimmen fast alle überein. „Das Glück" – so sagen die Leute, und so sagen die feineren Geister, wobei gutes Leben und gutes Handeln in eins gesetzt werden mit Glücklichsein. Aber was das Wesen des Glücks sei, darüber ist man unsicher, und die Antwort der Menge lautet anders als die des Denkers. Die Menge stellt sich etwas Handgreifliches und Augenfälliges darunter vor, z. B. Lust, Wohlstand, Ehre: jeder etwas anderes. Bisweilen wechselt sogar ein und derselbe Mensch seine Meinung: wird er krank, so sieht er das Glück in der Gesundheit, ist er arm, dann im Reichtum. Im Bewusstsein aber der eigenen Unwissenheit bestaunen die Leute jene, die etwas vortragen, was bedeutsam klingt und über ihre Fassungskraft hinausgeht.

Aristoteles, Nikomachische Ethik, I, 1, 2

Definition

≠

Beispiele
1.
2.
3.
4.

Jeder Zweck (Z) einer Handlung wird wieder zum Mittel (M) für einen nächstfolgenden, höheren Zweck, Z → M

Tätig-Sein selbst oder Ergebnis als Ziel: Prozess oder Produkt?

Definition

Gefahr: regressus ad infinitum (endloses Zurückschreiten)

Endziel allen Handelns?

Was ist das Wesen des Glücks?

Antwort 1

Antwort 2 und 3

M2 Drei Lebensformen nach Aristoteles

Nachdem Aristoteles dargelegt hat, dass alle Menschen nach Glück, nach eudaimonia streben, untersucht er nun die praktische Umsetzung: Wie sieht ein Leben, das zum Glück führen soll, aus? Aristoteles beobachtet und analysiert die verschiedenen Lebensformen seiner Zeit und kommt zu folgenden Ergebnissen:

Eine Meinung darüber, was oberster Wert und was Glück sei, gewinnt man wohl nicht ohne Grund aus den bekannten Lebensformen. In der Mehrzahl entscheiden sich die Leute, d. h. die besonders grobschlächtigen Naturen, für den Genuss [...].

a) Das Leben des Genusses

Die Vielen also bekunden ganz und gar ihren knechtischen Sinn, da sie sich ein animalisches Dasein aussuchen. Und doch bekommen sie einen Schein von Recht, weil es unter den Hochgestellten so manchen gibt, der ähnliche Passionen hat wie Sardanapal [letzter König von Ninive, steht für ein ausschweifendes, üppiges Leben]. Das Leben des Geldmenschen hat etwas Forciertes an sich und der Reichtum ist gewiss nicht das gesuchte oberste Gut. Er ist nur ein Nutzwert: Mittel für andere Zwecke. Daher kann man eher die [später] genannten Dinge (Lust und Ehre) als Endziele auffassen, denn sie werden um ihrer selbst willen geschätzt. Und doch sieht es so aus, als seien auch dies keine echten Ziele, obgleich viele Argumente zu ihren Gunsten Gemeingut geworden sind.

b) Das Leben des Politikers

Edle und aktive Naturen entscheiden sich für die Ehre. Denn das ist im Ganzen gesehen das Ziel eines Lebens für den Staat. Doch ist dieses Ziel wohl etwas äußerlich und kann nicht als das gelten, was wir suchen. Hier liegt nämlich der Schwerpunkt mehr in dem, der die Ehre spendet, als in dem, der sie empfängt. Den obersten Wert aber erahnen wir als etwas, was uns zuinnerst zugeordnet und nicht leicht ablösbar ist. Außerdem ist anzunehmen, dass man nach Ehre strebt, um sich des eigenen Wertes zu vergewissern. Deshalb sucht man von Urteilsfähigen geehrt zu werden, von Menschen, die uns kennen, und zwar auf Grund der Tüchtigkeit. Jedenfalls ergibt sich aus diesem Verhalten ganz klar, dass die Tüchtigkeit der höhere Wert ist, und man darf dann vielleicht eher in ihr das Ziel des Lebens für den Staat erkennen. Und doch ist auch sie noch nicht ganz Ziel im vollen Sinn. Denn man kann sich die Möglichkeit vorstellen, dass jemand die Tüchtigkeit zwar hat, aber dabei schläft oder ein Leben lang untätig, ja darüber hinaus mit größtem Leid und Unglück beladen ist. Wer aber ein solches Leben führt, den wird niemand als glücklich bezeichnen, außer er möchte eine paradoxe Behauptung unter allen Umständen retten. [...]

c) Das Leben des Philosophen

Die dritte Lebensform ist die Hingabe an die Philosophie. Denn einmal ist das die oberste Form menschlichen Wirkens: es hat ja auch der Geist von dem, was in uns ist, den obersten Rang, und obersten Rang unter den Erkenntnisobjekten haben die des Geistes. Sodann aber hat dieses Wirken auch die größte Stetigkeit, denn in stetiger geistiger Schau können wir leichter verharren als in irgendeiner Tätigkeit (nach außen). Wie wir ferner annehmen, muss Glück mit Lust vermischt sein; am lustvollsten aber unter den Formen hochwertiger Tätigkeit ist zugestandenermaßen das lebendige Wirken des philosophischen Geistes. Jedenfalls gilt von der Philosophie, dass sie eine durch ihre Reinheit und Dauer großartige Lust gewährt.

nach Aristoteles, Nikomachische Ethik I, 3, X, 7

1 Erarbeiten Sie, welche grundlegenden Unterscheidungen Aristoteles vornimmt. ➜ M1

2 Suchen Sie weitere Beispiele für Zwischenziele und Zweck-Mittel-Relationen und stellen Sie diese graphisch dar. ➜ M1

3 Erarbeiten Sie, welche Lebensformen Aristoteles unterscheidet und wie er sie bewertet. ➜ M2

4 a) Formulieren Sie Fragen zum Text.
b) Erstellen Sie mit Hilfe Ihres Fragenkatalogs ein Interview mit Aristoteles, in dem dieser auf die von Ihnen gestellten Fragen antwortet. ➜ M2

*12 Durch Tugend zum Glück

M1 Aufbau der Seele

Vernünftiger Seelenteil (Wollen/Denken)	theoretisch/denkend	Mensch/Gott
	praktisch/handelnd	Mensch
Empfindender Seelenteil (Wahrnehmung/Trieb)	vernunftorientiert/pragmatisch	Mensch
	affektgesteuert/triebhaft	Mensch/Tier
Vegetativer Seelenteil (Wachstum/Ernährung)	unbewusst/nicht steuerbar	Mensch/Tier/Pflanze

M2 Tätigkeit der Seele

Aristoteles definiert die Eudämonie als „Tätigsein der Seele im Sinne der ihr wesenhaften Tüchtigkeit“. Damit ist Folgendes gemeint: Für Aristoteles bildet die Welt einen sinnvoll geordneten Kosmos, in dem jedem Ding und jedem Wesen sein bestimmter Platz und seine bestimmte Rolle zugewiesen sind. Daher hat auch jedes Wesen eine bestimmte für es wesenhafte Tätigkeit. Für den Schuster ist es das Schuhemachen, für den Zitherspieler das Zitherspielen, für das Pferd der schnelle Lauf, und so muss es auch für den Menschen als solchen eine spezifische Tätigkeit geben. In der Körperlichkeit nun kann sie nicht liegen, denn diese haben wir mit allen, selbst mit den anorganischen Dingen gemein. In der Lebendigkeit kann sie ebenfalls nicht liegen, denn diese besitzen auch schon die Pflanzen. Im Beseeltsein kann sie wiederum nicht liegen, weil wir es mit den Tieren teilen. Also kann sie nur in einem bestimmten Teil der Seele liegen, nämlich in der Vernunft, denn diese ist es, die uns vor allen anderen vergänglichen Wesen auszeichnet. Vernünftiges Denken ist also die wesenhafte Rolle des Menschen, sein eigentlicher Zweck in der Welt. Dies ist das Gut, nach dem er streben soll, und wenn er es in vollkommener Weise erreicht, verwirklicht er damit sein höchstes Gut.

Malte Hossenfelder, Antike Glückslehren, Einleitung, S. XV

M3 Seelenlehre und Tugend

In der Seelenkunde findet man in erster Linie die Teilung der Seele in ein irrationales und ein rationales Element. Nach dieser Unterscheidung wird nun auch die sittliche Trefflichkeit unterteilt. Wir sprechen nämlich teils von Vorzügen des Verstandes (dianoëtische), teils von Vorzügen des Charakters (ethische). Die Weisheit (des Philosophen), Intelligenz und sittliche Einsicht sind Verstandesvorzüge, Großzügigkeit und Besonnenheit sind Charakterwerte. Wenn wir nämlich den Charakter eines Menschen bezeichnen, so sagen wir nicht, er ist weise oder intelligent, sondern, er ist von vornehm-ruhigem Wesen oder besonnen. Allerdings loben wir auch den Weisen wegen seiner (geistigen) Haltung. Haltungen aber, die uns zu Lob veranlassen, nennen wir Wesensvorzüge.

nach Aristoteles, Nikomachische Ethik I, 13

M4 Ethische Tugenden: die Wahl der Mitte

Zunächst ist die Tugend eine durch Gewöhnung erworbene charakterliche Haltung (ethos) in unserem Wollen, welche auf die rechte Mitte zielt und diese Mitte durch Vernunft bestimmt.

Betrachtet man diese aristotelische Konzeption genauer, so ergibt sich Folgendes: Hinter jeder aristotelischen Tugend stecken in Wahrheit stets zwei Werte. Die Tugend ist nicht ein Wert im Gegensatz zu zwei Unwerten, sondern vielmehr eine Synthese zweier Werte;

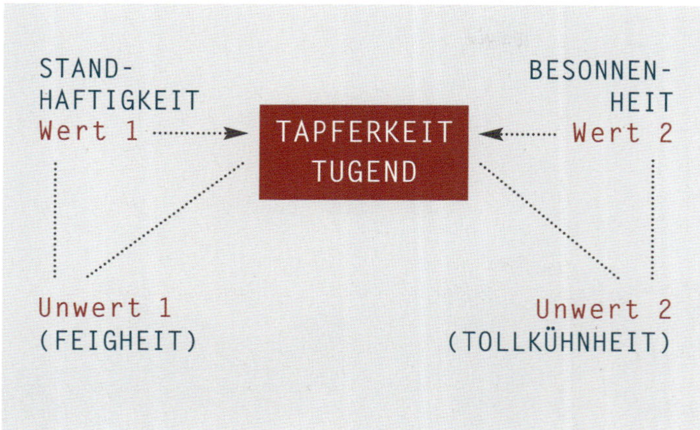

denn jedem Unwert liegt ein Wert gegenüber. Erst in der Synthese der beiden Werte kann die Tugend liegen. So steht z. B. dem Unwert der Feigheit ein positives Moment, nämlich beherztes Ausharren, Standhaftigkeit gegenüber, und im Gegensatz zur Tollkühnheit befindet sich die wertvolle bedachtsame Vorsicht, die Besonnenheit. Nicht das Standhalten allein und nicht nur bedachtsame Vorsicht machen die Tapferkeit aus, sondern erst beide zusammen.

Nicolai Hartmann, Einführung in die Philosophie, S. 148 f

M5 Dianoëtische Tugenden: die Vollendung

Ein glücklich erfülltes Leben verwirklicht sich in höchstem Maße erst in der theoretisch-kontemplativen Existenz. Im Gegensatz zum ethisch hochstehenden, glücklichen Leben der politischen Existenz, das noch abhängig ist von äußeren Umständen, Mitbürgern, Freunden, ist ein der geistigen Tätigkeit gewidmetes Leben ganz und gar sich selbst genug und autark. Darum ist die theoretische Existenz (bios theoretikos) als höchste Form des Lebens reiner Selbstzweck und Endziel, und die Verstandestugenden (dianoëtische Tugenden) sind auch die höchsten Tugenden, weil sie sich auf die Realisierung von Geist (nous), Wissenschaft (episteme) und Weisheit (sophia) richten. Die Philosophie, die die Erforschung der Prinzipien und Gründe aller Wirklichkeit um ihrer selbst willen durchführt, nimmt den höchsten Rang ein, da sie weder von äußeren Umständen abhängt noch zugunsten anderer Ziele relativiert wird.

M5 Geistige Schau als größtes Glück

Wenn das Glück ein Tätig-Sein im Sinne der Trefflichkeit ist, so darf darunter mit gutem Grund die höchste Trefflichkeit verstanden werden: das aber kann nur die der obersten Kraft in uns sein. Mag nun der Geist oder etwas anderes diese Kraft sein, die man sich gewiss als wesenhaft herrschend, führend, auf edle und göttliche Gegenstände gerichtet vorstellt – mag diese Kraft selbst auch göttlich oder von dem, was in uns ist, das göttlichste Element sein – das Wirken dieser Kraft gemäß der ihr eigentümlichen Trefflichkeit ist das vollendete Glück. Dass dieses Wirken aber ein geistiges Schauen ist, haben wir bereits festgestellt.
Das ist in Übereinstimmung, so dürfen wir behaupten, mit den früheren Erkenntnissen und mit der Wahrheit. Denn einmal ist das die oberste Form menschlichen Wirkens: es hat ja auch der Geist von dem, was in uns ist, den obersten Rang, und obersten Rang unter den Erkenntnisobjekten haben die des Geistes. [...]
Wie wir ferner annehmen, muss Glück mit Lust vermischt sein; am lustvollsten aber unter den Formen hochwertiger Tätigkeit ist zugestandenermaßen das lebendige Wirken des philosophischen Geistes.

Aristoteles, Nikomachische Ethik X 7

1 Erschließen Sie aus dem Schema die spezifischen Schichten der menschlichen Seele in Bezug zur modernen Anthropologie. ➔ M1
2 Untersuchen Sie, in welche Bereiche Aristoteles die Seele aufteilt, und erarbeiten Sie die Aufgaben eines jeden Seelenteils. ➔ M1/2
3 Erarbeiten Sie, welche Rolle die Seelenteile nach Aristoteles bei der Ausbildung von Tugenden spielen. ➔ M3
4 Untersuchen Sie, welche Fähigkeiten zum Treffen der rechten Mitte in einer konkreten Situation benötigt werden. ➔ M4
5 Zeigen Sie an einem Beispiel, dass Standhaftigkeit alleine nicht die vollendete Tugend sein kann. ➔ M4
6 Erarbeiten Sie anhand der angeführten Argumente die Vorzüge der Verstandestugenden und der Kontemplation. ➔ M5/6

1 Das Prinzip Verantwortung

M1 Hiobsbotschaften

M2 Warum versagt die bisherige Ethik?

1. Aller Umgang mit der außermenschlichen Welt, das heißt der ganze Bereich der *techne* (Kunstfertigkeit) war – mit Ausnahme der Medizin – ethisch neutral – im Hinblick auf das Objekt sowohl wie auf das Subjekt solchen Handelns: Im Hinblick auf das Objekt, weil die Kunst die selbsterhaltende Natur der Dinge nur unerheblich in Mitleidenschaft zog und somit keine Frage dauernden Schadens an der Integrität ihres Objektes, der natürlichen Ordnung im Ganzen, aufwarf; und im Hinblick auf das handelnde Subjekt, weil *techne* qua Tätigkeit sich selbst als begrenzten Tribut an die Notwendigkeit verstand [...]. Kurz, Wirkung auf nichtmenschliche Objekte bildete keinen Bereich ethischer Bedeutsamkeit.

2. Ethische Bedeutung gehörte zum direkten Umgang von Mensch mit Mensch, einschließlich des Umganges mit sich selbst; alle traditionelle Ethik ist *anthropozentrisch.*

3. Für das Handeln in dieser Sphäre wurde die Entität „Mensch" und ihr fundamentaler Zustand als im Wesen konstant angesehen und nicht selber als Gegenstand umformender *techne* (Kunst).

4. Das Wohl oder Übel, worum das Handeln sich zu kümmern hatte, lag nahe bei der Handlung, entweder in der *Praxis* selbst oder in ihrer unmittelbaren Reichweite und war keine Sache entfernter Planung. Diese Nähe der Ziele galt für Zeit sowohl als Raum. Die wirksame Reichweite der Aktion war klein, die Zeitspanne für Voraussicht, Zielsetzung und Zurechenbarkeit kurz, die Kontrolle über Umstände begrenzt. [...]

Ethik hatte es demgemäß mit dem Hier und Jetzt zu tun, mit Gelegenheiten, wie sie zwischen Menschen sich einstellen, mit den wiederkehrenden, typischen Situationen des privaten und öffentlichen Lebens. Der gute Mensch war ein solcher, der diesen Gelegenheiten mit Tugend und Weisheit begegnete, der die Fähigkeit dazu in sich selbst kultivierte und im Übrigen sich mit dem Unbekannten abfand.

Alle Gebote und Maximen überlieferter Ethik, inhaltlich verschieden wie sie immer sein mögen, zeigen diese Beschränkung auf den unmittelbaren Umkreis der Handlung. *Hans Jonas, Das Prinzip Verantwortung, S. 22f.*

M3 Neue Imperative

1. Kants kategorischer Imperativ sagte: „Handle so, dass du auch wollen kannst, dass deine Maxime allgemeines Gesetz werde.“ Das hier angerufene „kann“ ist das der Vernunft und ihrer Einstimmung mit sich selbst: Die Existenz einer Gesellschaft menschlicher Akteure (handelnder Vernunftwesen) *vorausgesetzt*, muss die Handlung so sein, dass sie sich ohne Selbstwiderspruch als allgemeine Übung dieser Gemeinschaft vorstellen lässt. [...]

2. Ein Imperativ, der auf den neuen Typ menschlichen Handelns passt und an den neuen Typ von Handlungssubjekt gerichtet ist, würde etwa so lauten: „Handle so, dass die Wirkungen deiner Handlung verträglich sind mit der Permanenz echten menschlichen Lebens auf Erden“;
oder negativ ausgedrückt: „Handle so, dass die Wirkungen deiner Handlung nicht zerstörerisch sind für die künftige Möglichkeit solchen Lebens“;
oder einfach: „Gefährde nicht die Bedingungen für den indefiniten Fortbestand der Menschheit auf Erden“;
oder, wieder positiv gewendet: „Schließe in deine gegenwärtige Wahl die zukünftige Integrität des Menschen als Mit-Gegenstand deines Wollens ein“.

3. Es ist ohne weiteres ersichtlich, dass kein rationaler Widerspruch in der Verletzung dieser Art von Imperativ involviert ist. Ich *kann* das gegenwärtige Gut unter Aufopferung des zukünftigen Guts wollen. Ich kann, so wie mein eigenes Ende, auch das Ende der Menschheit wollen. Ich kann, ohne in Widerspruch mit mir selbst zu geraten, wie für mich so auch für die Menschheit ein kurzes Feuerwerk äußerster Selbsterfüllung der Langeweile endloser Fortsetzung im Mittelmaß vorziehen.

Aber der neue Imperativ sagt eben, dass wir zwar unser eigenes Leben, aber nicht das der Menschheit wagen *dürfen*; und dass Achill zwar das Recht hatte, für sich selbst ein kurzes Leben ruhmreicher Taten vor einem langen Leben ruhmloser Sicherheit zu wählen (unter der stillschweigenden Voraussetzung nämlich, dass eine Nachwelt da sein wird, die von seinen Taten zu erzählen weiß); dass wir aber nicht das Recht haben, das Nichtsein künftiger Generationen wegen des Seins der jetzigen zu wählen oder auch nur zu wagen. Warum wir dieses Recht nicht haben, warum wir im Gegenteil eine Verpflichtung gegenüber dem haben, was noch gar nicht ist und „an sich“ auch nicht zu sein braucht, jedenfalls als nicht existent keinen *Anspruch* auf Existenz hat, ist theoretisch gar nicht leicht und vielleicht ohne Religion überhaupt nicht zu begründen. Unser Imperativ nimmt es zunächst ohne Begründung als Axiom.

Hans Jonas, Das Prinzip Verantwortung, S. 35f.

M4 Heuristik der Furcht

An die Stelle der *Liebe zum höchsten Gut*, das der Mensch sich in seinem Tugendstreben selber zum Ziele setzen kann, muss heute die *Furcht vor dem größten Übel* treten. Eine gewisse negative Motivierung der Moral ist heute nötig geworden.

Das Gefühl davon oder das Bewusstsein davon, dass es so einfach nicht weitergeht, ist eigentlich leicht zu vermitteln. Wie weit das zu einer persönlichen *Motivierung* führt, ist aber eine andere Frage. Denn es könnte sein, dass die Menschheit die unausrottbare Neigung hat, stets das Nächste zunächst zu tun; und das ist, für sich und die Seinen zu sorgen und für sein Fortkommen, und das Entfernte mehr sich selbst zu überlassen. Die Erzeugung von Angst, von echter wohlbegründeter Angst, nicht Panik, sondern *wohlbegründeter Angst um die Zukunft*, scheint mir ein wesentlicher Faktor zu sein, der eine Zeitlang an die Stelle der Anweisung der Liebe zum höchsten Gute treten muss.

Hans Jonas, in: Dietrich Böhler (Hg.), Ethik für die Zukunft, S. 206

1. Diskutieren Sie, welche Probleme der Verantwortung auf diesen Bildern sichtbar werden. → M1
2. Stellen Sie die Merkmale „bisheriger Ethik“ zusammen, die Jonas aufführt. Welche haben besonders zum „Versagen“ der Ethik geführt? → M2
3. Erläutern Sie die neuen Imperative von Hans Jonas und zeigen Sie auf, inwiefern er Kants „kategorischen Imperativ“ aufnimmt und ihn erweitert. → M3
4. Erarbeiten Sie an einem Beispiel aus Wissenschaft oder Medizin, was Jonas unter „Heuristik der Furcht“ versteht. → M4

2 Person – der Schlüsselbegriff

M1 Der Verlust der Person

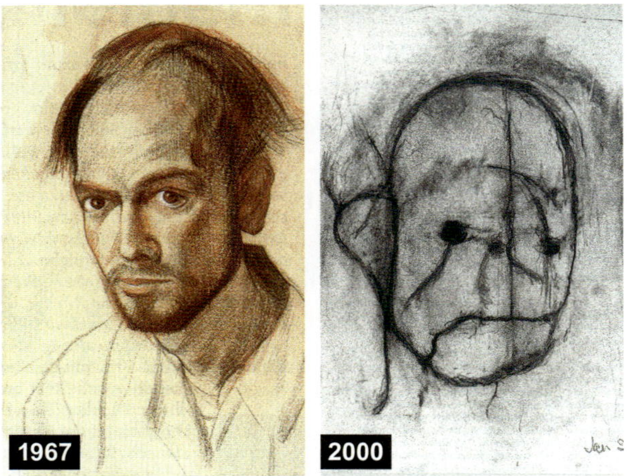

Selbstporträts des Malers William Utermohlen (1933-2007)
Im Jahre 1995 wurde bei dem Künstler eine Alzheimer-Erkrankung diagnostiziert. Der Abbau von Nervenzellen und Nervenzellkontakten führt bei dieser hirnorganischen Krankheit zu geistigem Verfall.

Traditionell sind unsere Konzepte von Autonomie und Personalität eng geknüpft an das Vernunftvermögen. [...] Heute bestimmen Philosophen das Personsein auf der Basis von Kriterien, zu denen meist unabdingbar Rationalität und Selbstbewusstsein gehören. Menschen mit Demenz fallen tendenziell aus diesem Personenbegriff heraus. Der Oxforder Ethiker Jeff McMahan etwa sieht Demenzbetroffene als „Post-Personen", die moralisch keine Personen im eigentlichen Sinn mehr seien, und sein Kollege Peter Singer von der Universität Princeton spricht deshalb schwer demenzkranken Menschen das Personsein überhaupt ab. Das passt zusammen mit der Auffassung mancher Hirnforscher, nach der wir nichts anderes sind als ein hochkomplexes Netzwerk von Nervenzellen. Wenn das Gehirn zerstört ist, so folgt aus dieser Sicht, ist auch die Person zerstört. In der Summe läuft eine solche „Entpersonalisierung" darauf hinaus, den Würdeanspruch von Demenzkranken zu relativieren – und damit auch unsere gesellschaftlichen Verpflichtungen gegenüber den Betroffenen.

Thomas Vasec, Damit die Würde bleibt, in: DIE ZEIT, Nr.20/2011, S. 18

M2 Wer ist eine Person?

Meiner Meinung nach bezeichnet dieses Wort ein denkendes, verständiges Wesen, das Vernunft und Überlegung besitzt und sich selbst als sich selbst betrachten kann. Das heißt, es erfasst sich als dasselbe Ding, das zu verschiedenen Zeiten und an verschiedenen Orten denkt. Das geschieht lediglich durch das Bewusstsein, das vom Denken untrennbar ist und, wie mir scheint, zu dessen Wesen gehört. Denn unmöglich kann jemand wahrnehmen, ohne *wahrzunehmen*, dass er es tut. Wenn wir etwas sehen, hören, riechen, schmecken, fühlen, überlegen oder wollen, so wissen wir, dass wir das tun. Das gilt jederzeit hinsichtlich unserer gegenwärtigen Sensationen und Wahrnehmungen; jeder wird dadurch für sich selbst zu dem, was er *sein eigenes Ich* nennt. Hierbei kommt es in diesem Falle nicht darauf an, ob dasselbe Selbst in derselben oder in verschiedenen Substanzen weiterbesteht. Denn da das Bewusstsein das Denken stets begleitet und jeden zu dem macht, was er sein Selbst nennt und wodurch er sich von allen anderen denkenden Wesen unterscheidet, so besteht hierin allein die Identität der Person, das heißt das Sich-selbst-gleich-Bleibende eines vernünftigen Wesens. Soweit nun dieses Bewusstsein rückwärts auf vergangene Taten oder Gedanken ausgedehnt werden kann, so weit reicht die Identität dieser Person. Sie ist jetzt dasselbe Selbst wie damals; jene Handlung wurde von demselben Selbst ausgeführt, das jetzt über sie nachdenkt. [...]

Auf diese Identität der Person allein gründet sich das Recht und die Gerechtigkeit von Lohn und Strafe, weil Glück und Unglück das sind, woran jeder um *seiner selbst* willen interessiert ist, während es ihn nicht kümmert, was aus irgendeiner *Substanz* wird, die mit seinem Bewusstsein nicht verknüpft ist und davon nicht berührt wird.

John Locke, in: Martin Brasser (Hg.), Person. Philosophische Texte von der Antike bis zur Gegenwart, S. 79, 81

M3 Der Streit um die Person

Der Begriff der Person und die mit ihm verbundene „Familie“ von Eigenschaften, Fähigkeiten und Wertvorstellungen ist in unserer Kultur fest verankert und umfasst ein großes Spektrum von Phänomenen. Dennoch, oder vielleicht auch: gerade deswegen, gibt es in der biomedizinischen Ethik sowohl einen Streit um den Begriff der Person selbst, als auch heftige Auseinandersetzungen, die unter Verwendung des Personbegriffs ausgefochten werden. [...]

In der Abtreibungsdebatte beispielsweise wird der Schutz des ungeborenen Lebens genauso mit dem Begriff der Person und der mit Personalität einhergehenden Menschenwürde verteidigt, wie das Recht auf Selbstbestimmung der schwangeren Frau, in deren personale Autonomie und individuelle Lebensplanung man nicht mittels ethischer Reglementierung oder gar juristischer Verfolgung eingreifen solle. Auch im Streit um die Zulässigkeit freiwilliger aktiver Sterbehilfe wird, unter Rückgriff auf den Begriff der Person, von beiden Lagern Gegensätzliches begründet. Die Gegner sagen, dass eine Person nicht absichtlich durch aktives Eingreifen getötet werden darf, auch wenn sie es selbst, z. B. von einem Arzt, verlangt. Die Befürworter der Legalisierung freiwilliger aktiver Sterbehilfe dagegen sehen in dem autonomen Wunsch eines Patienten, aus einer für ihn unerträglichen Lage durch die möglichst schmerzfreie und in angemessener Weise durchgeführte Tötung erlöst zu werden, einen respektablen Ausdruck der Selbstbestimmung. Kritiker der Zulässigkeit von Abtreibungen oder der freiwilligen aktiven Sterbehilfe sehen in der Tötung ungeborenen und „unschuldigen“ menschlichen Lebens eine faktische Verletzung der Menschenwürde [...]. Verteidiger der Zulässigkeit von Abtreibungen und freiwilliger aktiver Sterbehilfe sehen dagegen in religiöser bzw. moralisierender Indoktrination oder gar rechtlicher Reglementierung eine unzulässige Einschränkung des Rechts auf Selbstbestimmung und auf die eigene Lebensführung [...].

Michael Quante, Menschenwürde und personale Autonomie, S. 91f.

M4 Ethische Herausforderungen am Anfang und Ende des Lebens

Der Anfang und das Ende des menschlichen Lebens, auch Zeugung und Geburt, sind nicht mehr nur natürliche Ereignisse, insofern sie dem Manipulationshandeln des modernen Menschen ausgesetzt sind. Anfang und Ende des Lebens können sich dem helfenden, heilenden, oft aber auch verletzenden und schmerzenden, häufig wohl auch unethischen Eingriff moderner Technik nicht entziehen. Das Leben kann über den Tod des Herzens oder Hirns hinaus intensivmedizinisch verlängert werden; explantierte Organe können den Leib, dem sie entnommen wurden, als Teil eines anderen Leibes und Menschen um viele Jahre überleben. Leben kann außerhalb des Mutterleibes gezeugt oder auf verschiedene Weise innerhalb des Mutterleibes an Befruchtung oder Einnistung gehindert werden. Die genannten und andere uns durch medizinische Fortschritte zugewachsenen Handlungsoptionen transponieren die Frage nach dem Anfang und Ende des Lebens aus dem Raum der *curiositas*, der theoretischen Neugierde, in den der *responsibilitas*, der Verantwortung für die Ziele und Grenzen des technisch möglichen Interventionshandelns. Sie verlangen auch nach einer ethischen und kulturellen Neubewertung des Verhältnisses von Kultur und Natur und der Aufgaben und Grenzen des kulturellen Manipulierens von Natur.

Hans-Martin Sass, Medizinethik, in: Annemarie Pieper / Urs Thurnherr (Hg.), Angewandte Ethik, S. 100f.

1 Beschreiben Sie anhand von Bildern und Text, worin der Verlust der Person bei Demenzkranken gesehen werden kann. ➔ M1

2 Verfassen Sie eine Kurzdefinition zum Begriff „Person“. Diskutieren Sie, welche Merkmale für Sie zentral sind. ➔ M2

3 Sammeln Sie Material aus der biomedizinischen Ethik, das den Streit um den Begriff der Person an einem Beispiel (Abtreibung, Sterbehilfe u. ä.) zeigt. ➔ M3

4 Erörtern Sie die Probleme, die sich durch moderne Wissenschaft, Medizin und Technik am Anfang und Ende menschlichen Lebens ergeben können. ➔ M4

3 Umgang mit Embryonen

M1 Verwickelte Verhältnisse

Matthias Kettner, Neue Formen gespaltener Elternschaft, S. 36

M2 Das Ende für die Zufallslotterie der Natur

Dass Mann und Frau in der geschlechtlichen Vereinigung ein Kind zeugen und den Nachwuchs der Zufallslotterie der Natur überlassen – dieses Grundgesetz menschlicher Fortpflanzung ist nicht mehr die Regel. Reproduktionsmedizin, Stammzellforschung und Genetik sind dabei, jahrtausendealte Vorstellungen von Elternschaft und Familie zu verändern und die Schicksalhaftigkeit unserer genetischen Ausstattung zu überwinden. [...] Spielt der Mensch tatsächlich Gott – oder machen Wissenschaftler und Mediziner nur, was sie seit je getan haben: die Grenze der Erkenntnis zum Wohle der Menschheit immer ein wenig weiter zu verschieben? Und lässt sich die Entwicklung überhaupt noch stoppen [...]? Alle 80 Minuten wird heute irgendwo in Deutschland ein Kind geboren, das im Labor gezeugt wurde. [...] Schon heute kann die PID dazu dienen, das Geschlecht eines Kindes auszuwählen oder ein Kind zu zeugen, das als Zellspender für einen schwer kranken Bruder oder eine kranke Schwester geeignet ist. „Rettungskinder" werden sie von den Befürwortern der Diagnostik genannt, Kritiker sprechen von „Ersatzteillieferanten".

Ulrich Bahnsen u. a., Die Zukunftskinder, in: Die Zeit 23/2008, S. 35f.

M3 Elternwunsch: eine Instrumentalisierung?

Da die Eltern nicht spenden konnten, wurde in den USA für die sechsjährige Molly Nash mit angeborener Blutarmut mittels PID ein geeigneter Embryo selektiert und von der Mutter ausgetragen. Mit Hilfe des Blutes des Neugeborenen konnte seine Schwester gerettet werden.

Auch wenn dadurch ein Leben gerettet werden konnte, wurde hier die Schwelle zur positiven Eugenik überschritten. Ziel der Selektion war nicht die Verwerfung kranker Embryonen, sondern die Auswahl eines gesunden „schwesterverträglichen" Kindes. Der Embryo wurde nicht als ein „Zweck an sich selbst" betrachtet, sondern als Mittel für einen anderen Zweck instrumentalisiert. Von diesem Präzedenzfall ist es nur noch ein kleiner Schritt zur gezielten Auswahl von Embryonen z. B. nach Geschlecht, um die Wünsche der Eltern nach einer „perfekten" Familie zu befriedigen, oder zur Aufzucht von „Blutspendern auf Abruf".

Thomas Zoglauer, Konstruiertes Leben, S. 45

M4 Was zählt, ist, ob sie das Kind lieben

In einem Gespräch berichtet die britische Psychologin Susan Golombok von den Ergebnissen ihrer Langzeitstudie (seit 1985), in der sie im Labor gezeugte Kinder mit normal gezeugten vergleicht.

Zeit: Zeigen diese Kinder [...] irgendwelche Auffälligkeiten?

Golombok: Wir konnten keine feststellen. [...]

Zeit: Gilt das genauso für Kinder, die mit Hilfe einer Samen- oder Eizellspende gezeugt wurden?

Golombok: Hier existierten zusätzliche Sorgen, weil bei dieser Art der Fortpflanzung einem Elternteil die genetische Verbindung zum Kind fehlt. Dennoch zeigen auch diese Kinder keine sozialen oder emotionalen Auffälligkeiten. Probleme kann aber das Tabu verursachen, das die Samen- oder Eizellspende umgibt.

Zeit: Inwiefern?

Golombok: Wir wissen aus Studien mit Adoptivkindern, dass es für Kinder besser ist, wenn sie ihre Herkunft kennen. Auch Spenderkinder sollten von ihren

Eltern über die Umstände ihres Entstehens aufgeklärt werden. [...]

Zeit: Was wissen wir über das Wohlergehen sogenannter Retterkinder, die gezeugt wurden, um einem kranken Geschwisterkind zu helfen?

Golombok: [...] Wir wissen [...], dass die Eltern ihr Kind nicht als Ersatzteillager begreifen, dass sie es lieben wie ihre anderen Kinder auch. Ich vermute, dass die Schwierigkeiten woanders liegen, und zwar bei dem, was die sogenannten Helferkinder durchmachen müssen. Das hängt sehr von der Krankheit ab, unter der die Schwester oder der Bruder leidet. Ob nur die Nabelschnur benötigt wird [...] oder gar größere Operationen.

Auf die Liebe kommt es an. Ein Gespräch mit der britischen Psychologin Susan Golombok, in: Die Zeit 23/2008, S. 37

M5 Stammzellenforschung

Debatten um die ethische Zulässigkeit „verbrauchender" Embryonenforschung, die also frühe Embryonen verwendet und dabei zerstört, [...] erhielten [...] einen ernsthaften [...] Hintergrund [...], als wissenschaftliche Befunde die mögliche Bedeutung humaner Stammzellen als Grundlage künftigen Zell- und Gewebeersatzes erkennen ließen. Maßgeschneidertes Ersatzgewebe für Parkinsonkranke, Querschnittsgelähmte oder Patienten nach schwerem Herzinfarkt herzustellen, scheint der internationalen Wissenschaftlergemeinschaft inzwischen eine ziemlich realistische Zukunftsoption zu sein [...]. Unter den verschiedenen Stammzellen, die es gibt, eignen sich dafür *embryonale* Stammzellen nach überwiegender Auffassung am besten. Auch wenn sich die Hoffnungen auf therapeutische Ansätze nicht sicher und bestenfalls in etlichen Jahren verwirklichen lassen, haben sie doch die Abwägungsfragen zwischen Embryonenschutz und hochrangiger Forschung sehr realitätsnah und zum Gegenstand kontroverser ethischer und biorechtlicher Auseinandersetzungen werden lassen [...]. Systematisch geht es einmal mehr um die Frage nach dem rechtsethischen Status früher (4-5 Tage alter) Embryonen, die durch die Stammzellgewinnung zerstört werden [...]: Wer ihnen den vollen Lebens- und Würdeschutz eines geborenen Menschen zuschreibt [...], kann konsequenterweise auch die hochrangigste für den Embryo tödliche Forschung, deren Durchführung schließlich an einem geborenen Menschen schlechterdings undenkbar wäre, nicht befürworten – auch wohl nicht an „überzähligen", d. h. im Rahmen der IFV unbeabsichtigt übrig gebliebenen und der Forschung gespendeten Embryonen. Vertreter einer Position, der zufolge man gegenüber frühen Embryonen nur Respekt zeigen oder schwache Schutzpflichten realisieren muss, halten hingegen die Förderung und Durchführung solcher Forschung nicht nur zulässig, sondern unter Umständen nachgerade geboten [...]. Die Debatte wird noch komplizierter dadurch, dass es verschiedene „Quellen" zur Gewinnung von embryonalen Stammzellen gibt: „überzählige" Embryonen aus assistierten Befruchtungsversuchen, gezielt für die Forschung hergestellte Embryonen und solche, die durch Zellkern-Transfer in eine zuvor entkernte Eizelle hergestellt wurden. *Bettina Schöne-Seifert, Grundlagen der Medizinethik, S. 173-175*

1. Unterscheiden Sie verschiedene Formen von Elternschaft. Was verstehen Sie unter Elternschaft? Ist Ihr Verständnis mit allen Möglichkeiten vereinbar? ➜ M1
2. Diskutieren Sie die Problematik der sog. „Rettungskinder". ➜ M2-4
3. Erörtern Sie folgenden Fall: Ein gehörloses Paar aus England will durch die dort unter bestimmten Umständen erlaubte Embryonenselektion dafür sorgen, dass sie ein gehörloses Kind bekommen. Taubheit sei eine Lebensform, keine Behinderung, die wie andere Lebensformen auch Wertschätzung verdiene. Haben die Eltern hierzu ein Recht? Prüfen Sie auch, ob sich dieser Fall von dem sog. „Rettungskinder" unterscheidet. ➜ M5
4. Recherchieren Sie die die rechtliche Situation bezüglich der Stammzellenforschung in Deutschland und anderen Ländern, z. B. unter www.drze.de, www.kritischebioethik.de. ➜ M5
5. Klären Sie, welche Interessen durch die Stammzellforschung in welcher Weise berührt sind. ➜ M5

4 Am Ende des Lebens

M1 Ende einer Qual

Für die Eltern ist es die schwierigste Entscheidung ihres Lebens: Sie bitten den behandelnden Arzt, ihre gerade vier Wochen alte Tochter mit Hilfe von Medikamenten für immer einschlafen zu lassen. Das Baby hat das Downsyndrom und ist mit einer offenen Wirbelsäule auf die Welt gekommen; Nervenstränge hängen in einem dünnen Hautsack aus ihrem Rücken, das Gehirn ist fehlgebildet, und anstelle des Gaumens klafft ein Loch. „Dieses Kind hätte etwa zwanzig chirurgische Eingriffe allein innerhalb des ersten Lebensjahres benötigt. Doch zwei erfahrene Operateure rieten davon ab, die allgemeine Prognose sei zu schlecht“, sagt Eduard Verhagen, Chefarzt der Universitätskinderklinik in Groningen. „Selbst die starken Schmerzmittel haben oft nicht mehr geholfen. Für unser Kind war das eine furchtbare Qual“, sagt die Mutter. Die Eltern sind verzweifelt und wollen ein langes Warten auf den Tod nicht hinnehmen. Eduard Verhagen [...] kann sie verstehen und geht auf ihre Bitte ein. Als der Arzt dem Säugling eine hohe Dosis Schlafmittel und Morphin spritzt, hat die Mutter ihre Tochter auf dem Arm [...]. Es dauert nur wenige Minuten, bis das Mädchen tot ist.

Achim Wüsthof, Entscheidung an der Wiege, in: Die Zeit, Nr. 6/03.02.2005

M2 Ein Ende in Würde

Mein 77-jähriger Vater hatte eine Patientenverfügung, die besagte, dass er Notfallmedizin ablehne. Er litt unter einem Schmerzsyndrom, Diabetes und [...] Demenz und war schon sehr schwach. Schon länger hatte er sterben wollen, weil ihm sein Leben zu einer unerträglichen Last geworden war. [...] Ein Notarzt war gerufen worden, der [...] mir sagte, dass mein Vater eine Lungenentzündung entwickeln würde und er ihn unter normalen Umständen ins Krankenhaus einweisen würde. Was ihn davon abhielt, war seine Patientenverfügung. Er wollte von mir als Bevollmächtigtem wissen, was er tun solle. Darauf fragte ich ihn, was die Patientenverfügung seiner Meinung nach für diesen Fall aussagen würde. Der Arzt erwiderte, dass mein Vater nicht behandelt werden wolle, worauf ich sagte, dass man ihm dann doch seinen Willen lassen sollte. Die Antwort des Arztes überraschte [...] mich, denn er sagte, dass er das auch so entschieden hätte, wenn es sein Vater gewesen wäre. – Frank S.

www.standard-patientenverfuegung.de/erfahrungen.htm

M3 Probleme der Patientenverfügung

Das erste Gegenargument ist der berechtigte Hinweis auf die Schwierigkeiten, die Bedingungen eines Behandlungsabbruchs so genau zu benennen, dass ein Arzt immer zuverlässig weiß, was die Vorausverfügung für eine konkrete Situation vorsieht. Typische und häufig benutzte Formulierungen wie „Verzicht auf Intensivmedizin“, „bei unheilbarer Erkrankung“ oder „Ermöglichung eines würdigen Sterbens“ lassen zu große Interpretationsspielräume zu; präzise Auflistungen aller relevanten Konstellationen andererseits sind oft nicht praktikabel. [...] Der eine Einwand führt an, dass ein Patient niemals im Voraus wissen könne, wie subjektiv lebenswert auch noch ein „miserables“ Leben sein mag. [...] Der andere Einwand führt die generelle Unsicherheit ärztlicher Diagnosen und Prognosen an. [...] In diesem Zusammenhang stellt sich aber auch die philosophische Frage nach der personalen Identität zwischen jenem Patienten, der in gesunden Tagen eine Vorausverfügung tätigt, und jenem späteren Patienten in Dauerkoma oder schwerster Demenz, für den die Verfügung gelten soll. [...] [e]s ist die Annahme einer solchen Identität in der Tat problematisch, wenn man, wie üblich, psychische Kontinuität als eine ihrer notwendigen Bedingungen ansieht. Da aber andererseits die Wahrscheinlichkeit von Interessenkonflikten zwischen dem früheren und dem späteren Patienten gering sei, spreche die Annahme personaler Diskontinuität in der Regel nicht gegen die Bindungskraft von Vorausverfügungen.

Bettina Schöne-Seifert, Medizinethik, S. 577f.

M4 Regelungen zur Sterbehilfe europaweit

		D	I	CH	NL
aktive	Tötung auf ausdrücklichen Patientenwunsch	verboten, Strafrahmen bei „Tötung auf Verlangen": 6 Monate - 5 Jahre	verboten, Strafrahmen bei „Tötung mit Einwilligung": 6-15 Jahre	erlaubt, sofern nicht aus selbstsüchtigen Motiven	erlaubt, wenn bestimmte Kriterien (z. B. unabhängiges weiteres Urteil eines Mediziners) eingehalten sind
passive	Therapieabbruch mit der Absicht, Patienten sterben zu lassen	erlaubt, wenn z. B. eine entsprechende Patientenverfügung vorliegt	erlaubt, bei entsprechender Patientenverfügung, sonst „Tötung durch Unterlassen"	erlaubt	erlaubt
indirekte	Inkaufnahme der lebensverkürzenden Wirkung z. B. einer Schmerztherapie	erlaubt	erlaubt	erlaubt	erlaubt
nicht freiwillige	Tötung eines nicht entscheidungsfähigen Patienten	verboten	verboten	verboten	verboten

Quelle: Deutsches Referenzzentrum für Ethik in den Biowissenschaften

M5 Grundsätze der Bundesärztekammer

[Der Arzt] muss den Willen des Patienten beachten. Ein offensichtlicher Sterbevorgang soll nicht durch lebenserhaltende Therapien künstlich in die Länge gezogen werden. Aktive Sterbehilfe ist unzulässig und mit Strafe bedroht, auch dann, wenn sie auf Verlangen des Patienten geschieht. Die Mitwirkung des Arztes bei der Selbsttötung widerspricht dem ärztlichen Ethos. Der Arzt ist verpflichtet, Sterbenden, bei denen der Eintritt des Todes in kurzer Zeit zu erwarten ist, so zu helfen, dass sie unter menschenwürdigen Bedingungen sterben können. Die Hilfe besteht in palliativ-medizinischer Versorgung. Maßnahmen zur Verlängerung des Lebens dürfen in Übereinstimmung mit dem Willen des Patienten unterlassen oder nicht weitergeführt werden, wenn diese nur den Todeseintritt verzögern und die Krankheit in ihrem Verlauf nicht mehr aufgehalten werden kann. Bei Sterbenden kann die Linderung des Leidens so im Vordergrund stehen, dass eine möglicherweise dadurch bedingte unvermeidbare Lebensverkürzung hingenommen werden darf. Bei Neugeborenen mit schwersten Beeinträchtigungen, bei denen keine Aussicht auf Heilung oder Besserung besteht, kann nach hinreichender Diagnostik und im Einvernehmen mit den Eltern eine lebenserhaltende Behandlung, die ausgefallene oder ungenügende Vitalfunktionen ersetzen soll, unterlassen oder nicht weitergeführt werden. [...] Patienten mit schwersten zerebralen Schädigungen und anhaltender Bewusstlosigkeit (Wachkoma) haben, wie alle Patienten, ein Recht auf Behandlung, Pflege und Zuwendung. *Deutsches Ärzteblatt, Jg. 108, Heft 7, 18.02.2011*

1 Analysieren Sie die Fälle mit Hilfe der begrifflichen Unterscheidungen und der „Grundsätze zur Sterbebegleitung". ➜ M1/2/5

2 Diskutieren Sie: Haben die Ärzte Ihrer Meinung nach richtig entschieden? Gibt es Ihrer Meinung nach Alternativen? ➜ M1/2

3 Stellen Sie die Argumente für und gegen eine Patientenverfügung gegenüber. Halten Sie das Festhalten an einer Verfügung im Falle einer schwerwiegenden Demenz für richtig? ➜ M2/3

4 Recherchieren und vergleichen Sie die rechtlichen Regelungen zur Sterbehilfe in weiteren Ländern. ➜ M4

5 Organspende in der Diskussion

M1 Selbstbestimmung

Dieses Prinzip betrifft das Recht eines Menschen, über seinen Körper bzw. einzelne seiner Teile auch über den Tod hinaus zu verfügen:

Einem breiten, unausgesprochenen Konsens folgend wird die Frage nach der Verfügung über Spendeorgane hierzulande in *persönlichkeitsrechtlichen* Kategorien geregelt. Spendeorgane werden also nicht als Eigentum des Organspenders betrachtet; für persönlichkeitsrechtliche Argumente steht vielmehr die Frage im Vordergrund, unter welchen Bedingungen Organe legitimerweise entnommen werden dürfen. Alle im Vorfeld des Transplantationsgesetzes in Deutschland diskutierten Modelle der Organentnahme am Leichnam [...] messen dabei der zu Lebzeiten getroffenen *selbstbestimmten Entscheidung des Organspenders* jeweils unterschiedliches Gewicht bei.

Johann Ach / Georg Marckmann, Transplantationsmedizin, S. 295

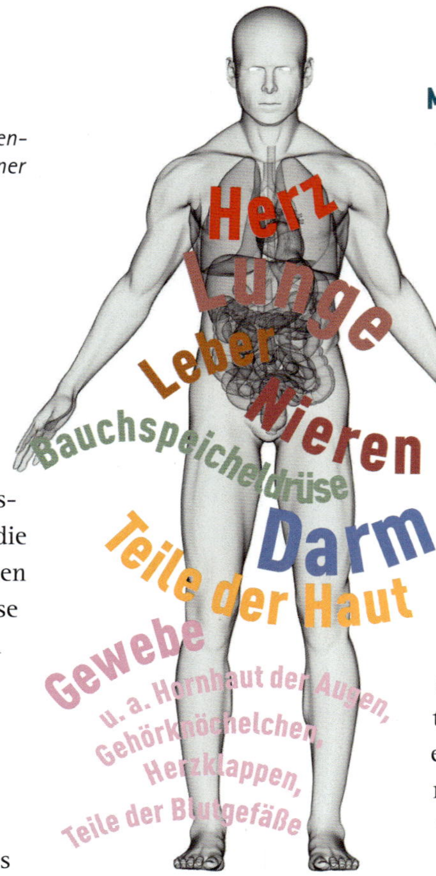

M3 Sicheres Todeskriterium?

Am Hirntodkriterium wird sowohl von medizinischer als auch von philosophischer Seite eine unterschiedlich motivierte Kritik geübt. Einerseits wird (vorwiegend von medizinischer Seite) die Bestimmung als zu eng kritisiert und auf ein Teilhirntodkriterium gedrängt [...]. Andererseits wird (vorwiegend von philosophischer Seite) eingewendet, das Hirntodkriterium sei die Folge eines externen pragmatischen Interesses – des Transplantationsinteresses – und beinhalte eine ethisch problematische Minimalisierung der Todesbestimmung, welche die objektive Unbestimmtheit der Grenze zwischen Leben und Tod missachte [...].

Günther Pöltner, Grundkurs Medizin-Ethik, S. 230f.

M2 Der Hirntod ist der Tod des Menschen

Als klinischer Tod wird bezeichnet, wenn die Atmung endet und das Herz nicht mehr schlägt. Dieser Zustand kann in besonderen Fällen durch Wiederbelebung, v. a. Herzmassage und Beatmung, rückgängig gemacht werden. Wenn das Gehirn jedoch nicht innerhalb weniger Minuten wieder mit Sauerstoff versorgt wird, kommt es zum Absterben von Gehirnzellen. „Mit dem Hirntod ist naturwissenschaftlich-medizinisch der Tod des Menschen festgestellt. (...) Der Hirntod wird definiert als Zustand der irreversibel erloschenen Gesamtfunktion des Großhirns, des Kleinhirns und des Hirnstamms. Dabei wird durch kontrollierte Beatmung die Herz- und Kreislauffunktion noch künstlich aufrechterhalten.“ *nach Bundesärztekammer*

M4 Umgang mit den Toten

Aus ethischer Perspektive stellt sich die Frage nach dem *moralischen Status des menschlichen Leichnams.* Der Leichnam darf durch die Entnahme von Geweben und Organen nicht zu einer bloßen Sache degradiert werden, sondern muss einen moralischen Schutz genießen, der sich in einem pietätvollen Umgang ausdrückt. Wie eine Gesellschaft mit den Toten umgeht, ist für ihr soziales und kulturelles Selbstverständnis von großer Bedeutung. Der Tod und das Sterben gehören zu denjenigen Lebensbereichen, die dem Zugriff von Verwertungsinteressen entzogen bleiben sollten. Ein respektloser, instrumentalisierender Umgang mit Toten könnte auf den Umgang mit Lebenden ausstrahlen.

Johann Ach / Georg Marckmann, Transplantationsmedizin, S. 297

M5 Recht auf den eigenen Körper?

Nach Dieter Birnbacher kollidieren in Fällen der Organentnahme ohne ausdrückliche Zustimmung des Verstorbenen die gleichwertigen Prinzipien der Hilfeleistung und der Respektierung der individuellen Selbstbestimmung.

[Es ist für mich] [...] nicht einsehbar, warum viele zwar Extremlösungen auf der Seite der Priorität der Hilfeleistungspflicht, nicht aber Extremlösungen auf der Seite der Priorität des Selbstbestimmungsrechts ablehnen. Die überwiegende Mehrheit lehnt eine Regelung ab, [...] nach der eine Entnahme von Organen vom Toten auch bei vorliegendem ausdrücklichen Widerspruch zulässig ist. Nur wenige lehnen aber auf der anderen Seite eine Regelung ab, die eine Entnahme vom Toten an eine ausdrückliche vorherige Einwilligung des Verstorbenen bindet. Von der ersten Extremlösung könnte man sagen, dass sie mit einer Reihe anderer bestehender und akzeptierter Regelungen unvereinbar ist. Unser eigener Körper ist uns näher als unser Vermögen. Aber auch dieses darf man uns nach unserem Tode nicht einfach wegnehmen, um damit – unabhängig davon, was wir vor dem Tod bestimmt haben – einen anderen zu retten. Wenn wir bestimmen dürfen, was nach unserem Tode mit unserem Vermögen geschieht, sollten wir auch bestimmen dürfen, was nach unserem Tode mit unserer sterblichen Hülle geschieht. Dieselbe Überlegung kann man aber auch für die Extremlösung auf der anderen Seite anstellen. Wenn die Gesellschaft befugt ist, den Körper eines Verstorbenen auch ohne dessen Einwilligung (und sogar ohne die Einwilligung der Nahestehenden) zum Zweck der Rechtssicherheit öffnen zu lassen, warum soll sie dann nicht auch befugt sein, ihn ohne ausdrückliche Einwilligung zum Zweck der Organentnahme öffnen zu lassen? Wiegt die Aussicht, mit dem entnommenen Organ das Leben eines anderen zu retten bzw. (bei einem Nierenkranken) dessen Lebensqualität nachhaltig zu verbessern wirklich weniger als die (zum Teil geringe) Chance, mithilfe der Obduktion ein Verbrechen aufzuklären? [...] Das heißt, ich meine, dass die mangelnde Bereitschaft, einem anderen durch eine Organspende das Leben zu retten, zu Unrecht als moralisch unbedenklich gilt.

Dieter Birnbacher, Organtransplantation, S. 312-314

M6 Regelungen zur Organentnahme

Während in Deutschland die sogenannte „erweiterte Zustimmungslösung" für eine Organentnahme gilt, gibt es in anderen Ländern auch andere gesetzliche Regelungen:

- **Widerspruchslösung:** Organentnahme grundsätzlich zulässig; Voraussetzung: kein ausdrücklicher Widerspruch des Spenders zu Lebzeiten (mündlich oder schriftlich)
- **enge Zustimmungslösung:** Organentnahme ohne ausdrückliche schriftliche oder mündliche Zustimmung des Spenders zu Lebzeiten verboten; keine Möglichkeit der „Nachreichung" einer fehlenden Einwilligung, kein Mitspracherecht für Angehörige
- **erweiterte Zustimmungslösung:** Organentnahme auch ohne schriftliche Zustimmung des Spenders zulässig; Voraussetzung: Einverständnis der nächsten Angehörigen, entscheidend dabei der mutmaßliche Wille des Verstorbenen
- **Informationslösung:** Organentnahme grundsätzlich zulässig; Voraussetzung: kein ausdrücklicher Widerspruch zu Lebzeiten, Unterrichtung der Angehörigen über geplante Entnahme muss erfolgen (dabei kein Widerspruchsrecht der Angehörigen)
- **Notstandslösung:** Organspende immer zulässig, selbst bei Vorliegen eines Widerspruches des möglichen Spenders

1. Stellen Sie die momentane Situation der Transplantationsmedizin und die Spendenbereitschaft in Deutschland dar.
2. Erstellen Sie eine Übersicht der unterschiedlichen ethischen Bewertungskriterien zum Thema Organtransplantation. ➜ M1/4
3. Wann ist ein Mensch tot? Beschreiben Sie die Schwierigkeiten, diese Frage zu beantworten. ➜ M2/3
4. Erarbeiten und diskutieren Sie die These Dieter Birnbachers. ➜ M5
5. Diskutieren Sie, ob sich aus ethischer Sicht eine moralische Verpflichtung zur Organspende rechtfertigen lässt. ➜ M5
6. Diskutieren Sie Vor- und Nachteile der verschiedenen Modelle zur postmortalen Organspende. ➜ M6

*6 Gendiagnostik: trügerische Sicherheit

M1 Liebe in modernen Zeiten

Plassmann / Baaske Cartoons

Zahlreiche Möglichkeiten: Mit einer Analyse des Erbgutes kann der leibliche Vater eines Kindes ermittelt, durch pränatale Gentests können Ungeborene auf Erbkrankheiten untersucht werden. Auch in der Verbrechensaufklärung spielt die DNA-Analyse eine immer größere Rolle.

M2 Ist das Kind den Eltern zumutbar?

Mit den weiter zunehmenden Möglichkeiten pränataler Diagnostik werden auch die Fragen nach der Zumutbarkeit bestimmter Eigenschaften des Ungeborenen häufiger werden. Eine öffentliche Diskussion der ethischen Aspekte des Schwangerschaftsabbruchs in diesem Kontext, auch im Hinblick auf den Wert von Begriffen wie Normalität oder Behinderung, ist daher dringend erforderlich. [...] Dass die Angst vor einer Zunahme der Diskriminierung von Menschen mit Behinderung nicht unberechtigt ist, zeigt das Erscheinen von Kosten-Nutzen-Rechnungen, die die möglichen Einsparungseffekte durch PND im Vergleich zur Behandlung behinderter Menschen aufzeigen.

Christian Hick (Hg.), Klinische Ethik, S. 146

M3 Medizinische Binsenweisheit: „Vor die Therapie haben die Götter die Diagnose gesetzt"?!

Tests können heute die genetische Disposition eines Menschen z. B. für eine Insulinresistenz (Diabetes Typ 2) nachweisen. Betroffene können sich aufgrund dieses Wissens schon frühzeitig angemessen verhalten, sodass eine medikamentöse Therapie z. T. vermieden werden kann.

Was aber, wenn der Test wirklich nichts anderes leisten kann als eine mehr oder weniger präzise Voraussage über eine irgendwann im Leben bevorstehende schwere Krankheit, die weder durch Vorbeugung verhindert noch nach dem Ausbruch geheilt werden kann? Das Paradebeispiel für voraussagende Diagnostik ist die Huntington-Krankheit. Wer die Anlage trägt, ist bis zum jungen Erwachsenenalter körperlich und geistig völlig gesund. Zumeist zwischen dem 35. und 45. Lebensjahr kommt es zu einem unaufhaltsam fortschreitenden Verlust geistiger und motorischer Fähigkeiten, der über durchschnittlich 15 Jahre zum Tod führt. Den betroffenen Familien hat die Wissenschaft bislang keinerlei Therapien an die Hand gegeben. Immerhin ist das Huntington-Gen zuverlässig molekulargenetisch untersuchbar. Damit steht heute jeder Nachkomme eines von der Huntington-Krankheit betroffenen Elternteils vor der Frage, ob und gegebenenfalls wann er oder sie erfahren möchte, ob die Anlage nun bei ihm / ihr selbst vorliegt.

nach Wolfram Henn u.a., Humangenetik, S. 68-70

M4 Gläserne Arbeitnehmer ...

Es klingt verlockend: Wäre es möglich, den Bewerber im Einstellungsgespräch [...] im wahrsten Sinne des Wortes auf Herz und Nieren zu checken – dem Arbeitgeber böte das eine völlig neue Dimension der Personalauswahl. Der Amtsarzt könnte dem Aspiranten im Anschluss an das Gespräch einfach ein paar Haare abschneiden oder ihm mit einem Wattestäbchen durch den Mund fahren. Die so gewonnene DNA würde im Labor analysiert und alle Abweichungen von der Norm genau registriert werden.

M5 ... eine Illusion?

Wie der Fall einer hessischen Lehrerin zeigt, nicht ganz. Die damals 36-jährige Beamtenanwärterin hatte im Jahr 2004 bei einer obligatorischen amtsärztlichen Untersuchung angegeben, dass ihr Vater an einer tödlichen Erbkrankheit, der Nervenkrankheit Chorea Huntington, leidet. Obwohl der Amtsarzt sie als gesund einstufte, lehnte das Schulamt ihre Verbeamtung ab. Die Begründung: Es sei zu 50 Prozent davon auszugehen, dass sie Trägerin des Chorea-Huntington-Gens ist. Eine vorzeitige Dienstunfähigkeit sei zu befürchten. Darüber hinaus hatte die Frau es abgelehnt, einen Gentest durchzuführen. Sie klagte gegen ihren Arbeitgeber – und bekam Recht.

M6 Der Preis: neue Unsicherheit

Obwohl die Testpersonen gesund sind und möglicherweise auch bleiben, können sie sich nach einem positiven Test als gefährdet ansehen. Das Testergebnis, das ein mehr oder weniger gesichertes statistisches Risiko benennt, erscheint wie eine Hypothek, die auf dem Leben des Gesunden lastet. Das Wissen um die Möglichkeit zukünftiger Krankheiten ist zwar allen gegenwärtig. Durch eine wissenschaftlich objektivierbare Diagnose bekommt es aber einen anderen Realitätsbezug, als wenn es sich dabei nur um eine abstrakte Möglichkeit handeln würde. Eine neue Personengruppe, die der „gesunden Kranken", entsteht. [...] Mit den Fortschritten der präventiven Diagnostik wachsen möglicherweise auch die Erwartungen an das Individuum, präventive Maßnahmen zu ergreifen. Dies könnte Einschränkungen in der Freiheit der eigenen Lebensgestaltung nach sich ziehen, die von der Entstehung von Spannungsverhältnissen zwischen Familienmitgliedern bis zum Verzicht auf Kinder reichen könnten. Weitere soziale Risiken bestehen in der Stigmatisierung von Familien, von denen bekannt wird, dass sie eine erbliche Krankheitsdisposition tragen.

Günter Feuerstein u. a., Vom genetischen Wissen, S. 29

M7 Recht auf Nichtwissen

Der Bundesbeauftragte für Datenschutz weist auf die Gefahr der Stigmatisierung aufgrund genetischer Untersuchungsergebnisse hin.

Sie seien [...] eben auch für Dritte von besonderem Interesse, zudem leicht zu gewinnen und ließen Rückschlüsse auf die medizinische Konstellation von Blutsverwandten zu. Ein „grundsätzliches Verbot von Gentests vor Einstellungen oder vor dem Abschluss von Versicherungsverträgen" hält deshalb auch Schaar für unerlässlich, insbesondere wegen des Rechts auf „informationelle Selbstbestimmung". Dabei handelt es sich um nichts Geringeres als das Recht auf Nichtwissen, die Möglichkeit also, selbst entscheiden zu können, ob man etwas über seine genetische Disposition erfahren möchte oder nicht. Schließlich kann ein bestimmtes Testergebnis auch eine große psychische Belastung darstellen. [...] „Wer einen Gentest macht, zieht immer auch seine Familie mit hinein [...]. Brüder, Geschwister, Kinder – sie alle müssen dann ebenfalls mit der Verunsicherung leben, erkranken zu können."

M4/5/7: Johanna Metz, Das Recht auf Nichtwissen, S. 6

1 Informieren Sie sich in Gruppen über Gentests. Diskutieren Sie die Vor- und Nachteile (s. z. B. www.kritischebioethik.de, www.drze.de.) ➔ M1/2
2 Erläutern Sie, welche Problematik mit der molekulargenetischen Identifizierung des Huntington-Gens verbunden ist. Wer hat aus welchen Gründen Interesse an dem Gentest? ➔ M3-5
3 Nehmen Sie Stellung: Lasse ich mich testen?
4 Wissenschaftliche Untersuchungen haben gezeigt, dass Diabetes Typ 2 oft schon bei Jugendlichen auftritt. Welchen Einfluss kann das Wissen über eine Krankheitsdisposition für die Lebensführung haben?
5 Es ist gelungen, auch die Brustkrebsgene *BRCA1* und *BRCA2* zu identifizieren, deren Vorliegen die Wahrscheinlichkeit von Brustkrebserkrankungen auf bis zu 80 Prozent steigern. Recherchieren Sie, welche Vor- und Nachteile eines Gentests diskutiert werden.
6 Diskutieren Sie, ob die Menschen ein Recht auf Nichtwissen haben. ➔ M6/7

1 Gleichheit von Tier und Mensch

M1 Alle Tiere sind gleich

Es gibt bedeutende Unterschiede zwischen Menschen und anderen Tieren, und diese Unterschiede müssen sich in gewissen Unterschieden zwischen den Rechten beider Gruppen niederschlagen. Die Anerkennung dieser offensichtlichen Tatsache ist jedoch kein Hindernis für die Ausdehnung des grundlegenden Prinzips der Gleichheit auf nichtmenschliche Tiere. Die Unterschiede, die zwischen Männern und Frauen bestehen, kann man ebenso wenig bestreiten. [...] Viele Feministinnen meinen, dass Frauen ein Recht auf Abtreibung haben. [...] Da ein Mann nicht abtreiben kann, ist es sinnlos, über sein Recht auf Abtreibung zu sprechen. Da ein Schwein nicht wählen kann, ist es sinnlos, über sein Wahlrecht zu sprechen. [...] Die Ausdehnung des grundlegenden Prinzips der Gleichheit von einer Gruppe auf eine andere beinhaltet nicht, dass wir beide Gruppen in genau derselben Weise behandeln oder beiden genau dieselben Rechte gewähren müssen. Ob wir das tun sollten, wird von der Natur der Mitglieder beider Gruppen abhängen. Das grundlegende Prinzip der Gleichheit, so lautet mein Argument, ist die Gleichheit der Rücksichtnahme; und gleiche Rücksicht auf verschiedene Wesen kann zu unterschiedlicher Behandlung und zu unterschiedlichen Rechten führen. [...]

Ein [...] Utilitarist, Henry Sidgwick, brachte es so auf den Punkt: „Das gute Leben irgendeines Individuums hat vom Standpunkt [...] des Universums nicht mehr Bedeutung als das gute Leben eines jeden anderen." [...] Das Prinzip der Gleichheit beinhaltet, unsere Rücksicht auf andere nicht davon abhängig zu machen, wie sie aussehen oder welche Fähigkeiten sie besitzen – obwohl das, was diese Rücksicht im Einzelnen von uns verlangt, sich nach den Besonderheiten der von unserem Handeln Betroffenen richtet. Dies muss letztlich die Grundlage für die Argumente gegen Rassismus und Sexismus sein; und im Einklang mit diesem Prinzip ist auch der Speziesismus zu verurteilen. Wenn der Besitz eines höheren Intelligenzgrades einen Menschen nicht berechtigt, einen anderen für seine Zwecke zu benutzen, wie kann er dann Menschen berechtigen, nichtmenschliche Wesen auszunutzen? [...]

Die Fähigkeit zum Leiden – oder genauer, zum Leiden und / oder zum Genießen oder zum Glück – ist nicht einfach eine andere Eigenschaft, wie es die Fähigkeit zum Sprechen oder die zu höherer Mathematik sind. [...] Die Fähigkeit zu leiden oder zu genießen ist eine Voraussetzung, um überhaupt Interessen zu haben, eine Bedingung, die erfüllt sein muss, bevor wir in einer sinnvollen Weise von Interessen sprechen können. Es wäre Unsinn zu sagen, es sei nicht im Interesse eines Steins, von einem Schuljungen die Straße entlang gekickt zu werden. Ein Stein hat keine Interessen, weil er nicht leiden kann. [...] Dagegen hat eine Maus ein Interesse daran, nicht gequält zu werden, weil sie sonst leiden würde. [...] Wenn ein Wesen leidet, kann es keine moralische Rechtfertigung für die Weigerung geben, dieses Leiden zu berücksichtigen. Egal, um welche Art von Wesen es sich handelt, das Prinzip der Gleichheit verlangt, dass sein Leiden genauso viel zählt wie ein vergleichbares Leiden anderer

Fragen an den Text:

Was bedeutet Gleichheit?

Inwiefern sind Männer und Frauen (un-)gleich?

Analogie: Was heißt dies hinsichtlich des Verhältnisses Tier-Mensch?

Rücksichtnahme auf was?

Was sagt der Utilitarismus (z. B. J. Bentham) zu Interessen?

Rassismus / Sexismus bedeutet ...
Speziesismus: Bevorzugung der eigenen Spezies aufgrund ...

Welches Interesse hat ein leidendes Wesen?

Wer leidet: Flüsse, Bäume, Füchse, Bakterien, menschliche Föten, Elefanten, Kleinkinder, Insekten?

Die moralische Handlungsregel lautet: ...

Wesen – soweit grobe Vergleiche angestellt werden können. Wenn ein Wesen nicht fähig ist, zu leiden bzw. zu genießen oder Glück zu erfahren, gibt es nichts zu berücksichtigen. Deshalb ist die Grenze der Empfindungsfähigkeit [...] die einzig vertretbare Grenze der Rücksicht auf die Interessen anderer. Diese Grenze durch irgendeine Eigenschaft wie Intelligenz oder Vernünftigkeit zu setzen, hieße, sie zufällig zu setzen. Warum dann keine andere Eigenschaft wählen, wie die Farbe der Haut? [...] Für den Fall, dass es jemanden gibt, der immer noch meint, man könnte eine relevante Eigenschaft finden, die alle Menschen von allen Mitgliedern anderer Spezies unterscheidet, weise ich [...] auf die Existenz einiger Menschen hin, die recht deutlich unter der Stufe des Bewusstseins [...], der Intelligenz und der Empfindungsfähigkeit von vielen nichtmenschlichen Wesen sind. Ich denke an Menschen mit [...] nicht behebbaren Hirnschädigungen und auch an menschliche Säuglinge.

Peter Singer, Alle Tiere sind gleich, S. 15–29

Wieso zählt der Mensch nicht mehr? Er ist doch das einzige vernunftbegabte Wesen?
Begründung 1: ...
Begründung 2: ...

M2 Entgegnung

Unsere moralische Verpflichtung gegenüber dem Schaf hat ein geringeres Gewicht als die gegenüber dem Menschen, nicht weil das Schaf irgendwelche Qualitäten nicht hätte (etwa die, die es als Subjekt der moralischen Gemeinschaft haben müsste), sondern weil das Schaf ein Schaf ist und der Mensch ein Mensch und weil wir Menschen sind. Das soll heißen: Daraus, dass wir in mehreren Stufen gelernt haben, dass der Sinn von Moral es verlangt, den partikularen eigenen Standpunkt zu überschreiten, von der Gruppe, der Nation, der Rasse schließlich zur Menschheit, folgt mitnichten, dass diese letzte Grenze auch noch ohne Verlust an moralischem Gewicht überschritten werden kann. Der Sinn des schrittweise Überschreitens war ja, dass wir begreifen, dass die Menschheit eine große Familie ist, dass jeder Mensch, der mir begegnet, meine Schwester oder mein Bruder sein könnte, aber nicht, dass wir uns in eine Abstraktion verflüchtigen. Das Schaf könnte nicht meine Schwester oder mein Bruder sein. [...] Die Moral ist ihrem Sinn nach „zugunsten des Eigenen“, nämlich eines rechtverstandenen „wir“, das so umfassend wie möglich verstanden werden muss, aber auch nur eben so weit. Unsere moralische Lage besteht darin, dass wir uns einerseits [...] als Glieder der einen menschlichen Familie vorfinden, die die moralische Gemeinschaft ausmacht, und andererseits als umgeben von vielen anderen Tieren, die fühlen und leiden wie wir, und

doch nicht zu dieser Familie gehören. [...] Worin genau [...] besteht die Differenz? Ist das, was uns von Schafen unterscheidet, die allgemeine Eigenschaft, dass wir moralische Subjekte sein können, oder das partikulare biologische Faktum, dass wir Menschen sind? Ich habe [...] beide Antworten gegeben [...].

Ernst Tugendhat, Wer sind alle?, S. 107f.

1. Erarbeiten Sie den Text mit Hilfe der Fragen in der rechten Spalte. Finden Sie weitere Fragen an den Text. ➜ M1
2. Ordnen Sie die Position Peter Singers einem Ansatz der ökologischen Ethik zu (vgl. S. 128f.).
3. Formulieren Sie eine kurze Zusammenfassung der Position Peter Singers (vgl. S. 99). ➜ M1
4. Diskutieren Sie, ob Sie Ernst Tugendhats Einwände überzeugen. ➜ M2

2 Besitzen Tiere Eigenwert?

M1 Leiden für den Menschen?

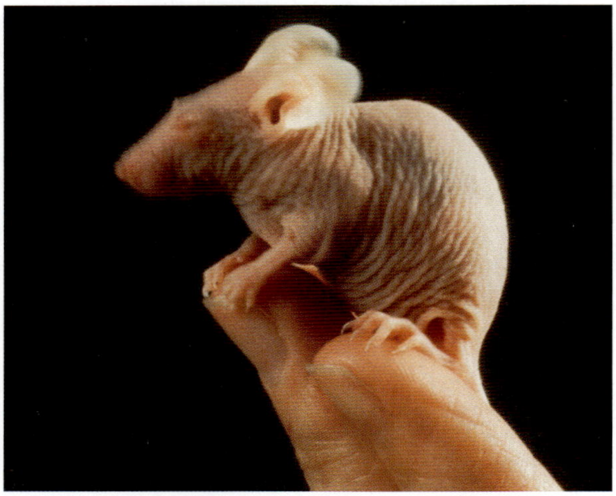

Sie sieht nicht anders aus als irgendeine weiße Maus, und doch wird sie gehütet wie ein Schatz – die TG-20-Maus. Ihr verdankt die medizinische Forschung bahnbrechende Erkenntnisse. Im Biologischen Zentrallabor der Universität Zürich ist sie eine von gut 6000 transgenen, das heißt gentechnisch veränderten Mäusen [...], die hier hergestellt wurden. [...] „Die Maus hat viele physiologische Ähnlichkeiten mit dem Menschen“, sagt der Forschungsmediziner Sebastian Brandner. „Das Mausmodell dient dazu, einzelne krankhafte Stoffwechselprozesse zu untersuchen. Diese Erkenntnisse lassen sich wie Puzzlesteine zusammensetzen.“ Und Alfred Schweizer von Novartis ergänzt: „Aus den gewonnenen Informationen können gezielt Therapien entwickelt werden.“

Meili Dschen, Forschung, Beobachter 5/2000

M2 Herzklappenzucht im Bioreaktor

Maßgeschneiderte und lang haltbare Herzklappen aus den Zellen von Patienten zu entwickeln und einzusetzen – dieses zukunftsweisende Ziel verfolgt seit Frühjahr 2007 die herzchirurgische Klinik am Heidelberger Uniklinikum. Das innovative Projekt *Kardiales Tissue Engineering* wird von der Dietmar-Hopp-Stiftung mit rund 850 000 Euro gefördert. Besonderer Schwerpunkt der Heidelberger Arbeitsgruppe ist die Entwicklung von Herzklappen für Kinder. Weltweit kommen jährlich rund 170 000 Kinder mit angeborenen Klappenfehlern zur Welt. Und bislang stehen keine Herzklappen zur Verfügung, die das Körperwachstum mitmachten. Die maßgeschneiderten biologischen Herzklappen sollen diese Voraussetzung erfüllen. „Die gezüchteten Herzklappen werden zunächst im Tiermodell und in voraussichtlich drei Jahren im Zuge klinischer Studien an Patienten erprobt.“

www.uni-heidelberg.de

M3 Der Wert (nicht-)menschlicher Tiere

Wenn man Lebewesen einen „inhärenten Wert“ zuspricht, dann meint man, dass sie „mehr und etwas anderes sind als bloße Behälter“ (Tom Regan). Der den Lebewesen innewohnende Wert kommt ihnen in gleicher Weise als Individuum zu, unabhängig davon, welche Fähigkeiten sie besitzen und ob sie für andere nützlich sind oder nicht. Sie dürfen also niemals als Ressource für andere(s) und damit als Ding betrachtet und behandelt werden.

Es ist wahr, Tieren fehlt es an vielen Fähigkeiten, die Menschen besitzen. Sie können nicht lesen, sind nicht zu höherer Mathematik befähigt [...]. Aber das können auch viele Menschen nicht, gleichwohl würden (und sollten) wir nicht sagen, dass sie (diese Menschen) deswegen einen geringeren inhärenten Wert, ein geringeres Recht, mit Respekt behandelt zu werden, besäßen als andere. Worauf es [...] ankommt, sind die Gemeinsamkeiten zwischen den Menschen, die offensichtlich und völlig unumstritten einen solchen Wert besitzen (die Menschen, die dies lesen, zum Beispiel), und nicht die Unterschiede zwischen ihnen. Und die wirklich [...] grundlegende Gemeinsamkeit ist schlicht die: Jeder von uns ist das empfindende Subjekt eines Lebens (experiencing subject of a life), eine bewusste Kreatur mit einem individuellen Wohl, das für uns von Bedeutung ist, unabhängig davon, wie nützlich wir für andere sein mögen. [...] Und da dasselbe für Tiere gilt, die uns etwas angehen (die, die wir essen und fangen, zum Beispiel), müssen auch sie als empfindende Subjekte eines Lebens mit eigenem inhärentem Wert angesehen werden. [...] Es gibt Menschen, die sich der Idee, dass Tiere einen inhärenten Wert besitzen, widersetzen. [...] Sollen wir sagen, nur Menschen hätten die erforderliche Intelligenz oder Autonomie oder Vernunft? Aber es gibt doch viele, viele Menschen, die diesen Standard nicht erfüllen und die dennoch zu Recht als wertvoll angesehen werden, unabhängig von ihrer Nützlichkeit für andere. [...] *Alle*, die inhärenten Wert haben, haben ihn *gleichermaßen*, egal, ob sie menschliche Tiere sind oder nicht.

Tom Regan, Wie man Rechte für Tiere begründet, S. 42-44

M4 Kategorienfehler

Menschen haben viele Pflichten gegenüber Tieren [...]. Aber sicher folgt daraus nicht, dass Tiere Rechte haben, denn es ist sicher nicht wahr, dass jede unserer Pflichten aus den Rechten anderer hervorgeht. [...] Man kann Pflichten freiwillig übernehmen [...]. Oft erwachsen Pflichten aus speziellen Beziehungen: [...] Meine Hündin hat kein Recht auf tägliche Bewegung [...], aber ich habe die Pflicht, ihr diese Dinge zu bieten. [...] Die Behauptung, dass Rechte und Pflichten *reziprok* seien, dass *jede* Pflicht vom Recht eines anderen herrühre, ist falsch. [...] Tiere können nicht Träger von Rechten sein, weil das Rechtskonzept seinem Wesen nach *menschlich* ist. Menschen müssen mit Ratten umgehen [...], man kann aber ebenso wenig behaupten, eine Ratte habe Rechte, wie man sagen kann, ein Tisch habe Ehrgeiz. Wenn man sagt, eine Ratte habe Rechte, bringt man Kategorien durcheinander, man wendet auf ihre Welt eine moralische Kategorie an, die ausschließlich in der moralischen Welt des Menschen Bedeutung hat.

Carl Cohen, Haben Tiere Rechte?, S. 94f.

M5 Der Sinn moralischer Normen

Gültige Normen verdienen die intersubjektive Anerkennung aller potentiell Betroffenen, weil diese sich als Argumentationsteilnehmer davon überzeugen könnten, dass diese Normen im gleichmäßigen Interesse aller liegen. Nun sind Tiere nicht Wesen von der Art, dass sie „mit uns in eine Beziehung prinzipieller Gegenseitigkeit treten könnten".

Jürgen Habermas, Erläuterungen zur Diskursethik, S. 220

M6 Werte sind Werte für Menschen

Selbst wenn es der Fall ist, dass wir alle die meisten Tiere wertschätzen, so folgt daraus in keiner Weise, dass wir diese Tiere auch *in gleichem Maße* wie andere Menschen wertschätzen. [...] Ebenso wie man etwa das eigene Joggen [...] wertschätzen kann, kann man selbstverständlich auch [...] Existenz und Wohlergehen von Elefanten sowohl als Selbstzweck als auch zum Zweck der Gewinnung von Elfenbein wertschätzen. Im ersteren Fall kann man dann tatsächlich sagen, dass Elefanten einen gewissen intrinsischen Wert oder „Eigenwert" besitzen – einen Eigenwert nämlich für jene Individuen, die Elefanten um ihrer selbst willen wertschätzen.

Norbert Hoerster, Haben Tiere eine Würde?, S. 38f.

1 Recherchieren Sie Beispiele aus der Medizin bzw. Gentechnik, in denen Tiere in Experimenten verbraucht werden.
2 Überlegen Sie, inwiefern das Leiden oder der Tod der Tiere zum Wohle des Menschen gerechtfertigt werden kann. ➜ M1/2
3 Rekonstruieren Sie Tom Regans Argumentation. Worin besteht die Gemeinsamkeit zwischen Mensch und Tier? ➜ M3
4 Erläutern Sie die Konsequenzen, die sich aus dem Rechte-Ansatz von Regan ergeben (z. B. Massentierhaltung, Tierversuche). ➜ M3
5 Suchen Sie Beispiele dafür, dass Rechte und Pflichten einander nicht notwendig bedingen. ➜ M4
6 Erklären Sie die Redeweise von einem „Kategorienfehler". ➜ M4/5
7 Nach Norbert Hoerster kann man nur in einem Sinn vom „Eigenwert" der Tiere sprechen. Diskutieren Sie die Konsequenzen, die sich hieraus im Unterschied zu Regan (Aufgabe 4) ergeben. ➜ M6
8 Erarbeiten Sie Stellungnahmen für eine Diskussion über das Thema. Diskutieren Sie in Ihrer Gruppe. ➜ M1-6

3 Landkarte für die ökoethische Argumentation

M1 Das Unterscheidungskriterium

Es gibt verschiedene Typen von „Ethiken über die Umwelt“, die unterschieden, beschrieben und auf ihre jeweiligen Stärken hin verglichen werden müssen. Sie unterscheiden sich darin, welche Arten von Lebewesen sie als *moralische Objekte* betrachten. Kurz gefasst geht es dabei um die Frage, *gegenüber* welchen Arten von Lebewesen wir Pflichten haben. Genauer lautet die Frage: „Was ist die Bedingung für den Anspruch darauf, von moralischen Akteuren *berücksichtigt* zu werden?“

nach William K. Frankena, Ethik und die Umwelt, S. 273

M2 Der Mensch im Zentrum

Der anthropozentrische Ansatz erkennt ausschließlich dem Menschen bzw. bestimmten menschlichen Eigenschaften intrinsischen Wert zu. Maßstab für die menschliche Inanspruchnahme der Natur ist danach der Mensch selbst, wobei „der Mensch“ neben der gegenwärtig lebenden Menschheit die gesamte Reihe der in Zukunft existierenden Generationen umfasst. Der außermenschlichen Natur kommt nach diesem Ansatz lediglich ein extrinsischer (abgeleiteter) Wert zu, und zwar insoweit, als sie mit dem Menschen in ein wie immer geartetes Verhältnis der Wechselwirkung tritt. Intrinsisch wertvoll sind letztlich nur die durch sie im Menschen hervorgerufenen oder bedingten Fähigkeiten, Zustände und Aktivitäten.

[...] Der Wert der Natur für den Menschen erschöpft sich nicht im Aspekt der Nutzbarkeit, sondern umfasst ästhetische, religiöse und ontologische Qualitäten wie Schönheit, Heiligkeit, kosmische Ordnung usw., die sie einer kontemplativen, nicht unmittelbar auf Verfügung zielenden Haltung erschließen. Auch der Anthropozentriker erkennt derartige „inhärente Werte“ (Frankena) der Natur an – freilich ohne sie aus ihrer Subjektbezogenheit herauszulösen. [...] Der scheinbar am Objekt haftende Wert ist für ihn ein Wert-für-den-Menschen und kein „Wert an sich“.

Dieter Birnbacher, Mensch und Natur, S. 281

M3 Positionen

Anthropozentrismus

in der Moral:

die Position, nach der nur der Mensch, nicht aber die Natur einen moralischen Status, moralischen Wert (inhärenter Wert, Eigenwert) hat bzw. Mitglied des moralischen Universums ist

↕

nicht anthropozentrische, sogenannte **physiozentrische Gegenposition:**

Pathozentrismus:	Biozentrismus:	Radikaler Physiozentrismus:
Alle empfindungsfähigen Wesen verdienen Rücksicht um ihrer selbst willen.	Alles Lebendige verdient Rücksicht um seiner selbst willen.	Die ganze Natur (holistische Version) bzw. alles in der Natur (individualistische Version) verdient Rücksicht um ihrer (seiner) selbst willen.

in der Erkenntnis:

die Position, nach der die menschliche Perspektive, insbesondere die menschliche Wertperspektive, mitkonstitutiv ist für unser Bild der Welt: Werte sind relational, Werte für uns.

↕

physiozentrische Gegenposition:

Es gibt absolute Tatsachen und Werte: Werte sind unabhängig vom Menschen; sie waren zum Beispiel vor der Menschheit in der Welt.

nach Angelika Krebs, Naturethik, S. 345

M4 Das Leid im Zentrum

Das pathozentrische Argument will moralischen Respekt für das leiblich-emotionale Wohlbefinden aller Menschen auf die empfindungsfähige Natur ausdehnen. Es gliedert sich in fünf Schritte:

1. Die intersubjektiven Kriterien für die Zuschreibung von Empfindungen an andere Menschen lassen sich auf (bestimmte) Tiere [...] anwenden. Tiere zeigen in ihrem Ausdrucksverhalten, z. B. durch Stöhnen, dass sie Empfindungen wie z. B. Schmerz besitzen.

❷ In Empfindungen ist im Unterschied zu Wahrnehmungen ein Moment der positiven oder negativen Bewertung eingelassen, man denke an die Empfindung wohliger Wärme oder an ziehende Kopfschmerzen. [...] Es gelingt einem in der Regel nicht, schrille Geräusche, den Gestank von faulen Eiern oder drückende Schwüle als angenehm zu erleben. Bei empfundenem Leben kann man von einer (subjektiven) Qualität des Lebens sprechen. Positive Empfindungen befördern das (subjektiv) gute Leben, negative behindern es. Empfindende Tiere haben Interesse an positiven Empfindungen und am Vermeiden negativer Empfindungen.

❸ Moralisch handelt, nach dem traditionellen, anthropozentrischen Moralverständnis, wer auf das gute Leben, die Interessen aller Menschen gleichermaßen Rücksicht nimmt.

❹ Nun haben aber nicht nur Menschen, sondern auch Tiere ein gutes Leben, auf das Rücksicht genommen werden könnte. Der Ausschluss von Tieren aus dem moralischen Universum aufgrund ihrer Nichtzugehörigkeit zur menschlichen Spezies ist so willkürlich wie der Ausschluss von Schwarzen aufgrund ihrer „Rasse" oder von Frauen aufgrund ihres Geschlechts. Speziesismus (= Anthropozentrismus) ist moralisch so wenig begründbar wie Rassismus oder Sexismus.

❺ Moralisch handelt daher nur, wer auch auf das gute Leben von Tieren Rücksicht nimmt. Konkreter bedeutet moralische Rücksicht auf Tiere z. B. den Verzicht auf Tierhaltung und Tierversuche, die schwere und / oder dauerhafte Schmerzen, große Angst, ständige Isolation und Bewegungsunfreiheit involvieren.

M5 Das Leben im Zentrum

Das Argument von der Ehrfurcht vor dem Leben will moralischen Respekt für das Leben anderer Menschen auf alles Leben in der Natur ausdehnen. Auch das biozentrische Argument verfährt analog dem pathozentrischen Argument. An die Stelle von „Empfindung" tritt „Leben". Ein gravierender Unterschied besteht allerdings darin, dass das biozentrische Argument moralischen Respekt für das Leben anderer nicht als Teil des Respektes für ihr subjektiv gutes Leben erweisen will, sondern die moralische Grundformel aus Schritt 3 des pathozentrischen Argumentes umformuliert zu: Moralisch handelt, wer auf das Leben aller Menschen Rücksicht nimmt. Danach hat das bloß biologische menschliche Leben moralischen Wert, und das moralische Recht auf Leben hängt zum Beispiel nicht am Vorliegen eines subjektiven Lebenswillens.

M4/5: Angelika Krebs: Ökologische Ethik I, S. 354, 359

M6 Das Ganze

Ein anderer Ethik-Typus geht noch weiter und vertritt, dass in gewissem Sinne alles als moralisch relevant zu berücksichtigen sei, und zwar direkt [...]. [Diese] Variante des „planetarischen Altruismus" ist im engeren Sinn „holistisch" oder „ökosystemisch" [...]. Danach bildet alles ein System oder Ganzes, und es ist das System oder das Ganze, dem moralische Bedeutung zukommt. Inwiefern unsere Handlungen oder Charakterzüge also moralisch richtig oder gut sind, bemisst sich an ihren Auswirkungen auf das System. Was mit Personen, empfindungsfähigen Wesen etc. geschieht, ist nicht an sich moralisch relevant, sondern nur aufgrund seines Einflusses auf das Ganze. Wie Rolston es ausdrückt [...]: „Der Focus erweitert sich nicht nur vom Menschen zu anderen ökosystemischen Mitgliedern, sondern von Individuen welcher Spezies auch immer auf das System ... Hier hat die Gemeinschaft Wert."

William K. Frankena, Ethik und die Umwelt, S. 275, 285

1 Erstellen Sie einen „Wegweiser" (z. B. als Plakat) durch die ökoethische Diskussionslandschaft, z. B. mithilfe folgender Fragen:
- Was bedeutet Naturschutz?
- Wie wird der Schutz der Natur begründet?
- Welche praktischen Auswirkungen hat die jeweilige Position z. B. auf die Frage der Legitimität von Massentierhaltung und Tierexperimenten? ➜ M1-6

2 Diskutieren Sie Vor- und Nachteile der verschiedenen Positionen, die Sie sehen. ➜ M1-6

4 Grüne Gentechnik

M1 Superpflanzen ...

Links wird konventioneller Mais angebaut, rechts eine aus gentechnisch verändertem Saatgut gezogene Sorte: MON 810. Nur eine Brachfläche von 20 Metern Breite trennt die beiden Felder in der Gemeinde zwischen Schönebeck und Köthen.

Vor [ca. 20] Jahren ging der amerikanische Saatgutkonzern Monsanto mit der ersten gentechnisch veränderten Sorte Mais auf den Markt. [...] Das Saatgut mit dem suspekten Kürzel wurde mit einem Gen des Bodenbakteriums Bacillus thuringiensis (Bt) ausgestattet, durch das es automatisch ein für die Maiszünsler-Raupen tödliches Eiweiß produziert. [...] Während MON 810 und MON 863 durch ein neues Gen ein eigenes Insektizid produzieren, sind die beiden Sorten GA 21 und MON 863x810 mit einem Gen ausgestattet worden, das sie gegen das Herbizid „Round up Ready“ widerstandsfähig macht. Wird ein Feld damit besprüht, bleiben einzig die gentechnisch veränderten Maisstauden am Leben. MON 863x810 behält darüber hinaus die Produktion eines eigenen Insektizids bei – ist also doppelt gegen Insekten gefeit.

Der Sprecher des Konzerns Monsanto fühlt sich durch die wissenschaftlichen Erkenntnisse [...] genügend bestätigt. „Wir können nicht auf die fünfmillionste Studie warten, bis wir endlich mit dem Fortschritt anfangen“, so Andreas Thierfelder. „Ertragssichere, qualitativ hochwertigere und schädlingsresistentere Pflanzen liegen vor uns.“ In den Entwicklungsländern könnten beispielsweise Pflanzen mit geringerem Wasserbedarf angepflanzt werden. Das würde auch Konflikte um die in Zukunft wertvollste Ressource verhindern. [...] „Wer dann kritisiert, wir würden die Bauern von uns abhängig machen, der verkennt die landwirtschaftlichen Realitäten im Zeitalter der Globalisierung“, so Thierfelder. „Die Stigmatisierung der Grünen Gentechnologie behindert die wissenschaftliche und wirtschaftliche Entwicklung und mindert die Chance, etwas gegen den Hunger in der Welt zu tun.“

Jerome Cholet, Nebenwirkungen (noch) unbekannt, S. 8

M2 950 Millionen hungernde Menschen

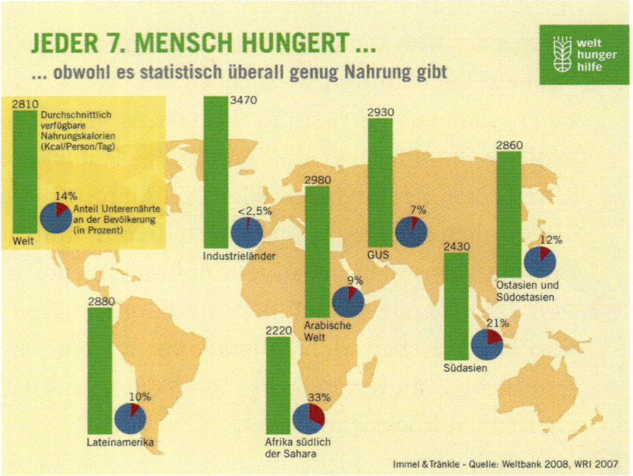

www.welthungerhilfe.de

M3 Einwände gegen die grüne Gentechnik

Betrachtet man die Gentechnik unter gesellschaftspolitischen Aspekten, dann werden drei Dinge deutlich:

1. Der Hunger auf der Welt ist ein Gerechtigkeits- und Demokratieproblem. Er ist nicht ein Problem des mangelhaften genetischen Bauplans unserer Agrarpflanzen, wie uns einige Saatgutfirmen glauben machen möchten.
2. Bisher ist kein Einsatz von grüner Gentechnik erkennbar, bei dem der Nutzen die ökologischen, ökonomischen und gesundheitlichen Risiken überwiegt. In der Realität wird sie von den Agrarmultis vor allem dafür eingesetzt, der Natur neue Vermarktungsmöglichkeiten für ihre Produkte abzutrotzen durch den Einsatz von Terminatorgenen, die eine Aussaat im Folgejahr unmöglich machen, oder durch Patente auf manipulierte Gene, mit denen sich Besitzansprüche durchsetzen lassen.
3. Die Einführung genveränderter Organismen in unser Ökosystem ist irreversibel. Die Erfahrung zeigt, dass kein Sicherheitsabstand die Ausbreitung des manipulierten Erbguts auf Dauer verhindern kann. Wir sollten daher sehr genau wissen, was wir da tun, und wir sollten es jetzt diskutieren.

Ole von Uexküll, Gentechnik-Streit, S. 46

M4 Blockade unverständlich

Christel Happach-Kasan, Biologin und MdB, versteht die Haltung der deutschen Bevölkerung nicht.

Was haben die Verbraucher davon, wenn sie ihre Ängste überwinden?

Beim Mais hat sich herausgestellt, dass die Bt-Mais-Sorten einen geringeren Gehalt an Pilzgiften haben [...]. Aus Mexiko zum Beispiel wissen wir, dass aufgrund von solchen Pilzgiften eine erhöhte Zahl von Fehlgeburten zu verzeichnen ist. [...] Pflanzen, die nicht von Insekten befallen sind, sind oftmals auch gesünder. Trotzdem ist für viele die Gentechnik eine weitere „Technisierung" ihrer Nahrung. Ich kann das als Biologin nicht ganz nachvollziehen. Wir Politiker müssen klarmachen, dass wir es erst mit der „Grünen Revolution" geschafft haben, so viele Menschen auf der Erde zu ernähren als nie zuvor. 1950 gab es zwei Milliarden Menschen, heute sind es über sechs Milliarden. Damals hat eine Milliarde Menschen gehungert, heute auch. Aber heute werden vier Milliarden mehr ernährt. Die „Grüne Revolution" ist ein großer Erfolg. Es ist menschenverachtend, ihn kleinzureden.

Diese Menschen haben eher das Problem, dass sie zu arm sind, um Lebensmittel zu kaufen.

Das stimmt. Sie haben zu geringe Einkommen. Aber gerade mit Sorten der grünen Gentechnik können diese Menschen ein höheres Einkommen erwirtschaften, um sich Lebensmittel zu kaufen. Deshalb denke ich, dass wir die Entwicklung von etwa schädlings-, trockenheits- und salzresistenten Sorten auch mit öffentlichen Mitteln fördern sollten. Außerdem brauchen wir angesichts des Klimawandels neue Pflanzensorten und sollten den Entwicklungsländern helfen, sie zu entwickeln.

Dagmar Dehmer, Fünf Fragen, S. 3

M5 Hungerhilfe – Verpflichtung für Unternehmen?

Angesichts der Tatsache, dass die Mehrzahl der gentechnischen Patente in privater Hand ist, ergibt sich die Frage, welcher Anreiz für die Unternehmen besteht, zur Lösung der brennenden Frage des Welthungers beizutragen. Der privatwirtschaftliche Sektor ist dem Gewinn verpflichtet. Gerade die Länder, in denen der Bedarf an ertragssichernden und -steigernden Technologien am größten ist, sind häufig aufgrund fehlender Kaufkraft und Investitionssicherheit als Märkte für private Unternehmen wenig interessant. Für die reichen Industrieländer hingegen hat die Ertragsteigerung – in Zeiten der landwirtschaftlichen Überproduktion – keine hohe Priorität.

Nicole Heine u. a. (Hg.), Diskurs Grüne Gentechnik des BMVEL, S. 115

1. Erstellen Sie eine Übersicht über die strittigen Fragen. Vertiefen Sie Ihr Wissen mit Hilfe der folgenden Gruppenarbeitsaufträge 2-6. → M1-5
2. Recherchieren Sie bei einem der führenden Unternehmen der „grünen Gentechnik", welche Produkte angeboten werden und welche Vorteile die genetisch veränderten Pflanzen aus der Sicht des Unternehmens haben.
   Zum Beispiel: www.monsanto.de; www.corporate.basf.com/de.
3. Stellen Sie die Argumente der Gegner des Einsatzes der Gentechnik in der Landwirtschaft zusammen.
   Zum Beispiel: www.greenpeace.de; www.keine-gentechnik.de.
4. Informieren Sie sich über neuere Entwicklungen im Bereich der Biotechnologie in Deutschland.
   Zum Beispiel: www.biotechnologie.de; www. transgen.de.
5. Erstellen Sie eine Übersicht über die wichtigsten ethischen Fragen hinsichtlich der Verwendung der Gentechnik in der Landwirtschaft.
   Zum Beispiel: www.drze.de; www.transgen.de/wissen/diskurs.
6. Verschaffen Sie sich eine Übersicht darüber, wie Hilfsorganisationen die Chancen beurteilen, mit Hilfe der „grünen Gentechnik" den Hunger in der Welt zu bekämpfen.
   Zum Beispiel: www.brot-für-die-welt.de; www.welthungerhilfe.de.
7. Führen Sie eine Podiumsdiskussion durch.
8. Fassen Sie Ihre Ergebnisse zusammen und veröffentlichen Sie diese in einem Diskussionsforum zur „grünen Gentechnik".
   Zum Beispiel: www.transgen.de/forum/.

5 Verantwortungsbegriffe

M1 Die Verantwortungsrelation

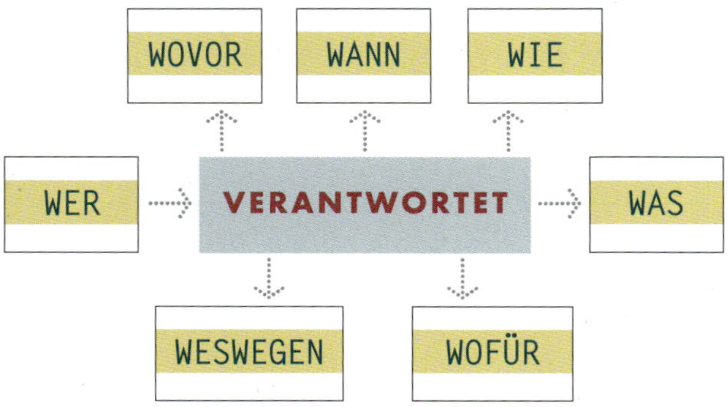

Der Kern der Verantwortungsrelation besteht darin, dass jemand etwas verantwortet. Wer ist das Subjekt der Verantwortung? In der traditionellen Verantwortungsethik kommt als Akteur nur die individuelle Person in Betracht: formal ist es jedoch nicht ausgeschlossen, inhaltlich gar in vielen Fällen zwingend notwendig, auch kollektive oder institutionelle Akteure als Subjekt der Verantwortung zu betrachten. Beispielsweise ist die Idee des Großraumbüros nicht von einem einzelnen Planer, sondern von einem organisierten Planungsteam kollektiv entwickelt worden. Was ist nun zu verantworten? Das Objekt der Verantwortung ist zunächst eine bestimmte Handlung, die der Akteur ausführt. Eine Handlung soll im weitesten Sinne als zweckbestimmte Transformation einer Anfangssituation in eine Endsituation begriffen werden; dazu gehören als Grenzfälle auch Unterlassungen und reine Sprechakte. Wer es beispielsweise unterlässt, wohlbegründete Kritik am Großraumbüro zu äußern, obwohl er das mit der Aussicht auf Wirksamkeit tun könnte, hat ebenfalls eine Handlung zu verantworten. Nun ergibt sich aber der besondere Charakter der Verantwortung nicht schon aus der Handlung selbst, sondern daraus, wofür man verantwortlich ist: für die beabsichtigten und unbeabsichtigten Folgen der Handlung. Zunächst geht es um konkrete primäre Handlungsfolgen, die andere Personen oder auch Sachen betreffen. Wird ein Schaden verursacht, der bei richtigem Handeln hätte vermieden werden können, und ist ein solcher Schaden in der einen oder anderen Weise wiedergutzumachen, kann sich Verantwortung als Haftung konkretisieren. So kann ein Statiker, der eine Baukonstruktion grob fahrlässig so falsch berechnet hat, dass diese einstürzt, dafür haftbar gemacht werden, indem er für den materiellen Schaden aus eigenen Mitteln aufkommen muss. Heute wird zunehmend darüber diskutiert, ob sich Verantwortung auch auf sekundäre, tertiäre und weitere Fernwirkungen einer Handlung erstrecken kann oder muss, ob neben dem Nahbereich auch der Fernbereich, neben der Gegenwart auch die Lebenssituation künftiger Generationen zu berücksichtigen ist. Schließlich gibt es auch Handlungen, deren Folgen bestimmte Elemente der Verantwortungsrelation betreffen, so vor allem die Organisation von Verantwortungsinstanzen und die Entwicklung des Wertsystems; in solchen Fällen geht es sozusagen um Meta-Verantwortung. Überhaupt kann Verantwortung nur dann sinnvoll wahrgenommen werden, wenn man weiß, weswegen man mit einer Handlung bestimmte Folgen herbeiführen und andere vermeiden soll. Das kann letztlich nur im Rückgriff auf Werte begründet werden, die als normative Orientierungskonzepte gewisse Klassen von Handlungen und Handlungsfolgen auszeichnen, die es anzustreben, zu befürworten oder vorzuziehen gilt. Letzte Maxime der Verantwortung ist schließlich das gute Leben aller; diese Maxime setzt sich aus den Prinzipien der Nützlichkeit, des Wohlwollens und der Gerechtigkeit zusammen.

Günter Ropohl, in: Hans Lenk / Günter Ropohl (Hg.), Technik und Ethik, S. 155f.

M2 Handlungs- und Fürsorgeverantwortung

Der nächstliegende und allgemeinste Typ von Verantwortung ist die Verantwortung für die Folgen und das Ergebnis des eigenen Handelns. Wir können hier von *Kausalhandlungsverantwortung* sprechen: Man ist für die durch das eigene Handeln verursachten Ergebnisse und Folgen gegenüber mindestens einer

der möglichen Instanzen [z. B. Gott, Gesellschaft, Staat, Recht, einer Person] verantwortlich oder mitverantwortlich (falls ein übergeordneter Verantwortungsträger existiert). Der Ingenieur, der einen Damm plant, ist für das Ergebnis seines Entwurfs und seiner Berechnungen verantwortlich. – Verantwortung wird oft nicht durch den Regelfall der positiven Kausalhandlungs(ergebnis)verantwortung, sondern durch negative Fälle brisant und bekannt: Ein Dammbruch kann auf falsche oder schludrige Berechnungen zurückzuführen sein. Deshalb gibt es eine *negative* Kausalhandlungsverantwortung: Die Sorgfalt der Handlungsausführung umfasst die Vermeidung von Unterlassungen. Doch auch Unterlassungen an sich – gerade ohne jede Handlung – können ursächlich sein und Verantwortung aktivieren: Aufgrund unterlassener Hilfeleistung kann z. B. jemand sterben.
Neben der Verantwortung zur Vermeidung von Unterlassungen gibt es auch eine aktive Verhinderungsverantwortung *(Präventionsverantwortung)*: Der Kontrollingenieur muss aktiv und systematisch nach Schwachstellen suchen. Dies gehört zu seiner besonderen positiven wie negativen Kausalhandlungs- und Aufgabenverantwortung. Sie dient der Abwendung von Unfällen oder Störungen sowie der Vorsorge für das Wohlergehen der vom reibungslosen Ablauf des betreffenden Systems abhängigen Menschen (oder auch Tiere). [...]
Hans Jonas hat gegenüber der traditionellen Kausalhandlungsergebnisverantwortung eine moralische Erweiterung der Verantwortlichkeit auf eine generelle moralische Fürsorge- und Erhaltungsverantwortung gefordert, die er „Seinsverantwortung“ oder *„Sorge-für-Verantwortung“* nennt. Wie Eltern üblicherweise für das Wohl ihrer abhängigen Kinder verantwortlich sind, ist der technische Mensch im Maße seiner gewachsenen technologischen Macht für die künftige Existenz und das Wohlergehen der von dieser Macht abhängigen Menschen und Naturwesen verantwortlich. Diese Fürsorgeverantwortung geht über die positive und negative Kausalhandlungsverantwortung hinaus, obwohl sie diese wie auch die Präventionsverantwortung in konkreten Fällen aktiviert.

nach Hans Lenk / Günter Ropohl (Hg.), Technik und Ethik, S. 116f.

M3 Verantwortungsbereiche

Handlungs(folgen)verantwortung:

Verantwortung für die verursachten Folgen und Ergebnisse des eigenen Handelns (oder auch Nichthandelns, wo ein Handeln erwartet werden könnte)

Aufgaben- und Rollenverantwortung:

Verantwortung im Rahmen einer Aufgabe oder Rolle (Vater-Kind, Ingenieurin-Firma)

moralische Verantwortung:

universelle, nicht auf bestimmte Bereiche eingeschränkte Verantwortung; richtet sich an Handlungen aus, die das Wohl anderer – aber auch die eigene Menschenwürde – betreffen; gilt für jeden Menschen im gleichen Maß

rechtliche Verantwortung:

Verantwortung eines Rechtssubjekts für das eigene oder fremde Handeln

Gruppen-, Mitverantwortung:

gemeinschaftlich getragene Verantwortung in einer Gruppe oder einer Institution (moralische Verantwortung kann sich auch auf Individuen in Gruppen beziehen, jedoch wird das Individuum dadurch nicht der moralischen Verantwortung entzogen)

nach Hans Lenk / Günter Ropohl (Hg.), Technik und Ethik, S. 116f.

1 Zeigen Sie anhand des Schemas und Textes die Kern- bzw. Grundrelation auf. Begründen Sie, ob die Elemente gleichwertig nebeneinander stehen können oder ob hier unterschiedliche Ebenen angesprochen sind. ➜ M1
2 Nehmen Sie Stellung zu der von Ropohl vorgeschlagenen letzten Maxime. ➜ M1
3 Grenzen Sie die Handlungs- und Fürsorgeverantwortung gegeneinander ab. ➜ M2
4 Diskutieren Sie unter verantwortungsethischen Gesichtspunkten die Rollen- bzw. Loyalitätskonflikte, in die ein Familienvater, ein Forscher usw. geraten kann. ➜ M2/3
5 Analysieren Sie die Beispiele Challenger-Tragödie und Neußer Ärztefall (s. S. 107) sowie das Fallbeispiel „grüne Gentechnik“ (s. S. 130) unter verantwortungsethischen Aspekten. ➜ M1-3

*6 Nachhaltigkeit ist Gerechtigkeit

M1 Das Prinzip der Nachhaltigkeit

Die Grundlage der Nachhaltigkeit ist das Bemühen um die Bewahrung der natürlichen Lebensgrundlagen (Naturkapital), die Grundvoraussetzung jeglichen Lebens und Wirtschaftens sind. Unser Wohlstand gründet jedoch nicht nur auf den Naturvorräten, sondern auch auf gesellschaftlichen Bedingungen (Sozialkapital) und ökonomischen Grundlagen (produziertes Kapital). Auch diese gilt es zu bewahren und zu entwickeln. Nachhaltige Entwicklung bedeutet daher umfassende Substanzerhaltung zur Sicherung zukünftiger Entwicklung. Für Unternehmen heißt nachhaltige Entwicklung, die eigenen Produkte und Leistungen sowie Geschäftsprozesse so zu gestalten, dass sie ökonomischen, ökologischen und sozialen Zielen gerecht werden.

Institut für Betriebswirtschaftslehre der Universität Kassel, Forschungsgruppe Betriebliche Umweltpolitik 2003

M2 Checkliste für nachhaltige Unternehmensgründungen – ein Auszug

1 Bereich Produkte / Leistungen

Nutzungsfolgen: Ist sichergestellt, dass keine negativen Effekte für Nutzer und Umwelt bei der Produktnutzung zu erwarten sind?

Langlebigkeit / Modularität: Lassen sich einzelne Verschleißteile des Produktes austauschen bzw. modifizieren (Module), um die Nutzung zu verlängern?

Recyclebarkeit: Lassen sich die Produkte nach Gebrauchsende / Verschleiß in ihre ursprünglichen Bestandteile trennen?

2 Bereich Materialien / Ressourcen

Material- und Energieeinsatz: Ist bei der Herstellung von Produkten ein minimaler Material- und Energieeinsatz sichergestellt?

Schadstoffe: Sind Schadstoffe im Produktionsmaterial vermeidbar bzw. auf ein Minimum reduzierbar?

Nachwachsende Rohstoffe: Lassen sich nachwachsende Rohstoffe bei der Herstellung der Produkte einsetzen?

Regionalisierung: Lassen sich die zur Produktion benötigten Güter, Vorprodukte, Materialien etc. in der Region beschaffen?

3 Personal

Mitarbeiterbeteiligung: Lassen sich bestimmte Formen der Mitarbeiterbeteiligung anwenden (z. B. Betriebliches Vorschlagwesen, Arbeitskreise, Workshops etc.)?

Integration: Können Programme zur Integration von benachteiligten Arbeitnehmergruppen umgesetzt werden (z. B. gleichberechtigte Einstellung und Förderung älterer, ausländischer und behinderter Arbeitnehmer/Innen)?

Berufliche Ausbildungsplätze: Können Ausbildungsplätze geschaffen werden?

Sozialleistungen: Können zusätzliche Sozialleistungen für die Mitarbeiter gewährt werden (z. B. zusätzliche Altersversorgung, Zuschüsse zum öffentlichen Nahverkehr etc.)?

Frauenförderung: Lassen sich Maßnahmen zur Frauenförderung umsetzen (spezifische Qualifizierungsangebote, Förderung von Frauen in Führungspositionen, Frauenquote)?

Familienförderung: Können Maßnahmen der Familienförderung umgesetzt werden (z. B. Betriebskindergärten, verlängerte Babypause, Teilzeitprogramme etc.)?

4 Leistungsprozesse

Betriebsgrundstück / Altlasten: Ist das Betriebsgelände frei von Schadstoffen, z. B. Schwermetallen oder anderen chemischen Substanzen?

Reduktion des Energieeinsatzes / Energiemix: Können regenerative Energiequellen eingesetzt werden und

lassen sich Einsparpotenziale ausschöpfen?
Abfallvermeidung / -reduktion: Lässt sich bereits bei der Konstruktion und Materialauswahl die Menge des anfallenden Abfalls berücksichtigen?
Verkehr: Können umweltfreundliche Verkehrsmittel genutzt werden?

5 **Kunden / Lieferanten / sonstige Partner**
Faire Handelsbeziehungen: Kann die Beschaffung von Materialien zur Herstellung / Produktion unter Berücksichtigung fairer Preis-, Liefer- und Arbeitsbedingungen erfolgen?
Kooperation / Symbiosen: Lassen sich Kooperationen nutzen? (z. B. in den Bereichen: Beschaffung, Entsorgung, Energie, Gebäude, Fuhrpark, Maschinen, Anlagen etc.)?

Institut für Betriebswirtschaftslehre der Universität Kassel, Forschungsgruppe Betriebliche Umweltpolitik 2003, gekürzt

M3 Nachhaltigkeit und Gerechtigkeit

Gerechtigkeit – viele sprechen auch von der sozialen Dimension der Nachhaltigkeit – ist neben dem Ziel der ökologischen Tragfähigkeit die zentrale Kategorie des Nachhaltigkeitskonzepts. Was ist damit gemeint? Allgemein geht es darum, dass jedermann fair und moralisch „angemessen" behandelt wird. [...] Menschen können voneinander bestimmte Handlungen verlangen, ja unter Umständen schulden sie sich diese. Bei Gerechtigkeit geht es also um soziale Verbindlichkeit, um Rechte, die zu erfüllen ein anderer die Pflicht hat. Damit ist sie zu unterscheiden von Solidarität, Großzügigkeit oder Barmherzigkeit, die man nur erhoffen oder erbitten kann. Für die Einzelnen geht es um Grundversorgung mit Lebensmitteln, Wohnung, Kleidung, Gesundheit und elementare politische Rechte, für die Gemeinschaft um Toleranz, Solidarität, Integrationsfähigkeit und Gemeinwohlorientierung.

Im Sinne der Nachhaltigkeitsdefinition der Brundtland-Kommission lassen sich zwei Prinzipien unterscheiden: Gerechtigkeit zwischen und innerhalb der Generationen. Die grundlegenden Menschenrechte haben beispielsweise Gerechtigkeit innerhalb der gegenwärtigen Generation zum Ziel. [...]

Gerechtigkeit zwischen den Generationen meint, knapp formuliert, dass wir nicht auf Kosten unserer Enkel und Urenkel leben. Was das für den gegenwärtigen Lebensstil der Menschen in den Entwicklungs-, Schwellen- und Industrieländern konkret bedeutet und in welchem Zustand die Natur den nächsten Generationen überlassen werden soll, darüber sind sich die Politiker, Wissenschaftler und Interessenvertreter der Welt nicht ganz einig. In Rio verständigte man sich zumindest darauf, dass die Industrieländer ihren Ressourcenverbrauch tendenziell einschränken müssen, während den Entwicklungsländern noch eine zunehmende Nutzung der Natur zugestanden wurde.

Michael Kopatz, Nachhaltige Entwicklung, S. 13f.

M4 Ethisches Investment

Rendite ist nicht alles. Anlagen, die in soziale oder ökologische Bereiche investieren, sind in Deutschland im Kommen. Zwar ist ethisches Investieren hierzulande ein noch junges Thema, aber zugleich auch ein Markt, der dynamisch wächst. Nach dem vom „Forum Nachhaltige Geldanlagen" herausgegebenen Statusbericht waren in Deutschland Ende 2005 rund 4,1 Milliarden Euro nach ökologischen und sozialen Kriterien angelegt. Vier Jahre zuvor waren es nur 2,9 Milliarden Euro. Ethische Investments sind deshalb so beliebt, weil sie im Vergleich zu klassischen Kapitalanlagen einen Mehrwert bieten. Neben den üblichen Anlagekriterien Rentabilität, Sicherheit und Liquidität können Geldgeber ihren Wunsch nach beispielsweise sozialem oder ökologischem Engagement in die Tat umsetzen und Verantwortung übernehmen.

Focus-Money, Nr. 39/2007, www.focus.de

1. Begründen Sie, warum Unternehmen nach dem Prinzip der Nachhaltigkeit wirtschaften sollen. ➔ M1
2. Gehen Sie die Checkliste durch und bestimmen Sie den jeweiligen betriebswirtschaftlichen Nutzen, der durch die Beachtung der Maßnahme erreicht werden kann. ➔ M2
3. Erstellen Sie eine entsprechende Checkliste, mit der Sie die Nachhaltigkeit Ihrer Schule überprüfen können. ➔ M2
4. Entwickeln Sie eine Argumentation für eine ethische Begründung des Nachhaltigkeitsprinzips. ➔ M3
5. Entwerfen Sie einen Werbe-Flyer für ethisches Investment. ➔ M4

1 Verantwortung der Medien

M1 Die Macht der Bilder

Der Spiegel 36/2006

Das Fernsehen ist ein flüchtiges Medium – eine Bilderflut, die den Verstand ertränkt. Aber auch das Gegenteil stimmt: Das Fernsehen prägt Wahrnehmungen, Debatten und Erinnerungen. Es brennt Bilder tief ins kollektive Gedächtnis einer Gesellschaft ein.
Wie am 11. September 2001. Seitlich leicht geneigt, kracht das zweite der von Terroristen gekaperten Flugzeuge in den Südturm des World Trade Center. Dieses Bild – mehr als die Szenen der Flüchtenden, der Staubwolken, der einstürzenden Türme – steht für eine Epochenzäsur: Der Terror bringt das Machtsymbol der westlichen Welt zu Fall. Es war wohlkalkuliert, dass genau dieses Bild um die Welt ging. Die 18 Minuten, die seit dem ersten Flugzeug-Attentat vergangen waren, reichten aus, um genügend Kameraleute in Stellung zu bringen. Die Terroristen wollten durch dieses Schreckensbild demonstrieren, dass auch die stärkste Weltmacht verletzlich ist. [...]
Das Wichtigste im Nachrichtengeschäft scheinen überwältigende Bilder des miterlebten Augenblicks zu werden. Von überall her und fast ohne Zeitverzögerung sind „heiße Bilder" zu bekommen. Man muss nur eine Kamera halten können und im richtigen Moment am Ort des Geschehens sein.
[...] Für die Selbsttäuschung einer Informationsgesellschaft ist der Glaube typisch, die schnellstmögliche Übertragung sei mit dem höchstmöglichen Maß an Information identisch. Deshalb wird in Zukunft die Nutzung vieler sich ergänzender Medien immer wichtiger. Zuschauen allein reicht nicht. Lesen, hören, vergleichen, sich übers Internet, über SMS und E-Mail informieren wird unerlässlich – sonst spaltet sich die Gesellschaft vollends in eine reflektierende „Informationselite" und eine mit banalen Bildern abgespeiste Konsumentenmasse. *Bernd Gäbler, Journalisten. Botschafter des Terrors, in: Geo Wissen 5/2005, S. 143*

M2 Was ist Medienethik?

Gegenstandsbereich der Medienethik sind Kommunikationsmittel, insofern sie Institutionen für die Vermittlung von Informationen, Meinungen und Kulturgütern darstellen. Als bereichsspezifische Ethik beschäftigt sich die Medienethik einerseits mit den verschiedenen Medientechniken sowie den damit handelnden Personen, andererseits mit den vieldimensionalen gesellschaftlichen Wirkungen der Medien. Auf der Ebene der Sachtechnik stehen Fernsehen, Hörfunk und Presse als Massenmedien im Mittelpunkt der medienethischen Diskussion. Wichtig, aber bei weitem nicht so stark beachtet sind Film und Kinoindustrie [...]. Erweitert wurden diese Schwerpunkte seit den 1980er Jahren um die Informations- und Kommunikationstechnik (IT) und hier insbesondere das Internet. Das Internet vereinigt sowohl Eigenschaften der Massen- als auch der Individualkommunikation. *Jessica Heesen, in: Marcus Düwell u. a. (Hg.), Handbuch Ethik, S. 269*

M3 Medienethik – eine normbegründende Ethik

1. Auf einer untersten, sehr konkreten Ebene liegen die moralischen *Urteile* (Beispiel: „Das Foto des toten Uwe Barschel in der Badewanne hätte nicht abgedruckt werden dürfen"). Solchen abschließenden Urteilen geht eine mehr oder weniger systematische Situationsanalyse voraus, auch die Frage nach (professionellen) Regeln, den geltenden Normen und Loyalitäten. Im moralischen Urteil wird ausgedrückt, was zu tun oder zu unterlassen ist, was als richtig oder falsch zu gelten hat. In den Entscheidungen des Presserates werden solche Urteile gefällt, aber auch in der täglichen Arbeit der Redaktionen – z. B. bei der Frage, ob ein bestimmtes Detail veröffentlicht werden soll oder nicht.

2. Auf einer zweiten Ebene finden sich konkrete *Regeln oder Normen*, oft von beschränkter Reichweite (Beispiel: „Bei der Beschaffung von Nachrichten, Informationsmaterial und Bildern dürfen keine unlauteren Methoden angewandt werden" – Ziffer 4 des Pressekodex). Diese Selbstverpflichtungen haben viele Berührungspunkte mit medienrechtlichen Bestimmungen; aber sie sind zunächst einmal moralische Regeln, die sich eine Profession selbst gegeben hat.

3. Auf einer dritten Ebene befinden sich die allgemeinen moralischen *Grundüberzeugungen oder Haltungen (Tugenden)*, aus denen heraus man intuitiv handelt und die eine hohe Plausibilität besitzen. Es ist Aufgabe der Ethik, diese Intuitionen zu begründen, d. h. die in ihnen enthaltenen Prinzipien herauszuarbeiten, eine Rangordnung der angesprochenen Normen und Werte aufzustellen.

4. Schon wesentlich abstrakter sind die ethischen *Prinzipien*. Dazu zählt die Anerkennung der Personalität (oder Selbstzwecklichkeit) jedes Menschen. Jede menschliche Handlung kann daraufhin beurteilt werden, welche Bedeutung sie für den einzelnen Menschen selbst hat, für seine Entwicklungschancen und die Sicherung personaler Freiheit (Individualverträglichkeit des Handelns). Ferner lässt sich die Bedeutung einer Handlung für die Mitwelt, die Entwicklungschancen anderer, die Erhaltung ihrer personalen Freiheit, die Gestaltung eines gerechten Miteinanders abschätzen (Sozialverträglichkeit). Und schließlich kann man nach der Auswirkung für die natürliche Umwelt fragen, ob die betreffende Handlung geeignet ist, die Lebensgrundlage der gegenwärtigen und zukünftigen Generationen zu erhalten (Umweltverträglichkeit).

5. Auf einer hochabstrakten, fünften Ebene befinden sich die *ethischen Theorien*, mit denen diskutiert wird, wie man das Grundprinzip des moralischen Handelns bestimmen kann. Damit ist die Ebene der Allgemeinen Ethik oder der Metaethik erreicht. Da wird der tugendethische Ansatz von Aristoteles erörtert oder die deontologische Begründung von Kant diskutiert, die diskursethische von Habermas und Apel. Oder man geht eher pragmatische Wege: vom Verantwortungsbegriff oder von den Menschenrechten aus.

Mit welcher ethischen Theorie man die Begriffe wie „gut" oder „richtig" bestimmt, hängt eher davon ab, in welcher philosophischen Tradition man steht und wie man das Moralprinzip am einleuchtendsten begründen zu können glaubt. Vom metaethischen Theorienpluralismus weitgehend unabhängig ist der Versuch, in den moralischen Urteilen, den konkreten Regeln oder den allgemeinen Wertüberzeugungen die sie bestimmenden Prinzipien zu rekonstruieren. In die Frage nach (moralisch) richtig und falsch, also in die Werturteile, gehen nicht nur formale ethische Überlegungen, sondern wesentlich auch empirische Aussagen zum Gegenstandsbereich (Tatsachenurteile) ein.

Rüdiger Funiok, Medienethik, in: Medien und Ethik, S. 38-40

1 Sammeln Sie weitere Beispiele für die „Faszination" der Bilder. ➜ M1

2 Nehmen Sie Stellung zu der Spaltung der Gesellschaft in eine „Informationselite" und eine „Konsumentenmasse". ➜ M1

3 Erstellen Sie eine Tabelle zu den Bereichen der Medienethik und subsumieren Sie entsprechende Beispiele. ➜ M2

4 Bilden Sie eine Redaktionskonferenz eines großen Fernsehsenders, die vor der Entscheidung steht, einen blutigen Amoklauf mit mehreren Toten in einer Schule zu übertragen. Wenden Sie die Grundsätze der Medienethik an, indem Sie Bezug auf die in M3 angesprochenen und Ihnen bekannten ethischen Positionen nehmen. ➜ M3

2 Kommunikation ohne Grenzen

M1 Die Sucht nach der virtuellen Welt

M2 Der geschwätzige Affe

Wie beim Skifahren ist es auch beim Surfen so, dass man nicht an ein Ziel kommen, sondern die Fahrt genießen will. Deshalb ist die Metapher vom Surfen im Internet gut gewählt. Denn es geht hier gar nicht primär um Information und Wissen. Wir genießen uns selbst, indem wir unsere Sinne in den Medien baden. Wenn Menschen im Internet surfen, geht es ihnen also nicht vorrangig darum, Informationen aufzunehmen oder auszutauschen. Sie wollen gerade in der Redundanz der Botschaft mitschwingen, oben auf der Welle bleiben. Es geht nicht um Information, sondern um Faszination. [...]

Das Internet ist, genau so wie die Telefonie, im Wesentlichen Geschwätz. Gerade Intellektuelle und Geschäftsleute übersehen leicht diesen wichtigsten Faktor der neuen Medienwelt, die Kommunikationslust. Zu Luthers und Gutenbergs Zeiten hat die Religion von Kult auf Kommunikation umgestellt. Heute haben wir eine interessante Ersatzreligion: Kommunikation als Kult. [...] Die moderne Gesellschaft ersetzt Anwesenheit durch kommunikative Erreichbarkeit. Hier kann man nun eine faszinierende Beobachtung machen. Die Kommunikation in die Ferne gelingt uns sehr viel besser als die mit dem „Nächsten". Das weckt den Verdacht, dass die Begeisterung für Telekommunikation und die Political Correctness der Fernstenliebe als Alibi für die gescheiterte Nähe herhalten müssen. Jedenfalls wird Gemeinschaft heute radikal von Kommunikation her gedacht. Nicht der Weltbürger, sondern der Netzbürger ist im globalen Dorf zu Hause. Die Weltkommunikation der Internet-Kultur setzt zwar weltweit bestimmte technische Standards durch, aber keine universalistischen Prinzipien. Im Gegenteil. Zur Weltkommunikation gehören die Nischenwelten, das heißt die Selbstbehauptung der Minderheiten als virtueller Gemeinschaften im Netz.

Norbert Bolz, Der geschwätzige Affe, in: Der Spiegel 12/01, S. 142f.

M3 Vom Nutzen und Nachteil des Internets

Mehr als zehn Jahre nach der Entstehung des Internet stehen wir vor einer paradoxen Situation: Je mehr der anfängliche Mythos einer von der realen Welt sich unterscheidenden *Cyberwelt* verblasst und das Internet zum Alltag von Millionen von Menschen gehört, um so mehr wachsen die Erwartungen, dieses Medium werde uns, in einer anderen Weise als dies die Individual- und Massenmedien des 20. Jahrhunderts zu tun vermoch-

ten, einander näher bringen, womit das kulturelle, wissenschaftliche, wirtschaftliche und politische Leben der Menschen in einer gemeinsamen Welt gemeint ist. [...] Was bringt die digitale Globalisierung für diese oder jene Gesellschaft oder Gruppe innerhalb dieser oder jener Kultur unter diesen oder jenen wirtschaftlichen Verhältnissen konkret an Veränderungen der Lebensbedingungen? Bedeutet sie zum Beispiel, dass eine privilegierte Minderheit von der digitalen Weltvernetzung profitiert und dadurch die schon vorhandene Kluft zwischen Armen und Reichen noch tiefer wird? Steigen die Chancen für eine bessere Ausbildung? Können sich die bisher unterdrückten Stimmen im politischen oder kulturellen Umfeld besser Gehör verschaffen? Steigen die Chancen für eine fortschreitende Demokratisierung? Eröffnen sich neue Betätigungsfelder, so dass die *lokale* Wirtschaft neue Impulse, sprich: neue Arbeitsplätze, schafft? Kann sich die kulturelle Vielfalt im Medium der digitalen Globalisierung so artikulieren, dass ihre *Aneignung* auf der Basis und in Auseinandersetzung mit der lokalen Geschichte, deren Traditionen und Metaphern und in der eigenen Sprache stattfindet? [...]
Der bloße technische Anschluss *(access)* der sog. Dritten Welt an die digitale Infrastruktur des *World Wide Web* löst *per se* keine sozialen oder ökonomischen Fragen. Im Mittelpunkt einer auf die konkreten Bedürfnisse der Menschen sich ausrichtenden digitalen Kultur muss, paradox ausgedrückt, die Leiblichkeit stehen. Die Spannung zwischen dem Digitalen und der physischen Existenz bildet die eigentliche Antriebskraft für die Fragen einer Informationsethik im 21. Jahrhundert. Zugleich ist hervorzuheben, dass die vielfältigen Formen menschlicher Kommunikation, die die Weltvernetzung bietet, zu neuen Formen von Gemeinschaften führen, die sozusagen *quer* zu den bisherigen geographisch und kulturell bedingten Lokalitäten stehen, so dass Netz-Gemeinschaften sich vielfältig mit *physischen* Lokalitäten überschneiden und somit zur Erweiterung und Bereicherung des lebensweltlichen Horizontes, aber auch zur Austragung neuer und alter Konflikte führen können.

Rafael Capurro, Führt die digitale Weltvernetzung zu einer globalen Informationsethik?, in: Concilium 1/2005, S. 39-45

M4 Medienethik als angewandte Ethik

Medienethik ist somit eine Form angewandter Ethik – wie die Umweltethik, die Medizinethik und die Wirtschaftsethik. Angewandte Ethiken werden immer dann notwendig, wenn sich aufgrund wissenschaftlich-technischer Entwicklungen neue Handlungsmöglichkeiten und mit ihnen Bewertungsprobleme ergeben, für welche die allgemeine Moral (oder die bisherige Berufsmoral) keine ausreichend trennscharfen Kriterien bereithält. Die Wahl- und Orientierungsprobleme, vor welche die Massenmedien und Informationsnetze die Gesellschaft sowie den Einzelnen stellen, erfordern eine bereichsspezifische ethische Reflexion. Dieser Forderung nach einer expliziten Medienethik stimmen wenigstens diejenigen zu, die im ständig wachsenden Informations- und Unterhaltungsangebot nicht nur Chancen für die Demokratie und die Entwicklung des Einzelnen sehen, sondern auch Gefahren. Worin die Chancen und Gefahren für bestimmte Bevölkerungsgruppen konkret bestehen, das zu bestimmen ist Aufgabe der Empirie. Die Rolle der Ethik ist es, mit dem Verweis auf die Grundbedingungen des Humanen (z. B. auf das Schutzbedürfnis von Heranwachsenden) darauf zu insistieren, dass diese Chancen auch wirklich genutzt und Gefahren minimiert werden. Medienethik ist also, wie die anderen angewandten Ethiken auch, sowohl empirie- wie prinzipiengeleitet.

Rüdiger Funiok, Medienethik, in: Medien und Ethik, S. 41

1 Nehmen Sie Stellung zu der These, dass die virtuelle Welt eine Kompensation für die darstellt, die Bestätigung oder sozialen Anschluss in der realen Welt vermissen. ➜ M1
2 Stellen Sie die Kommunikationsformen im Internet zusammen (Chat, Blog, Twitter usw.) und diskutieren Sie Vor- und Nachteile. ➜ M2
3 Überlegen Sie an Beispielen, ob es zutrifft, dass die Kommunikation über Medien (Mails, SMS usw.) uns sehr viel besser gelingt als die mit dem „Nächsten" (face to face). ➜ M2
4 Erarbeiten Sie Argumente für und gegen die digitale Weltvernetzung und schreiben Sie einen Artikel für Ihre Schülerzeitschrift: Total global-lokal! ➜ M3/4

3 Neue Unmündigkeit

M1 iPhone, also bin ich

Kein anderes Produkt hat die Menschheit so schnell so radikal verändert wie das Smartphone. Es macht frei, aber auch abhängig. [...]

Ich liebe diese neue Unmündigkeit 2.0 übrigens sehr, die mir zugleich eine nie dagewesene Macht als Konsument verleiht: Schon jetzt kann ich zum Beispiel im Media-Markt nach einem neuen Bügeleisen suchen, den Barcode fotografieren, Preise vergleichen und noch im Laden irgendwo anders online kaufen – oder dem Verkäufer einen Rabatt aus dem Ärmel leiern.
Entsprechend verehre ich das Produkt. Ich trage es immer bei mir wie sonst nur Ehering oder Brieftasche. Ich packe es in ein Schutzmäntelchen (allein das Handy-Hüllen-Geschäft ist in kürzester Zeit zur Multimillionenindustrie geworden). Ich habe Stunden damit verbracht, den schönsten Klingelton auszuwählen, wobei offenbar fast alle Nutzer auf magische Weise am Ende wie ich bei dieser Uralt-Nostalgie-Bimmel hängenbleiben.
Das wiederum führt dazu, dass in jeder Flughafen-Lounge nur ein einziges Handy klingeln muss, und schon grabscht ein Dutzend Leute reflexartig in Sakkos und Taschen. Letztlich will ich aus einem Massenprodukt ein Stück Ich machen, Prestigegewinn inklusive. iPhone, also bin ich.

Thomas Tuma, iPhone, also bin ich, in: Der Spiegel 27/2012, S. 62, 65

M2 Habe Mut!

Aufklärung ist der Ausgang des Menschen aus seiner selbst verschuldeten Unmündigkeit.
Unmündigkeit ist das Unvermögen, sich seines Verstandes ohne Anleitung eines anderen zu bedienen. *Selbstverschuldet* ist diese Unmündigkeit, wenn die Ursache derselben nicht am Mangel des Verstandes, sondern der Entschließung und des Mutes liegt, sich seiner ohne Leitung eines anderen zu bedienen. Sapere aude! Habe Mut, dich deines eigenen Verstandes zu bedienen! ist also der Wahlspruch der Aufklärung.
Faulheit und Feigheit sind die Ursachen, warum ein so großer Teil der Menschen, nachdem sie die Natur längst von fremder Leitung freigesprochen [...], dennoch gerne zeitlebens unmündig bleiben; und warum es anderen so leicht wird, sich zu deren Vormündern aufzuwerfen. Es ist so bequem, unmündig zu sein. Habe ich ein Buch, das für mich Verstand, einen Seelsorger, der für mich Gewissen hat, einen Arzt, der für mich die Diät beurteilt u.s.w., so brauche ich mich ja nicht selbst zu bemühen. Ich habe nicht nötig zu denken, wenn ich nur bezahlen kann; andere werden das verdrießliche Geschäft schon für mich übernehmen. Dass der bei weitem größte Teil der Menschen (darunter das ganze schöne Geschlecht) den Schritt zur Mündigkeit, außer dem dass er beschwerlich ist, auch für sehr gefährlich halte, dafür sorgen schon jene Vormünder, die die Oberaufsicht über sie gütigst auf sich genommen haben. Nachdem sie ihr Hausvieh zuerst dumm gemacht haben und sorgfältig verhüteten, dass diese ruhigen Geschöpfe ja keinen Schritt außer dem Gängelwagen, darin sie sie einsperreten, wagen durften, so zeigen sie ihnen nachher die Gefahr, die ihnen drohet, wenn sie es versuchen, allein zu gehen. Nun ist diese Gefahr zwar eben so groß nicht, denn sie würden durch einige Mal Fallen wohl endlich gehen lernen; allein ein Beispiel von der Art macht doch schüchtern und schreckt gemeiniglich von allen ferneren Versuchen ab. Es ist also für jeden einzelnen Menschen schwer, sich aus der ihm beinahe zur Natur

gewordenen Unmündigkeit herauszuarbeiten. Er hat sie sogar liebgewonnen und ist vorderhand wirklich unfähig, sich seines eigenen Verstandes zu bedienen, weil man ihn niemals den Versuch davon machen ließ. Satzungen und Formeln, diese mechanischen Werkzeuge eines vernünftigen Gebrauchs oder vielmehr Missbrauchs seiner Naturgaben, sind die Fußschellen einer immerwährenden Unmündigkeit. Wer sie auch abwürfe, würde dennoch auch über den schmalsten Graben einen nur unsicheren Sprung tun, weil er zu dergleichen freier Bewegung nicht gewöhnt ist. Daher gibt es nur Wenige, denen es gelungen ist, durch eigene Bearbeitung ihres Geistes sich aus der Unmündigkeit heraus zu wickeln und dennoch einen sicheren Gang zu tun. *Immanuel Kant, Was ist Aufklärung?, S. 35f.*

M3 Verantwortung im Medienbereich

Zunächst sind da einmal die eigentlichen *Macher*. *Macher* sind aber nicht nur Journalisten, wenn auch diese Gruppe sicher sehr wichtig ist. Zu den *Machern* zählen im klassischen Print-Bereich die Herausgeber, für die ja zuallererst das Prinzip der Pressefreiheit und Meinungsfreiheit in Anschlag gebracht wird. Daneben stehen heute gerade in den elektronischen, aber auch in den Neuen Medien noch ganz andere *Macher*, als da sind Produzenten, Programmhändler, Senderbetreiber, im weiteren Umfeld Kanalbetreiber (zum Beispiel Telekom), werbetreibende Industrie, Internet-Provider – man denke nur an die alte und dennoch immer wieder aktuelle Frage nach den Wirkungen der Gewaltdarstellung [...] in den Medien und die Frage nach der juristischen Verantwortung von Internet-Providern für politisch radikale, fundamentalistische oder kinderpornographische Inhalte. Viele andere *Macher* wären noch zu nennen, und es kommen, dies ist wichtig festzuhalten, in den nächsten Jahren noch weitere *Macher* hinzu. *Multimedia*, das Zauberwort der 90er Jahre, ist eben nicht ein Medium neben den anderen, sondern die bestimmende Form, in Zukunft Medium zu sein. Die Verantwortungsverhältnisse zu formulieren und moralische Forderungen oder Leitlinien zu geben, kann aber aus dem ethischen Bauch heraus nicht gelingen. Dies bedarf der genauen Information über den Stand und die Wirkung medialer Anwendungen, aber auch über die Strukturen ihrer Entstehungsverhältnisse. Daraus folgt: *Medienethik braucht Empirie.*

Die zweite Gruppe, die allzu oft vergessen wird, bilden die *Rezipienten.* Wie keine andere Gruppe bestimmt sie in einem marktwirtschaftlich ausgerichteten und weitgehend privatisierten Medienmarkt durch ihre Nachfrage, also ihr Marktverhalten, das Angebot. Es ist sicher empirisch noch nicht endgültig ausgemacht, und auch da hoffen Ethiker auf Forschungsergebnisse, ob die Nachfrage das Angebot bestimmt oder das Angebot die Nachfrage oder, was mir am einleuchtendsten ist, beide sich gegenseitig bedingen. Einerlei, erst die Akzeptanz eines Angebots, zumindest im privaten Medienbereich, entscheidet darüber, ob es weiterhin angeboten wird. Der *Rezipient* kann, egal wie seine Nachfrage entsteht, bestimmte Angebote evozieren oder aber ablehnen. Rezipientenverantwortung zu benennen braucht, auch dies wird deutlich, gesichertes Wissen über Möglichkeiten und Grenzen medialer Souveränität, wenn sie nicht zur Sonntagsrede verkommen will. Dieses Wissen aber muss die Ethik bei den empirischen Wissenschaften abholen. Daraus folgt: *Medienethik braucht Empirie.*

Schließlich, und im wahrsten Sinn des Wortes last but really not least, kommen wir zu den *Gesetzgebern.* Sie sind im Besonderen zu nennen, da sie die Rahmenbedingungen abstecken, innerhalb derer so etwas wie Medien zuallererst geschehen kann.

Matthias Rath, Media Assessment. Medien und Ethik, S. 64f.

1 Zeigen Sie am Beispiel des Smartphones, inwiefern es sowohl frei als auch abhängig machen kann. → M1
2 Benennen Sie die Formen der Unmündigkeit, die Kant anführt, und überlegen Sie, wie sie überwunden werden können. → M2
3 Diskutieren Sie die Thesen Kants, indem Sie den Anspruch des Selbstdenkens mit dem der Selbstbestimmung verknüpfen. → M2
4 Zeigen Sie an Beispielen den Unterschied zwischen klassischen Medien und neuen Multimedia wie dem iPhone. → M3
5 Analysieren Sie die Verantwortungsbereiche in Bezug auf die Neuen Medien. → M3

4 Journalistische Ethik

M1 Schlagzeilen ...

M2 Trivialisierung im Vormarsch

Es gibt einige Vorstellungen vom Journalismus in europäischen Nachbarstaaten, die fast schon als Gewissheit gelten: Die Briten recherchieren aggressiver, haben aber die schlimmste Boulevardpresse in ganz Europa; die Franzosen nehmen den Persönlichkeitsschutz wesentlich ernster, vollziehen aber eine blinde Trennung zwischen dem Privatleben eines Politikers und seinem politischen Gebaren. Die Journalistikforschung ist bislang von einer angelsächsisch geprägten journalistischen Kultur ausgegangen, der sich die deutsche mehr und mehr annähern würde, während die französische eher vom mediterranen Stil geprägt sei – der ist allerdings noch weitgehend unbestimmt. [...]
Im journalistischen Handeln und den darin notwendigen Entscheidungsprozessen sind die ethische Reflexion und die daraus erwachsenden Argumente nur ein Aspekt neben anders begründeten Argumenten, zum Beispiel jenen, die sich durch technische, juristische, hierarchische oder marktorientierte Überlegungen begründen. Sie muss aber ihren Platz finden, wenn der Journalist oder die Journalistin der Aufgabe, die die Rolle des Berufs stellt, gerecht werden soll. Ethik ist, wenn sie wirksam werden soll, ein Akt der Reflexion. Eine berufsspezifische ethische Reflexion entfaltet sich, sofern entsprechende Orte vorhanden sind, an denen sie sich entwickeln kann. Das kann die Ausbildung sein, der Berufsverband, eine Redaktion, die eine Diskussionskultur pflegt, eine Öffentlichkeit, die – oft aufgrund von Fehlleistungen in den Medien – eine einschlägige Debatte initiiert, man denke an die Diskussionen um „Big Brother", das Verhältnis des „System Kohl" zu den Journalisten o. A. [...]
In Großbritannien ist das Bild von der Problemlage in medienethischer Hinsicht stark von den bestehenden Medienstrukturen geprägt: Vorherrschend ist das Bild des keine Grenzen kennenden Boulevardjournalismus, dem die unbestechliche BBC gegenübersteht – auch wenn Letzteres immer wieder durch Studien, die Zweifel an der Unparteilichkeit und Ausgewogenheit der BBC-Berichterstattung begründeten, in Frage gestellt wurde. Im Boulevardjournalismus herrscht Sensationalismus statt abgewogener Einschätzungen, dominieren Reportagen aus der Schlüssellochperspektive statt Berichte mit Nachrichtenwert und ist Trivialität statt Gewichtigkeit die Regel: nicht „public interest", sondern „what interests the public" ist maßgeblich für die Blattgestaltung. Auch dies ist eine für deutsche Verhältnisse altbekannte Kritik. Doch das Problem ist gravierend, weil Boulevardzeitungen im Verhältnis zu hiesigen Verkaufszahlen einen wesentlich größeren Lesermarkt abdecken. Täglich erscheinen mehr Boulevardzeitungen als Qualitätszeitungen, und vor allem am Sonntag übersteigt die Zahl der verkauften Boulevardzeitungen bei weitem die der Qualitätszeitungen.
[...] Das Problem beschränkt sich aber nicht nur auf diesen Mediensektor. Stattdessen bestimmt der Boulevardstil den Journalismus mehr und mehr. Eine Boulevardisierung wird sowohl Qualitätszeitungen vorgeworfen, als auch ein Wandel in der Fernsehberichterstattung zu bunten und leichteren Themen festgestellt, also ein Wandel des journalistischen Stils insgesamt. *Barbara Thomas, Berufliche Sozialisation und Ethik, in: Medien und Ethik, S. 143*

M3 Verantwortlicher Journalismus

Wenn wir ethisches Handeln als „verantwortlichen Umgang mit der Wirklichkeit“ begreifen, müssen wir im Fall der Medien ganz besonders vorsichtig sein. Für die Realität gibt es keine gültige Referenzinstanz – solche Bezüge, auf denen Pressekodizes aufbauen, sind Ideologie. Es gibt freilich einen Konsens über Wirklichkeitsbezüge des Journalismus, denn diesem Konsens verdankt das System Journalismus seine Existenz. Und es gibt einen Konsens über sinnvolle berufliche Standards: die Trennung von Nachricht und Kommentar, die Nachprüfbarkeit von Quellen, die Publikums- statt einer Quellen- bzw. Interessenorientierung. Durch diese Wirklichkeitsbezüge und ihre Referenzmechanismen wird Journalismus von anderen Kommunikationssystemen der Gesellschaft unterschieden. Die Referenz wird dabei selbst wieder konstruiert, z. B. anhand der Glaubwürdigkeit von Journalisten, auf Grund bestimmter Darstellungsformen wie Bericht und Kommentar oder in Hinblick auf die Nützlichkeit von Medienangeboten etwa als Orientierungshilfen für den Alltag. Ein solcher Konsens über die Wirklichkeitsbezüge wird durch die Fiktionalisierung von Nachrichten in Frage gestellt.

Es ist zu bezweifeln, ob es für moralisches Handeln in einer modernen Gesellschaft fundamentale Routinen geben kann – wie sie Pressekodizes für das kommunikative Handeln von Journalisten anbieten. Ihr Fehler ist nicht nur das Beharren auf Maßstäben, die einer erkenntnistheoretischen wie empirischen Überprüfung nicht standhalten. Ihr Fehler ist auch, dass sie – wie jede Ethik – auf der binären Unterscheidung von gut und schlecht basieren, diese Unterscheidung aber selbst nicht problematisieren. Damit sind sie für moderne Journalismus-Systeme zu wenig komplex. Diese Kodizes führen darüber hinaus stets in eine Nachzeitigkeit von ethischen Diskursen. Die kommunikative Praxis ist aber gegenläufig: Die Anlässe kommen immer schneller; für ein Nachdenken über journalistisches Handeln steht immer weniger Zeit zur Verfügung, Werte und Normen wandeln sich in immer kürzeren Abständen. Nur vorzeitige Ethik-Debatten wären rechtzeitige Ethik-Debatten.

Siegfried Weischenberg, Medienethik, in: Angewandte Ethik, S. 238

M4 Ethikbereiche

Journalistische Individualethik	Ethik des Mediensystems	Publikumsethik
❶ konzentriert sich auf persönliche Verantwortung des einzelnen Journalisten	❶ weicht ab von der alleinigen Verantwortung des Journalisten	❶ weist auch dem Publikum im Prozess der Massenkommunikation Verantwortung zu
❷ beruft sich auf gesetzliche Bestimmungen und Pressekodizes	❷ spricht von „gestufter“ Verantwortung im System Massenkommunikation	❷ appelliert (im Sinne von Hans Jonas) an Zweckverpflichtungen des Zu-Tuenden
❸ oberstes Prinzip mitmenschlicher Achtung (gegenüber Objekt und Publikum)	❸ sieht Verantwortlichkeit bei: a) Gesetzgeber b) Medieneignern c) Medienmitarbeitern	❸ meint Medienverweigerung im Sinne der Zurückweisung „minderwertiger“ Medienprodukte durch das Publikum
❹ Appell an persönliche Moral des Journalisten	❹ entbindet den einzelnen Journalisten nicht von persönlicher Verantwortung	❹ Gedanke einer Medien-„Ökologie“
	❺ Appell an Moral des politischen und des Medien-Systems	❺ Appell an Moral des Publikums

Will Teichert, Journalistische Ethik, in: Angewandte Ethik, S. 764

1 Zeigen Sie anhand des Beispiels die Merkmale des Boulevardjournalismus. ➜ M1

2 Formulieren Sie ethische versus technische oder marktorientierte Überlegungen in Hinblick auf die Boulevardpresse. ➜ M2

3 Nehmen Sie Stellung zu der zunehmenden „Boulevardisierung“ in allen Medienbereichen. ➜ M2

4 Recherchieren Sie die Pressekodizes für Journalisten und prüfen Sie, inwieweit die Kritik des Textes auf sie zutrifft. ➜ M3

5 Teilen Sie sich in drei Gruppen und wenden Sie die Ethikbereiche auf Beispiele aus der Skandalpresse an. ➜ M4

5 Die Informationsgesellschaft

M1 Das Technopol

Zu Beginn des 20. Jahrhunderts wuchs die Menge der in Wort und Bild verfügbaren Informationen exponentiell. Vor allem die Telegrafie und die Fotografie ebneten den Weg für eine neue Definition der Information. Diese Information leugnete die Notwendigkeit von Zusammenhängen, sie kam ohne Kontext aus, sie propagierte die Unmittelbarkeit, wandte sich gegen historische Kontinuität und versprach Faszination statt Komplexität und Kohärenz. Dann brach in der atemlos gewordenen abendländischen Kultur die vierte Phase der Informationsrevolution an, das Sendezeitalter. Und schließlich die fünfte, das Zeitalter der Computertechnologie. Jede dieser Phasen brachte neue Formen von Information mit sich, immer mehr Information und immer schnellere Information (falls sich die nahezu erreichte Augenblicklichkeit noch weiter steigern lässt). Wie sieht heute die Situation aus? In den Vereinigten Staaten gibt es 260.000 Reklametafeln, 11.520 Zeitungen, 11.556 Zeitschriften, 27.000 Video-Verleihe, mehr als 500 Millionen Radioempfänger und mehr als 100 Millionen Computer. In achtundneunzig Prozent aller amerikanischen Haushalte steht ein Fernseher, in mehr als der Hälfte von ihnen mehr als einer. Jedes Jahr werden 40.000 neue Bücher publiziert (weltweit sind es 300.000), und jeden Tag werden in Amerika 41 Millionen Fotos aufgenommen. Und falls das noch nicht genügt: Jedes Jahr landen (dank der Computertechnologie) 60 Milliarden Sendungen mit Postmüll in unseren Briefkästen. Aus Millionen von Quellen auf dem ganzen Erdball, durch jeden erdenklichen Kanal und jedes erdenkliche Medium – Lichtwellen, Ätherwellen, Telexstreifen, Datenbanken, Telefondrähte, Fernsehkabel, Satelliten, Druckmaschinen – sickert Information hervor. Dahinter hält sich in jeder erdenklichen Form von Speicher – auf Papier, auf Video- und Audiobändern, auf Platten, Film und Silikon-Chips – eine noch viel größere Masse abrufbarer Information bereit. Wie der Zauberlehrling versinken wir in einer Flut – einer Flut von Information. Und der Zaubermeister hat uns nichts weiter dagelassen als einen Besen. Die Information ist zu einer Art Abfall geworden, nicht nur außerstande, die Grundfragen der Menschen zu beantworten, sondern auch kaum von Nutzen, wenn es darum geht, ihnen bei der Lösung ganz alltäglicher Probleme eine Orientierung zu bieten. Mit anderen Worten, das Technopol gedeiht in einer Umgebung, in der sich der Zusammenhang von Information und Orientierung aufgelöst hat, in der die Information wahllos und beliebig in Erscheinung tritt, nicht an bestimmte Adressaten gerichtet, aber von gigantischem Umfang, in hohem Tempo, aber abgespalten von Theorie und Sinn, von Zweck und Ziel. So ist eine neue Welt entstanden. Ich habe sie an anderer Stelle die „Guckguck-Welt“ genannt, in der bald dieses, bald jenes Ereignis für einen Moment in den Blick gerät und gleich darauf wieder verschwindet. Es ist eine unwahrscheinliche Welt. Es ist eine Welt, in der die Idee des menschlichen Fortschritts, wie Bacon sie formuliert hat, durch die Idee des technischen Fortschritts verdrängt worden ist. Das Ziel besteht nicht mehr darin, Unwissen, Aberglauben und menschliches Leiden abzuschaffen, sondern darin, uns den Anforderungen der neuen Technologien anzupassen. Natürlich sagen wir uns, diese Anpassung werde uns ein besseres Leben bescheren, aber diese These ist nur ein rhetorisches Überbleibsel der verblassenden Ära der Technokratie. Wir bilden eine Kultur, die sich mit Information selbst aushöhlt, und viele von uns stellen nicht einmal die Frage, wie man diesen Prozess unter Kontrolle bringen könnte. Wir handeln in dem Glauben, die Information sei unser Freund, und sind der Meinung, Kulturen würden durch einen Mangel an Information schweren Schaden nehmen, was gewiss auch der Fall ist. Aber heute beginnen wir zu begreifen, dass Kulturen auch durch die Informationsschwemme beschädigt werden können, durch Information ohne Bedeutung, durch Informationen, die zu beherrschen wir verlernt haben.

Neil Postman, Das Technopol, S. 78f.

M2 Internet weltweit

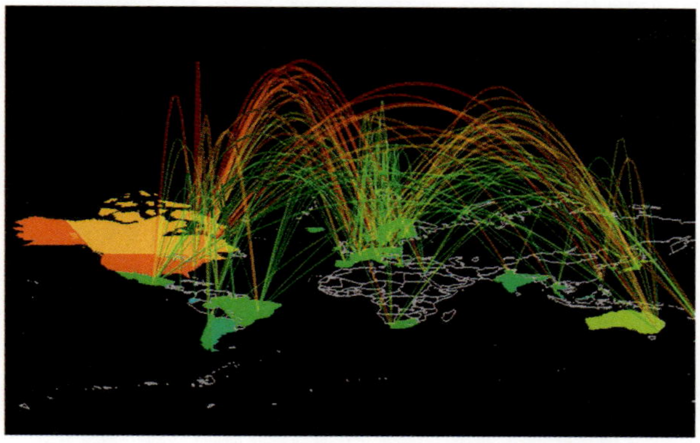

Datenströme im Internet auf einer Weltkarte dargestellt

M3 Die Ereignisse kommen zu uns, nicht wir zu ihnen

Diese dritte Umwälzung ist nun der eigentliche Gegenstand unserer Untersuchung. Denn diese beschäftigt sich fast ausschließlich mit den eigentümlichen Veränderungen, die der Mensch als mit Welt beliefertes Wesen durchmacht; und mit den nicht weniger eigentümlichen Folgen, die die Weltlieferung für den Weltbegriff und für die Welt selbst nach sich ziehen. Um zu zeigen, dass hier wirklich philosophische Fragen vorliegen, seien, erst einmal in noch kaum systematischer Reihenfolge, einige jener Konsequenzen genannt [...].

1. Wenn die Welt zu uns kommt, statt wir zu ihr, so sind wir nicht mehr „in der Welt", sondern ausschließlich deren schlaraffenlandartige Konsumenten.
2. Wenn sie zu uns kommt, aber doch nur als Bild, ist sie halb an- und halb abwesend, also phantomhaft.
3. Wenn wir sie jederzeit zitieren (zwar nicht verwalten, aber an- und ausschalten können), sind wir Inhaber gottähnlicher Macht.
4. Wenn die Welt uns anspricht, ohne dass wir sie ansprechen können, sind wir dazu verurteilt, mundtot, also unfrei zu sein.
5. Wenn sie uns vernehmbar ist, aber nur das, also nicht behandelbar, sind wir in Lauscher und Voyeurs verwandelt.
6. Wenn ein an einem bestimmten Orte stattfindendes Ereignis versandt und als „Sendung" zum Auftreten an jedem anderen Orte veranlasst werden kann, dann ist es in ein mobiles, ja in ein fast omnipräsentes, Gut verwandelt und hat seine Raumstelle als principium individuationis eingebüßt.
7. Wenn es mobil ist und in virtuell zahllosen Exemplaren auftritt, dann gehört es, seiner Gegenstandsart nach, zu Serienprodukten; wenn für die Zusendung des Serienproduktes gezahlt wird, ist das Ereignis eine Ware.
8. Wenn es erst in seiner Reproduktionsform, also als Bild sozial wichtig wird, ist der Unterschied zwischen Sein und Schein, zwischen Wirklichkeit und Bild aufgehoben.
9. Wenn das Ereignis in seiner Reproduktionsform sozial wichtiger wird als in seiner Originalform, dann muss das Original sich nach seiner Reproduktion richten, das Ereignis also zur bloßen Matrize ihrer Reproduktion werden.
10. Wenn die dominierende Welterfahrung sich von solchen Serienprodukten nährt, dann ist (sofern man unter „Welt" noch dasjenige versteht, worin wir sind), der Begriff „Welt" abgeschafft, die Welt verspielt, und die durch die Sendungen hergestellte Haltung des Menschen „idealistisch" gemacht.

Günther Anders, Die Antiquiertheit des Menschen, Band 1, S. 111f.

1 Formulieren Sie die zentrale These des Textes. ➔ M1

2 Äußern Sie spontan die positiven und negativen Eindrücke, die Sie mit der graphischen Darstellung zum Internet verbinden. ➔ M2

3 Postmans Text (M1) ist 1991 in den USA erstmals veröffentlich worden. Diskutieren Sie aufgrund Ihrer eigenen Erfahrung, ob die zentrale These des Autors sich auf das Internet übertragen lässt. ➔ M1/2

4 Analysieren Sie das veränderte Verhältnis von Mensch und Welt durch die neuen Medien. Setzen Sie sich dazu kritisch mit den zehn Thesen auseinander. ➔ M3

5 Formulieren Sie Ihre persönlichen Wünsche, die in einer „Informationsgesellschaft" verwirklicht werden sollten. Berücksichtigen Sie dabei die Möglichkeiten, die das Internet als weltweites Kommunikationsmedium bietet, nehmen Sie aber auch die Gefahren einer Informationsgesellschaft in den Blick. ➔ M1-3

*6 Twitter und Co.

M1 Google überwindet Sprachgrenzen

www.kittihawk.de

M2 Auf die Länge kommt es an

Was haben Arthur Schnitzler und HappySchnitzel gemeinsam? Arthur Schopenhauer und Agent_Dexter? Blaise Pascal und pantoffelpunk? Sie haben sich bewiesen als Meister eines altehrwürdigen Literaturgenres: des Aphorismus.

Der Beweis ist mal 100 Jahre alt, mal 200 Jahre, mal 350 Jahre. Und mal ist er wenige Monate jung. HappySchnitzel, Agent_Dexter und pantoffelpunk schreiben im Online-Kurznachrichtendienst Twitter, von manchen gerühmt als Aufklärungs- und Revolutionsmedium, von vielen gegeißelt als Scherz- und Tratschmaschine. Aber Twitter ist noch mehr als das. Es ist die anregendste Aphorismensammlung unserer Zeit.

Ein Aphorismus, so definiert ihn die Literaturwissenschaft, ist eine Prosaform zwischen Poesie und Philosophie, verwandt mit Essay, Sprichwort und Epigramm. Er ist kurz, konzise, rhetorisch markant, nichtfiktional und steht für sich allein, ist also nicht Teil eines längeren Textes, er arbeitet oft mit sprachlichen Mitteln wie Antithese, Neologismus und Paradoxon. Ein Genre der Gegensätze: knapp gefasst, aber weit gedacht, pointiert formuliert, aber metaphorisch offen, sehr subjektiv auf den Begriff gebracht, aber mit Anspruch auf Allgemeingültigkeit. Bis vor kurzem galt der Aphorismus als angestaubte Altherrengattung, zu finden vor allem in Hilfsbüchlein für bildungsfromme Festredner.

Nun ist er wieder hip – und wird online massenhaft retweeted, gefaved, geliked. Gut möglich, dass Schnitzler, Schopenhauer und Pascal heute twittern würden. [...] Egal, wen man sprechen lässt, die Erkenntnis ist klar: Tweets sind nicht immer Blabla, oft sind sie große Ideen in kleinem Format. Beispielsweise wenn pantoffelpunk twittert: „ALDI war für sozial Schwache immer wichtiger als die SPD." Oder haekelschwein: „Um als Terrorist zu gelten, müssen Rechte 13 Jahre bomben und morden, Linke ein Auto demolieren und Muslime eine Casio-Uhr tragen." Oder mspro: „irgendwie haben mir der bnd und der verfassungsschutz diese ganzen agentenfilme kaputt gemacht. professionalität wirkt so unrealistisch."

Sehr wenige Worte können sehr viel bedeuten. Schon die SMS kürzten manche vor Jahren mit „Sinnieren, Modifizieren, Senden" ab. Und die boten damals immerhin 160 Zeichen Platz. Wie viel mehr muss man sinnieren und modifizieren, bevor man 140 gelehrte, gescheite, gewitzte Zeichen sendet? Es ist eine Kunst. [...]

Auch auf Facebook lassen sich gewitzte Aphorismen finden, abhängig von der Gewitztheit der eigenen Freunde. Seitdem sich in dem sozialen Netzwerk immer mehr Medienunternehmen und andere Firmen tummeln, gehen sie aber im Strom der Postings unter. Zumal inzwischen mehr Bilder und Videos gepostet werden als reine Texte: „Facebook ist ein Bilderflutmedium geworden, in dem alle optisch um Aufmerksamkeit ringen", sagt Curth. „Die Texte dazwischen werden übersehen. Im reinen Text-und-Link-Medium Twitter kann das so leicht nicht passieren."

Tobias Becker, Auf die Länge kommt es an, in: KulturSPIEGEL 9/2012, S. 11

M3 Die „Blogosphäre"

Es herrscht ein rüder Ton in vielen Foren, kein Zweifel, viel derber als im persönlichen Gespräch, drastischer meist auch als am Stammtisch. Eben ist das Wort „Shitstorm" zum „Anglizismus des Jahres" gewählt worden. [...] Tatsächlich muss man das Wort gar nicht ins Deutsche übersetzen, um die Drastik zu verstehen: Wem die Scheiße um die Ohren fliegt, dem vergehen Hören und Sehen. Der verliert die Orientierung. [...] Die Einbahnstraße der Massenkommunikation ist abgeschafft – In der digitalen Gesellschaft gibt es keine Monopole der Meinungsbildung mehr. Jeder kann im Netz Sender sein und jeder Empfänger. Und jeder kann über seine Lautstärke selbst entscheiden. Das erklärt den Lärm, der vieles überdröhnt. Und es erklärt, warum die Debatte so unübersichtlich geworden ist. Wenn fast jeder ein Thema setzen kann, ist es fast unmöglich, vorherzusagen, wann ein Thema groß wird. [...]

Seither ist klar, dass sich gegen das Netz keine Politik mehr machen lässt. Jedenfalls nicht, wenn es um Netzthemen geht. Und schon gar nicht mit den herkömmlichen Mitteln: analog, per Presseerklärung und Fernsehinterview. [...] Noch fehlen aber auch die Fühler, die Frühwarnsysteme, die Orientierungspunkte. Wer ist das, der da so laut ist? Wie einflussreich sind die Lärmenden? Wie wichtig ist ein Thema wirklich? In der Welt der organisierten Interessen, der Verbände, Vereine und Lobbyisten, ist das leichter einzuschätzen. Es gibt Ansprechpartner, mit denen man zu Mittag essen kann, es gibt professionelle Vermittler. Im Netz dagegen agieren Individuen, die sich spontan zusammenschließen, punktuell, flüchtig. *Politics without parties* nennen das manche US-Forscher, eine Politik, die irgendwann ohne Parteien auskommen könnte.

Die Demokratie in der digitalen Gesellschaft will eine andere sein. Öffentlichkeit, Teilhabe, Legitimation – alle Gewissheiten der alten Welt sind infrage gestellt. Alle Institutionen müssen sich verändern. Und sie werden sich verändern. Aber sie werden nicht verschwinden. Das ist der große Irrtum der Netz-Utopiker: Sie unterschätzen die Lernfähigkeit der Systeme.

Heinrich Wefing, Wir! Sind! Wütend!, in: DIE ZEIT vom 01.03.2012, S. 3

M4 Eine vierte Gewalt?

Die Begriffe „vierte Gewalt" und „vierte Macht" werden üblicherweise synonym verwendet, aber die Ausdrücke meinen nicht dasselbe. Wer „vierte Gewalt" sagt, geht von einer – virtuellen – vierten Säule im System der Gewaltenteilung aus. Neben Exekutive, Legislative und Justiz gibt es danach die Medien, die zwar keine eigene Gewalt zur Änderung der Politik oder zur Ahndung von Machtmissbrauch besitzen, aber durch korrekte Berichterstattung und öffentliche Diskussion die Verhältnisse zum Tanzen bringen können. Wer nur den Begriff der „vierten Macht" akzeptiert (weil Journalisten bekanntlich kein Mandat haben), redet in der Regel über jene Macht, die dann zum Zuge kommt, wenn die drei Gewalten versagen. Je nach Standort und Gemütsverfassung des Medienschaffenden ist es entweder Berufsrisiko oder Privileg, wenn die Staatsmacht grob wird und Muskeln zeigt. [...]
Aber viele Medien rennen hinter denselben Geschichten her. Bei diesem Mainstreamjournalismus will jeder mit irgendeiner Nachricht aufwarten. Es gibt Strichlisten mit angeblichen Exklusivgeschichten. Es existieren keine Listen, wie viele dieser Geschichten recycelt oder falsch waren. Vierte Macht, vierte Gewalt? Eitle Ohnmacht.

Hans Leyendecker, V wie Vierte Gewalt, in: SZ-Magazin, Heft 19/2009

1 Erörtern Sie anhand des Cartoons die Vor- und Nachteile der großen Suchmaschinen. ➜ M1
2 Die größten Gegner der „Twitteratur" sind die Deutschlehrer. Setzen Sie sich in einer Pro- und Contra-Diskussion mit dem Text- und Link-Medium Twitter auseinander. ➜ M2
3 Überlegen Sie, inwiefern das Internet geeignet ist, die Funktion einer demokratischen Öffentlichkeit zu unterstützen. ➜ M3
4 Diskutieren Sie, inwieweit es angemessen ist, die Presse als „vierte Gewalt" zu bezeichnen. ➜ M4
5 Erörtern Sie, welche Gefahren und Veränderungen für die Demokratie mit modernen Medien verbunden sein könnten. ➜ M3/4

1 Gerechtigkeit oder Ökonomie?

M1 „Auch in der Wirtschaft muss es Anstand geben"

Als im Frühjahr 2008 der Handy-Hersteller Nokia seinen Entschluss bekannt gab, das Bochumer Werk zugunsten einer neuen Produktionsstätte in Rumänien zu schließen, obwohl auch in Bochum Gewinne gemacht wurden, war die Empörung groß.

Nokia-Pressespiegel

IG-Metall-Chef Huber wirft dem finnischen Konzern vor, Menschen zu verhöhnen – und die Öffentlichkeit in Deutschland zu belügen. Die Gewerkschaft droht mit Widerstand und Streiks.

Die Welt vom 22.01.08

Der wirtschaftspolitische Sprecher der SPD-Fraktion, Thomas Eiskirch, warf Nokia derweil „Subventions-Hopping" vor. Das Verhalten des Unternehmens erinnere „fatal an Heuschrecken", die nur Fördermittel abgrasen wollten.

WDR vom 16.01.08

Bundesverbraucherminister Horst Seehofer tauscht aus Solidarität mit den Beschäftigten des Nokia-Werks in Bochum sein Handy aus. „Weil die Art und Weise, wie das abläuft, mir nicht gefällt", sagte Seehofer heute laut dpa. SPD-Bundestagsfraktionsvorsitzender Peter Struck habe sein Nokia-Gerät bereits zurückgegeben.

heise-online.de vom 18.01.08

Der Deutsche Gewerkschaftsbund (DGB) geht so weit, zu einem Boykott des finnischen Konzerns aufzurufen. Dessen geplante Produktionsverlagerung nach Rumänien sei ein Beispiel für eine skandalöse Abzocke von Fördermitteln, sagte laut Hamburger Abendblatt der DGB-Landeschef von Rheinland-Pfalz, Dietmar Muscheid.

heise-online.de vom 18.01.08

Ex-Ministerpräsident Edmund Stoiber: „Die Unternehmensführung von Nokia handelt unanständig, bringt mit ihrer allein auf Profitmaximierung ausgerichteten Geschäftspolitik die soziale Marktwirtschaft in Verruf."

heise-online.de vom 18.01.08

Bundesarbeitsminister Olaf Scholz: „Ich sage ganz klar: Das ist nicht anständig. Auch im Wirtschaftsleben muss es Anstand geben."

heise-online.de vom 18.01.08

M2 Rheinischer Kapitalismus am Ende

Der Begriff „Rheinischer Kapitalismus" umschreibt das Wirtschaftsmodell der „alten" Bundesrepublik. Gemeint ist – in Abgrenzung zu Wirtschaftsordnungen angelsächsischer oder asiatischer Ausformung – ein System korporatistischer [körperschaftlicher], auf Konsens zielender Strukturen, die sich innerhalb eines demokratischen und die freie Marktordnung schützenden Rechtsstaates konstituieren und darauf gerichtet sind, breite Bevölkerungsschichten über einen ausgebauten Sozialstaat an der gesamtwirtschaftlichen Wertschöpfung teilhaben zu lassen. „Wohlstand für alle" hieß dies in Ludwig Erhards prägnanter Formel.

Die Zeitschrift *The Economist* verkündete zum Ausklang des Jahrhunderts das Ende des Rheinischen Kapitalismus und das Heraufziehen eines neuen Modells, des *shareholder capitalism*, in dem die Interessen der Aktionäre (die Wertsteigerung der Aktie = shareholder value) im Mittelpunkt stehen. Symbol dieses Wandels: die „feindliche Übernahme" der Mannesmann AG durch die britische Vodafone. Europa sei auf dem (besten) Weg „to be just another United States".

Lars Castellucci, in: Bundeszentrale für politische Bildung (Hg.), Aus Politik und Zeitgeschichte, B 6-7/2001, S. 20

M3 Wachstum schlägt Gerechtigkeit

Es ist zugespitzt, aber nicht irreführend, wenn man konstatiert, dass die Ökonomie als selbständige, von der Moralphilosophie getrennte Wissenschaft die [...] Frage nach Gerechtigkeit in einem umfassenden Sinne sowohl aus dem Aussagezusammenhang ökonomischer Analysen als auch aus der Praxis des Wirtschaftens selbst weitgehend ausgeblendet hat. An die Stelle weitreichender Konzepte von Gerechtigkeit trat nunmehr die Wertgleichheit von Leistung und Gegenleistung im Sinne einer eng gefassten Tauschgerechtigkeit. Die vorher bestimmende Frage nach der angemessenen Verteilung von Einkommen und Vermögen wurde nunmehr ersetzt durch die *Untersuchung über das Wesen und Ursachen des Reichtums der Völker* (Smith, 1776), die dann später überführt wurde in die verwandte, aber besser formal handhabbare Frage nach den Bedingungen effizienten Wirtschaftens. [...] Wachstum und Fortschritt, das sind seit Adam Smith und dem klassischen Liberalismus Zauberworte, die an die Stelle des Streits um die Verteilung eines gegebenen Reichtums treten (sollen). Die Gerechtigkeitsfrage erscheint daher in dieser Sichtweise nicht nur analytisch störend, weil sie die Nationalökonomie unter das Kuratel der Moralphilosophie stellt, sondern auch als praktisch obsolet, weil gerade vom Wachstum die ärmeren Schichten der Bevölkerung einen besonders großen Nutzen ziehen. [...] Dass das Thema „Gerechtigkeit" [...] zumindest lebensweltlich nicht mit ihrer weitgehenden Verbannung aus dem ökonomischen Fachdiskurs „erledigt" war, das zeigen schon die sozialen Konflikte und gesellschaftlichen Umwälzungen, die sich in den folgenden zweieinhalb Jahrhunderten innerhalb und außerhalb Europas vollzogen.

Hans G. Nutzinger (Hg.), Gerechtigkeit in der Wirtschaft, S. 7f.

M4 „Ruinieren Sie Ihre Nächsten"

*Der Münchner Professor für Wirtschaftsethik Karl Homann (*1943) im Interviev mit* der tageszeitung.

taz: Herr Homann, erstmals, so hat eine Umfrage gezeigt, unterstützt eine Mehrheit der Bundesbürger die soziale Marktwirtschaft nicht mehr. Sind die großen Unternehmen für diese Entwicklung verantwortlich?

Karl Homann: Ja. Die Menschen fragen nach Gerechtigkeit. Und da reicht ihnen der Hinweis auf die ökonomische Leistung überhaupt nicht. Im Gegenteil, diese Art von Antwort brüskiert sie eher. Dass die Zahl der Arbeitslosen in Deutschland um eine Million gesunken ist, verbessert die Akzeptanz für unser Wirtschaftssystem nicht.

taz: Was machen die Unternehmen falsch?

Karl Homann: Wir haben es mit einem sehr grundsätzlichen Problem zu tun. Unsere ethischen Vorstellungen wie Teilen, Mitleid und Solidarität stammen aus der vormodernen Gesellschaft, aus der Zeit vor dem Kapitalismus. Heute dagegen leben wir unter den Bedingungen des Marktes und des Gewinnstrebens – diese Realität steht für viele Menschen noch immer in einem intuitiven Gegensatz zum Gebot der Solidarität. [...] Der Wettbewerb ist ein zentrales Element der Marktwirtschaft. Er kann die Lage der Menschen dramatisch verbessern, wenn der politische Rahmen stimmt. Trotzdem ist es intuitiv ungeheuer schwer zu verstehen, dass Konkurrenz ein sittlicher Imperativ sein soll. Solange die Mittel fair bleiben, dürfen, ja sollen Sie Ihren Nächsten in den Ruin treiben. Und sonntags sitzen Sie mit ihm zusammen auf der Kirchenbank. Das muss man erst einmal kapieren.

taz vom 07.07.2008, S. 15

1 Erarbeiten Sie aus den Pressemeldungen zum Nokia-Konflikt die darin enthaltenen moralischen Forderungen an unternehmerisches Handeln. ➜ M1

2 Recherchieren Sie den Fall Nokia (oder ein vergleichbares Beispiel) genauer und prüfen Sie, inwieweit die Unternehmensführung die Werksverlagerung nach Rumänien ebenso moralisch rechtfertigen könnte. ➜ M1

3 Zeigen Sie auf, wie die Wirtschaftsethiker Nutzinger und Homann jeweils das Verhältnis von Wirtschaft und Moral bestimmen. ➜ M3/4

4 Ist Gewinnstreben unmoralisch? Stellen Sie in Gruppenarbeit ethische Standards für unternehmerisches Handeln zusammen. ➜ M2-4

2 Gerechte Löhne

M1 Die Pausenbrot-AG

Lisa und Sascha hatten die Idee. Sie gründeten eine Schülerfirma, um die neue Cafeteria in der Schule zu betreiben und bauten auch einen Catering-Service für Schulveranstaltungen auf. Sie stellten ein Team zusammen, das abwechselnd in den Freistunden sich die Arbeit aufteilte, und der Gewinn wurde einfach in der Gruppe entsprechend den Arbeitszeiten aufgeteilt. Jetzt, nachdem der Betrieb aufgebaut ist und gut läuft, haben Lisa und Sascha andere Vorstellungen, die auf einer Mitarbeitervollversammlung diskutiert werden: Die Servicekräfte sollen für einen festen Stundenlohn (5 €) arbeiten, die Macher der Firma sollen sich den erwirtschafteten Gewinn aufteilen: Jürgen (Einkauf), Daniel und Murat (Marketing), Katharina (Snackkreationen) sollen zusammen 60% erhalten. Lisa und Sascha wollen sich aus der operativen Arbeit zurückziehen, nur noch Überwachungsfunktion übernehmen und beanspruchen dafür 40% des Gewinns.

M3 Fragen der Lohngerechtigkeit

Ist es gerecht, dass Ältere mehr verdienen als Junge? Ist es gerecht, dass ein Sachbearbeiter in der Stahl- oder Holzbranche beinahe ein Drittel weniger verdient als einer bei Banken und Versicherungen? Ist es gerecht, dass ein Frankfurter 13% mehr verdient als ein Braunschweiger? Ist es gerecht, dass Frauen 22% weniger verdienen als Männer? Ist es gerecht, dass ein Akademiker von vornherein in eine höhere Gehaltsstufe kommt als beispielsweise Arbeitnehmer mit einem Fachschulabschluss? Die Beantwortung dieser Fragen hängt davon ab, wie die Kriterien der Lohnbildung jeweils gewichtet werden:

- **Markt:** die Produktivität der Branche
- **Leistung:** gleicher Lohn für gleiche Leistung
- **Situation:** Der Lohn bemisst sich nach den unterschiedlichen Lebenshaltungskosten in verschiedenen Städten und Regionen.
- **Aufwand:** Der Lohn vergütet Anstrengungen z. B. für die Ausbildung.
- **Bedarf:** Berücksichtigung sozialer Verpflichtungen wie Familie, Kinder etc.

M2 Löhne und Gehälter nach Branchen

Wirtschaftsbereich[1]	Bezahlte Wochenarbeitszeit für vollzeitbeschäftigte Arbeitnehmer[2] in Stunden	Bruttomonatsverdienst ohne Sonderzahlungen in Euro
Bergbau und Gewinnung von Steinen und Erden	41,2	3 302
Verarbeitendes Gewerbe	38,5	3 270
Energie- und Wasserversorgung	38,4	3 973
Baugewerbe	39,9	2 679
Dienstleistungsbereich	39,2	3 017
Handel	39,2	2 890
Gastgewerbe	39,5	1 896
Verkehr und Nachrichtenübermittlung	40,4	2 758
Kredit- und Versicherungsgewerbe	38,7	3 988
Grundstücks- und Wohnungswesen	39,0	3 118
Erziehung und Unterricht	38,5	3 121
Gesundheits-, Veterinär- und Sozialwesen	39,1	3 021

[1] Dienstleistungsbereich ohne öffentliche Verwaltung, Verteidigung, Sozialversicherung

[2] Ohne Beamte

Statistisches Bundesamt, Vorläufige Ergebnisse für das 3. Quartal 2008, www.destatis.de

M4 Der Wert der Arbeit

*Die Ethiker Hans Ruh (*1933) und Thomas Gröbly (*1958) forschen zu Fragen der Lohngerechtigkeit und werden hier von Redakteuren der Zeitschrift* EBKURS, *Magazin der EB Zürich, interviewt.*

EBKURS: Wenn jemand am Ende des Monats 5000 Franken auf dem Lohnkonto hat und jemand anders 25 000 Franken, kann man davon ausgehen, dass die zweite Person fünfmal mehr geleistet hat als die erste?

Ruh: Lohnunterschiede widerspiegeln die Leistung nur zum Teil. Abgesehen davon ist es grundsätzlich schwierig, Leistung zu messen. Da müsste man sofort fragen, welche Kriterien angelegt werden. Zum Beispiel kann man darüber streiten, ob die Leistung eines Professors größer ist als diejenige einer Kindergärtnerin. Der Kindergarten ist unheimlich wichtig für die Entwicklung eines Kindes, also müsste diese Leistung gut honoriert werden.

EBKURS: In der Wirtschaft gibt es die Tendenz, die Fixlöhne durch Leistungslöhne zu ersetzen, also variable Lohnanteile an messbare Leistungen zu knüpfen. Was sagen Sie als Ethiker zum Leistungslohn?

Gröbly: Ich würde das eher als problematisch anschauen: Die Starken, Schnellen, Fitten werden belohnt. Das ist jetzt sehr en vogue, ist aber natürlich fatal für eine gut funktionierende Gesellschaft.

EBKURS: Wieso?

Gröbly: Weil nicht alle immer stark, schnell und fit sein können. Der Druck am Arbeitsplatz nimmt immer mehr zu, was in der Schweiz Kosten in Folge von Stress von jährlich mehr als vier Milliarden Franken erzeugt. In dieser Zahl sind die psychischen Leiden der Betroffenen und ihrer Angehörigen noch nicht eingerechnet.

EBKURS: Weshalb gibt es überhaupt so große Lohnunterschiede?

Ruh: [...] Zum einen widerspiegeln Lohnunterschiede einfach die Macht- und Interessenordnung. Aber es gibt auch vernünftige Begründungen für Lohnunterschiede. Eine erste wäre: Wir müssen Anreize schaffen, dass fähige Leute sehr viel leisten. Dafür besteht ein volkswirtschaftliches Interesse. Der zweite Punkt: Wer gute Arbeit leistet, der muss auch belohnt werden.

EBKURS: Dann müsste Daniel Vasella [Vorstandsvorsitzender des Schweizer Pharmakonzerns Novartis], der 300-mal mehr verdient als der Durchschnittslohn in seiner Firma, also 300-mal bessere Arbeit leisten. Lassen sich solche Unterschiede ethisch rechtfertigen?

Ruh: Nein. Die oberste Managerschicht erbringt nicht so gigantische Leistungen, dass das die Höhe ihrer Gehälter rechtfertigen würde. Auch der Markt bestimmt diese Löhne nicht, wie Manager oft behaupten. Der Markt spielt hier gar nicht, vielmehr setzt ein Kartell mit gleichen Interessen die Löhne fest. [...]

EBKURS: Gibt es ethische Kriterien für einen gerechten Lohn?

Ruh: Am ehesten findet man Lösungen, wenn man vom System her denkt und sagt: Die Löhne müssen so ausgestaltet sein, dass für die gesamte Gesellschaft wünschbare Resultate herauskommen. [...] Wir müssen die Voraussetzungen für eine Gesellschaft schaffen, in der die Menschen so frei leben können, wie es die liberale Ideologie eigentlich verspricht. Aber der Markt allein bringt das nicht zustande, das muss sozial verwirklicht werden. Der Grad der Freiheit jedes Einzelnen misst sich zuallererst am Alltag: Wie lebe ich, wie wohne ich, wie esse ich, wie gesund kann ich sein? Entsprechend müssen wir da hohe Löhne zahlen, wo wir in diesen Bereichen Verbesserungen erzielen können.

EBKURS: Zum Beispiel?

Ruh: Zum Beispiel für Kindergärtnerinnen und Kindergärtner, in Pflegeberufen oder auch für Personen, die sich um Behinderte kümmern. Die brauchen einen hohen Lohn, erstens weil sie etwas Wichtiges leisten und zweitens weil sie etwas leisten, das die Gesellschaft zum Teil nicht mehr übernimmt.

EBKURS 19/2008, S. 6-11

1 Führen Sie die Betriebsversammlung der Pausenbrot-AG im Rollenspiel durch. → M1
2 Untersuchen Sie die Statistik nach auffälligen Lohnunterschieden. Überlegen Sie, wovon diese Differenzen abhängen. → M2
3 Diskutieren Sie in Kleingruppen die Gerechtigkeitsfragen und entscheiden Sie, welche Kriterien Sie jeweils stärker gewichten würden. → M3
4 Stellen Sie aus den Aussagen von Ruh und Gröbly einen Kriterienkatalog für gerechte Entlohnung zusammen. → M4

3 Mit Ethik Geld verdienen

M1 Sauberer geht's nicht ...

M2 Ethische Marketingstrategien

*Der Zukunftsforscher und Unternehmensberater Matthias Horx (*1955) stellt in seiner Internetzeitschrift* Zukunftsletter.de *Strategien des sogenannten „moral marketing" als zukunftsweisend für Unternehmen vor. Unter dem betriebswirtschaftlichen Stichwort der Corporate Social Responsibility (CRS) haben sich, so Horx, innovative Marketinginstrumente entwickelt, die gemeinnütziges Engagement und wirtschaftlichen Nutzen verbinden. Wie viele neue wirtschaftliche Trends kommt auch dieser aus den USA und so nimmt Horx die englischen Schlüsselbegriffe in seine Darstellung auf. Hier einige Beispiele.*

Moral-Marketing:
Wie Sie mit gutem Gewissen Geld verdienen

- **Cause Promotion:**
  Unternehmen als Wachrüttler

Das Bestreben, ein ökologisches oder soziales Problem aufzuklären und einer breiten Öffentlichkeit bekannt zu machen, bezeichnet man als Cause Promotion. Hoffnung auf 4 Rädern: 700 Hyundai-Händler haben sich in den USA mit der gemeinnützigen Organisation **CureSearch** zusammengeschlossen, die sich für die Erforschung von Kinderkrebs einsetzt, um auf die hohe Zahl krebskranker Kinder aufmerksam zu machen. Kern der Aktion **„Hope on Wheels"** ist die Roadshow eines weißen Hyundai Tucson zu 30 Kinderkliniken in 22 US-Bundesstaaten. Erkrankte Kinder, die bereits Heilungserfolge erreicht haben, verewigen sich mit bunten Handabdrücken auf dem Auto, um anderen ein Zeichen der Hoffnung zu geben.

- **Cause-related Marketing:**
  Feel-good-Aktionen gegen Gewissensbisse

Wenn ein Teil des Umsatzes für einen guten Zweck gespendet wird, ist das die direkteste Form der Kundeneinbindung in den CSR-Prozess. Öko-sozialer Mehrwert kann aber genauso auch durch aktive Beteiligung der Kunden an der Kostenreduktion erzielt werden. Grüne Klicks: Von Juli 2005 bis April 2006 spendete **AT&T**, größter Telekommunikationsanbieter in den USA, für jeden Kunden, der auf Online-Rechnung umstellte, Geld für die Pflanzung eines Baumes an die **National Arbor Day Foundation**, die sich für den Aufbau und Schutz des Waldes einsetzt. Innerhalb der ersten 9 Monate der Aktion stieg die Online-Rechnungsrate um 54 %, was dem Konzern mit 70 Mio. Telefon- und 10 Mio. Breitbandkunden jede Menge Kosten spart.

- **Corporate Volunteering:**
  Das Do-it-yourself des neuen Moralismus

Unternehmen können das freiwillige Engagement ihrer Mitarbeiter fördern. Do-it-yourself-Charity: Die größte US-Baumarktkette, **The Home Depot**, hat Corporate Volunteering zum festen Bestandteil ihres gesellschaftlichen Engagements gemacht. Allein 2006 engagierten sich 40.000 Home-Depot-Mitarbeiter ehrenamtlich für öffentliche Einrichtungen. Insgesamt spendete die Baumarktkette so über **1 Mio. Arbeitsstunden**, lieferte Baumaterial und unterstützte ca. 6.000 gemeinnützige Organisationen.

Matthias Horx, www.zukunftsletter.de

M3 Positionen der Wirtschaftsethik

„Der systematische Ort der Moral ist die Rahmenordnung."

Der Münchener Wirtschaftsethiker Karl Homann und seine Schüler verorten die Moral in einer modernen Marktwirtschaft vor allem in den Rahmenbedingungen. Das moralische Verhalten eines Einzelnen kann auf Dauer nur dann erhalten werden, wenn es sich als vorteilhaft erweist. Denn warum sollte ein Einzelner Zeit und Mühe auf sich nehmen und besonders umweltfreundlich produzieren, wenn sich andere weiterhin – und vielleicht nun erst recht – verschwenderisch verhalten? Die Rahmenbedingungen müssen daher so ausgestaltet werden, dass der Gute nicht auch der Dumme ist. [...]

„Gewinnstreben ist kategorisch der normativen Bedingung der Legitimität unterzuordnen."

Prominentester Kritiker einer solchen Ordnungsethik ist Peter Ulrich, der wie Homann zu den Mitbegründern der deutschsprachigen Wirtschaftsethik zählt. [...] Ulrich kritisiert Homanns Ansatz als „ökonomischen Rahmendeterminismus" und hält dessen implizite Voraussetzung, dass der einzelne Unternehmer durch die Rahmenordnung quasi fremddiszipliniert werden kann, für einen modelltheoretischen Idealfall. Das Gewinnmaximierungsverhalten, das bei Homann ein natürliches Marktprinzip darstellt und unter der Voraussetzung einer geeigneten Rahmenordnung sogar zu einer „moralischen Pflicht" des Unternehmers wird, stellt Ulrich mit seiner „Integrativen Wirtschaftsethik" prinzipiell in Frage. Er glaubt an einen „Primat der Ethik", der jede unternehmerische Handlung unter einen „Legitimitätsvorbehalt" stellt. Legitimes Gewinnstreben ist für ihn „stets moralisch begrenztes Gewinnstreben": Unternehmen sollen Handlungsspielräume im „Schnittmengenbereich" von Ethik und Erfolg aufspüren – im ethischen Konfliktfall notfalls aber auch auf Gewinne verzichten. [...]

„Ethik, die um ihrer selbst willen betrieben werden will, ist in der Wirtschaft irrelevant."

Ein dritter Ansatz stammt vom Konstanzer Ökonomen Josef Wieland. Wieland sieht in dem von Ulrich postulierten „Primat der Ethik" eine durch nichts begründbare Sonderstellung der Ethik. Er lehnt eine hierarchische Ordnung der Entscheidungslogiken von Ethik und Ökonomie ab. Die Beziehung zwischen beiden Systemen beschreibt er in seinem „moralökonomischen Paradoxon" so: „Es gibt ökonomische Voraussetzungen von Moral und moralische Voraussetzungen von Ökonomie. Es gibt moralische Konsequenzen von Ökonomie und ökonomische Konsequenzen von Moral." Sowohl moralisch naive als auch ökonomisch verengte Unternehmensstrategien seien daher zum Scheitern verurteilt. Wieland selbst geht es in seiner „Governanceethik" darum, die Strukturen eines Unternehmens so zu gestalten, dass die „Tugendethik" des Einzelnen zur Geltung kommen kann. [...] Unternehmensethik hat dabei für Wieland immer auch einen betriebswirtschaftlichen Aspekt. Denn Werte wie Ehrlichkeit, Loyalität oder Fairness sind in einer Welt unvollständiger Verträge wesentliche Elemente jeder gelungenen Kooperation.

Felix Rohrbeck, www.wertevolle-zukunft.de

1 Interpretieren Sie die Fotomontage. Entwerfen Sie dazu passende Werbeslogans. ➜ M1
2 Macht „moral marketing" die Wirtschaft ethischer oder handelt es sich dabei um eine bloße Instrumentalisierung von Ethik? Diskutieren sie diese Frage. ➜ M2
3 Überlegen Sie, mit welcher Absicht die Schlüsselbegriffe als englische Ausdrücke übernommen werden. ➜ M2
4 Setzen Sie sich in Kleingruppen arbeitsteilig mit den drei wirtschaftsethischen Grundpositionen auseinander und formulieren Sie ein Statement zu „moral marketing" aus der Sicht der jeweiligen Position. ➜ M3
5 Recherchieren Sie bei örtlichen Firmen nach ethischen Leitbildern.

4 Fairer Handel

M1 Was will fairer Handel?

Fairer Handel ist eine Handelspartnerschaft, die auf Dialog, Transparenz und Respekt beruht und nach mehr Gerechtigkeit im internationalen Handel strebt. Durch bessere Handelsbedingungen und die Sicherung sozialer Rechte für benachteiligte ProduzentInnen und ArbeiterInnen – insbesondere in den Ländern des Südens – leistet der Faire Handel einen Beitrag zur nachhaltigen Entwicklung.

Motto des „Eine-Welt-Netz NRW – Projekt für fairen Handel"

M2 Trade not aid

Fairer Handel ist ein Ansatz zur Armutsbekämpfung in über 50 Entwicklungsländern. Die Fair-Trade-Bewegung verwandelt den Nord-Süd-Handel von einem Instrument sozialer Ausbeutung in eines zur Stärkung der Kleinproduzenten. Fairer Handel verbindet ethisch orientierte Konsumenten im Norden mit demokratisch organisierten Produzentengruppen im Süden und bietet benachteiligten Produzenten und Anbietern die Chance der Kontrolle über ihre eigene Zukunft, einen gerechten Lohn für ihre Arbeit und menschliche Arbeits- und Lebensbedingungen durch nachhaltige Entwicklung. [...] 498 Produzentenorganisationen in 50 Entwicklungsländern und damit rund eine Million Produzenten sind beteiligt. Fünf Millionen Menschen profitieren direkt vom Fairen Handel. Fair gehandelte Waren im Wert von einer Milliarde US-Dollar wurden im letzten Jahr umgesetzt. [...] Der Faire Handel hat sich mit der Entstehung der Siegelinitiativen, die Ende der achtziger Jahre in den Niederlanden begannen, von der Nische zum Mainstream entwickelt. Neben 800 Weltläden in Deutschland sind fair gehandelte Produkte in über 23000 Supermärkten erhältlich. 70 Unternehmen sind Transfair-Lizenznehmer. Über 60 Prozent der fair gehandelten Produkte sind mittlerweile auch ökologisch zertifiziert. Nach einigen Jahren der Stagnation verzeichnet der Faire Handel in Deutschland zurzeit wieder zweistellige Wachstumsraten. Dazu beigetragen haben Produktneueinführungen, wie fair gehandelte Bananen, Rosen, Wein und Fußbälle, aber vor allem auch Kampagnen, die sich an Verbraucher und Großkunden richten.

Tina Gordon, Schritt für Schritt, DED-Brief 1/2006, S. 33f.

M3 Weltarmut und Ethik – Gibt es eine moralische Pflicht zur Hilfe?

*Barbara Bleisch (*1973) und Prof. Peter Schaber (*1958) vom Ethik-Zentrum der Universität Zürich haben eine Publikation herausgegeben, die nach unserer Verantwortung hinsichtlich der Weltarmut fragt. Die Universitätszeitschrift* unipublic *hat sich mit Barbara Bleisch darüber unterhalten.*

unipublik: Die Publikation *Weltarmut und Ethik* geht der Frage nach, ob es eine moralische Pflicht gibt, armen Menschen zu helfen. Darüber scheint kein Konsens zu bestehen?

Bleisch: Es ist nicht nur in der Politik und Gesellschaft, sondern auch unter Ethikerinnen und Ethikern eine umstrittene Frage, ob und inwiefern es eine solche Pflicht zur Hilfe gibt. Eine wichtige Erkenntnis ist, dass Menschen Moral in erster Linie als eine Sache der näheren Umgebung betrachten. Wenn wir einen verletzten Menschen auf der Straße liegen sehen, fühlen wir uns direkt angesprochen, ihm zu helfen.

unipublik: Im Gegensatz zum Hilfebedarf in der näheren Umgebung geht es in Ihrer Publikation um die „Weltarmut". Gemeint ist damit die extreme, existenzbedrohende Armut. Diese Form von Armut ist für uns weiter weg.

Bleisch: Genau, und deshalb empfinden wir auch weniger die moralische Pflicht, zu helfen. Unsere Fähigkeit, uns ins Leiden anderer einzufühlen, ist auf Distanz oft nicht vorhanden. Es fällt uns leichter, uns vorzustellen, selber arbeitslos zu werden, als in einem Slum in Nairobi zu leben. Wenn wir einen Einzahlungsschein erhalten für die Flüchtlinge in Somalia, fühlen wir uns deshalb moralisch nicht zur Hilfe verpflichtet, sondern betrachten eine Spende als freiwillig. Wenn alle Menschen gleichwertig sind, dürfte die Distanz aus ethischer Sicht jedoch keine Rolle spielen.

unipublik: Welche ethischen Positionen lassen sich grundsätzlich hinsichtlich der Weltarmut unterscheiden?

Bleisch: Grob gesagt lassen sich vier Positionen unterscheiden. Die erste Position ist der Ansicht, wir schuldeten anderen Menschen nichts. Ob wir helfen wollen, sei eine persönliche Entscheidung, und entsprechend dürfe Hilfe beispielsweise nicht über Steuern zwangsweise finanziert werden. Die zweite Position postuliert, dass eine Pflicht zur Hilfe in extremer Not besteht, wobei sich diese Pflicht beispielsweise mit der Menschenwürde begründen lässt.

Die dritte Position sieht zwar keine Pflicht zur Hilfe, verlangt aber, dass wir zumindest keinen Schaden anrichten. Diese Sichtweise beruht auf der empirischen These, dass die Weltarmut von den Industriestaaten zumindest mitverursacht sei, beispielsweise durch ungerechte Regeln der Weltwirtschaft. Die vierte Position postuliert eine globale Umverteilung, die aufgrund des massiven Wohlstandsgefälles zwischen Nord und Süd gefordert sei. Im Blick ist hier eine Art globale soziale Gerechtigkeit. [...]

unipublik: Sie und Peter Schaber argumentieren im Buch vor allem mit dieser zweiten Position. Warum?

Bleisch: Wir gehen davon aus, dass bei extremer Armut eine Pflicht zur Hilfe besteht, die sich aus der Menschenwürde ergibt. Ums nackte Überleben kämpfen zu müssen, nicht für sich und die Seinen aufkommen zu können und von der Gesellschaft ausgeschlossen zu sein ist ein Zustand, der dem Menschen unwürdig ist und es ihm unmöglich macht, sich selber zu achten. [...]

unipublik: Entwicklungshilfe und Entwicklungszusammenarbeit werden bisweilen als nutzlos oder gar schädlich kritisiert.

Bleisch: Es ist eine Tatsache, dass die Gelder bisweilen in korrupten Staatskassen versickern oder erreichte Verbesserungen durch Kriege wieder zunichte gemacht werden. Das ist aber kein Grund, die Entwicklungszusammenarbeit abzuschaffen. Wir müssen nach Möglichkeiten suchen, es in Zukunft besser zu machen, wozu nicht zuletzt Forschung nötig ist. Im Übrigen können wir auch als Konsumentinnen und Konsumenten einen Beitrag leisten. Denn Produkte aus fairem Handel zu kaufen ist vermutlich ohnehin die effizienteste Art der Entwicklungshilfe.

unipublik, Zeitschrift der Universität Zürich vom 23.01.2008

1. Interpretieren Sie die Symbolik des Bildes in Verbindung mit dem Selbstverständnis der Bewegung für einen Fairen Handel. → M1
2. Stellen Sie die Kriterien zusammen, die ein Produkt erfüllen muss, damit es als „fair gehandelt" betrachtet werden kann. → M2
3. Recherchieren Sie in Ihrer Stadt, welche fair gehandelte Produkte in welchen Läden zu kaufen sind.
4. Diskutieren Sie die im Interview genannten ethischen Positionen zur Frage der Hilfe gegenüber den Armen. → M3
5. Entwerfen Sie verschiedene Rollen für eine Talkshow zum Thema:
   Gibt es eine ethisch begründbare Pflicht, fair gehandelte Produkte zu kaufen, auch wenn diese teurer sein sollten als vergleichbare andere Produkte?
   Führen Sie die Talkshow in Ihrem Kurs durch.

5 Neue Wege im Kapitalismus?

M1 Gehaltsschere in Deutschland

Gesamtvergütung der Vorstandvorsitzenden der Dax-Unternehmen in 2011, Plätze 1–3:

Martin Winterkom (Volkswagen): **16,60 Millionen €**
Josef Ackermann (Deutsche Bank): **9,50 Millionen €**
Dieter Zetsche (Daimler): **8,80 Millionen €**

Tarifverdienste in ausgewählten Branchen in Deutschland 2011:

Konditor, Bayern: **5,26 € pro Stunde**
Gärtner, Brandenburg: **unter 6,50 € pro Stunde**
Koch, Hamburg: **8,27 € pro Stunde**

nach de.statista.com und spiegel-online

M2 Grenzen gesetzt!

Ausgerechnet die Schweiz! Die Eidgenossen sind nicht für sozialistische Umtriebe bekannt, trotzdem haben sie per Volksabstimmung eine Gehaltsschranke für Manager beschlossen. [...]

Ihre politische Brisanz erlangt [die Entscheidung] dadurch, dass sie einen für die Zukunft unserer Demokratie zentralen Punkt berührt: Wie viel Ungleichheit muss und kann eine moderne Volkswirtschaft ertragen? Eher mehr als weniger – so lautet die Antwort in den vergangenen Jahren zumeist.

Schließlich störten Mindestlöhne ebenso wie Lohnobergrenzen oder Reichensteuern das freie Spiel von Angebot und Nachfrage – und gefährdeten unseren Wohlstand. Nun ist es in der Tat ein zentraler Grundsatz der Marktwirtschaft, dass sich Leistung auch lohnen muss. Aber das sollte dann auch für alle gelten. [...] Deutschland hat es nach langen Jahren der Krise zurück an die Weltspitze geschafft, aber die Schere zwischen Arm und Reich hat sich längst nicht geschlossen. Wenn – und das gehört zur Realität in den deutschen Unternehmen – ein Spitzenmanager das 200-fache eines einfachen Arbeiter verdient, dann ist etwas aus dem Gleichgewicht geraten. Und dann hat der Staat das Recht korrigierend einzugreifen.

Zum Beispiel dadurch, dass Managergehälter ab einer gewissen Höhe von den Unternehmen nicht mehr steuerlich abgesetzt werden können. Oder durch eine Anhebung des Spitzensteuersatzes.

Mark Schieritz, Zwischen belohnen und begrenzen, Deutschlandradio vom 09.03.2013

M3 Die soziale Verantwortung der Wirtschaft

Es gibt zwei zu einfache Sichtweisen über die Rolle der Wirtschaft – und ich glaube, sie sind beide falsch. Die erste besagt, dass das alleinige Ziel der Wirtschaft darin bestehe, Geld zu produzieren und das, was man den Shareholder Value nennt, zu gewährleisten.

Die zweite Sichtweise besteht darin, dass der Wirtschaft zugestanden wird, Geld zu produzieren, um das wieder auszugleichen, was sie der Gesellschaft in Form von Profiten entzieht. Daher soll die Wirtschaft eine Maßnahme verfolgen, die „Vereinte Sozialverantwortung" (CSR – Corporate Social Responsibility) heißt. Diese Maßnahme, in der es um gute Taten und Menschenliebe geht, soll sich von jener Form der Wirtschaft unterscheiden, die wir zurzeit praktizieren.

Warum sind diese Ideen als „zu einfach" zu bezeichnen? Ich glaube nicht, dass ein Unternehmen, das nur darauf zielt, Gewinn zu machen, ein gutes Unternehmen ist. Denn es würde zum einen nicht in die Zukunft investieren; es würde auch die Menschen nicht voranbringen oder Ideen oder Märkte oder neue Produkte entwickeln. Wirtschaft lässt sich sicherlich nur langfristig (erfolgreich) betreiben; daher darf sie nicht nur an den nächsten Tag denken. Daher darf sie Verantwortung weder als ein bloßes Anhängsel noch als eine PR Werbung betrachten.

Wirtschaft ist etwas viel Komplexeres. Ich glaube vielmehr, dass ein erfolgreiches Unternehmen ein Teil der Gesellschaft ist und deshalb besteht, um die gesellschaftlichen Bedürfnisse zu befriedigen. Das ist das Ziel der Wirtschaft im besten Sinne.

John Browne, www.bp.com

M4 Jan Müller hat genug

Jan Müller gibt es gar nicht. Oder genauer, es gibt ihn schon, aber nicht einmal, sondern viele Tausend Mal. Er ist: der typische deutsche 18-Jährige. Ein Musterknabe. [...] [Man kann] in Jan Müllers Zimmer sitzen und den Besitz eines 18-Jährigen von heute auf sich wirken lassen: ein Flachbildfernseher, 32 Zoll, ein Computer mit Monitor, zwei angeschlossene Lautsprecherboxen, ein Kopfhörer, ein Smartphone, ein CD-Radio-Kassettenrekorder, eine Playstation für Videospiele mit integriertem DVD-Spieler, eine Wii-Konsole, eine tragbare Playstation, mit der man auch unterwegs spielen kann. Außerdem: ein Bett, ein Kleiderschrank, ein Schreibtisch mit Stuhl, ein Taschenrechner, ein Funkwecker, zwei Fußbälle, ein Basketball, ein Volleyball, ein Rucksack, ein Globus, mehrere Paar Sportschuhe sowie Hemden, Hosen, Jacken, Bücher, Spiele, Stifte, DVDs. Man kann nun eine einfache Rechnung aufmachen. Wenn die deutsche Wirtschaft in den kommenden Jahren um, sagen wir, drei Prozent pro Jahr wachsen soll, müssen die deutschen Unternehmen in 25 Jahren doppelt so viel umsetzen wie heute, und die Bundesbürger müssen doppelt so viel kaufen. [...] Es ist nicht abwegig, anzunehmen, dass dies schwierig werden könnte. [...]

Es ist nicht so, dass es in Deutschland keine Menschen mehr gibt, die materielle Wünsche haben. Es gibt mehrere Millionen Niedriglöhner und Arbeitslose, die ihre Jeans oft beim Discounter kaufen, wo es keine fünfzig Varianten mit unterschiedlichen Waschungen gibt, sondern nur eine: das Modell „Basic", für 9,99 Euro. Eine geschickte Politik könnte es womöglich fertigbringen, die Löhne aufzubessern und das Arbeitslosengeld zu erhöhen, ohne die Unternehmen in die Pleite und die Staatsschulden in die Höhe zu treiben. So eine Politik würde den Leuten zu mehr Geld verhelfen und die Wachstumsraten für eine Weile steigern, bis auch diese Kraft verbraucht wäre. Spätestens dann wäre es an der Zeit für eine naheliegende Erkenntnis: Wirtschaftswachstum erhöht das menschliche Wohlergehen, aber nicht auf ewig, und deshalb ist ewiges Wachstum unsinnig.

Wolfgang Uchatius, Jan Müller hat genug, in: Die Zeit vom 28.02.2013, S. 17f.

M5 Neue junge Arbeitnehmer: Generation Y

Von den Unternehmen erwartet die Generation Y, dass sie umdenken und sich auf ihre Ansprüche einstellen. [...] Y wird im Englischen ausgesprochen wie why, das englische Wort für warum. Und tatsächlich hinterfragen die „Millennials" so ziemlich alles: Muss das Unternehmen der Umwelt schaden? Ist das, was der Chef sagt, immer richtig und gut für alle? Und: Warum sollten Familie und Karriere nicht vereinbar sein? Die Generation Y/Why ist auch die Generation „Warum nicht?". [...]

Dass die Generation Y weniger leistet, geben Untersuchungen allerdings nicht her: In der Shell-Jugendstudie von 2010 standen die Tugenden Fleiß und Ehrgeiz bei den Jungen besonders hoch im Kurs. Mehr junge Leute denn je machen Abitur oder einen mittleren Abschluss, und sie studieren kürzer, zielgerichteter und effizienter. [...]. „Null Bock" ist heute ein Fremdwort. Die Lebensläufe der Nachwuchskräfte sind prall voll von Praktika, Kursen, Auslandsaufenthalten und sozialen Engagements. Die Ys fordern nicht nur ihre Arbeitgeber, sie verlangen auch sich selbst einiges ab. [...] Auch in klassischen Industriebetrieben denken die Neuen oft so. „Früher wurde Leistung über Aufstieg honoriert", sagt Wilfried Porth, der Personalvorstand von Daimler. Heute wird auch mit Sinnstiftung bezahlt. Die Jungen kämen nur, wenn sie etwas gestalten und die Welt verbessern könnten.

Kerstin Bund / Uwe Jean Heuser / Anne Kunze, Wollen die auch arbeiten?, in: Die Zeit vom 07.03.2013, S. 23f.

1 Veranstalten Sie als Rollenspiel eine Talkshow mit den Managern und den anderen genannten Arbeitnehmern zu dem Thema: Was ist eine angemessene Entlohnung? → M1
2 Diskutieren Sie, inwiefern eine Begrenzung der Managergehälter oder eine „Reichensteuer" begründet und sinnvoll sein kann. → M2
3 Arbeiten Sie heraus, welche ökonomischen Sichtweisen John Browne kritisiert. → M3
4 Prüfen und diskutieren Sie die These Brownes, dass gesellschaftliche Bedürfnisbefriedigung das Ziel der Wirtschaft ist, am Beispiel Jan Müllers. → M4
5 Entwerfen Sie ein neues Konzept der Generation Y. → M5

*6 Homo faber – Homo oeconomicus

M1 Homo faber – der Sündenbock

Einer derjenigen, der immer wieder Anstoß erregt und als ausgesprochener Umweltfeind verurteilt wird, ist *Homo Faber*. Was aber bringt ihn so ins Zwielicht? Seine schrankenlose, nimmersatte Gier, alles nach seinem Willen *machen* zu wollen. Er ist der typische *Macher*, der seine Befriedigung nur in einem permanenten Machen findet. Diesem Hang wird alles andere, vor allem die ihm gegenüberstehende Natur, untergeordnet. Die gigantischen Feldzüge, die er gegen die Natur gestartet hat, sind Legion. Ohne Rücksicht auf Verluste, vorzugsweise auf solche der Natur – das ist seine Lebensmaxime.

Homo Faber *konstruiert* die Natur als ein zu verwandelndes *Material*, mit dem er seine expandierenden menschlichen Bedürfnisse halbwegs stillen kann. Er nutzt die Außenwelt für sich, außermenschliche Ansprüche haben in seinem Denken und Handeln keinen Raum. Was einzig und allein zählt, das ist die menschliche Bedürfnisvielfalt, der alles sonstige weichen muss. [...] In keiner mir bekannten ökologischen Sündenkartei fehlt die Erklärung, dass auch und nicht zuletzt der technologische Fortschrittsdrang für die Umweltmiseren geradezustehen habe. Damit zieht, in die Semantik der Menschenbilder übersetzt, der Homo Technicus als Ableger des Homo Faber den geballten Zorn auf sich: denn er wird für eine Geißel der Natur gehalten, deren Schutzlosigkeit technisch verzweckt und in die Superlative der High-Tech-Welt verwandelt wird. *Eckhard Meinberg, Homo oecologicus, S. 21f.*

M2 Das Konzept des Homo oeconomicus

[U]nveränderliche „Grundgesetze“ der Wirtschaftstheorie werden zumeist auf die Natur des Menschen zurückgeführt, und zwar auf Prozesse und menschliche Verhaltensweisen, die regelhaft ablaufen und sich ständig wiederholen. Die Tatsache beispielsweise, dass der Mensch, um sich am Leben zu erhalten, Nahrung zu sich nehmen muss, beschreibt das „Grundgesetz“ von der Notwendigkeit der Befriedigung menschlicher Bedürfnisse. [...] Die Art und Weise, in der die Bedürfnisse befriedigt werden, führt zu weiteren „Gesetzen“, etwa zu folgendem: Mit zunehmendem Konsum der Menge eines bestimmten Gutes nimmt die Sättigung pro zusätzlich konsumierter Gütereinheit zu (die vierte Brezel bringt mir weniger Nutzenzuwachs als die erste [...]). Ein weiteres derartiges „Gesetz“ ist das Gesetz von Angebot und Nachfrage, das besagt, dass mit steigenden Preisen die Nachfrage abnimmt bzw. das Angebot wächst. [...]

Aussagen der Wirtschaftswissenschaften gründen auf Annahmen über das Handeln der die Wirtschaft konstituierenden Menschen; dementsprechend liegt jeder Strömung in den Wirtschaftswissenschaften ein bestimmtes Menschenbild zugrunde. [...] Wir wollen nun das den Wirtschaftswissenschaften unterlegte Menschenbild genauer betrachten. Innerhalb des „mainstream“ der Wirtschaftswissenschaften gilt eine bestimmte Vorstellung vom Menschen als Ausgangs- und Bezugspunkt für alle theoretischen Überlegungen: die Vorstellung, der Mensch sei ein *Homo oeconomicus*. [...] Die „klassischen“ Annahmen über den Homo oeconomicus sehen ihn in einer doppelten Rolle: als Konsumenten, der Bedürfnisbefriedigung durch den Konsum von Gütern anstrebt, und als Produzenten, der einzig und allein seinen Gewinn im Blick hat. Nutzen und Gewinn sind dabei das einzige und „letzte“ Ziel des Homo oeconomicus, wobei seine Bedürfnisse als unbegrenzt angenommen werden (Annahme der Unersättlichkeit). In der Wirtschaftstheorie wurden lange Zeit ausschließlich materielle

Bedürfnisse behandelt: Der Homo oeconomicus, in seiner jeweiligen Rolle als Konsument oder als Produzent, versucht dabei stets, seinen Nutzen bzw. Gewinn zu *maximieren*. Dabei verschwendet er als Konsument keinen Gedanken daran, welche anderen Nachfrager am Markt nicht zum Zuge kommen oder wer die Güter liefert (ob z. B. ein Mafioso oder ein ehrbarer Geschäftsmann). Die Handlungszwecke des Homo oeconomicus werden dabei als vorhanden und gegeben angenommen und bleiben undiskutiert. Denn in seiner Rolle als Produzent ist für den Homo oeconomicus nur der Gewinn und dessen Maximierung von Interesse; der Zweck einer Investition steht im Hintergrund, solange sie nur Gewinn verspricht. Bei den „klassischen" Annahmen gilt es natürlich kritisch zu hinterfragen, ob ein Konsument ausschließlich von seinen materiellen Bedürfnissen geleitet wird, und der Produzent oder Unternehmer keine anderen Bedürfnisse kennt außer dem, seinen Gewinn zu maximieren. [...]

Der Homo oeconomicus setzt die ihm zu seiner Bedürfnisbefriedigung zur Verfügung stehenden Mittel immer optimal ein. Mit anderen Worten, er trifft stets die richtige Wahl – nämlich so, dass ein Nutzenmaximum erreicht wird.

Bernd Biervert u.a., Vom Beerensammeln zum Aktienmarkt, S. 9f.

M3 Moral des Homo oeconomicus

Das eigentliche moralische Problem für den Homo oeconomicus besteht darin, wie er mit seinesgleichen zusammenleben kann. Wie können Individuen, die nur daran interessiert sind, ihren eigenen Nutzen zu maximieren, kooperieren? Wie gelingt es, den eigennützigen Homo oeconomicus auf moralische Normen zu verpflichten, die in den weitaus meisten Fällen sein Eigeninteresse einschränken? Eine Antwort auf diese Fragen versucht die bis auf Thomas Hobbes zurückgehende sogenannte *Vertragstheorie* zu geben, zu deren herausragenden Vertretern in der Gegenwart James M. Buchanan, Robert Nozick, John Rawls u. a. gehören. Die kontraktualistische Lösung des Problems der Kooperation zwischen eigennützigen Individuen zeichnet sich grundsätzlich durch eine individualistische Sichtweise von Vergesellschaftung aus. Ursprung und Maßstab aller gesellschaftlichen Ordnung ist das freie Individuum. Die gesellschaftliche Ordnung ist nicht als Zweck des Menschseins, sondern als Einschränkung der Freiheit des vereinzelt lebenden Individuums zu verstehen. Deswegen bedürfen alle Normen menschlicher Koexistenz und alle die individuelle Freiheit einschränkenden Maßnahmen der Gesellschaft der Zustimmung durch jeden Betroffenen. Der Urkonflikt besteht darin, dass jedes Individuum ein natürliches Recht darauf hat, sich alles anzueignen, was zur Erhaltung des je eigenen Lebens notwendig ist. Nicht zuletzt wegen des grenzenlosen Begehrens des Menschen sind die begehrten Güter jedoch knapp. Nach Auffassung der kontraktualistischen Gesellschaftstheorie verzichten die Individuen auf die uneingeschränkte Freiheit zugunsten eines friedlichen Zustandes von Recht und Ordnung, weil es für sie zum Zwecke eines angenehmen Lebens von gegenseitigem Vorteil ist. Vertreter der Social Choice Theory und einer individualistischen Sozialphilosophie haben einerseits versucht, den Gedanken der *gegenseitig vorteilhaften Kooperation* zu einer axiomatischen Ethik auszubauen und zu verfeinern, andererseits stammen von diesen Theoretikern auch die schwerwiegendsten und scharfsinnigsten Einwände gegen die Annahme, dass es für den Homo oeconomicus wirklich vernünftig ist, sich kooperativ zu verhalten.

Josef Meran, Wirtschaftsethik, S. 64f.

1 Recherchieren Sie, wogegen sich die abgebildete neue Protestbewegung wendet. ➜ M1
2 Überprüfen Sie die Aussagen über den modernen Homo faber – Homo technicus. ➜ M1
3 Erläutern Sie das den Wirtschaftswissenschaften unterlegte Menschenbild. ➜ M2
4 Nehmen Sie Stellung zur Bedeutung des Homo oeconomicus für das westliche Wirtschaftssystem. ➜ M2
5 Zeigen Sie anhand der kontraktualistischen Gesellschaftstheorie, wie es gelingen kann, den eigennützigen Homo oeconomicus auf moralische Normen zu verpflichten. ➜ M3
6 Erarbeiten Sie den Zusammenhang zwischen den Menschenbildern des Homo faber – Homo technicus – Homo oeconomicus und den Wirtschaftssystemen. ➜ M1-3

2 Fragen nach dem guten Handeln

Pflichtmodul: Grundpositionen ethischen Argumentierens

Als philosophische Disziplin versucht die Ethik die letzten *Begründungsprinzipien* des moralisch Richtigen und Guten zu ermitteln, indem sie fragt, welche Möglichkeiten wir überhaupt haben, moralische Probleme, die in der menschlichen Praxis auftreten, zu lösen.

Während die deskriptive Ethik die Normen- und Wertesysteme bestimmter historisch-faktischer Gemeinschaften beschreibt, fragt die normative Ethik nach den Prinzipien eines für alle guten Lebens und nach dem Maßstab moralisch richtigen Handelns.

Die **Metaethik** untersucht die Sprache und Logik moralischer Diskurse und die Methoden moralischer Argumentationen.

In der **normativen Ethik** gibt es verschiedene Positionen: Die theologische Ethik führt durch eine religiöse Begründung die moralischen Gesetze auf den Willen Gottes zurück. Der klassische **Utilitarismus** beurteilt gute Handlungen nach ihrer Nützlichkeit (Utilität); der moralische Maßstab besteht für ihn darin, ob die dem Nützlichkeitsprinzip verpflichtete Handlung das höchstmögliche Wohlergehen aller Betroffenen zur Folge hat. Ausgerichtet ist die Nützlichkeit dabei auf das „größtmögliche Glück der größten Zahl", das nach *Jeremy Bentham* durch einen hedonistischen Kalkül erfasst werden kann. Gegen diesen quantitativen **Hedonismus** entwickelt *John Stuart Mill* einen qualitativen Hedonismus, der niedere und höhere Bedürfnisse voneinander unterscheidet und hierarchisiert. Eine wichtige Weiterentwicklung des Utilitarismus im 20. Jahrhundert besteht zum einen in der zentralen Unterscheidung des extremen oder eingeschränkten Utilitarismus bzw. des **Handlungsutilitarismus** oder **Regelutilitarismus.** Der Regelutilitarismus sieht das höchste Kriterium für moralische Verbindlichkeit dann auch in dem formalisierten allgemeinen Wohlergehen. Dem zeitgenössischen Präferenzutilitarismus geht es nicht mehr um die Maximierung von Glück oder Lust, sondern um die Erfüllung oder Befriedigung von Präferenzen.

Der Grundgedanke der **deontologischen Ethik** *Immanuel Kants* liegt in einer moralisch gesetzgebenden und zwecksetzenden praktischen Vernunft, die sich auszeichnet durch **Autonomie** gegenüber den natürlichen Bestimmungen. Der Mensch ist nach Kant ein Bürger zweier Welten, der Sinnlichkeit und der Vernunft. Kant unterteilt die moralischen Prinzipien in **Maximen**, d. h. in individuelle Handlungsregeln und in Imperative, d. h. allgemeinverbindliche Regeln. Die Imperative drücken verschiedene Grade von Verbindlichkeit aus: sie sind entweder hypothetisch oder kategorisch. Der **Kategorische Imperativ** gebietet Handlungen, die gut an sich sind, das heißt derjenigen Maxime folgen, die man zugleich als allgemeines Gesetz wollen könnte. In einem „Test" prüft die praktische Vernunft, ob sich andere Personen die gleichen Maximen zu eigen machen können; daraus folgen dann die moralischen Pflichten. Ist eine Maxime logisch unvereinbar mit einer allgemeinen Gesetzesfähigkeit, so folgt ein striktes Verbot, nach dieser Maxime zu handeln. Die bloße Übereinstimmung der Handlung mit der Pflicht macht noch nicht die **Moralität** aus, sie kennzeichnet lediglich ihre **Legalität.** Dieser Gesinnungsethik tritt im 20. Jahrhundert z. B. bei *Hans Jonas* eine **Verantwortungsethik** entgegen, die auch die Folgen bedenkt.

Grundzug der antiken **teleologischen** Ethik ist die Frage nach dem glücklichen, guten Leben. Zu seiner Realisation unterscheidet *Aristoteles* drei mögliche Wege: das Leben des Genusses, das sittlich-politische Leben und das theoretisch-kontemplative Leben. Basis für die aristotelische **Tugendlehre** bildet die Seelenlehre: Der rationale Seelenteil bildet die Verstandestugenden (dianoëtische Tugenden), das Strebevermögen die Charaktertugenden (ethische Tugenden) als Ergebnis von Übung und Gewohnheit aus. Die sittlich gute Handlung liegt zwischen Extremen; die *phronesis* (sittliche Einsicht) bestimmt das rechte Maß *(Mesoteslehre)* und nennt Mittel und Wege zum Guten.

Wahlmodul 1: Medizin und Wissenschaft

Neue technische Möglichkeiten sowie gesellschaftliche Erwartungen führen zu neuen Verantwortungsproblemen in den Naturwissenschaften, besonders der Medizin. Im Mittelpunkt der modernen Medizinethik stehen – bedingt durch die Patientenautonomie – Entscheidungsprobleme am Beginn und Ende des Lebens. Mit der Reproduktionsmedizin, insbesondere der In-vitro-Fertilisation (IvF) und der Stammzellforschung verbindet sich die Frage nach dem moralischen Status und den Rechten von Embryonen. Ärztliche *Sterbehilfe* kann in Sterbebegleitung, aber auch in Hilfe zum Sterben bestehen. In Deutschland ist nur eine passive/indirekte Sterbehilfe gesetzlich zulässig. Da zu wenige Organe gespendet werden, besteht das Problem der gerechten Verteilung. Man diskutiert, ob eine moralische Pflicht zur *Organspende* besteht bzw. die Notwendigkeit verschiedener Spendenmodelle. *Gentests* ermöglichen u. a. die frühzeitige und gezielte Behandlung von Krankheiten, aber auch einen Missbrauch dieses Wissens („gläserner Arbeitnehmer").

Wahlmodul 2: Ökologische Ethik

Das *Prinzip der Gleichbehandlung* von Menschen und (vielen) Tieren liegt begründet in der vorrangig zu berücksichtigenden *Empfindungsfähigkeit eines Lebewesens:* Das Interesse an Leidvermeidung ist für jedes Wesen gleich und kann nach dem Ansatz *Peter Singers* nicht von bestimmten Fähigkeiten (z. B. Intelligenz) oder Eigenschaften (z. B. Mitglied der menschlichen Spezies) abhängig gemacht werden. Rechte von Tieren werden auch damit begründet, dass diese *Eigenwert* besitzen. Daraus ergeben sich Pflichten für den Umgang mit ihnen. Die Argumentationsstrategien der Ansätze ökologischer Ethik *(Anthropozentrismus, Pathozentrismus, Biozentrismus, Holismus)* unterscheiden sich der Frage, gegenüber welchen Naturgegebenheiten wir Menschen moralische Pflichten haben. Eine Problemlösungsstrategie, die nicht nur in technischen Innovationen ihre Chancen sieht, steht unter dem Begriff der *Nachhaltigkeit* heute im Mittelpunkt der ökologischen Diskussion.

Wahlmodul 3: Medienethik

Medienethik bezieht sich auf einen besonderen Bereich der angewandten Ethik, der sich den ethischen Problemen widmet, die aus der Entwicklung neuer Kommunikationsmittel entstehen. Massenmedien und Informationsnetze sind heute vor besondere Wahl- und Orientierungsprobleme gestellt, die neuer ethischer Regeln bedürfen.

Das betrifft Fragen journalistischer Ethik (Auswahl und Form der Berichterstattung) sowie des Stellenwertes und der Möglichkeiten des modernen globalen Mediensystems (Chancen und Gefahren des World Wide Web), aber auch der Rezipientenverantwortung (Nutzung und Bewertung moderner Kommunikationsmittel) und der zukünftigen Entwicklungen (Abhängigkeitsproblematik, Veränderung der Wahrnehmung und des sozialen Verhaltens, Internet als Medium einer demokratischen Öffentlichkeit).

Neue Medien befriedigen elementare Bedürfnisse, lassen allerdings durch ihre Produkte auch neue Bedürfnisse entstehen, die kritisch zu reflektieren sind.

Wahlmodul 4: Wirtschaftsethik

Die grundlegende Aufgabe der Wirtschaftsethik ist es, ökonomisches Denken zu reflektieren und eine ethisch-vernünftige Orientierung im politisch-ökonomischen Denken zu bieten. Es geht hier um das Verhältnis von Wirtschaft und Moral, d. h. es ist zu klären, in welcher Weise sowohl das wirtschaftliche Handeln als auch die institutionelle Ordnung der Wirtschaft moralischen Kriterien unterliegen.

Die soziale Verantwortung der Wirtschaft fordert moralrelevante unternehmerische und wirtschaftspolitische Entscheidungssituationen. Da der Wettbewerb zentrales Element der Marktwirtschaft ist, müssen die nötigen normativen Vorgaben für eine lebens- und gesellschaftsdienliche Marktwirtschaft reflektiert werden (Gesichtspunkte der Lohngerechtigkeit, Nachhaltigkeit, Grenzen des Wachstums etc.).

Im Mittelpunkt steht die Frage, an welchem Menschenbild und Leitbild einer wohlgeordneten Gesellschaft freier Bürger sich eine legitime Wirtschaftsordnung orientieren soll.

Paul Gauguin, Woher kommen wir? Wer sind wir? Wohin gehen wir?, 1897

In diesem Kapitel werden Sie:

- zentrale Termini der Anthropologie interpretieren
- wissenschaftliche, philosophische und religiöse Menschenbilder vergleichen
- Grundbegriffe und Methoden wissenschaftlicher, nicht-wissenschaftlicher und philosophischer Beschreibungen des Menschen reflektieren
- sich mit methodischen und ontologischen Bestimmungen der Mensch-Tier-Differenz auseinandersetzen

3 Fragen nach dem Wesen des Menschen

Pflichtmodul: Formen der Selbstinterpretation

Wahlmodul 1: Selbstbewusstsein

Wahlmodul 2: Willensfreiheit

Wahlmodul 3: Zeitlichkeit

Wahlmodul 4: Sprache

1 Was ist der Mensch?

M1 Bilder vom Menschen

M2 Funktion von Menschenbildern

Menschenbilder sind für den Menschen *unhintergehbar*, sie haben, was zuweilen übersehen oder unterschätzt wird, eine ungeheure praktische Bedeutung. Solche unterschiedlich ausfallenden Bilder dienen der *Gestaltung unseres Daseins*, sie werden in unsere *Lebensführung* integriert, mit ihrer Hilfe *entwerfen* wir uns. Als Leitfolie für unser praktisches Handeln sind sie unentbehrlich, so dass Menschenbilder keineswegs theoretischer Luxus sind, der von einer kleinen esoterischen Schar elfenbeinturmverdächtiger Intellektueller gehütet würde. Wie der Mensch sein „täglich Brot" benötigt, um sich am Leben zu erhalten, so ist er in seiner praktischen Daseinsführung auf Menschenbilder angewiesen, gleichgültig, ob ihm dieses Fakt bewusst ist. Menschenbilder fungieren dem Tun als Leitbilder, die der Mensch – nach einem hinterlassenen Ausspruch des Philosophen Ernst Bloch – braucht, um menschenähnlicher zu werden.

Die Menschenbilder übernehmen eine *Orientierungsfunktion*, mit der zugleich Vorstellungen von der *Menschlichkeit* entwickelt werden. Zu Leitbildern geronnene Auffassungen vom Menschen sind ethisch aufgeladen, weil sie dazu anleiten wollen, wie die Existenz geführt werden *soll*: sie beinhalten Annahmen vom „richtigen“ Leben, auf das hin wir uns gestalten sollen.

Von daher dürfte es einleuchten, dass solche Bilder im Prinzip so alt sind wie Menschen selbst. Die Geschichte der Menschheit ist deshalb auch die permanente Geschichte ihrer Menschenbilder. Zu allen Zeiten lassen sich in den unterschiedlichsten Zeugnissen und Quellen verschiedenster Kulturkreise Menschenbilder aufspüren [...].

Modelle vom Menschen instruieren [unterrichten] aber auch darüber, dass und wie sehr in derartige Entwürfe konstruktives, bis ins Utopische reichendes Potential eingeht. Bester Beweis dafür sind die ungezählten Bilder vom „Neuen Menschen“. [...] Das Bestehende wird am Bild des „Neuen Menschen“ kritisch gemessen, das Menschenbild wird zur Richterin der vorherrschenden Verhältnisse, die an einer in der Zukunft liegenden „besseren“ Verfassung des Menschseins und der Menschlichkeit bewertet werden, wobei natürlich auch sehr viel Wunschdenken und Sehnsüchte diese divergierenden [auseinandergehenden] Konstruktionen vom „Neuen Menschen“ beflügeln. *Eckhard Meinberg, Homo Oecologicus, S. 16f.*

M3 Der Streit um das Menschenbild

Die Philosophen haben bereits in der Antike Aussagen über das Wesen des Menschen gemacht: *zoon logon echon*, das Lebewesen, das über den Logos („Vernunft, Sprache“) verfügt, *animal rationale*, das „vernunftbegabte Lebewesen“, *zoon politikon*, das Lebewesen, das in der polis, der Stadt, und im Staat lebt. [...]

Nun leben wir nicht mehr im Zeitalter der Philosophie, sondern im Zeitalter der Wissenschaften, die die Philosophie ablösen möchten. Deshalb sind natürlich von den Wissenschaften Einwände gegen die Philosophie formuliert worden. Es kamen die Psychologen und haben Zweifel an der Vorstellung des *animal rationale*, des „vernunftbegabten Lebewesens“, angemeldet. Sie wiesen nach, dass die Menschen in ihren Handlungen selten oder nie rational handeln, sondern irrational, d. h. sich von momentanen Gefühlen, Leidenschaften und Ängsten leiten lassen, also Sklaven ihrer Triebe und ihres Charakters sind. [...]

Nach der Psychologie kam die Soziologie und zweifelte die Urteilsfähigkeit des Menschen an mit der Begründung, die Menschen seien in Wirklichkeit Produkte ihrer sozialen Herkunft. Karl Marx hat den folgenreichen Satz aufgestellt: „Das Sein bestimmt das Bewusstsein.“ Diesen Satz haben die Soziologen zum Ausgangspunkt ihrer Wissenschaft genommen. [...]

Der letzte Angriff auf die von den Philosophen vorgenommene Bestimmung des Menschen ist von der Biologie ausgegangen. Seit Darwin im vergangenen Jahrhundert seine Schrift über die *Abstammung der Arten* veröffentlicht hat, wogt ein unsinniger Kampf zwischen „Kreationisten“ und „Evolutionisten“. [...]

Der Mensch ist das Lebewesen, das in seinem Verhalten das ganze Spektrum zwischen Tier und Gottheit verwirklichen kann – das muss die Auswirkung des Zehntelprozents an Genen sein, das uns vom Schimpansen unterscheidet.

Die Biologie kann unser Wissen um uns und unsere Möglichkeiten sicher bestätigen. Deshalb braucht die Philosophie ihre Aussagen über das Wesen des Menschen, und, was viel wichtiger ist, über seine moralische Verantwortung und seine Pflichten nicht zurückzunehmen. *Roland Simon-Schaefer, Kleine Philosophie für Berenike, S. 246-250, 252f.*

1. Finden Sie Bezeichnungen für die eingerahmten Menschenbilder. Ermitteln Sie noch weitere Charakterisierungen des Menschen. → M1
2. Führen Sie ein Schreibgespräch durch: Der Mensch ist ... → M1
3. Erarbeiten Sie die Bedeutung von Menschenbildern für die Lebensgestaltung und -führung. → M2
4. Diskutieren Sie, welchen Menschenbildern für Ihre Generation eine Orientierungsfunktion zukommt. → M2
5. Grenzen Sie die Aussagen der Philosophen über das Wesen des Menschen von den Bestimmungen einzelner Wissenschaften ab. → M3
6. Erstellen Sie in Gruppen ein Plakat, das die verschiedenen Deutungen des Menschen in Bild und Text zeigt. → M3

2 Der Mensch – ein Produkt der Evolution

M1 „Der Mensch ist nur ein Wurm"

Karikatur aus der britischen Satirezeitschrift Punch *von 1882*

M2 Der Mensch – ein Zufallsprodukt

Mit seiner Zurückweisung des „Dogmas separater Schöpfungen" stellt Darwin den Menschen in einen verwandtschaftlichen Zusammenhang mit den übrigen Lebewesen. Seine Theorie soll die Entstehung der körperlichen Merkmale des Menschen *und* die seiner kognitiven, sozialen und moralischen Fähigkeiten und Dispositionen erklären [...]. Bei seiner Erklärung der Entstehung von Arten und Anpassungen (Zweckmäßigkeit) verzichtet er sowohl auf die Annahme einer der lebendigen Natur immanenten Finalität *(causa finalis)* als auch auf die Voraussetzung einer das Lebendige zweckmäßig gestaltenden göttlichen Intelligenz, einen „designer" (Darwin 1859). Das vorherrschende naturtheologische „argument from design" (W. Paley) wird hier durch die Annahme der naturgesetzlich bestimmten Vorgänge der Variation, Vererbung und natürlichen Selektion mit dem „struggle for life" als Triebfeder der Evolution ersetzt. Die natürliche Selektion erfüllt damit auch eine *konstruktive* Funktion bei der Entstehung neuer Lebensformen, sie bewirkt nicht nur deren Aussterben. Nach Darwin verdankt auch der Mensch seine Existenz diesem blinden Evolutionsgeschehen. Eine zweite, vielen Zeitgenossen nicht weniger bedrohlich erscheinende Provokation besteht in Darwins Annahme einer Abstammung des Menschen von „affenähnlichen Vorfahren". Zwischen dem Menschen und den übrigen Lebewesen bestehe auch in kognitiver Hinsicht nur eine „difference of degree and not of kind" (Gradualismus). [...]

Schon bei Tieren finden wir gut ausgeprägte soziale Instinkte, deren fundamentales Element das Mitgefühl, Wohlwollen *(sympathy)* für andere Gruppen- oder Stammesmitglieder darstellt. Ihre Entstehung erklärt Darwin selektionstheoretisch mit ihrer Funktion für die Erhaltung der Gemeinschaft. Im „Instinkt der Sympathie" wurzelt nach Darwin auch unser „moralischer Sinn", unser „Gefühl für Recht und Unrecht" oder unser „Gewissen", da sich der *moral sense* wie der Instinkt der Sympathie auf das Wohl der Gemeinschaft richtet, nicht auf die egoistische Verfolgung des eigenen Glücks. Doch reduziert Darwin unser moralisches Vermögen nicht auf Instinkte. Der moralische Sinn stellt gegenüber den sozialen Instinkten ein qualitativ neues Vermögen dar, welches Darwin ausschließlich für den Menschen reserviert. [...] Darwin hebt sowohl in empirischer wie normativer Hinsicht die *Grenzen des Selektionsmechanismus* hervor [...]. Mit seinem Plädoyer für die Kultivierung des moralischen Sinns spielt er die Ethik gegen die Vorstellung aus, den evolutionären Mechanismus des „survival of the fittest" zur Richtschnur menschlichen Handelns zu machen. Die Kultur wird damit zu einem neuen Faktor in der Entwicklung des Menschen.

Eve-Marie Engels,
in: Marcus Düwell u. a. (Hg.), Handbuch Ethik, S. 347f.

M3 Abstammung des Menschen

Jeder, der nicht, wie ein Wilder damit zufrieden ist, die Erscheinungen der Natur als unverbunden anzusehen, kann nicht länger glauben, dass der Mensch das Werk eines besonderen Schöpfungsaktes ist. Er wird gezwungen sein zuzugeben, dass die große Ähnlichkeit eines Embryos des Menschen mit dem z. B. eines Hundes, – der Bau seines Schädels, seiner Glieder und seines ganzen Körpers nach demselben Bauplan wie bei den anderen Säugetieren und zwar unabhängig von dem Gebrauch, welcher etwa von den Teilen gemacht wird, – das gelegentliche Wiedererscheinen verschiedener Bildungen, z. B. mehrerer verschiedener Muskeln, welche der Mensch normal nicht besitzt, welche aber den Quadrumanen [Vierhänder] zukommen, – und eine Menge analoger Tatsachen, – dass alles dies in der offenbarsten Art auf den Schluss hinweist, dass der Mensch mit anderen Säugetieren der gemeinsame Nachkomme eines gleichen Urerzeugers ist.

Wir haben gesehen, dass der Mensch unaufhörlich individuelle Verschiedenheiten in allen Teilen seines Körpers und in seinen geistigen Eigenschaften darbietet. Diese Verschiedenheiten oder Abänderungen scheinen durch dieselben allgemeinen Ursachen herbeigeführt worden zu sein und denselben Gesetzen zu gehorchen, wie bei den niederen Tieren. In beiden Fällen herrschen ähnliche Gesetze der Vererbung. Der Mensch strebt sein Geschlecht in einem größeren Maße zu vermehren als seine Subsistenzmittel [Mittel zum Lebensunterhalt]. Infolgedessen ist er gelegentlich einem heftigen Kampf um die Existenz ausgesetzt, und natürliche Zuchtwahl wird bewirkt haben, was nur immer innerhalb ihrer Wirksamkeit liegt. [...]

Ein moralisches Wesen ist ein solches, welches imstande ist, über seine früheren Handlungen und deren Motive nachzudenken, einige von ihnen zu billigen und andere zu missbilligen; und die Tatsache, dass der Mensch das einzige Wesen ist, welches man mit Sicherheit so bezeichnen kann, bildet den größten von allen Unterschieden zwischen ihm und den niederen Tieren.

Charles Darwin, Abstammung des Menschen, S. 1148f., 1151

M4 Darwin heute

Eine andere Form von Selektion, die Darwin gleichfalls entdeckte und „sexuelle Selektion“ nannte, bekräftigt die Vorbehalte gegen eine allzu umfassende „Anpassung“. Das Prachtgefieder vieler Vogelmännchen kann nicht in gleicher Weise Anpassung sein wie das schlichte, tarnende Gefieder der Weibchen. [...] Zwischen dem Körper der Lebewesen und der Umwelt bleibt ein weiter Bereich offen, in dem sich das Leben abspielt. Der Körper selbst, der Organismus mit seiner Innenwelt, ist dabei weit wichtiger als die leblose Außenwelt. Viele Lebensstile sind möglich im selben Lebensraum. Auch Vögel mit Prachtgefieder oder Hirsche mit gewaltigen Geweihen. Die zunehmende Lösung der Organismen vom Diktat der Umwelt kennzeichnet die Evolution stärker noch als die Anpassung, so wie sie Darwin erkannt hatte.

Erst ein Jahrhundert nach Darwin war die Erforschung des Erbguts der Lebewesen weit genug gediehen, dass man die Gründe für die Variation erkannte. Inzwischen lassen sich die verursachenden Gene einzeln verorten, gegebenenfalls auch herausnehmen und in anderes Erbgut einbauen. Die moderne Gentechnik liefert die umfassendsten und überzeugendsten Beweise für die Richtigkeit von Darwins Sicht.

Josef Reichholf, Die Macht der Evolution, S. 289f.

1 Schreiben Sie einen kritischen Kommentar zu dem biologischen Sachverhalt, den die Karikatur verdeutlicht. → M1

2 Erläutern Sie die Provokation, die Darwin damals und für viele auch heute noch darstellt (s. hierzu auch S. 261 und 304f.). → M1/2

3 Fassen Sie den Text Darwins thesenartig zusammen und kommentieren Sie seine Aussagen in Hinblick auf sein Menschenbild. → M3

4 Recherchieren Sie den neuesten Stand der Evolutionsbiologie und diskutieren Sie ihren universalen Anspruch. → M4

5 Diskutieren Sie die Bedeutung der Evolutionstheorie für die Entstehung und Geltung von Moral.

3 Der Mensch – ein Triebwesen

M1 Die drei Kränkungen

Zwei große Kränkungen ihrer naiven Eigenliebe hat die Menschheit im Laufe der Zeiten von der Wissenschaft erdulden müssen. Die erste, als sie erfuhr, dass unsere Erde nicht der Mittelpunkt des Weltalls ist, sondern ein winziges Teilchen eines in seiner Größe kaum vorstellbaren Weltsystems. Sie knüpft sich für uns an den Namen Kopernikus, obwohl schon die alexandrinische Wissenschaft ähnliches verkündet hatte. Die zweite dann, als die biologische Forschung das angebliche Schöpfungsvorrecht des Menschen zunichte machte, ihn auf die Abstammung aus dem Tierreich und die Unvertilgbarkeit seiner animalischen Natur verwies. Diese Umwertung hat sich in unseren Tagen unter dem Einfluss von Ch. Darwin, Wallace und ihren Vorgängern nicht ohne das heftigste Sträuben der Zeitgenossen vollzogen. Die dritte und empfindlichste Kränkung aber soll die menschliche Größensucht durch die heutige psychologische Forschung erfahren, welche dem Ich nachweisen will, dass es nicht einmal Herr ist im eigenen Hause, sondern auf kärgliche Nachrichten angewiesen bleibt von dem, was unbewusst in seinem Seelenleben vorgeht.

Sigmund Freud, Vorlesungen zur Einführung in die Psychoanalyse, S. 294f.

M2 Das Seelenmodell

Die älteste dieser psychischen Provinzen oder Instanzen nennen wir das *Es*; sein Inhalt ist alles, was ererbt, bei Geburt mitgebracht, konstitutionell festgelegt ist, vor allem also die aus der Körperorganisation stammenden Triebe, die hier einen ersten uns in seinen Formen unbekannten psychischen Ausdruck finden. Unter dem Einfluss der uns umgebenden realen Außenwelt hat ein Teil des Es eine besondere Entwicklung erfahren. Ursprünglich als Rindenschicht mit den Organen zur Reizaufnahme ausgestattet, hat sich eine besondere Organisation hergestellt, die von nun an zwischen Es und Außenwelt vermittelt. Diesem Bezirk unseres Seelenlebens lassen wir den Namen des *Ichs*. [...] Infolge der vorgebildeten Beziehung zwischen der Sinneswahrnehmung und Muskelaktion hat das Ich die Verfügung über die willkürlichen Bewegungen. Es hat die Aufgabe der Selbstbehauptung, es erfüllt sie, indem es nach außen die Reize kennenlernt, Erfahrungen über sie aufspeichert (im Gedächtnis), überstarke Reize vermeidet (durch Flucht), mäßigen Reizen begegnet (durch Anpassung) und endlich lernt, die Außenwelt in zweckmäßiger Weise zu seinem Vorteil zu verändern (Aktivität); nach innen gegen das Es, indem es die Herrschaft über die Triebansprüche gewinnt, entscheidet, ob sie zur Befriedigung zugelassen werden sollten, diese Befriedigung auf die der Außenwelt günstigen Zeiten und Umstände verschiebt oder ihre Erregung überhaupt unterdrückt.

In seiner Tätigkeit wird es durch die Beachtungen der in ihm vorhandenen oder in dasselbe eingetragenen Reizspannungen geleitet. Deren Erhöhung wird allgemein als *Unlust*, deren Herabsetzung als *Lust* empfunden. [...] Das Ich strebt nach Lust, will der Unlust ausweichen. Eine erwartete, vorausgesehene Unluststeigerung wird mit dem *Angstsignal* beantwortet, ihr Anlass, ob er von außen oder innen droht, heißt eine *Gefahr*. [...] Als Niederschlag in der Kindheitsperiode, während der der werdende Mensch in Abhängigkeit von seinen Eltern lebt, bildet sich in seinem Ich eine besondere Instanz heraus, in der sich dieser elterliche Einfluss fortsetzt. Sie hat den Namen des *Über-Ichs* erhalten. Insoweit dieses Über-Ich sich vom Ich sondert oder sich ihm entgegenstellt, ist es eine dritte Macht, der das Ich Rechnung tragen muss. Eine Handlung des Ichs ist dann korrekt, wenn sie gleichzeitig den Anforderungen des Es, des Über-Ichs und der Realität genügt, also deren Ansprüche miteinander zu versöhnen weiß.

Sigmund Freud, Abriss der Psychoanalyse, in: Gesammelte Werke, Bd. 17, S. 67-69

M3 Wer ist Herr im Haus?

Max Ernst, Der Hausengel, 1937

M4 Freuds Einfluss auf das Menschenbild

Was ist von seinen Theorien geblieben? Zunächst einmal ist es Freuds großes Verdienst, die Bedeutung der Gefühle, der psychischen Konflikte und des Unbewussten in den Mittelpunkt seiner Betrachtung des Menschen gestellt zu haben. [...]

Trägt man alledem Rechnung, so muss man zugeben, dass Freud sehr weitgehend Recht hatte: Das meiste, was in unserem Gehirn abläuft, geschieht unbewusst. Und dieses Unbewusste hat einen gewaltigen Einfluss auf uns. Man kann sogar sagen, dass unbewusste Wahrnehmungen der Regelfall sind und die bewussten – die uns natürlich besonders wichtig sind – die Ausnahme. Denn nur woran der assoziative Cortex beteiligt ist, kann uns bewusst werden. Bezeichnenderweise ist er dabei durchaus auf die Mithilfe des Unbewussten angewiesen. [...]

Die Erforschung des Unbewussten mit experimentellen Methoden der Hirnforschung hat gerade erst begonnen. Das Unbewusste, ein Stiefkind der Philosophie, das erst in der zweiten Hälfte des 19. Jahrhunderts allmählich ernst genommen wurde, ist heute das wohl wichtigste Forschungsfeld auf dem Weg zur wissenschaftlichen Selbsterkenntnis des Menschen.

Richard David Precht, Wer bin ich – und wenn ja wie viele?, S. 94f.

M5 Hatte Freud doch recht?

*Der Neurobiologe Gerhard Roth (*1942) antwortete in einem Interview der Wochenzeitung* Die Zeit *auf die Frage: „Was interessiert Neurobiologen [...] heute noch an dem Entdecker des Unbewussten?"*

20 Prozent der Bevölkerung sind irgendwann in ihrem Leben psychisch krank. Das ist der teuerste Sektor der Medizin. Also sollte die neurowissenschaftliche Forschung etwas zur Aufklärung beitragen. Dass Pillen allein nicht helfen können, die Psychotherapie aber durchaus, ruft nach Erklärung. Solche Forschung lässt einen an Freud nicht vorbeikommen. Ihm verdanken wir die umfassendste Theorie der Seele. Und in drei Hinsichten zumindest bestätigt die Neurowissenschaft heute seine Annahmen: Das Unbewusste hat mehr Einfluss auf das Bewusste als umgekehrt; das Unbewusste entsteht zeitlich weit vor Bewusstseinszuständen; und das bewusste Ich hat wenig Einsicht in die Grundlagen seiner Wünsche und Handlungen.

Gerhard Roth / Harald Welzer, Die Seele gehört nicht mir, in: Die Zeit vom 23.02.2006, www.zeit.de

1. Vergegenwärtigen Sie sich noch einmal die Kränkungen (Kopernikus, Darwin), auf die Sigmund Freud anspielt. Welche Auswirkungen hatten sie auf das Bild vom Menschen? → M1
2. Arbeiten Sie heraus, inwiefern Freud behaupten kann, die von ihm zugefügte Kränkung sei die „empfindlichste". → M1
3. Stellen Sie die Instanzen in Freuds Seelenmodell graphisch dar und erläutern Sie ihre Entstehung und Funktion. → M2
4. Diskutieren Sie das Menschenbild Freuds in Bezug auf Ihre eigene Entwicklung. → M2
5. Der von Max Ernst 1937 gemalte Hausengel ist ein Würgeengel, der an eine biblische Rachegestalt erinnert. Ernst bezeichnete ihn als einen „ironischen Titel für eine Art Trampeltier, das alles, was ihm in den Weg kommt, zerstört und vernichtet".
   Interpretieren Sie das Bild von Max Ernst als einen Ausdruck innerseelischer Vorgänge. → M3
6. Diskutieren Sie den Einfluss Freuds auf das Menschenbild. → M4/5
7. Recherchieren Sie unterschiedliche Aussagen über den Menschen von Psychologen oder Psychoanalytikern (z. B. Alfred Adlers Individualpsychologie).

4 Der Mensch – ein Gehirnwesen

M1 Wie Bewusstsein entsteht

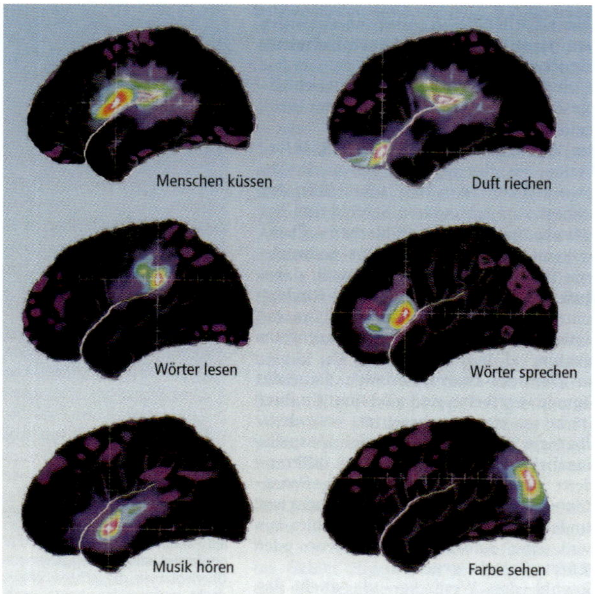

Wie entstehen Bewusstsein und Ich-Erleben, wie werden rationales und emotionales Handeln miteinander verknüpft, was hat es mit der Vorstellung des „freien Willens" auf sich? Die großen Fragen der Neurowissenschaften zu stellen ist heute schon erlaubt – dass sie sich bereits in den nächsten zehn Jahren beantworten lassen, allerdings eher unrealistisch. Selbst ob wir sie bis dahin auch nur sinnvoll angehen können, bleibt fraglich. Dazu müssen wir über die Funktionsweise des Gehirns noch wesentlich mehr wissen. Sehr wohl aber kann es der Hirnforschung innerhalb der nächsten Dekade gelingen, Erkenntnisse zu erarbeiten, die für Antworten auf diese übergeordneten Fragen entscheidend sein werden.

Hannah Monyer, Frank Rösler, Gerhard Roth u. a., Das Manifest, S. 34

M2 Neuronale Ursachen

Eine Person begeht eine Tat, offenbar bei klarem Bewusstsein, und wird für voll verantwortlich erklärt. Zufällig entdeckt man aber einen Tumor in Strukturen des Frontalhirns, die benötigt werden, um erlernte soziale Regeln abzurufen und für Entscheidungsprozesse verfügbar zu machen. Der Person würde Nachsicht zuteil. Der gleiche „Defekt" kann aber auch unsichtbare neuronale Ursachen haben. Genetische Dispositionen können Verschaltungen hervorgebracht haben, die das Speichern oder Abrufen sozialer Regeln erschweren, oder die sozialen Regeln wurden nicht rechtzeitig und tief genug geprägt, oder es wurden von der Norm abweichende Regeln erlernt, oder die Fähigkeit zur rationalen Abwägung wurde wegen fehlgeleiteter Prägung ungenügend ausdifferenziert. Diese Liste ließe sich nahezu beliebig verlängern. Keiner kann anders als er ist.
Diese Einsicht könnte zu einer humaneren, weniger diskriminierenden Beurteilung von Mitmenschen führen, die das Pech hatten, mit einem Organ volljährig geworden zu sein, dessen funktionelle Architektur ihnen kein angepasstes Verhalten erlaubt.

Wolf Singer, Selbsterfahrung und neurobiologische Fremderfahrung, S. 148f.

M3 Neuro-Welt

25. Mai 2030, Berliner Olympiastadion

Tom, mittlerweile 21, macht sich auf den Weg zum letzten Saisonspiel seiner Hertha. Nervös ist er, angespannt, doch das wundert nicht: Noch ein Sieg, und die Berliner sind Meister. Entschlossen, sein Team bis zur letzten Sekunde nach vorne zu peitschen, passiert Tom die Sicherheitskontrolle. Plötzlich blinkt ein rotes Licht auf, ein Beamter stoppt ihn. „Entschuldigung, aber wir dürfen Sie nicht ins Stadion lassen. Ihre Hirnscans ergaben Anzeichen für aggressive Gefühle." – „Das ist doch nicht Ihr Ernst?! Okay, ich hatte vorhin Streit mit meiner Freundin, aber ..." – „Schon klar, doch laut unserer Datenbank neigen Sie nun einmal zu erhöhter Gewaltbereitschaft. Und heute gilt Sicherheitsstufe 2. Tut mir Leid."

Ulrich Kraft, Schöne neue Neuro-Welt, S. 29

M4 Das soziale Gehirn

Was ist der Mensch? Drei zentrale Aussagen lassen sich von Seiten der Hirnforschung dem anthropologischen Mosaik aus heutiger Sicht hinzufügen: 1. Der Mensch ist ein in seinen innersten neurobiologischen Antrieben und Motivationen auf soziale Akzeptanz ausgerichtetes Wesen. Er ist aus diesem Grunde auch bereit, für die Anerkennung seiner Mitmenschen erhebliche Mühen auf sich zu nehmen. 2. Soziale Ausgrenzung oder Demütigung wird vom menschlichen Gehirn ähnlich wie körperlich zugefügter Schmerz erlebt und wird daher – ähnlich wie zugefügter Schmerz – mit Aggression (oder Depression) beantwortet. 3. Menschen haben ein körperlich (neurobiologisch) verankertes Gefühl für soziale Fairness.
Soziale Akzeptanz wird dem Menschen – um es etwas salopp zu formulieren – nicht auf dem Tablett ins Haus geliefert. Die Evolution hat uns sozusagen „auf halber Strecke" abgesetzt, nämlich einerseits als vital auf soziale Akzeptanz angewiesene, andererseits aber nicht mit natürlichen Automatismen für hinreichend prosoziales Verhalten ausgestattete Wesen. Ich meine, dass es gerade diese Lücke ist, die das Leben für den Menschen zu einem derart spannenden Projekt gemacht hat. Denn so sind wir gezwungen, diese Lücke durch das, was wir Kultur nennen, zu schließen.

Joachim Bauer, Entdeckung des „Social Brain", S. 28

M5 Philosophie und Hirnforschung

Hinter der Erwartung, die Hirnforschung werde über kurz oder lang zu einer fundamentalen Revision unseres Selbstverständnisses führen, verbirgt sich aber noch ein weiteres grundlegendes Missverständnis über die Bedeutung naturwissenschaftlicher Erkenntnisse für unser Menschenbild. Die Hirnforschung liefert nämlich in der Regel gar keine eigenständigen Aussagen darüber, welche Fähigkeiten Menschen besitzen, vielmehr untersucht sie die natürliche Grundlage solcher Fähigkeiten im menschlichen Gehirn – die Existenz der entsprechenden Fähigkeit muss dazu bereits vorausgesetzt werden. Untersuchungen z. B. zu den neuronalen Grundlagen menschlicher Entscheidungsprozesse wären wenig sinnvoll, wenn man bestreiten würde, dass es solche Entscheidungsprozesse überhaupt gibt. Natürlich kann sich immer herausstellen, dass die fraglichen Prozesse im Detail anders funktionieren, als wir dies erwartet hatten – unsere vorwissenschaftlichen *Erklärungsversuche* sind natürlich nicht vor einer Widerlegung durch wissenschaftliche Theorien gefeit.
Doch die Erwartung, eine im Alltag erwiesene *Fähigkeit* könne durch die Hirnforschung widerlegt werden, erinnert an die Befürchtung, die Höchstgeschwindigkeit eines Autos könnte durch die Erkenntnis reduziert werden, dass das Auto keinen Benzin-, sondern einen Dieselmotor hat. Neurobiologische Befunde verhelfen zu einem Verständnis der physischen Mechanismen, die unseren Fähigkeiten zugrunde liegen und sie geben uns auch die Möglichkeit, die Herausbildung dieser Fähigkeiten in der Lebensgeschichte eines Individuums sowie mögliche Fehlentwicklungen besser zu verstehen und vielleicht sogar zu korrigieren.

Michael Pauen,
Eine unbekannte Spezies?, S. 201f.

1 Beschreiben Sie die Möglichkeiten der modernen Hirnforschung. Was kann sie durch ihre bildgebenden Verfahren zurzeit nachweisen? ➜ M1
2 Bei einem Sexualstraftäter, der mehrere Frauen getötet hat, werden in dem für Emotionsverarbeitung zuständigen Hirnareal neuronale „Defekte" festgestellt. Führen Sie eine Podiumsdiskussion darüber, ob der Täter schuldig ist. ➜ M2
3 Schreiben Sie einen Kommentar zu der dargestellten Situation. ➜ M3
4 Erläutern Sie Bauers Begriff des „Social Brain". ➜ M4
5 Erarbeiten Sie die Aussagen zum Menschenbild, die sowohl von der Philosophie als auch den Neurowissenschaften anerkannt werden. ➜ M5
6 Informieren Sie sich (Internet, Fachzeitschriften, Fachliteratur) über die neuen Forschungsmethoden (Hirnstromkurven, Hirnstimulation, bildgebende Verfahren u. Ä.) der Neurobiologie. Untersuchen und beurteilen Sie die Erklärungsmodelle der Hirnforschung für moralisches Verhalten (z. B. sogenannte „Spiegelneuronen").

5 Der Mensch – ein Sozialwesen

M1 Mein Leben – meine Rollen

Rollencollage eines 16-jährigen slowenischen Jungen, Ludwig Duncker, in: Journal für Sozialwissenschaften und ihre Didaktik, 2/2006

M2 Theater spielen

Das „Junge Nationaltheater Mannheim" wirbt auf seiner Homepage für das Kinder- und Jugendtheater:

Wir bringen ein Vorhaben gut über die Bühne, scheuen dabei manchmal das Rampenlicht oder stehlen anderen die Schau. Wir diagnostizieren: „Du bist ja voll von der Rolle" oder schimpfen: „Mach kein Theater!", „Lass die Maske fallen!", „Spiel mir nichts vor!" Unsere Sprache kennt zahlreiche Metaphern aus der Welt des Theaters und jeder von uns spielt in seinem Leben ständig unterschiedliche Rollen.

Doch nicht immer suchen wir uns unsere Rollen aus. Sie werden uns manchmal zugemutet oder auf uns projiziert. Oft nehmen wir sie freudig an und sind hinterher erschrocken, was diese Rolle wirklich von uns fordert. Die Welt erwartet Rollenerfüllung.

Wenn Kinder und Jugendliche ihren Platz auf der Bühne der Welt suchen, müssen sie sich in unterschiedlichen Rollen ausprobieren, deren Wonnen und Pflichten, Freiheiten und Grenzen kennenlernen. Eine der größten Herausforderungen ist es dabei, dem Druck und der Verführung äußerer Bilder nicht auf den Leim zu gehen, sondern das Selbstverständnis den eigenen Möglichkeiten entsprechend zu entwickeln.

www.schnawwl.de

M3 Homo sociologicus

Soziale Positionen sind ohnehin ein Danaergeschenk [unheilvolle Gabe] der Gesellschaft an den Einzelnen. Auch wenn er sie nicht mit eigener Kraft erworben hat, sondern sie ihm ungefragt zugeschrieben wurden, verlangen sie von ihm eine Leistung; denn jeder einzelnen Position haftet eine Rolle an, ein Satz von Erwartungen an den Träger, der von den Bezugsgruppen seines Feldes sanktioniert wird. Bevor der Einzelne seine Rolle spielen kann, muss er sie kennen; wie der Schauspieler muss auch das gesellschaftliche Wesen seine Rollen lernen, sich mit ihrem Inhalt und ihren Sanktionen vertraut machen. [...]

Durch Beobachtung, Nachahmung, Indoktrination und bewusstes Lernen muss er in Formen hineinwachsen, die die Gesellschaft für ihn als Träger seiner Positionen bereithält. Seine Eltern, Freunde, Lehrer, Priester und Vorgesetzten sind der Gesellschaft vorwiegend als Agenten wichtig, die der sozialen tabula rasa [leeres Blatt] des rollenlosen Menschen den Plan seines Lebens in Gesellschaft einritzen. In dem Interesse der Gesellschaft an Familie, Schule und Kirche bekundet sich keineswegs nur der Wunsch, dem Einzelnen zur Entfaltung seiner individuellen Anlagen zu verhelfen, sondern vor allem auch die Absicht, ihn auf die Aufgaben, deren Erfüllung die Gesellschaft von ihm erwartet, effektiv und kostensparend vorzubereiten.

Für Gesellschaft und Soziologie ist der Prozess der Sozialisierung stets ein Prozess der Entpersönlichung, in dem die Individualität und Freiheit des Einzelnen in der Kontrolle und Allgemeinheit sozialer Rollen aufgehoben wird. *Ralf Dahrendorf, Homo sociologicus, S. 163f.*

M4 Gründe für normative Konformität

In Anbetracht dieses fundamentalen menschlichen Bedürfnisses nach sozialer Gesellschaft ist es nicht überraschend, dass wir uns oft konform verhalten, um von anderen akzeptiert zu werden. Konformität aus normativen Gründen geschieht in Situationen, in denen wir das tun, was andere tun, aber nicht, weil wir sie als Informationsquelle benutzen, sondern weil wir keine Aufmerksamkeit erregen, nicht verlacht werden, nicht in Schwierigkeiten kommen oder abgelehnt werden möchten. Somit findet **normativer sozialer Einfluss** dann statt, wenn der Einfluss anderer Menschen uns dazu führt, uns konform zu verhalten, um von ihnen gemocht und akzeptiert zu werden. Diese Art von Konformität führt zur öffentlichen Erfüllung der Annahmen und Verhaltensweisen der Gruppe, aber nicht notwendigerweise zur privaten Akzeptanz der Annahmen und Verhaltensweisen der Gruppe [...]. *Elliot Aronson/Timothy D. Wilson/Robin M. Akert, Sozialpsychologie, S. 281*

M5 „Werde, der du bist!"

Was aber meint „Echtheit" und „Authentizität" in Bezug auf Menschen? Woran können wir bei einer Person unterscheiden, was an ihr Original, Kopie oder gar Fälschung ist? Wann ist eine Person echt, authentisch, eigentlich sie selbst? Denn schließlich haben wir es bei einem Menschen doch nie nur mit einer Kopie eines anderen zu tun, selbst bei (noch fiktiven) Menschenklonen würden wir nicht so reden wollen. [...] Authentizität, Echtheit, Eigentlichkeit scheint in Bezug auf Personen ja sogar mehr oder weniger die Ausnahme zu sein, denn es ist uns oft eigens eine Erwähnung wert, wenn sich einmal jemand „von seiner wahren Seite" gezeigt hat. [...]

Ein Urbild, ein Original, mit dem sich die personale Realität eines Menschen vergleichen lassen würde, gibt es nicht. Was ein Mensch ist, ist nicht vorherbestimmt, vielmehr wird er das gewesen sein, was er angesichts der Umstände seines Lebens aus sich machte. Dies macht deutlich, dass wir uns auf uns selbst als einem bestimmten Wesen nur im Modus eines Entwurfs beziehen können. Es ist dieser Entwurf von sich [...], an dem wir die Echtheit, Eigentlichkeit und Authentizität eines Menschen bemessen. Authentizität oder Eigentümlichkeit ist nichts anderes als das (seinerseits in bestimmter Weise artikulierte) Verhältnis von Entwurf und Realität eines Menschen. Wenn das zusammenpasst, wenn jemand „in Übereinstimmung" mit sich lebt, dann sprechen wir von authentischer, wahrer, echter Existenz.

Das „Selbstbild" einer Person ist aber offenbar etwas, was sich im Laufe des Lebens stark verändern kann und nicht offen zutage liegt. Genau das macht die Schwierigkeit aus, von der Echtheit von Personen zu sprechen. Es ist aber den Menschen eigentümlich, dass sie sich in Bezug auf sich selbst belügen können. Authentizität erfordert daher mindestens so etwas wie Selbsterkenntnis, also die Wahrnehmung dessen, zu was man fähig ist und zu was nicht. Mit dem „Sei Du selbst!" einher geht daher immer das „Erkenne Dich selbst!". Da man aber hierbei, wie gesagt, nicht einfach auf ein Urbild schauen [...] kann, haben wir es mit einem lebenslangen Prozess zu tun, in dem Selbsterkenntnis und Entwurfskorrektur Hand in Hand gehen. [...] „Authentisch" werden dagegen die Leute genannt, von denen wir annehmen, dass sie, wenn schon nicht ihr Ziel, dann doch immerhin den Weg, den ihr Leben zu nehmen hat, erkannt („gefunden") haben. Vom „Hier stehe ich, ich kann nicht anders!" Luthers bis hin zu Frank Sinatras „I did it my way!" – Selbsterkenntnis steht am Anfang des eigenen Selbstseins.

Andreas Luckner, Werde, der du bist!, S. 7-9

1 Was verdeutlicht die Rollencollage des slowenischen Jungen? Fertigen Sie für sich selbst eine Rollencollage an. ➜ M1
2 Definieren Sie den Begriff Rolle. Welche Vorteile bzw. Nachteile besitzen Rollen? ➜ M2
3 Beschreiben Sie das Menschenbild des homo sociologicus. ➜ M3/4
4 Führen Sie im Kurs eine Umfrage durch zu der Frage: Wer bzw. welche Gruppe ist Ihrer Ansicht nach authentisch? Diskutieren Sie Ihre Ergebnisse. ➜ M5
5 Bestimmen Sie den Begriff Authentizität im Vergleich zur Konformität. ➜ M4/5

6 Der Mensch – ein Ebenbild Gottes

M1 Gott schuf also den Menschen ...

26 Dann sprach Gott: Lasst uns Menschen machen als unser Abbild, uns ähnlich. Sie sollen herrschen über die Fische des Meeres, über die Vögel des Himmels, über das Vieh, über die ganze Erde und über alle Kriechtiere auf dem Land.
27 Gott schuf also den Menschen als sein Abbild, als Abbild Gottes schuf er ihn. Als Mann und Frau schuf er sie.
28 Gott segnete sie und Gott sprach zu ihnen: Seid fruchtbar und vermehret euch, bevölkert die Erde, unterwerft sie euch und herrscht über die Fische des Meeres, über die Vögel des Himmels und über alle Tiere, die sich auf dem Land regen.
29 Dann sprach Gott: Hiermit übergebe ich euch alle Pflanzen auf der ganzen Erde, die Samen tragen, und alle Bäume mit samenhaltigen Früchten. Euch sollen sie zur Nahrung dienen.
30 Allen Tieren des Feldes, allen Vögeln des Himmels und allem, was sich auf der Erde regt, [...], gebe ich alle grünen Pflanzen zur Nahrung. So geschah es. *Genesis, 1,26-30*

M2 Geschaffen nach dem Bilde Gottes, ihm ähnlich

Das Dasein des Menschen in der Welt soll die Schöpfung vollenden; dazu wird er „als Bild Gottes, ihm ähnlich" geschaffen. Als Bild Gottes und ihm ähnlich geschaffen, ist er in der Welt das vornehmste Geschöpf, das in der Welt am höchsten stehende Wesen, so dass er sie vollendet. Was aber ist [...] gemeint, wenn [man] sagt, dass der Mensch „Bild Gottes, ihm ähnlich" ist? Worin das Bild Gottes und ihm ähnlich Sein des Menschen besteht, das ist immer schon eine Zentralfrage der theologischen Anthropologie gewesen. [...] Die Antworten, die dazu gegeben wurden – schon in der Bibel, dann in der systematischen Interpretation und Auswertung der Schrift – variieren. Da wird gedacht an die aufrechte Gestalt des Menschen, an seine ursprünglich zur Unsterblichkeit geschaffene Seele, die ihn zum Bild der Ewigkeit Gottes macht, an seine Vernunftbegabtheit.

Walter Simonis, Über Gott und die Welt, S. 237

M3 Die Stellung des Menschen in der Welt

Sowohl im AT als auch im NT geht es vor allem und immer auch um den Menschen, um sein Werden und Wesen, um sein Schicksal, seine Stellung im Gesamt der Welt (Kosmos; biblisch: Himmel und Erde). Die Bibel ist ein Wort in menschlicher Sprache (in der jeweiligen „Volkssprache" und in menschlichen Sprachformen) und für Menschen: ein Wegweiser und ein Hoffnungswort für ihn.

Trotzdem unterscheidet sich die biblische Vorstellung und Deutung des Menschen sowohl von der mythischen als auch von der griechisch-philosophischen. Denn biblisch gesehen ist der Mensch weder zufällig oder durch das willkürliche Treiben der Götter entstanden noch ist er selbst das „Maß aller Dinge". Er ist vielmehr das die übrige Welt krönende Geschöpf eines in Weisheit und Macht schaffenden Gottes und so sogar dessen Abbild. „Gott hat den Menschen zur Unvergänglichkeit erschaffen und ihn zum Bild seines eigenen Wesens gemacht" (Weish 2,23). [...]

Der Mensch steht zwar über allen übrigen Geschöpfen, die er beherrschen darf und soll (Gen 1,28), selbst aber ist er Gott nicht nur verantwortlich, sondern auch total abhängig von ihm. Das bedingt die grundsätzliche Gleichheit aller Menschen und ist Grund für Ehrfurcht und Gehorsam, aber auch für das vorbehaltlose Vertrauen Gott gegenüber. Wenn Gott freilich seinen Geist zurückzieht („den Atem nimmt"), kehrt der Mensch zum Staub der Erde zurück (vgl. Ps 104, 29f). Die „Unsterblichkeit der Seele" ist dem alttestamentlichen Menschen fremd, und der Gedanke an Weiterleben und Auferstehung (des Einzelnen) taucht erst sehr spät auf. [...]

Das NT baut sein Menschenbild auf dem des AT auf: der Mensch ist Geschöpf Gottes, von ihm umsorgt, ihm verantwortlich, Sünder und von Gott Gesuchter zugleich. Die neue Sicht kommt aber durch den Sohn Gottes, der selbst Mensch geworden ist, der somit den Menschen wesentlich adelt sowie ein neues Vater-Kind-Verhältnis aufrichtet, vom Menschen nun aber auch eine neue Gottesverehrung und eine neue Frömmigkeit (eine weit größere Gerechtigkeit: Mt 5,20) erwartet. Diese „Gerechtigkeit" ist freilich – so besonders bei Paulus – eine Gottesgerechtigkeit, d. h., Gott allein schenkt sie, und der Mensch (der Christ) erreicht dieses Geschenk nur durch Glauben. Die Sünde bekommt eine neue Dimension und Konkretisierung, sie besteht vor allem im Unglauben gegenüber Jesus, (Johannesevangelium) und in Eigenmächtigkeit und Anmaßung, in der Selbstgerechtigkeit (vgl. die Paulusbriefe, besonders Römer- und Galaterbrief). Der Mensch (und zwar sowohl der Jude wie auch der Heide/Grieche) wird zum Reich Gottes gerufen, er wird durch den Glauben und die Gabe des Heiligen Geistes in dieses geholt. Dieser durch Jesu Auferstehung vermittelte Geist bewirkt und ermöglicht das neue christusbezogene und christusähnliche Handeln [...]. – Die in Christus neu gewonnene Existenz berechtigt auch zur Höchstform eschatologischer Hoffnung. Sie ist „gesichert" in der Christusnachfolge und in echter Mitmenschlichkeit.

Matthias Stubhann (Hg.), Die Bibel von A-Z, S. 460f.

M4 Größe und Elend

Die Geschichte der Menschheit, wie sie die Bibel erzählt, ist von Anfang an eine Geschichte mit Gott. Sie beginnt mit dem Schuldigwerden vor Gott. Die Erzählung vom Sündenfall (Gen 3,1-24) ist ein aitiologischer Mythos. Da Gott die Welt nach den Aussagen der *Genesis* ursprünglich gut und frei von allen Übeln geschaffen hat, erforderte die tatsächlich keineswegs ideale Verfassung von Welt und menschlichem Leben eine Erklärung. Der genauere Sinn der Geschichte vom Sündenfall bleibt dunkel, es geht aber jedenfalls um die Hybris des Menschen, der sein will wie Gott und selbst erkennen, d. h. hier wohl: entscheiden will, was gut und böse, was richtig und falsch ist (Gen 3, 22). Der Mensch will seinen eigenen Weg gehen, verliert aber mit dem Bezug zu Gott das, was ihn ausgezeichnet hat: „Im Schweiße deines Angesichts sollst du dein Brot essen, bis du zurückkehrst zum Ackerboden; von ihm bist du ja genommen. Denn Staub bist du, zum Staub musst du zurück." (Gen 3, 19)

Franz von Kutschera, Die großen Fragen, S. 228

M5 Ebenbildlichkeit als Selbstüberheblichkeit?

Die grundsätzliche Provokation, die in der Aussage der Gottesebenbildlichkeit des Menschen liegt, wurde gerade im letzten Jahrhundert deutlich, in dem der Mensch in bisher ungekannter Weise das, was Gott ihm „zu Füßen legte" (Ps 8,7), auch mit Füßen getreten und damit ein unsägliches Unheil an seinem Mitmenschen und an der Schöpfung ausgeübt hat.
[...] Die christliche Lehre vom Menschen muss daran festhalten, dass der Mensch nicht an sich, völlig losgelöst betrachtet, ihr Gegenstand sein kann, sondern immer nur der Mensch, der vor Gott steht. Der Mensch ist kein Mikrokosmos, dessen Grenzen soweit wie seine Konjekturen reichen, er ist kein Gott im Minimalformat, der genau das in depotenzierter Weise besitzt, was Gott selbst zukommt. [...] Ebenbildlichkeit heißt offenkundig nicht, so groß und allmächtig wie Gott sein zu wollen; es heißt nicht, als Standbild des abwesenden Königs königlich herrschen zu können, sondern genau umgekehrt, Diener des anderen zu sein in der Nachfolge Jesu Christi (Mk 10,43). Christlich gedacht, kommt die Gottesebenbildlichkeit dem Menschen nur dann zu, wenn er den Status seiner Bildlichkeit wahrt, wenn er sein Urbild vertreten, aber nicht ersetzen will, d. h., wenn er die Aufforderung der Christusförmigkeit nicht gleichsetzt mit der, wie ein allmächtiger Gott sein zu wollen.

Bernd Irlenborn, Der Mensch als zweiter Gott?, in: Freiburger Zeitschrift für Philosophie und Theologie 47 (2000), S. 381-401

1 Beschreiben Sie die Stellung des Menschen im Rahmen der Schöpfung. ➜ M1/2
2 Erarbeiten Sie das Menschenbild im Alten und Neuen Testament und benennen Sie die Gemeinsamkeiten und Unterschiede. ➜ M3
3 Erschließen Sie aus der Erzählung vom „Sündenfall" das darin sichtbar werdende Menschenbild. ➜ M4
4 Finden Sie Beispiele für das „unsägliche Unheil", das der Mensch an seinem Mitmenschen und an der Schöpfung in den vergangenen Jahrhunderten verübt hat. ➜ M5
5 Fassen Sie zusammen, worin die wahre Bedeutung der Gottesebenbildlichkeit besteht und welche Forderungen sich für einen Christen daraus ergeben. ➜ M5

7 Philosophische Anthropologie

M1 Die Erfassung des Humanen

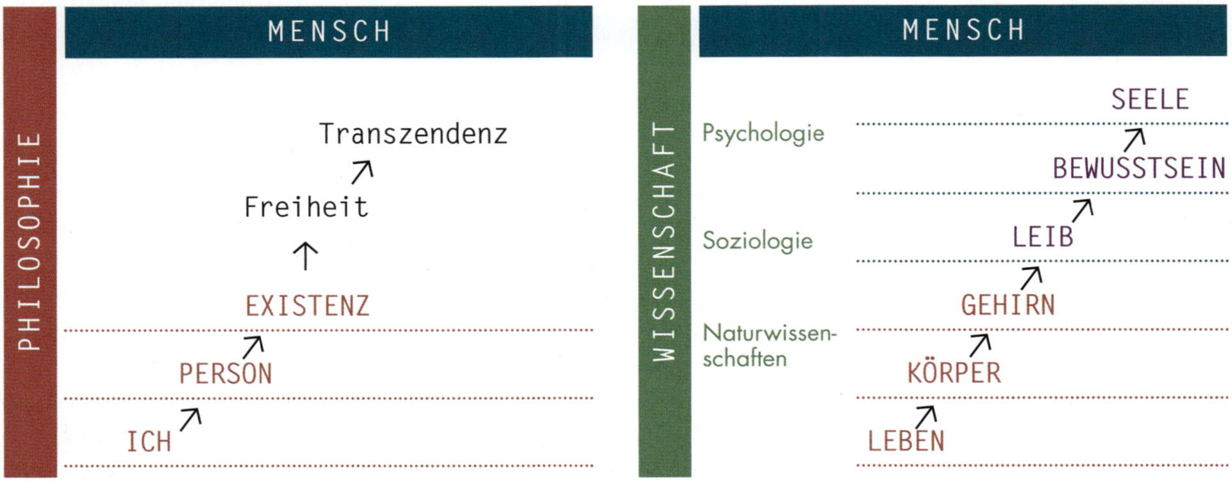

M2 Was ist Philosophische Anthropologie?

Zunächst darf sie nicht mit der die ganze Tradition der Philosophie begleitenden Reflexion über das Wesen des Menschen gleichgesetzt werden. Weder die platonische noch die aristotelische Lehre vom Menschen sind der Philosophischen Anthropologie ein Vorbild. Auch die theologischen Deutungen im Mittelalter und deren Wiederherstellung im Zeichen des Protestantismus, wie sie etwa in Hegels Anthropologie greifbar wird, sind für die Philosophische Anthropologie nicht maßgebend. Von allen diesen Deutungen des Menschen bleibt sie spezifisch abgehoben durch ihren antimetaphysischen wie auch antiontologischen Impuls. Die Philosophische Anthropologie lebt vielmehr aus einem positiven Bezug auf die namentlich seit der zweiten Hälfte des 19. Jahrhunderts entstandenen Erfahrungswissenschaften vom Menschen, also Humanbiologie, Individual- und Völkerpsychologie, Prähistorie, Verhaltenswissenschaften, Soziologie und Kulturwissenschaften. [...] Sie will indessen weder Methodologie oder Wissenschaftstheorie der Humanwissenschaften sein; noch versteht sie sich als bloße Verallgemeinerung von empirischen Forschungsergebnissen. Der Rekurs auf die verstreuten Erfahrungswissenschaften zielt vielmehr ab auf philosophische Deutung. Es geht um ein „Bild vom Menschen" (Gehlen), d. h. eine Gesamtschau. [...]

Mit dem Blick der Tradition stellt sich ein solches Unternehmen als ein Wechselbalg dar. Der positive Bezug auf die empirischen Wissenschaften macht sie aller herkömmlichen Philosophie als bloßen Empirismus verdächtig. [...] Ihr philosophischer und spekulativer Zug wiederum, der sich darin ausspricht, eine Deutung des Menschen in seiner Ganzheit zu liefern, bringt die Philosophische Anthropologie bei den zünftigen Wissenschaften selbst in Verruf. [...]

Man kann also durchaus sagen, dass die Philosophische Anthropologie sich theoretisch einem Dilemma gegenüber sieht und dieses auch nicht überzeugend gelöst hat, nämlich einerseits der Vielfalt des menschlichen Seins gerecht zu werden und hierbei auf die empirischen Wissenschaften zu rekurrieren, andererseits aber zu einer die Erfahrungstatsachen synthetisch integrierenden Wesensbestimmung des Menschen vorzustoßen.

Heinz Paetzold, Der Mensch, in: Grundkurs Philosophie, S. 451f., 456

M3 Was wissen wir vom Menschen?

Fragt man einen gebildeten Europäer, was er sich bei dem Worte „Mensch" denke, so beginnen fast immer drei unter sich ganz unvereinbare Ideenkreise in seinem Kopfe miteinander in Spannung zu treten. Es ist einmal der Gedankenkreis der jüdisch-christlichen Tradition von Adam und Eva, von Schöpfung, Paradies und Fall. Es ist zweitens der griechisch-antike Gedankenkreis, in dem sich zum ersten Mal in der Welt das Selbstbewusstsein des Menschen zu einem Begriff seiner Sonderstellung erhob in der These, der Mensch sei Mensch durch Besitz der „Vernunft", logos, phronesis, ratio, mens – logos bedeutet hier eben sowohl Rede wie Fähigkeit, das „Was" aller Dinge zu erfassen; eng verbindet sich mit dieser Anschauung die Lehre, es liege eine übermenschliche Vernunft auch dem ganzen All zu Grunde, an der der Mensch, und von allen Wesen er allein, teilhabe. Der dritte Gedankenkreis ist der auch längst traditional gewordene Gedankenkreis der modernen Naturwissenschaft und der genetischen Psychologie, es sei der Mensch ein sehr spätes Endergebnis der Entwicklung des Erdplaneten – ein Wesen, das sich von seinen Vorformen in der Tierwelt nur in dem Komplikationsgrade der Mischungen von Energien und Fähigkeiten unterscheide, die an sich bereits in der untermenschlichen Natur vorkommen. Diesen drei Ideenkreisen fehlt jede Einheit untereinander. So besitzen wir denn eine naturwissenschaftliche, eine philosophische und eine theologische Anthropologie, die sich nicht umeinander kümmern – eine einheitliche Idee vom Menschen aber besitzen wir nicht. Die immer wachsende Vielheit der Spezialwissenschaften, die sich mit dem Menschen beschäftigen, verdeckt, so wertvoll diese sein mögen, überdies weit mehr das Wesen des Menschen, als dass sie es erleuchtet. Bedenkt man ferner, dass die genannten drei Ideenkreise der Tradition heute weithin erschüttert sind, völlig erschüttert ganz besonders die darwinistische Lösung des Problems vom Ursprung des Menschen, so kann man sagen, dass zu keiner Zeit der Geschichte der Mensch sich so problematisch geworden ist wie in der Gegenwart.

Max Scheler, Die Stellung des Menschen im Kosmos, S. 10

M4 Ziel philosophischer Anthropologie

Im Unterschied zu den fachwissenschaftlichen Anthropologien, wie denen der Biologie, der Pädagogik, der Psychologie, der Soziologie, die jeweils bestimmte Aspekte des Menschseins zum Gegenstand ihrer Untersuchung machen, geht es der philosophischen Anthropologie um das Ganze des menschlichen Seins. [...] Sie verarbeitet und interpretiert die Forschungsergebnisse der Wissenschaften vom Menschen (v. a. der Biologie) im Blick auf eine umfassende, einheitstiftende Erkenntnis des Menschen. In diesem Rückbezug auf die empirischen Wissenschaften unterscheidet sich die philosophische Anthropologie unserer Zeit von den bis in die Antike zurückreichenden Versuchen, das „Wesen" des Menschen zu bestimmen. Dieses menschliche „Wesen" ist allerdings ein problematischer Gegenstand. Dies liegt zum einen daran, dass es nicht beschrieben werden kann wie z. B. das Nervensystem oder der Zellaufbau, dass auch die vollständige Kenntnis der biologischen Ausstattung des Menschen allein noch nicht ausreichen würde, die Frage nach dem Wesen, der Natur des Menschen zu beantworten: Was der Mensch sei, kommt erst in der Sinndeutung aller empirisch erschließbaren Sachverhalte zum Vorschein. [...] Entscheidend für den Menschen ist, dass und wie er seine Wirklichkeit als Möglichkeit erfährt, erkennt und entfaltet. Ein Mittel zu dieser, aller Selbstentfaltung notwendig vorausgehenden Selbstverständigung des Menschen ist die philosophische Anthropologie.

Schülerduden Philosophie (1985), S. 32

1. Ordnen Sie der Graphik aus den schon bekannten Positionen anthropologische Kernaussagen zu. ➔ M1
2. Fassen Sie die Aufgabe der philosophischen Anthropologie zusammen. ➔ M2
3. Ordnen Sie den drei Ideenkreisen Menschenbilder zu. Welche sind nach Ihrer Erfahrung heute die maßgebenden? ➔ M3
4. Überprüfen Sie die Behauptung Schelers: „Eine einheitliche Idee vom Menschen aber besitzen wir nicht." ➔ M3
5. Grenzen Sie die „Philosophische Anthropologie" im Unterschied zu den Anthropologien einzelner Wissenschaften ab. ➔ M4

8 Sonderstellung des Menschen

M1 Der Mensch als Geistwesen

Nach Max Scheler nimmt der Mensch sowohl eine Stellung in einem biopsychischen Stufenbau im Verhältnis zu Pflanze und Tier (natursystematischer Begriff) als auch eine metaphysische Sonderstellung als geistige Person (Wesensbegriff) ein, die unabhängig von der biopsychischen Welt gedacht werden muss.

Das Wesen des Menschen und das, was man seine *„Sonderstellung“* nennen kann, steht *hoch* über dem, was man Intelligenz und Wahlfähigkeit nennt, und würde auch nicht erreicht, wenn man sich diese Intelligenz und Wahlfähigkeit quantitativ beliebig, ja bis ins Unendliche gesteigert vorstellte. Aber auch das wäre verfehlt, wenn man sich das Neue, das den Menschen zum Menschen macht, nur dächte als eine zu psychischen Stufen: Gefühlsdrang, Instinkt, assoziatives Gedächtnis, Intelligenz und Wahl hinzukommende neue Wesensstufe *psychischer* und der *Vitalsphäre* angehöriger Funktionen und Fähigkeiten, die zu erkennen in der Kompetenz der Psychologie und Biologie läge. Das neue Prinzip steht *außerhalb* alles dessen, was wir „Leben“ im weitesten Sinne nennen können. Das, was den Menschen allein zum „Menschen“ macht, ist nicht eine neue Stufe des Lebens – erst recht nicht nur eine Stufe der *einen* Manifestationsform dieses Leben, der „Psyche“–, sondern es ist ein allem und *jedem Leben überhaupt, auch dem Leben im Menschen entgegengesetztes Prinzip: [...] „Geist“.*

M2 Weltoffenheit

Was aber ist nun jener „Geist“, jenes neue und so entscheidende Prinzip? [...] Die Grundbestimmung eines geistigen Wesens [...] [ist] *seine existentielle Entbundenheit vom Organischen*, seine Freiheit, Ablösbarkeit – oder doch die seines Daseinszentrums – von dem Bann, von dem Druck, von der Abhängigkeit vom *Organischen*, vom *„Leben“* und allem, was zum Leben gehört – also auch von seiner triebhaften „Intelligenz“. Ein „geistiges“ Wesen ist also nicht mehr trieb- und umweltgebunden, sondern „umweltfrei“ und, wie wir es nennen wollen, *„weltoffen“*: Ein solches Wesen hat *„Welt“*. Ein solches Wesen vermag ferner die auch ihm ursprünglich gegebenen „Widerstands“- und Reaktionszentren seiner Umwelt, die das Tier allein hat und in die es ekstatisch aufgeht, zu *„Gegenständen“* zu erheben und das *Sosein* dieser Gegenstände prinzipiell *selbst* zu erfassen, ohne die Beschränkung, die diese Gegenstandswelt oder ihre Gegebenheit durch das vitale Triebsystem und die ihm vorgelagerten Sinnesfunktionen und Sinnesorgane erfährt. [...]
[...] Alles, was das Tier merken und fassen kann von seiner Umwelt, liegt in den sicheren Zäunen und *Grenzen seiner Umweltstruktur.* [...] Der Verlauf des tierischen Verhaltens hat stets die Form:

$$T \rightleftarrows U$$

Ganz anders ein Wesen, das *„Geist“* hat. Ein solches ist – wenn und soweit es sich seines Geistes sozusagen auch bedient – eines Verhaltens fähig, das eine genau *entgegengesetzte* Verlaufsform besitzt. [...]
Die Form eines solchen Verhaltens ist die der *„Weltoffenheit“*, der prinzipiellen Abschüttelung des Umweltbannes:

$$M \rightleftarrows W \rightarrow \rightarrow \ldots$$

Dieses Verhalten ist, wo es einmal konstitutionell vorhanden ist, seiner Natur nach unbegrenzt erweiterungsfähig – so weit eben, als die „Welt“ vorhandener Sachen reicht.
Der Mensch ist das X, das sich in unbegrenztem Maße „weltoffen“ verhalten kann. Menschwerdung ist Erhebung zur Weltoffenheit kraft des Geistes.

M1/2: Max Scheler, Stellung des Menschen im Kosmos, S. 37-40

M3 Exzentrische Positionalität

Helmuth Plessner sieht die Sonderstellung des Menschen in der Fähigkeit zur Selbstreflexion, die ihm ein Selbstverhältnis zu seinem Körper und seinem Bewusstsein ermöglicht.

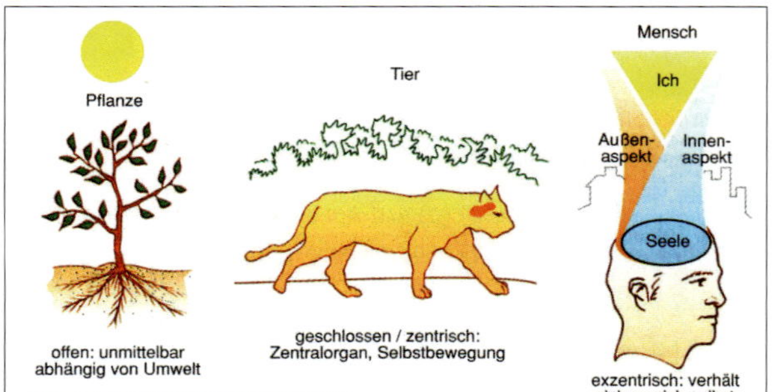

Plessner: Der Stufenbau des Organischen

Alles Lebendige zeichnet sich durch seine *Positionalität* aus: Es setzt sich gegen die außer ihm bestehende Umwelt ab, auf die es bezogen ist und von der es Rückwirkungen empfängt.
Die *Organisationsform* der *Pflanze* ist offen, d. h. sie gliedert sich unmittelbar abhängig ihrer Umgebung ein. Die geschlossene Form der *Tiere* dagegen zentriert den Organismus stärker auf sich selbst durch die Ausbildung von Organen (mit dem Gehirn als Zentralorgan) und ermöglicht so größere Unabhängigkeit. Erst der *Mensch* zeichnet sich durch seine *exzentrische Positionalität* aus, da er sich aufgrund seines Selbstbewusstseins reflexiv zu sich selbst verhalten kann. Er erfasst sich so in einem dreifachen Aspekt: als gegenständlicher *Körper*, als *Seele* im Körper und als *Ich*, von dem aus er die exzentrische Position zu sich einnimmt.
Aufgrund der Distanz, die der Mensch so zu sich hat, ist sein Leben eine von ihm selbst zu vollziehende Aufgabe.

dtv-Atlas Philosophie, S. 236f.

M4 Der Mensch besitzt Welt

Der Mensch kann das Zentrum seiner Umwelt wenigstens zeitweise verlassen und auf sich selbst zurückblicken, und deshalb kann er sich selbst einordnen und sich selbst auf einen Platz in einer Rangordnung setzen. Er weiß auch, dass es vor ihm eine Welt gegeben hat, so wie es eine nach ihm geben wird.
Ein Tierfilm, der einen gleichgültig an dem Jeep des Kamerateams vorbeischleichenden Leoparden zeigt, kann den Unterschied zwischen Welt und Umwelt veranschaulichen. Der Mensch sieht den Leoparden, und er sieht nicht allein dessen Äußeres, sondern auch seine Interessen und Absichten und kann sein Verhalten entsprechend ausrichten, wogegen der Leopard dem Auto mit der aufgepflanzten Kamera keinen Blick schenkt, ja es vielleicht wirklich nicht sieht; und wenn er es doch sähe, besäße er weder Interesse noch Verständnis. Der Leopard, wiewohl zweifellos ein höheres Tier, verlässt niemals die von der Natur gesteckten Grenzen seiner Umwelt. Er ist nicht weltoffen. Unsere eigene Weltoffenheit ist unter anderem an der Sprache ablesbar, die wir erlernen müssen, die wir aber auch selbständig weiterbilden, wogegen die Sprache des Tieres fast völlig festgelegt ist.
Weil der Mensch Welt besitzt, besitzt er auch ein Wissen um seinen Tod, und anders als jedes Tier kennt er auch einen Horizont. Er weiß um die Größe der Welt, die seine eigene Umwelt um ein Unendliches überragt, und deshalb weiß er, dass er nur einen Ausschnitt bewohnt und dass er seinen eigenen Maßstab nicht an andere Wesen anlegen darf. [...]
Unser Denken ist fähig, sein Zentrum zu verlassen und auf uns selbst wie auf einen Fremden zurückzuschauen. Wir können von uns fortgehen und wieder zu uns zurückkehren, und wir tun das immer wieder.

Stefan Diebitz, Glanz und Elend der Philosophie, S. 101-103

1 Fertigen Sie ein Schaubild zu Max Schelers psychischen Stufen an und erläutern Sie seine Begriffe mit Hilfe der heutigen Biologie. → M1

2 Erläutern Sie die Begriffe „Umweltgebundenheit" und „Weltoffenheit" anhand von Beispielen. → M2

3 Diskutieren Sie, ob der Mensch sich in „unbegrenztem Maße" weltoffen verhalten kann. → M2

4 Bestimmen Sie Helmuth Plessners Begriff der „exzentrischen Positionalität". → M3

5 Begründen Sie, warum sowohl die Weltoffenheit als auch die exzentrische Positionalität für menschliches Handeln eine zentrale Bedeutung besitzen. → M4

9 Mängel- und Handlungswesen Mensch

M1 Wer kann mehr?

Idee nach Luigi Malerba, Wahrhaftige Gespenster, S. 78

M2 Der Mensch – ein Mängelwesen

Der deutsche Dichter Johann Gottfried Herder (1744-1803) charakterisiert in seiner Abhandlung über den Ursprung der Sprache *(1770) den Menschen:*

Als nacktes, instinktloses Tier betrachtet, ist der Mensch das Elendste der Wesen. [...] Kein Geruch und keine Witterung, die ihn auf Kräuter hinreiße, damit er seinen Hunger stille! Kein blinder, mechanischer Lehrmeister, der für ihn sein Nest baue! Schwach und unterliegend, dem Zwist der Elemente, dem Hunger, allen Gefahren, den Klauen aller stärkeren Tiere, einem tausendfachen Tode überlassen, stehet er da! Einsam und einzeln! [...]

Das instinktlose, elende Geschöpf, was so verlassen aus den Händen der Natur kam, war auch vom ersten Augenblicke an das freitätige, vernünftige Geschöpf, das sich selbst helfen sollte und nicht anders als konnte. Alle Mängel und Bedürfnisse als Tier waren dringende Anlässe, sich mit allen Kräften als Mensch zu zeigen; so wie diese Kräfte der Menschheit nicht etwa bloß schwache Schadloshaltungen gegen die ihm versagten größeren Tier-Vollkommenheiten waren [...], sondern sie waren ohne Vergleichung und eigentliche Gegeneinandermessung seine Art!

Johann Gottfried Herder, Abhandlung über den Ursprung der Sprache, S. 80f.

M3 Der Mensch – ein Handlungswesen

Arnold Gehlen konzipiert gegen den traditionellen Dualismus Leib – Seele / Geist den Menschen als Gesamtentwurf der Natur, als ein handelndes Wesen, das dadurch eine Sonderstellung einnimmt.

Der Mensch ist das handelnde Wesen. Er ist in einem noch näher zu bestimmenden Sinne nicht „festgestellt“, d. h. er ist sich selbst noch Aufgabe – er ist, kann man auch sagen: das stellungnehmende Wesen. Die Akte seines Stellungnehmens nach außen nennen wir Handlungen, und gerade insofern er sich selbst noch Aufgabe ist, nimmt er auch zu sich selbst Stellung und „macht sich zu etwas“. [...]

Morphologisch [von der äußeren Gestalt her, der Form nach] ist nämlich der Mensch im Gegensatz zu allen höheren Säugern hauptsächlich durch Mängel bestimmt, die jeweils im exakt biologischen Sinne als Unangepasstheiten, Unspezialisiertheiten, als Primitivismen, d. h. als Unentwickeltes zu bezeichnen sind: also wesentlich negativ. Es fehlt das Haarkleid und damit der natürliche Witterungsschutz; es fehlen natürliche Angriffsorgane, aber auch eine zur Flucht geeignete Körperbildung; der Mensch wird von den meisten Tieren an Schärfe der Sinne übertroffen, er hat einen geradezu lebensgefährlichen Mangel an echten Instinkten und er unterliegt während der Säuglings- und Kinderzeit einer ganz unvergleichlich langfristigen Schutzbedürftigkeit. Mit anderen Worten: Innerhalb natürlicher, urwüchsiger Bedingungen würde er als bodenlebend inmitten der gewandtesten Fluchttiere und der gefährlichsten Raubtiere schon ausgerottet sein. [...] Er ist von einer einzigartigen [...] biologischen Mittellosigkeit, und er vergütet diesen Mangel allein durch seine Arbeitsfähigkeit oder Handlungsgabe, d. h. durch Hände und Intelligenz; eben deshalb ist er aufgerichtet, „umsichtig“, mit freigelegten Händen.

Arnold Gehlen, Der Mensch, S. 32-34

M4 Entlastung durch Institutionen

Sie [die Institutionen] sind die Formen, die ein seiner Natur nach riskiertes und unstabiles, affektüberlastetes Wesen findet, um sich gegenseitig und um sich selbst zu ertragen, etwas, worauf man sich und den anderen zählen und sich verlassen kann. Auf der einen Seite werden in diesen Institutionen die Zwecke des Lebens gemeinsam angefasst und betrieben, auf der anderen Seite orientieren sich die Menschen in ihnen zu endgültigen Bestimmtheiten des Tuns und Lassens, mit dem außerordentlichen Gewinn einer Stabilisierung auch des Innenlebens, so dass sie nicht bei jeder Gelegenheit sich affektiv auseinandersetzen oder Grundsatzentscheidungen sich abzuzwingen haben.

Der Einzelne erlebt nun in der Tat eine Institution wie das Eigentum oder die Ehe als ein überpersönliches vorgefundenes Muster, dem er sich einordnet; oder in anderen Fällen tritt er in eine Institution seines Berufs, eine Behörde, eine Fabrik ein in dem Bewusstsein, dass sie als dieselbe seit langem bestand und bestehen wird, im Wechsel der Menschen, die in sie ein- oder wieder austreten. [...]

Die Formen, in denen die Menschen miteinander leben oder arbeiten, in denen sich die Herrschaft ausgestaltet oder der Kontakt mit dem Übersinnlichen – sie alle gerinnen zu Gestalten eigenen Gewichts, den *Institutionen*, die schließlich den Individuen gegenüber etwas wie eine Selbstmacht gewinnen, so dass man das Verhalten des Einzelnen in der Regel ziemlich sicher voraussagen kann, wenn man seine Stellung in dem System der Gesellschaft kennt, wenn man weiß, von welchen Institutionen er eingefasst ist. Die Forderungen des Berufs oder der Familie, des Staats oder irgendwelcher Verbände, denen man angehört, regeln uns nicht nur in unserem Verhalten ein, sie greifen bis in unsere Wertgefühle und Willensentschlüsse durch. [...]

Man kann anthropologisch den Begriff der *Persönlichkeit* nur im engsten Zusammenhang mit dem der Institutionen denken, die letzteren geben der Personqualität in einem anspruchsvollen Sinn erst die Entwicklungschance. Unter Persönlichkeit verstehe ich dabei aber nicht die protestlerische Selbstbetonung derjenigen, die durch den in der Tat ganz außerordentlichen Disziplinierungsdruck industrieller Massengesellschaften überanstrengt werden. Ich will sagen: Wenn auch die Institutionen uns in gewisser Weise schematisieren, wenn sie mit unserem Verhalten auch unser Denken und Fühlen durchprägen und typisch machen, so zieht man doch gerade daraus Energiereserven, um innerhalb seiner Umstände die Einmaligkeit darzustellen, d. h. ergiebig, erfinderisch, fruchtbar zu wirken. Wer nicht innerhalb seiner Umstände, sondern unter allen Umständen Persönlichkeit sein will, kann nur scheitern.

Arnold Gehlen, Anthropologische Forschung, S. 71f.

M5 Autoritärer Charakter der Institutionen

Gehlen [...] verallgemeinert ein historisch frühes Stadium menschlicher Entwicklung, in dem die überpersönliche Gewalt *archaischer* [frühzeitlicher] Institutionen das fundamentale Verhältnis von Instinkt und Auslöser auf der höheren Ebene des willkürlichen, erlernbaren Verhaltens wiederherzustellen scheint. Unversehens wird das, was für primitive Kulturen sehr wohl gelten mag, der menschlichen Natur schlechthin zugerechnet; so entsteht der Anschein, als sei der Mensch auf Repression angewiesen, ein für allemal; aus der Natur des Menschen springt die Notwendigkeit einer autoritär verfassten Gesellschaft heraus.

Jürgen Habermas, Kultur und Kritik, S. 108

1. Diskutieren Sie, ob der Mistkäfer dem Menschen überlegen ist. Fertigen Sie neue Quartettkarten bzw. Übersichten mit anderen Tieren an. → M1
2. Erläutern Sie das Menschenbild von Johann Gottfried Herder. Geben Sie Beispiele für die Mängelhaftigkeit des Menschen und das Spezialistentum der Tiere. → M2
3. Wodurch unterscheidet sich nach Arnold Gehlen der Mensch vom Mistkäfer? → M3/4
4. Begründen Sie, warum der Mensch der Institutionen bedarf. → M4
5. Diskutieren Sie den Zusammenhang zwischen Persönlichkeit und Institutionen. → M4
6. Nehmen Sie Stellung zu Gehlens Sicht der Gesellschaft und der Kritik von Jürgen Habermas. → M5

10 Der Mensch als Vernunftwesen

M1 .....?

M2 Der Mensch, das vernunftfähige Tier

Es bleibt uns also, um dem Menschen im System der lebenden Natur seine Klasse anzuweisen und so ihn zu charakterisieren, nichts übrig als: dass er einen Charakter hat, den er sich selbst schafft, indem er vermögend ist, sich nach seinen von ihm selbst genommenen Zwecken zu perfektionieren; wodurch er als mit Vernunftfähigkeit begabtes Tier (animal rationabile) aus sich selbst ein vernünftiges Tier (animal rationale) machen kann; – wo er dann: erstlich sich selbst und seine Art erhält, zweitens sie übt, belehrt und für die häusliche Gesellschaft erzieht, drittens sie als ein systematisches (nach Vernunftprinzipien geordnetes), für die Gesellschaft gehöriges Ganze regiert; wobei aber das Charakteristische der Menschengattung in Vergleichung mit der Idee möglicher vernünftiger Wesen auf Erden überhaupt dieses ist: dass die Natur den Keim der Zwietracht in sie gelegt und gewollt hat, dass ihre eigene Vernunft aus dieser diejenige Eintracht, wenigstens die beständige Annäherung zu derselben herausbringe: [...] die Perfektionierung des Menschen durch fortschreitende Kultur, wenngleich mit mancher Aufopferung der Lebensfreuden desselben, zu bewirken.

Immanuel Kant, Anthropologie in pragmatischer Hinsicht, S. 277

M3 Vernunft – was ist das?

Für unseren Sprachgebrauch ist Vernunft etwas, was Menschen haben oder vermissen lassen, und wenn wir von ihnen verlangen, sie sollten endlich Vernunft annehmen, dann erwarten wir nicht, dass sie sich etwas außer ihnen Vorhandenes aneignen, sondern nur, dass sie das in sich zur Geltung bringen, was schon in ihnen angelegt ist: ihre Fähigkeit, vernünftig zu sein. Überhaupt haben wir mit dem Substantiv „Vernunft" Schwierigkeiten, denn was sollte das schon sein: „die" Vernunft? Das Adjektiv „vernünftig" liegt uns viel näher, und etwas Adjektivisches meinen wir meist auch, wenn wir von der Vernunft reden: nicht eine Substanz oder einen Gegenstand, sondern Eigenschaften, Beschaffenheiten, Möglichkeiten oder Ansprüche, die uns für Vernünftigkeit kennzeichnend zu sein scheinen.

Herbert Schnädelbach, Vernunft, S. 77

M4 Der Mensch hat als Gattungswesen Vernunft

Was also ist gemeint, wenn wir dem Menschen als Gattungswesen „Vernunft" zuschreiben? [...] Der Mensch lernt es [das Sprechen] erst im Laufe seiner ersten Lebensjahre und beherrscht es danach mehr oder weniger gut. Man sagt dann, dass er *sprechen* kann, ohne damit zu behaupten, er täte es *jederzeit, ununterbrochen* und stets vollkommen *fehlerfrei.* Wenn er sich unter den normalen Bedingungen des Lebens der Sprache bedienen kann, hat er die Fähigkeit zu sprechen und stellt somit unter Beweis, dass er ein *sprachbegabtes Wesen* ist. [...] Entsprechend ist es mit der Vernunft. Auch sie zeigt sich in bestimmten Fertigkeiten, von denen wir auf eine *Fähigkeit* schließen, über die der Mensch *nach Maßgabe des Lebens* verfügt. Die Fertigkeit lässt sich in allgemeiner Weise als Schlussfolgern bezeichnen, und sie zeigt sich, je nach den Umständen, im gemeinsamen Beratschlagen, im

M5 Unsere Nachfahren sind Roboter

Im MAX-Interview: Hans Moravec, Robotik-Professor an der Carnegie Mellon Universität und radikaler Vordenker einer Zukunft, die wahrscheinlich nicht jedem behagt.

Max: **Ist die Erde in einem bedrohlichen Zustand?**

Moravec: Nein. Die menschliche Kultur, ganz besonders die moderne Technologie, entwickelt sich zehn Millionen mal schneller als die biologische Evolution. Die große Geschwindigkeit der Veränderungen ist sicher für all die Menschen, die in langsameren Entwicklungszyklen leben, unbequem. Aber diese Geschwindigkeit erlaubt uns, sehr viel schneller und effektiver auf neue Probleme zu reagieren, als es in der Geschichte des Lebens vorher je möglich war. [...] Schon in naher Zukunft wird ein großer Teil unserer Nachfahren im Weltraum leben und überleben, ganz egal, was auf der Erde passiert. Die biologische menschliche Rasse wird weniger und weniger damit zurechtkommen, in einer sich immer schneller ändernden Welt zu leben. Ich denke aber, wir werden schon bald über Mittel verfügen, uns selbst in besser angepasste Formen zu verändern. Ich denke, die beste Form für unsere Nachfahren wird der intelligente Roboter sein.

Ist die Erde zu retten?

Unser Planet wird weitere zehn Milliarden Jahre überleben, bis er von der Sonne verschluckt wird. Bis dahin werden unsere Nachfahren ihn in sehr interessanter Weise umgestalten. Die Aktivitäten auf der Erde werden sich in den nächsten Jahrhunderten radikal ändern. Es wird eine rasend schnelle Evolution sein. Ich glaube, einige Menschen sind verstört darüber, dass das Leben, wie wir es kennen, nicht überleben wird. Leben, so wie es uns aus der Steinzeit bekannt ist, hat auch nicht überlebt. Ich bin nicht traurig über die Entwicklung seit der Steinzeit und ich sehe nach vorn – auf die Entwicklung, die uns bevorsteht.

Was sind die größten Probleme?

Menschen handeln und denken immer noch auf eine Art und Weise, die in Steinzeitdörfer passt. Unser Instinkt für Stammeskriege beispielsweise, der dem von Affengemeinschaften sehr ähnlich ist, war einmal ein sehr guter Mechanismus, um die Populationsdichte so groß bzw. gering zu halten, wie die Nahrungsvorräte es erforderten. Heute erzeugt dieser Instinkt nur noch sinnloses Elend.

Was kann man dagegen tun?

Die menschliche Zivilisation schrittweise durch besser angepasste „Stellvertreter" ersetzen. Ich denke, immer intelligenter werdende Maschinen werden nach und nach die Kontrolle übernehmen und wir Menschen werden als Eltern dieser Lebensformen „in Rente gehen". Die neuen Wesen (Intellekte) werden weiterhin in Konkurrenzkampf zueinander stehen, sie werden dabei allerdings sehr viel besser auf die Welt, in der sie leben, abgestimmt sein.

Ist es sinnvoll, sich nach anderen Planeten für die Menschen umzusehen?

Unsere Maschinen-Nachfahren werden den Weltraum sehr gut kolonialisieren. Ich denke, das derzeitige biologische Modell des Menschen ist dabei zu veralten und es wird keine große Zukunft im Weltraum haben. Unsere geistigen Kinder aber können so gut konstruiert werden, dass sie sich hervorragend auf all den vielen Plätzen im großen Universum entwickeln werden.

Zeitschrift MAX 1997

1 Angenommen, wir könnten eines Tages Roboter bauen, die fast wie wir aussehen, sprechen und sich bewegen. Sie scheinen zu verstehen, was wir zu ihnen sagen, und haben offensichtlich sogar Gefühle, Hoffnungen, Wünsche und so weiter. Sie können uns mitteilen, was sie tun möchten. Würden solche Maschinen wirklich denken? Hätten sie so etwas wie einen Verstand? → M1

2 Sammeln Sie Beispiele künstlicher Intelligenz, die uns jetzt schon das Leben erleichtern. → M2

3 Erläutern Sie die Auffassung der KI-Forschung, die das menschliche Gehirn als Maschine ansieht, in Bezug auf die neueren Ergebnisse der Hirnforschung. → M3/4

4 Überprüfen Sie die These, dass es in Zukunft keine Roboter geben kann, die „klüger" als Menschen sind. → M4

5 Nehmen Sie Stellung zu dem Entwurf eines zukünftigen „Menschen" bei Moravec. → M5

6 Entwerfen Sie ein Streitgespräch zwischen Renn und Moravec. → M4/5

1 Sich selbst erforschen

M1 Wer bin ich?

Rembrandt van Rijn
Selbstbildnis, 1634

Frida Kahlo,
Die gebrochene Säule – Selbstporträt, 1944

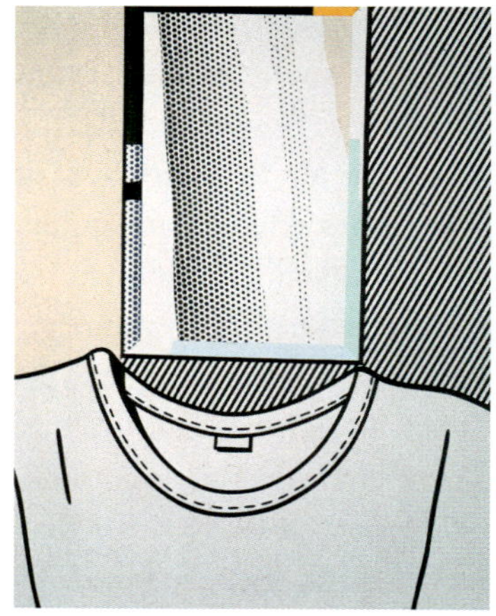

Roy Lichtenstein,
Self-Porträt, 1978

M2 Das Bedürfnis nach Deutung

Das von nachdenkenden Menschen empfundene Bedürfnis nach einer Deutung des eigenen menschlichen Daseins ist kein bloß theoretisches Bedürfnis. Je nach den Entscheidungen, die eine solche Deutung enthält, werden Aufgaben sichtbar oder verdeckt. Ob sich der Mensch als Geschöpf Gottes versteht oder als arrivierten Affen, wird einen deutlichen Unterschied in seinem Verhalten zu wirklichen Tatsachen ausmachen; man wird in beiden Fällen auch in sich sehr verschiedene Befehle hören.

Die Religionen, die Weltanschauungen, die Wissenschaften gehen in der Beantwortung dieser Frage nach dem Wesen des Menschen natürlich nicht auf. Aber sie pflegen eine Antwort anzubieten oder doch wenigstens Gesichtspunkte, von denen man eine solche ableiten kann. Hierbei ist keinerlei Übereinstimmung gewährleistet, denn die Antworten können sich [...] ausschließen.

Man sollte versuchen, gerade diese Umstände zur Bestimmung des Wesens des Menschen heranzuziehen; das würde bedeuten: es gibt ein lebendiges Wesen, zu dessen wichtigsten Eigenschaften es gehört, zu sich selbst Stellung nehmen zu müssen, wozu eben ein „Bild", eine Deutungsformel notwendig ist. Zu sich selbst heißt: zu den eigenen wahrgenommenen Antrieben und Eigenschaften – aber auch zu seinesgleichen, zu anderen Menschen, denn auch deren Behandlung wird davon abhängen, für was man sie hält, und für was man sich hält. Was es aber heißt: der Mensch muss sein Wesen deuten und von daher sich selbst und anderen gegenüber tätig und stellungnehmend sich verhalten – das ist nicht so leicht gesagt.

Arnold Gehlen, Der Mensch – Seine Natur und Stellung in der Welt, S. 9

M3 Bewusstsein seiner selbst

Dass der Mensch in seiner Vorstellung das Ich haben kann, erhebt ihn unendlich über alle andere auf Erden lebende Wesen. Dadurch ist er eine Person und vermöge der Einheit des Bewusstseins bei allen Veränderungen, die ihm zustoßen mögen, eine und dieselbe Person, d. i. ein von Sachen, dergleichen die vernunftlosen Tiere sind, mit denen man nach Belieben schalten und walten kann, durch Rang und Würde ganz unterschiedenes Wesen, selbst wenn er das Ich noch nicht sprechen kann, weil er es doch in Gedanken hat: wie es alle Sprachen, wenn sie in der ersten Person reden, doch denken müssen, ob sie zwar diese Ichheit nicht durch ein besonderes Wort ausdrücken. Denn dieses Vermögen (nämlich zu denken) ist der Verstand. Es ist aber merkwürdig: dass das Kind, was schon ziemlich fertig sprechen kann, doch ziemlich spät (vielleicht wohl ein Jahr nachher) allererst anfängt durch Ich zu reden, so lange aber von sich in der dritten Person sprach (Karl will essen, gehen usw.), und dass ihm gleichsam ein Licht aufgegangen zu sein scheint, wenn es den Anfang macht durch Ich zu sprechen: von welchem Tage an es niemals mehr in jene Sprechart zurückkehrt. – Vorher fühlte es bloß sich selbst, jetzt denkt es sich selbst. – Die Erklärung dieses Phänomens möchte dem Anthropologen ziemlich schwer fallen.

Immanuel Kant, Anthropologie in pragmatischer Hinsicht, S. 127

M4 Bewusstsein in der Zeit

Dass ein Wesen den Wunsch nach eigenem Überleben oder den Wunsch nach irgendeinem eigenen künftigen Erlebnis haben kann, setzt offenbar voraus, dass dieses Wesen in seinem Empfinden nicht nur dem jeweiligen Augenblick verhaftet ist, sondern dass es einen Begriff von einem Ich oder Selbst hat, das im Zeitablauf identisch bleibt. Um etwa wünschen zu können, dass ich heute Abend ein bestimmtes Konzert besuche, muss ich mir vorstellen können, dass einer der Konzertbesucher heute Abend mit mir im jetzigen Augenblick identisch sein wird. Das wünschende Wesen muss also nicht nur ein je momentanes Bewusstsein besitzen, sondern es muss ein Ich oder Selbstbewusstsein besitzen – mit der Folge, dass es sich selbst als dasselbe Wesen im Zeitablauf verstehen kann. Nur ein Wesen mit einem so verstandenen Ichbewusstsein kann zukunftsbezogene Wünsche und unter diesem Aspekt ein Überlebensinteresse haben. Es bedarf keiner Argumente, um zu erkennen, dass jedenfalls normale erwachsene Menschen ein derartiges Ichbewusstsein besitzen, dass andererseits zum Beispiel niedere Tiere ein derartiges Ichbewusstsein nicht besitzen.

Norbert Hoerster, Abtreibung im säkularen Staat, S. 75

M5 Ein besonderes Programm

Das menschliche Selbstbewusstsein überschreitet, wie ich meine, jedes rein biologische Denken. Ich möchte es so ausdrücken: Ich habe kaum Zweifel daran, dass Tiere bewusst leben, und vor allem, dass sie Schmerzen empfinden, und dass ein Hund hocherfreut sein kann, wenn sein Herr zurückkehrt. Aber ich vermute, dass nur ein menschliches, der Sprache mächtiges Wesen über sich selbst reflektieren kann. Ich glaube, dass jeder Organismus ein Programm hat. Ich glaube aber auch, dass nur ein menschliches Wesen sich einiger Teile dieses Programms bewusst sein und sie kritisch revidieren kann.

Die meisten, wenn nicht alle Organismen sind darauf programmiert, ihre Umwelt zu erkunden, und dabei nehmen sie Risiken auf sich. Doch sie nehmen diese Risiken nicht bewusst auf sich. Obwohl sie einen Selbsterhaltungs-Instinkt haben, wissen sie nicht um ihren Tod. Nur der Mensch kann auf seiner Suche nach Erkenntnis bewusst dem Tod ins Auge sehen.

Karl Popper/John Eccles, Das Ich und sein Gehirn, S. 183f.

1. Beschreiben Sie die Selbstporträts und die Wirkung, die sie auf Sie haben. ➔ M1
2. Erklären Sie, wie das Bedürfnis nach Deutung entsteht. ➔ M2
3. Zeigen Sie anhand der Bilder in M1 die Deutungsformel bzw. die Stellungnahme zu sich selbst. Recherchieren Sie dazu ggf. weitere Informationen zu den Künstlern bzw. Bildern. ➔ M1/2
4. Stellen Sie dar, wodurch Immanuel Kant die Sonderstellung des Menschen begründet. ➔ M3
5. Zeigen Sie, inwiefern mit der Entwicklung vom Sich-Fühlen zum Sich-Denken eine besondere Stufe erreicht ist. ➔ M3
6. Erläutern Sie die personale Identität nach Hoerster und vergleichen Sie sie mit der Bestimmung der Person nach Kant. ➔ M4/3
7. Überprüfen Sie die Argumente, die Popper für seine These anführt, an Beispielen. ➔ M5
8. Legen Sie dar, inwiefern das Selbstbewusstsein die spezifische Dimension des Menschseins im Unterschied zum tierischen Sein zeigt. ➔ M1-5

2 Die Welt wahrnehmen

M1 Was sehen wir?

Georges Seurat, Badeplatz bei Asnières, 1883

M2 Schwarz, Weiß und überall Rot

Mary weiß alles, was es über die Farbe Rot zu wissen gibt, weil sie sich als Wissenschaftlerin schon ihr Leben lang damit beschäftigt. Wer erfahren möchte, warum wir nicht infrarot sehen können, warum Tomaten rot sind oder warum Rot als Farbe der Leidenschaft gilt, der wende sich an Mary.

Das erstaunt, weil Mary als Farbenblinde selbst keine Farben sehen kann. Mary nimmt die Welt wahr wie einen Schwarzweißfilm.

Ihre Netzhaut ist zwar voll funktionsfähig; die Signale, die sie ans Gehirn weitergibt, werden aber nicht verarbeitet. Neue Erkenntnisse der Neurochirurgie eröffnen einen Ausweg. Schon bald wird Mary die Welt zum ersten Mal in Farbe sehen.

Trotz ihrer umfangreichen Kenntnisse weiß sie nicht alles über die Farbe Rot. Sie muss herausfinden, wie sie aussieht.

Frank Jackson, What Mary Didn't Know, in: Julian Baggini, Das Schwein, das unbedingt gegessen werden möchte, S. 45

M3 Die Wahrnehmung von Farben

Niemand wird aber annehmen, dass bei Dunkelheit die Dinge tatsächlich ihre Farben verlieren, vielmehr gehen wir davon aus, dass der Verlust der Farbigkeit der Welt bei Dunkelheit mit Eigenschaften unseres Sehapparats zusammenhängt. Die Erklärung hierfür besteht darin, dass es in der Netzhaut unseres Auges zwei unterschiedliche Typen von lichtempfindlichen Sinneszellen (Photorezeptoren) gibt, nämlich Zapfen, die farbempfindlich sind, und Stäbchen, die nur Graustufen vermitteln. Die Zapfen arbeiten nur bei Tageslicht und Dämmerlicht etwa bis zu einer Helligkeit einer Vollmondnacht, während die Stäbchen bei Tageslicht ebenso wie bei Dämmerlicht aktiv sind bis hinunter zu einer Helligkeit, die weit unter der einer sternklaren Nacht liegt. Allerdings müssen sie dabei lange Gelegenheit gehabt haben, sich an die Dunkelheit anzupassen. [...] Unser visuelles System konstruiert [...] etwas, das gar nicht vorhanden ist. Deshalb können Farb- und Bewegungswahrnehmung wie viele andere Wahrnehmungsinhalte keine Abbilder realer Gegebenheiten sein. *Gerhard Roth, Wahrnehmung, Abbildung oder Konstruktion?, S. 2f.*

M4 Die Wahrnehmung der Objekte

Jede Sinneswahrnehmung also bezieht sich auf ein zugrundeliegendes Wahrnehmungsobjekt; sie findet im Sinnesorgan, insofern es ein Sinnesorgan ist, statt und beurteilt die Unterschiede des zugrundeliegenden Sinnesobjekts, wie das Sehen Weiß und Schwarz oder das Schmecken Süß und Bitter; ebenso verhält es sich auch bei den anderen Wahrnehmungen. Da wir aber auch das Weiße und Süße und alles andere Wahrnehmbare voneinander unterscheiden, wodurch nehmen wir also wahr, dass sie sich unterscheiden? Auf jeden Fall doch mit der Wahrnehmung, denn auch das ist ja etwas Wahrnehmbares. [...] Man kann schließlich mit voneinander getrennten Sinnen nicht beurteilen, dass das Süße etwas anderes ist als das Weiße, sondern beides muss für einen einzigen Sinn erkennbar sein; denn sonst wäre es ja auch klar, dass sie voneinander verschieden sind, wenn ich das eine, du aber das andere wahrnähmest; es muss also eine einheitliche Instanz die Aussage treffen, dass sie verschieden sind. Denn Weiß und Süß sind eben verschieden. Ein und dasselbe trifft also diese Aussage, und wie es diese trifft, so denkt es auch und so nimmt es auch wahr. [...] Da es aber, wie es scheint, kein Ding gibt, das abgetrennt neben den sinnlich wahrnehmbaren Größen existiert, so sind die denkbaren Formen in den wahrnehmbaren Formen enthalten, und zwar sowohl die in Abstraktion ausgesagten Dinge als auch alle Zustände und Eigenschaften der wahrnehmbaren Dinge. Und deshalb könnte man ohne Wahrnehmung nichts lernen oder verstehen, und wenn man etwas geistig betrachtet, muss man es zugleich als Vorstellungsbild betrachten. Denn die Vorstellungsbilder sind wie Wahrnehmungsbilder, nur ohne Materie. Die Vorstellung aber ist etwas anderes als Bejahung oder Verneinung. Denn das Wahre oder Falsche ist eine Verknüpfung von Gedanken.

Aristoteles, Über die Seele, S. 135, 137, 163

M5 Die Welt als Täuschung

Bei der Erkenntnis durch die Sinne kann man sich in der Entfernung, in der Größe und Form der Objekte irren. Oft ist unser Urteil klar und deutlich, und wir fällen es gemäß unserer Erfahrung; es wird also an unseren Verstand appelliert. Die Täuschungen unterscheiden sich von den Irrtümern darin, dass bei ihnen das Urteil blind ist, und zwar in einem solchen Maße, dass eben die äußere Erscheinung der Dinge uns verändert vorkommt. Wenn wir zum Beispiel das gelungene Gemälde eines Panoramas sehen, meinen wir, die Entfernung und die Tiefe gegenständlich zu erfassen; das Bild tut sich vor unseren Blicken auf. Ebenso wollen wir Täuschungen immer mit irgendeiner Schwäche unserer Sinne erklären, da das der Beschaffenheit unserer Augen und Ohren entspricht. Es bedeutet einen großen Schritt in der philosophischen Erkenntnis, dies bei fast allen Täuschungen zu registrieren, in anderen aber die Arbeit des Verstandes zu erahnen und auch ein Urteil, das sich für uns in Form eines Objektes manifestiert. [...] Habe ich eine Wahrnehmung, so muss ich sie genau betrachten und versuchen, durch die Ausschaltung von Erlerntem oder Hergeleitetem zu bestimmen, was sich darbietet. Damit komme ich zu meiner zweiten Bemerkung, wonach es keineswegs leicht ist, ohne die geringste Antizipation zu wissen, was eine Empfindung ist. Denn das Vorgegebene besteht, was das Sehen betrifft, aus nebeneinandergesetzten Farbflecken. Aber wer sähe nicht, dass es sich hierbei immer noch um eine vereinfachte Wahrnehmung handelt, bei der ich alle Farben in einem Bild ohne Umriss und in einiger Entfernung von meinen Augen unterbringen will? Sicherlich ist die reine Empfindung der Farbe etwas Einfacheres, und ich dürfte sie in diesem oder jenem Teil meines Körpers noch nicht einmal fühlen, denn auf diese Art und Weise fühlen, hieße wiederum wahrnehmen, mit anderen Worten, Formen, Dimensionen und Situationen erkennen. Um die reine Empfindung zu erfassen, müsste man daher gewissermaßen denken, ohne zu denken.

Alain, 81 Kapitel über den menschlichen Geist, S. 24f., 35f.

1 Beschreiben Sie das Gemälde von Georges Seurat. Achten Sie dabei besonders auf Farben und Flächen. Was genau nehmen Sie wahr? → M1
2 Versetzen Sie sich in die Rolle Marys. Welche Probleme würden in Ihrem Alltag auftauchen? → M2
3 Erklären Sie, warum ein wissenschaftlicher Bericht nicht alleine über die Farbe Rot Auskunft geben kann. → M2
4 Geben Sie die naturwissenschaftliche Erklärung des Farbsehens in eigenen Worten wieder und diskutieren Sie die These Roths, dass unsere Wahrnehmungsinhalte keine Abbilder realer Gegebenheiten sind. Was folgt daraus für unsere Sicht der Wirklichkeit? → M3
5 Stellen Sie dar, wie wir nach Aristoteles zur Wahrnehmung der Objekte kommen. → M4
6 Erklären Sie, warum man ohne Wahrnehmung nichts lernen oder verstehen könnte. → M4
7 Stellen Sie den Zusammenhang der Begriffe „Objekt, Täuschung, Wahrnehmung und Urteil" bei Alain in einem Schaubild dar. → M5

3 Das Ich und die Außenwelt

M1 Nur durch den Verstand

Wir wollen jene Dinge betrachten, die man gemeinhin am deutlichsten zu erkennen meint, nämlich die Körper, die wir betasten und sehen [...]. Nehmen wir z. B. dieses Stück Bienenwachs. Es ist ganz frisch aus Honigscheiben gewonnen worden. Noch hat es nicht allen Honiggeschmack verloren. Ein wenig bewahrt es von dem Duft der Blumen, aus denen es gesammelt wurde. Seine Farbe, seine Gestalt, seine Größe liegen offen zutage. Es ist hart, kalt, man kann es leicht anfassen, und wenn man mit dem Knöchel darauf klopft, gibt es einen Ton von sich. Kurz, alles ist ihm eigen, was zur ganz deutlichen Erkenntnis eines Körpers erforderlich erscheint.
Doch sieh da, während ich rede, kommt es dem Feuer nahe; der Rest des Geschmacks vergeht; sein Duft verflüchtigt sich; seine Farbe ändert sich; seine Form verschwindet. Es nimmt zu an Größe, wird flüssig, wird heiß, kaum kann man es noch anfassen, und schlägt man darauf, so gibt es keinen Ton mehr.
Bleibt es nun noch dasselbe Stück Wachs? Man muss es zugeben, niemand leugnet es, niemand ist anderer Meinung. Was wurde denn an ihm so deutlich aufgefasst? Sicherlich nichts von alledem, was ich mit den Sinnen erreichte, denn alles, was unter den Geschmack, den Geruch, das Gesicht, das Gefühl oder das Gehör fiel, hat sich jetzt geändert; das Stück Wachs bleibt.
[...] So erfasse ich also das, was ich mit den Augen zu sehen meinte, in Wahrheit nur durch das Urteilsvermögen, welches meinem Geiste innewohnt. [...]
Was soll aber von eben diesem Geist, das heißt von mir selbst gelten? Außer dem Geist erkenne ich nämlich noch nichts an mir. – Wie? Sollte Ich, der ich dieses Wachs so deutlich zu erfassen scheine, sollte ich nicht mich selbst nicht nur viel wahrer und gewisser, sondern auch viel deutlicher und evidenter erkennen? Denn, wenn ich urteile, dass das Wachsstück existiert, weil ich es sehe, so folgt sicherlich noch viel klarer auch mein eigenes Dasein genau daraus, dass ich das Wachs sehe. Denn es ist ja möglich, dass das, was ich sehe, in Wirklichkeit gar kein Wachs ist; es ist sogar möglich, dass ich nicht einmal Augen habe, um damit etwas zu sehen; ganz und gar unmöglich aber ist es, dass ich, wenn ich sehe oder (was ich nicht länger als verschieden setze) wenn ich denke, dass ich sehe – dass Ich selbst, der ich denke, nicht etwas sei.

René Descartes, Meditationen über die Erste Philosophie, S. 89, 91, 93, 95

M2 Ein denkendes Ding

Ich will nun meine Augen schließen, meine Ohren verstopfen, alle meine Sinne will ich abwenden, sogar die Bilder von körperlichen Dingen will ich allesamt aus meinem Bewusstsein tilgen oder, da dies kaum möglich sein dürfte, sie wenigstens als leere Trugbilder für nichts achten. Zu mir allein will ich reden und tiefer in mein Inneres blicken und mich so allmählich mit mir selber bekannter und vertrauter zu machen suchen.
Ich bin ein Ding, das denkt [= Bewusstsein hat], d. h. zweifelt, bejaht, verneint, einiges wenige erkennt, vieles nicht weiß, will und nicht will, auch bildlich vorstellt und empfindet. Obwohl nämlich das, was ich empfinde oder mir sinnlich vorstelle, außerhalb meiner vielleicht nichts ist, so sind doch, wie ich bereits oben bemerkte, jene Bewusstseinsweisen, die ich Sinnesempfindungen und Einbildungen nenne, insofern sie lediglich Bewusstseinsweisen sind, zweifellos in mir. Mit diesen wenigen Worten habe ich all das durchgemustert, was ich wirklich weiß, wenigstens soweit mir bis jetzt bewusst geworden ist, dass ich es weiß.

René Descartes, Meditationen über die Erste Philosophie, S. 99

M3 Allein mit sich selbst

Seit Descartes können wir aus philosophischer Sicht sagen, dass wir, sofern wir sind, als Bewusstsein sind: „Ich bin ein denkendes Ding“, *sum res cogitans*. Das beweist aber noch nicht, dass es außer mir andere denkende Wesen gibt. Philosophen haben diese Art der Einsamkeit mit dem lateinischen Terminus *Solipsismus* (*solus ipse* = allein mit sich selbst) versehen.

nach Denis Huisman, Philosophie fur Einsteiger, S. 93f.

M4 Ein folgenschwerer Irrtum

Die Entdeckung des eigenen Ichs, der Beginn der Reflexion, muss ein einschneidendes historisches Ereignis in der Geschichte des menschlichen Denkens gewesen sein. Nicht zu Unrecht hat man den Menschen als das reflektierende Wesen definiert. Die Einsicht, dass der Mensch selbst der Spiegel ist, in dem und von dem die Wirklichkeit abgebildet wird, hat verständlicherweise tiefgreifende Rückwirkungen auf alle anderen menschlichen Erkenntnisfunktionen gehabt: Sie wurden allesamt auf eine höhere Ebene der Integration gestellt. [...] Dieser größten aller Entdeckungen, die der Mensch im Verlaufe seiner Geistesgeschichte gemacht hat, folgte der größte und folgenschwerste aller Irrtümer auf dem Fuße: der Zweifel an der Realität der Außenwelt. Vielleicht war es gerade die Größe der Entdeckung, die Erschütterung, die sie verursachte, die unsere Vorväter am Selbstverständlichsten zweifeln ließ. Cogito, ergo sum – ich denke, also bin ich –, das ist Gewissheit. Wer aber kann wissen, wer beweisen, dass die bunte Welt, die wir erleben, ebenfalls Wirklichkeit ist? *Konrad Lorenz, Die Rückseite des Spiegels, S. 27, 32*

M5 Descartes' Irrtum

Darin liegt Descartes' Irrtum: in der abgrundtiefen Trenung von Körper und Geist, von greifbarem, ausgedehntem, mechanisch arbeitendem, unendlich teilbarem Körperstoff auf der einen Seite und dem ungreifbaren, ausdehnungslosen, nicht zu stoßenden und zu ziehenden, unteilbaren Geiststoff auf der anderen; in der Behauptung, dass Denken, moralisches Urteil, das Leiden, das aus körperlichem Schmerz oder seelischer Pein entsteht, unabhängig vom Körper existieren. Vor allem: in der Trennung der höchsten geistigen Tätigkeiten vom Aufbau und der Arbeitsweise des biologischen Organismus. [...] Die cartesianische Vorstellung eines körperlosen Geistes liegt möglicherweise auch der Auffassung jener Neurowissenschaftler zugrunde, die behaupten, Geist lasse sich ausschließlich durch Gehirnereignisse erklären, so dass man den Rest des Organismus sowie die physische und soziale Umwelt getrost ausklammern könne – einschließlich des Umstands, dass ein Teil der Umwelt das Ergebnis vorausgehender Handlungen des Organismus ist. [...] Die Vorstellung von einem körperlosen Geist scheint auch für die besondere Weise verantwortlich zu sein, in der die westliche Medizin sich der Untersuchung und Behandlung von Krankheiten zugewandt hat

Antonio R. Damasio, Descartes' Irrtum, S. 330-332

1 Skizzieren Sie den Argumentationsverlauf Descartes'. Gliedern Sie den Textauszug in Sinnabschnitte und finden Sie passende Überschriften. ➜ M1

2 Formulieren Sie das Grundproblem, das Descartes mit Hilfe des Stückes Wachs erklärt. Diskutieren Sie, welche Lösung des Problems Descartes gibt. ➜ M1/2

3 Diskutieren Sie die Folgen für die Wahrnehmung der Außenwelt, die sich daraus ergeben, dass es Descartes nur gelungen ist, seine eigene persönliche Existenz zu beweisen. ➜ M3/4

4 Erläutern und prüfen Sie die Feststellung Damasios, dass die Neurowissenschaft und die westliche Medizin auf einem dualistischen Menschenbild beruhen. ➜ M5

4 Das Leib-Seele-Problem

M1 Die Seele entschwindet

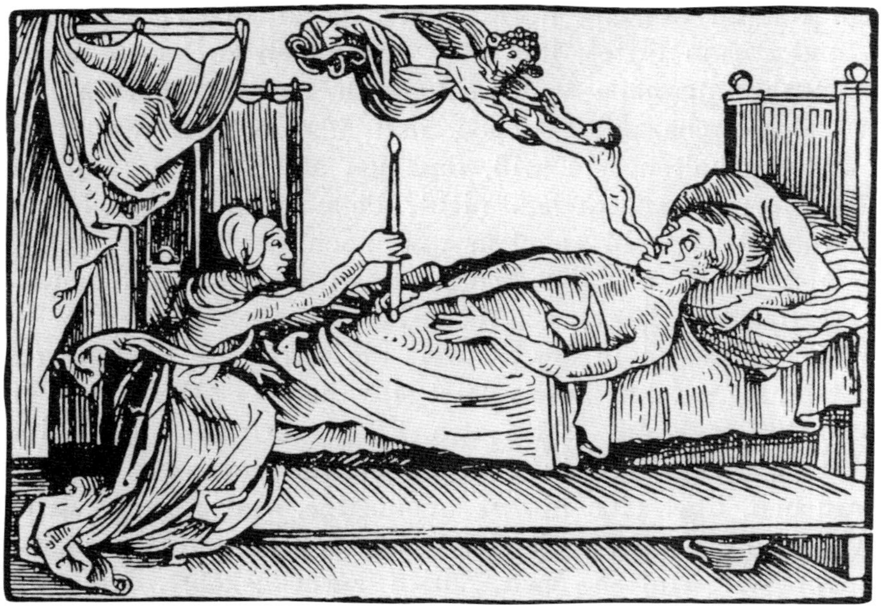

Seele des Toten steigt in den Himmel, Ausschnitt des Titelholzschnitts von Martin Luthers Werk Von der Bereitung zum Sterben, *1520*

M2 Leib und Seele

Die Welt ist demnach aus zwei Prinzipien aufgebaut: dem Leib *(„physis")* und der Seele *(„psyche")*. Welche Rolle dabei genau der Seele zugewiesen wird, ist nicht ganz eindeutig; hier kommt zweierlei in Betracht:

- Auf der einen Seite bedarf es einer Erklärung für das Rätsel des *Lebens*. Die Seele kann also als das Prinzip verstanden werden, das die tote Materie in den organischen Zustand versetzt.
- Zum anderen ist da die nicht minder geheimnisvolle Wirklichkeit des *Bewusstseins*. Gedanken, Gefühle, Begierden, Empfindungen – das alles haftet für unsere unmittelbare Anschauung nicht am Stofflichen, sondern führt ein Eigenleben in einer Lichtwelt „über" oder „hinter" der Materie; und die Seele ist dann das Gefäß dieser Erscheinungen.

[...] Die Beziehung zwischen dem Geist und dem beseelten Leib versteht Aristoteles als Wechselwirkung: Der Leib affiziert den Geist über die Sinne, und der Geist lenkt den Leib durch Vernunft und Willen.

Norbert Bischof, Psychologie, S. 38f.

M3 Descartes' Vorstellung von der Seele

*Der französische Philosoph und Mathematiker René Descartes (1596-1650) radikalisierte die dualistische Vorstellung. Seinen Seelenbegriff beschreibt der Philosoph Ansgar Beckermann (*1945):*

1. Der Mensch besteht nicht nur aus einem Körper, sondern aus einem Körper und einer immateriellen Seele. Körper und Seele sind real verschieden. Der Körper ist eine *res extensa* [ausgedehntes Ding], die Seele eine *res cogitans* [denkendes Ding].
2. Die Seele macht das eigentliche Selbst eines Menschen aus. Sie (und damit der Mensch) ist für ihre Existenz nicht auf den Körper angewiesen.
3. Körper und Seele des Menschen sind nur während seines Erdenlebens zusammengespannt; beim Eintritt des Todes löst sich die Seele vom Körper.
4. Während der Körper vergänglich ist, ist die Seele unsterblich.

Ansgar Beckermann, Gehirn, Ich, Freiheit, S. 38f.

M4 Geist und Nervenzellen

Dem Dualismus entgegengesetzt ist die materialistische (monistische) Position. Benjamin Libet nimmt zu diesem Standpunkt des Gehirn-Geist-Problems wie folgt Stellung:

Nach dieser Philosophie ist die beobachtbare Materie die einzige Wirklichkeit, und alles, einschließlich des Denkens, des Wollens und des Fühlens, kann nur in Begriffen von Materie und den Naturgesetzen, die die Materie beherrschen, erklärt werden. [...] Diesem deterministischen Standpunkt zufolge ist das Bewusstsein Ihrer selbst und der Welt, die Sie umgibt, einfach das Nebenprodukt oder Epiphänomen neuronaler Aktivitäten, ohne dass es eine unabhängige Fähigkeit der Beeinflussung oder Steuerung neuronaler Aktivitäten gäbe. [...]

Tatsächlich sind bewusste geistige Phänomene nicht auf die Kenntnis der Aktivitäten von Nervenzellen reduzierbar oder durch sie zu erklären. Man könnte in das Gehirn schauen und Verbindungen zwischen Nervenzellen sehen und neuronale Botschaften in großem Überfluss hin und her sausen sehen. Man würde aber kein bewusstes, geistiges, subjektives Phänomen beobachten. Nur der Bericht der Person, die solche Phänomene erlebt, könnte einen darüber aufklären. *Benjamin Libet, Mind Time, S. 24-26*

M5 Bedeutung der Erlebnisse

*Der Mediziner und Philosoph Thomas Fuchs (*1958) betont ebenfalls den besonderen Stellenwert eigener subjektiver Erlebnisse:*

Wie fühlt es sich an, diese Schmerzen zu haben, diese Angst zu erleben? Wie ist es, Thomas Fuchs zu sein? Solche Fragen lassen sich aus der Innenperspektive beantworten. Keine Beobachtung physiologischer Prozesse kann sie ersetzen. Subjektive oder Erlebnistatsachen sind nicht in objektive Beschreibungstatsachen überführbar. Selbst wenn wir annehmen, der neuronale Code würde einmal entschlüsselt und ein künftiger Neurowissenschaftler wäre in der Lage, aus meinen beobachteten Hirnzuständen mein momentanes Erleben exakt zu errechnen – was würde ihm dann noch fehlen? Nun, er könnte höchstens sagen, wie er selbst die gleichen Zustände wohl erleben würde, aber niemals angeben, *wie es für mich ist,* sie zu erleben. *Thomas Fuchs, Kosmos im Kopf?, S. 354*

M6 Monismus – Dualismus

Unter dem Leib-Seele-Problem (oder auch Körper-Geist-Problem) versteht man den philosophischen Diskurs über alle Fragen des Zusammenhangs zwischen körperlich-materiellen Prozessen einerseits sowie psychischen und geistigen Prozessen andererseits. Die Grundfrage lautet: Wie sind körperliche und seelische Funktionen (Gehirn und Geist) aufeinander bezogen? Die verschiedenen Antworten lassen sich grundsätzlich in zwei Richtungen einteilen: den Dualismus und den Monismus.

Leib – Seele
Materie – Bewusstsein
Körper (Gehirn) – Geist

Dualismus	**Monismus**
Beispiel: Wechselwirkung zwischen Geist und Gehirn.	*Beispiel:* Alles ist Materie: Geist ist nur das Nebenprodukt oder eine Eigenschaft des Gehirns.

1 Beschreiben Sie die Vorstellung von der Seele, die der Holzschnitt darstellt. ➜ M1

2 Erklären Sie sich in Partnerarbeit gegenseitig Aristoteles' und Descartes' Verständnis von Leib und Seele. ➜ M2/3

3 Erarbeiten Sie Probleme des cartesischen Dualismus. ➜ M3

4 Vergleichen Sie Descartes' Menschenbild mit den Erkenntnissen der Hirnforschung (s. S. 170f.). ➜ M3/4

5 Erläutern Sie Libets Einwand gegen die materialistisch-monistische Position in eigenen Worten. Beziehen Sie dabei auch die Erläuterungen von Thomas Fuchs mit ein. (Vgl. auch S. 202f.) ➜ M4/5

6 Informieren Sie sich über weitere monistische bzw. dualistische Sichtweisen des Leib-Seele-Problems (zum Beispiel den „psychophysischen Parallelismus") und stellen Sie Ihre Ergebnisse vor. ➜ M6

5 Körper-Bewusstsein

M1 Das siebenfache Ich

Hans Baldung Grien, Die sieben Lebensalter des Weibes, 1544

M2 Drei Theorien über persönliche Identität

Die erste Theorie – die *Körper-Theorie* der persönlichen Identität – besagt, dass der Körper die Identität eines Menschen bestimmt. Dieser Theorie zufolge ist das Ich einer Person immer dort, wo sich ihr Körper befindet. Die *Seelen-Theorie* besagt, dass jeder Mensch eine immaterielle Seele hat und dass diese es ist, die die Identität bestimmt. Dieser Theorie zufolge befindet sich das Ich eines Menschen immer dort, wo sich seine Seele befindet. Die bisher plausibelste Theorie ist die, die besagt, dass es die Erinnerungen und Wesenszüge sind, die die Identität eines Menschen bestimmen. Nennen wir sie die *Strom-Theorie* der persönlichen Identität.

nach Stephen Law, Abenteuer Denken, S. 80

M3 Probleme der Identität

Angenommen, jemand mache eine plötzliche und heftige Veränderung seines Charakters durch. Er, der früher ein stiller, rücksichtsvoller Kirchgänger und Hausvater war, wacht eines Morgens als lästernder Schreihals und Rüpel auf, der er auch bleibt. Hier könnte man folgende Frage stellen: Ist er dieselbe Person, die er zu sein pflegte? Anscheinend gibt es Schwierigkeiten hinsichtlich der Formulierung dieser Frage, zumindest soweit sie als *Identitätsfrage* gilt.

Probleme hinsichtlich Geist und Körper ergeben sich auf zwei Ebenen. Einerseits gibt es allgemeine Fragen hinsichtlich der Beziehungen zwischen den geistigen Zuständen des Subjekts und seiner Körperlichkeit, insbesondere Fragen über die Beziehungen zwischen jenen Zuständen und dem beobachtbaren Verhalten des Subjekts. Andererseits gibt es Fragen hinsichtlich der Beziehungen zwischen den geistigen Zuständen des Subjekts und gewissen inneren Zuständen seines Organismus (insbesondere des Zentralnervensystems), die man im Rahmen einer ausgereiften psychologischen Wissenschaft vielleicht zu den geistigen Zuständen in Beziehung setzen könnte, wobei durch den Ausdruck „in Beziehung setzen" hier keine Vorentscheidung getroffen werden soll.

nach Bernard Williams, Probleme des Selbst, S. 8f., 105

M4 Körper und Geist

Ich handele vermittels meines Körpers. Nur durch ihn kann ich sprechen. Mit meinen Händen mache ich Gesten. Um zu arbeiten, zu spielen und mich auszudrücken, benötige ich meine Arme, Beine und andere Teile meines Körpers. Verletzungen spüre ich als Schmerz; Berührungen bereiten mir Vergnügen. Fieber wiederum erzeugt Unbehagen. Je älter ich werde, um so mehr Aufmerksamkeit muss ich darauf verwenden, mich um ihn zu kümmern, ihm Nahrung zuzuführen und ihn ganz allgemein zu pflegen und in Schuss zu halten. Ich sage zwar, dass ich einen Körper habe; ich besitze ihn aber nicht in der gleichen Weise wie ich ein Fahrrad oder ein Auto besitze. Er dient nicht nur einfach einem Zweck. Mein Körper ist bis zu einem gewissen Grade Ich. Wenn andere ihn sehen, so sehen sie mich und nicht nur meinen kostbarsten Besitz.

Genauso offensichtlich haben wir auch einen Geist – vielleicht nicht unbedingt jeder, mit dem ich je zu tun hatte, aber doch die meisten von uns. Wir fühlen Schmerz und Vergnügen. Wir erfahren innerlich Freude und Leid. Wir denken, überlegen, reflektieren, träumen und hegen Hoffnungen für die Zukunft. Wir empfinden die unterschiedlichsten Sinnesreize. Die Farben, Töne und Gerüche, die ich wahrnehme, können aufregend und großartig sein. Ich hege Gedanken und habe ständig Ideen. Kurz: Ich besitze einen Geist.
Wenn ich sage, ich habe einen Geist, so ist diese Form des Habens nicht gleichzusetzen mit dem Haben einer Gitarre. Die Gitarre besitze ich, genauso wie mehrere Paar Schuhe, meinen Computer oder auch meinen Hund. Meinen Geist *besitze* ich aber nicht. Ich *bin* vielmehr irgendwie dieser Geist. Wenn Sie meinen Geist kennenlernen, so lernen sie gleichzeitig mich kennen. *Tom Morris, Philosophie für Dummies, S. 186f.*

M5 Wer ist Person?

Wie jedermann weiß, hängen die Vorgänge in unserem Bewusstsein davon ab, was mit unserem Körper geschieht. Stößt man sich an der Zehe, so tut das weh. Schließt man die Augen, so kann man nicht sehen, was sich vor einem befindet. Beißt man in eine Tafel Toblerone, so schmeckt es nach Schokolade. Haut einem jemand eins über den Kopf, so wird man ohnmächtig.
Solche Belege zeigen, dass jeder Vorgang im Geist oder im Bewusstsein von einem entsprechenden Vorgang im Gehirn abhängen muss. (Man würde, wenn man sich an der Zehe stößt, keinen Schmerz spüren, würden die Nerven in unserem Bein und in der Wirbelsäule nicht Impulse von unserem Fuß ans Gehirn weiterleiten.) Wir wissen zwar nicht, was im Gehirn vor sich geht, wenn wir denken: „Ich frage mich, ob ich genug Zeit habe, mir heute Nachmittag die Haare schneiden zu lassen." Wir sind uns jedoch ziemlich sicher, dass dort etwas vor sich geht – etwas, das mit chemischen und elektrischen Ereignissen in den Milliarden von Nervenzellen zu tun hat, aus welchen unser Gehirn besteht. [...]
Es gibt jedoch auch eine philosophische Frage über die Beziehung zwischen dem Geist und dem Gehirn, und diese lautet: Ist unser Geist etwas, das zwar mit unserem Gehirn in Verbindung steht, aber doch von ihm verschieden ist, oder *ist* er unser Gehirn? Sind unsere Gedanken, Gefühle, Wahrnehmungen, Empfindungen und Wünsche Ereignisse, die zu den physikalischen Vorgängen in unserem Gehirn noch *hinzukommen*, oder machen sie ihrerseits eine Teilmenge dieser physikalischen Vorgänge aus? [...]
Eine mögliche Schlussfolgerung lautet, dass es eine Seele geben muss, die so an unseren Körper gebunden ist, dass beide aufeinander einwirken können. Trifft dies zu, so bestehen wir aus zwei sehr verschiedenartigen Dingen: einem komplexen physischen Organismus und einer rein psychischen Seele. (Diese Auffassung bezeichnet man aus offensichtlichen Gründen als DUALISMUS.)
Viele halten jedoch den Glauben an eine Seele für altmodisch und unwissenschaftlich. Alles andere auf der Welt besteht aus körperlicher Materie – aus unterschiedlichen Verbindungen der gleichen chemischen Elemente. Warum also nicht auch wir?
[...] Die Philosophie vermag uns nicht zu sagen, woraus sich Sterne oder Diamanten zusammensetzen, wie kann sie uns also sagen wollen, woraus Personen bestehen oder nicht bestehen?

Thomas Nagel, Was bedeutet das alles?, S. 25-28

1. Was zeichnet eine Person aus? Interpretieren Sie das Bild M1 und beziehen Sie den Text M2 in Ihre Überlegungen mit ein. ➜ M1/2
2. Sind Sie immer die Person, die Sie „zu sein pflegen"? ➜ M3
3. Diskutieren Sie das Problem veränderter oder doppelter Identitäten anhand literarischer Vorbilder, z. B.: Dr. Jekyll and Mr. Hyde. ➜ M3
4. Grenzen Sie folgende Aussagen voneinander ab: Ich habe ein Auto. Ich habe einen Körper. Ich habe einen Geist. ➜ M4
5. Klären Sie folgende Zusammenhänge: Geist / Bewusstsein und Gehirn; Seele / Geist und Körper. ➜ M5
6. Erarbeiten Sie weitere Argumente für und gegen eine dualistische Vorstellung vom Menschen. ➜ M5

*6 Einssein mit der Gottheit

M1 Mystische Vision

Bernini, Ekstase der Hl. Teresa von Avila, Santa Maria della Vittoria, Rom

M2 Erfahrung des Absoluten

Entsprechend der von dem griechischen Verb *myein* (wörtl. „verschließen") abgeleiteten Grundbedeutung geht es dem *Mystiker*, der Mystikerin um eine „innere" Erfahrung, in der die Kommunikation mit Gott, dem Absoluten, einer unbedingte Gültigkeit einfordernden anderen Wirklichkeit oder dem Sein an sich in besonderer Intensität erlebt wird. Diese recht allgemeine Beschreibung lässt vermuten, dass sich Mystiker und Mystikerinnen in jeder religiösen Tradition finden lassen. Im Gegensatz zum Priestertum haben wir es hier mit einem Typus religiöser Autorität zu tun, der am wenigsten formal institutionalisiert ist. Mystiker und Mystikerinnen erhalten ihre Bedeutung auch nicht so sehr aufgrund ihrer äußeren Machtstellung, sondern auf der Grundlage einer Anziehungskraft, die gewissermaßen „passiv" ihre Wirkung entfaltet: Als „Heilige", als in sich gekehrte Menschen entwickeln sie eine gleichsam „zentripetale" Ausstrahlung auf andere. Ihre Kraft wirkt also von innen.

Klaus Hock, Einführung in die Religionswissenschaft, S. 98

M3 Die Erlösungsmystik der Upanischaden

Der Weg zur Erlösung geht über das eigene Innere. Wer sich von der äußeren Sinnenwelt abwendet, die Leidenschaften seines Herzens zur Ruhe bringt und nur noch vom Verlangen nach dem geistigen Selbst erfüllt ist, dem strahlt im Innersten ein neues Licht auf, der gelangt schließlich in der Ekstase zum Erlebnis der vollen inneren Einheit. Der tiefe Friede und die unsagbare Wonne dieses das normale Bewusstsein auslöschenden Erlebnisses stellt sich den Mystikern der Upanischaden in zwei Vergleichen dar: im traum- und bildlosen Tiefschlaf und in der Liebeseinigung der Geschlechter. Der Ekstatiker erfährt eine ungeheure Wirklichkeit, für die er nur den Ausruf „es ist" *(asti)* hat. In diesem Wirklichkeitserlebnis ist er schlechthin „eins" geworden „ohne ein Zweites". [...] Durch die Aufhebung jedes Unterschiedes von Ich und Du, von Subjekt und Objekt weitet sich das Bewusstsein ins Unendliche: „Dieser mein *Ätman* im inneren Herzen, kleiner als ein Reiskorn oder Gerstenkorn oder Senfkorn oder Hirsekorn oder eines Hirsekorns Kern, ist größer als die Erde, größer als der Luftraum, größer als der Himmel, größer als alle Welten." Die unendliche Leere schlägt über in die unendliche Fülle. Im *Ätman* „erkennt" der Ekstatiker „die ganze Welt", „alles sieht er an als das Selbst"; „das Selbst ist für ihn die ganze Welt", und er ruft aus: „Ich bin dieses All."

Diese Wirklichkeit, Einheit, Unendlichkeit und Allheit, die der vedische Mystiker in sich trägt, ist so gewaltig und wundervoll, dass er dafür kein anderes Wort hat als das Priesterwort für die kosmische Macht, *Brahman*. Seine Einheit mit der höchsten Wirklichkeit vermag er nicht anders auszudrücken als durch eine Reihe von Identitätsformeln: „Dieses ist jenes" *(fad etad)*, „*Ätman* ist *Brahman*", „Das Herz ist das höchste *Brahman*", „Ich bin *Brahman*" *(brahmäsmi)*, „Was du bist, das bin ich".

Friedrich Heiler, in: Die Religionen der Menschheit, S. 149f.

M4 Granum sinapis: „Senfkorn von der allerschönsten Gottheit"

Das mystische Gedicht aus dem Umkreis Meister Eckharts stammt aus dem frühen 14. Jahrhundert und handelt vom Geheimnis des unbegreiflichen Gottes. Die achte und letzte Strophe lautet:

O Seele mein,
geh aus, Gott ein!
Sink all mein Ich
In Gottes Nichts,
sink in die grundlose Flut!

Flieh ich von Dir,
Du kommst zu mir.
Verliere ich mich,
so finde ich dich:
o überwesenhaftes Gut.

Gisbert Greshake / Josef Weismyer (Hg.), Quellen geistlichen Lebens, S. 187

M5 Unio mystica

Die Zentrallehre Meister Eckharts ist die Einheit des „Seelengrundes" („Gemütes", „Fünkleins" [...]) mit der ewigen Gottheit. Diese Einheit findet ihren Ausdruck in der Identitätsformel, die, seitdem sie zuerst aus dem Munde der *Upanisad-Seher* gekommen war, immer wieder von den Mystikern der verschiedenen Religionen gebraucht wurde: „Ich bin Gott." Wie der Upanisad-Weise spricht Meister Eckhart von „unserem Herzen", das mit „seinem (Gottes) Herzen ein Herz" wird. Meister Eckhart kleidet diese Identitätsmystik zumeist in das für christliche Ohren unverfängliche Bild von der „Gottesgeburt in der Seele". Dabei wird freilich die heilsgeschichtliche Tatsache der Inkarnation zum bloßen Prototyp eines unablässig in der menschlichen Seele sich vollziehenden Geschehens.

Friedrich Heiler, in: Die Religionen der Menschheit, S. 443

M6 Überwindung der Subjekt-Objekt-Spaltung

Seit Jahrtausenden haben Philosophen in China, Indien und dem Abendlande etwas ausgesprochen, was überall und durch alle Zeiten gleich, wenn auch in der Mitteilungsweise mannigfach ist: Der Mensch vermag die Subjekt-Objekt-Spaltung zu überschreiten zu einem völligen Einswerden von Subjekt und Objekt, unter Verschwinden aller Gegenständlichkeit und unter Erlöschen des Ich. Da öffnet sich das eigentliche Sein und hinterlässt beim Erwachen ein Bewusstsein tiefster, unausschöpfbarer Bedeutung. Für den aber, der es erfuhr, ist jenes Einswerden das eigentliche Erwachen und das Erwachen zum Bewusstsein in der Subjekt-Objekt-Spaltung vielmehr Schlaf. So schreibt Plotin, der größte der mystischen Philosophen des Abendlandes:

„Oft wenn ich aus dem Schlummer des Leibes zu mir selbst erwache, schaue ich eine wundersame Schönheit: Ich glaube dann am festesten an meine Zugehörigkeit zu einer besseren und höheren Welt, wirke kräftig in mir das herrlichste Leben und bin mit der Gottheit eins geworden."

An den mystischen Erfahrungen kann kein Zweifel sein, auch nicht daran, dass jedem Mystiker in der Sprache, durch die er sich mitteilen möchte, das Wesentliche nicht sagbar wird. Der Mystiker versinkt im Umgreifenden. Was sagbar wird, tritt in die Subjekt-Objekt-Spaltung, und ein ins Unendliche vorandringendes Hellwerden im Bewusstsein erreicht nie die Fülle jenes Ursprungs. Reden können wir aber nur von dem, was gegenständliche Gestalt gewinnt. Das andere ist unmitteilbar. Dass es aber im Hintergrund jener philosophischen Gedanken steht, die wir die spekulativen nennen, macht deren Gehalt und Bedeutung aus. *Karl Jaspers, Einführung in die Philosophie, S. 28f.*

1. Beschreiben Sie an Haltung und Ausdruck der abgebildeten Personen das Wesentliche einer mystischen Vision. ➜ M1
2. Erarbeiten Sie eine Bestimmung des Mystikers bzw. der Mystikerin. ➜ M2
3. Geben Sie die wesentlichen Momente für den Weg der Erlösung in der indischen Mystik wieder. ➜ M3
4. Zeigen Sie anhand der Zentrallehre Meister Eckharts die Einheit von Selbst und Gott in der Mystik. ➜ M4/5
5. Stellen Sie die Bedeutung der Überwindung der Subjekt-Objekt-Spaltung in der mystischen Erfahrung dar. ➜ M6

1 Sind wir Menschen frei?

M1 Zitate über Freiheit

„Die Freiheit des Glaubens, des Gewissens und die Freiheit des religiösen und weltanschaulichen Bekenntnisses sind unverletzlich."

Art. 4 (1) des Grundgesetzes

„Freiheit Freiheit ist das einzige was zählt."

Textzeilen aus dem Lied „Freiheit" (1987) des deutschen Musikers Marius Müller-Westernhagen (*1948)

„Man ist immer auf Kosten eines anderen frei."

Albert Camus (1913-1960), französischer Schriftsteller und Philosoph

„Man kann in wahrer Freiheit leben und doch nicht ungebunden sein."

Johann Wolfgang von Goethe (1749-1832), deutscher Dichter

„Arbeit macht frei"

Spruch auf den Toren von Konzentrationslagern

„Freiheit ist ein Gut, das durch Gebrauch wächst, durch Nichtgebrauch dahinschwindet."

Carl Friedrich von Weizsäcker (1912-2007), deutscher Physiker und Philosoph

„Freiheit stirbt mit Sicherheit."

Graffito an einem Tübinger Haus

M2 Unfreiheit

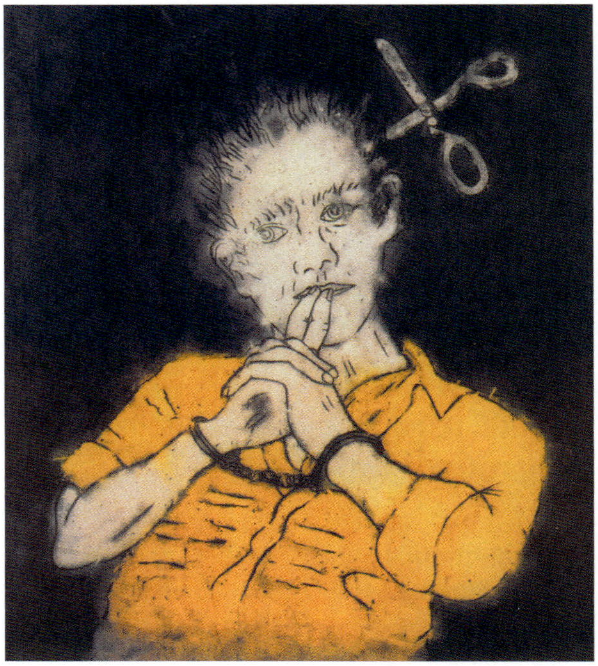

Tony Bevan, Der Prophet, 1982

M3 Freiheit von und Freiheit zu

Die Freiheit hat eine zweifache Dimension: frei zu sein *von* etwas und frei zu sein *zu* etwas. Sich von etwas zu befreien, wird dann wichtig, wenn unser Entscheidungsspielraum eingeschränkt ist. [...] Die gegenwärtige Gesellschaft legt sehr großen Wert auf die *Freiheit von* und versteht Freiheit meist nur unter dem Gesichtspunkt der Befreiung: Befreiung von Vorurteilen, von Autoritäten, von Traditionen, von Verboten und Geboten.

Grundlegender als die *Freiheit von* jedoch ist die *Freiheit zu*. Die Befreiung ist nur ein erster Schritt bei der Verwirklichung eines größeren Projekts, eines ganzen Lebensentwurfs. Wir müssen uns in einem ersten Schritt *befreien von*, um *frei* zu werden *zu*: zu dem Lebensentwurf, den wir verwirklichen wollen. Sich aufzulehnen, ohne dabei ein größeres Projekt zu verfolgen, ergibt keinen Sinn. Der Kern der Freiheit ist der Lebensentwurf.

M4 Kann man Freiheit teilen?

Der Dichter Erich Fried (1921-1988) hat sich folgende Gedanken zur Freiheit gemacht:

Freiheit ist unteilbar.
Wenn ich einen Teil der Freiheit preisgebe,
schlage ich eine Bresche für die Unfreiheit.
Wenn ich einen Teil meiner Freiheit preisgebe,
gebe ich meine ganze Freiheit preis. [...]

Wenn ich um meines Friedens willen
auf einen Teil meiner Freiheit verzichte,
verrate ich meinen Frieden und meine Freiheit.
Wenn ich um meines Denkens willen
auf einen Teil meiner Freiheit verzichte,
verrate ich mein Denken und meine Freiheit.
Wenn ich um meiner Liebe willen
auf einen Teil meiner Freiheit verzichte,
verrate ich meine Liebe und meine Freiheit. [...]

Wenn ich um der Freiheit willen Machtpolitik betreibe,
verrate ich mich selber und die Freiheit.
Freiheit kann nicht an die Macht kommen,
ohne Unfreiheit zu werden und zu erzeugen,
aber sie kann gegen Macht kämpfen, indem die
Freiheit ist,
und sie kann vielleicht die Macht abschaffen. [...]

Freiheit ist Freiheit für mich und für dich
und für ihn und für sie und für es
und für uns und für euch und für sie.
Freiheit ist unteilbar.
Freiheit, die nicht auch deine Freiheit ist,
ist keine Freiheit.

Erich Fried, Liebesgedichte, S. 90f.

M5 Freiheit als Selbstbestimmung

Freiheit ist Selbstbestimmung auf etwas hin. Das bedeutet, sie ist die Fähigkeit des Menschen, sich selbst ein Ziel zu setzen und zu versuchen, es zu erreichen.

Wenn ich mich unter den 1,8 Milliarden heiratsfähigen Frauen, die es auf der Welt gibt, für eine entscheide, dann verzichte ich damit auf die übrigen 1,799999999 Milliarden. Aber dadurch, dass ich mich an die eine binde, durch mein Engagement für nur eine von ihnen, wird meine Freiheit nicht gemindert; sondern erst so verwirkliche ich meine Freiheit. Den Zweck meiner Freiheit erreiche ich nur, wenn ich mich festlege, wenn ich mich für einen Lebensentwurf entscheide: wenn ich mich im Leben engagiere. Frei sein kann ich nur, indem ich meine Freiheit ausübe. Jede Entscheidung ist Verpflichtung, und ohne Entscheidung gibt es keine Freiheit. [...]
Die wichtigste derartige Entscheidung ist natürlich die Wahl eines bestimmten Lebensentwurfs: Denn dort steht unsere ganze Existenz auf dem Spiel. Ein Mensch ohne Lebensentwurf ist ein Mensch ohne Freiheit. Und ein Mensch mit einem fehlgeleiteten Lebensentwurf ist dazu verurteilt, in seinem Menschsein zu scheitern.

M3/5: Héctor Zagal/José Galindo, Ethik für junge Menschen, S. 72f., 75-77

1 Nennen Sie verschiedene Beispiele aus der Geschichte und der gegenwärtigen Politik für die bleibende Brisanz des Themas „Freiheit". Stellen Sie Ihre Ergebnisse in einer Mindmap dar.
2 Informieren Sie sich anhand des Grundgesetzes über weitere gesetzlich zugesicherte Freiheiten. ➜ M1
3 Welche Formen von Unfreiheit werden in dem Bild von Tony Bevan dargestellt? Diskutieren Sie Ihre Ergebnisse. ➜ M2
4 Erstellen Sie eine Tabelle nach folgendem Muster und ergänzen Sie: ➜ M3

FREIHEIT

↙ **von**	↘ **zu**
Autoritäten	Selbstbestimmung
Vorurteilen	eigener Meinung usw.
...	...

5 Interpretieren Sie den Auszug des Gedichts. ➜ M4
6 Formulieren Sie Ziele, die Sie sich als freies Wesen bei Ihrer Lebensplanung setzen. Inwiefern zeigt sich in diesen ein Lebensentwurf? ➜ M5
7 Erörtern Sie die These: Ein Mensch ohne Lebensentwurf ist ein Mensch ohne Freiheit. ➜ M5
8 Freiheit ist Bindung – erklären Sie an einem Beispiel diesen scheinbaren Widerspruch. ➜ M5
9 Bilden Sie mehrere Gruppen und deuten Sie die Zitate von M1 vor dem Hintergrund der unterschiedlichen Freiheitsaspekte, die Sie kennengelernt haben. Tragen Sie Ihre Deutung der Zitate vor. ➜ M1-5

2 Wir sind so frei!

M1 Debatte um die Freiheit

1996

„Wir tun nicht, was wir wollen, sondern wir wollen, was wir tun.“

Wolfgang Prinz, Psychologe

2001

„Die subjektiv empfundene Freiheit des Wünschens, Planens und Wollens sowie des aktuellen Willensaktes ist eine Illusion.“

Gerhard Roth, Neurobiologe

2007

„Wir alle glauben, dass wir einen freien Willen haben, und es gibt auch keine Möglichkeit, wie wir unseren eigenen freien Willen wegdenken könnten […]“

John Searle, Philosoph

2004

„Verschaltungen legen uns fest: Wir sollten aufhören von Freiheit zu reden.“

Wolf Singer, Neurobiologe

2011

„Jetzt wissen wir, dass der freie Wille eine Illusion ist. Wir sind nur – wenngleich wundervoll entworfene Maschinen, die rein deterministisch arbeiten.“

Michael Gazzaniga, Neurowissenschaftler

M2 Auch die Partnerwahl ist nicht frei

*Der Neurobiologe und Philosoph Gerhard Roth (*1942) führte im Magazin* Der Spiegel *mit dem Moraltheologen Eberhard Schockenhoff (*1953) ein Streitgespräch zur Frage, ob der Mensch einen freien Willen hat:*

SPIEGEL: Herr Roth, verfügen Brautleute über einen freien Willen, wenn sie vor dem Traualtar bekunden: „Ja, ich will“?

ROTH: Auch in solch einem Augenblick ist der Mensch nicht wirklich frei. Womöglich wird er von psychischen Extrembedingungen beherrscht: Er ist wahnsinnig verliebt und handelt praktisch im Affekt. Es kann aber auch sein, dass er sich Fragen gestellt hat: Heirate ich Frau Müller oder doch lieber Frau Meier? Soll ich überhaupt heiraten? […]

SPIEGEL: Immerhin wäre der Mensch demnach nicht nur seinen Trieben ausgeliefert. Können sich Brautleute denn mit kühlem Kopf füreinander entscheiden?

ROTH: Nein, auch das nicht. Die Natur gibt einem nicht die Freiheit mit, sich für Frau Meier und gegen Frau Müller zu entscheiden. Experimente zeigen, dass jeder Entscheidung, und halten wir sie noch so sehr für unseren eigenen Willen, zuvor wichtige Vorentscheidungen vorausgegangen sind – und zwar unbewusst. Wir bekommen davon überhaupt nichts mit. Warum sich Herr Müller für Frau Müller entscheidet, ist für Forscher im Prinzip Schritt für Schritt nachvollziehbar […].

SCHOCKENHOFF: Da machen Sie es sich zu einfach! Sie reduzieren einen so komplexen Bewusstwerdungsvorgang wie das Heiratsversprechen auf einen physikalischen Vorgang, bei denen Nervenzellen elektrische Ladungen abfeuern – und behaupten dann, die Freiheit, dies oder das zu tun, sei eine bloße Illusion. Sie verkennen die Fähigkeit des Menschen, sein Handeln an Gründen zu orientieren und Alternativen abzuwägen. Im Falle einer Ehe geht eine lebensgeschichtliche Vorbereitungsphase voraus. […]

ROTH: Aber woher hat der Mensch diese eigenständige Freiheit? Es ist unbefriedigend, bloß zu behaupten, der Geist agiere außerhalb der Naturgesetze – zumal sich im Rahmen des Naturgeschehens alle Entscheidungen von Menschen erklären lassen.

SCHOCKENHOFF: Ich bleibe dabei, dass es eine Wirklichkeit gibt, die sich mit Ihren Methoden nicht angemessen erfassen lässt.

Gerhard Roth / Eberhard Schockenhoff, „Das Hirn trickst das Ich aus“. In: Der Spiegel, 20.12.2004, S. 116–120

M3 Wer entscheidet?

Für den Philosophen Peter Bieri (1944) folgt aus den neuesten Ergebnissen der Hirnforschung keineswegs, dass unsere Freiheitserfahrung nur eine hartnäckige Illusion ist.*

Das Zusammenfallen oder Auseinanderfallen von Urteil und Wollen hat eine neuronale Grundlage. Aber dass es diese Grundlage gibt, heißt nicht, dass es den beschriebenen Unterschied zwischen Freiheit und Unfreiheit nicht gibt. Neurobiologische Entdeckungen können Willensfreiheit nicht als Illusion entlarven. [...] Es gibt also nicht den geringsten Grund zu erschrecken, wenn wir vor den Tomographieaufnahmen unseres Gehirns sitzen und sehen, wie fest gefügte naturgesetzliche Dinge vor sich gehen, wenn wir unsere Freiheit ausüben, indem wir uns entscheiden. Aber zeigen die Bilder nicht, dass in Wirklichkeit gar nicht wir entscheiden, sondern das Gehirn? Das klingt, als wären wir unfreie Marionetten. Doch so kann es nicht sein. Das Gehirn nämlich kann gar nichts entscheiden, die Idee des Entscheidens hat keinen logischen Ort in der Rede übers Gehirn. Entscheidungen im eigentlichen Sinne gibt es nur, wo von Gründen und Überlegen die Rede sein kann. Es ist ein Fehler, in die Rede über das Hirn einen Begriff wie „entscheiden" aus der Sprache des Geistes einzuschmuggeln. Es ist so, als spräche man in der physikalischen Geschichte über ein Gemälde plötzlich von seinem Thema. Die neurobiologische Herausforderung trifft uns, weil sie die Idee der Verantwortung und den Sinn moralischer Empfindungen in Frage stellt. Hätte die Hirnforschung die Willensfreiheit widerlegt, so müssten wir umdenken: Therapie statt Schuld und Sühne, Mitleid statt Groll und Empörung. Es wäre eine Revolution in unserem Menschenbild. Ist sie nötig? Nein, denn diejenige Freiheit, die durch keine Hirnforschung widerlegt werden kann, reicht für Verantwortung. Wir knüpfen Verantwortung nicht an einen unbewegten Beweger oder einen nicht-physischen Willen. Wir prüfen, ob jemand denkend Kontrolle über seinen Willen auszuüben vermochte oder nicht. Im ersten Fall schreiben wir Verantwortung zu, im anderen nicht. Man kann Philosophie als den Versuch beschreiben, sich im Denken zu orientieren.

Peter Bieri, Unser Wille ist frei, in: Der Spiegel, 10.01.2005, S. 124f.

M4 Der freie Wille – eine Illusion?

Da es üblicherweise keinen Menschen ohne Gene, Neuronen und Hormone gibt, kann es üblicherweise auch keinen Menschen geben, der vollkommen unabhängig davon handelt. Häufig trifft man die Überzeugung an, dass wir einen freien Willen haben, der jedoch von zahlreichen unterschiedlichen Rahmenbedingungen abhängig sei [...]. Ein abhängiger freier Wille ist allerdings ein Widerspruch in sich. Wir sollten uns damit abfinden, dass jeder und jede Einzelne von uns zwar viele Möglichkeiten in seinem oder ihrem Leben wahrnehmen kann, dies aber niemals ohne den biologischen „Unterbau" seiner oder ihrer Existenz als Spezies und als Individuum zu tun vermag. Die Idee der Willensfreiheit wird überall dort gefährlich, wo man die biologischen – und, im Weiteren, sozialen und kulturellen – Determinanten unserer Existenz außer Acht lässt und strikt darauf besteht, der Mensch, jeder einzelne Mensch (!), verfüge über Verstand und freien Willen und könne in jedem Augenblick seines Daseins autonom entscheiden. Natürlich treffen wir ständig Entscheidungen – unsere jeweilige Lebenssituation zwingt uns Entscheidungen förmlich auf –, aber das kann nicht bedeuten, dass wir über eine wirkliche Entscheidungsfreiheit verfügen. Schon deshalb nicht, weil eben Entscheidungen von verschiedenen äußeren Faktoren determiniert werden.

Franz M. Wuketits, Der freie Wille, S. 150f.

1. Nehmen Sie Stellung zu den einzelnen Aussagen und der Entwicklung, die sich in ihnen abzeichnet. → M1
2. Stellen Sie die zentralen Argumente Roths und Schockenhoffs gegenüber. Formulieren Sie eine eigene Position. → M2
3. Geben Sie Peter Bieris Position zum Thema Willensfreiheit wieder. → M3
4. Führen Sie in Partnerarbeit jeweils ein fiktives Interview mit Peter Bieri durch. → M3
5. Rekonstruieren Sie den Argumentationsgang von Franz Wuketits und nehmen Sie ausführlich Stellung zur Position des Evolutionsbiologen. → M4

3 Handlung und Wille

M1 Dabei sein ist alles!

Jugendliche auf einer Alkoholparty

M2 „Wir fühlten eine absolute Freiheit"

*Der Schriftsteller Clemens Meyer (*1977) schildert in seinem Roman* Als wir träumten *(2006) eine Clique 15-Jähriger aus einem Milieu alkoholkranker, prügelnder Väter und hilfloser Mütter.*

Wir waren um die fünfzehn damals, und Holsten Pilsener war zu herb, und so soffen wir meistens nationalbewusst. Leipziger Premium Pils. Das war auch preiswerter, denn wir bezogen es direkt vom Hof der Brauerei. Meistens nachts. Die Leipziger Premium Pilsner Brauerei war der Mittelpunkt unseres Viertels und unseres Lebens. Der Ursprung durchsoffener Nächte auf dem Vorstadtfriedhof, endloser Zerstörungsorgien und Tänze auf Autodächern während der Bockbiersaison. Die Original Leipziger Brauereiabfüllung war eine Art blonder Flaschengeist für uns, der uns sanft an den Haaren packte und über die Mauern hob, Autos in Flugmaschinen verwandelte, uns seinen Teppich lieh, auf dem wir davonflogen und den Bullen auf die Köpfe spuckten.
Doch meistens endeten diese seltsam traumartigen Flugnächte mit einer Landung in der Ausnüchterungszelle oder auf dem Flur des Polizeireviers Südost, mit Handschellen an die Heizung gekettet. [...]
Alfred Heller, den wir Fred nannten und dessen Gesicht von der Sauferei graublau geworden ist wie allerfeinster Schimmel, [...] fuhr [...] ohne Führerschein geklaute oder irgendwo billig gekaufte Autos durchs Viertel und die ganze Stadt. Es war seltsam, bei ihm im Auto zu sitzen, denn es gab kaum Platz, weil überall Bierbüchsen lagen, und wir machten die verrücktesten Sachen, wenn wir unterwegs waren. Irgendetwas passierte mit uns, wenn wir bei ihm einstiegen, irgendetwas ließ uns alle Hemmungen verlieren, wir fühlten eine absolute Freiheit und Unabhängigkeit, die wir nie gekannt hatten und die wir jetzt aus uns herausbrüllten.

Clemens Meyer, Als wir träumten, S. 7-9

M3 Freiwillige und unfreiwillige Taten

Der griechische Philosoph Aristoteles (384-322 v. Chr.) geht in seiner Nikomachischen Ethik *auf unterschiedliche Handlungen ein:*

Als unfreiwillig gilt, was aus Zwang oder aus Unwissenheit geschieht. Gewaltsam ist ein Vorgang, dessen bewegendes Prinzip von außen her eingreift, und zwar so, dass bei seinem Einwirken die handelnde oder die erleidende Person in keiner Weise mitwirkt: wenn z. B. jemand durch einen Sturmwind irgendwohin entführt wird oder durch Menschen, in deren Gewalt er sich befindet.
Taten aber, die aus Angst vor noch größerem Unheil oder für ein edles Ziel ausgeführt werden – wenn z. B. ein Tyrann jemandem ein Verbrechen zu tun befiehlt, dessen Eltern und Kinder er in seiner Gewalt hat, und wenn diesen im Falle der Ausführung der Tat das Leben geschenkt, sonst aber verwirkt wäre – lassen die Streitfrage entstehen, ob sie unfreiwillig oder freiwillig sind. Ähnlich ist es, wenn im Seesturm Teile der Ladung über Bord geworfen werden, denn an sich wirft man Güter nicht aus freien Stücken weg. Jedoch um sich und die anderen zu retten, tut es jeder, der einen gesunden Menschenverstand hat. Solche Handlungen haben also einen Mischcharakter, stehen aber näher dem Freiwilligen, denn im Augenblick des Vollzugs besteht die Freiheit der

Wahl, und das Ziel der Handlung wechselt je nach den Umständen. Also muss man von „freiwillig“ und „unfreiwillig“ sprechen im Hinblick auf den Zeitpunkt des Handelns. Der Mensch handelt aber freiwillig. Denn das Prinzip, das die dienenden Glieder des Leibes bei solchem Handeln bewegt, ist im Menschen, und immer da, wo das bewegende Prinzip im Menschen liegt, steht es auch in der Macht des Menschen zu handeln oder nicht zu handeln. [...]
Sodann sind zwei verschiedene Dinge das Handeln auf Grund von Unwissenheit und das Handeln in (vermeidbarem) Nichtwissen. Denn ein Betrunkener z. B. oder ein Zorniger handelt nicht – so nehmen wir an – auf Grund von Unwissenheit, sondern auf Grund eben von Trunkenheit oder Zorn, aber nicht mit Bewusstsein, sondern ohne ein Wissen zu haben (von dem, was er tut). *Aristoteles, Nikomachische Ethik, III, 1, 2b*

M4 Freiwillig oder unfreiwillig?

a) Eine junge Frau wirft in Basel eine Flaschenpost in den Rhein, um ihrem Angebeteten in Bonn ihre Liebe zu bekennen.
b) Ödipus tötet seinen Vater, ohne es zu wissen.
c) Ein Jäger erlegt vermeintlich einen Hirschen, erschießt aber seinen verhassten Konkurrenten.
d) Ein Kapitän wirft im Sturm eine wertvolle Ladung über Bord, um seine Mannschaft zu retten.
e) Die junge Frau aus a) schickt einen Brief.

	freiwillig	unfreiwillig
freiwillig	• mentale Ursache im Handelnden selbst • hinreichende Kenntnis der Handlungssituation • kein physischer oder psychischer Zwang, ausreichend viele Handlungsoptionen	• unzureichende Kenntnis des Ziels oder der Mittel des Handelns (irrationales Handeln) oder physischer Zwang *und* • Übereinstimmung mit übergreifender Absicht
unfreiwillig	• physischer oder psychischer Zwang *und* • Wahl neuer, angepasster Ziele	• Unkenntnis oder physischer Zwang (vgl. Bedingungen für unfreiwillig) *und* • Nichtübereinstimmung mit übergreifender Absicht

nach Dagmar Fenner, Ethik, S. 36, 40

M5 Entscheidungen ≠ Handlungen

*Der Jurist und Schriftsteller Bernhard Schlink (*1944) lässt in seinem Roman* Der Vorleser *(1995) die Hauptfigur über Handlungsmuster reflektieren:*

Ich weiß nicht, warum ich es tat. Aber ich erkenne heute im damaligen Geschehen das Muster, nach dem sich mein Leben lang Denken und Handeln zueinander gefügt oder nicht gefügt haben. Ich denke, komme zu einem Ergebnis, halte das Ergebnis in einer Entscheidung fest und erfahre, dass das Handeln eine Sache für sich ist und der Entscheidung folgen kann, aber nicht folgen muss. Oft genug habe ich im Lauf meines Lebens getan, wofür ich mich nicht entschieden habe. Es, was immer es sein mag, handelt; es fährt zu der Frau, die ich nicht mehr sehen will, macht gegenüber dem Vorgesetzten die Bemerkung, mit der ich mich um Kopf und Kragen rede, raucht weiter, obwohl ich mich entschlossen habe, das Rauchen aufzugeben, und gibt das Rauchen auf, nachdem ich eingesehen habe, dass ich Raucher bin und bleiben werde. Ich meine nicht, dass Denken und Entscheiden keinen Einfluss auf das Handeln hätten. Aber das Handeln vollzieht nicht einfach, was davor gedacht und entschieden wurde. Es hat seine Quelle und ist auf ebenso eigenständige Weise mein Handeln, wie mein Denken mein Denken ist und mein Entscheiden mein Entscheiden.

Bernhard Schlink, Der Vorleser, S. 21f.

1 Diskutieren Sie, ob die Jugendlichen frei handeln. → M1/2
2 Erläutern Sie im Anschluss an Aristoteles die Unterschiede zwischen freiwilligen und unfreiwilligen Taten. → M3
3 Definieren Sie den Begriff Handlungsfreiheit. → M3
4 Aristoteles differenziert zwischen Ursachen und Auswirkungen von Unwissenheit. Stellen Sie diese sittlich relevanten Zusammenhänge in einer Mindmap dar und suchen Sie aussagekräftige Beispiele. → M3
5 Ordnen Sie die Fälle a) bis e) der Tabelle zu. → M4
6 Begründen Sie, warum unsere Handlungen nicht unseren Entscheidungen entsprechen müssen. → M5

4 Der freie Wille

M1 Wo steckt der freie Wille?

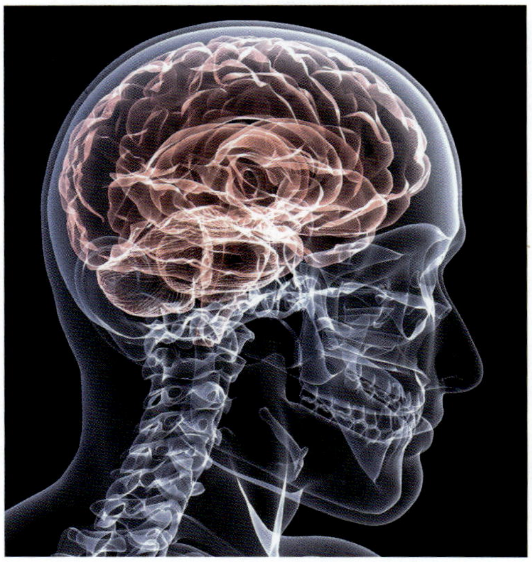

Moderner Blick in den Schädel

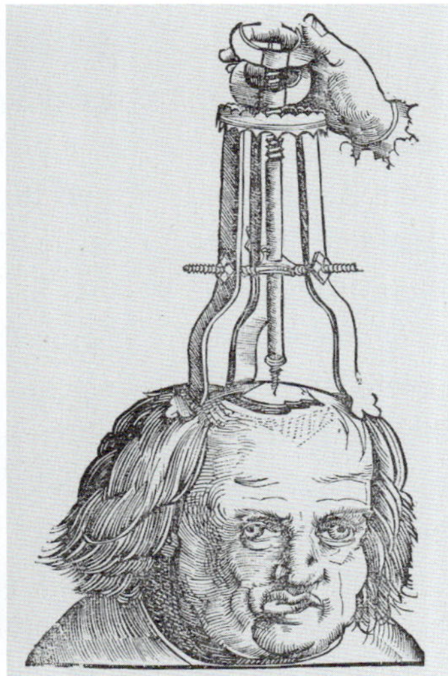

Schädelbohrung, Stich aus der Barockzeit

M2 Was ist der Wille?

Der Wille ist die mentale, also geistige Fähigkeit einer Person, selbständige Akte der Entscheidung und der Wahl vorzunehmen und die Verwirklichung der gewählten Handlungsabsichten einzuleiten. Statt sich von sinnlichen Begierden, faktischen Wünschen, situativen oder sozialen Zwängen leiten zu lassen, bestimmt man den Inhalt seines Wollens aufgrund vernünftiger Überlegungen. Vorausgesetzt ist also eine kritische Distanz und reflexive Stellungnahme zu den physischen, psychischen und situativen Gegebenheiten. *Dagmar Fenner, Ethik, S. 184*

M3 Handeln aus „freiem Willen"

Was bedeutet eigentlich „freier Wille"? Dass wir machen können, was wir wollen? In gewisser Weise schon. Aber es kommt auf dreierlei an: Wie wir etwas wollen, was wir wollen und ob wir können, was wir wollen. Es gibt Leute, die auf den Mond fliegen wollen. Sie werden es nur nicht können, jedenfalls allein. Für die Entscheidung darüber, ob wir einen freien Willen haben, ist das, was wir auch bei größter Anstrengung und mit vereinten Kräften nicht können, völlig belanglos. Deswegen gehen wir hier bei unseren Überlegungen davon aus, dass jemand das, was er will, auch kann, ob nun mit oder ohne Hilfe. Was er will und nicht kann, interessiert nicht. So müssen wir nur noch darauf achten, wie jemand etwas will und was er will.

Nehmen wir ein Beispiel. Oskar, ein junger Mann, hat es eilig. Er ist spät dran. Die Ampel steht auf Rot. Er ist ungeduldig. Es kommt kein Auto, er eilt über die Straße. Dem Polizisten gefällt das gar nicht. Oskar meint, wenn nichts kommt, kann ich doch rüber. Er glaubt, er sei in so einem Fall frei, das zu tun, was er für richtig hält. Die Betonung liegt hier auf dem, was Oskar will. Er meint, dass er die Wahl hat, rüberzugehen oder nicht, und dann geht er eben rüber. Die Wahl hat er sicher, egal was der Polizist meint. Heißt das, Oskars freier Wille besteht darin, dass er wählen kann, bei Rot über die Straße zu gehen oder nicht?

Tatsächlich glauben viele, der freie Wille bestehe darin, dass man wählen kann, etwas zu tun oder zu lassen. Man nennt das „Wahlfreiheit". Es geht vor allem darum, was man aus einer Menge von Alternativen wählen kann. Auf den ersten Blick leuchtet ein, dass der freie Wille das ist, was „Wahlfreiheit" bedeutet. Ob das richtig ist, müssen wir aber noch prüfen.

Bleiben wir noch etwas bei Oskar. Vielleicht trinkt er gerne Bier. Die Freiheit des Biertrinkers besteht doch wohl darin, entweder noch ein Bier zu trinken oder nicht. Heißt das, Wahlfreiheit sei das, was wir mit dem „freien Willen" meinen? Nein, damit können wir nicht zufrieden sein. [...] Zunächst einmal sagt die

Wahlfreiheit nur etwas darüber aus, was man wollen kann, und nichts darüber, wie man es wollen kann. [...] Wenn der Mensch wirklich einen freien Willen hat, kommt es darauf an, wie er etwas will. Unterliegt er dabei äußeren Einflüssen oder nicht? Er sollte in der Lage sein, das, was er will, aus eigener Kraft, aus eigenem Antrieb und ohne Einflüsse von außen zu wollen. [...] Oskar als alleinige Ursache seines Willens, das ist es, was wir mit dem Wie des Wollens meinen. Das würde bedeuten, dass jedes Ziel, das Oskar mit seinem freien Willen anstrebt, ausschließlich ein Produkt seines eigenen Willens ist.

Wilhelm Vossenkuhl, Philosophie für die Westentasche, S. 181–183

M4 Handlungs- und Willensfreiheit

Man kann zwei Ebenen unterscheiden, auf denen Freiheit auftritt: die des Handelns und die des Wollens. Demgemäß kann man Handlungsfreiheit und Willensfreiheit einander gegenüberstellen.

Die Handlungsfreiheit besteht darin, dass der Mensch das, was er will, auch tatsächlich ausführen kann; so ist sie Freiheit von Zwang, der von außen, von der Welt her ausgeübt wird. Eine solche Handlungsfreiheit besitzt der Mensch zweifellos, allerdings, sieht man genauer hin, in einem höchst beschränkten Maß. [...]

Die Willensfreiheit stellt vor das ethische Grundproblem; es geht dabei um die Möglichkeit von Ethik überhaupt. [...] Wären alles Tun und aller dahinter stehende Wille unwiderruflich bestimmt und außerhalb aller Verfügung des Menschen, dann könnte es auch keine moralischen Appelle und keine sittlichen Gebote und Verbote geben. Soll also überhaupt Ethik möglich sein, dann muss sie sich, so scheint es, in der Annahme der Willensfreiheit gründen. Dennoch bleibt zu erwägen, dass die Willensfreiheit eine bloße Selbsttäuschung sein könnte. Ein Mensch könnte überzeugt sein, dass er sich im jeweiligen Augenblick wirklich aus innerster Spontaneität entschlossen hat, während ihn in Wahrheit nicht seiner eigenen Verfügung unterliegende Motive zum Tun treiben. [...]

Beide bisher besprochenen Weisen der Freiheit, die Freiheit des Handelns und die des Willens, sind nicht ohne Beziehung zueinander. Wer zwar ohne Zwang zu handeln die Möglichkeit und Fähigkeit hat, aber nicht vermag, sich in seinem Willen von sich selber her zu entscheiden, dem eignet nur eine unvollständige Freiheit. Ebenso steht es mit dem, der zwar über eine erhebliche Freiheit des Willens verfügt, diese aber in seinen Handlungen nicht zur Wirksamkeit kommen lassen kann; ihm nützt alle seine Willensfreiheit nichts. Das volle Phänomen der Freiheit ergibt sich also erst aus dem Miteinander von Handlungsfreiheit und Willensfreiheit.

Wilhelm Weischedel, Skeptische Ethik, S. 124–126

Handlungsfreiheit	Willensfreiheit
betrifft: Handeln	betrifft: Willen
negativ: Freiheit wovon?	positiv: Freiheit wozu?
Abwesenheit von Hindernissen	Selbstwahl und Zielverfolgung
Möglichkeit, unabhängig von inneren oder äußeren Handlungsschranken zwischen (unendlich) vielen Handlungsalternativen auswählen zu können	mentale Fähigkeit, physische, psychische und situative Gegebenheiten auf selbstgesetzte, vernunftmäßig begründete Ideale oder Wertorientierungen hin zu beurteilen und die Verwirklichung seiner Handlungsziele einzuleiten

Dagmar Fenner, Ethik, S.185

1. Welchen Eindruck suggeriert der Holzstich aus der Barockzeit? Welchen Anspruch erhebt die Gehirnforschung heute? ➜ M1
2. Nennen Sie verschiedene Alltagssituationen, in denen Ihr Wille (im Sinne Fenners) eine wichtige Rolle spielt. ➜ M2
3. Erläutern Sie den Unterschied zwischen „Wahlfreiheit" und „Willensfreiheit". ➜ M3
4. Erläutern Sie die Aussage über „Oskar als alleinige Ursache seines Willens" und überlegen Sie, ob Oskar ganz unbeeinflusst etwas wollen kann. ➜ M3
5. Grenzen Sie Handlungsfreiheit und Willensfreiheit gegeneinander ab. ➜ M4
6. Zeigen Sie an einem Beispiel, inwiefern beide Arten der Freiheit zusammenspielen müssen. ➜ M4
7. Gedankenexperiment: Stellen Sie sich vor, Sie lebten in einer Welt, in der es keinen freien Willen gäbe.

5 Determinismus – Indeterminismus

M1 Maschine Mensch?

*Der Psychologe Dietrich Dörner (*1938) beschreibt den Menschen als informationsverarbeitendes System, das nach Regelkreisen funktioniert. Ein solches Modell stellte er in einer Computersimulation namens „PSI" nach. Die Position der Psychologie zum Thema „Freiheit oder Determination" erklärt Dörner wie folgt:*

Nehmen wir also vorderhand an, dass es keinen indeterminierten freien Willen gibt! Das aber weckt auch wiederum Unbehagen. Sind wir denn Maschinen? Das müssten wir doch annehmen, wenn wir meinen, streng und vollständig determiniert zu sein; wir wären dann so etwas Ähnliches wie zum Beispiel Staubsauger. Nun gut, Menschen sind vielleicht komplexer; wir bestehen nicht nur aus vier oder fünf verschiedenen Variablen, die aufeinander einwirken, sondern aus einigen Tausend, ein paar Millionen oder Milliarden. – Im Grunde macht die Zahl hier aber keinen Unterschied. Der Mensch als Reglersystem, so komplex es sich auch darstellt, ist eben eine Maschine.

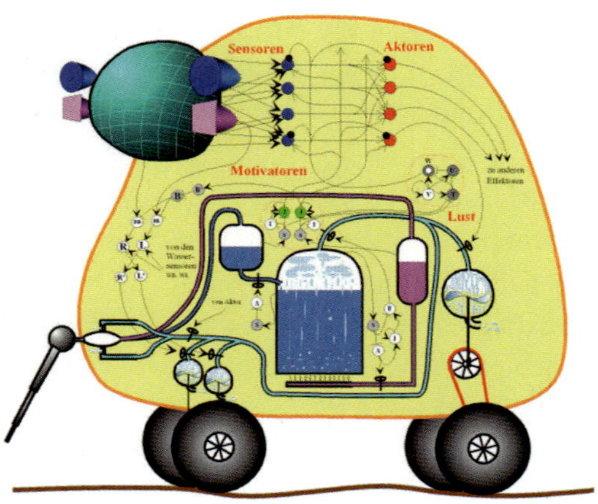

Dietrich Dörners „PSI"

Und das stimmt doch nicht! Erlebe ich nicht, dass ich frei bin von Determinanten? Kann ich nicht das Rauchen aufgeben, obwohl eine Zigarette einen starken Anreiz auf mich ausübt? [...] „Natürlich", sagen die naturwissenschaftlichen Psychologen, „der Mensch ist eine Maschine. [...] Fährt man [...] lange genug mit der Erforschung der Seelenprozesse fort, dann kann man auch die Wahrscheinlichkeitsbeziehungen, die man zwischen Variablen annehmen muss, durch strenge Determinationen ersetzen!"

Dietrich Dörner, Bauplan für eine Seele, S. 758f.

M2 „Nicht anders als das Wasser"

Der Philosoph Arthur Schopenhauer (1788-1860) hat in seiner Preisschrift über die Freiheit des menschlichen Willens *die Idee der Willensfreiheit verabschiedet. Er führt als Beispiel einen Menschen an, der sich Folgendes überlegt:*

„Es ist sechs Uhr abends, die Tagesarbeit ist beendigt. Ich kann jetzt einen Spaziergang machen; oder ich kann in den Klub gehen; ich kann auch auf den Turm steigen, die Sonne untergehen zu sehen; ich kann auch ins Theater gehen; ich kann auch diesen oder aber jenen Freund besuchen; ja, ich kann auch zum Tor hinauslaufen in die weite Welt und nie wiederkommen. Das alles steht allein bei mir, ich habe völlige Freiheit dazu, tue jedoch davon jetzt nichts, sondern gehe ebenso freiwillig nach Hause, zu meiner Frau." Das ist gerade so, als wenn das Wasser spräche: „Ich kann hohe Wellen schlagen (ja! nämlich im Meer und Sturm), ich kann reißend hinabeilen (ja! nämlich im Bette des Stroms), ich kann schäumend und sprudelnd hinunterstürzen (ja! nämlich im Wasserfall), ich kann frei als Strahl in die Luft steigen (ja! nämlich im Springbrunnen), ich kann endlich gar verkochen und verschwinden (ja! bei 80° Wärme); tue jedoch von dem allen jetzt nichts, sondern bleibe freiwillig, ruhig und klar im spiegelnden Teiche."

Wie das Wasser jenes alles nur dann kann, wenn die bestimmenden Ursachen zum einen oder zum anderen eintreten, ebenso kann jener Mensch, was er zu können wähnt, nicht anders, als unter derselben Bedingung. Bis die Ursachen eintreten, ist es ihm unmöglich: Dann aber *muss* er es, so gut wie das Wasser, sobald es in die entsprechenden Umstände versetzt ist.

Arthur Schopenhauer,
Über die Freiheit des menschlichen Willens, S. 81

M3 Varianten des Determinismus

Determinismus, frz. *déterminisme*, in den Naturwissenschaften die Voraussetzung eines durchgängigen Kausalzusammenhangs aller Vorgänge in der Welt, auch der seelischen Erlebnisse und Willenshandlungen; in der Ethik die Annahme einer Bestimmung des Willens durch innere oder äußere Ursachen, die die Freiheit des Willens ausschließt; in der Theologie die Lehre, dass das menschl. Wollen vollständig durch Gott bewirkt und bestimmt wird. In der Wissenschaftstheorie wird der D. auch als Arbeitshypothese verwendet: Die Annahme eines durchgängig durch Gesetze (z. B. Naturgesetze) bestimmten Verlaufs aller Ereignisse ermöglicht die Vorhersagbarkeit, Berechenbarkeit von Ereignissen. Damit wird zugleich der irrationalist. Annahme widersprochen, es gebe unerklärbare Bereiche der Realität.

Wörterbuch der philosophischen Begriffe, S. 144f.

M4 Thesen

FREIHEIT UND DETERMINISMUS SIND NICHT VEREINBAR.

FREIHEIT GIBT ES UND DER DETERMINISMUS IST FALSCH.

ES GIBT KEINE FREIHEIT UND DER DETERMINISMUS IST WAHR.

FREIHEIT UND DETERMINISMUS SIND VEREINBAR.

FREIHEIT GIBT ES UND DER DETERMINISMUS IST WAHR.

ES GIBT KEINE FREIHEIT UND DER DETERMINISMUS IST FALSCH.

in Anlehnung an Ansgar Beckermann, Gehirn, Ich, Freiheit, S. 93

M5 Widersprüchlichkeiten?

In einem Leserbrief an die Frankfurter Allgemeine Zeitung im Jahr 2003, die eine Reihe von Texten zur Kontroverse „Willensfreiheit und Hirnforschung" druckte, heißt es:

Aber es kommt noch weit schlimmer, wenn es um die Frage geht, ob wir in unserem Denken und Handeln determiniert sind oder nicht. Dass diese Frage überhaupt nur Sinn macht unter der Annahme, dass wir nicht determiniert sind in unserem Denken, wird offenbar völlig vergessen. Wären wir nämlich determiniert, dann könnte es angesichts der tatsächlich existierenden Kontroverse nur so sein, dass der eine unabänderlich gezwungen wäre zu glauben, er sei determiniert, der andere ebenso unabänderlich, er sei es nicht, und ein Dritter müsste fest im Zweifel verharren, ob er determiniert sei oder nicht. Ja die ganze Kontroverse über Determiniertheit oder Willensfreiheit selbst wäre dann nichts weiter als eine determinierte Illusion einer Infragestellung der Determiniertheit – und damit ebenso wie alle darin bezogenen Positionen ohne irgendeine erkenntnismäßige Relevanz. Immerhin aber scheinen wir nicht alle determiniert zu sein, glauben zu müssen, wir seien determiniert, und wer es nicht ist, darf weiter denken. Wer hingegen determiniert ist zu glauben „Wir sind determiniert", dem ist das Denken leider verwehrt – denn denken setzt die Möglichkeit voraus, zwischen noch offenen Alternativen abwägen zu können.

Herbert Grabes, in: Frankfurter Allgemeine Zeitung, 18.12.2003

1. Fassen Sie die Position der Psychologie sowie Schopenhauers Argumentation in eigenen Worten zusammen. → M1/2
2. Informieren Sie sich in der Gruppe über Dörners Projekt „PSI" oder andere Forschungen zur „künstlichen Intelligenz" und präsentieren Sie Ihre Ergebnisse. → M1
3. Erläutern Sie die unterschiedlichen Varianten des Determinismus. → M3
4. Legen Sie eine Tabelle zum Verhältnis von Freiheit und Determinismus an. Prägen Sie eigene Begriffe für die unterschiedlichen Positionen. → M4
5. Stellen Sie den Argumentationsgang dar, mit dem der Determinismus kritisiert wird. Halten Sie die Argumentation für überzeugend? → M5

*6 Kausalität aus Freiheit

M1 Wer hat das verursacht?

Ohne Ursache gäbe es keine Wirkung. Was aber ist die Ursache dafür, dass der Kellner die Teller fallen lässt: der schlecht gespielte Ball, der zu hohe Tellerstapel oder dass er in der Schusslinie ist – oder alle drei Gründe zusammen?

Wenn etwas Bedeutendes passiert, wollen wir den Grund dafür wissen. Die Vorstellung einer Wirkung ohne Ursache ist nicht widersprüchlich, für uns jedoch zutiefst mysteriös. Normalerweise schauen wir nach den Ursachen, wenn wir herausfinden wollen, warum etwas passiert. Was aber bedeutet es, dass eine Sache eine andere verursacht?

David Papineau, Philosophie, S. 20

M2 Kausalität der Natur

Die Verwendung des Begriffs Kausalität für die Regel von Ursache und Wirkung ist historisch noch relativ jung. In der früheren Philosophie hatte das Wort *causa* eine viel allgemeinere Bedeutung als jetzt. Zum Beispiel wurde [...] im Anschluss an Aristoteles von vier Formen der „Ursache“ gesprochen. Dort wird die *causa formalis* genannt, die man etwa heute als die Struktur oder den geistigen Gehalt einer Sache bezeichnen würde; die *causa materialis*, d. h. der Stoff, aus dem eine Sache besteht; die *causa finalis*, der Zweck, zu dem eine Sache geschaffen ist, und schließlich die *causa efficiens* [bewirkende Ursache]. Nur die *causa efficiens* entspricht etwa dem, was wir heute mit dem Wort Ursache meinen.

Die Veränderung des Begriffs *causa* zu dem heutigen Begriff Ursache hat sich im Laufe der Jahrhunderte vollzogen, im inneren Zusammenhang mit der Veränderung der ganzen von den Menschen erfassten Wirklichkeit und mit der Entstehung der Naturwissenschaft beim Beginn der Neuzeit. In demselben Maße, in dem der materielle Vorgang an Wirklichkeit gewann, bezog sich auch das Wort *causa* auf dasjenige materielle Geschehen, das dem zu erklärenden Geschehen vorherging und dies irgendwie bewirkt hat.

Werner Heisenberg, Das Naturbild der heutigen Physik, S. 24f.

M3 Ursachen und Gründe

Handeln kann in der Mehrzahl der Fälle nur verstanden werden, wenn man ein System von Regeln voraussetzt, in dem die einzelne Handlung eine bestimmte Bedeutung hat. Sowohl diese Regeln als auch die Bedeutung können in dem Sprachsystem, mit dem wir die physikalische Welt beschreiben und zu dem das Paar Ursache-Wirkung gehört, nicht dargestellt werden.

Die Ursache für den Pfiff des Schiedsrichters war ein Luftstoß, der aus dessen Lunge drang. Der Grund dafür war, dass ein Flügelstürmer im Abseits stand. Die Bedeutung des Pfiffs war, dass ein Freistoß gegeben wurde. „Abseits“ und „Freistoß“ sind unabdingbar, wenn man verstehen will, weshalb diese Handlung zustande kam und was sie *als* Handlung war. Beide Ausdrücke können nicht in ein System der physikalischen Ereignisbeschreibung und -Verknüpfung eingehen. [...]

Gründe, die ein Handelnder für eine Handlung hat, zwingen ihn nicht, sondern geben nur einen Gesichtspunkt an, unter dem die Handlung sinnvoll geboten, richtig erscheint. Der Handelnde selbst ist, auch wenn es „starke“ Gründe für eine Handlung gibt, immer noch frei, ihnen zu folgen oder nicht.

Ulrich Pothast, Einleitung, S. 27, 26

M4 Der Widerstreit der Vernunft

Antithesis

Es ist keine Freiheit, sondern alles in der Welt geschieht lediglich nach Gesetzen der Natur.

Thesis

Die Kausalität nach Gesetzen der Natur ist nicht die einzige, aus welcher die Erscheinungen der Welt insgesamt abgeleitet werden könne. Es ist noch eine Kausalität durch Freiheit zur Erklärung derselben anzunehmen notwendig.

Für die Antithese spricht:

1. Alle Handlungen vernünftiger Wesen, sofern sie Erscheinungen [= empirisch nachweisbar] sind, stehen unter der Naturnotwendigkeit.
2. Der Mensch hat als Wesen der Sinnenwelt einen empirischen Charakter und steht unter empirischen Gesetzen. Alle Handlungen des Menschen sind daher nach der Ordnung der Natur bestimmt.
3. Wenn wir alle Erscheinungen seiner Willkür bis auf den Grund erforschen könnten, so würde es keine einzige menschliche Handlung geben, die wir nicht mit Gewissheit vorhersagen und aus ihren vorhergehenden Bedingungen als Notwendigkeit erkennen könnten.

Für die These spricht:

1. Wenn wir aber eben dieselben Handlungen in Beziehung auf die Vernunft erwägen, sofern praktische Vernunft die Ursache ist, sie selbst zu erzeugen, so finden wir eine ganz andere Regel und Ordnung, als die Naturordnung ist.
2. Denn da sollte vielleicht alles das nicht geschehen sein, was doch nach dem Naturlaufe geschehen ist und nach seinen empirischen Gründen unausbleiblich geschehen musste.
3. Bisweilen aber finden wir, oder glauben wenigstens zu finden, dass die Ideen der Vernunft wirklich Kausalität in Ansehung der Handlungen des Menschen als Erscheinungen bewiesen haben und dass sie darum geschehen sind, nicht weil sie durch empirische Ursachen, nein, sondern weil sie durch Gründe der Vernunft bestimmt waren.

nach Immanuel Kant, Kritik der reinen Vernunft, S. 585, 589

M5 Die Idee der Freiheit

Nun behaupte ich: dass wir jedem vernünftigen Wesen, das einen Willen hat, notwendig auch die Idee der Freiheit leihen müssen, unter der es allein handle. Denn in einem solchen Wesen denken wir uns eine Vernunft, die praktisch ist, d. i. Kausalität in Ansehung ihrer Objekte hat. [...]

Um deswillen muss ein vernünftiges Wesen sich selbst als *Intelligenz* (also nicht von Seiten seiner untern Kräfte), nicht als zur Sinnen-, sondern zur Verstandeswelt zugehörig ansehen; mithin hat es zwei Standpunkte, daraus es sich selbst betrachten und Gesetze des Gebrauchs seiner Kräfte, folglich aller seiner Handlungen erkennen kann, *einmal*, sofern es zur Sinnenwelt gehört, unter Naturgesetzen (Heteronomie), *zweitens* als zur intelligiblen Welt gehörig, unter Gesetzen, die, von der Natur unabhängig, nicht empirisch, sondern bloß in der Vernunft gegründet sind.

Als ein vernünftiges, mithin zur intelligiblen Welt gehöriges Wesen kann der Mensch die Kausalität seines eigenen Willens niemals anders als unter der Idee der Freiheit denken; denn Unabhängigkeit von den bestimmenden Ursachen der Sinnenwelt (dergleichen die Vernunft jederzeit sich selbst beilegen muss) ist Freiheit. Mit der Idee der Freiheit ist nun der Begriff der *Autonomie* unzertrennlich verbunden, mit diesem aber das allgemeine Prinzip der Sittlichkeit, welches in der Idee allen Handlungen *vernünftiger* Wesen eben so zum Grunde liegt, als das Naturgesetz den Erscheinungen.

Immanuel Kant, Grundlegung zur Metaphysik der Sitten, S. 448, 452

1 Klären Sie den Begriff der Kausalität unter Bezug auf die Naturwissenschaften. ➜ M1/2

2 Entwickeln Sie weitere Argumente, warum Gründe keine Ursachen sind. ➜ M3

3 Formulieren Sie in eigenen Worten, wie Kant den Widerspruch zwischen Freiheit und Notwendigkeit auflöst. ➜ M4

4 Ordnen Sie die markierten Grundbegriffe in einem Schema einander zu. ➜ M5

5 Zeigen Sie an einem Beispiel, wie ein Handelnder sich unter den zwei Standpunkten betrachten kann. ➜ M5

1 Zeitbewusstsein

M1 Allegorie der Zeit

Tizian, Allegorie der Zeit, um 1565

M2 Was ist die Zeit?

Wer kann das leicht und kurz erklären? Wer könnte dieses Wort, wenn er es spricht, auch im Gedanken nur umfassen? Und doch kennt unsre Sprache kein vertrauteres und kein geläufigeres Wort als das der Zeit. Und immer wissen wir dabei, wovon wir sprechen, und verstehen's auch, wenn andre davon sprechen. Was also ist die Zeit? Solang mich niemand danach fragt, ist mir's, als wüsste ich's; doch fragt man mich und soll ich es erklären, so weiß ich's nicht. Doch kann ich zuversichtlich sagen, dass ich weiß, es gäbe kein Vergangenes, wenn nichts verginge, keine künftge Zeit, wenn nichts in Zukunft käme, und keine gegenwärtige Zeit, wenn nichts uns gegenwärtig wäre. Wie aber ist's mit jenen beiden Zeiten, der vergangnen und der künftigen? Denn die vergangne ist nicht mehr und die zukünftige, die ist noch nicht. Die gegenwärtige aber, wenn die immer gegenwärtig wäre und nie in ein Vergangnes überginge, die wäre nicht mehr Zeit, die wäre Ewigkeit. Wenn also nun die gegenwärtge Zeit nur deshalb Zeit ist, weil sie hinübergeht in die Vergangenheit, wie können wir dann sagen, dass sie sei, da doch für sie der einzge Grund des Seins nur der ist, dass sie nicht mehr sein wird? So dass wir also dann von Zeit nur sprechen könnten, wenn etwas strebt, nicht mehr zu sein.
Und dennoch sprechen wir von langer Zeit und kurzer Zeit, und dann nur, wenn von der Vergangenheit die Rede ist und von der Zukunft. Wir sagen; um ein Beispiel nur zu geben: es ist schon lange her, wenn's etwa hundert Jahre sind, und sagen: es ist noch lange hin, wenn es in hundert Jahren erst geschehen wird. Und wir sagen: es ist nicht lange her, so etwa rechne ich, wenn's vor zehn Tagen war, und sagen: es ist nur kurze Zeit noch, wenn's in zehn Tagen erst geschehen wird. Doch wie ist etwas lang und kurz, was gar nicht ist? Denn das Vergangne ist nicht mehr und das Zukünftge ist noch nicht. Wir sollten also niemals sagen: solang ist es, sondern von dem Vergangnen: solang war es, und von dem Künftigen: solange wird es sein.

Aurelius Augustinus, Bekenntnisse, 11. Buch, 14./15. Kapitel

M3 Die Zeit gibt es nicht

Die Erfahrung eines Sturzes in der Kindheit, der ihm damals wie eine Ewigkeit vorkam, aber in Wirklichkeit nur 0,8 Sekunden dauerte, brachte den amerikanischen Neurowissenschaftler David Eagleman auf die Idee, dass unser Gehirn die Zeit nicht passiv registriert, sondern je nach Besonderheit der Umstände aktiv konstruiert.

SPIEGEL: Die Gehirnzeit ist unabhängig von der wirklichen Zeit?

Eagleman: Es ist nicht einmal klar, was wirkliche Zeit ist. Möglicherweise gibt es so etwas gar nicht.

SPIEGEL: Wir können die Zeit bis auf die Hundertstelsekunde genau messen, alles erstreckt sich in der Dauer, Zeit durchzieht alle unsere Empfindungen.

Eagleman: Sicherlich, aber Uhren liefern uns nur eine brauchbare Konvention. Die Zeit ist metasensorisch, sie hat, anders als Sehen, Hören, Riechen, Schmecken und Tasten, keinen identifizierbaren Punkt der Wahrnehmung. Sie sitzt gewissermaßen auf allen Empfindungen wie ein Reiter. Stellen Sie sich vor, die Zeit würde mitten in unserem Satz plötzlich stillstehen, eingefroren für 5000 Jahre, und dann wieder zu ticken beginnen. Davon würden wir gar nichts merken; die Unterbrechung gäbe es gar nicht.

SPIEGEL: Ein hübscher Einfall für einen Science-Fiction-Roman.

Eagleman: Oder Außerirdische, die in einer völlig anderen Weltzeit leben, würden uns besuchen. Denen würden wir vielleicht so starr wie Bäume vorkommen. Wir wissen einfach nicht genau, was die externe Zeit ist. Die gesamte Physik ist auf einer intuitiven Vorstellung von Zeit aufgebaut. Doch es kann sein, dass all diese physikalischen Theorien unsere psychologischen Filter im Hirn passieren und dass die Wirklichkeit draußen etwas sehr viel Seltsameres ist, als wir denken. *David Eagleman / Romain Leick, Das Ich ist ein Märchen, in: DER SPIEGEL 7/2012, S. 110-114*

M4 Zeitvorstellungen

Es gibt eine große Zahl von Zeitkonzepten. Sie sind nicht an sich „richtig“ oder „falsch“, aber sie haben Konsequenzen für das tägliche Leben. Ich möchte zwei herausgreifen: das lineare und das zyklische Zeitmodell. Das lineare Zeitkonzept entstammt der christlich-jüdischen Tradition, von der wir sehr stark geprägt sind: Die Vergangenheit führt über die Gegenwart wie ein Zeitstrahl oder eine Linie gerade in die Zukunft. Aus dieser Vorstellung ergibt sich die Konsequenz, dass ich Zeit gut nutzen muss, um Ziele „rechtzeitig“ zu erreichen. Ich sollte in vielem auch schneller sein als andere.

Wenn ich dagegen ein zyklisches Zeitmodell habe, gibt es kein Ziel mehr, das es in einer bestimmten Zeit zu erreichen gilt. Ob mich andere überholen und schneller ihre Runden drehen, kann mir ziemlich egal sein. Kulturen, die stark an Naturprozessen orientiert sind, denken eher zyklisch. Der Tag kommt und geht, die Jahreszeiten kommen und gehen. [...] Morgen ist auch noch ein Tag. Es gibt nächstes Jahr eine neue Chance. Es ist sinnvoller, den Augenblick zu genießen, als ständig an die Zukunft zu denken.

Olaf Georg Klein, in: Psychologie Heute, September 2007, S. 26

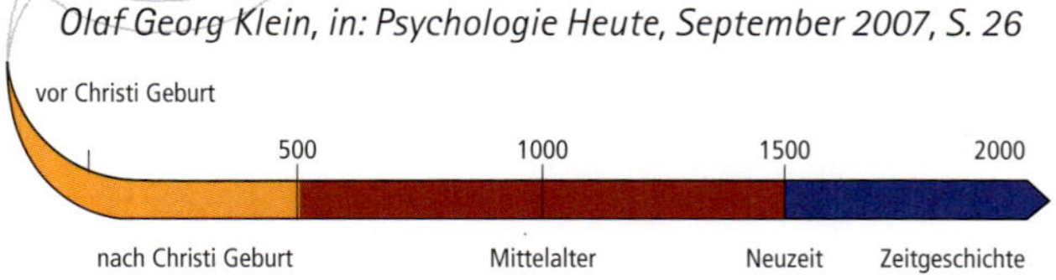

M5 Carpe diem – Grundregeln einer Zeitethik

* Nutze die Gegenwart und lebe sie um ihrer selbst willen.
* Nutze vor allem das, was unwiederholbar erscheint, und halte dabei vieles, was sich als wiederholbar darstellt, für unwiederholbar.
* Handle lieber zu viel als zu wenig und lieber zu früh als zu spät (Es ist immer schon später als du denkst!).
* Halte dich an die zweit- und drittbesten Lösungen, solange die erstbesten nicht zur Verfügung stehen.
* Nutze den richtigen Zeitpunkt nach seinem mutmaßlichen Stellenwert im Ganzen.
* Nimm, um Fehler zu vermeiden, antizipierend die Retrospektive oder gar die Perspektive des Lebensendes ein.
* Wenn die Gegenwart unerträglich oder nicht akzeptabel erscheint, dann erinnere dich der besseren Vergangenheit und hoffe auf eine bessere Zukunft.
* Kompensiere umgekehrt die belastende Vergangenheit oder die drohende Zukunft durch ein volles Ausschöpfen der Gegenwart.
* Bilde Verfahren der Zeiteinteilung und -rechenschaft aus, erprobe sie und übe sie ein (Tagesprogramme, Terminkalender, Tagebücher u. a.). Gib dem Bedürfnis nach Rechenschaft über die eigene Lebenszeit zumal in Krisensituationen nach.

nach Hans Krämer, Integrative Ethik, S. 312f.

1. Zeigen Sie, inwiefern die Bilder der Allegorie den abstrakten Sachverhalt „Zeit" darstellen. ➜ M1
2. Rekonstruieren Sie den Argumentationsgang des Textes. Formulieren Sie mit August nus eine Antwort auf die Frage nach der Zeit. ➜ M2
3. Stellen Sie anhand umgangssprachlicher Wendungen wie „Die Zeit vergeht wie im Flug" oder „Die Sekunden krochen wie Stunden" die „Gehirnzeit" dar. ➜ M3
4. Überlegen Sie, welche Bedeutung die Zeit für die Lebensplanung hat. Planen Sie eher linear oder zyklisch? ➜ M4
5. Überprüfen Sie Krämers Regeln einer Zeitethik auf ihre Anwendbarkeit. ➜ M5

2 Zeit und Menschsein

M1 Kein Wissen, keine Werte ohne Erinnerung

Jean Dubuffet, Kein Wissen, keine Werte ohne Erinnerung: Mémoration XXII, 1979, Fondation Jean Dubuffet, Paris

M2 Ich bin meine Geschichte

Die Geschichte meines Lebens ist stets eingebettet in die Geschichte jener Gemeinschaften, von denen ich meine Identität herleite. Ich wurde mit Vergangenheit geboren; und der Versuch, mich auf individualistische Art von dieser Vergangenheit abzunabeln, bedeutet die Deformierung meiner gegenwärtigen Beziehungen. Der Besitz einer historischen Identität und der Besitz einer sozialen Identität fallen zusammen. Man beachte, dass ein Aufstand gegen meine Identität immer eine Möglichkeit ist, sie auszudrücken. [...]

Ich bin daher zu wesentlichen Teilen das, was ich erbe, eine spezifische Vergangenheit, die in gewissem Umfang in meiner Gegenwart gegenwärtig ist. Ich sehe mich als Teil einer Geschichte, und das heißt ganz allgemein, als einer der Träger einer Tradition, ob mir das gefällt oder nicht, ob ich es erkenne oder nicht. [...] [Es ist] wichtig anzumerken, dass jede Praxis immer Geschichten hat und [...] zu jedem Zeitpunkt von einer Art des sie Verstehens abhängt, die oft über viele Generationen hinweg vermittelt worden ist. *Alasdair MacIntyre, Der Verlust der Tugend, S. 295*

M3 Wie Erinnerung funktioniert

Das älteste „biologische“ Gedächtnismodell ist dasjenige eines Speichers, also eines Apparates, in welchem die Inhalte in irgendeiner Weise repräsentiert sind, also lokalisierbar sind und von diesen Speicherorten aus dann auch wieder abgerufen werden können. Dieses Modell wirft allerdings derartige Schwierigkeiten auf, dass heute niemand mehr daran festhält. So ist es bis heute nicht gelungen, die Gedächtnisfunktion im Gehirn zu lokalisieren. Im Gegenteil muss man sogar alle Hirnregionen als gedächtnisrelevant betrachten. [...]

Das Nervensystem besteht aus Nervenzellen oder Neuronen, die zu bestimmten Gruppen, Verbänden und Subsystemen zusammengeschlossen sind. Die Informationsverarbeitung erfolgt über elektrische Ladungen, die entlang des Axons von Synapse zu Synapse, also von Neuron zu Neuron weitergeleitet werden. Die Codierung dieser Ladungen ist eine binäre. Das bedeutet aber nichts anderes, als dass die Entscheidung, ob ein bestimmtes Impulspaket als auditive oder als visuelle Wahrnehmung zu verarbeiten ist, nicht durch das Sinnesorgan vorgegeben ist, sondern erst im Cortex „entschieden“ wird. Was ist dann Bewusstsein? Eine komplexe Zustandsfolge (stream of consciousness) über selbstreferentiell organisierte Nervensysteme? [...] Die komplexen Neuralsysteme befinden sich in ständiger Veränderung. Lernen bedeutet demnach die Ausbildung relativ fester Konnexionen, es werden repräsentative Kopplungen zwischen Neuronen, Neuronenverbänden usf. ausgeprägt.

Ein solches Modell legt es nahe, Gedächtnis nicht als Speicher, sondern als Wahrnehmungs- und Lernprozesse zu konzipieren. Wenn man also unter Gedächtnis die Ausbildung relativ konstanter Kognitionsstrukturen versteht, so kann man diese erstens nicht lokalisieren. Zweitens muss die Frage aufgeworfen werden, was derartige Strukturen dann noch mit „Vergangenheit“ zu tun haben. Zwar sind sie sicherlich in der Vergangenheit ausgebildet worden, jedoch kann man keinesfalls sagen, dass ihre „Inhalte“ aus der Vergangenheit stammen würden. In diesem Sinne kann man sogar pointieren, dass es keine Erinnerungen gibt.

Mit anderen Worten besteht demzufolge die Funktion des Gedächtnisses nicht in der Bewahrung von vergangenen Inhalten (Erinnerungen), sondern in der aktuellen Synthese bestimmter neuronaler Konnexionen. Das wesentliche Merkmal eines konnektivistischen Gedächtnismodells ist also seine „Distributivität”, also die Tatsache, dass jede Wahrnehmung beispielsweise aus unzähligen Einzelaspekten zusammengesetzt ist (Sehen: Ort, Bewegung, Farbe, Kontrast usf.). Eine solche Verknüpfung über im Gehirn weit auseinanderliegende Verarbeitungszentren ist stets momentan, sie kann niemals exakt wiederholt werden.

Christian Kassung, Humboldt Universität Berlin, online-Seminarmaterial, 2007, www.culture.hu-berlin.de

M4 Der Mensch, ein geschichtliches Wesen

Menschen nehmen Bezug auf die Vergangenheit. Oder anders ausgedrückt: Der Mensch ist das Tier, das erinnern muss. Das ist die anthropologische Aussage von Nietzsches zweiter *Unzeitgemäßer Betrachtung.* Während das Tier in der Herde ganz in der Gegenwart lebt – „kurz angebunden [...] an den Pflock des Augenblicks“ (Nietzsche 1874, 211) – und nicht anders leben kann, ist der Mensch zur Erinnerung verdammt. Auch beim Tier kann vergangenes Erleben zukünftiges Verhalten beeinflussen, z. B. durch die Konditionierung auf einen bestimmten Reiz. Der Mensch hingegen kann sich des Vergangenen aber auch bewusst werden; er kann erinnern, dass etwas Bestimmtes geschehen ist. Menschliches Erinnern ist also ein „Erinnern-dass“, es hat einen propositionalen Gehalt. Zudem kann sich der Mensch auch auf Vergangenes beziehen, das er selbst gar nicht erlebt hat. Er kann sich daran „erinnern“, dass Sokrates den Schierlingsbecher getrunken hat oder dass Napoleon nach St. Helena verbannt wurde, ohne dass er eines von beiden miterlebt hätte. Dies wird möglich durch die Sprachlichkeit des Menschen: Er erfährt von diesen vergangenen Ereignissen durch die Schilderungen anderer [...]. Ein sprachliches Merkmal der Geschichtlichkeit des Menschen, auch darauf weist bereits Nietzsche hin, ist die Phrase „es war“ – „jenes Losungswort“, wie Nietzsche pathetisch sagt, „mit dem Kampf, Leiden und Überdruss an den Menschen herankommen, ihn zu erinnern, was sein Dasein im Grunde ist – ein nie zu vollendendes Imperfektum.“ (Nietzsche 1874, 212). Ausdrücke im Tempus Präteritum wie „es war“ erlauben uns, Bezug auf Vergangenes zu nehmen. Die Tempora verbi sind zunächst einmal sprachliche Merkmale für die Zeitlichkeit des Menschen: dafür, dass er den Unterschied der modalen Zeitbegriffe Vergangenheit, Gegenwart und Zukunft erlebt. Der Mensch kann sich aber auch auf Zeitpunkte vor der je eigenen Existenz beziehen, etwa in der Formulierung „Es war vor meiner Zeit der Fall, dass ...“ Daher ist das Tempus Präteritum in diesem lebenszeit-transzendenten Gebrauch zugleich ein sprachliches Merkmal der Geschichtlichkeit des Menschen. *Ludger Jansen, Zeit und Gemeinschaft, S. 117–120*

1 Schreiben Sie einen Kommentar zu Dubuffets Bild, indem Sie den Titel mit einbeziehen. → M1

2 Erarbeiten und erläutern Sie die einzelnen Faktoren, aus denen sich nach McIntyre die Identität herleitet. → M2

3 Erzählen Sie die „Geschichte" Ihres Lebens: Wie wurden Sie zu dem Ich, das Sie sind? → M2

4 Erläutern Sie den Unterschied zwischen dem Speichermodell des Gedächtnisses und dem „konnektivistischen" Modell. Welche Forschungsergebnisse stützen das konnektivistische Modell? → M3

5 Stellen Sie die Merkmale zusammen, die den Menschen zu einem geschichtlichen Wesen machen. → M4

6 Vergleichen Sie die Funktion, die das Gedächtnis für den einzelnen Menschen hat, mit der Bedeutung von Geschichtsbewusstsein für eine Gesellschaft. → M4

3 Das Rätsel der Zeit

M1 Achill und die Schildkröte

Der griechische Philosoph Zenon von Elea (490-430 v. Chr.) hinterlässt uns eine Paradoxie über die Wirklichkeit der Bewegung und der Zeit. Zugrunde liegt die Annahme, dass Zeit und Raum zwei kontinuierliche Einheiten sind, die sich ad infinitum in immer kleinere Abschnitte einteilen lassen.

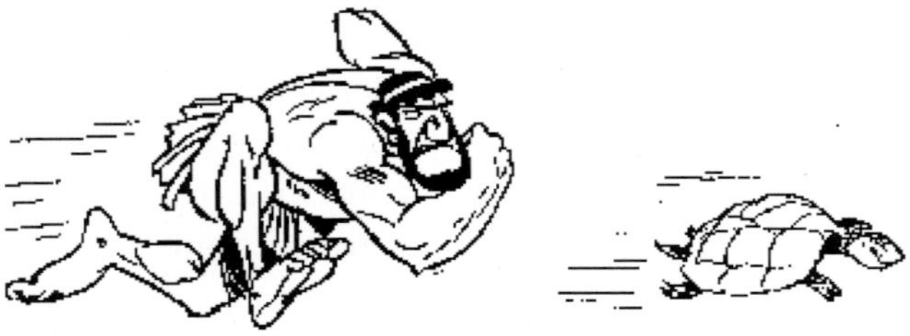

Achilles war bei den Griechen als schneller Läufer bekannt. Bei einem Rennen zwischen Achilles und einer Schildkröte fällt daher die Wette auf einen Sieger Achilles nicht schwer, selbst wenn der Schildkröte ein kleiner Vorsprung eingeräumt wird. Es gibt allerdings ein paar Probleme:

1. Bevor Achilles die Schildkröte überholen kann, muss er sie einholen.
2. Egal, wie schnell Achilles läuft – und er läuft sehr schnell –, er braucht eine gewisse Zeit, um zu der Stelle zu gelangen, an der die Schildkröte gestartet ist.
3. Egal, wie langsam die Schildkröte ist – und sie ist sehr langsam –, sie wird in dieser Zeit wieder ein Stück vorangekommen sein.
4. Das trifft natürlich auch für das nächste Stück der Rennstrecke zu. Achilles rennt auf den Punkt zu, den die Schildkröte erreicht hat, während er den Vorsprung aufholte; gleichzeitig bewegt sich die Schildkröte weiter. Dieses Mal nur ein noch kürzeres Stück, aber immerhin. Achilles kommt also immer näher, kann die Schildkröte aber nie ganz einholen.

Bei seiner Schnelligkeit wird Achilles sicherlich sehr bald ganz nah an die Schildkröte herankommen. Warum kann er aber, logisch gesehen, die Schildkröte nicht einholen?

nach Martin Cohen, 99 philosophische Rätsel, S. 57

M2 Von der Dauer

1. Es gibt noch eine andere Art des Abstandes oder der Länge, deren Idee wir nicht den beharrenden Teilen des Raumes, sondern den dahineilenden, stets vergehenden Teilen der Aufeinanderfolge entnehmen. Wir nennen sie *Dauer*. Ihre einfachen Modi sind ihre verschiedenen Längen, wovon wir bestimmte Ideen haben, zum Beispiel *Stunden, Tage, Jahre* usw., *Zeit* und *Ewigkeit*.

2. Die Antwort, die ein großer Mann [gemeint ist Augustin] auf die Frage gab, was die Zeit sei: *Si non rogas, intelligo* (was etwa heißt: Je mehr ich darüber nachdenke, umso weniger verstehe ich es), könnte uns vielleicht nahelegen zu glauben, dass die Zeit, die alle andern Dinge enthüllt, selbst nicht erkennbar sei. Nicht ohne Grund besteht die Ansicht, dass Dauer, Zeit und Ewigkeit etwas sehr Abstruses in ihrer Natur haben. Wie weit diese Ideen aber auch scheinbar unsere Fassungskraft übersteigen mögen, so werden sie sich doch, falls wir sie in der richtigen Weise bis auf ihren Ursprung zurückverfolgen, zweifellos aus einer der beiden Quellen unserer gesamten Erkenntnis, der Sensation oder der Reflexion, ebenso klar und deutlich herleiten lassen wie viele andere, die für weit weniger dunkel gelten [...].

3. Um *Zeit* und *Ewigkeit* recht zu verstehen, müssen wir aufmerksam darauf achten, welche Idee es ist, die wir von der *Dauer* besitzen, und wie wir diese erlangt haben. Für jeden, der die Vorgänge in seinem eigenen Geist beobachtet, liegt es klar auf der Hand, dass, solange er im wachen Zustand ist, in seinem Verstand eine Kette von Ideen vorhanden ist, die ununterbrochen aufeinander folgen. Die Reflexion darauf, wie diese verschiedenen Ideen nacheinander in unserm Geist erscheinen, ist das, was uns mit der Idee der *Aufeinanderfolge* ausstattet; den Abstand zwischen beliebigen Teilen dieser Aufeinanderfolge oder zwischen dem Erscheinen zweier beliebiger Ideen in unserem Geist nennen wir *Dauer*.

John Locke, Versuch über den menschlichen Verstand, S. 209f.

M3 Die Zeit als notwendige Vorstellung

Die Zeit ist 1) kein empirischer Begriff, der irgend von einer Erfahrung abgezogen worden. Denn das Zugleichsein oder Aufeinanderfolgen würde selbst nicht in die Wahrnehmung kommen, wenn die Vorstellung der Zeit nicht a priori zum Grunde läge. Nur unter deren Voraussetzung kann man sich vorstellen, dass einiges zu einer und derselben Zeit (zugleich) oder in verschiedenen Zeiten (nach einander) sei.

2) Die Zeit ist *eine* notwendige Vorstellung, die allen Anschauungen zum Grunde liegt. Man kann in Ansehung der Erscheinungen überhaupt die Zeit selbst nicht aufheben, ob man zwar ganz wohl die Erscheinungen aus der Zeit wegnehmen kann. Die Zeit ist also a priori gegeben. In ihr allein ist alle Wirklichkeit der Erscheinungen möglich. Diese können insgesamt wegfallen, aber sie selbst (als die allgemeine Bedingung ihrer Möglichkeit) kann nicht aufgehoben werden.

3) Auf diese Notwendigkeit a priori gründet sich auch die Möglichkeit apodiktischer Grundsätze von den Verhältnissen der Zeit oder Axiomen von der Zeit überhaupt. Sie hat nur *eine* Dimension; verschiedene Zeiten sind nicht zugleich, sondern nach einander (so wie verschiedene Räume nicht nach einander, sondern zugleich sind). Diese Grundsätze können aus der Erfahrung nicht gezogen werden, denn diese würde weder strenge Allgemeinheit noch apodiktische Gewissheit geben. Wir würden nur sagen können: so lehrt es die gemeine Wahrnehmung; nicht aber: so muss es sich verhalten. Diese Grundsätze gelten als Regeln, unter denen überhaupt Erfahrungen möglich sind, und belehren uns vor derselben, und nicht durch dieselbe.

4) Die Zeit ist kein diskursiver oder, wie man ihn nennt, allgemeiner Begriff, sondern eine reine Form der sinnlichen Anschauung. Verschiedene Zeiten sind nur Teile eben derselben Zeit. [...]

Die Zeit ist nichts anderes als die Form des inneren Sinnes, d. i. des Anschauens unserer selbst und unseres innern Zustandes. [...] Und, eben weil diese innere Anschauung keine Gestalt gibt, suchen wir auch diesen Mangel durch Analogien zu ersetzen, und stellen die Zeitfolge durch eine ins Unendliche fortgehende Linie vor.

Immanuel Kant, Kritik der reinen Vernunft, B46-48

M4 Raum und Zeit als Formen der Anschauung

Raum und Zeit [...] können nicht aus der Erfahrung stammen, da sie jeder äußeren bzw. inneren Anschauung zugrunde liegen. Damit ich einen Stuhl als „außer mir" und „neben dem Tisch" wahrnehmen kann, setze ich – über die Vorstellungen von mir, dem Tisch und dem Stuhl hinaus – immer schon die Vorstellung eines Außen und das heißt eines Raumes voraus, in dem Stuhl, Tisch und empirisches Ich eine bestimmte Position zueinander einnehmen, ohne dass der Raum eine Eigenschaft des Stuhles, Tisches oder empirischen Ichs wäre. Unter den Eigenschaften der äußeren Wahrnehmung finden wir zwar Farben, Formen und Geräusche, aber nicht den Raum. Entsprechend haben die seelischen Vorgänge bestimmte Qualitäten, die wir in zeitlicher Folge empfinden, ohne dass irgendeine der Empfindungen die Qualität der Zeit hätte. Auf das erste, negative Argument folgt ein positives: Raum und Zeit sind notwendige Vorstellungen. Denn wir können uns zwar Raum und Zeit ohne Gegenstände oder Erscheinungen vorstellen, aber nicht, dass kein Raum oder keine Zeit sei. Selbst im Bereich der Sinnlichkeit gibt es etwas, das man nicht erst aufgrund empirischer Wahrnehmung, sondern schon „im Voraus" kennt. Raum und Zeit verdanken sich der apriorischen Struktur des erkennenden Subjekts.

Otfried Höffe, Immanuel Kant, S. 80

1 Erklären Sie die Paradoxie Zenons. Erörtern Sie, welche Denkfehler in die Paradoxie führen und was wir über das Wesen der Zeit lernen. → M1

2 Erarbeiten Sie mit Locke den Unterschied zwischen dem bloßen Nacheinander und der Dauer. → M2

3 Zeigen Sie, inwiefern die Zeit der Struktur unseres Bewusstseins entstammt. → M2

4 Übersetzen Sie jeden Abschnitt in Ihre eigene Sprache und schreiben Sie dazu einen Kommentar. → M3

5 Diskutieren Sie, ob es sich bei der Analogie Kants, nach der die Zeitfolge als ins Unendliche führende Linie vorgestellt wird, um typisch westliches Denken handelt. Recherchieren Sie die Zeitvorstellungen anderer Kulturen. → M3

6 Erläutern Sie, inwiefern es sich bei Raum und Zeit nicht um Erfahrungstatsachen handelt. → M4

4 Zeit in den Naturwissenschaften

M1 Meilensteine – von der klassischen zur modernen Physik

KLASSISCHE PHYSIK		MODERNE PHYSIK		
Mechanik	Elektrodynamik	Quanten	Relativität	Unschärferelation
1687	19. Jh.	1900	1905	1927
Isaac Newton Hauptwerk *Principia* erscheint	**Michael Faraday** **James Clerk Maxwell**	**Max Planck** begründet die Quantenphysik	**Albert Einstein** spezielle Relativitätstheorie erscheint	**Werner Heisenberg** findet die Unbestimmtheitsrelation

M2 Quantenphysik und Quantenobjekte

Was ist nun eigentlich Quantenphysik? Nun, die *Quantenphysik* ist das Gebiet der Physik, welches sich mit den Verhaltensweisen von Quantenobjekten beschäftigt. [...] Unter dem Begriff *Quantenobjekt* versteht man für gewöhnlich atomare oder subatomare Objekte, also beispielsweise Elementarteilchen, wie die bekannten Atombausteine Elektron, Proton und Neutron. In einer allgemeineren Formulierung lässt sich festhalten, dass sowohl Materie als auch Licht im kleinen Maßstab als Quantenobjekte zu bezeichnen sind. Allerdings können sich auch wesentlich größere Ansammlungen von mehreren Dutzend Atomen noch wie Quantenobjekte verhalten. *Silvia Arroyo Camejo, Skurrile Quantenwelt, S. 17*

M3 Moderne Physik – neue Sichtweisen

Die Quantenmechanik gilt als einer der größten Erfolge der Physik. Das ist eine Einschätzung, die einerseits auf der Erklärungskraft dieser Theorie und ihrem enormen Vorhersage-Potenzial im Bereich der atomaren Erscheinungen beruht. [...] Die Einschätzung beruht zum anderen sicher auch auf der beeindruckenden Systematik und Eleganz der Formulierung [...].

Allein die eben genannten Aspekte könnten schon ausreichen, [...] das Bedürfnis zu wecken, Näheres über eine Theorie von so herausragender Qualität zu erfahren. Ein weiterer und vermutlich noch wichtigerer Gesichtspunkt kommt dazu. Bei vielen interessierten Laien ist der Eindruck aufgekommen [und dieser Eindruck stimmt], dass die Quantentheorie bestimmte Implikationen habe – sprechen wir ruhig einmal von „metaphysischen" Implikationen –, die uns dazu nötigen könnten, grundlegende, für unser gewöhnliches Bild der Welt wesentliche Annahmen zu revidieren. [...]

Es ist beispielsweise davon die Rede, dass aus quantentheoretischen Gründen die (vermeintlich) klare Trennlinie zwischen erkennenden Subjekten einerseits und potenziellen Erkenntnisgegenständen andererseits, als von den Subjekten angeblich unabhängigen Dingen, nicht länger als eine klare Trennlinie betrachtet werden könne. Es soll einen Bereich des Verschwimmens und des Verschwindens von Subjekt-Objekt-Gegensätzen geben. *Ulrich Nortmann, Unscharfe Welt?, S. 3*

M4 Unscharf – unbestimmt – ungenau – unsicher

Das Prinzip der *Heisenberg'schen Unschärferelation* stellt wohl eines der zentralsten und vor allem fundamentalsten Elemente der Quantenmechanik dar. [...] Man stelle sich hierzu ein beliebiges Quantenobjekt, wie beispielsweise ein Elektron, vor. Wüsste man nun den exakten Aufenthaltsort und den genauen Impuls (also das Produkt aus der Masse und Geschwindigkeit) dieses Teilchens, könnte man aus den klassischen Gesetzen der Newton'schen Mechanik die exakte Position dieses Teilchens zu jedem beliebigen Zeitpunkt ermitteln. [...] Nach diesem *deterministischen Weltbild* wäre also der Kosmos seit dem Punkt seiner Entstehung vollständig festgelegt. Eigentlich eine an sich simple und logisch leicht nachvollziehbare Offensichtlichkeit, möchte man meinen.

Da scheint es umso amüsanter, dass der geniale Quantenphysiker Werner Heisenberg diesem klassischen Determinismus einen Strich durch die Rechnung machte, indem er seine überaus revolutionäre *Unschärferelation* aufstellte, die einen einschränkenden Bezug zwischen der Ortsunschärfe und der Impulsunschärfe herstellt. [...] Die Heisenberg'sche Unschärferelation schränkt unser Wissen über die Bahnen von Quantenobjekten grundlegend ein. Dabei ist von besonderer Wichtigkeit, dass diese Wissensgrenze *nicht* aufgrund von technisch begründeten Messungenauigkeiten oder unpräzisen Messinstrumenten entsteht, sondern eine definitive *Eigenschaft der Materie im Mikrokosmos selbst* darstellt.

nach Silvia Arroyo Camejo, Skurrile Quantenwelt, S.86-88

M5 Künstlerische Sichtweisen

„war jetz' des gestern oder im dritten stock?"

Karl Valentin

Salvador Dalí, Die zerrinnende Zeit, 1931

M6 Raum und Zeit

Wenn man sich mit den Zusammenstößen der Elementarteilchen höchster Energien beschäftigt, muss man auf die Raum-Zeit-Struktur der speziellen Relativitätstheorie Rücksicht nehmen. [...] Jetzt [...] hat man es mit Elementarteilchen zu tun, die sich nahezu mit Lichtgeschwindigkeit bewegen, deren Verhalten also nur mithilfe der Relativitätstheorie beschrieben werden kann. Einstein hat [...] gefunden, dass die Struktur von Raum und Zeit nicht ganz so einfach ist, wie wir sie uns zunächst im täglichen Leben vorstellen. [...] Seit Einsteins Entdeckung im Jahre 1905 aber weiß man, dass zwischen dem, was ich [...] zukünftig, und dem, was ich vergangen genannt habe, ein endlicher Zeitabstand liegt, dessen zeitliche Ausdehnung abhängt von dem räumlichen Abstand zwischen dem Ereignis und dem Beobachter. Der Bereich der Gegenwart ist also nicht auf einen unendlich kurzen Zeitmoment beschränkt. [...] Dieser Zug der Relativitätstheorie führt nun im Zusammenhang mit den Unbestimmtheitsrelationen der Quantentheorie zu Schwierigkeiten.

Werner Heisenberg, Atomforschung und Kausalgesetz, S. 138f.

1 Erstellen Sie tabellarisch Kurzbiografien der genannten Forscher. Welche Hauptwerke haben sie verfasst, wann? Wer von ihnen bekam den Physiknobelpreis, wann, wofür? ➜ M1
2 Informieren Sie sich über Silvia Arroyo Camejo und stellen Sie Ihre Ergebnisse vor. ➜ M2
3 Wie definiert Camejo Quantenobjekte? ➜ M2
4 Welche Wandlungen im Weltbild werden durch die Quantentheorie veranlasst? ➜ M3/4
5 Warum hat die Unschärferelation keine Bedeutung für die klassische Physik, zum Beispiel die Fahrt mit dem Bus zur Schule oder beim Wurf eines Basketballs? ➜ M4
6 Welche Hintergedanken mag wohl Karl Valentin in seinem Zitat versteckt haben? Lassen Sie gemeinsam Ihre Phantasie spielen, denken Sie sich dazu einen kleinen Sketch aus. ➜ M5
7 Die Zeit zerrinnt – ist nicht mehr „punktgenau". Was versteht man darunter im Alltag – was bedeutet das also klassisch –, was in der modernen Physik? Welche Konsequenzen ergeben sich für Kausalität, Determination und Weltbild? ➜ M5/6

5 Zeit und Geschichte

M1 Der Engel der Geschichte

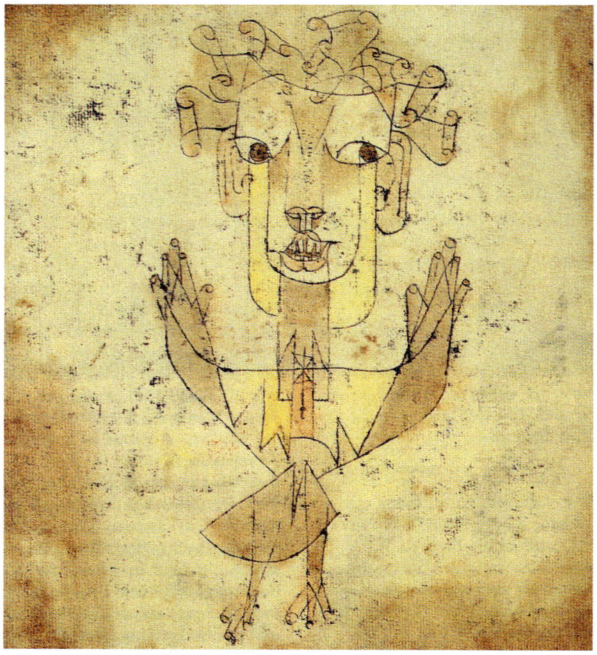

Paul Klee, Angelus Novus, 1920

Es gibt ein Bild von Klee, das Angelus Novus heißt. Ein Engel ist darauf dargestellt, der aussieht, als wäre er im Begriff, sich von etwas zu entfernen, worauf er starrt. Seine Augen sind aufgerissen, sein Mund ist offen und seine Flügel sind ausgespannt. Der Engel der Geschichte muss so aussehen. Er hat das Antlitz der Vergangenheit zugewandt. Wo eine Kette von Begebenheiten vor uns erscheint, da sieht er eine einzige Katastrophe, die unablässig Trümmer auf Trümmer häuft und sie ihm vor die Füße schleudert. Er möchte wohl verweilen, die Toten wecken und das Zerschlagene zusammenfügen. Aber ein Sturm weht vom Paradiese her, der sich in seinen Flügeln verfangen hat und so stark ist, dass der Engel sie nicht mehr schließen kann. Dieser Sturm treibt ihn unaufhaltsam in die Zukunft, der er den Rücken kehrt, während der Trümmerhaufen vor ihm zum Himmel wächst. Das, was wir den Fortschritt nennen, ist dieser Sturm.

Walter Benjamin, Über den Begriff der Geschichte, S. 84f.

M2 Zeit in der Geschichte

Zunächst umfasst das Konzept der Universalgeschichte alle historischen Zeiten von den Anfängen der Menschheit bis zur Gegenwart, ohne allerdings einen mythischen Ursprung und ein in ferner Zukunft liegendes Ende der Geschichte behaupten zu müssen. Wichtiger ist die Berücksichtigung aller bekannten Epochen, was Unterbrechungen, Stagnationen und Brüche bestimmter Traditionen keineswegs ausschließt. Grundlegend vorauszusetzen ist lediglich ein zeitlich lineares und nicht umkehrbares Kontinuum zwischen Vergangenheit, Gegenwart und Zukunft. Sodann enthält die Universalgeschichte alle geographischen Räume der Erde, beschränkt sich also nicht etwa auf die Geschichte Europas, sondern berücksichtigt auch die Geschichte anderer Erdteile und der dort lebenden Völker und Nationen. In diesem Sinne spricht man heute von Globalgeschichte, um zu betonen, dass diese Art Geschichte tendenziell den eurozentristischen Standpunkt verlassen muss und der Vielheit der Kulturen Rechnung zu tragen hat.
Die zeitliche und räumliche Dimension der Universalgeschichte hat eine nicht zu unterschätzende theoretische Konsequenz. Aus dem Vergleich zwischen Völkern, die in unterschiedlichen Regionen und Epochen leben, resultiert die Erkenntnis, dass verschiedene Stadien der Zivilisation nicht nur an einem Ort zeitlich aufeinander folgen, sondern auch gleichzeitig an verschiedenen Orten anzutreffen sind. Darin besteht die geschichtsphilosophisch bedeutsame Einsicht in die Ungleichzeitigkeit der Geschichte.
Bedeutsam ist diese Einsicht deshalb, weil die Geschichte auf diese Weise von der bloßen Chronologie von Tag und Nacht, Monaten und Jahren abgekoppelt wird und dadurch ihren eigenen Inhalt gewinnt. Gefragt wird nach einem allgemeinen Modell historischer Entwicklung, deren Kernbereich seit der Neuzeit in Wissenschaft, Technik und Ökonomie gefunden wird. Dieser Komplex bildet auch die Grundlage für die Idee des Fortschritts. Sofern darüber hinaus er-

wartet wird, dass sich der wissenschaftlich-technische und wirtschaftliche Fortschritt auch auf andere Gebiete wie Moral und Politik übertragen lässt, beansprucht die Geschichtsphilosophie schließlich die gleichzeitige Universalität aller Lebensbereiche. Da dieser Fortschritt eine eigene Dynamik entfaltet und einem beschleunigten Rhythmus folgt, trennt sich die Geschichte von der naturalen Zeit, die an den Kreislauf der Planeten sowie an den Wachstumszyklus der Lebewesen gebunden ist. Daher spricht man von einer Denaturalisierung der Geschichte und von einer daraus hervorgegangenen Verzeitlichung bzw. spezifisch historischen Zeit, die sich an der von den Menschen gemachten und bewussten Geschichte orientiert. Mit dieser Wende zur selbst gemachten Geschichte ist auch deren Subjekt benannt. [...] Und weil die Universalgeschichte tendenziell alle Menschen meint, postuliert sie die ganze Menschheit als Subjekt der Geschichte. Nicht die Individuen schreiten letztlich voran, sondern die menschliche Gattung. Die Geschichte löst sich von der zyklischen Lebenszeit der Individuen und öffnet sich zur tendenziell endlosen Weltzeit. *Johannes Rohbeck, Geschichtsphilosophie, www.philosophie-woerterbuch.de*

M3 Die Gleichzeitigkeit des Ungleichzeitigen

Der Beginn der Neuzeit ist ein längerfristiger Prozess, an dessen Ende erst die Einsicht in die Prozesshaftigkeit der Neuzeit steht: eben die Entstehung der „Geschichte überhaupt“ als Ergebnis der Aufklärung. Zuvor gab es eine Vielzahl von Geschichten, die grundsätzlich einander ähneln oder sich gar wiederholen mochten; Geschichten mit bestimmten handelnden oder leidenden Subjekten, oder, in der Erzählung, mit bestimmbaren Objekten. Seit dem 18. Jahrhundert gibt es eine „Geschichte schlechthin“, die ihr eigenes Subjekt und Objekt zu sein schien, ein System und kein Aggregat, wie man damals sagte.

Ihr korrespondiert räumlich die eine Weltgeschichte. Zeitlich entspricht ihr die Einmaligkeit des Fortschritts, der erst mit der „Geschichte“ zugleich auf seinen Begriff gebracht wurde – bevor sich beide Begriffe im 19. Jahrhundert mehr oder weniger auseinanderbewegten. Es gehört zu den strukturellen Merkmalen dieser neuen Geschichte, dass sie die Gleichzeitigkeit von Ungleichzeitigem bzw. die Ungleichzeitigkeit von Gleichzeitigem auf einen Begriff gebracht hat, auch darin dem Fortschritt verwandt. Das gilt nicht nur in dem selbstverständlichen Sinne, dass jede Erzählung Vergangenes in die Gegenwart einholt und insofern die Zeitunterschiede, die sie thematisiert, aufhebt. Vielmehr setzt sich die Wirklichkeit der modernen Geschichte aus einer Vielzahl, nach Kalenderrechnung gleichzeitiger, aber nach Herkunft, Ziel und Entwicklungsphasen ungleichzeitiger Abläufe zusammen. Daraus entstehen Spannungen, Perspektiven der Verzögerung und der Beschleunigung, Verzerrungen und Vereinheitlichungen, die zur Thematik unserer Weltgeschichte gehören. [...]

Seit der Entdeckung der Kugelgestalt unserer Erde wird die Gleichzeitigkeit des Ungleichzeitigen zur allgemeinen Erfahrung der auf diesem Globus lebenden Völker. Seitdem wird die Geschichte in einem genuinen Sinne verzeitlicht. Die Zeit wird mehrschichtig, nicht mehr nur als naturgegeben erfahren, sondern als Vollzugsweise und Ergebnis menschlichen Handelns, menschlicher Kultur und vor allem menschlicher Technik. Erst seitdem Beschleunigung und Verzögerung Erfahrungsdifferenzen ausmessen, die so oder so auszugleichen ein Leitmotiv politisch-sozialen Handelns wird, und erst seitdem sich damit die Erwartung einer planbaren Zukunft verbindet, gibt es den Begriff der Geschichte. *Reinhart Koselleck, Geschichte, Historie, in: Geschichtliche Grundbegriffe, S. 593f.*

1 Erläutern Sie, welche Deutung des Geschichtsverlaufs Walter Benjamin gibt. Nehmen Sie Stellung zu dieser Sichtweise. ➜ M1
2 Zeigen Sie, auf welchem Verständnis von Zeit die Universalgeschichte beruht. ➜ M2
3 Erklären Sie den Unterschied zwischen der naturalen Zeit und der spezifisch historischen Zeit. ➜ M2
4 Erarbeiten Sie die Gründe dafür, dass die Gleichzeitigkeit des Ungleichzeitigen zur allgemeinen Erfahrung der auf diesem Globus lebenden Völker wird, und diskutieren Sie die Konsequenzen. ➜ M2/3

*6 Raum und Zeit in der Geschichtsphilosophie

M1 Historische Zäsuren

ZEIT	PHÄNOMENE	BEDEUTUNG
ab 10. Jahrtausend v. Chr.	Neolithische Revolution (ausgehend vom Zweistromland)	?
4.-1. Jahrtausend v. Chr.	Frühe Hochkulturen (Mesopotamien, Ägypten, u. a.)	?
8.-2. Jahrhundert v. Chr.	Achsenzeit (China, Indien, Persien, Judentum, Griechenland)	?
2. v.-4. Jahrhundert n. Chr.	Römisches Reich	?
4.-15. Jahrhundert n. Chr.	Christianisierung Europas	?
7. Jahrhundert ff. n. Chr.	Ausbreitung des Islam	?
1500 ff. n. Chr.	Europäisierung der Erde	?
16.-20. Jahrhundert n. Chr.	Revolutionen der Moderne in Wissenschaft, Wirtschaft, Gesellschaft, Staat und Politik	?
20./21. Jahrhundert n. Chr.	Kulturmedien, Biowissenschaft, Gentechnik	?

M2 Was ist Geschichtsphilosophie?

Denken über Geschichte betrifft nie nur Vergangenheit, immer auch Gegenwart und Zukunft. Die vergangene Geschichte ist nur ein Teil der wirklichen Geschichte, und vielleicht nicht der wichtigste. Wir kennen heute viele Einzelheiten sowohl aus der Geschichte der Erde und der Lebewesen, als auch aus der Vergangenheit der Menschheit. Was jedoch stets im Auge zu behalten ist, ist die Art und Weise, wie wir diese Kenntnis verwenden, was wir damit zu tun gedenken. Geschichtswissen muss praktische Bedeutung haben, oder es ist wertlos, denn die Vergangenheit lässt sich nicht ändern. [...]. Dass wir unsere Lebenschancen vertun, lässt sich hingegen vielleicht doch ändern. [...] Ich möchte die wichtigsten Typen von geschichtsphilosophischen Entwürfen umreißen, die in der europäischen Geistesgeschichte entwickelt worden sind. Es gibt grundsätzlich zwei verschiedene Arten von Problemstellungen, die beide als philosophisch bezeichnet werden, und die sich beide mit Geschichte befassen. [...] Die erste Art ist dasjenige, wovon in den meisten Wörterbüchern steht, Voltaire (französischer Aufklärer des 18. Jahrhunderts) habe den Namen („Philosophie de l'histoire") dafür geprägt, *Vico, Herder, Hegel, Marx, Spengler, Jaspers, Toynbee* seien einige ihrer großen Repräsentanten. Es handelt sich dabei um eine *Fragestellung, in der nach dem Verlauf der Menschheitsgeschichte überhaupt gefragt wird,* nach deren wesentlichen Stadien, Erscheinungsformen, Faktoren und Gesetzmäßigkeiten. Davon ist zu unterscheiden eine andere Fragerichtung, die ebenfalls den Namen *Geschichtsphilosophie* trägt und die mindestens so alt ist wie die erstgenannte: *die Untersuchung der Frage, auf welche Weise sicheres Wissen über Vergangenheit gewonnen und wie dieses angemessen mitgeteilt werden könne.*

M3 Verlaufsmodelle der Geschichte

Soweit ich sehe, sind für die Verlaufsbeschreibung in der europäischen Geschichtsphilosophie drei Modellvorstellungen entwickelt worden: der Pfeil, der Kreis und die Spirale. Unter den *linearen oder pfeilförmigen Modellen* gibt es mancherlei Varianten: sie können als Aufstiegs- und Fortschrittsidee auftreten (dann wird am Beginn die Barbarei, ein roher Urzustand angenommen), sie können aber auch als Abstiegs- und Rückschrittsbilder vorkommen (mit dem Paradies oder dem Goldenen Zeitalter am Anfang, oder aber auch einer heilen, natürlichen Urgesellschaft); die Linie kann als Kontinuum gedacht sein, oder auch gebrochen, treppenförmig vorgestellt. Gemeinsam ist allen diesen Pfeilmodellen, dass darin der Verlauf der Menschheitsgeschichte [...] als ein einziger Prozess gedacht wird, wobei die jeweils späteren Stadien in irgendeiner Weise – zum Besseren oder zum Schlechteren – über die früheren hinausgehen.

Die *kreisförmigen Geschichtsvorstellungen* können ebenfalls unterschiedlichen Gehalt haben. Zwischen den Jahreszyklen von Naturreligionen, wie sie etwa Eliade schildert, Platons *Großem Jahr* und Spenglers *Kulturen* bestehen Ähnlichkeiten: Überall handelt es sich um geschlossene Abläufe, nach deren Vollendung „das Ganze" (bei Platon die Weltgeschichte, bei Spengler ein Kulturorganismus) abstirbt und ein neues Ganzes beginnt. In gewisser Weise ist der Kreis auch als Auf- und Abstiegsmodell gedacht, der seinen Zenit kennt und dann unvermerkt zum Abstieg überleitet, also eine Kombination von Zukunfts- und Vergangenheitsutopie.

Wieder ein anderes Bild bieten die *Spiralvorstellungen* [...]: der Auf- und Abstieg des Kreislaufs (einer Gesellschaft, eines Staates, einer Kultur) geht nicht an den Nullpunkt zurück, sondern an einen neuen Ausgangspunkt, der etwas höher liegt als der vorige.

M4 Faktoren und Akteure der Geschichte

Verlaufsmodelle sind aber nicht das Einzige, was die spekulative Geschichtsphilosophie anzielt. Sie will auch wissen, wie es zu diesem Verlauf kommt – und kommen muss. Sie will die *Faktoren und Akteure* der Geschichte benennen. [...] Ich spreche von einem autonomen Geschichtsbild, wenn die Auffassung vertreten wird, dass die Subjekte der Geschichte, die Menschen, dieses Geschehen ausschließlich selbst bewirken und gestalten. Von Heteronomie spreche ich, wenn hinter den Menschen eine ihnen fremde, übergeordnete Kraft angesetzt wird, deren Willen oder deren Eigengesetzlichkeit die Menschen in der Geschichte lediglich vollziehen. [...] Unter den *heteronomen Geschichtsauffassungen* möchte ich zwei Grundtypen unterscheiden: entweder wird angenommen, dass in der Geschichte ein *Natur- oder Weltgesetz* wirkt, eine unpersonale Kraft, oder es wird gedacht, dass eine planend-voraussehende, *personale Kraft*, die über den Menschen steht, das Geschehen lenkt. In beiden Fällen kann man noch weiter fragen, ob oder inwieweit der Plan oder die Gesetzmäßigkeit als erkennbar gilt. So etwa gehört die christlich-mittelalterliche Geschichtsauffassung zum zweiten Typ, wobei nach ihrem Selbstverständnis einige wesentliche Stationen (der Anfang, die Hauptepochen, das Ende im *Weltgericht*) gewusst werden (aus der *Offenbarung*), andere Einzelheiten jedoch im Dunkeln bleiben. [...] Auch unter den *autonomen Geschichtsbildern* gibt es Unterschiede, wenn man die Frage nach den eigentlichen Akteuren oder Faktoren noch weiter differenziert. Eine Möglichkeit ist, dass man die Geschichte als ein Geschehen auffasst, das *Individuen* (die „großen Männer") nach ihren jeweils individuellen Plänen gestalten, wobei sich dann die Frage anschließt, ob diese Pläne insgesamt einen Gesamtplan ergeben oder nicht. [...] Eine andere Form dieses Typs autonomer Geschichtsbilder liegt vor, wenn als die eigentlichen Akteure der Geschichte nicht Einzelne angesehen werden, sondern *Gruppen von Menschen* (Klassen, Gesellschaften, Staatswesen).

M2-4: Franz M. Wimmer, Typen und Theorien von Geschichtsphilosophie, S. 2-5

1 Erarbeiten Sie arbeitsteilig in Gruppen mit Hilfe eines Lexikons bzw. Internetrecherche jeweils die Bedeutung der „Historischen Zäsuren". ➜ M1
2 Formulieren Sie die geschichtsphilosophischen Grundfragen. ➜ M2
3 Diskutieren Sie anhand der gewonnenen Informationen über die historischen Zäsuren (Aufgabe 1), welches Verlaufsmodell (Pfeil, Kreis, Spirale) Geschichte angemessen beschreibt. Beziehen Sie dabei auch die Frage ein, wer Geschichte macht. ➜ M3/4

1 Wer ist der Sprache mächtig?

M1 Interview mit Kanzi

www.kanzi-superstar.blogspot.com

Der Great Ape Trust in Des Moines, Iowa ist die Heimat von sieben Bonobos [...]. Wenn Sie meinen, dass dies ein seltsamer Platz für Affen ist, sprechen Sie es bitte nicht aus. Diese Affen verstehen die englische Sprache. Sie können mit den Affen sprechen, und die Affen wissen, über was Sie gerade reden. Die Einwohner von Great Ape Trust sind Teil der Grundlagenforschung für Sprachen. Die Affen sind in der Lage mit den Menschen zu kommunizieren. Zu diesem Zweck stehen ihnen 350 Symboltasten (Lexigrams) zur Verfügung [...]. Diese Symboltasten stellen Gedanken und Objekte dar. Der Superstar ist der 26 Jahre alte Kanzi; Bill Fields, der verantwortliche Wissenschaftler, arbeitet mit ihm seit Jahren. Um zu kommunizieren, spricht Fields mit dem Affen, dieser berührt die Symboltasten, um zu antworten, und zeigt so eine Ebene des Verständnisses. Fields: „Qualitativ betrachtet gibt es keinen Unterschied zwischen Kanzis Sprache und der meinen." Der Schlüssel für die Verständigung liegt in einer frühen Stufe des Erlernens, geradeso, als wenn Sie einem Baby das Sprechen beibringen. Die Experten sind der Auffassung, dass die Affen wahrscheinlich niemals akustisch antworten können, wobei Fields meinte, Kanzi hätte einmal versucht „Thank you" zu ihm zu sagen; akustisch, versteht sich. [...] Dann interviewte ich den ersten Affen in meinem Leben, überhaupt. Ich habe Kanzi eine Reihe von verschiedenen Worten vorgelesen, er sprang auf und drückte die entsprechenden Symboltasten fehlerfrei. Ich sagte: „Ei", er drückte „Ei". Ich sagte: „M und M". Er drückte „M und M". Dann übernahm Kanzi die Kontrolle über das Gespräch und drückte das Symbol für „Überraschung". Sinnlos zu sagen: Ich war völlig überrascht, hatte ich doch noch nie mit einem Affen gesprochen. Kanzi zeigte auf eine Schachtel mit Süßigkeiten, die sich in meiner Nähe befand. All das sind wichtige Schritte in der Verständigung zwischen Mensch und Affe. Kanzi erzählt über seine Magen- und Kopfschmerzen, wenn er allein sein möchte, oder aber was ihm Angst macht. [...] Manchmal ist die Ähnlichkeit der Affen mit uns Menschen total verblüffend; als ich Kanzi fragte, ob er einen Kaffee wünsche, nickte er enthusiastisch mit seinem Kopf. Sie teilen nicht nur 98% der DNA mit den Menschen, sondern auch deren Vorliebe für einen entkoffeinierten Latte Macchiato.

John Berman, Interview mit Kanzi – einem Bonobo, www.brightsblog.wordpress.com, 02.06.2007

M2 Kommunikation durch Sprache

Das Charakteristische der menschlichen Sprache ist, dass wir in Sätzen sprechen. Die komplexe Struktur der menschlichen Sprache ermöglicht, dass wir uns auf Dinge beziehen, die unabhängig von der Sprechsituation sind, während die rudimentären Sprachen anderer Tiere situationsbezogen sind. Weil Menschen nicht nur über unmittelbar Angenehmes und Unangenehmes Signale austauschen, sondern über Nützliches und Schädliches, über Gerechtes und Ungerechtes, also über Gutes und Schlechtes sprechen können, gehen sie die ihnen eigentümlichen sozialen Zusammenhänge in der Weise ein, dass sie sich wechselseitig darüber verständigen, was gut für alle ist. Während ein Ameisenstaat z. B. auf der Grundlage von chemischen Stimuli organisiert ist, haken sich in einer menschlichen Gesellschaft die Individuen auf Grund von Meinungen, was gut für jeden ist, ineinander ein und haben daher auch das Vermögen, sich abzuhaken. Die Einhakung läuft über sprachlich artikulierte Normen, zu denen jede vernünftige Person bejahend, verneinend oder fragend Stellung nehmen kann. Wenn Aristoteles sagt, dass für das menschliche Verstehen die Satzsprache *(logos)* wesentlich sei, heißt das, dass der Mensch das Tier ist, das nach Gründen *(rationes)* fragen kann, er ist ein rationales Tier, d. h. ein auf Gründe hin überlegendes Wesen.

nach Ernst Tugendhat, Anthropologie statt Metaphysik, S. 22f.

Screenshot aus „I-Robot" (USA 2004)

M3 Können Maschinen (sinnvoll) sprechen?

Wenn es Maschinen mit den Organen und der Gestalt eines Affen oder eines anderen vernunftlosen Tieres gäbe, so hätten wir gar kein Mittel, das uns nur den geringsten Unterschied erkennen ließe zwischen dem Mechanismus dieser Maschinen und dem Lebensprinzip dieser Tiere; gäbe es dagegen Maschinen, die unseren Leibern ähnelten und unsere Handlungen insoweit nachahmten, wie dies für Maschinen wahrscheinlich möglich ist, so hätten wir immer zwei ganz sichere Mittel zur Erkenntnis, dass sie deswegen keineswegs wahre Menschen sind. Erstens könnten sie nämlich niemals Worte oder andere Zeichen dadurch gebrauchen, dass sie sie zusammenstellten, wie wir es tun, um anderen unsere Gedanken bekannt zu machen. Denn man kann sich zwar vorstellen, dass eine Maschine so konstruiert ist, dass sie Worte und manche Worte sogar bei Gelegenheit körperlicher Einwirkungen hervorbringt, [...] wie zum Beispiel, dass sie, berührt man sie an irgendeiner Stelle, gerade nach dem fragt, was man ihr antworten will, dass sie, berührt man sie an einer anderen Stelle, schreit, man täte ihr weh und ähnliches; aber man kann sich nicht vorstellen, dass sie die Worte auf verschiedene Weise zusammenordnet, um auf die Bedeutung alles dessen, was in ihrer Gegenwart laut werden mag, zu antworten, wie es der stumpfsinnigste Mensch kann. Das zweite Mittel ist dies: Sollten diese Maschinen auch manches ebenso gut oder vielleicht besser verrichten als irgendeiner von uns, so würden sie doch zweifellos bei vielem anderen versagen, wodurch offen zutage tritt, dass sie nicht aus Einsicht handeln, sondern nur zufolge der Einrichtung ihrer Organe. Denn die Vernunft ist ein Universalinstrument, das bei allen Gelegenheiten zu Diensten steht, während diese Organe für jede besondere Handlung einer besonderen Einrichtung bedürfen; was es unwahrscheinlich macht, dass es in einer einzigen Maschine genügend verschiedene Organe gibt, die sie in allen Lebensfällen so handeln ließe, wie uns unsere Vernunft handeln lässt. *nach René Descartes, Bericht über die Methode, S. 105ff.*

1 Beschreiben Sie Kanzis kommunikative Möglichkeiten und Grenzen. Inwieweit teilen Sie Bill Fields Auffassung, dass es qualitativ keinen Unterschied zwischen Kanzis Sprache und der menschlichen gibt? ➜ M1

2 Erarbeiten Sie die spezifischen Merkmale menschlicher Sprache nach Ernst Tugendhat, ergänzen Sie ggf. eigene Ideen und stellen Sie Ihre Ergebnisse den Merkmalen der Bonobo-Sprache gegenüber. ➜ M1/2

3 Stellen Sie die Kriterien des von Descartes angedachten Unterschieds zwischen Mensch und Tier in einem strukturierten Schaubild dar. ➜ M3

4 Informieren Sie sich über den aktuellen Stand der wissenschaftlichen Bemühungen rund um KI („Künstliche Intelligenz", vgl. auch S. 186f.) und prüfen Sie, ob Descartes Unterscheidung auch heute noch vertretbar ist. ➜ M3

5 Referatsthema: Der Film *I-Robot* (USA 2004) präsentiert eine Zukunftsvision, in der Roboter sowohl Sprache als auch Vernunft besitzen. Sehen Sie sich den Film an und stellen Sie dem Kurs „Triumph und Tragödie" dieser Entwicklung vor. ➜ M3

2 Sprache als Werkzeug

M1 Angeborene Grammatik?

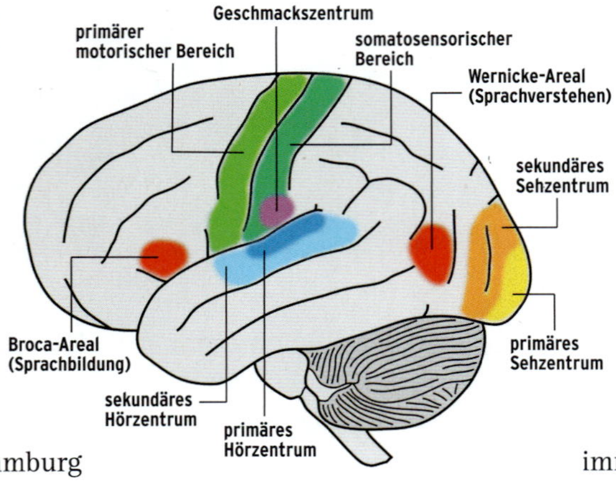

Wissenschaftler vermuten, dass allen Sprachen Regeln zugrunde liegen, die dem Menschen in die Wiege gelegt sind. Nun haben Forscher der Universität Hamburg Hinweise gefunden, dass diese Grammatik im Gehirn einen festen Platz haben könnte. In einem Experiment mussten acht junge Deutsche japanische, acht weitere italienische Vokabeln pauken. Dann wurden sechs Grammatikregeln erklärt; drei davon waren Nonsens. Die Probanden sollten beurteilen, ob bestimmte Sätze den erlernten Regeln entsprachen. Dabei wurden die Vorgänge in ihren Gehirnen beobachtet: Das Broca-Zentrum im linken Großhirn wurde immer dann besonders aktiv, wenn der Proband sich mit echten Regeln auseinandersetzte. Bei erfundenen Regeln klang die Aktivität rasch ab. [...] Wie hoch komplex die Sprachverarbeitung im menschlichen Gehirn abläuft, beginnen die Forscher erst langsam zu verstehen. An der Sprachbildung im Kopf ist, anders als früher angenommen, ein ganzes Orchester verschiedener Hirnregionen beteiligt; und das Netzwerk aus Neuronen ist derart flexibel, dass es bei jedem Menschen an ganz unterschiedlichen Stellen beheimatet sein kann. Bei der Spurensuche unter der Schädeldecke helfen den Forschern hirnkranke Menschen, besonders Epileptiker: Bevor Chirurgen ihre unkontrollierten Anfälle durch eine Hirnoperation stoppen können, müssen die Mediziner bei jedem einzelnen Patienten die fürs Sprechen zuständigen Hirnareale identifizieren [...].

Spiegel Special 4/2003, S. 93 und Gerald Traufetter, Stimmen aus der Steinzeit, in: DER SPIEGEL 43/2002, S. 222

M2 Die ursprünglichen Funktionen von Sprache

Die Ursprünge der Entstehung und damit auch die ursprünglichen Funktionen von Sprache zu rekonstruieren ist ein höchst spekulatives Unterfangen. Es überrascht daher nicht, dass sich Linguisten hinsichtlich der ursprünglichen Sprachfunktionen nicht einig sind. Dennoch tauchen einige Funktionen in den verschiedenen Theorien immer wieder auf. So gelangt zum Beispiel Halliday unter Berücksichtigung sprachlich-funktionaler und sozialhistorischer Gesichtspunkte zu einer Reihe von Sprachfunktionen, die sowohl für den frühen Spracherwerb als auch für die spätere Entwicklung charakteristisch sind:

- **Instrumentale Sprachfunktion:** Mit Hilfe von Sprache befriedigt das Kind seine materiellen Bedürfnisse.
- **Regulatorische Sprachfunktion:** Sprache dient dazu, das Verhalten der Mitmenschen zu steuern („Tu, was ich dir sage!“).
- **Interaktionale Sprachfunktion:** Durch Sprache können sich Menschen verständigen und soziale Beziehungen etablieren.
- **Personale Sprachfunktion:** Zur Bildung einer Ich-Identität und eines Ich-Bewusstseins ist Sprache unverzichtbar.
- **Heuristische Sprachfunktion:** Durch seine Sprache kann ein Kind seine Umwelt analysieren und verstehen.
- **Imaginative Sprachfunktion:** Sprache befähigt das Kind, sich (in seiner Phantasie) seine eigene Welt zu gestalten.
- **Repräsentative Sprachfunktion:** Sprache dient als Mittel, um etwas über die „Dinge“ mitzuteilen. Diese Sprachfunktion können Kinder in ihrem Reifeprozess erst recht spät nutzen.

nach Theodor Lewandowski, Linguistisches Wörterbuch in drei Bänden, Band 3, S. 1015

M3 Sprachansichten – Weltsichten

Der Mensch lebt mit den Gegenständen hauptsächlich, ja, da Empfinden und Handeln in ihm von seinen Vorstellungen abhängt, sogar ausschließlich so, wie die Sprache sie ihm zuführt. Durch denselben Akt, vermöge dessen er die Sprache aus sich herausspinnt, spinnt er sich in dieselbe ein, und jede zieht um das Volk, welchem sie angehört, einen Kreis, aus dem es nur insofern hinauszugehen möglich ist, als man zugleich in den Kreis einer andern hinübertritt. Die Erlernung einer fremden Sprache sollte daher die Gewinnung eines neuen Standpunkts in der bisherigen Weltsicht sein und ist es in der Tat bis auf einen gewissen Grad, da jede Sprache das ganze Gewebe der Begriffe und die Vorstellungsweise eines Teils der Menschheit enthält. Nur weil man in eine fremde Sprache immer, mehr oder weniger, seine eigne Welt-, ja seine eigne Sprachansicht hinüberträgt, so wird dieser Erfolg nicht rein und vollständig empfunden.

Wilhelm von Humboldt, Schriften zur Sprache, S. 53f.

M4 Medium oder Organ?

Der philosophische Ruf der Sprache ist seit jeher schwankend. Sie wurde als ein Spiegel gesehen, der die äußere Welt getreulich wiedergibt, aber auch als ein blinder Spiegel, der dem Geist die Sicht auf das Wesen der Dinge verstellt. Seit Nietzsches Tagen kursiert eine dritte Version. Ihr zufolge ist die Sprache eher ein Zerrspiegel, der als Wirklichkeit nur das erkennbar macht, was ihre Benutzer „etwas angeht". [...] In einem neueren Artikel, der viele Motive seines Denkens noch einmal Revue passieren lässt, verwirft der amerikanische Philosoph Donald Davidson alle diese Varianten. Unter der Überschrift *Seeing Through Language* nimmt er eine Dekonstruktion seiner Titelmetapher vor. Hier der Geist, dort die Welt, dazwischen das Augenglas der Sprache: Dieses Bild führt in die Irre. Es suggeriert, dass Geist und Welt getrennte Sphären sind, die durch ein Drittes in Verbindung gebracht werden müssen. Geist aber, der nicht von der Welt, und Welt, die nicht erkennend zugänglich wäre, sind leere Begriffe. Um der Vorstellung einer getreuen oder ungetreuen Abbildung einer außerhalb unserer Reichweite gegebenen Welt zu entkommen, empfiehlt Davidson einen Vergleich mit den Sinnen. Wir sehen nicht durch die Augen, sondern mit ihnen. Wir hören nicht durch die Ohren, sondern mit ihnen. Entsprechend ist auch die Sprache nichts, was zwischen uns und der Welt stünde. Sie ist Teil von uns. Sie ist die Art, in der wir als erkennende Wesen Welt haben. Sie ist kein Fenster, kein Bildschirm, kein Mittleres und daher für Davidson kein Medium. Natürlich kann man sagen, dass sich die Menschen vermöge ihrer Sinne und Sprache mit ihrer Umwelt auseinandersetzen. Aber wie die Sinne einen direkten Kontakt mit der Umgebung ermöglichen, so auch die Sprache. Auch sie ist ein „Organ" des Menschen. Jedoch ist sie mehr als ein sechster Sinn. Sie ist das Organ einer „propositionalen Wahrnehmung", also einer gedanklichen Aufnahme von äußeren Zuständen und Geschehnissen. Sie erlaubt es nicht nur, in Kontakt mit der eigenen Umgebung zu stehen, sondern sich einen Begriff von den Dingen und Ereignissen der Welt zu machen. Sie macht es möglich, sich durch Meinungen und durch die Korrektur von Meinungen zu orientieren.

Martin Seel, Ist die Sprache ein Medium?, in: DIE ZEIT 05/1999, S. 46

1 Die moderne Hirnforschung ist der Sprache auf der Spur. Fassen Sie die Ergebnisse der Untersuchungen kurz zusammen. ➔ M1

2 Die vielfältigen Funktionen der menschlichen Sprache bieten Selektionsvorteile: Klären Sie die Fachbegriffe und veranschaulichen Sie die einzelnen Funktionen anhand von Beispielen. ➔ M2

3 „Sprachansichten – Weltsichten": Spekulieren Sie vor der Lektüre des Textes über mögliche Bedeutungen dieser Ausdrücke und prüfen Sie Ihre Hypothesen während der Lektüre. ➔ M3

4 Diskutieren Sie Humboldts Behauptung über den Erkenntniswert des Fremdsprachenlernens anhand ihrer eigenen Fremdsprachenbiographie. ➔ M3

5 Arbeiten Sie heraus, durch welche Merkmale sich nach Donald Davidson Medien und (Sinnes-)Organe unterscheiden. ➔ M4

6 Verdeutlichen Sie, welcher Kategorie Davidson die Sprache zuordnet, und zeichnen Sie seinen Argumentationsgang nach. ➔ M4

3 Wort und Gegenstand

M1 Kann ein Wort duften?

M2 What's in a name?

In Shakespeares Drama Romeo und Julia *hat das Liebespaar Probleme, weil die Familien Montagu und Capulet schon lange verfeindet sind.*

Julia:

O Romeo, Romeo! – Warum bist du Romeo?
Leugne den Vater, wehr dich deines Namens.
Oder wenn du nicht willst, bind dich an mich,
Und ich will keine Capulet mehr sein.

Romeo:

Soll ich noch horchen oder soll ich sprechen?

Julia:

Dein Name, nur dein Name ist mein Feind:
Du bleibst du selbst, auch ohne Montagu.
Was ist schon Montagu? Nicht Hand noch Fuß
Noch Arm noch Kopf noch irgend sonst ein Teil,
Das einen Menschen macht. Tausch deinen Namen!
Was sagt ein Name? Das, was Rose heißt,
Würd gleichsüß unter anderm Namen duften.
So bliebe Romeo, wenn er nicht Romeo hieße,
Die Makellosigkeit, die er besitzt,
Auch ohne Titel. Romeo, lass den Namen!
Und für den Namen, der dich nicht besitzt,
Besitze mich.

Romeo:

Ich nehme dich beim Wort.
Nenn mich Geliebter, und du taufst mich neu.
Von da an will ich nie mehr Romeo sein.

William Shakespeare, Romeo und Julia, Akt II, Szene II

M3 Die Willkürlichkeit aller Zeichen

Die Wörter [rufen] infolge häufigen Gebrauchs bei den Menschen so regelmäßig und so schnell bestimmte Ideen wach, dass sie leicht versucht sind, einen natürlichen Zusammenhang zwischen beiden anzunehmen. Dass die Wörter jedoch nur die besonderen menschlichen Ideen bezeichnen, und zwar *auf Grund einer durchaus willkürlichen Festlegung*, erhellt aus Folgendem: Die Wörter rufen häufig bei anderen (auch wenn sie dieselbe Sprache sprechen) tatsächlich nicht die Ideen hervor, als deren Zeichen sie uns gelten. Auch besitzt jedermann eine so unverletzliche Freiheit, die Wörter nach Gutdünken für jede beliebige Idee zu verwenden, dass kein Mensch die Macht besitzt, andere zu veranlassen, dieselben Ideen im Sinne zu haben wie er, wenn sie dieselben Wörter benutzen wie er. Darum gab selbst der große Augustus, der durch seine Macht die Welt beherrschte, zu, dass er nicht imstande sei, ein neues lateinisches Wort zu schaffen; das bedeutet, er könne nicht nach Belieben festsetzen, für welche Idee im Mund- und Sprachgebrauch seiner Untertanen ein bestimmter Laut als Zeichen dienen solle. Freilich weist in allen Sprachen der Sprachgebrauch durch stillschweigende Vereinbarung bestimmte Laute bestimmten Ideen zu; hierdurch wird zwar die Bedeutung des betreffenden Lautes insoweit beschränkt, als niemand richtig spricht, der diesen Laut nicht auf dieselbe Idee bezieht. Und niemand spricht verständlich – so möchte ich hinzufügen –, dessen Worte beim Hörer nicht eben die Ideen wachrufen, für die der Sprecher sie verwendet. Was aber auch daraus folgen möge, wenn jemand Wörter so verwendet, dass sie entweder von ihrer allgemeinen Bedeutung oder von dem besonderen Sinn, der ihnen beim Angeredeten zukommt, abweichen, eines ist gewiss: Ihre Bedeutung ist auf die Ideen dessen beschränkt, der sie gebraucht, und für nichts anderes können sie als Zeichen dienen.

John Locke, Versuch über den menschlichen Verstand, Drittes Buch, II. Kapitel, Über die Bedeutung der Wörter, 8. Absatz, S. 9

M4 Die Beziehung von Wort und Gegenstand

Hermogenes: Unser Kratylos hier behauptet, Sokrates, es gebe für jedes Ding eine richtige, aus der Natur dieses Dinges selbst hervorgegangene Bezeichnung, und nicht das sei als (wahrer) Name anzuerkennen, was einige nach Übereinkunft als Bezeichnung für das Ding anwenden, [...] sondern es gebe eine natürliche Richtigkeit der Namen, die für jedermann, für Hellenen wie Barbaren, die gleiche sei. [...]

Sokrates: [Wir] müssen [...] in gemeinsamer Überlegung uns darüber Klarheit zu verschaffen suchen, ob deine Ansicht die richtige ist oder die des Kratylos. [...]

Hermogenes: [Ich] kann mich aber nicht überzeugen, dass die Richtigkeit der Namen auf etwas anderem beruhe als auf Verabredung und Übereinkunft. Denn jeder Name, so scheint mir, den man einer Sache gibt, ist richtig; und wenn man ihn wieder mit einem andern vertauscht und den bisherigen nicht mehr braucht, so ist der spätere nicht minder richtig als der frühere. [...] Der Name [ist] eine Frucht der gesetzlichen Übereinkunft und Gewohnheit, ein Werk derer, die diese Gewohnheit und den Namen dafür einführten.

Platon, Kratylos oder über die Richtigkeit der Namen, S. 37-39

M5 Ausdrücke, Bedeutungen, Gegenstände

Aristoteles verdanken wir wichtige Weichenstellungen für das Verständnis von Sprache. Hier entwickelt Aristoteles Bestimmungen von Sprache, die über die in Platons Kratylos geführten Diskussionen hinausführen [...]: *„Es sind [...] die Laute, zu denen die Stimme gebildet wird, Zeichen der in der Seele hervorgerufenen Vorstellungen, und die Schrift ist wieder ein Zeichen der Laute. Und wie nicht alle dieselbe Schrift haben, so sind auch die Laute nicht bei allen dieselben. Was aber durch beide an erster Stelle angezeigt wird, die einfachen seelischen Vorstellungen, sind bei allen Menschen dieselben, und ebenso sind es die Dinge, deren Abbilder die Vorstellungen sind.“* (Aristoteles, Peri hermeneias, 16a) [...] Sprachliche Ausdrücke sind [demnach] Lautgebilde. Allerdings sind Lautgebilde für sich genommen noch keine sprachlichen Ausdrücke. Sie sind dies erst dann, wenn sie auf Vorstellungen verweisen. Vorstellungen ihrerseits sind Repräsentationen von Gegenständen in der Welt. [...] Mit dieser Erläuterung wird ein Dreieck etabliert, das man als semiotisches Dreieck bezeichnen kann: Sprachliche Ausdrücke stehen demnach in einem doppelten Verweisungsverhältnis: Sie verweisen auf Vorstellungen (ihre Bedeutungen). Diese wiederum verweisen auf Gegenstände in der Welt. Sprache funktioniert in dem Dreieck, das sich zwischen sprachlichen Ausdrücken, Bedeutungen und Gegenständen in der Welt aufspannt.

Georg W. Bertram, Sprachphilosophie zur Einführung, S. 46-48

1 Erläutern Sie die Beziehung zwischen (geschriebenem) Wort und bezeichnetem Gegenstand, die hier gewünscht wird. Benennen Sie Situationen, in denen die vorgestellte Beziehung tatsächlich wünschenswert, und solche, in denen sie nicht wünschenswert ist. ➜ M1

2 *Namen* stellen eine besondere Art von Bezeichnungen dar. Suchen Sie nach der Ursache für die große Liebesmüh, die es Julia kostet, die Macht des Namens zu bestreiten. Beachten Sie, dass Julia sowohl für den *Eigennamen* „Romeo" als auch für den *Gattungsnamen* „Rose" eine Austauschbarkeit behauptet. ➜ M2

3 Fassen Sie John Lockes Auffassung von „*richtig* sprechen" (Z. 26ff.) zusammen. In Ihrer Erklärung sollten folgende Ausdrücke vorkommen: Wörter – Sprachgebrauch – Zeichen – Ideen (Vorstellungen des Sprechers / Hörers) – Festlegung – Freiheit. ➜ M3

4 Arbeiten Sie anhand eines Beispiels Platons Ansicht über die Beziehung zwischen Wort und Gegenstand heraus. ➜ M4

5 Visualisieren Sie das auf Aristoteles zurückgehende semiotische Dreieck. Inwieweit stimmen Sie Georg Bertram zu, der die aristotelische Position als Weiterentwicklung des platonischen Ansatzes bezeichnet? ➜ M5/4

6 Kommentieren Sie Julias Aufforderung „Tausch deinen Namen!" (M2, Z. 13) aus der Perspektive Lockes und aus der Perspektive Aristoteles'. ➜ M2/3/5

7 Erarbeiten Sie die beiden sprachphilosophischen Positionen und begründen Sie, welcher der beiden platonischen Gesprächspartner Julias Position (M2) stützt – Kratylos oder Hermogenes? ➜ M2/4

4 Der vielfältige Gebrauch der Sprache

M1 Worte über Worte ...

Ein tröstliches Wort ist Arznei dem Trauernden.
Volksmund

Im *Wort* [in der Bibel] ist nämlich ein buchstäblicher Sinn und ein geistiger Sinn; der buchstäbliche Sinn besteht aus dem, was in der Welt ist, der geistige Sinn aber aus dem, was im Himmel ist.
Emanuel Swedenborg, Himmel und Hölle, S. 73

Der Mensch ist ein sprachbegabtes Tier und wird sich immer durch das Wort verführen lassen.
Simone de Beauvoir, www.zitate-online.de

Hätten wir das Wort, hätten wir Sprache, wir bräuchten die Waffen nicht.
Ingeborg Bachmann, Fragen und Scheinfragen, S. 185

Diplomatie ist die Kunst, mit 100 Worten zu verschweigen, was man mit einem Wort sagen könnte.
Saint-John Perse, in: Horst Hanisch, Das große Buch der Rhetorik, S. 64

Man fasst das Pferd beim Zaum, den Mann beim Wort.
Volksmund

Der tote Buchstabe wirkt oft stärker als das lebendige Wort.
Søren Kierkegaard, in: Horst Hanisch, Das große Buch der Rhetorik, S. 62

M2 Worte sind auch Taten

Man meint, das Lernen der Sprache bestehe darin, dass man Gegenstände benennt. Und zwar: Menschen, Formen, Farben, Schmerzen, Stimmungen, Zahlen etc. [...] Ein bestimmtes Bild von dem Wesen der menschlichen Sprache [ist dann] dieses: Die Wörter der Sprache benennen Gegenstände – Sätze sind Verbindungen von solchen Benennungen. In diesem Bild von der Sprache finden wir die Wurzeln der Idee: Jedes Wort hat eine Bedeutung. Diese Bedeutung ist dem Wort zugeordnet. Sie ist der Gegenstand, für welchen das Wort steht. [...] – das Benennen ist [dann] etwas Ähnliches, wie, einem Ding ein Namentäfelchen anheften. [...]

Als ob mit dem Akt des Benennens schon das, was wir weiter tun, gegeben wäre. Als ob es nur Eines gäbe, was heißt: „von Dingen reden". Während wir doch das Verschiedenartigste mit unseren Sätzen tun. Denken wir allein an die Ausrufe. Mit ihren ganz verschiedenen Funktionen.

„Wasser!"
„Fort!"
„Au!"
„Hilfe!"
„Schön!"
„Nicht!"

Bist du nun noch geneigt, diese Wörter „Benennungen von Gegenständen" zu nennen?

Ludwig Wittgenstein, Philosophische Untersuchungen, in: Schriften, Band 1, S. 289, 302

M3 Werkzeugkasten

Wie viele Arten der Sätze gibt es aber? Etwa Behauptung, Frage und Befehl? – Es gibt *unzählige* solcher Arten: unzählige verschiedene Arten der Verwendung alles dessen, was wir „Zeichen", „Worte", „Sätze" nennen. Und diese Mannigfaltigkeit ist nichts Festes, ein für allemal Gegebenes; sondern neue Typen der Sprache, neue Sprachspiele, wie wir sagen können, entstehen und andere veralten und werden vergessen. [...] Das Wort „Sprach*spiel*" soll hier hervorheben, dass das Sprechen der Sprache ein Teil ist einer Tätigkeit, oder einer Lebensform. Führe dir die Mannigfaltigkeit der Sprachspiele an diesen Beispielen, und anderen, vor Augen:

- Befehlen, und nach Befehlen handeln
- Beschreiben eines Gegenstands nach dem Ansehen, oder nach Messungen
- Herstellen eines Gegenstands nach einer Beschreibung (Zeichnung)
- Berichten eines Hergangs [...]

- Eine Hypothese aufstellen und prüfen
- Darstellen der Ergebnisse eines Experiments durch Tabellen und Diagramme
- Eine Geschichte erfinden; und lesen
- Theater spielen
- Reigen singen
- Rätsel raten
- Einen Witz machen; erzählen [...]
- Aus einer Sprache in die andere übersetzen
- Bitten, Danken, Fluchen, Grüßen, Beten

Es ist interessant, die Mannigfaltigkeit der Werkzeuge der Sprache und ihrer Verwendungsweisen, die Mannigfaltigkeit der Wort- und Satzarten, mit dem zu vergleichen, was Logiker über den Bau der Sprache gesagt haben [z. B. mit ihrem Leitbild einer allgemeinen Form *des* Satzes; mit ihrem analytischen Ideal von Elementarsätzen und nur aus solchen zusammengesetzten komplexen Sätzen; mit ihrer Forderung, dass Aussagesätze die grundlegendsten seien und die Beschreibung von Sachverhalten in der Welt ihre wichtigste Rolle]. [...]
Man kann für eine *große* Klasse von Fällen der Benützung des Wortes „Bedeutung" – wenn auch nicht für alle Fälle seiner Benützung – dieses Wort so erklären: Die Bedeutung eines Wortes ist sein Gebrauch in der Sprache. *Ludwig Wittgenstein, Philosophische Untersuchungen, in: Schriften, Band 1, S. 300f., 311*

M4 Eine Gebrauchstheorie der Bedeutung

Wenn wir von einem sprachlichen Ausdruck sagen, er habe diese oder jene Bedeutung, dann meinen wir damit, dass er eine bestimmte Funktion der Verhaltenssteuerung oder der Interaktion erfüllt. Deutlich wird dies an Äußerungen in unserem Alltag wie „Guten Tag!", „Reich mir das Salz, bitte!" und „Ich komme morgen." Mit solchen Äußerungen beschreiben wir nicht die Welt und drücken auch nicht bloß unsere Gedanken aus, sondern wir *tun* etwas: Wir grüßen Bekannte, wir bitten um Salz, wir geben Versprechen ab und Unzähliges mehr. Dies alles tun wir, *indem* wir sprechen. Die Handlung ist dabei nicht etwas, was noch hinzukäme, sondern das Äußern des Satzes selbst ist die Handlung.
Funktionen der genannten Art kann ein Ausdruck deshalb erfüllen, weil es gewisse Regeln in der Sprache gibt, die seinen Gebrauch bestimmen. [...]
Das Kriterium, das objektiv überprüfbar macht, ob ich der Regel folge oder nicht, wird von der Sprachgemeinschaft geliefert. Die Sprachgemeinschaft lehrt das Kind oder allgemein den Neuling die Sprache, indem sie ihm das entsprechende richtige Verhalten beibringt. Richtiges Verhalten wird gelobt, falsches Verhalten sanktioniert. Die Sanktionen erlauben dem Neuling zu erkennen, ob er der jeweiligen Regel folgt oder nicht. Grüßt der Neuling am Abend seinen Bekannten mit „Guten Morgen!", so wird er mehr oder weniger freundlich darauf hingewiesen, dass nicht Morgen sondern bereits Abend sei, er sich also in der Bedeutung der Ausdrücke täusche bzw. in der Verwendung einen Fehler gemacht hat. Die Äußerung „Guten Morgen!" hat die Bedeutung, die sie hat, weil es eine Regel gibt, die verlangt, dass sie zum morgendlichen Grüßen verwendet wird.

nach Jonas Pfister, Philosophie, S. 197ff.

1 Analysieren Sie die Zitate im Blick auf die Frage, welche Funktionen Worte bzw. Wörter erfüllen können. Ergänzen Sie anschließend eigene Ideen. ➜ M1
2 Erschließen Sie die unterschiedlichen Handlungen, die durch das Äußern der (Einwort-) Sätze vollzogen werden. Ergänzen Sie gegebenenfalls Ihre Ergebnisse aus Aufgabe 1. ➜ M1/2
3 Kein Spiel ohne Regeln! Verdeutlichen Sie sich den Begriff des „Sprachspiels" und skizzieren Sie „Regeln" für die im Text aufgeführten Sprachspiele. ➜ M3
4 Inwieweit teilen Sie Wittgensteins These, dass „die Bedeutung eines Wortes [...] sein Gebrauch in der Sprache [ist]". Beziehen Sie kritisch Stellung. ➜ M3
5 Fassen Sie die sog. Gebrauchstheorie der Bedeutung nach Jonas Pfister zusammen. Fertigen Sie dazu Kärtchen für neun bis elf Schlüsselbegriffe des Textes an und positionieren Sie diese dann in einem Begriffsnetz, das die sachlogischen Zusammenhänge visualisiert. ➜ M4
6 Beurteilen Sie folgende These: *Die Frage „Was ist eigentlich ein Wort?" ist analog der Frage „Was ist eigentlich eine Schachfigur?"*

5 Unmöglichkeit einer privaten Sprache

M1 Informationen an der Baustelle

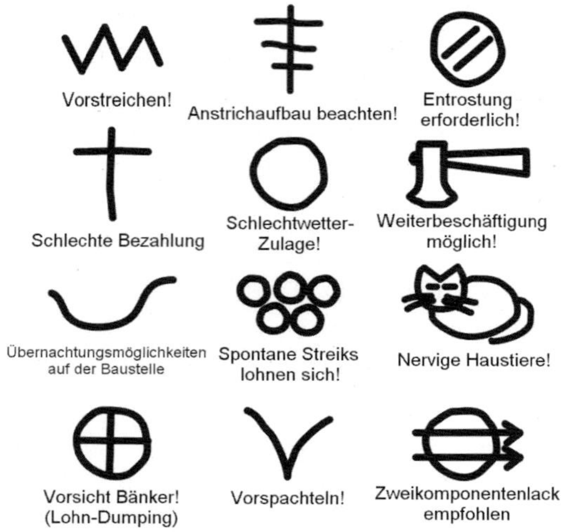

www.stupidedia.org

M2 Ganz allein für sich

Diese Geschichte handelt von einem alten, gelangweilten Mann. Schließlich nervt ihn sogar das Immer-Gleiche der Bezeichnungen. Als er damit beginnt, die Bezeichnungen auszutauschen, erscheint ihm das als Befreiungsschlag aus der alltäglichen Monotonie.

„Immer derselbe Tisch", sagte der Mann, „dieselben Stühle, das Bett, das Bild. Und dem Tisch sage ich Tisch, dem Bild sage ich Bild, das Bett heißt Bett, und den Stuhl nennt man Stuhl. Warum denn eigentlich? Die Franzosen sagen dem Bett „li", dem Tisch „tabl", nennen das Bild „tablo" und den Stuhl „schäs", und sie verstehen sich. Und die Chinesen verstehen sich auch. „Weshalb heißt das Bett nicht Bild", dachte der Mann und lächelte, dann lachte er, lachte, bis die Nachbarn an die Wand klopften und „Ruhe" riefen. „Jetzt ändert es sich", rief er, und er sagte von nun an dem Bett „Bild". „Ich bin müde, ich will ins Bild", sagte er, und morgens blieb er oft lange im Bild liegen und überlegte, wie er nun dem Stuhl sagen wolle. [...] Jetzt wurde alles umbenannt. [...]

Dann lernte er für alle Dinge die neuen Bezeichnungen und vergaß dabei mehr und mehr die richtigen. Er hatte jetzt eine neue Sprache, die ihm ganz allein gehörte. *Peter Bichsel, Kindergeschichten, S. 18–27*

M3 Selbstgespräche

Ein Mensch kann sich selbst ermutigen, sich selbst befehlen, gehorchen, tadeln, bestrafen, eine Frage vorlegen und auf sie antworten. Man könnte sich also auch Menschen denken, die nur monologisch sprächen. Ihre Tätigkeiten mit Selbstgesprächen begleiteten. – Einem Forscher, der sie beobachtete und ihre Reden belauscht, könnte es gelingen, ihre Sprache in die unsere zu übersetzen. (Er wäre dadurch in Stand gesetzt, Handlungen dieser Leute richtig vorherzusagen, denn er hört sie auch Vorsätze und Entschlüsse fassen.)

Wäre aber auch eine Sprache denkbar, in der Einer seine inneren Erlebnisse – seine Gefühle, Stimmungen, etc. – für den eigenen Gebrauch aufschreiben oder aussprechen könnte? – Können wir denn das in unserer gewöhnlichen Sprache nicht tun? – Aber so meine ich's nicht. Die Wörter dieser Sprache sollen sich auf das beziehen, wovon nur der Sprechende wissen kann; auf seine unmittelbaren, privaten Empfindungen. Ein anderer kann diese Sprache also nicht verstehen. [...]

Man könnte sagen: Wer sich eine private Worterklärung gegeben hat, der muss sich nun im Inneren *vornehmen*, das Wort so und so zu gebrauchen. Und wie nimmt er sich das vor? Soll ich annehmen, dass er die Technik dieser Anwendung erfindet; oder dass er sie schon fertig vorgefunden hat?

„Ich kann mir (im Innern) doch vornehmen, in Zukunft DAS ‚Schmerz' zu nennen." – „Aber hast du es dir auch gewiss vorgenommen? Bist du sicher, dass es dazu genug war, die Aufmerksamkeit auf dein Gefühl zu konzentrieren?" – Seltsame Frage. [...] Das Wesentliche am privaten Erlebnis ist eigentlich nicht, dass jeder sein eigenes Exemplar besitzt, sondern dass keiner weiß, ob der Andere auch dies hat, oder etwas anderes. Es wäre also die Annahme möglich – obwohl nicht verifizierbar – ein Teil der Menschheit habe *eine* Rotempfindung, ein anderer Teil eine andere.

Ludwig Wittgenstein, Philosophische Untersuchungen, in: Schriften, Band 1, S. 390, 395, 397f.

M4 Empfindungsausdrücke

Wenn ich von mir selbst sage, ich wisse nur vom eigenen Fall, was das Wort „Schmerz" bedeutet, – muss ich *das* nicht auch von Andern sagen? Und wie kann ich denn den *einen* Fall in so unverantwortlicher Weise verallgemeinern?
Nun, ein jeder sagt es mir von sich, er wisse nur von sich selbst, was Schmerzen seien! – Angenommen, es hätte jeder eine Schachtel, darin wäre etwas, was wir „Käfer" nennen. Niemand kann je in die Schachtel des Andern schauen; und jeder sagt, er wisse nur vom Anblick *seines* Käfers, was ein Käfer ist. – Da könnte es ja sein, dass jeder ein anderes Ding in seiner Schachtel hätte. Ja, man könnte sich vorstellen, dass sich ein solches Ding fortwährend veränderte. – Aber wenn nun das Wort „Käfer" dieser Leute doch einen Gebrauch hätte? – So wäre er nicht der der Bezeichnung eines Dings. Das Ding in der Schachtel gehört überhaupt nicht zum Sprachspiel; auch nicht einmal als ein *Etwas*: denn die Schachtel könnte auch leer sein. – Nein, durch dieses Ding in der Schachtel kann „gekürzt werden"; es hebt sich weg, was immer es ist.
Das heißt: Wenn man die Grammatik des Ausdrucks der Empfindung nach dem Muster von „Gegenstand und Bezeichnung" konstruiert, dann fällt der Gegenstand als irrelevant aus der Betrachtung heraus.

Ludwig Wittgenstein, Philosophische Untersuchungen, in: Schriften, Band 1, S. 403

M5 „Privatsprache"

Unter einem privatsprachlichen Ausdruck ist zu verstehen (a) ein Ausdruck, den eine Person für ihren eigenen Gebrauch einführt, der aber nicht der intersubjektiven, von einer Sprachgemeinschaft gesprochenen Sprache angehört; (b) ein Ausdruck, der für ein inneres Erlebnis eines Subjekts (z. B. Gefühl oder Schmerzerlebnis) steht.
Zentral für die Zweifel Wittgensteins an der Möglichkeit einer Privatsprache ist folgende Überlegung: Ein Ausdruck hat nur dann eine Bedeutung, wenn es Regeln für dessen korrekten Gebrauch gibt. Der richtige Gebrauch zeigt sich im Einklang mit der normativen Wortverwendung der Sprachgemeinschaft. Ein korrekter Gebrauch privater Ausdrücke ist aber nicht definiert und nicht definierbar, denn: Mit Regeln werden auch die Anwendungsbedingungen festgelegt. Im Gegensatz zu den Anwendungskriterien durch den allgemeinen Sprachgebrauch gibt es aber für den privaten Bereich keine intersubjektiven Anwendungskriterien: Als richtig kann gelten, was immer mir als richtig erscheint – sodass eine private Regelbefolgung von einer willkürlichen Einstellung nicht unterscheidbar ist. Privatsprachliche Ausdrücke sind daher zur Anwendung im öffentlichen Bereich ungeeignet.

Peter Prechtel, „Privatsprache", in: Glück, Helmut (Hg.), S. 512

1 Die satirische Website www.stupidedia.org präsentiert die dargestellte Geheimsprache als Beispiel einer „ausgeklügelten Informationsweitergabe an Baustellen – dem Arbeitgeber immer eine Ecke voraus!" Erarbeiten und bewerten Sie Möglichkeiten und Grenzen dieser Geheimsprache. ➜ M1

2 Inwieweit scheinen Ihnen die Motive für das Unterfangen des alten Mannes plausibel? Schreiben Sie die Geschichte anschließend zu Ende. Diskutieren Sie Ihre Lösungen bzw. Konsequenzen, die sich aus dem Phänomen einer *„Sprache, die ihm ganz allein gehörte"*, ergeben. ➜ M2

3 Für das Verstehen anderer und das Verstandenwerden von anderen ist eine Voraussetzung, die Sprache als eine soziale Institution bzw. Sprechen als eine *soziale Praxis* zu betrachten. In welchem Maße gilt diese Voraussetzung auch für das Sich-selbst-Verstehen? Begründen Sie Ihre Ansicht. ➜ M3

4 Die Bedeutung von Ausdrücken für Empfindungen kann man nicht erklären mit hinweisenden Definitionen bzw. nach dem Modell von Bezeichnung und Gegenstand. Begründen Sie dies. ➜ M4

5 „Ein ‚innerer Vorgang' bedarf äußerer Kriterien." (Ludwig Wittgenstein) – Prüfen Sie die Allgemeingültigkeit dieser Feststellung anhand konkreter Beispiele. ➜ M4

6 Fassen Sie Wittgensteins Argumentation gegen die Möglichkeit einer Privatsprache in eigenen Worten zusammen und diskutieren Sie, zu welchen Konsequenzen die Feststellung führt, dass „als richtig [alles] gelten kann, was immer mir als richtig erscheint." (Z. 20-21) ➜ M5

*6 Die Macht des Wortes

M1 Unwörter des Jahres

Herdprämie | Kollateralschaden | Ich-AG | Rentnerschwemme | Humankapital | Tätervolk | notleidende Banken | Integrationsverweigerer

Döner-Mord

Das Unwort des Jahres 2011 ist „Döner-Mord". Der Vorschlag wurde 269-mal eingereicht. Es ist das 21. Unwort. „Alternativlos" hatte es 2010 zum Unwort des Jahres geschafft. „Döner-Mord" verharmlose als Schlagwort die Mordserie an acht türkischstämmigen und einem griechischen Kleinunternehmer, sagte Nina Janich. Die Sprachwissenschaftlerin sitzt der Unwort-Jury vor. [...] Außerdem kritisierte die Unwort-Jury den Ausdruck „Gutmensch". Damit werde das ethische Ideal des guten Menschen in hämischer Weise aufgegriffen. Negativ fiel auch die Bundeskanzlerin Angela Merkel mit dem Begriff „marktkonforme Demokratie" auf. Er relativiere in unzulässiger Weise, gab die Unwort-Jury an. *ZEIT online / dpa, „Döner-Mord" ist Unwort des Jahres, www.zeit.de, 17.01.2012*

M2 Über den Missbrauch der Wörter

Wer Namen ohne Ideen besitzt, dessen Wörtern fehlt der Sinn; er spricht nur inhaltlose Laute aus. Wer komplexe Ideen, aber keine Namen dafür besitzt, dem fehlt die Freiheit und Schnelligkeit des Ausdrucks; er ist gezwungen, Umschreibungen zu gebrauchen. Wer seine Wörter sorglos und unbeständig verwendet, wird entweder unbeachtet bleiben oder nicht verstanden werden. Wer seine Namen auf Ideen anwendet, die von ihrer gewöhnlichen Verwendung abweichen, ermangelt der Korrektheit der Rede und spricht Kauderwelsch. Wer endlich Ideen von Substanzen besitzt, die mit der realen Existenz der Dinge nicht übereinstimmen, dem fehlt die Voraussetzung wahrer Erkenntnis und sein Verstand ist statt des wahren Materials mit Hirngespinsten angefüllt. *John Locke, Versuch über den menschlichen Verstand, Drittes Buch, Kapitel X, Über den Missbrauch der Wörter, 31. Absatz, S. 141*

M3 Beispiele für Neuschöpfungen / Metaphern

Urknall | Lichtwellen | Wutbürger | twittern | Bad Bank | Klimakatastrophe | Bundestrojaner | Rettungsschirm | Telenovela | Ekelfernsehen

iCloud

Informationen werden nicht mehr auf dem Computer gespeichert, sondern extern, in einer virtuellen sogenannten Wolke, aus der man Fotos, E-Mails und andere gespeicherte Dinge auf jedes Apple-Gerät abrufen kann. Dieses virtuelle Machtzentrum „Wolke" zu nennen, war allein schon eine fast kryptotheologische Geste, die den technologischen Informationsdienst wie eine Naturgewalt erscheinen lässt. Die Wolke, die Erinnerungen an den Menschen sendet wie Zeus seine Blitze, ist das externalisierte Gedächtnis; „iCloud ist viel mehr als eine Festplatte in den Wolken", heißt es auf der Website von Apple, „iCloud speichert Deine Inhalte", und man kann gespannt sein, ob man aus den Wolken von Cupertino demnächst auch seine Identität mit einem kleinen „i" als optimierte iDentity angeboten bekommt. Die iCloud ist vielleicht das eindringlichste Symbol eines Jahrzehnts der Unsichtbarkeit. [...] Mit der „iCloud" liefert die Firma jetzt das Signet zur Entmaterialisierung des Wahrnehmbaren; was der Wolkenkratzer war, Symbol einer Epoche und gleichzeitig Sitz realer Macht, wird die Wolke sein. *Niklas Maak, Wolkig ist besser, FAZ am Sonntag, m.faz.net, 24.07.11*

M4 Sinnreiche Metaphern für neue Ordnungen

Erst das Vergnügen, dann der Ernst. Das spielende Kind übt für die Aufgaben des Lebens. Impalajungtiere fechten beim Spiel miteinander, indem sie zustoßen und parierend abwehren. Kunst um der Kunst willen, war, wie man vermutet, der Hauptweg, auf dem die großen technischen Leistungen der Antike erbracht wurden. So geht es auch mit der Metapher: Sie gedeiht in spielerischer Prosa und hoher dichterischer Kunst, aber auch an der immer weiter vorgeschobenen Grenze von Wissenschaft und Philosophie ist sie lebenswichtig.

Die Molekulartheorie der Gase trat zunächst als sinnreiche Metapher auf den Plan: ein Gas sei so ähnlich wie ein riesiger Schwarm unvorstellbar kleiner Körper. Die Metapher war so treffend, dass sie für buchstäblich wahr erklärt wurde, wodurch sie als Metapher sogleich gestorben war; die der Phantasie entsprungenen Körperminiaturen wurden als real hingestellt, und der Ausdruck „Körper" wurde weiter gefasst, damit auch sie unter ihn fielen. In den späteren Jahren sind die Moleküle dann durch Elektronenmikroskopie beobachtet worden; ich rede jedoch von Ursprüngen.

Oder betrachten wir Lichtwellen. Da es keinen Äther gibt, gibt es keine Substanz, deren Wellen sie sein könnten. Solange „Welle" in altehrwürdiger Weise aufgefasst wird, begreift man das Reden von Lichtwellen am besten als metaphorisches. Wir können aber auch „Welle" liberaler auffassen und der Metapher den Garaus machen.

Die philosophischen Grenzen der Wissenschaft entlang können wir auf Gründe stoßen, grundlegende Begriffsstrukturen in Frage zu stellen und tastend nach Möglichkeiten ihrer Umgestaltung suchen. Alte Ausdrucksweisen können uns dabei nicht helfen, und zunächst kann nur die Metapher die neue Ordnung umreißen. Wenn das Wagnis gelingt, kann die alte Metapher absterben und einbalsamiert werden in eine von neuem buchstäblich zu nehmende Ausdrucksweise, die der veränderten Betrachtungsweise Raum gewährt. [...]

Es ist demnach verfehlt zu glauben, der Sprachgebrauch sei in der Hauptsache buchstäblich zu nehmen und nur in seiner Verbrämung metaphorisch. Die Metapher, sofern sie schöpferische Übertragung durch Analogie ist, regiert sowohl die Entwicklung der Sprache als auch unseren Spracherwerb. Wenn die Sprache rein kognitiv und mit besonders trockener Buchstäblichkeit gebraucht wird, handelt es sich großenteils eher um eine Verfeinerung, wie sie für die sauber gearbeiteten inneren Bereiche der Wissenschaft kennzeichnend ist.

Willard Van Orman Quine, Theorien und Dinge, S. 227-229

M5 Nichts als Metaphern ...

WORTAUFSCHÜTTUNG, vulkanisch,
meerüberrauscht.

Oben
der flutende Mob
der Gegengeschöpfe: er
flaggte — Abbild und Nachbild
kreuzen eitel zeithin.

Bis du den Wortmond hinaus-
schleuderst, von dem her
das Wunder Ebbe geschieht
und der herz-
förmige Krater
nackt für die Anfänge zeugt,
die Königs-
geburten.

Paul Celan, Ausgewählte Gedichte, S. 106

1. Spekulieren Sie über Kriterien und Begründungen für die Wahl der Unwörter. Prüfen Sie Ihre Hypothesen anschließend unter http://www.unwortdesjahres.net/index.php?id=2. → M1
2. Veranschaulichen Sie Lockes Kategorien mit Beispielen für Missbrauch, den man mit Wörtern anstellen kann. → M2
3. Wenden Sie Lockes Kategorien auf die Unwörter aus M1 an. Beurteilen Sie, inwieweit diese Begriffe einen Missbrauch der Sprache darstellen. → M1/2
4. Entwickeln Sie Kriterien, um „Neuwörter" von „Unwörtern" (Aufgabe 1) abzugrenzen. → M3/1
5. Geben Sie wieder, was die Funktion von Metaphern ist und in welchen Bereichen sie eine produktive Funktion entfalten können. → M4
6. Erschließen Sie in einer Interpretation die Metaphorik des Gedichts, indem Sie einzelne Wortfelder und ihr Beziehungsgeflecht untersuchen. → M5
7. In Celans Werk finden sich ebenfalls sprachliche Neuschöpfungen. Erarbeiten Sie den Unterschied zwischen der alltäglichen metaphorischen und der künstlerischen Sprache. → M1-5

3 Fragen nach dem Wesen des Menschen

Pflichtmodul: Formen der Selbstinterpretation

Menschenbilder besitzen eine Orientierungsfunktion für unser praktisches Handeln. Die Wissenschaften liefern unterschiedliche **Wesensdefinitionen (Nominal-/Realdefinition)** und Erklärungsmodelle des Menschen: Der Biologe *Charles Darwin* sieht den Menschen als zufälliges Produkt der **Evolution** an und bekennt sich zur Abstammung des Menschen aus tierischen Formen. Er beruft sich neben vergleichenden anatomischen und entwicklungsgeschichtlichen Befunden auf Beobachtungen des Verhaltens und auf die Entwicklung der sozialen Instinkte und moralischen Gefühle durch die Gruppenselektion.

Der Tiefenpsychologe *Sigmund Freud* charakterisiert in seiner Psychoanalyse den Menschen als Triebwesen, dessen Denken und Handeln primär vom Unbewussten bzw. dem **psychischen Apparat (Es-Ich-Überich)** bestimmt wird.

Hirnforscher betrachten den Menschen als Gehirnwesen und betonen die neurobiologische Basis mentaler Prozesse.

In der Soziologie wird der Mensch als Sozialwesen verstanden, das in **sozialen Systemen** verschiedene (soziale) Rollen spielt.

Nach jüdisch-christlicher Auffassung ist der Mensch als Ebenbild Gottes Vollendung der **Schöpfung**, gekennzeichnet durch **Sündenfall** und **Erlösung**.

Der Philosophischen Anthropologie geht es im Unterschied zu den fachwissenschaftlichen Anthropologien darum, durch die Beleuchtung einzelner Aspekte des Menschseins ein Gesamtbild vom Menschen zu konturieren. Der Philosoph *Max Scheler* sieht die Sonderstellung des Menschen in seiner Weltoffenheit, in der Ungebundenheit von den Trieben und von der Umwelt. Er will den abendländischen Leib-Seele-Dualismus überwinden, indem er das Wesen des Menschen aus dem gesamten Aufbau der biopsychischen Welt versteht. Als Person ist der Mensch aber Träger des Geistprinzips, das ihn prinzipiell vom Tier unterscheidet, ihm sind Weltoffenheit, Gegenstandsfähigkeit, Selbstbewusstsein eigen. Verbunden mit der Fähigkeit zur Sachlichkeit ist er ein weltoffenes Wesen, das die Umweltgebundenheit des Tieres zu überschreiten vermag. Nach dem Philosophen *Helmuth Plessner* zeichnet sich der Mensch durch seine exzentrische Positionalität aus, d. h. durch seine Fähigkeit, sich zu sich selbst in Distanz zu setzen. Insofern der Mensch weiß, dass er sich mit einem Teil seiner selbst repräsentiert, er ein Leib ist und zugleich einen Körper hat, kommt ihm nicht nur wie den Tieren Positionalität (ein vollzogenes Verhältnis von Leib und Umwelt) zu, sondern „exzentrische Positionalität“, d. h. er weiß um das Verhältnis von Leib und Umwelt, um die Repräsentation, er kann darüber sprechen und reflektieren. Das Tier lebt im Gegensatz dazu zwar auch aus seiner Mitte heraus und in sie hinein, erlebt sich aber nicht als Mitte. Der Mensch mit seiner Fähigkeit zur Selbstreflexion lebt nicht schlicht nur, sondern er muss sich zu dem erst machen, was er ist – er muss sein Leben führen.

Der Philosoph *Arnold Gehlen* begreift den Menschen als ein **Mängelwesen**, das zur Kompensation seiner biologischen Mittellosigkeit handeln muss und das der Entlastung durch Institutionen bedarf. Hier geht es ihm um eine ganzheitliche Anthropobiologie; gegen alle bisherigen traditionellen Dualismen Leib-Seele-Geist und Stufenschemata konzipiert er den Menschen als einmaligen Gesamtentwurf der Natur, als ein handelndes Wesen, das dadurch eine Sonderstellung einnimmt. Weil der Mensch ein organisches Mängelwesen ist, fehlt ihm alles, wodurch sich Tiere von Natur aus erhalten können. Da er in jeder natürlichen Umwelt lebensunfähig ist, muss er sich eine zweite Natur, eine künstliche Umwelt schaffen.

Künstliche Intelligenz ist nicht nur ein Forschungsbereich, sondern sie bestimmt das moderne Leben. Die KI-Forschung geht von der These aus, dass irgendwann Maschinen (bzw. Roboter) geschaffen werden, die in der Lage sind, selbständig Probleme zu lösen oder intelligente Handlungen durchzuführen.

Wahlmodul 1: Selbstbewusstsein

Empfindung, Wahrnehmung, Vorstellung sind Voraussetzungen des Bewusstseins von Ich und Welt. In der philosophischen Tradition spielen begriffliche Unterscheidungen von Bewusstsein, Seele, Geist, Vernunft für das Selbst- und Gegenstandbewusstsein eine große Rolle. Mit *René Descartes* wird das Selbstbewusstsein, das von der Selbstgewissheit des Ich *(cogito ergo sum)* ausgeht, zum Fundament.
Im Unterschied zu Verstand und Vernunft (auch Bewusstsein und Geist) als Problemen der Erkenntnistheorie und der modernen Gehirnforschung, wird das Problem der Seele traditionell als eine metaphysische Frage angesehen. Die Grundfrage des Leib-Seele-Problems lautet: Wie sind körperliche und geistige Funktionen (Gehirn und Geist) aufeinander bezogen? Mögliche Antworten geben der Monismus und der Dualismus.
Das mystische Philosophieren ist der Versuch, die Subjekt-Objekt-Spaltung zu überwinden.

Wahlmodul 2: Willensfreiheit

Beim Begriff „Freiheit" handelt es sich um einen multivoken (mehrdeutigen) Begriff. Handlungsfreiheit bezieht sich auf das menschliche Handeln. Dieser Freiheitsaspekt ist negativ zu bestimmen als eine „Freiheit von" Fremdbestimmung bzw. sonstigen Handlungseinschränkungen. Wahlfreiheit ist die Fähigkeit, zwischen verschiedenen Handlungsoptionen auswählen zu können. Willensfreiheit ist positiv zu bestimmen als „Freiheit wozu". Hier steht der Wille im Zentrum, und damit die mentale, geistige Fähigkeit, selbständige Entscheidungen zu treffen und die Verwirklichung ihrer Handlungsziele einzuleiten. Dabei wird das Wollen aufgrund vernünftiger Überlegungen, nicht von sinnlichen Begierden oder faktischen Zwängen geleitet. Die alte philosophische Frage, ob der Mensch einen freien Willen hat oder ob er durch Naturgesetzmäßigkeiten determiniert ist, wird bis heute in einzelnen Wissenschaften kontrovers diskutiert. Wäre der Mensch in seinem Denken und Handeln vollständig durch Naturgesetze bestimmt, könnte man ihn nicht für sein Handeln verantwortlich machen.

Wahlmodul 3: Zeitlichkeit

Zeitlichkeit und Geschichtlichkeit stehen in engem Zusammenhang. Der Zeitbegriff bezieht sich u. a. auf Abläufe, die einen Anfang und ein Ende haben. Im Alltagsverständnis ist Zeit ein prinzipiell nicht ersetzbares Gut, das man nur sinnvoll nutzen, nie aber wieder zurückholen kann. Die modernen Naturwissenschaften zeigen, dass die Struktur von Raum und Zeit nicht unserer alltäglichen Erfahrung entspricht.
Der Geschichtsbegriff schließt den Zeitbegriff ein. Durch sein Erinnerungsvermögen ist die Geschichtlichkeit des Menschen eine anthropologische Konstante. Die Geschichtsphilosophie kennt zwei wesentliche Fragestellungen: Die nach dem Verlauf der Menschheitsgeschichte und ihren wesentlichen Stadien und möglichen Gesetzmäßigkeiten und die Frage nach der Möglichkeit der Erkenntnis von Geschichte. Als Modellvorstellungen zum Verlauf der Geschichte unterscheiden wir lineare bzw. pfeilförmige (absteigend oder aufsteigend), kreisförmige bzw. zyklische sowie spiralförmige.

Wahlmodul 4: Sprache

Sprache wird verstanden als Kommunikationssystem, ein System von Zeichen, das der Vermittlung von Information dient; im übertragenen Sinne werden auch tierische Kommunikation oder Programmiersprachen als Sprache bezeichnet. Menschliche Sprache ist Werkzeug, Medium und Organ; sie prägt unsere Weltsicht. Die Philosophie fragt schon früh nach Wesen und Ursprung der Sprache; seit der Antike gibt es den Disput, ob sie auf willkürliche Vereinbarung der Menschen zurückzuführen oder als eine Naturgegebenheit zu sehen ist. Die Sprachphilosophie beschäftigt sich mit der Sprache als Mittel der Erkenntnis; sie fragt nach der Bedeutung der sprachlichen Zeichen, nach der Beziehung von Laut und Bedeutung. *Ludwig Wittgenstein* versucht Sprache unter dem Begriff des Sprachspiels in den Lebensformen menschlicher Gemeinschaften zu verankern. Eine besondere Auszeichnung des Menschen ist die Kompetenz zum kreativen Sprachgebrauch, zur Bildung und zum Verstehen neuer Wörter und Sätze, die sich besonders im poetischen Gebrauch der Sprache zeigt.

Camille Flammarion, L'atmosphère météorologique populaire, 1888

In diesem Kapitel werden Sie:

- zwischen „Wahrnehmung" und „Erkenntnis" unterscheiden
- verschiedene Wahrheitstheorien analysieren und erläutern
- kultur- und gesellschaftsspezifische Quellen und Zugänge von Wahrheit und Wirklichkeit untersuchen
- normative Implikate von Wahrheitsansprüchen bewerten

4 Fragen nach Wissen und Glauben

Pflichtmodul: Wahrheitsansprüche

Wahlmodul 1: Wahrheit in den Wissenschaften

Wahlmodul 2: Wahrheit in Religionen und Weltanschauungen

Wahlmodul 3: Wahrheit in Kunst und Medien

Wahlmodul 4: Wahrheit in Grenzbereichen

1 Wahrheit und Wissen

M1 Die Wahrheit über die Wahrheit

M2 Was ist Wahrheit?

Nicht darum nämlich, weil unsere Meinung, du seiest weiß, wahr ist, bist du weiß, sondern darum, weil du weiß bist, sagen wir die Wahrheit, indem wir dies behaupten. *Aristoteles, Metaphysik, 1051b*

Wahrheit ist die Angleichung eines Dinges und des Verstandes [...]. Woraus offenkundig ist, dass die Dinge der Natur, von denen unser Verstand das Wissen hernimmt, sein Maß bilden. Sie sind aber ihrerseits vom göttlichen Verstand [...] gemessen.

Thomas von Aquin, Von der Wahrheit, S. 9, 17

Gibt es doch auch manche Fälle, wo wir sogar dem Urteil unserer eigenen Sinne allein nicht trauen, z. B. ob ein Geklingel bloß in unseren Ohren oder ob es das Hören wirklich gezogener Glocken sei, sondern noch andere zu befragen nötig finden.

Immanuel Kant, Anthropologie in pragmatischer Hinsicht, S. 129

Wahrheit nennen wir den Geltungsanspruch, den wir mit konstativen Sprechakten verbinden. Eine Aussage ist wahr, wenn der Geltungsanspruch der Sprechakte, mit denen wir, unter Verwendung von Sätzen, jene Aussage behaupten, berechtigt ist.

Jürgen Habermas, Wahrheitstheorien, in: Helmut Fahrenbach (Hg.), Wirklichkeit und Reflexion, S. 218

M3 Wahrheitserkenntnis

Es wird eine der Aufgaben [...] sein zu zeigen, dass und wie sich die heterogenen Theorien (der Wahrheit) gleichwohl systematisieren und auf eine gemeinsame Grundstruktur beziehen lassen. Diese Grundstruktur, von der sich alle Theorien als verschiedene Ausgestaltungen erweisen werden, ist die Erkenntnisrelation, wie sie zwischen einem erkennenden Subjekt und einem erkannten oder zu erkennenden Objekt besteht. Dass Wahrheit in den Kontext der Erkenntnistheorie gehört, dürfte keinem Zweifel unterliegen; denn Wahrheit und ihr Oppositum Falschheit werden stets von Erkenntnissen im weitesten Sinne ausgesagt: Meinungen, Sätze, Urteile, Behauptungen usw. sind wahr oder falsch. Wahrheit hat es stets mit Erkenntnis zu tun und umgekehrt Erkenntnis mit Wahrheit. Sollen Sinn und Bedeutung von Wahrheit erschlossen werden, dann muss dies im Rahmen und mit den Mitteln der Erkenntnistheorie geschehen. Da die Grundverfassung von Erkenntnis die Relation zwischen Subjekt und Objekt ist, die sich in formaler Notation als Beziehung zwischen zwei Beziehungsgliedern wiedergeben lässt, qualifiziert sich diese zugleich für eine exakte und präzise Beschreibungsweise nach dem Methodenideal der mathematischen Naturwissenschaften. Es wird zu zeigen sein, dass aus der je verschiedenen Betonung der Momente dieser Erkenntnisrelation je verschiedene Wahrheitsbegriffe bzw. Wahrheitstheorien resultieren. Die Akzentuierung der objektiven Seite, des erkannten oder zu erkennenden Seins [...], führt zu dem sogenannten ontischen Wahrheitsverständnis, zur Seinswahrheit. [...] Das zweite grundsätzliche Wahrheitsverständnis, das auf die skizzierte Erkenntnisrelation Bezug nimmt, ist die sogenannte Korrespondenztheorie [...]. Der dritte Typ von Wahrheitstheorien konzentriert sich auf den Subjektbegriff in der Erkenntnisrelation und führt zu einem subjektimmanenten Wahrheitsverständnis, das zumeist in aussagenlogischem Kontext unter dem Namen „Kohärenztheorie der Wahrheit" begegnet. *Karen Gloy, Wahrheitstheorien, S. 7 f.*

M4 Wissen und Irrtum

Etwas wissen, das heißt: die Möglichkeit des Irrtums ausschließen zu können. Andernfalls weiß man nicht, sondern meint oder glaubt nur. Meinen oder glauben, das heißt: etwas annehmen und sich irren können. Meist lässt sich nicht sofort entscheiden, ob etwas gewusst oder nur angenommen wird. Der Weg, den man nimmt, könnte der richtige Weg sein; er könnte zu dem Ziel führen, das man erreichen will. Man nimmt es an, sonst hätte man sich für diesen Weg nicht entschieden und ginge ihn nicht. Doch ob es der richtige war, weiß man erst am Ziel. [...] Zum Wissen gehört nicht nur, dass man sich nicht irrt, sondern außerdem, dass ein Irrtum grundsätzlich möglich wäre, aber man im Stande ist, ihn auszuschließen. Etwas, im Hinblick auf das gar kein Irrtum möglich ist, wird nicht gewusst. So wäre es unsinnig zu sagen, man wisse, wie man atmet oder wie man schläft. Auch Sachverhalte, zu denen es in dem Augenblick, in dem sie festgestellt werden, keine Alternative gibt, sind keine Gegenstände des Wissens. Dass man selbst am Leben und nicht tot ist, dass man denkt oder spricht, lässt sich nicht wissen. Wie sollte man hier einen möglichen Irrtum ausschließen? [...] Man schließt einen Irrtum aus, indem man das Wissen, das man für sich in Anspruch genommen hatte, *nachweist* und *ausweist.*

Günther Figal, Was ist Wissen?, in: Der blaue Reiter, Wissen, S. 64

M5 Aufgabe philosophischer Erkenntnistheorie

Was verstehen wir unter „Erkenntnis", und was können wir als Erkenntnis gelten lassen? Können wir überhaupt etwas wissen, oder haben wir immer nur Meinungen? Das sind ganz grundsätzliche und als solche philosophische Fragen, und es ist nicht zu erwarten, dass die mit ihrer empirischen Forschung befassten Wissenschaftler sie uns beantworten. Natürlich hat jedermann und auch jeder Wissenschaftler darüber eine Meinung und damit eine implizite Erkenntnistheorie, aber nur im philosophischen Gespräch wird diese explizit gemacht und dann auch kritisierbar. [...] Wer auch immer sich jene Fragen stellt und sie weiter verfolgt, philosophiert, und das tun nicht nur die „Philosophen" genannten Philosophen. [...] Dass es in der Erkenntnistheorie um Erkenntnis überhaupt geht, lässt sich wie folgt präzisieren: Es geht einmal um den Begriff der Erkenntnis und um die Beziehungen dieses Begriffs zu den verwandten Begriffen „Wissen", „Gewissheit", „Meinung", „Überzeugung", „Glauben" (i. S. von „belief"). Wir wollen wissen, was wir meinen, wenn wir von Erkenntnis sprechen, und dazu brauchen wir eine Übersicht im Netz der damit zusammenhängenden Begriffe. Dies nennen wir die *explikativen* Aufgaben der Erkenntnistheorie. – Dann suchen wir ein Kriterium (griech. kritérion: Kennzeichen; von krinein: unterscheiden) der Erkenntnis, und das bedeutet: Wir wollen uns nicht nur darüber verständigen, was wir unter Erkenntnis verstehen, sondern was wir als Erkenntnis gelten lassen wollen. Dies betrifft die Geltungscharaktere „wahr", „richtig", „stringent", „methodisch korrekt" etc. Hier geht es um die *normativen* Aufgaben der Erkenntnistheorie. Wir müssen darüber hinaus fragen, ob und wie dieses Kriterium anwendbar ist, denn es könnte ja sein, dass wir nur eine Erkenntnisutopie beschreiben [...]. Um über die Anwendbarkeit von Erkenntniskriterien etwas sagen zu können, muss man auch etwas über wirkliche Erkenntnisprozesse wissen, und daraus ergeben sich die *deskriptiven* Aufgaben der Erkenntnistheorie. Jede befriedigende Erkenntnistheorie muss mindestens diese drei Fragebereiche umfassen [...].

Herbert Schnädelbach, Erkenntnistheorie zur Einführung, S. 17f., 23f.

1. Schreiben Sie einen kurzen „Newsticker" zu dem Vorfall, auf den die in der Karikatur gezeigte Situation sich beziehen könnte. Finden Sie aktuelle Beispiele aus Ihrem Alltag. → M1
2. Geben Sie die verschiedenen Definitionen von Wahrheit in eigenen Worten wieder und überprüfen Sie ihre Plausibilität. → M2
3. Erörtern Sie die Erkenntnisrelation zwischen Subjekt und Objekt an einem Beispiel aus den Naturwissenschaften. → M3
4. Kennzeichnen Sie die Struktur des Wahrheitsbegriffes und ordnen Sie die Definitionen von Wahrheit (M2) den verschiedenen Wahrheitsbegriffen zu. → M3
5. Erläutern Sie, was Wissen ist. → M4
6. Nehmen Sie Stellung dazu, ob wir eine Theorie der Erkenntnis brauchen. → M5

2 Wissen und Rechtfertigung

Die Astrologie versteht sich als Wissenssystem. Doch astrologische Behauptungen sind so lange kein Wissen, wie man sie nicht rechtfertigen kann.

M1 Vom Meinen, Glauben und Wissen

Das Fürwahrhalten, oder die subjektive Gültigkeit des Urteils, in Beziehung auf die Überzeugung (welche zugleich objektiv gilt), hat folgende drei Stufen: *Meinen* ist ein mit Bewusstsein *sowohl* subjektiv, *als* objektiv unzureichendes Fürwahrhalten. Ist das letztere nur subjektiv zureichend und wird zugleich für objektiv unzureichend gehalten, so heißt es *Glauben.* Endlich heißt das sowohl subjektiv als objektiv zureichende Fürwahrhalten das *Wissen.* Die subjektive Zulänglichkeit heißt *Überzeugung* (für mich selbst), die objektive Gewissheit (für jedermann). [...] Ich darf mich niemals unterwinden, zu meinen, ohne wenigstens etwas zu wissen, vermittelst dessen das an sich bloß problematische Urteil eine Verknüpfung mit Wahrheit bekommt, die, ob sie gleich nicht Vollständigkeit doch mehr als willkürliche Erdichtung ist.

Immanuel Kant, Kritik der reinen Vernunft (B 850), S. 532f.

M2 Meinung und Wissen

Vom Wissen sagt man, es sei der wichtigste Gegenstand der Philosophie. Die Fragen, was wir wissen können, wie wir wissen, was wir wissen, und was Wissen bzw. was Erkenntnis ist, stehen im Zentrum der gesamten Philosophie. [...] Es gibt verschiedene Arten des Wissens. Ich kann etwas wissen, weil ich es kenne (z. B. die Stadt Oxford), weil ich etwas kann (ich weiß, wie man Fahrrad fährt) oder weil ich es behaupte (ich weiß, dass Adler Vögel sind). Die Philosophie befasst sich vornehmlich mit dem Wissen, das in Sätzen formuliert wird. Ein Satz ist eine Aussage, die eine Behauptung (Proposition) enthält, etwa: „Elefanten sind grau." Im Alltag setzen wir voraus, dass wir das Ausgesagte „wissen" können, weil wir uns z. B. auf unsere Sinne verlassen oder uns an etwas erinnern, das wir irgendwann zuvor gelernt haben. Doch wissen wir tatsächlich so viel, wie wir zu wissen glauben? Was können wir wissen? [...] Wir unterscheiden intuitiv zwischen Meinen und Wissen. Menschen können wahre und falsche Meinungen haben. Doch wenn man etwas *(p)* zu wissen behauptet, dann muss *p* wahr sein. Wer sagt, Elefanten sind rosa, und behauptet, das auch zu wissen, irrt. Wenn Elefanten grau sind und nicht rosa, dann kann man das nicht wissen, allenfalls meinen. [...] Es gibt viele Evidenzen [Beweise] dafür, dass Astrologie keine sicheren Voraussagen treffen kann. Nehmen wir an, ich weiß das, lese mein Horoskop, glaube an die Voraussage, und sie trifft tatsächlich ein. *Wusste* ich, dass ich Recht hatte? Nein, denn ich hatte keinen triftigen Grund, die Voraussage für wahr zu halten. Wissen braucht also eine Art Stütze, bzw. Gründe dafür, eine Aussage, an die wir glauben, für wahr zu halten – kurz, Wissen muss gerechtfertigt werden. Doch was liefert eine Rechtfertigung? Die schnelle Antwort ist: Evidenzen.

Stephen Law, Philosophie, S. 49f.

M3 Die Standardanalyse von Wissen

Nehmen wir an, Peter glaubt, dass Heidi ihn liebt. Er ist sogar vollkommen überzeugt davon. Der Grund dafür ist jedoch nicht, dass Heidi sich ihm gegenüber irgendwie besonders freundlich benommen hätte. Sie benahm sich sogar eher abweisend. Der einzige Grund, warum Peter glaubt, dass Heidi ihn liebt, ist vielmehr, dass ein Wahrsager ihm das gesagt hat und Peter volles Vertrauen in die Magie hat. Nehmen wir einmal an, dass der Wahrsager tatsächlich ausnahmsweise Recht hat: Heidi liebt Peter wirklich, auch wenn sie es nicht zeigen will. Unter diesen Umständen muss man sagen, dass Peter die wahre Überzeugung hat, dass Heidi ihn liebt. Aber ganz sicher kann man nicht sagen, dass er *weiß*, dass Heidi ihn liebt. Die beiden bisher genannten Bedingungen mögen also notwendig sein; hinreichend sind sie nicht.

Wenn man sich überlegt, warum man Peter unter den geschilderten Umständen kein Wissen zuschreiben möchte, so kommt man sehr schnell auf den Gedanken, dass es ihm an einer Rechtfertigung für seine Überzeugung fehlt. Er stützt die Überzeugung, dass Heidi ihn liebt, auf die Aussage des Wahrsagers. Aber Wahrsager sind notorisch unzuverlässig. Peter hat also keinen guten Grund, an die Liebe Heidis zu glauben. Seine Überzeugung ist nur *zufälligerweise* wahr. Und darum schreiben wir ihm kein Wissen zu. Es liegt deshalb nahe, als dritte notwendige Bedingung für Wissen zu fordern, dass die Person S, um deren Wissen es geht, in der entsprechenden Überzeugung gerechtfertigt sein muss. Wir kommen damit zu folgender Wissensdefinition, die man gelegentlich auch als die *Standardanalyse von Wissen* bezeichnet:

Definition 1: Person S weiß, dass p, genau dann, wenn es (1) der Fall ist, dass p, wenn (2) S davon überzeugt ist, dass p, und wenn (3) S in dieser Überzeugung gerechtfertigt ist. [...]

Bevor wir dieser Frage weiter nachgehen, sollten wir uns vor Augen führen, dass die Standardanalyse von Wissen sehr nahe an dem zu sein scheint, was bereits Platon als Erläuterung des Wissensbegriffs erwog, vielleicht sogar akzeptierte. Auch er war der Ansicht, dass Wissen mehr ist als wahre Überzeugung.

Gerhard Ernst, Einführung in die Erkenntnistheorie, S. 69f.

M4 Das Gettier-Problem

1963 hat der amerikanische Philosoph Edmund Gettier den Aufsatz *Ist gerechtfertigte, wahre Meinung Wissen?* veröffentlicht – auf fünf Seiten präsentiert er einige Fälle, in denen jemand offensichtlich wahre Meinungen gerechtfertigt hat, aber kein Wissen. Hier ist einer davon: Angenommen, ich fahre durch eine mir unbekannte Gegend, in der ein Film gedreht wird. Viele „Häuser", die ich sehe, sind *tatsächlich* nur Fassaden, einige von ihnen brennen. Ich denke: „Dieses Haus brennt." Wenn ich nur die Fassade sehe, ist meine Meinung falsch, also kein Wissen. Schaue ich aber zufällig auf das einzige Haus, das keine Kulisse ist, ist meine Meinung wahr. Und sie erscheint auch gerechtfertigt: Es sieht aus wie ein Haus, es brennt, und ich habe keinen Grund, meinen Sinnen zu misstrauen.

Meine Meinung ist wahr und gerechtfertigt, und doch, so Gettier, kein Wissen. Dafür ist die Verbindung zwischen den Gründen für meine Meinung (ihrer Rechtfertigung) und dem Umstand, dass sie sich als wahr erweist, zu zufällig. Ich hätte auf eine andere Fassade schauen können und keinen Unterschied erkannt. Wenn eine gerechtfertigte wahre Meinung nicht hinreicht, um Wissen zu sein, dann muss, damit aus ihr Wissen wird, etwas hinzu kommen – etwas, das Situationen Rechnung trägt, in denen uns nicht alle relevanten Möglichkeiten präsent sind.

Stephen Law, Philosophie, S. 62f.

1 Formulieren Sie den Unterschied zwischen Glauben, Meinen, Wissen in eigenen Worten. ➜ M1

2 Finden Sie für die verschiedenen Arten von Wissen weitere Beispiele. Überlegen Sie, wie dieses Wissen erworben wird. ➜ M2

3 Bestimmen Sie mit Hilfe von Lexika den Begriff „Evidenz" und zeigen Sie seine Bedeutung für die Rechtfertigung von Wissen. ➜ M2

4 Legen Sie die Beziehung zwischen (gerechtfertigter) Überzeugung und Wissen dar. ➜ M3

5 Versuchen Sie das Gettier-Problem (M4) anhand eines eigenen Beispiels mit folgendem Definitionszusatz (s. M3, Z. 33-36) zu lösen:
– und wenn (4) die persönliche Rechtfertigung von S nicht durch zusätzliche relevante Informationen zerstört werden kann. ➜ M3/4

3 Die Suche nach der Wahrheit

M1 Die belehrte Unwissenheit

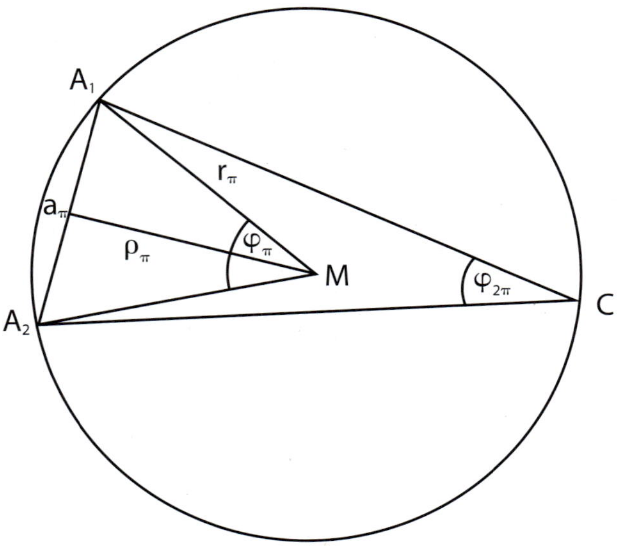

Nach dem mittelalterlichen Philosophen Nicolaus von Kues (1401-1464), der in der Tradition Platons steht, kann der menschliche Verstand etwas Absolutes wie das Maximum oder das Unendliche nicht erfassen. Dies zeigt sich beispielsweise darin, dass der Mensch nicht in der Lage ist, die genaue Wahrheit, etwa der Kreisoberfläche, zu berechnen.

Es ist also deutlich, dass wir über das Wahre nichts anderes wissen, als dass wir es in seiner Genauigkeit, so wie es ist, als unbegreiflich wissen. Die Wahrheit hat dabei die Bedeutung der absoluten Notwendigkeit, die nicht mehr oder weniger sein kann, als sie ist, unser Geist dagegen die Bedeutung der Möglichkeit. Die Wesenheit der Gegenstände, welche die Wahrheit der seienden Dinge ist, ist also in ihrer Reinheit unerreichbar. Sie wurde von allen Philosophen gesucht, aber von keinem wirklich gefunden. Je gründlicher wir in dieser Unwissenheit belehrt sind; desto näher kommen wir an die Wahrheit selbst heran. [...] die genaue Wahrheit leuchtet im Dunkel unserer Unwissenheit in der Weise des Nichterfassens auf. Das ist die belehrte Unwissenheit, die wir gesucht haben.

Nicolaus von Kues, De docta ignorantia 1, 3, Philosophische Werke, Bd. I, S. 15, 113

M2 Woran man zweifeln kann

Schon vor Jahren bemerkte ich, wie viel Falsches ich von Jugend auf als wahr hingenommen habe, und wie zweifelhaft alles sei, was ich später darauf gründete; darum war ich der Meinung, ich müsse einmal im Leben von Grund auf alles umstürzen und von den ersten Grundlagen an ganz neu anfangen, wenn ich später einmal etwas Festes und Bleibendes in den Wissenschaften errichten wollte. [...] Ich ziehe mich also in die Einsamkeit zurück und will ernst und frei diesen allgemeinen Umsturz aller meiner Meinungen vornehmen.
Dazu wird es indessen nicht nötig sein, dass ich allen die Falschheit nachweise; dies könnte ich vielleicht niemals erreichen. Da ja schon die Vernunft anrät, bei nicht ganz gewissen und zweifelsfreien Ansichten uns ebenso sorgfältig der Zustimmung zu enthalten wie bei solchen, die ganz sicher falsch sind, so reicht es für ihre Verwerfung insgesamt aus, wenn ich in einer jeden irgendeinen Anlass zum Zweifeln finde. Auch braucht man sie darum nicht einzeln durchzugehen; das wäre eine endlose Arbeit. Da bei der Untergrabung der Fundamente alles, was darauf gebaut ist, von selbst zusammenstürzt, werde ich unmittelbar die Prinzipien selbst angreifen, auf die sich alles stützte, was ich früher für wahr hielt.
Alles nämlich, was ich bis heute als ganz wahr gelten ließ, empfing ich unmittelbar oder mittelbar von den Sinnen; diese aber habe ich bisweilen auf Täuschungen ertappt, und es ist eine Klugheitsregel, niemals denen volles Vertrauen zu schenken, die uns auch ein einziges Mal getäuscht haben.
Indessen, wenn uns auch die Sinne zuweilen über kleine und ferner liegende Gegenstände täuschen, so ist doch an den meisten anderen zu zweifeln gar nicht möglich, ungeachtet ihres sinnlichen Ursprungs; so z. B. dass ich hier bin, am Ofen sitze, meinen Winterrock anhabe, dieses Papier hier mit den Händen berühre und dergleichen. [...]
Ja, aber erinnere ich mich denn nicht, dass ich auch von ähnlichen Gedanken in Träumen getäuscht wor-

den bin? Während ich aufmerksamer hierüber nachdenke, wird mir ganz klar, dass nie durch sichere Merkmale der Schlaf vom Wachen unterschieden werden kann, und dies macht mich so stutzig, dass ich gerade dadurch fast in der Meinung zu träumen bestärkt werde.

Wohlan denn, wir träumen, und unwahr sollen alle jene Einzelheiten sein: dass wir die Augen öffnen, den Kopf bewegen, die Hände ausstrecken, ja sogar, dass wir solche Hände, überhaupt solch einen Körper haben! Gleichwohl aber müssen wir eingestehen, dass uns im Schlaf gleichsam gewisse Malereien erschienen sind, die nur nach dem Vorbilde wirklicher Dinge gebildet werden konnten [...]. [...]

Dazu gehört anscheinend die Natur des Körpers im Allgemeinen und seine Ausdehnung, desgleichen die Gestalt der ausgedehnten Dinge, ferner die Quantität, d. h. ihre Größe und Anzahl; ebenso der Ort, an dem sie sind, die Zeit, während deren sie dauern, und Ähnliches.

Somit können wir hieraus wohl zu Recht schließen, dass [...] die Arithmetik, Geometrie und vergleichbare [Wissenschaften], die lediglich die einfachsten und allgemeinsten Dinge behandeln [...], etwas Sicheres und Unzweifelhaftes enthalten. Denn ob ich nun schlafe oder wache: Zwei und drei geben zusammen fünf, und das Quadrat hat nicht mehr als vier Seiten. Es scheint unmöglich, dass so offenbare Wahrheiten in den Verdacht der Falschheit geraten könnten. Nun ist aber meinem Geist eine gewisse althergebrachte Meinung eingeprägt, es gebe nämlich einen Gott, der alles vermag [...]. Warum aber soll dieser es nicht etwa so eingerichtet haben, dass es überhaupt gar keine Erde, keinen Himmel, nichts Ausgedehntes, keine Gestalt, keine Größe, keinen Ort gibt und dass trotzdem alles dies mir genauso wie jetzt da zu sein scheint? [...]

Nun aber nehme ich an, irgendein sehr mächtiger und, wenn ich so sagen darf, bösartiger Betrüger habe mich in allem, soweit es ihm nur irgend möglich war, absichtlich irregeführt. Kann ich mir dann noch das Geringste von alledem zuschreiben, was ich zur Natur des Körpers rechnete? Ich stutze, denke nach und überlege hin und her, aber nichts will sich mir zeigen; der fruchtlosen Wiederholung werde ich müde.

Wie steht es aber mit dem, was ich der Seele zuschrieb, mit der Ernährung und dem Gehen? Offenbar bestehen auch diese Tätigkeiten bloß in der Einbildung, da ich nun einmal keinen Körper habe. Aber das Empfinden? Auch dieses geschieht nicht ohne Körper, aber gar oft erschien es mir im Traume, als empfände ich, während ich nachher merkte, dass es nicht wahr sei. Und das Denken? Hier werde ich fündig: Das Denken [= Bewusstsein] ist es; es allein kann von mir nicht abgetrennt werden; Ich bin, Ich existiere, das ist gewiss. Wie lange aber? Offenbar solange ich denke, denn es ist ja auch möglich, dass ich, wenn ich überhaupt nicht mehr denken würde, sogleich aufhörte zu sein. Ich lasse jetzt nichts gelten, als was notwendig wahr ist; demnach bin ich genaugenommen lediglich ein denkendes Ding [res cogitans], d. h. Geist bzw. Seele bzw. Verstand bzw. Vernunft; lauter Bezeichnungen, deren Bedeutung mir früher unbekannt war. Ich bin nun ein wirkliches und wahrhaft seiendes Ding. Was denn für ein Ding? Ich sagte ja: ein denkendes.

René Descartes,
Meditationen über die Erste Philosophie,
(Erste Meditation, 1.-9.; Zweite Meditation, 6.),
S. 63, 65, 67, 69; 83

1 Diskutieren Sie, welche Bedeutung dem Faktor pi zukommt. Ziehen Sie Schlussfolgerungen über die Erkenntnis von Wahrheit. → M1
2 Erläutern Sie den Begriff der Wahrheit und der belehrten Unwissenheit bei Nicolaus von Kues. → M1
3 Finden Sie eigene Beispiele aus Ihrem Alltag, die zeigen, dass die absolute Wahrheit nicht erreicht werden kann. → M1
4 Philosophieren Sie selbst: Schreiben Sie sich dazu an einer Stelle des Textes von René Descartes ein (z. B. in Z. 37) und entwickeln Sie eigene Überlegungen. Diese können, müssen aber nicht in Einklang mit Descartes Argumentation stehen. → M2
5 Rekonstruieren Sie den Weg, den Descartes geht, um zur Wahrheit zu gelangen. Beachten Sie dabei insbesondere Aussagen wie „ich nehme an". → M2
6 Bestimmen Sie die Wahrheit des Satzes „ich bin, ich existiere". Erörtern Sie, was Descartes unter Existenz versteht. → M2

4 Skeptische Zweifel

M1 (Un-)möglich?

René Magritte, Le Château des Pyrénées

M2 Ursache und Wirkung

Alle Gegenstände der menschlichen Vernunft und Forschung lassen sich naturgemäß in zwei Arten zerlegen, nämlich in Beziehungen von Vorstellungen und in Tatsachen. Von der ersten Art sind die Wissenschaften der Geometrie, Algebra und Arithmetik; und kurz gesagt, jede Behauptung von entweder intuitiver oder demonstrativer Gewissheit. Dass das Quadrat der Hypotenuse gleich ist den Quadraten der beiden Seiten, ist ein Satz, der eine Beziehung zwischen diesen Figuren ausdrückt. [...] Tatsachen, der zweite Gegenstand der menschlichen Vernunft sind nicht in gleicher Weise als gewiss verbürgt; ebenso wenig ist unsere Evidenz von ihrer Wahrheit, wenn auch noch so stark, von der gleichen Art wie bei der vorhergehenden. Das Gegenteil jeder Tatsache bleibt immer möglich, denn es kann niemals einen Widerspruch in sich schließen und wird vom Geist mit derselben Leichtigkeit und Deutlichkeit vorgestellt, als wenn es noch so sehr mit der Wirklichkeit übereinstimmte. Dass die Sonne morgen nicht aufgehen wird, ist ein nicht minder verständlicher Satz und nicht widerspruchsvoller, als die Behauptung, dass sie aufgehen wird. Wir würden daher vergeblich versuchen, seine Falschheit zu demonstrieren. Wäre er demonstrativ falsch, so enthielte er einen Widerspruch und ließe sich niemals deutlich vom Geiste vorstellen. [...] Alle Tatsachen betreffenden Vernunfterwägungen scheinen auf der Beziehung von *Ursache und Wirkung* zu beruhen. Einzig mittels dieser Beziehung können wir über die Evidenz unseres Gedächtnisses und unserer Sinne hinausgehen. Würde man jemanden fragen, weshalb er an eine nicht gegenwärtige Tatsache glaube, z. B., dass sein Freund auf dem Lande oder in Frankreich sei, so würde er einen Grund angeben, und dieser Grund würde eine andere Tatsache sein, etwa ein Brief, den er von ihm erhalten hat, oder das Wissen um seine früheren Entschlüsse und Versprechungen. Fände jemand auf einer einsamen Insel eine Uhr oder eine andere Maschine, würde er daraus schließen, dass einst auf jener Insel Menschen gewesen seien. Alle unsere Gedankengänge über Tatsachen sind von gleicher Art. Dabei wird immer vorausgesetzt, dass eine Verknüpfung zwischen der gegenwärtigen Tatsache und der aus ihr gefolgerten besteht. [...] Wollen wir somit eine zufriedenstellende Erklärung für das Wesen jener Evidenz der Gewissheit von Tatsachen erlangen, haben wir zu untersuchen, wie wir zur Erkenntnis von Ursache und Wirkung kommen. Ich wage es, den Satz als allgemeingültig und keine Ausnahme duldend aufzustellen, dass die Kenntnis dieser Beziehung in keinem Falle durch Denkakte *apriori* gewonnen wird, sondern ausschließlich aus der Erfahrung stammt, indem wir feststellen, dass gewisse Gegenstände immerdar miteinander verbunden sind. [...] Würde man uns irgendeinen Gegenstand zeigen und würden wir aufgefordert, die von ihm ausgehende Wirkung zu nennen, ohne frühere Beobachtungen zu Rate zu ziehen, auf welche Weise – so frage ich – muss der Geist dabei verfahren? Er muss sich ein Ereignis erfinden oder ausdenken, das er dem Gegenstand als dessen Wirkung zuschreibt, und es ist klar, dass diese Erfindung völlig willkürlich sein muss. Der Geist kann unmöglich jemals die Wirkung in der mutmaßlichen Ursache finden, nicht einmal durch die sorgfältigste Forschung und Untersuchung. Die Wirkung ist nämlich von der Ursache gänzlich verschieden und kann folglich niemals in ihr entdeckt werden [...]. Ein Stein oder ein Metallstück, das in die Luft gehoben und dort ohne Stütze gelassen wird, fällt unverzüglich; betrachten wir aber die Sache *apriori (unabhängig von Erfahrung)*, lässt sich wohl dann irgendetwas an dieser Lage entdecken, das eher die Vorstellung einer nach unten gerichteten als die einer nach oben oder anderswohin gerichteten Bewegung im Stein oder Metall hervorbringen kann?

M3 Die Sicherheit des Alltags

Man muss gewiss zugeben, dass uns die Natur in großer Ferne von allen ihren Geheimnissen gehalten und uns nur die Kenntnis einiger weniger oberflächlicher Eigenschaften der Dinge gestattet hat, während sie jene Kräfte und Prinzipien, von denen die Wirksamkeit dieser Dinge ganz und gar abhängt, vor uns verbirgt. Unsere Sinne informieren uns über Farbe, Gewicht und Konsistenz des Brotes; aber weder Sinne noch Vernunft können uns je über jene Eigenschaften informieren, die es zur Ernährung und Erhaltung des menschlichen Körpers geeignet machen. Gesichts- und Tastsinn vermitteln eine Vorstellung der tatsächlichen Bewegung von Körpern; was aber jene wunderbare Kraft oder Macht betrifft, die einen bewegten Körper in dauerndem Ortswechsel hält und welche die Körper nur durch Weitergabe an andere einbüßen – so können wir uns davon nicht im entferntesten einen Begriff bilden. Doch ungeachtet dieser Unkenntnis der Naturkräfte und Prinzipien, setzen wir, wenn wir gleiche Sinnesqualitäten wahrnehmen, voraus, dass sie gleiche verborgene Kräfte haben, und wir erwarten aus ihnen Wirkungen, die den von uns erfahrenen gleichartig sind. Wird uns ein Körper von gleicher Farbe und Konsistenz wie das Brot, das wir früher gegessen haben, vorgelegt, so haben wir keine Bedenken, dieses Experiment zu wiederholen, und erwarten mit Gewissheit gleiche Ernährung und Stärkung. Das ist ein Vorgang im Geiste oder Denken, für den ich gerne die Begründung wissen möchte. [...] Hinsichtlich der früheren Erfahrung kann eingeräumt werden, dass sie unmittelbare und zuverlässige Informationen nur über solchen bestimmten Objekte und jene bestimmte Zeitspanne geben kann, von denen sie Kenntnis hatte. Weshalb diese Erfahrung jedoch auf die Zukunft und andere Objekte ausgedehnt werden sollte, die soweit uns bekannt ist, nur dem Anschein nach gleichartig sein mögen: das ist die Hauptfrage, die ich hervorheben möchte. [...] In Wirklichkeit stützen sich alle Erfahrungsbeweise auf die Ähnlichkeit, die wir zwischen Naturobjekten feststellen und durch die wir verleitet werden, Wirkungen ähnlich denen zu erwarten, die wir schon als Folgen solcher Objekte angetroffen haben. [...] Von ähnlich erscheinenden Ursachen erwarten wir ähnliche Wirkungen. Das ist die Summe aller unserer Erfahrungsschlüsse.

M2/3: David Hume, Eine Untersuchung über den menschlichen Verstand, S. 41-46, 50f., 54

1. Beurteilen Sie das Bild von René Magritte a) als Künstler und b) als Naturwissenschaftler. → M1
2. Erarbeiten Sie den Unterschied zwischen Vorstelllungsbeziehungen und Tatsachen an weiteren Beispielen. → M2
3. Erläutern Sie, wie der Verstand Aussagen über nichtgegenwärtige Tatsachen vollzieht. → M2
4. Begründen Sie die These Humes, dass die Kenntnis der Relation von Ursache und Wirkung nicht durch Denken a priori gewonnen werden kann. Erläutern Sie dabei, was mit a priori gemeint ist. → M2
5. Beschreiben Sie, welche Erwartungen der Mensch gegenüber den verborgenen Kräften hat. → M3
6. Diskutieren Sie, was Hume unter Ähnlichkeit, die wir zwischen Naturobjekten feststellen, versteht (Z. 38-43). → M3
7. Erarbeiten Sie den Unterschied zwischen Descartes' methodischem (s. S. 244f.) und Humes skeptischen Zweifeln. → M1-3

5 Eine neue Art des Denkens

M1 Der dogmatische Schlummer

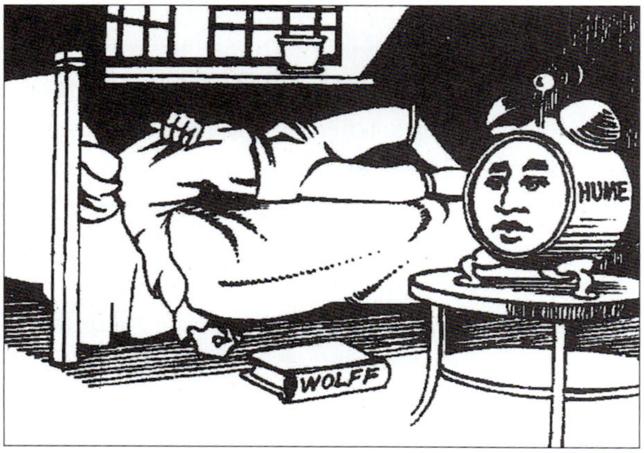

Philosophisch war Kant in seinen Anfängen von Wolffs Version der Leibniz'schen Philosophie beeinflusst, einem höchst systematischen Rationalismus, der die deutschen Universitäten beherrschte. Die Lektüre Humes ließ ihn aus seinem „dogmatischen Schlummer" erwachen, und er war danach nicht mehr der alte.

Richard Osborne, Philosophie: eine Bildergeschichte für Einsteiger, S. 107

M2 Unser Erkenntnisvermögen

kolleg Werte und Normen: Sehr geehrter Herr Kant, Sie werden in der Philosophiegeschichte als der Überwinder des Gegensatzes von Rationalismus und Empirismus angesehen. Sie haben gestanden, dass David Humes Zweifel an dem Anspruch unseres Verstandes, a priori die Erfahrung durch Gesetze zu erkennen, Sie wachgerüttelt habe. Hume hatte gezeigt, dass wir durch bloße Analyse beispielsweise der Eigenschaften des Brotes nicht erkennen können, dass es uns satt macht. Ebenso wenig ist ein induktiver Schluss von der bisherigen Erfahrung auf ein allgemeines Gesetz zulässig. Worin würden Sie dem Empirismus zustimmen?

Kant: Dass alle unsere Erkenntnis mit der Erfahrung anfange, daran ist gar kein Zweifel; denn wodurch sollte das Erkenntnisvermögen sonst zur Ausübung erweckt werden, geschähe es nicht durch Gegenstände, die unsere Sinne rühren und teils von selbst Vorstellungen bewirken, teils unsere Verstandestätigkeit in Bewegung bringen, diese zu vergleichen, sie zu verknüpfen oder zu trennen, und so den rohen Stoff sinnlicher Eindrücke zu einer Erkenntnis der Gegenstände zu verarbeiten, die Erfahrung heißt? Der *Zeit nach* geht also keine Erkenntnis in uns vor der Erfahrung vorher, und mit dieser fängt alle an.

kolleg WuN: Wenn Sie der empirischen Position, dass das menschliche Erkennen auf die sinnliche Erfahrung angewiesen ist, zustimmen, warum benötigen wir noch den Rationalismus?

Kant: Wenn aber gleich alle unsere Erkenntnis *mit* der Erfahrung anhebt, so entspringt sie darum doch nicht eben alle *aus* der Erfahrung. Denn es könnte wohl sein, dass selbst unsere Erfahrungserkenntnis ein Zusammengesetztes aus dem sei, was wir durch Eindrücke empfangen, und dem, was unser eigenes Erkenntnisvermögen (durch sinnliche Eindrücke bloß veranlasst) aus sich selbst hergibt, welchen Zusatz wir von jenem Grundstoffe nicht eher unterscheiden, als bis lange Übung uns darauf aufmerksam und zur Absonderung desselben geschickt gemacht hat. Ohne Sinnlichkeit würde uns kein Gegenstand gegeben, und ohne Verstand keiner gedacht werden. Gedanken ohne Inhalt sind leer, Anschauungen ohne Begriffe sind blind.

kolleg WuN: Für Sie ist es somit notwendig, noch näher zu untersuchen, ob es eine solche von der Erfahrung und von den Sinnen unabhängige Erkenntnis gibt. Sie möchten durch eine Zergliederung unserer Erkenntnisvermögen zeigen, dass die Vernunft über Grundstrukturen a priori verfügt, die die Erfahrung ermöglichen. Können Sie uns erklären, worin sich die reine und die empirische Erkenntnis voneinander unterscheiden?

Kant: Es kommt hier auf ein Merkmal an, woran wir sicher die reine Erkenntnis von empirischen unterscheiden können. Die Erfahrung lehrt uns zwar, dass etwas so oder so beschaffen sei, aber nicht, dass es nicht anders sein könne.

kolleg WuN: Das scheint ja ganz eindeutig zu sein, wenn etwas mit Notwendigkeit gedacht werden muss. Worin besteht die Schwierigkeit?

Kant: Erfahrung gibt niemals ihren Urteilen, der Verbindung eines Gegenstandes und einem Prädikat, wahre oder strenge, sondern nur angenommene und komparative Allgemeinheit (durch Induktion), so dass es eigentlich heißen muss: Soviel wir bisher wahrgenommen haben, findet sich von dieser oder jener Regel keine Ausnahme. Wird also ein Urteil in strenger Allgemeinheit gedacht, d. i. so, dass gar keine Ausnahme als möglich verstattet wird, so ist es nicht von der Erfahrung abgeleitet, sondern schlechterdings a priori gültig.

kolleg WuN: Das war ja auch das, was ihr Kollege Hume schon erkannt hatte. Eine bloß komparative Allgemeinheit wäre ja auch das Beispiel der weißen Schwäne. Jeder von uns weiß, dass Schwäne im Allgemeinen weiß sind, aber wirklich sicher können wir hier nicht sein, das wäre also keine Erkenntnis a priori.

Kant: Genau, Erfahrungsurteile sind insgesamt synthetisch, da ich die Verbindung des Subjektes A mit dem Prädikat B nicht durch Identität, sondern durch die Erfahrung selbst erkenne, z. B. alle Körper sind schwer, dies wäre ein synthetisches Urteil a posteriori. Sichere Kennzeichen einer Erkenntnis a priori sind aber Notwendigkeit und strenge Allgemeinheit und gehören auch unzertrennlich zueinander. Alle analytischen Urteile, diejenigen, in welchen die Verknüpfung des Prädikats mit dem Subjekt durch Identität gedacht wird, z. B. alle Körper sind ausgedehnt, sind Urteile a priori und gelten also mit strenger Allgemeinheit und absoluter Notwendigkeit, weil sie sich gänzlich auf den Satz des Widerspruchs gründen. Andere Beispiele hierfür sind mathematische Sätze, die jederzeit Urteile a priori und nicht empirisch sind, weil sie Notwendigkeit bei sich führen, welche aus Erfahrung nicht abgenommen werden kann. Die mathematischen Urteile sind insgesamt synthetisch, da die Verknüpfung des Subjektes mit dem Prädikat ohne Identität gedacht wird. Der Begriff von Zwölf ist keineswegs schon dadurch gedacht, dass ich mir bloß eine Vereinigung von Sieben und Fünf denke. Man muss über diese Begriffe hinausgehen, indem man die Anschauung zu Hilfe nimmt, etwa seine fünf Finger.

kolleg WuN: Aber was hat das mit der Überwindung von Rationalismus und Empirismus zu tun?

Kant: Nun zeigt es sich, welches überaus merkwürdig ist, dass selbst unter unsere Erfahrungen sich Erkenntnisse mengen, die ihren Ursprung a priori haben müssen und die vielleicht nur dazu dienen, um unseren Vorstellungen der Sinne Zusammenhang zu verschaffen. Denn, wenn man aus den Ersteren auch alles wegschafft, was den Sinnen angehört, so bleiben dennoch gewisse ursprüngliche Begriffe und aus ihnen erzeugte Urteile übrig, die gänzlich a priori, unabhängig von der Erfahrung entstanden sein müssen, weil sie machen, dass man von den Gegenständen, die den Sinnen erscheinen, mehr sagen kann, wenigstens es sagen zu können glaubt, als bloße Erfahrung lehren würde, und dass Behauptungen wahre Allgemeinheit und strenge Notwendigkeit enthalten, dergleichen die bloß empirische Erkenntnis nicht liefern kann.

kolleg WuN: Dass allgemeine und notwendige Urteile von der Erfahrung ausgesagt werden, wie die Kausalität, obgleich dies der Verstand nicht erkennen und auch die Erfahrung nicht bestätigen kann?

Kant: Genau, hier liegt also ein gewisses Geheimnis verborgen, das ich aufdecken möchte, den Grund der Möglichkeit von synthetischen Urteilen a priori.

nach Immanuel Kant, Kritik der reinen Vernunft, S. 27–29, 34; Prolegomena, S. 268

1 Beschreiben Sie, was auf dem Bild zu sehen ist. Was könnte mit „dogmatischer Schlummer" gemeint sein? Warum ist David Hume als Wecker dargestellt? → M1

2 Bestimmen Sie den Erkenntnisprozess nach Kant. Worin hat der Empirismus, worin der Rationalismus recht? → M2

3 Geben Sie die Bedeutung von Erkenntnissen a priori in eigenen Worten wieder. Begründen Sie, ob a priori mit „eingeboren" oder „der Erfahrung vorausgehend" wiedergegeben werden kann. → M2

4 Erläutern Sie die Aussage Kants: „Gedanken ohne Inhalte sind leer. Anschauungen ohne Begriffe sind blind." → M2

5 a) Erklären Sie, warum analytische Urteile Erläuterungs- und synthetische Urteile Erweiterungsurteile sind.
b) Finden Sie weitere Beispiele für synthetische Urteile a posteriori und analytische Urteile a priori.
c) Erläutern Sie, was Kant unter synthetischen Urteilen a priori versteht. → M2

6 Grenzen der Wahrheitssuche

M1 Schein oder Sein?

Liebe Wilhelmine,

vor kurzem ward ich mit der neueren sogenannten kantischen Philosophie bekannt – und Dir muss ich jetzt daraus einen Gedanken mitteilen, indem ich nicht fürchten darf, dass er Dich so tief, so schmerzhaft erschüttern wird als mich. [...]

Wenn alle Menschen statt der Augen grüne Gläser hätten, so würden sie urteilen müssen, die Gegenstände, welche sie dadurch erblicken, sind grün – und nie würden sie entscheiden können, ob ihr Auge ihnen die Dinge zeigt, wie sie sind, oder ob es nicht etwas zu ihnen hinzutut, was nicht ihnen, sondern dem Auge gehört. So, ist es mit dem Verstande. Wir können nicht entscheiden, ob das, was wir Wahrheit nennen, wahrhaft Wahrheit ist, oder ob es uns nur so scheint. Ist das letzte, so ist die Wahrheit, die wir hier sammeln, nach dem Tode nicht mehr – und alles Bestreben, ein Eigentum sich zu erwerben, das uns auch in das Grab folgt, ist vergeblich –

22. März 1801 Heinrich von Kleist

Heinrich von Kleist, Sämtliche Werke und Briefe II, S. 634

M2 Die Revolution der Denkart

Bisher nahm man an, alle unsere Erkenntnis müsse sich nach den Gegenständen richten; aber alle Versuche über sie a priori etwas durch Begriffe auszumachen, wodurch unsere Erkenntnis erweitert würde, gingen unter dieser Voraussetzung zunichte. Man versuche es daher einmal, ob wir nicht in den Aufgaben der Metaphysik damit besser fortkommen, dass wir annehmen, die Gegenstände müssen sich nach unserer Erkenntnis richten, welches so schon besser mit der verlangten Möglichkeit einer Erkenntnis derselben a priori zusammenstimmt, die über Gegenstände, ehe sie uns gegeben werden, etwas festsetzen soll. Es ist hiermit ebenso als mit den ersten Gedanken des Kopernicus bewandt, der, nachdem es mit der Erklärung der Himmelsbewegungen nicht gut fort wollte, wenn er annahm, das ganze Sternheer drehe sich um den Zuschauer, versuchte, ob es nicht besser gelingen möchte, wenn er den Zuschauer sich drehen und dagegen die Sterne in Ruhe ließ.

In der Metaphysik kann man nun, was die Anschauung der Gegenstände betrifft, es auf ähnliche Weise versuchen. Wenn die Anschauung sich nach der Beschaffenheit der Gegenstände richten müsste, so sehe ich nicht ein, wie man a priori von ihr etwas wissen könne; richtet sich aber der Gegenstand (als Objekt der Sinne) nach der Beschaffenheit unseres Anschauungsvermögens, so kann ich mir diese Möglichkeit ganz wohl vorstellen. Weil ich aber bei diesen Anschauungen, wenn sie Erkenntnisse werden sollen, nicht stehenbleiben kann, sondern sie als Vorstellungen auf irgendetwas als Gegenstand beziehen und diesen durch jene bestimmen muss, so kann ich entweder annehmen, die Begriffe, wodurch ich diese Bestimmung zustande bringe, richten sich auch nach dem Gegenstande, und dann bin ich wiederum in derselben Verlegenheit, wegen der Art, wie ich a priori hiervon etwas wissen könne; oder ich nehme an, die Gegenstände, oder, welches einerlei ist, die Erfahrung, in welcher sie allein (als gegebene Gegenstände) erkannt werden, richte sich nach diesen Begriffen, so sehe ich sofort eine leichtere Auskunft, weil Erfahrung selbst eine Erkenntnisart ist, die Verstand erfordert, dessen Regel ich in mir, noch ehe mir Gegenstände gegeben werden, mithin a priori voraussetzen muss, welche in Begriffen a priori ausgedrückt wird, nach denen sich also alle Gegenstände der Erfahrung notwendig richten und mit ihnen übereinstimmen müssen.

Immanuel Kant, Kritik der reinen Vernunft, S. 11f.

M3 Unser Denkprogramm

Wir denken ständig schon in Begriffen und Regeln. Unser Verstand kombiniert zum Beispiel Ursache mit Wirkung, und wir bringen immer schon das Vermögen mit, in Mengenbegriffen, in Qualitätsbegriffen zu denken. Kant unterscheidet zwölf solcher Regelkreise unserer Verstandestätigkeit, die er „Kategorien" nennt. Operatoren wäre auch ein treffender Begriff. Hamann, der kritische Freund, fand dafür die glückliche Bezeichnung „Gliedmaße des Verstandes". Kants Kategorien sind also sozusagen die Hände, Finger oder Füße, deren sich unser Verstand bedient: „Wo die Kategorien aufhören, da hört auch der Verstand auf, weil sie ihn erst bilden und zusammensetzen." Kategorien, Operatoren – die Bezeichnung tut nichts zur Sache; wichtig ist nur, sich klarzumachen, dass unser Verstand vorprogrammiert ist. Und so kann er sich jetzt an die Datenverarbeitung machen. Dabei kommt ihm noch die Einbildungskraft zu Hilfe. Sie formatiert die Datenströme, die uns über die Raumzeit erreichen, damit unser Verstand die darin enthaltenen Einzeldaten auch lesen kann. Und schließlich müssen die Informationen noch zentral zusammengeführt werden: in unserem Ich. Das „Ich denke" muss alle meine Vorstellungen begleiten können, so formuliert es Kant. Und die Aufgabe der Vernunft? Nun, die passt auf, dass alles vernünftig dabei zugeht, sie stellt den Gesamtzusammenhang der Erfahrung sicher. Das Ergebnis ist die gewohnte Welt, in der wir leben. Kurzum, wir leben alle in einer „virtuellen" Wirklichkeit. Mit der Datenbrille im Kopf. Und unsere virtuellen Welten fallen nicht etwa grundverschieden aus. Nein, zum Glück funktioniert die Datenbrille im Kopf bei uns allen nach denselben Gesetzen. Und noch etwas: Unsere virtuellen Welten sind real. Sie kommen ja aufgrund von realen Außendaten zustande, die über unsere raumzeitlich formatierten Sinnesorgane die Rechenzentren der Großhirnrinde erreichen.

[...] Nirgends also begegnet uns die Realität, so wie sie wirklich ist, wir erfahren sie immer bloß als Erscheinung, virtuell eben. Ein merkwürdiges Gefühl.

Arnulf Zitelmann, Nur dass ich ein Mensch sei, S. 172f.

M4 Die transzendentale Wahrheit

Mit der Einsicht in die Bedingungen der Möglichkeit a priori von Erfahrung verbindet sich eine Einsicht in die Grenzen jedes erfahrungsmäßigen Erkennens. Deshalb kann die Transzendentalphilosophie sogar ein Wahrheitskriterium aufstellen, freilich kein Kriterium für die Wahrheit von Aussagen (-systemen), jedoch ein Kriterium dafür, über welche Gegenstände überhaupt wahre Aussagen im Sinne von erfahrungswissenschaftlichen Aussagen möglich sind. Um die Erfahrung als möglich zu denken, bildet die Vernunft zwar Begriffe des Unbedingten. Doch sind diese reinen Vernunftbegriffe (transzendentalen Ideen) – Gott als das schlechthin höchste Wesen, die Welt als der Inbegriff aller Erscheinungen, die Freiheit als unbedingter Anfang und die Seele als Unsterblichkeit – einem gegenständlich-begrifflichen Erkennen grundsätzlich entzogen. So führt die *Kritik der reinen Vernunft* schließlich zu dem Resultat, dass die Metaphysik trotz ihres erfahrungsfreien Wissenscharakters sehr wohl möglich ist. Allerdings ist sie es nicht transzendent: als Übersteigen des Erfahrungsbereichs, als Erkenntnis übersinnlicher Gegenstände, sondern transzendental: als Zurückfragen nach den Bedingungen, die allem empirischen Wissen vorausliegen. Kants neue, nicht mehr dogmatische, vielmehr kritische Metaphysik wirft die Frage auf: „Was kann ich wissen?" und beantwortet sie durch eine Theorie der apriorischen Tiefenstruktur von Erfahrung überhaupt.

Otfried Höffe, Immanuel Kant, in: Klassiker der Philosophie II, S. 18

1 Antworten Sie auf den Brief Heinrich von Kleists. → M1
2 Informieren Sie sich über die Entdeckung des Kopernikus und erklären Sie, worin die Parallele zu Kants „kritischer Wende" besteht. → M2
3 Erläutern Sie, welche Konsequenzen die Aussage hat, dass der Gegenstand sich nach dem erkennenden Subjekt richten muss. → M2
4 Spielen Sie an einem Objekt aus der Welt der Erscheinungen, z. B. einem Baum, den Erkenntnisprozess durch. Beachten Sie die Voraussetzungen im Subjekt (Anschauungsformen usw.). Was können Sie mit Gewissheit aussagen? → M3
5 Formulieren Sie die Grenzen jedes erfahrungsmäßigen Erkennens. → M4

7 Induktion – Deduktion

M1 Vorsicht: Wirklichkeit!

Horst Haitzinger

M2 Das Problem der Induktion

Wir wissen, dass singuläre Aussagen über Tatsachen, die durch Beobachtung gewonnen wurden, niemals absolut sicher sind, da wir bei unseren Beobachtungen Fehler machen; aber bei den Gesetzen ist die Unsicherheit noch größer. Ein Naturgesetz sagt aus, dass in jedem Einzelfall, an jedem Ort und zu jeder Zeit gilt: Wenn Eines wahr ist, dann ist auch ein Zweites wahr. Natürlich wird hier über eine unendliche Anzahl möglicher Fälle gesprochen. Die wirklichen Anwendungsfälle sind vielleicht nicht unendlich viele, aber es gibt eine Unendlichkeit von möglichen Fällen. Ein physiologisches Gesetz sagt uns: Wenn man einen Dolch in das Herz eines Menschen stößt, wird dieser Mensch sterben. Da man niemals eine Ausnahme zu diesem Gesetz beobachtet hat, wird es als allgemein gültig angenommen. Es ist natürlich wahr, dass die Anzahl der Fälle, in denen man beobachtet hat, dass Dolche in Menschenherzen gestoßen wurden, endlich ist. Und es ist möglich, dass eines Tages die Menschheit aufhören wird zu existieren. In diesem Falle ist die Zahl der menschlichen Wesen, der vergangenen und der zukünftigen, endlich. Aber wir wissen ja nicht, ob die Menschheit ausgelöscht werden wird. Deshalb müssen wir sagen, dass es unendlich viele mögliche Anwendungsfälle des Gesetzes gibt. Und wenn es unendlich viele Fälle gibt, dann kann keine endliche Zahl von Beobachtungen, auch wenn sie sehr groß ist, das universelle Gesetz vollständig sichern. [...] Wenn wir darüber nachdenken, wird uns aber klar, dass auch die bestbegründeten Gesetze der Physik höchstens auf einer endlichen Zahl von Beobachtungen beruhen können. Es ist stets möglich, dass morgen schon ein Gegenbeispiel gefunden wird. Niemals ist es möglich, zu einer vollständigen Verifikation eines Naturgesetzes zu gelangen. Man sollte gar nicht von „Verifikation" sprechen – wenn man damit eine endgültige Feststellung der Wahrheit meint –, sondern nur von Bestätigung.

Rudolf Carnap, Einführung in die Philosophie der Naturwissenschaft, S. 29f.

M3 Erkenntnis durch Deduktion

Die Methode der kritischen Nachprüfung, der Auslese der Theorien, ist nach unserer Vorstellung immer die folgende: Aus der vorläufig unbegründeten Antizipation, dem Einfall, der Hypothese, dem theoretischen System, werden auf logisch-deduktivem Weg Folgerungen abgeleitet; diese werden untereinander und mit anderen Sätzen verglichen, indem man feststellt, welche logische Beziehung (z. B. Äquivalenz, Ableitbarkeit, Vereinbarkeit, Widerspruch) zwischen ihnen bestehen. [...] [Die aus einer neuen Theorie abgeleiteten Folgerungen müssen einer empirischen Prüfung standhalten]. Auch hier ist das Prüfungsverfahren ein deduktives: Aus einem System werden (unter Verwendung bereits anerkannter Sätze) empirisch möglichst leicht nachprüfbare bzw. anwendbare singuläre Folgerungen („Prognosen") deduziert und aus diesen insbesondere jene ausgewählt, die aus bekannten Systemen nicht ableitbar sind bzw. mit ihnen in Widerspruch stehen. Über diese – und andere

– Folgerungen wird nun im Zusammenhang mit der praktischen Anwendung, den Experimenten usw., entschieden. Fällt die Entscheidung positiv aus, werden die singulären Folgerungen anerkannt, *verifiziert*, so hat das System die Prüfung vorläufig bestanden; wir haben keinen Anlass, es zu verwerfen. Fällt eine Entscheidung negativ aus, werden Folgerungen *falsifiziert*, so trifft ihre Falsifikation auch das System, aus dem sie deduziert wurden. Die positive Entscheidung kann das System immer nur vorläufig stützen; es kann durch spätere negative Entscheidungen immer wieder umgestoßen werden. Solange ein System eingehenden und strengen deduktiven Nachprüfungen standhält und durch die fortschreitende Entwicklung der Wissenschaft nicht überholt wird, sagen wir, dass es sich bewährt.

Karl R. Popper, Die deduktive Überprüfung der Theorien, in: David Miller (Hg.), Karl Popper Lesebuch, S. 120f.

M4 Einsteins EJASE-Modell

Wissenschaftlicher Fortschritt basiert nach Einstein stets auf Sinneseindrücken, auf Erlebnissen (E). Diese Erlebnisse sind in ihrer Gesamtheit chaotisch, wirr und fordern den Beobachter heraus, sie in ein logisches gedankliches System zu integrieren. In einem gewagten und spekulativen Sprung (J, „jump“) formuliert der Beobachter ein über der Ebene der Sinneserlebnisse schwebendes System von Axiomen (A), verstanden als fundamentale, abstrakte Prinzipien. Aus diesen Axiomen werden anschließend Einzelaussagen (S, S‘, S“, usw.) als Prognosen abgeleitet, die ihrerseits auf ihre Verträglichkeit mit den Phänomenen der Erfahrungen (E) geprüft werden. Sollten sich die Vorhersagen an der Erfahrung bestätigen lassen, hat sich das theoretische Gebilde aus Hypothesen, Postulaten und Deduktionen vorerst bestätigt. Je länger sich die Vorhersagen tatsächlich mit der Sinneserfahrung vereinbaren lassen, desto mehr Überzeugungskraft gewinnt die Theorie, doch der endgültige Beweis für die Richtigkeit einer Theorie lässt sich nach Einstein niemals erbringen.

1 Entwerfen Sie analog zu M1 einen Cartoon, in dem die „Statistische Wahrscheinlichkeit“ und das „Restrisiko“ nicht personifiziert, sondern im Rahmen einer konkreten Situation vorkommen. ➜ M1

2 Nutzen Sie die wesentlichen Informationen des Texts M2 für einen 100-Worte Lexikoneintrag mit dem Titel „Induktion – Verfahren und Gefahren“. ➜ M2

3 Beziehen Sie den Cartoon auf den Reichenbach-Text. Inwieweit veranschaulicht der Cartoon das Induktionsproblem? ➜ M1/2

4 Erstellen Sie auf einer Folie / einem Poster ein Schaubild, das das Induktions- und das Deduktionsverfahren darstellt. Präsentieren Sie Ihr Schaubild und erläutern Sie diese allgemeine Darstellung anhand einer konkreten Theorie bzw. Aussage. ➜ M3

5 Stellen Sie gemäß Einsteins EJASE-Modell eine Theorie auf (z. B. „Die Grünphasen von Fußgängerampeln sind kürzer als deren Rotphasen“ etc.) und durchlaufen Sie alle fünf Schritte der Prüfung. Liefern Sie dem Kurs einen Forschungsbericht. ➜ M4

6 Nehmen Sie Stellung zu der These „Einsteins größte wissenschaftliche Erfolge basieren maßgeblich auf Schritt J („jump“).“ Wie bewerten Sie die Rolle von Spekulation und Wagnis im Prozess wissenschaftlichen Fortschritts?

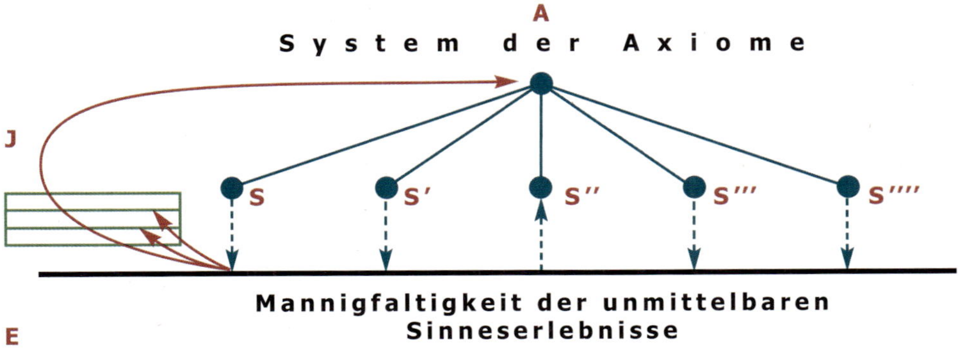

nach Gerald Holton, Thematische Analyse der Wissenschaft, S. 376

8 Methoden der Wahrheitsfindung

M1 Was ist Wahrheit?

Eine Frau kommt zur Polizei und meldet ihren Mann als vermisst. Der Polizist bittet sie um eine Personenbeschreibung und sie sagt: „1,85 groß, muskulös und mit dichtem, lockigen Haar."

„Hey", ruft da ihre Freundin, die sie begleitet hat, „was erzählst du da? Dein Mann ist höchstens 1,65, hat eine Glatze und einen gewaltigen Bierbauch."

Darauf die Frau: „Ja, aber wer will den schon zurückhaben?"

„Meine Beste", meldet sich der Polizist zu Wort, „wir möchten von Ihnen eine Beschreibung, die mit dem Aussehen ihres Ehemannes übereinstimmt."

Darauf die Frau: „Übereinstimmung! Pah! Die Wahrheit lässt sich nicht allein anhand erkenntnistheoretischer Kriterien bestimmen, da die Angemessenheit dieser Kriterien unmöglich unabhängig von den angestrebten Zielen und jeweils vertretenen Werten bestimmt werden kann. Mit anderen Worten, wahr ist schlussendlich das, was einen zufrieden stellt, und das hat mich mein Mann weiß Gott noch nie."

Thomas Cathcart / Daniel Klein, Platon und Schnabeltier, S. 96f.

M2 Wahr oder nicht wahr?

1. ALLE ELEFANTEN HABEN EINEN RÜSSEL.
2. DIE JAHRESDURCHSCHNITTSTEMPERATUR IN BARCELONA IST HÖHER ALS IN TORONTO.
3. IM MOMENT SCHEINT DIE SONNE.
4. IM JAHRE 2030 WIRD ES IN JEDEM HAUSHALT EINEN PUTZROBOTER GEBEN.
5. IMMANUEL KANT TRANK JEDEN MORGEN NACH DEM AUFWACHEN IM BETT EIN GLAS WASSER.
6. DER SINN DES LEBENS IST DIE SUCHE NACH GLÜCK.
7. DIE DEUTSCHE FUẞBALLNATIONALMANNSCHAFT HAT BEI DER WM 2010 SCHLECHT GESPIELT.
8. DA VINCIS MONA LISA HAT EIN HÜBSCHES LÄCHELN.

M3 Die Forderung nach Verifizierbarkeit

Eine Zeichenverbindung, von der man entweder zeigen kann, dass sie wahr ist, oder zeigen kann, dass sie falsch ist, wird sinnvoll genannt. Dieser Begriff ist sehr wichtig, weil wir uns oft mit Zeichenverbindungen befassen, deren Wahrheit oder Falschheit im Augenblick noch unbestimmt ist [...]. Der Hinweis auf Verifizierbarkeit ist ein notwendiger Bestandteil einer Theorie des Sinnes sprachlicher Ausdrücke. [...] Sätze können auf verschiedene Weise verifiziert werden. Die einfachste Methode des Wahrheitsentscheids ist die direkte Beobachtung; aber nur eine kleine Gruppe von Sätzen kann so verifiziert werden, wie z. B. „es regnet", oder „Peter ist größer als Paul". Wenn sich ein Beobachtungssatz auf die Vergangenheit bezieht, sehen wir eine Verifizierung auch dann als möglich an, wenn es keinen Beobachter dieses vergangenen Ereignisses gegeben hat; so ist z. B. der Satz „es hat am 28. November im Jahre 4 n. Chr. auf der Insel Manhattan geschneit", verifizierbar und daher sinnvoll, da es ja einen Beobachter dort hätte geben können. [...] Man hat eingewendet, dass die Frage nach dem Sinn eine subjektive Angelegenheit sei, dass man einem anderen nicht beweisen kann, was er mit einem Satz meint, und dass man es jedem überlassen soll, seine Worte in dem Sinne zu gebrauchen, wie es ihm angemessen erscheint. [...] Dieser Einwand beruht jedoch auf einem Missverständnis der Verifikationstheorie. [...] Der wissenschaftliche Philosoph ist von Haus aus tolerant und erlaubt jedem, zu meinen, was er will. Er sagt nur: Wenn jemand unverifizierbare Bedeutungen gebraucht, dann können seine Worte nicht den Grund für seine Handlungen angeben. Was man tut, bezieht sich immer auf die Zukunft, und Aussagen über die Zukunft können nur soweit in mögliche Erfahrungen übersetzt werden, als sie verifizierbar sind.

Hans Reichenbach, Der Aufstieg der wissenschaftlichen Philosophie, S. 287-290

M4 Kritik am Verifikationsprinzip

Erstens ist ein Satz [nach dem Verifikationsprinzip] dann und nur dann sinnvoll, wenn er verifiziert bzw. empirisch überprüft werden kann, und zweitens (was vielleicht nicht ganz so wichtig ist) besteht oder zeigt sich sein Sinn in der Methode seiner Verifikation – wobei angenommen wurde, dass in jedem Falle wenigstens der letzte Schritt des Verifikationsverfahrens auf empirische Beobachtungen bzw. Sinneswahrnehmungen führen würde. [...] Das Verifikationsprinzip hat eine ganze Reihe von höchst merkwürdigen und interessanten Eigenschaften. Das vielleicht merkwürdigste ist, dass es ganz einfach, wenn auch irreführend ist, ihm einen Anstrich bestürzender Radikalität und (erfreulicher oder betrüblicher) Destruktivität zu geben, dass es andererseits aber ebenso einfach und irreführend ist, es als einen ganz harmlosen und nahezu trivialen Grundsatz darzustellen. Nehmen wir zuerst einmal an, dass es wirklich als ganz allgemeines Sinnkriterium zu betrachten ist, dass also wirklich alles, was diesen Test nicht passiert, als sinnlos gelten muss. Dann sehen wir sofort, dass nicht nur die Aussagen der Metaphysik und Theologie, sondern auch alle singulären moralischen und ästhetischen Urteile, ja alle Werturteile überhaupt als sinnlos betrachtet werden müssen.

Geoffrey James Warnock, Englische Philosophie im 20. Jahrhundert, S. 59

M5 Die Idee der kritischen Prüfung

Die neue Konzeption der kritischen Rationalität, die sich im Prinzip der kritischen Prüfung verkörpert, unterscheidet sich vor allem insofern von der klassischen Lehre, als sie keinen Rekurs auf irgendwelche Dogmen notwendig macht und die Dogmatisierung von Problemlösungen irgendwelcher Art [...] nicht zulässt. Damit wird zugleich auch jeder *Unfehlbarkeitsanspruch* für irgendeine Instanz zugunsten eines konsequenten Fallibilismus zurückgewiesen. [...] Es gibt weder eine Problemlösung, noch eine für die Lösung bestimmter Probleme zuständige Instanz, die notwendigerweise von vornherein der Kritik entzogen sein müsste. [...] Wenn man die Rolle der Logik bei einem solchen Verfahren bestimmen möchte, dann wird man sagen können, dass sie hier nicht als Instrument der positiven Begründung, sondern als Organon der Kritik in Betracht kommt. Dementsprechend ist diese Methodologie auch *nicht* wie die klassische am *Satz vom zureichenden Grunde* orientiert, *sondern* vielmehr an einer methodologischen Version des *Satzes vom ausgeschlossenen Widerspruch*, die man etwa so formulieren könnte: Suche stets nach relevanten Widersprüchen, um bisherige Überzeugungen dem Risiko des Scheiterns auszusetzen, so dass sie Gelegenheit haben, sich zu bewähren. Diese Suche wird also nicht etwa deshalb empfohlen, weil Widersprüche an sich erwünscht wären und aufrechterhalten werden müssten, oder gar deshalb, weil man so dem widerspruchsvollen Charakter der Wirklichkeit besser gerecht werden könnte, sondern gerade deshalb, weil man beim Auftauchen relevanter Widersprüche aufgrund des Prinzips der Widerspruchsfreiheit Veranlassung hat, seine Überzeugung zu revidieren.

Hans Albert, Traktat über kritische Vernunft, S. 35-43

1. Wie könnte der Polizist auf die letzte Äußerung der Frau reagieren? Führen Sie das Gespräch fort. ➜ M1
2. Entscheiden Sie, ob die acht Thesen wahr oder unwahr sind. Ferner sollten Sie ...
   a)... Ihre Entscheidung begründen.
   b)... Ihren „Lösungsweg" beschreiben.
   c)... mögliche Schwierigkeiten der Beweisführung erwähnen. ➜ M2
3. Verfassen Sie ein fiktives Interview, in dem Sie mit Hans Reichenbach (Un-)Wahrheit bzw. (Nicht-)Verifizierbarkeit der acht Thesen aus M2 diskutieren. Machen Sie dabei deutlich, inwieweit Sie seine Forderung nach Verifizierbarkeit teilen. ➜ M3
4. Arbeiten Sie die Hauptpunkte der Kritik am Verifikationsprinzip heraus. ➜ M4
5. Beurteilen Sie aus Sicht Reichenbachs bzw. Warnocks die Frage, ob die Thesen in M2 sinnvoll oder sinnlos sind. Wo wären sie sich uneins? ➜ M2-4
6. Erstellen Sie einen Katalog der wichtigsten Prinzipien der „kritischen Prüfung". ➜ M5
7. Benutzen Sie den Katalog aus Aufgabe 6, um die Thesen aus M2 kritisch zu prüfen. Führt dieses Verfahren ggf. zu anderen Einschätzungen als zu denen, die Sie in Aufgabe 2 erarbeitet haben? Erklären Sie diese Differenzen. ➜ M2/5

9 Wahrheit als Abbild der Wirklichkeit

M1 So war es wirklich ...

M2 Indikatoren von „Wahrheit"

(1) Objektivität, (2) Zeitlosigkeit, (3) Sprachunabhängigkeit, (4) Transzendenz, (5) Immanenz

(a) Eine Proposition, im Unterschied zum Für-Wahr-Halten (Überzeugung), Erkenntnis oder Wissen, kann nicht ihren Wahrheitswert mit der Zeit verändern. Wahrheit hat keine Geschichte, Glauben und Wissen hingegen schon.

(b) Wahrheit ist unabhängig von Erkennbarkeit. Es ist prinzipiell möglich, dass es Wahrheiten gibt, die wir nicht erkennen können. Zu wissen, was Wahrheit ist (eine Definition der Wahrheit zu kennen), hat nur mittelbar etwas damit zu tun, dass ich weiß, wie ich herausfinden kann, was wahr ist (d. h. ein Kriterium der Wahrheit zu kennen).

(c) Die Wahrheit einer Proposition hängt nicht davon ab, ob sie irgendjemand für wahr hält oder nicht. Es besteht eine Differenz zwischen „Wahr-Sein" und „Für-Wahr-Halten".

(d) Wahrheit und Erkenntnis sind untrennbar miteinander verbunden. Wenn ich weiß, was Wahrheit ist (wenn ich die Definition der Wahrheit kenne bzw. den Begriff der Wahrheit anwenden kann), dann weiß ich notwendig auch, wie ich herausfinden kann, was wahr ist (d. h. dann kenne ich zugleich ein Kriterium der Wahrheit).

(e) Wenn der Wahrheitsbegriff nicht in allen Sprachen derselbe wäre, dann ließen sich die Sätze der verschiedenen Sprachen nicht ineinander übersetzen.

Holm Bräuer, Was ist Wahrheit, Folie 255

M3 Die Korrespondenztheorie der Wahrheit

Das Wort „wahr" ist wie andere Wörter unserer Umgangssprache sicher nicht eindeutig. Und mir scheint nicht, dass die Philosophen [...] geholfen hätten, seine Mehrdeutigkeit zu verringern. In den Werken und Diskussionen der Philosophen begegnen wir sehr verschiedenen Konzeptionen der Wahrheit und Falschheit, und wir müssen angeben, welche die Grundlage unserer Diskussion sein soll. Wir möchten, dass unsere Definition den Intuitionen der *klassischen aristotelischen Konzeption der Wahrheit* gerecht wird – die ihren Ausdruck in den wohl bekanntesten Worten der Metaphysik des Aristoteles finden: *Von etwas, das ist, zu sagen, dass es nicht ist, oder von etwas, das nicht ist, dass es ist, ist falsch, während von etwas, das ist, zu sagen, dass es ist, oder von etwas, das nicht ist, dass es nicht ist, wahr ist.* Wenn wir uns der modernen philosophischen Terminologie anpassen wollten, könnten wir diese Konzeption vielleicht durch die bekannte Formulierung ausdrücken: *Die Wahrheit einer Aussage besteht in ihrer Übereinstimmung (oder Korrespondenz) mit der Wirklichkeit.* [...] Wir wollen [...] die Aussage „Schnee ist weiß" betrachten. Wir stellen uns die Frage, unter welchen Umständen diese Aussage wahr oder falsch ist. Es scheint klar, dass wir, wenn wir auf dem klassischen Begriff der Wahrheit basieren, sagen werden, dass die Aussage wahr ist, wenn Schnee weiß ist, und dass sie falsch ist, wenn Schnee nicht weiß ist. Dergestalt muss die Definition der Wahrheit, wenn sie unserer Konzeption entspricht, die folgende Äquivalenz implizieren: Die Aussage „Schnee ist weiß" ist wahr genau dann, wenn Schnee weiß ist.

Alfred Tarski, Die semantische Konzeption der Wahrheit und die Grundlagen der Semantik, in: Gunnar Skirbeck (Hg.), Wahrheitstheorien, S. 142

M4 Kritik an der Korrespondenztheorie

Versuchen wir nun, den Wahrheitsbegriff der Korrespondenztheorie als *Kriterium* zu verwenden, so geraten wir in größte Schwierigkeiten, denn der *anwendungs*bezogene Nutzen dieser Theorie ist deutlich beschränkt. Die Korrespondenztheorie versteht unter einer „wahren Proposition" so etwas wie eine „genaue Kopie" eines Textes: Wir haben das Original (die „Tatsache, um die es geht") und vergleichen es mit der Kopie (oder Proposition), um festzustellen, ob sie miteinander korrespondieren oder nicht. Ihr Paradigma ist die Überprüfung des Satzes: „Die Katze ist auf der Matte", indem man hingeht und *nachsieht*, ob die Katze auf der Matte ist. [...] Aber dieses Verfahren einer beobachtenden „Konfrontation mit den Tatsachen" ist in mehrfacher Hinsicht unbrauchbar:

1. Es funktioniert nicht bei All-Sätzen: Wie sollte man mit Hilfe irgendeines bestenfalls fragmentarischen Verfahrens die „Korrespondenz mit den Tatsachen" bei einem All-Satz mit seinen potentiell unendlich vielen Anwendungsfällen prüfen? [...]
2. Es funktioniert nicht bei Propositionen über Vergangenes, bei denen die „Tatsachen, um die es geht", einfach nicht zum Vergleich zur Verfügung stehen.
3. Es funktioniert nicht bei Propositionen über Wahrscheinlichkeiten [...].
4. Es funktioniert nicht bei modalen Propositionen über Notwendigkeit und Möglichkeit. Bezüglich der notwendigen Wahrheiten von Logik und Mathematik können wir nicht sagen, wohin man sich wenden muss, um die wirklichen Tatsachen zu betrachten. Und mit wahren Aussagen über (nicht verwirklichte) Möglichkeiten steht es diesbezüglich noch schlimmer.

Nicholas Rescher, Kritik an der Korrespondenztheorie, in: Ossner / Rumpf / Vahland, Kurs Erkenntnis- und Wissenschaftstheorie, S. 32

M5 Moderne Wahrheitstheorien

In der modernen nicht metaphysischen und zumal sprachanalytischen Philosophie versteht man unter Wahrheit weitgehend eine Eigenschaft von Aussagen, sofern sie einen Gegenstandsbezug (Referenz) haben. Wahrheitsfähig sind nur Aussagen, die einen Wahrheitsanspruch erheben, d. h. Behauptungen. Da Wahrheiten auf Erkenntnisse bezogen sind, sind Wahrheitstheorien eng mit den jeweiligen Erkenntnistheorien verknüpft. Bei aller Verschiedenheit der einzelnen Positionen lassen sich folgende Gemeinsamkeiten feststellen: Die Frage, ob eine Aussage wahr ist, lässt sich außer bei logisch oder analytisch wahren Aussagen nicht allein durch sprachliche oder gedankliche Betrachtungen beantworten, sondern es bedarf dazu der Betrachtung der Welt. Wo es Wahrheit gibt, kann es auch Falschheit geben. Beide schließen sich aber aus. Soweit die modernen Wahrheitstheorien unter Wahrheit Eigenschaften von Aussagen verstehen, lassen sie sich systematisch nach den drei Bereichen der Semiotik (Semantik, Syntax, Pragmatik) einteilen in: semantische, die die Beziehung der Aussagen zu den Gegenständen oder Sachverhalten behandeln, syntaktische, die die Verknüpfung der Aussagen untereinander behandeln, und pragmatische Wahrheitsdefinitionen, die die Aussagen in ihrem Handlungszusammenhang behandeln. *Schülerduden Philosophie, S. 446*

1 Arbeiten Sie heraus, welches Verständnis von „Wahrheit" den Äußerungen / Gedanken des Anglers und des Zuhörers zu Grunde liegt. ➜ M1

2 Beschreiben Sie Ihr persönliches Verständnis von „Wahrheit", indem Sie z. B. verschiedene Indikatoren von „Wahrheit" in einer Mindmap organisieren.

3 Ordnen Sie die Begriffe (1-5) den Definitionen (a-e) zu. ➜ M2

4 Vergleichen Sie die Aspekte Ihrer Mindmap aus Aufgabe 2 mit den Indikatoren aus M2. Welche Gemeinsamkeiten stellen Sie fest, welche Aspekte fehlen in Ihrer Mindmap? ➜ M2

5 Wenden Sie die Korrespondenztheorie der Wahrheit auf den Cartoon M1 an. Was fällt Ihnen auf? ➜ M1/3

6 Formulieren Sie die vier Kritikpunkte an der Korrespondenztheorie in eigenen Worten. Ordnen Sie jedem Punkt eine Aussage zu, an der man die Kritik veranschaulichen kann. ➜ M4

7 Überlegen Sie konkret, welches Wahrheitsverständnis bleibt, wenn man Reschers Kritik an der Korrespondenztheorie uneingeschränkt teilt. ➜ M4

8 Arbeiten Sie die Gemeinsamkeiten der modernen Wahrheitstheorien heraus. ➜ M5

10 Wahrheit – pragmatisch betrachtet

M1 Das Experiment von Solomon Asch

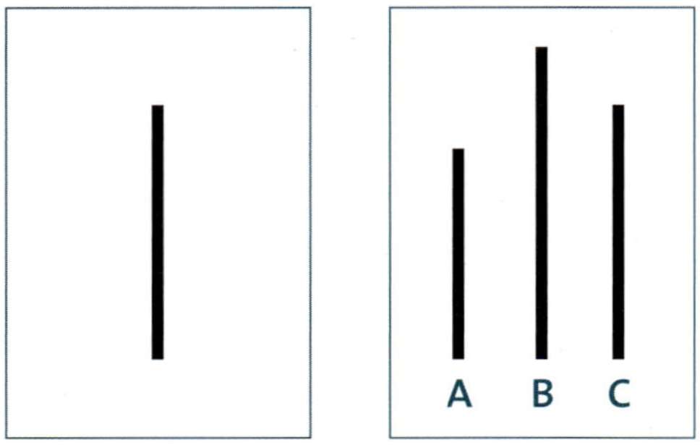

Welche Linien sind gleich lang?

M2 Die Autorität der Mehrheit

Asch wollte wissen, wie leicht Menschen dem Gruppendruck nachgeben. Den Resultaten früherer Studien traute er nicht, weil auf die Fragen an die Versuchspersonen oft keine eindeutigen Antworten erfolgt waren. [...] Das war bei der Längeneinschätzung der Linien ganz anders. Entweder waren die Linien gleich lang, oder sie waren es nicht. Entweder Versuchsteilnehmer Nummer sechs traute seiner Wahrnehmung und stellte sich gegen alle anderen, oder er passte sich an und ignorierte, was er sah. Er konnte nicht wissen, dass alle anderen „Versuchspersonen" Komplizen des Versuchsleiters waren, deren falsche Antworten auf einem festen Drehbuch basierten. [...] In einem Drittel aller Längenurteile passten sich die Versuchsteilnehmer der Gruppe an und antworteten ebenfalls falsch. Nur ein Viertel aller Versuchspersonen erlag nie der Versuchung, dem Gruppendruck nachzugeben. [...] In einer Variante des Versuchs versuchte Asch übrigens herauszufinden, wie stark sich die Längen der Linien unterscheiden müssen, damit kein Versuchsteilnehmer mehr bereit war, seine Wahrnehmung zu verleugnen. Es gelang ihm nicht: Selbst wenn der Längenunterschied 18 Zentimeter betrug, gab es immer noch einige, die sich der falschen Mehrheitsmeinung anschlossen.

Reto U. Schneider, Das neue Buch der verrückten Experimente, S. 92-95

M3 Die Demokratisierung des Wissens

Das kostenlose Mitmachlexikon ist ein Paradebeispiel für den Siegeszug von Web 2.0, dessen Grundlage die Bereitschaft des Nutzers ist, nicht nur zu rezipieren, sondern zu partizipieren. Es sind wissenschaftliche Arbeiten über Wikipedia geschrieben, schöne Worte und Beschreibungen ersonnen worden: „Graswurzeldemokratie" zum Beispiel, und „Schwarmintelligenz". Weil die vielen das Viele in einem Online-Kompendium zusammenfassen und dabei in so regem Austausch stehen, dass bisweilen Tastaturen an die Wand geklatscht werden. [...] Als Experte für nutzergenerierte Inhalte im Netz beschäftigt sich der 35-Jährige [Robinson Aschoff] auch mit Wikipedia. Wenn man ihm die Frage stellt, ob Wikipedia zur Demokratisierung des Wissens beigetragen hat, muss Aschoff nicht lange überlegen. Wer Internet hat, kann auch durch Wikipedia auf freies Wissen zugreifen, „und deswegen ist die Verteilung von Wissen tendenziell fairer geworden", sagt Aschoff. Außerdem leiste Wikipedia im Wust der Informationen einen strukturierenden Beitrag, „die Enzyklopädie konsolidiert das Wissen".

Thomas Andre, Hamburger Abendblatt vom 02.01.2010

M4 Eine pragmatische Theorie der Wahrheit

Ich bin mir dessen wohl bewusst, dass es Ihnen recht seltsam vorkommt, wenn Sie mich sagen hören, ein Gedanke sei so lange wahr, als der Glaube an ihn für unser Leben nützlich ist. Dass er gut ist, insofern er nützt, werden Sie gerne zugeben. Wenn das, was wir mit Hilfe eines Gedankens tun, gut ist, so werden Sie auch zugeben, dass der Gedanke selbst so weit gut ist, denn wir sind besser daran, weil wir ihn besitzen. Aber, werden Sie sagen, ist es nicht ein seltsamer Missbrauch des Wortes „Wahrheit", Gedanken aus diesem Grund auch wahr zu nennen? [...] *Wahr heißt alles, was sich auf dem Gebiete der intellektuellen Überzeugung aus bestimmt angebbaren Gründen als gut erweist.* [...] Sollen wir nicht wirklich immer das glauben, was zu glauben für uns besser ist? Und können wir dann den Begriff dessen, was für uns besser ist, und dessen, was für uns wahr ist, auf die Dauer auseinanderhalten? Der Pragmatismus sagt: „Nein", und ich stimme vollständig mit ihm überein. [...] Kurz, der Pragmatismus erweitert das Gebiet, auf dem man Gott suchen kann. Der Rationalismus klebt an der Logik und am Himmelreich. Der Empirismus klebt an den äußeren Sinnen. Der Pragmatismus ist zu allem bereit, er folgt der Logik oder den Sinnen und lässt auch die bescheidenste und persönlichste Erfahrung gelten. Er würde auch mystische Erfahrungen gelten lassen, wenn sie praktische Folgen hätten. Als annehmbare Wahrheit gilt ihm einzig und allein das, was uns am besten führt, was für jeden Teil des Lebens am besten passt, was sich mit der Gesamtheit der Erfahrungen am besten vereinigen lässt. Wenn theologische Ideen das können, wenn speziell der Gottesbegriff sich hierbei bewährt, wie könnte da der Pragmatismus die Existenz Gottes leugnen. Er könnte gar keinen Sinn darin erblicken, ein Urteil, das pragmatisch so erfolgreich war, als unwahr zu betrachten. Welche andere Art von Wahrheit könnte es für den Pragmatismus geben als diese Übereinstimmung mit der konkreten Wirklichkeit?

William James, Was will der Pragmatismus?, in: Hans-Georg Gadamer, Philosophisches Lesebuch, Band 3, S. 266-268

M5 Kritik am Pragmatismus

Pragmatisten wird oft der Vorwurf gemacht, Relativismus zu betreiben. Sie würden jeden Glauben und jede Überzeugung akzeptieren. Beispielsweise nähme die Entstehungsgeschichte der Welt, wie sie von Kreationisten vertreten wird, einen gleichwertigen Platz neben naturwissenschaftlichen Theorien und volkstümlichen Mythen ein. Alles wäre wahr, nichts könne man als Unsinn ablehnen. Das Wort „wahr" hätte damit unendlich viele Bedeutungen, wodurch es seinen Sinn verliert. [...] An dieser Stelle kommt die zweite Kritik am Pragmatismus ins Spiel, nämlich der [...] Vorwurf des Ethnozentrismus. Der ethnozentristische Standpunkt besagt, [...] dass wir in der Praxis die eigene Gruppe bevorzugen müssen, obwohl es keine nichtzirkuläre Rechtfertigung dieses Verhaltens geben kann [...]. Damit widerspricht er noch nicht der pragmatischen Grundannahme, dass es viele Wahrheiten geben kann, aber er stellt die eigene über die anderen. Die Kritik der Realisten zielt darauf, dass der Pragmatismus hier seine eigenen Prinzipien über Bord werfen muss, weil er sonst in der Praxis scheitert. Auch der Pragmatist wird die westliche Demokratie befürworten gegenüber einer Diktatur, die geprägt ist durch religiös-fundamentalistische Doktrinen. Wenn nun jemand der Meinung ist, die Diktatur sei besser für den Menschen, dann steht der Pragmatist vor der Situation, entweder die Wahrheit des Gegenübers anzuerkennen und seinen pragmatistischen Standpunkt aufrecht zu erhalten. Oder er gibt ihn auf und vertritt seine Ansicht, dass er z. B. Diktaturen grundsätzlich ablehnt. Damit wäre er, so die Kritik der Realisten, kein Pragmatist mehr.

Teresa Tammer, Welchen Zweck hat Wahrheit?, in: Tabula Rasa No 42, 08/2009

1 Bewerten Sie, zunächst für sich selbst, die Länge der linken Linie im Vergleich zu den rechten Linien. Führen Sie dann im Kurs eine Abstimmung durch, welche der Linien A, B oder C mit der linken Linie übereinstimmt. Halten Sie das Ergebnis der Abstimmung schriftlich fest und überprüfen Sie die Wahrheit Ihrer Aussage(n) durch Messung. ➜ M1

2 Notieren Sie die wichtigsten Ergebnisse des Asch-Experiments in eigenen Worten. Wie erklären Sie sich das anpassende Verhalten, das ein Drittel der Probanden zeigte? ➜ M2

3 Erklären Sie, wie *Wikipedia* zur Demokratisierung des Wissens beiträgt. Diskutieren Sie, ob dabei „Demokratisierung des Wissens" mit „Demokratisierung der Wahrheit" gleichzusetzen ist. ➜ M3

4 Erarbeiten Sie die Grundannahmen des Pragmatismus und nutzen Sie Ihre Ergebnisse um zu entscheiden, inwieweit man Aschs Probanden (M2) und Wikipedia-Nutzer (M3) als Anhänger des Pragmatismus bezeichnen könnte. ➜ M2-4

5 Definieren Sie die beiden Kritikpunkte am Pragmatismus (Relativismus, Ethnozentrismus) und veranschaulichen Sie diese anhand eines Beispiels. Bis zu welchem Punkt teilen Sie die Kritik? ➜ M5

11 Wissenschaft und Weltbild

M1 Der Mittelpunkt des Universums

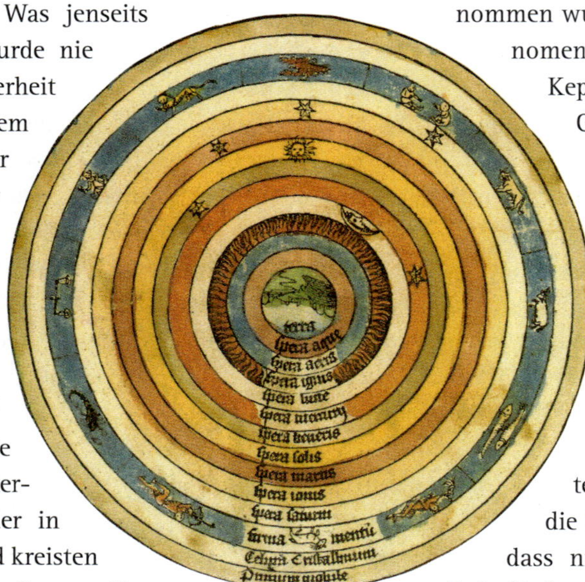

Im ptolemäischen Weltbild umgaben [...] Sphären die Erde. Jede Sphäre war größer als die vorhergehende, ähnlich wie russische Puppen. Die Erde bildete den Mittelpunkt der Sphären. Was jenseits der letzten Sphäre lag, wurde nie deutlich erklärt; mit Sicherheit aber gehörte es nicht zu dem Teil des Universums, der menschlicher Beobachtung zugänglich war.
Die äußerste Sphäre war also eine Art Grenze, oder Behältnis, für das Universum. Die Sterne nahmen feste Positionen auf dieser Sphäre ein. Wenn sich die Sphäre drehte, blieben die Sterne daher relativ zueinander in den gleichen Positionen und kreisten gemeinsam, als geschlossene Gruppe, über den Himmel – genauso, wie wir es beobachten. [...]
Die christliche Kirche übernahm es als Bild des Universums, da es sich in Einklang mit der Heiligen Schrift bringen ließ, denn es hatte den großen Vorteil, dass es jenseits der Sphäre der Fixsterne noch genügend Platz für Himmel und Hölle ließ. [...]
1514 schlug Nikolaus Kopernikus [...] ein anderes System vor. (Vielleicht aus Angst, von seiner Kirche als Ketzer gebrandmarkt zu werden, brachte er seine Thesen zunächst anonym in Umlauf). Kopernikus hatte die revolutionäre Idee, dass nicht alle Himmelskörper die Erde umkreisen müssen. Vielmehr glaubte er, die Sonne ruhe unbewegt im Mittelpunkt des Sonnensystems, während die Erde und die anderen Planeten sich in kreisförmigen Bahnen um die Sonne bewegten. Wie das ptolemäische so bewährte sich auch das kopernikanische Modell recht gut, deckte sich aber nicht vollkommen mit den Beobachtungen.
Da es sehr viel einfacher als das ptolemäische Modell war, hätte man erwarten können, dass die Menschen es sich rasch zu eigen machen würden. Doch es vergingen fast hundert Jahre, bevor die Idee ernst genommen wurde. Dann traten zwei Astronomen – der deutsche Johannes Kepler und der Italiener Galileo Galilei – öffentlich für die kopernikanische Theorie ein. 1609 begann Galilei, den Nachthimmel mit einem Fernrohr zu beobachten, das gerade erfunden worden war. Als er den Planeten Jupiter betrachtete, entdeckte er, dass dieser von einigen kleinen Satelliten oder Monden begleitet wird, die ihn umkreisen. Daraus folgte, dass nicht alle Himmelskörper die Erde direkt umkreisen müssen, wie Aristoteles und Ptolemäus gemeint hatten. Gleichzeitig verbesserte Johannes Kepler die kopernikanische Theorie, indem er vorschlug, dass sich die Planeten nicht auf Kreis-, sondern auf Ellipsenbahnen bewegten.
Mit dieser Veränderung der Theorie deckten sich die Vorhersagen plötzlich mit den Beobachtungen. Das war der Todesstoß für das ptolemäische Modell. [...]
Ohne den Begriff der ptolemäischen Sphären gab es keinen Grund mehr für die Annahme, das Universum habe eine natürliche Grenze, die äußerste Sphäre. [...]
Damit hatte die Menschheit nicht nur die Idee aufgegeben, dass die Erde der Mittelpunkt des Universums sei, sondern sogar die Vorstellung, dass unsere Sonne und sogar unser Sonnensystem privilegierte Teile des Universums seien. Dieses veränderte Weltbild bedeutete einen tief greifenden Wandel des menschlichen Denkens: Es war der Beginn einer wissenschaftlichen Erklärung des Universums.

Stephen Hawking, Die kürzeste Geschichte der Zeit, S. 14 -18

M2 Der Ursprung des Menschen

Wenn man die embryonale Bildung des Menschen betrachtet, die Homologien, die ihn mit tiefer stehenden Tieren verbinden, die Rudimente, die er bewahrt, und die Rückschläge, denen er unterliegt, so können wir uns ungefähr eine Vorstellung machen von dem Zustand unserer Vorfahren und können ihnen den gehörigen Platz im zoologischen System anweisen. Wir erkennen so, dass der Mensch von einem haarigen, geschwänzten Vierfüßer abstammt, der wahrscheinlich auf Bäumen lebte und die Alte Welt bewohnte. [...] Wenn wir zu dieser Schlussfolgerung vom Ursprung des Menschen gekommen sind, so stellt sich uns der hohe Zustand unserer intellektuellen Fähigkeiten und moralischen Disposition als die größte Schwierigkeit dar. Jeder aber, der das Prinzip der Entwickelung annimmt, muss sehen, dass die geistigen Fähigkeiten der höheren Tiere, welche zwar dem Grade nach, aber nicht der Art nach von denen des Menschen verschieden sind, entwicklungsfähig sind. Der Unterschied zwischen den geistigen Fähigkeiten der höheren Affen und eines Fisches, oder zwischen einer Ente und einer Schildlaus ist ungeheuer; aber ihre Entwickelung bietet keine besondere Schwierigkeit; denn bei unseren Haustieren sind die geistigen Fähigkeiten sehr variabel, und die Variationen werden auch vererbt. Niemand zweifelt, dass sie für Tiere im Naturzustand von der größten Bedeutung sind. Somit sind die Bedingungen ihrer Entwickelung durch natürliche Zuchtwahl günstig. Dieselbe Schlussfolgerung kann auf den Menschen angewendet werden; der Intellekt muss für ihn alles bedeutend gewesen sein [...].

Charles Darwin, Die Abstammung des Menschen, S. 266f.

M3 Darwins Gegner holen zum Gegenschlag aus

Er zögerte, weil er wusste, welche dramatischen Konsequenzen seine Erkenntnisse für das gängige Weltbild haben würden. 20 Jahre lang behielt Charles Darwin seine revolutionären Ideen zur Evolution für sich. „Es ist, als ob man einen Mord begeht", schrieb er einem Freund. Seine Angst war berechtigt, denn aus seiner Sicht war es kein geringerer als Gott selbst, der seiner Theorie der Evolution zum Opfer fallen würde. [...]

Wissenschaft und Religion

Darwin behielt Recht: Schon zu seinen Lebzeiten wurde er heftig bekämpft und angefeindet. Und er wird es auch noch heute, 150 Jahre später: Kreationisten, fundamentalistische Christen, leugnen das Prinzip der Evolution und haben zum Gegenschlag ausgeholt. Sie drucken eigene Schulbücher, in denen Evolution als eine Ideologie diffamiert wird. Sie ziehen vor Gerichte, um zu erwirken, dass Intelligent Design, die abgeschwächte Variante des Kreationismus, parallel zur Evolution im Biologieunterricht gelehrt wird – als gleichberechtigte wissenschaftliche Theorie und Alternative zur Evolutionslehre.

Jens Lubbadeh, SPIEGEL online am 23.02.2009

1 Beschreiben Sie mit Hilfe des Textes, welche Auswirkungen die Annahme eines geozentrischen Weltbilds auf das Selbstverständnis der Menschen hat. → M1

2 Erklären Sie, warum Darwins Theorie als eine der großen „Kränkungen der Menschheit" aufgefasst wird (vgl. auch S. 166f. und 304f.). → M2

3 Ein Vertreter der Evolutionstheorie und ein Anhänger des Intelligent Design diskutieren die Frage, welche der beiden Theorien in Biologie-Schulbüchern gelehrt werden sollte. Nutzen Sie die Anregungen des Textes M3 und finden Sie in Partnerarbeit weitere Argumente für beide Positionen. Anschließend schreiben Sie das Streitgespräch auf und lesen es mit verteilten Rollen vor. → M1-3

4 Ergänzen Sie den Cartoon um zwei Sprechblasen: Was könnten die linke Figur sagen, und was könnte die rechte Figur darauf entgegnen? → M3

*12 Grenzen wissenschaftlicher Erkenntnis

M1 Im Grenzgebiet zwischen Wissen und Glauben

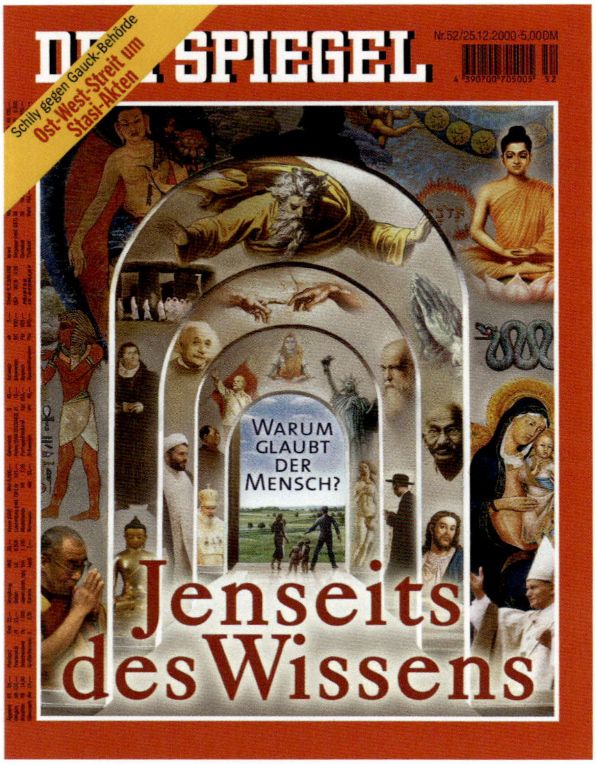

Der SPIEGEL Nr. 52/2000 vom 25.12.2000

Der amerikanische Astrophysiker und damalige Leiter des Observatoriums im Vatikan George Coyne schrieb im Leitartikel der SPIEGEL-Ausgabe zum Verhältnis von Wissenschaft und Religion:

Es liegt unserer westlichen Mentalität nahe, die Wissenschaft anzubeten. Einige Wissenschaftler – und viele Nichtwissenschaftler – meinen, Forscher wüssten alles und die Wissenschaft sei der einzige Weg zur wahren und gesicherten Erkenntnis. Und doch wird jeder praktizierende Wissenschaftler einräumen, dass wir dieses sichere Wissen nicht besitzen. [...] Wir können nur jeden Tag hoffen, dass wir uns der Wahrheit nähern.

George V. Coyne, Was wusste Gott?, in: DER SPIEGEL 52/2000, S. 118

M2 Ich fürchte mich so

Ich fürchte mich so vor der Menschen Wort.
Sie sprechen alles so deutlich aus:
Und dieses heißt Hund und jenes heißt Haus,
und hier ist Beginn und das Ende ist dort.

Mich bangt auch ihr Sinn, ihr Spiel mit dem Spott,
sie wissen alles, was wird und war;
kein Berg ist ihnen mehr wunderbar;
ihr Garten und Gut grenzt grade an Gott.

Ich will immer warnen und wehren: Bleibt fern.
Die Dinge singen hör ich so gern.
Ihr rührt sie an: sie sind starr und stumm.
Ihr bringt mir alle die Dinge um.

Rainer Maria Rilke, Gesammelte Werke, Band I, S. 110

M3 Ein Leben gegen wissenschaftliche Zwänge

Vernunft war für ihn „nix anderes als eine eingefrorene Leidenschaft", und um die aufzutauen, war ihm fast jedes Mittel recht. Kollegen schockierte der kriegsverletzte, auf eine Krücke angewiesene Denker, als er sie in den siebziger Jahren mit einem Vers von Cole Porter abservierte: „Anything goes", methodisch sei einfach „alles brauchbar", Vernunft oder Magie, Wetter-Computer so gut wie Regentänze. [...]
Zu viel Abstraktion, zu wenig Weltgehalt: Für Feyerabend reicht solch „schrittweise Versteinerung des Lebens" durch die Denker bis in die Gegenwart. [...] Lebenslang lustvoller Forschungs-Anarchist, warnt er ein letztes Mal: Niemand müsse sich seiner Ansichten schämen, auch wenn andere sie als unvernünftig abkanzelten. Ein brauchbares Weltbild für den Alltag sei in jedem Fall besser als die „PR der Wissenschaftsmafia".

Johannes Saltzwedel, Märchen des Geistes, in: DER SPIEGEL 07/1999, S. 201

M4 Wissenschaftliche Autorität als Ideologie?

Erfolgreiches Forschen gehorcht nicht allgemeinen Regeln – es verlässt sich bald auf den einen, bald auf den anderen Maßstab, und die Schachzüge, die es fördern, werden dem Forscher oft erst nach Vollendung der Forschung klar. Eine Wissenschaftstheorie, die Maßstäbe für alle wissenschaftlichen Tätigkeiten aufstellt und sie durch Hinweis auf eine Rationalitätstheorie autorisiert, sieht vielleicht sehr eindrucksvoll aus – aber ist viel zu grob und einseitig, als dass sie den Wissenschaftlern bei ihrem Geschäft helfen könnte. [...] Wenn wir die Natur verstehen und unsere materielle Umgebung beherrschen wollen, dann müssen wir *alle* Ideen, *alle* Methoden verwenden, nicht nur einen kleinen Ausschnitt aus ihnen. Die Behauptung aber, außerhalb der Wissenschaft gebe es keine Erkenntnis [...] ist nichts als ein weiteres und höchst bequemes Märchen. In primitiven Kulturen gibt es ausführlichere Klassifikationen von Tieren und Pflanzen als in der heutigen wissenschaftlichen Zoologie und Botanik, es gibt Heilmittel, deren Wirkung die Ärzte in Erstaunen setzt, [...] in der älteren Steinzeit gab es eine hochentwickelte und international bekannte Astronomie, die mit den Tatsachen übereinstimmte, und gleichzeitig emotional befriedigte, die sowohl physikalische als auch soziale Probleme löste (was man von der modernen Astronomie nicht behaupten kann) und auf sehr einfache und sinnreiche Weise geprüft wurde (steinerne Sternwarten in England und im Südpazifik, astronomische Schulen in Polynesien). [...] Wir, die Bürger einer freien Gesellschaft, müssen entscheiden, ob wir den Chauvinismus der Wissenschaft widerspruchslos hinnehmen oder durch öffentliches Handeln überwinden wollen. [...] Der Weg zu diesem Ziel ist klar. Eine Wissenschaft, die behauptet, über die einzig richtige Methode und die einzig brauchbaren Ergebnisse zu verfügen, ist Ideologie und muss vom Staat und insbesondere vom Bildungswesen getrennt werden. Man mag sie lehren, aber nur denen, die sich entschlossen haben, sich diesen besonderen Aberglauben zu eigen zu machen.

Paul Feyerabend, Wider den Methodenzwang, S. 376-395

M5 Grenzen der Erkenntnis

Schlechte Nachrichten von den Physikern. Sie wissen nicht mehr, woraus die Welt besteht. Was nach den bisherigen Theorien das Universum zu füllen schien – Galaxien, Sterne, Schwarze Löcher, Supernovae und so weiter – ist nahezu nichts im Vergleich zu dem, was der Kosmos nach neuer Einsicht tatsächlich enthält: eine neue mysteriöse Energieform. Sie wird von den Astrophysikern erst mal „Dunkle Energie" genannt – zurzeit das größte Rätsel der Physik. Diese Dunkle Energie wird, das scheint jetzt festzustehen, die Welt auf ewig auseinander treiben. Auf diese rätselhafte Kraft sind die Astrophysiker vor zehn Jahren bei der Suche nach weit entfernten Supernovae gestoßen. Dabei haben sie bemerkt: diese Supernovae bewegen sich alle von uns weg und zwar umso schneller, je weiter sie entfernt sind.

Florian Hildebrand, Der Kosmos und sein großes Rätsel, br-online am 18.03.2009

1 Antworten Sie mit einer kurzen E-Mail auf Coynes These. Inwieweit teilen Sie seine Perspektiven, und wie grenzen Sie „Wissen" von „Glauben" ab? → M1

2 Entwickeln Sie eine Interpretation ausgehend von der letzten Zeile des Gedichts. → M2

3 Stellen Sie dar, worin Feyerabends Wissenschaftskritik besteht und inwiefern sich diese Überzeugung in seiner Biographie wiederfindet. → M3

4 In seinem Werk *Wider den Methodenzwang* präzisiert Paul Feyerabend seine Kritik an wissenschaftstheoretischen Dogmen. Stellen Sie seinen Ansatz in einem Schaubild dar, indem Sie die Begriffe „Forschung", „Wissenschaftstheorie", „Natur", „Beherrschung", „Methode", „Erkenntnis", „primitive Kulturen", „Problemlösung" und „Ideologie" sowie höchstens drei weitere Begriffe in Beziehung setzen. → M4

5 Verbinden Sie Coynes Zitat (M1) mit dem Rätsel um „Dunkle Energie" (M5). Wo verorten Sie die Grenzen naturwissenschaftlicher Erkenntnis? → M1/5

6 Recherchieren Sie weitere ungelöste Rätsel wissenschaftlicher Erkenntnis und stellen sie diese dem Kurs in einem Kurzvortrag vor.

1 Zur Genese der Wissenschaften

M1 Der Turmbau zu Babel

Auf, steigen wir hinab und verwirren wir dort ihre Sprache, sodass keiner mehr die Sprache des anderen versteht.

Genesis 11,7

M2 Mythen – wissenschaftlich betrachtet

Der „Mythos“ (gr. „Rede“, „Erzählung“) als diejenige mentale Formation, in der sich die kulturelle Identität archaischer Gesellschaften aufbaut und diese sich mit ihrer Umwelt auseinandersetzen, enthielt Wahrheiten, die, wie man glaubte, durch göttliche Eingebung veranlasst waren und an deren Weltbild und Regeln man sich zu orientieren hatte. Der Mythos ist narrativ strukturiert, d. h. er erzählt Geschichten: vom Anfang der Welt, von herausragenden Handlungen göttlicher oder heldenhafter Akteure usw. Es gibt eine Vielzahl von Mythen, z. B. Weltentstehungsmythen, Schöpfungsmythen, Heilsmythen.

Eine mit „Mythos“ zu bezeichnende Struktur ist jedoch kein rein historisches Phänomen, sondern ein durchaus gegenwärtiges und aktuelles. [...] Wenn „Mythos“ ursprünglich „Rede“ heißen kann, so verbindet ihn dies durchaus mit seinem Widerpart „Logos“. Als unbedingt wahres Wort von den jedes Beweises unbedürftigen, aus sich heraus gültigen göttlichen Dingen konnte er sogar einmal die größere Valenz beanspruchen gegenüber dem Logos als der argumentierenden, des Beweises zu ihrer Richtigkeit bedürfenden Rede. Dieser Sachverhalt hat mit dem Platzgreifen methodisierten wissenschaftlichen Selbstverständnisses eine fundamentale Umwertung erfahren: „Mythos“ und „Logos“, so könnte es nunmehr heißen, wollen beide orientieren und belehren, doch stellt der Mythos eine „bloße“ Erzählung von vor allem eigener Kraft und ohne primäre Beweisführung, der Logos ein „Argumentieren und Begründen“ dar.

Volker Steenblock, Arbeit am Logos, S. 11f.

M3 Demokrit und die Urkörper

Demokrit meint, dass das Wesen der ewigen Körper unzählige kleine Substanzen seien. [...] Er glaubt aber, dass die Urkörper so klein seien, dass sie von unseren Sinnen nicht erfasst werden könnten. Und sie hätten allerlei Gestalten und allerlei Formen; auch an Größe wären sie verschieden. Aus diesen Urkörpern nun lässt er gerade wie aus Elementen die sichtbaren und die überhaupt von unseren Sinnen wahrnehmbaren Körper entstehen und sich zusammenfinden. Sie wären aber im Zwist miteinander und bewegten sich im leeren Raum infolge ihrer Unähnlichkeit und der anderen genannten Unterschiede. Infolge ihrer Bewegung aber stießen sie aufeinander und verflöchten sich derartig miteinander, dass sie einander berührten und nahe beieinander wären; aber er lässt aus ihnen keinerlei wirkliche Einheit werden. Denn es wäre ja völlig töricht, anzunehmen, dass zwei oder mehr Dinge jemals ein einziges würden. Als Grund dafür aber, dass die Atome eine Zeitlang miteinander zusammenbleiben, gibt er ihre wechselseitige Verschränkung und ihr Haften aneinander an. Denn die einen von ihnen seien schief, die anderen hakenförmig, die einen mit muldenförmigen Vertiefungen, die anderen gewölbt, die anderen mit „anderen“ unzähligen Unterschieden.

Wilhelm Capelle, Die Vorsokratiker, S. 397f.

M4 Geburt der modernen Wissenschaft

Bilder sind eine Wissensform vor den Begriffen, und sie entstehen durch die menschliche Fähigkeit der Wahrnehmung, die weder philosophisch noch physiologisch ausreichend erkundet ist. Anders ausgedrückt: Wissen beginnt mit Wahrnehmung, und bei diesem Satz kann man sich auf Aristoteles berufen. Seine *Metaphysik* beginnt mit der berühmten Fragestellung, dass die Menschen ihrer Natur gemäß nach Wissen streben, und sie tun dies – so Aristoteles –, weil sie Freude an der Wahrnehmung haben. Wissen macht also Freude, wenn die Wahrnehmung geeignete und gefällige Formen erfasst, die sowohl natürlicher als auch künstlerischer oder mathematischer Art sein können. [...]

Während die Menschen in Europa vor der Wissenschaftlichen Revolution [im 17. Jahrhundert] versuchten, Gewissheit durch Glauben zu erlangen, probierten sie es nun durch selbstständiges Denken und systematische Versuche. Während sie vorher Wert auf Traditionen legten und darin ihr Wissen suchten, stieg nun der Wert der Erfahrung, die man selbst gemacht hatte. Während sich die Gelehrten vor dem 17. Jahrhundert bemühten, möglichst umfassend Einsichten aus vorgegebenen, vermeintlich ewigen Prinzipien abzuleiten, das heißt auf deduktive Weise zu Wissen zu kommen, lernten sie nun, in die andere Richtung zu denken und induktive Fähigkeiten unter Beweis zu stellen. Es galt die schwierige Frage zu beantworten, wie aus der singulären Beobachtung und einzelnen Messung, die man im Rahmen eines Experiments machte, der allgemein gültige Schluss auf alle Erscheinungen gezogen werden konnte, für die man sich interessierte. [...]

Das Neue war damals wirklich ein neues Konzept, das bei Francis Bacon wohl seinen deutlichsten Ausdruck findet. [...] Bacons Grundeinsicht lautete, dass man die Natur und ihre Kräfte bzw. Gesetze nutzen und für sich arbeiten lassen kann. Damit dies gelingt, muss man natürlich wissen, wie die Natur funktioniert, und auch bereit sein, sich diesen Einsichten gemäß zu verhalten. Es ist sinnlos, gegen die Natur zu sein, man kann jedoch gegen die Natur kämpfen.

Ernst Peter Fischer, Die andere Bildung, S. 38–52

M5 Das Bacon-Projekt

Francis Bacon (1561-1626) hatte in der wissenschaftlich fundierten technischen Nutzung von Kräften und Stoffen der Natur ein Mittel gesehen, durch dessen Einsatz das materielle Wohlergehen aller Menschen gemehrt und gesichert werden könne. [...]

Im Vorwort von Bacons *Großer Erneuerung der Wissenschaften* heißt es: „Ich arbeite daran, die Grundlagen zu schaffen, nicht für eine Schule oder Doktrin, sondern für Nutzen und Macht des Menschen." Die Macht des Menschen wurzelt im angemessenen Wissen von den Naturprozessen, von den ursächlichen Wirkfaktoren. Deshalb muss man zuerst die Wirkmechanismen der Natur erfassen. „Menschliches Wissen und menschliche Macht sind eins; denn wo die Ursache nicht bekannt ist, kann die Wirkung nicht hervorgerufen werden. Will man der Natur befehlen, so muss man ihr gehorchen; denn was im Überlegen als Ursache gilt, das gilt im Tun als Regel."

Lothar Schäfer, Das Bacon-Projekt, S. 102f., 106f.

1 Sprechen Sie darüber, welche Funktionen der Mythos vom Turmbau zu Babel im Rahmen des christlichen Denkens erfüllt. ➜ M1
2 Erarbeiten Sie in einer tabellarischen Übersicht Gemeinsamkeiten und Unterschiede der Konzepte „Mythos" und „Logos". ➜ M2
3 Ist der „Turmbau zu Babel" eine mythische oder eine logische Denkstruktur? Begründen Sie Ihre Zuordnung und finden Sie weitere Beispiele für beide Kategorien. ➜ M1/2
4 Bewerten Sie Demokrits Atomtheorie a) vor dem Hintergrund seiner Zeit und b) unter Berücksichtigung unseres heutigen wissenschaftlichen Kenntnisstands. ➜ M2/3
5 Visualisieren Sie die „Geburt der modernen Wissenschaft in Europa" nach Fischer in einer Übersicht. Benutzen Sie dabei höchstens zwölf Begriffe aus dem Text und beschreiben sie deren Abhängigkeit voneinander durch beschriftete Pfeile, Symbole etc. ➜ M4
6 Bestimmen Sie die Aufgabe der Wissenschaft im Rahmen des Bacon-Projekts. ➜ M5
7 Recherchieren Sie Bilder und Informationen zu Galileis Arbeitszimmer (z. B. unter www.deutsches-museum.de). Inwiefern ist Galileis Methode innovativ und grundsätzlich verschieden von Forschungen vor dem 17. Jahrhundert?

2 So wird Wissen geschaffen

M1 Bildung – alles, was man wissen muss

> „Die naturwissenschaftlichen Kenntnisse werden zwar in der Schule gelehrt; sie tragen auch einiges zum Verständnis der Natur, aber wenig zum Verständnis der Kultur bei. […] So bedauerlich es manchem erscheinen mag: Naturwissenschaftliche Kenntnisse müssen zwar nicht versteckt werden, aber zur Bildung gehören sie nicht."

Dietrich Schwanitz, Bildung, S. 482

Skulptur zur Erinnerung an Johannes Gutenberg in Berlin, 2006

M2 Zur Bedeutung der Geisteswissenschaften

Unsere Gegenwartskultur benötigt die Geisteswissenschaften. Denn der Mensch lebt nicht als Mensch ohne Sprache, Verhaltensregeln, Daseinsdeutungen und Geschichten. Diese Bereiche sind in der modernen, nicht mehr „naturwüchsigen" Gesellschaft aber nicht ohne Wissenschaften denkbar. Gegründet in den „praktischen Bedürfnissen des Lebens" (Wilhelm Dilthey), haben die Geisteswissenschaften heute mindestens vier Aufgaben:

1) Sie ermöglichen die Kommunikation zwischen verschiedenen Kulturen und Sprachgemeinschaften und zwischen Gegenwart und Vergangenheit. Ohne die Geisteswissenschaften bliebe die menschliche Welt dem Menschen zum größten Teil fremd und unverstehbar.

2) Sie halten – inmitten der nivellierenden Massenkultur – orientierende Normen und damit auch Maßstäbe für die Kritik präsent. Ist die Möglichkeit einer rationalen Begründung von Handlungsnormen umstritten, so ermöglichen die Geisteswissenschaften doch eine Diskussion und Verständigung über solche Normen und ihre Konsequenzen.

3) Sie bewahren und explizieren Deutungen des Daseins, die durch die modernen Naturwissenschaften und die moderne Arbeits- und Konsumwelt verdrängt werden, die aber gleichwohl nötig sind, da die Naturwissenschaften kein eigentliches „Weltbild", d. h. keine erlebbare anschauliche Welt uns vor Augen stellen, wie sie in Mythos und Religion vorgegeben ist und von der Kunst gestaltet wird.

4) Sie erinnern als historische Wissenschaften unsere Vergangenheit und sagen uns so, wer wir sind. Denn Identitätsbewusstsein und -bildung ist nicht ohne Erinnerung möglich, weder für den Einzelnen noch für die Gesellschaft oder Gattung. Wir wissen nur, wer wir sind, wenn wir wissen, wer wir waren. Die moderne Zivilisation hat nur durch die Geisteswissenschaften, nicht durch die Naturwissenschaften ein Bewusstsein ihrer selbst.

Gunter Scholz, Zur Bedeutung der Geistes- oder Kulturwissenschaften, in: Volker Steenblock, Die großen Themen der Philosophie, S. 96

M3 Keine Zivilisation ohne Naturwissenschaften

Die Stellung, welche der Mensch gegenüber der Natur zuerst einnahm und im wilden Zustand noch einnimmt, ist bekanntlich sehr verschieden von der, welche Dichter und Philosophen sich einst erträumten. An den lieblichen Bildern, in denen die Phantasie sich erging, war nichts Wahres. Anstatt der edlen Hirten und anmutigen Hirtinnen, die unter gesegnetem Himmelsstrich, in reicher Landschaft, unschuldsvoll vom Ertrag ihrer Herden leben und mit wohlanständiger Sitte des reinsten Glückes genießen sollten, zeigt uns die Wirklichkeit hässlich rohe Horden im Kampfe mit Hunger, mit wilden Tieren, mit den Unbilden der Witterung, versunken im Schmutz, gedankenlose Unwissenheit und tückische Selbstsucht, das Weib geknechtet, das Alter verstoßen, Menschenfresserei durch Mangel geboten und geheiligt durch abergläubischen Brauch. [...] Naturwissenschaft ist das absolute Organ der Kultur, und die Geschichte der Naturwissenschaft die eigentliche Geschichte der Menschheit. Anstelle des Wunders setzte die Naturwissenschaft das Gesetz. Wie vor dem anbrechenden Tag erblichen vor ihr Geister und Gespenster. Sie brach die Herrschaft alter heiliger Lüge. Sie löschte die Scheiterhaufen der Hexen und Ketzer. Der historischen Kritik drückte sie die Schneide in die Hand. Aber auch den Übermut der Spekulation hat sie gezügelt [...]. Wie anders hat sie die Welt erobert als einst Alexander und das Römervolk. [...] Der Sieg der naturwissenschaftlichen Anschauung wird späten Zeiten als ebensolcher Sieg erscheinen wie der Sieg des Monotheismus vor achtzehnhundert Jahren.

Emil Du Bois-Reymond, Kulturgeschichte und Naturwissenschaft, in: Estelle Du Bois-Reymond (Hg.), Reden von Emil Du Bois-Reymond in zwei Bänden, Band 1, S. 567ff.

M4 Versuch einer Synthese

Da unbestritten ist, dass menschliches Handeln und Verhalten biologische Grundlagen haben, deren Ausprägung jedoch eine Kulturleistung ist, greifen an dieser Stelle Geistes- und Naturwissenschaften ineinander. Zwar ist die Einteilung in Fächer bzw. Disziplinen weiterhin sinnvoll, doch muss dabei gesehen werden, dass jeder Gegenstand von wissenschaftlicher Betrachtung dynamisch und offen ist und es gerade an den Rändern (z. B. Soziobiologie, Biochemie, Anthropologie, Ökologie) Bewegung gibt. Grenzen sollten daher nicht als trennendes Ende verstanden werden, sondern als die Notwendigkeit der Fortsetzung, als verbindende Berührungspunkte, eben als Schnittstellen, die sich überall da aufdrängen, wo die Herausforderungen der Zukunft nicht mehr mit einem einzigen Modell bzw. einer einzigen Methode innerhalb einer einzelnen Disziplin zu lösen sind. Im „Gegenstand" Mensch werden die Grenzen zwischen Natur- und Geisteswissenschaften zu Überschneidungen, die zwar große Risiken bergen, aber auch enorme Chancen bieten.

Michael Klein / Ernst Theodor Rietschel, Schnittstellen zwischen Geistes- und Naturwissenschaften, in: APuZ 46/2007, S. 19

1 Beschreiben Sie das durch die Skulptur dargestellte Konzept von „Bildung". → M1

2 Bestimmen Sie Ihre persönliche Auffassung von „Bildung". Welche Rolle spielen dabei die Naturwissenschaften, und inwiefern teilen Sie Schwanitz' Ansicht? → M1

3 Visualisieren Sie in einer Mindmap die vier Aufgaben der Geisteswissenschaften nach Scholz, indem Sie jeder Aufgabe einen (!) passenden Begriff und ein anschauliches Beispiel eines geisteswissenschaftlichen Gegenstands zuordnen. → M2

4 Stellen Sie stichwortartig die Beispiele zusammen, die Du Bois-Reymond für seine These des „Sieges der naturwissenschaftlichen Anschauung" liefert. Bewerten Sie jedes Beispiel auf einer Skala von 1 (sehr plausibel) bis 5 (nicht nachvollziehbar) und begründen Sie Ihre Entscheidung. → M3

5 Verfassen Sie ein fiktives Streitgespräch, in dem die Autoren der Texte M2 und M3 das Thema „Die Bedeutung von Geistes- und Naturwissenschaften im 21. Jahrhundert" kontrovers diskutieren. → M2/3

6 Recherchieren Sie Informationen zu den „Randdisziplinen" und verdeutlichen Sie, auf welche Weise sich diese Disziplinen einer klassischen Trennung entziehen. Diskutieren Sie anschließend die Prädikate „große Risiken" und „enorme Chancen." → M4

3 Heißt Verstehen (nicht) erklären?

M1 Erklären und Verstehen in den Wissenschaften

Prof. Dr. Helmut Pulte (geb. 1956) lehrt Philosophie an der Ruhr-Universität Bochum. Dabei beschäftigt er sich vor allem mit Wissenschaftstheorie und -geschichte.

Kolleg Werte und Normen: Ein berühmtes Zitat des Philosophen Wilhelm Dilthey lautet: „Die Natur erklären wir, das Seelenleben verstehen wir." Was genau unterscheidet diese beiden Vorgänge?

Prof. Dr. Pulte: Dilthey äußerte diesen Gedanken Ende des 19. Jahrhunderts. Zu dieser Zeit bordeten die Naturwissenschaften geradezu über und begannen, die Geisteswissenschaften, auch die Philosophie, zu dominieren. Um die Autonomie der Geisteswissenschaften zu verteidigen, brachte er „Verstehen" als genuinen Begriff dieser Wissenschaften ins Spiel. Er betonte: Die Naturwissenschaften *erklären*, indem sie Phänomene auf Naturgesetze zurückführen. Dieses Verfahren bezieht sich auf die äußere Erfahrung, kann aber nicht im Blick auf den Menschen und das menschliche Zusammenleben im weitesten Sinne funktionieren. *Verstehen* hingegen erfolgt aufgrund eines inneren Erlebens, das dem Menschen eigentümlich ist. Wir sind als Menschen in der Lage, uns in andere Menschen hineinzuversetzen – im Anderen nachzuvollziehen, was er denkt und empfindet. Auf diesem Gebiet des Verstehens haben die Naturwissenschaften laut Dilthey nichts verloren, was die moderne, empirische Psychologie natürlich anders sieht.

Kolleg Werte und Normen: „Erklären" und „Verstehen" stehen demnach für unterschiedliche wissenschaftliche Blickwinkel auf den Menschen und seine Umwelt?

Prof. Dr. Pulte: Dilthey würde diese These vehement vertreten. Aus heutiger Perspektive lässt sich diese Unterscheidung allerdings kaum so streng durchhalten.

Kolleg Werte und Normen: Kann man zumindest sagen, dass durch „Erklären" objektive, durch „Verstehen" hingegen subjektive Erkenntnisse entstehen?

Prof. Dr. Pulte: Das wäre zu einfach; Dilthey selbst beansprucht auch für das Verstehen, z. B. das unserer Geschichte, Objektivität. Ich sehe den Unterschied eher so: Oft haben wir einen gewissen Zugang zu Phänomenen und glauben zu „verstehen", was vor sich geht. Damit muss noch nicht einhergehen, dass wir das Phänomen auch erklären und Ursachen bzw. Gesetze nennen können. „Verstehen" bezieht sich oft auf etwas Vertrautes, „Erklären" nicht unbedingt. Ein Beispiel: Schüttet Herr Müller morgens Milch in seinen Kaffee, stellt er das vertraute Phänomen einer Vermischung fest. Möchte er hingegen das Vertraute wirklich verstehen, z. B. warum sich Kaffee und Milch nicht wieder entmischen, benötigt er einen theoretischen Erklärungsansatz, der auf recht abstrakten Gesetzen der Physik basiert. Diese Gesetze sind ihm alles andere als vertraut, obwohl sie das Vertraute erklären.

Kolleg Werte und Normen: Das klingt, anders als bei Dilthey, nach einer gegenseitigen Abhängigkeit der beiden Konzepte „Erklären" und „Verstehen".

Prof. Dr. Pulte: Man sollte die Begriffe „Erklären" und „Verstehen" nicht identifizieren; dennoch liegen sie enger beieinander, als viele Philosophen glauben möchten. Wenn man die *Erklärung* eines Phänomens als das auffasst, was vertieftes *Verstehen* in den Wissenschaften erst ermöglicht, dann verschwindet die starke Dichotomie dieser Begriffe und wird zu einem qualitativen Unterschied. Verstehen geht in diesem Sinne über Erklären hinaus und impliziert, ein Phänomen oder viele in einen allgemeineren, gesetzlichen oder zumindest regelhaften Zusammenhang zu stellen.

Die neuere Naturwissenschaft versucht so, ein möglichst erschöpfendes Verstehen der Welt auf Grundlage weniger Prinzipien zu erlangen: Stephen Hawking und andere Theoretiker verfolgen die Vision einer „Weltformel", die alle irdischen Phänomene und Spezialgesetze umfasst. Sie soll uns ein vollständiges Verständnis der Welt bescheren, indem ihr gesetzlicher Zusammenhang aufgezeigt wird. Ob dieser Traum am Ende des Tages wirklich wird, bleibt aber offen ...

M2 Leben, Ausdruck und Verstehen

Die Menschheit wäre, aufgefasst in Wahrnehmung und Erkennen, für uns eine physische Tatsache, und sie wäre als solche nur dem naturwissenschaftlichen Erkennen zugänglich. Als Gegenstand der Geisteswissenschaften entsteht sie aber nur, sofern menschliche Zustände erlebt werden, sofern sie in Lebensäußerungen zum Ausdruck gelangen und sofern diese Ausdrücke verstanden werden. [...] Was wir einmal waren, wie wir uns entwickelten und zu dem wurden, was wir sind, erfahren wir daraus, wie wir handelten, welche Lebenspläne wir einst fassten, wie wir in einem Beruf wirksam waren, aus alten verschollenen Briefen, aus Urteilen über uns, die vor langen Tagen ausgesprochen wurden. Kurz, es ist der Vorgang des Verstehens, durch den Leben über sich selbst in seinen Tiefen aufgeklärt wird, und andererseits verstehen wir uns selber und andere nur, indem wir unser erlebtes Leben hineintragen in jede Art von Ausdruck eigenen und fremden Lebens. So ist überall der Zusammenhang von Erleben, Ausdruck und Verstehen das eigene Verfahren, durch das die Menschheit als geisteswissenschaftlicher Gegenstand für uns da ist. Die Geisteswissenschaften sind so fundiert in diesem Zusammenhang von Leben, Ausdruck und Verstehen. Hier erst erreichen wir ein ganz klares Merkmal, durch welches die Abgrenzung der Geisteswissenschaften definitiv vollzogen werden kann. Eine Wissenschaft gehört nur dann den Geisteswissenschaften an, wenn ihr Gegenstand uns durch das Verhalten zugänglich wird, das im Zusammenhang von Leben, Ausdruck und Verstehen fundiert ist.

Wilhelm Dilthey, Der Aufbau der geschichtlichen Welt in den Geisteswissenschaften, S. 98f.

M3 Kein Interesse!

SEIT SIE IN DER LAGE SIND, KURZMITTEILUNGEN ABZUFANGEN, HABEN AUSSERIRDISCHE FORSCHER DAS INTERESSE AN DER MENSCHLICHEN SPEZIES VERLOREN.

1 Stellen Sie die diltheysche Auffassung von Erklären und Verstehen dem modernen Verständnis der beiden Begriffe gegenüber. → M1

2 Verdeutlichen Sie in einem Schaubild, wie die Begriffe Leben, Ausdruck und Verstehen nach Dilthey zusammen- und voneinander abhängen. → M2

3 Nehmen Sie kritisch Stellung zu der These, dass geisteswissenschaftliches Verstehen subjektiv, individuell, beliebig und daher unwissenschaftlich ist. → M2

4 Beschreiben Sie das Forschungsprojekt der Außerirdischen und erläutern Sie deren Reaktion auf die übermittelten Kurzmitteilungen. → M3

5 Verfassen Sie ein fiktives Gespräch, in dem Sie mit Wilhelm Dilthey über den Cartoon sprechen und das Verhalten der Außerirdischen im Blick auf die Frage deuten: „Verstehen oder erklären die Außerirdischen das menschliche Verhalten?" → M3

4 Werkzeuge der Wissenschaften

M1 Geschichte eines Geistesblitzes

M2 Benjamin Franklins Drachenexperiment

Kein Experiment hat je eine steilere Karriere gemacht. Am 19. Oktober 1752 veröffentlichte die *Pennsylvania Gazette* einen Brief von Benjamin Franklin, in dem er beschrieb, wie er während eines Gewitters einen Drachen steigen ließ. Kurze Zeit später war das „mutigste Experiment, das je ein Mensch gemacht hat" – so die Einschätzung eines Zeitgenossen – in aller Munde. Der Philosoph Immanuel Kant nannte Franklin einen „modernen Prometheus". [...]

Franklin war ein brillanter Wissenschaftler. Eines seiner vielen Interessen galt der Elektrizität. Ohne Kenntnisse über die Natur der Elektronen – sie wurden erst viel später entdeckt – stellte er sich Elektrizität korrekt als eine Art unsichtbare Flüssigkeit vor, die vom Ort höherer zum Ort tieferer Ladung fließt. Der Drachenversuch drehte sich um die Frage, ob Gewitterblitze eine Form elektrischer Entladung seien. Franklin war ihre Ähnlichkeit mit den Funken, die man mit den einfachen Elektrisierungsmaschinen jener Zeit erzeugen konnte, aufgefallen. Um zu beweisen, dass sie ein und dasselbe waren, musste er den Blitz an einen Ort leiten, wo er ihn untersuchen konnte. [...] Franklin schilderte in der *Pennsylvania Gazette*, wie er den Drachen aus Zedernholzleisten und einem Seidentuch baute, einen Eisendraht an der Spitze befestigte und das Fluggerät mit einer langen Hanfleine versah. An das untere Ende der Leine hängte er einen Schlüssel und knüpfte als Isolation ein kurzes Seidenband daran, an dem er den Drachen aus einem Fenster einer Hütte herausfliegen ließ. Auf diese Weise blieb das Seidenband im Trockenen und verlor seine Eignung als Isolation nicht.

Was immer es war, was dann die Leine entlang vom Himmel strömte – laut Franklin erzeugte es Funken, wenn er einen Finger dem Schlüssel näherte, und er konnte es in eine Leidener Flasche leiten, der damals üblichen Vorrichtung, um elektrische Ladung zu speichern. Diese Ladung konnte für elektrische Experimente verwendet werden, und damit, so Franklin, sei „die Gleichheit von elektrischem Stoff mit dem von Blitzen zweifelsfrei nachgewiesen".

Reto U. Schneider, Das neue Buch der verrückten Experimente, S. 24

M3 Zweifel an Franklins Experiment

Anders als es in vielen Darstellungen wiedergegeben wird, ist kein Blitz in den Drachen eingeschlagen – das hätten weder der Drachen noch Franklin überlebt. Aber Franklin nahm richtig an, dass die vom Himmel abgeleitete Elektrizität dieselbe war, die zu Blitzen führte. Schon bald nach Bekanntwerden von

Franklins Heldentat wurden Zweifel laut. Der Brief in der Pennsylvania Gazette enthielt weder Angaben zum Ort noch zum Datum des Experiments und nannte auch keine Zeugen. [...] Warum hat Franklin vier Monate mit der Publikation gewartet? Warum hat er nicht, wie damals üblich, [...] Zuschauer eingeladen? Warum hat er das Experiment nie wiederholt? Die These [vieler Ungereimtheiten] vertritt auch Tom Tucker in seinem Buch *Bolt of Fame* (etwa: „Blitzstrahl des Ruhms"). Tucker konnte den bereits bekannten Indizien noch weitere hinzufügen, die für einen Betrug sprechen. Dazu gehört auch der Schlüssel: Ein Hausschlüssel des 18. Jahrhunderts wog ein Viertelpfund. Tucker hat mit einem Nachbau des Drachens versucht, dieses Gewicht in die Luft zu befördern – ohne Erfolg. Damit hatte offensichtlich auch der Zeichner von Currier & Ives Probleme. Franklin hält die Hanfleine dort mit der rechten Hand vor dem Schlüssel und dem isolierenden Seidenband, was keinen Sinn ergibt, da die Elektrizität dann sofort über ihn abflösse. Tucker versuchte später, das Gewicht mit einem modernen Drachen nach oben zu bekommen. Seine Frau hielt einen großen Bilderrahmen als Modell für das Fenster. Als Tucker sich an die unmöglich zu lösende Aufgabe machte, das Ende der Leine mit dem Gewicht im Trockenen zu halten, ohne dass die Drachenleine den Bilderrahmen berührte, sei ihm klar geworden: Franklin hat das Experiment nie durchgeführt.

Reto U. Schneider, Das neue Buch der verrückten Experimente, S. 25

M4 Schichten der Wissenschaft

Ziel der Wissenschaft ist erstens die möglichst vollständige begriffliche Erfassung und Verknüpfung der Sinneserlebnisse in ihrer ganzen Mannigfaltigkeit, zweitens aber die Erreichung dieses Ziels *unter Verwendung eines Minimums von primären Begriffen und Relationen* (Streben nach möglichst logischer Einheitlichkeit des Weltbildes beziehungsweise logischer Einfachheit seiner Grundlagen). Die Wissenschaft braucht die ganze Mannigfaltigkeit der primären, d. h. unmittelbar mit Sinneserlebnissen verknüpften Begriffe sowie der sie verknüpfenden Sätze. In ihrem ersten Entwicklungsstadium enthält sie nichts weiter. Auch das Denken des Alltags begnügt sich im Großen und Ganzen mit dieser Stufe. Diese kann aber einen wirklich wissenschaftlich eingestellten Geist nicht befriedigen, da die so gewinnbare Gesamtheit von Begriffen und Relationen der logischen Einheitlichkeit völlig entbehrt. Um diesem Mangel abzuhelfen, erfindet man ein begriffs- und relationsärmeres System, welches die primären Begriffe und Relationen der „ersten Schicht" als logisch abgeleitete Begriffe und Relationen enthält. Dieses neue „sekundäre System" erkauft die gewonnene höhere logische Einheitlichkeit mit dem Umstande, dass seine an den Anfang gestellten Begriffe (Begriffe der zweiten Schicht) nicht mehr unmittelbar mit Komplexen von Sinneserlebnissen verbunden sind. [...] So geht es fort, bis wir zu einem System von denkbar größter Einheitlichkeit und Begriffsarmut der logischen Grundlagen gelangt sind, das mit der Beschaffenheit des sinnlich Gegebenen vereinbar ist.

Albert Einstein, Physik und Realität, in: Aus meinen späten Jahren, S. 67f.

1. Beschreiben Sie die Darstellung und stellen Sie Hypothesen hinsichtlich der Zielrichtung des Experiments auf. → M1
2. Prüfen Sie Ihre Hypothesen durch Lektüre des Textes M2. Ordnen Sie anschließend in einer Tabelle den Begriffen „Erklärung", „Voraussage", „Regel", „Naturgesetz", „Modell", „Theorie" und „Hypothese" Elemente des Franklin-Experiments sowie eine allgemeine Definition zu. → M2
3. Zeichnen Sie den Argumentationsgang bis hin zum Fazit „Franklin hat das Experiment nie durchgeführt" nach. Entwickeln Sie daraus Indikatoren von „Wissenschaftlichkeit", denen Franklins Experiment nicht gerecht wird. → M3
4. Bereiten Sie einen Kurzvortrag zu einem Experiment Ihrer Wahl (z. B. Milgram-Experimente, Libet-Experimente etc.) vor, in dem Sie die Begriffe aus Aufgabe 2 sowie die Kriterien von Wissenschaftlichkeit aus Aufgabe 3 berücksichtigen und inhaltlich füllen. → M2/3
5. Setzen Sie neun bis zwölf Kernbegriffe des Textes strukturiert unter der Überschrift „Erkenntnis durch Abstraktion" in Beziehung. Inwiefern passt dieses Strukturdiagramm zu Ihrem Experiment aus Aufgabe 4? → M4

5 Theorien – ein geheimer Kompass

M1 Die Geschichte mit dem Hammer

Ein Mann will ein Bild aufhängen. Den Nagel hat er, nicht aber den Hammer. Der Nachbar hat einen. Also beschließt unser Mann, hinüberzugehen und ihn auszuborgen. Doch da kommt ihm ein Zweifel: „Was, wenn der Nachbar mir den Hammer nicht leihen will? Gestern schon grüßte er mich nur so flüchtig. Vielleicht war er in Eile. Aber vielleicht war die Eile nur vorgeschützt, und er hat etwas gegen mich. Und was? Ich habe ihm nichts angetan; der bildet sich da etwas ein. Wenn jemand von mir ein Werkzeug borgen wollte, ich gäbe es ihm sofort. Und warum er nicht? Wie kann man einem Mitmenschen einen so einfachen Gefallen abschlagen? Leute wie dieser Kerl vergiften einem das Leben. Und dann bildet er sich noch ein, ich sei auf ihn angewiesen. Bloß weil er einen Hammer hat. Jetzt reicht's mir wirklich." – Und so stürmt er hinüber, läutet, der Nachbar öffnet, doch noch bevor er „Guten Tag" sagen kann, schreit ihn unser Mann an: „Behalten Sie sich Ihren Hammer, Sie Rüpel!"

Paul Watzlawick, Anleitung zum Unglücklichsein, S. 10

M2 Dies ist ein Stück Kreide, oder etwa nicht?

Betrachten wir als Beispiel die Aussage eines Lehrers „Dies ist ein Stück Kreide", während er auf einen rechteckigen weißen Gegenstand zeigt, den er vor der Tafel in die Höhe hält. Selbst diese überaus grundlegende Beobachtungsaussage schließt eine Theorie mit ein und ist fehlbar. Es wird zum Beispiel einfach von der Verallgemeinerung „Weiße Gegenstände, die man in Klassenräumen in der Nähe der Tafel findet, sind Kreide" ausgegangen. Aber diese Verallgemeinerung braucht natürlich nicht unbedingt wahr zu sein. Der Lehrer in unserem Beispiel könnte sich irren.
Der besagte weiße Gegenstand ist vielleicht gar kein Stück Kreide, sondern eine genau nachgemachte Kreideattrappe, die ein pfiffiger Schüler, der sich einen Spaß machen wollte, dort hingelegt hat. Der Lehrer [...] könnte Schritte unternehmen, um die Wahrheit der Aussage „Dies ist ein Stück Kreide" zu überprüfen. Allerdings muss man sich, je strenger diese Überprüfung ausfallen soll, auch auf umso mehr Theorie berufen; aber absolute Sicherheit wird man trotzdem nicht erlangen. Forderte man den Lehrer zum Beispiel dazu auf, mit dem weißen Gegenstand doch etwas auf die Tafel zu zeichnen, dann kann er auf den weißen Strich, der sich ergibt, hinweisen und verkünden: „Seht ihr, es *ist* ein Stück Kreide." [...] Die Beweisführung des Lehrers könnte man mit dem Einwand zurückweisen, dass außer Kreide noch andere Gegenstände weiße Spuren auf einer Tafel hinterlassen.
Vielleicht wird der betreffende Lehrer nach einer Reihe weiterer Versuche, wie zum Beispiel, die Kreide zu zerbröckeln, und erneuten Einwänden dagegen, schließlich zu einer chemischen Analyse Zuflucht nehmen. [...]
Um die Gültigkeit einer Beobachtungsaussage nachzuweisen, muss man auf eine Theorie verweisen, und je zuverlässiger die Gültigkeit nachgewiesen werden soll, desto umfassender muss das herangezogene theoretische Wissen sein. Dies steht in einem direkten Widerspruch zu dem, was wir aufgrund der induktivistischen Auffassung erwarten würden, dass nämlich, um die Wahrheit einer problematischen Beobachtungsaussage nachzuweisen, auf gesichertere Beobachtungsaussagen, und vielleicht auf die Gesetze, die aus ihnen induktiv abgeleitet wurden, rekurriert wird, jedoch nicht auf Theorien.
In der Umgangssprache ist es häufig der Fall, dass eine anscheinend unproblematische „Beobachtungsaussage" sich als falsch herausstellt, wenn ein erwartetes Ereignis nicht eintrifft, weil eine Theorie falsch war, die eine Voraussetzung für die betreffende Beobachtungsaussage darstellte. So könnten zum Beispiel Sommerfrischler auf dem Gipfel eines hohen Berges, die einen Blick auf ihr Lagerfeuer werfen, die Beobachtung machen „Das Wasser ist heiß genug, um den Tee damit aufzugießen". Wenn sie jedoch das dann entstandene Gebräu kosten, müssten sie feststellen, dass sie sich kläglich geirrt haben. Die Theorie, die

irrtümlicherweise vorausgesetzt wurde, ist die, dass kochendes Wasser heiß genug ist, um schmackhaften Tee zuzubereiten. Dies braucht jedoch nicht der Fall zu sein, wenn das Wasser unter so geringem Druck zum Kochen gelangt, wie er in großen Höhen registriert wird.

Alan Francis Chalmers,
Wege der Wissenschaft, S. 34f.

M3 Die Theoriebeladenheit der Erfahrungen

Auch in beobachtungsmäßige Feststellungen gehen unbegründete Antizipationen ein. Der empiristischen Idee nach sollen sie durch Sätze ausgedrückt werden, die durch einfache, direkte Beobachtungen entscheidbar sind und nicht auf zusätzlichen Hypothesen beruhen. Selbst bei einfachen Messungen machen wir Voraussetzungen. Stellen wir z. B. durch Abtragen eines Meterstabes auf zwei Strecken deren gleiche Länge fest, so setzen wir voraus, dass der Meterstab beim Transport seine Länge nicht verändert hat, und das können wir offenbar nicht wieder durch Messungen mit dem Meterstab überprüfen. Wenn ich ferner eine Beobachtung so beschreibe, dass da eine Katze auf der Wiese sitzt, so setze ich voraus, dass andere mögliche Deutungen meiner Beobachtung, dass es sich z. B. um ein Plüschtier handelt oder ein Exemplar einer bislang unbekannten Spezies, das aussieht wie eine Katze, aber Eier legt und sich von Gras ernährt, höchst unwahrscheinlich sind.

Man spricht in der Wissenschaftstheorie von einer *Theoriebeladenheit der Erfahrungen*. Das heißt: Beobachtungsmäßige Feststellungen erfolgen im Lichte vorgängiger Annahmen oder Erwartungen, und sind daher nicht sicherer als diese. Ohne Vorurteile keine Erfahrung, also sind selbst einfache Beobachtungssätze keine brauchbare Basis im Sinn des Empirismus. Sie beruhen auf Voraussetzungen, die sich immer als falsch erweisen können.

Franz von Kutschera,
Die falsche Objektivität, S. 138f.

M4 Theorie und Irrtum

Plassmann / Baaske Cartoons

1. Rekonstruieren Sie, wie der Mann zu seinem Urteil über den Nachbarn gelangt. Welche subjektiven Theorien führen zu der Eskalation, die sich im letzten Satz des Texts ausdrückt? ➜ M1
2. Verdeutlichen Sie die These aus den Zeilen 34-38 anhand des Kreide-Beispiels. Welche Theorien werden zum Beweis der Aussage „Dies ist ein Stück Kreide" herangezogen, und wie verhält es sich mit deren Abstraktionsgrad? ➜ M2
3. Formulieren Sie in eigenen Worten, was Kutschera unter der „Theoriebeladenheit der Erfahrungen" versteht und welche Konsequenzen er daraus ableitet. ➜ M3
4. Beziehen Sie Kutscheras Ansatz auf die in M1 und M2 beschriebenen Situationen. ➜ M1-3
5. Erläutern und diskutieren Sie die Karikatur. ➜ M4
6. Nehmen Sie zu folgenden Thesen kritisch Stellung:
   a) „Wir sind im Alltag auf solche Theorien angewiesen, da sie unsere Wahrnehmung recht zuverlässig strukturieren. Irrtümer muss man dabei in Kauf nehmen."
   b) „Theorien sind immer auch Vorurteile, und wir müssen uns ständig kritisch beobachten, um keiner unzulässigen Verallgemeinerung auf den Leim zu gehen."

*6 Wissenschaftliche Theorien im Wandel

M1 Die Demokratisierung der Mathematik

Das bekannteste Werk des Mathematikers Leonardo Fibonacci (ca. 1180-1241) ist die Fibonacci-Folge: eine unendliche Folge von Zahlen, bei der sich die jeweils folgende Zahl aus der Addition der beiden vorangegangenen Zahlen ergibt, beginnend mit 0 und 1. Verbindet man die Eckpunkte von Quadraten mit den Fibonacci-Zahlen (0, 1, 1, 2, 3, 5, 8, ...) als Seitenlängen, so entsteht die sog. Goldene Spirale, die als Gestaltungsprinzip auch in der Natur zu beobachten ist.

Leonardo Fibonacci [...] hat dem Abendland das Rechnen beigebracht. Er ersetzte die römischen Zahlen durch arabische. Dadurch wurde alles viel leichter. Bis dahin hatte man im Abendland noch überwiegend mit den römischen und hebräischen Zahlensystemen gerechnet, die das Multiplizieren und Dividieren schwierig machen. Der „Liber Abaci“ verhalf dem indisch-arabischen Dezimalsystem in Europa zum Durchbruch. [...] Die katholische Kirche lehnte Fibonaccis Lehrbuch für lange Zeit ab. Der Bannstrahl traf insbesondere die wesentliche mathematische Neuerung, die Einführung der Null: Die Darstellung des Nichts, der Nichtexistenz galt als Teufelswerk der Ungläubigen. Doch bei den Kaufleuten und frühen Bankiers Norditaliens fand das Buch bald weite Verbreitung. Denn die neue Art zu rechnen war viel einfacher und verschaffte Vorteile beim Handel mit Waren und beim Umtausch von Währungen. Im Laufe der Zeit erschloss der Liber Abaci breiteren Bevölkerungsschichten die Welt der Zahlen, er demokratisierte die Mathematik. Gleichzeitig förderte er das abstrakte Denken und gab Anstöße zur Lösung komplizierterer Fragestellungen.

Benedikt Fehr, Die Demokratisierung der Mathematik, in: FAZ am Sonntag vom 22.01.2012, S. 46

M2 Wissenschaftliche Revolutionen

Die normale Wissenschaft unterdrückt oft fundamentale Neuerungen, weil diese notwendigerweise subversiv sind für ihre grundlegenden Bindungen. Und trotzdem, solange diese Bindungen noch ein Element für Willkür enthalten, bietet gerade das Wesen der normalen Forschung die Gewähr dafür, dass das Neue nicht sehr lange unterdrückt wird. Manchmal widersteht ein normales Problem [...] dem wiederholten Ansturm der fähigsten Mitglieder des Kreises, in dessen Zuständigkeit es fällt. Bei anderen Gelegenheiten arbeitet ein für die normale Forschung entwickeltes Ausrüstungsstück nicht in der erwarteten Weise und lässt eine Anomalie erkennen, die sich trotz wiederholter Bemühungen nicht mit der professionellen Erwartung in Einklang bringen lässt. [...] Und wenn sie es tut [...], dann beginnen die außerordentlichen Untersuchungen, durch welche die Fachwissenschaft schließlich zu einer neuen Reihe von Bindungen, einer neuen Grundlage für die Ausübung der Wissenschaft geführt wird. Die außerordentlichen Episoden, in denen jener Wechsel der fachlichen Bindungen vor sich geht, werden in diesem Essay als wissenschaftliche Revolutionen bezeichnet. Sie sind die traditionszerstörenden Ergänzungen zur traditionsgebundenen Betätigung der normalen Wissenschaft. [...] [Solche Leistungen] werde ich von nun an als „Paradigmata“ bezeichnen, ein Ausdruck, der eng mit dem der „normalen Wissenschaft“ zusammenhängt. Durch seine Wahl möchte ich andeuten, dass einige anerkannte Beispiele für konkrete wissenschaftliche Praxis [...] Modelle abgeben, aus denen bestimmte festgefügte Traditionen wissenschaftlicher Forschung erwachsen. Das sind die Traditionen, die der Historiker unter Rubriken wie „Ptolemäische Astronomie“ (oder „Kopernikanische“), „Aristotelische Dynamik“ (oder „Newtonsche“), „Korpuskular-Optik“ (oder Wellenoptik“) und so weiter beschreibt. [...] Paradigmata unterscheiden sich aber in mehr als in der Substanz, denn sie zielen nicht nur auf die Natur, sondern auch wieder zurück auf die Wissenschaft, die sie hervorbrachte. Sie sind die Quelle für Methoden, Problemgebiete und Lösungsnormen, die von einer reifen wissenschaftlichen Gemeinde zu irgendeinem Zeitpunkt anerkannt werden. Daraus ergibt sich, dass die Annahme eines neuen Paradigmas oft eine neue Definition der entsprechenden Wissenschaft erfordert. *Thomas S. Kuhn, Die Struktur wissenschaftlicher Revolutionen, S. 20, 25f., 116*

M3 Wissenschaftliche Evolution

[Das] Wachstum unseres Wissens [ist] das Ergebnis eines Vorgangs [...], der dem sehr ähnlich ist, das Darwin „natürliche Auslese" nannte; es gibt also eine natürliche Auslese von Hypothesen: unser Wissen besteht zu jedem Zeitpunkt aus denjenigen Hypothesen, die ihre (relative) Tüchtigkeit dadurch gezeigt haben, dass sie bis dahin in ihrem Kampf ums Dasein überlebt haben, einem Konkurrenzkampf, der die untüchtigen Hypothesen eliminiert. Diese Interpretation lässt sich auf das tierische Wissen, das vorwissenschaftliche Wissen und die wissenschaftliche Erkenntnis anwenden. [...] Von der Amöbe bis Einstein ist das Wachstum des Wissens immer dasselbe: wir versuchen, unsere Probleme zu lösen und durch Auslese zu einigermaßen brauchbaren vorläufigen Lösungen zu kommen. Trotzdem ist beim Menschen etwas Neues dazugekommen. Um das sofort erkennbar zu machen, möchte ich dem Baum der Evolution das gegenüberstellen, was man den wachsenden Baum der Erkenntnis nennen könnte. [...] Der Evolutionsbaum unserer Werkzeuge und Geräte [...] fing wahrscheinlich mit einem Stein oder Stock an; unter dem Einfluss immer speziellerer Probleme verzweigte er sich in eine ungeheure Zahl hochspezialisierter Formen. [...] Mit derselben Zeitrichtung müsste der Baum der Erkenntnis so dargestellt werden, dass er aus zahllosen Wurzeln entspringt, die nach oben [...] statt nach unten wachsen und schließlich weit oben dazu neigen, sich zu einem einzigen Stamm zu vereinigen. Mit anderen Worten, die Entwicklungsstruktur des Wachstums der reinen Erkenntnis ist fast umgekehrt wie die des evolutionären Baumes der lebenden Organismen, der menschlichen Gerätschaften oder des angewandten Wissens.

Karl R. Popper, Objektive Erkenntnis, S. 273-275

M4 Ein Kraftfeld des Wissens

Die Gesamtheit unseres sogenannten Wissens oder Glaubens [...] ist ein von Menschen geflochtenes Netz, das nur an seinen Rändern mit der Erfahrung in Berührung steht. Oder, um ein anderes Bild zu nehmen, die Gesamtwissenschaft ist ein Kraftfeld, dessen Randbedingungen Erfahrung sind. Ein Konflikt mit der Erfahrung an der Peripherie führt zu Anpassungen im Inneren des Feldes. Wahrheitswerte müssen über einige unserer Aussagen neu verteilt werden. Die Umbewertung einiger Aussagen zieht aufgrund ihrer logischen Zusammenhänge die Umbewertung einiger anderer Aussagen nach sich [...]. Doch das gesamte Feld ist so sehr durch seine Randbedingungen, durch die Erfahrung unterdeterminiert, dass wir eine breite Auswahl haben, welche Aussagen wir angesichts einer beliebigen individuellen dem System zuwiderlaufenden Erfahrung neu bewerten wollen.

Willard Van Orman Quine, Von einem logischen Standpunkt: Neun logisch-philosophische Essays, S. 47

1 Zu welchen Konsequenzen führte die in M1 dargestellte mathematische Revolution? Vergleichen Sie ihre Ergebnisse mit der Tragweite moderner technischer Revolutionen. ➔ M1

2 Stellen Sie das von Kuhn vorgestellte Modell wissenschaftlichen Fortschritts in einer Grafik dar. ➔ M2

3 Erläutern Sie den zentralen Begriff „Paradigmata", indem Sie sich auf die im Text genannten Beispiele für Wechsel solcher Paradigmata beziehen. Recherchieren Sie weitere Informationen zu diesen wissenschaftlichen Revolutionen und stellen Sie heraus, was sie zu „echten" Paradigmata macht. ➔ M2

4 Popper beschreibt wissenschaftlichen Fortschritt als evolutionär. Veranschaulichen Sie diesen Prozess, indem sie Poppers Vorstellung eines „Entwicklungsbaums" und eines „Erkenntnisbaums" skizzieren. ➔ M3

5 Vergleichen Sie Kuhns Theorie wissenschaftlicher Revolutionen, Poppers Idee evolutionärer Wissenschaftsentwicklung und Quines Kraftfeld des Wissens. Welcher Ansatz erscheint Ihnen plausibler? Arbeiten Sie mit konkreten Beispielen. ➔ M2-4

1 Glaubenswahrheiten

M1 Gott offenbart sich

Leonardo da Vinci, Verkündigung an Maria

„Fürchte dich nicht, Maria; denn du hast bei Gott Gnade gefunden. *Du wirst ein Kind empfangen, einen Sohn wirst du gebären: dem sollst du den Namen Jesus geben.* Er wird groß sein und Sohn des Höchsten genannt werden.“ *Lukas 1,30-32*

Marc Chagall, Moses empfängt die Gesetzestafeln

„Ich bin Jahwe, dein Gott, der dich aus Ägypten geführt hat […]. Du sollst neben mir keine anderen Götter haben.“

Exodus, 20,2-3

Erzengel Gabriel und Muhammad, Topkapi Saray Museum

„O Muhammad, du bist der Gesandte Gottes, und ich bin Gabriel!“

Ibn Ishaq, Das Leben des Propheten, S. 45f.

In der Religionsgeschichte bezeichnet Offenbarung die auf Gott zurückgeführte Enthüllung einer vorher „verborgenen“ religiösen Wirklichkeit, die für den Menschen und sein Dasein existenziell wichtig ist. Die Offenbarung kann allein mit Mitteln menschlicher Vernunft weder begriffen noch begründet werden.

Urheber von Offenbarungen sind z. B. Gott oder verschiedene Götter, geistige Mächte oder Kräfte, Engel oder Verstorbene – im Christentum geht die Offenbarung von JESUS CHRISTUS aus. Quellen und Mittler von Offenbarung sind Zeichen in der Natur (heilige Orte, Gegenstände) oder die Natur insgesamt (Pantheismus), geschichtliche Phänomene und Gestalten sowie heilige Schriften. Erfahren wird Offenbarung u. a. in Visionen und Auditionen, durch Inspiration, Traum oder in göttlichen Manifestationen wie Epiphanie oder Theophanie, aber auch durch alltägliche Begebenheiten, z. B. die Begegnung mit bestimmten (von Gott gesandten) Menschen. Empfänger von Offenbarungen kann jeder sein, häufig sind es jedoch Priester, Propheten, Seher oder Schamanen. Oft wird bestimmten Personen die Fähigkeit der Auslegung von verschlüsselten Offenbarungen (z. B. als Orakel) zugesprochen.

Offenbarungsreligionen sind Religionen, in denen die Offenbarung als „Ansprache“ Gottes das bestimmende Element bildet. Die bekanntesten Offenbarungsreligionen sind Judentum, Christentum und Islam.

nach Schülerduden Religion und Ethik, S. 260

M2 Das Verifikationsproblem

Verschiedene Philosophen haben die logische Schwierigkeit hervorgehoben, die in dem Anspruch, Gott begegnet zu sein, jedes Mal begründet liegt.

Wie kann man wissen, dass es *Gott* war, dem man begegnet ist? Die christliche Theologie beschreibt Gott unter Bezugnahme auf solche absoluten Eigenschaften wie Allmacht, Allgegenwart, Allgüte und unendliche Liebe. Derartige absolute Eigenschaften lassen sich jedoch nicht beobachten wie ihre endlichen Gegenstücke: begrenzte Macht, örtliche Anwesenheit, endliche Güte und menschliche Liebe. [...] Man kann zwar den Anspruch erheben, einem Wesen begegnet zu sein, von dem man annimmt, hofft oder dem man vertraut, dass es Gott ist; aber man kann nicht behaupten, einem Wesen begegnet zu sein, das man als den unendlichen, allmächtigen, ewigen Schöpfer *erkannt* hat. [...]

Nur Gott selbst kann sein eigenes unendliches Wesen kennen; unsere menschlichen Vorstellungen vom Wesen Gottes gründen sich nach christlicher Lehre darauf, dass Gott sich in Christus den Menschen geoffenbart hat. Derartige Vorstellungen von Gottes unendlichem Wesen entziehen sich einer Verifikation durch Beobachtung, da sie außerhalb des Bereiches menschlicher Erfahrung liegen.

John Hick, in: Norbert Hoerster, Glaube und Vernunft, S. 225f.

M3 Wege zum Heil

Hindus und Buddhisten glauben, dass das jetzige Leben, das wir hier auf Erden führen, nicht das erste und nicht das letzte unserer irdischen Existenz, sondern nur ein Glied in einer langen Reihe von irdischen Existenzen ist. Demgegenüber glauben Juden, Christen und Muslime sowie viele säkular denkende Menschen in Westeuropa, dass dieses jetzige Leben das einzige ist, das wir haben. Jede der Vorstellungen, die von der Wiedergeburt wie die von der Einmaligkeit des Lebens, ist ein Glaube, dessen Richtigkeit sich nicht objektiv feststellen lässt. Konsequenzen für die jeweiligen Vorstellungen vom Leben und auch von Tod haben beide. [...]

Je nachdem, ob die Menschen an die Wiedergeburt oder an die Einmaligkeit des Lebens glauben, verändern sich auch ihre Hoffnungen und Erwartungen: Für den, der an die Wiedergeburt glaubt, richtet sich die Erwartung zunächst darauf, durch das Einhalten von Geboten gute Voraussetzungen für eine bessere Wiedergeburt zu schaffen. Im fortgeschrittenen Stadium geht es dann darum, Wege zu suchen, wie man aus dem Kreislauf der Wiedergeburt ausscheidet. Für den, der an die Einmaligkeit des Lebens glaubt, ist die Nachricht, dass mit dem Tode nicht alles aus ist, sondern dass das Leben ewig weitergeht in einem Jenseits, eine tröstliche und gute. Das Leben auf Erden sehen Christen, Muslime und teilweise auch Juden wie eine Art Prüfung an, die man bestehen kann (jüdisch-christlich: Sein mit Gott bzw. Himmel; islamisch: Paradies), bei der man durchfallen kann (Hölle), deren Ausgang trotz negativer Bilanz dank der Barmherzigkeit Gottes dennoch positiv sein kann, die man aber – anders als bei anderen Prüfungen – auf keinen Fall wiederholen kann.

Der Glaube an die Wiedergeburt bzw. an die Einmaligkeit des Lebens auf dieser Erde gibt somit die Rahmenbedingungen für die Spekulationen über Leben und Tod, Erlösung und Jenseits vor, wie sie auch in den Schriften der jeweiligen Kultur formuliert sind.

Peter Antes, Religionen im Vergleich, in: Ethik und Unterricht 3/02, S. 4f.

1 Erläutern Sie die Funktion der prophetischen Offenbarungen in den monotheistischen Religionen Judentum, Christentum, Islam. → M1
2 Überlegen Sie, inwiefern eine Offenbarung mit den Mitteln der empirischen Beweisbarkeit und der Vernunft weder begriffen noch begründet werden kann. → M1
3 Erarbeiten Sie die Gründe, mit denen Hick die Verifizierbarkeit und auch Falsifizierbarkeit religiöser Aussagen ablehnt. → M2
4 Recherchieren und erläutern Sie die Heilslehren verschiedener Religionen. Diskutieren Sie die Folgen, die sich daraus jeweils für die praktische Lebensführung ergeben. → M3
5 Nehmen Sie Stellung zu den „Wahrheiten", die die Religionen anbieten. → M1-3

2 Normative Ansprüche von Religion

M1 Aufstieg zur Wahrheit

Paul Klee, 1923

M2 Grundfunktionen der Religion

Religionen sprechen mit absoluter Autorität, und sie bringen diese nicht nur mit Worten und Begriffen, Lehren und Dogmen, sondern auch mit Symbolen und Gebeten, Riten und Festen – also rational und emotional – zum Ausdruck. Denn Religionen besitzen Mittel, um nicht nur für eine intellektuelle Elite, sondern auch für breite Bevölkerungsschichten die ganze Existenz des Menschen zu formen – und dies geschichtlich erprobt, kulturell angepasst und individuell konkretisiert. Nein, Religion kann nicht alles, doch vermag sie ein gewisses „Mehr" im Menschenleben zu eröffnen und zu schenken:

+ Religion vermag eine spezifische Tiefendimension, einen umfassenden Deutungshorizont angesichts auch von Leid, Ungerechtigkeit, Schuld und Sinnlosigkeit und einen letzten Lebenssinn auch angesichts des Todes zu vermitteln: das *Woher und Wohin* unseres Daseins.
+ Religion vermag oberste Werte, unbedingte Normen, tiefste Motivationen und höchste Ideale zu garantieren: das *Warum und Wozu* unserer Verantwortung.
+ Religion vermag durch gemeinsame Symbole, Rituale, Erfahrungen, Ziele ein Zuhause des Vertrauens, des Glaubens, der Gewissheit, Ich-Stärke, Geborgenheit und Hoffnung zu schaffen: *eine geistige Gemeinschaft und Heimat.*
+ Religion vermag Protest und Widerstand gegen Unrechtsverhältnisse zu begründen: die schon jetzt wirksame, unstillbare *Sehnsucht nach dem „ganz Anderen".*

Hans Küng, Projekt Weltethos, S. 78

M3 Religion und Weltanschauung

Jede Religion enthält eine Weltanschauung, wenn sie auch nicht allein aus einer Weltanschauung besteht – zu ihr gehören z. B. auch Riten und Institutionen. Sie entwickelt eine Vorstellung vom Ganzen der Wirklichkeit und ein Menschenbild, sie macht Wertaussagen und legt Normen des Verhaltens fest. Vor allem aber gibt sie Antwort auf die existentiellen Fragen, welche die Menschen bedrängen und zeigt einen Sinnhorizont für das individuelle Leben auf wie für die Geschichte und die Welt insgesamt. Die überragende Bedeutung der Religionen in der Menschheitsgeschichte wie die Wirkungsmacht, die sie auch heute noch haben, lässt sich nur daraus verstehen, dass sie den Menschen Hoffnung in den Nöten ihres Lebens geben, und zu diesen Nöten zählt vor allem auch, dass wir unserem Tun und Streben nicht selbst Sinn garantieren können. Eine religiöse Weltanschauung ist immer eine transzendente Weltanschauung. Sie sieht die empirische Welt und unser Leben vor dem Hintergrund einer größeren, wertvolleren und mächtigeren Realität.

Da sich in der westlichen Tradition des Christentums Theologie schon früh sehr eng mit Metaphysik verbunden hat, so dass man manchmal fast den Eindruck hat, christlicher Glaube sei geoffenbarte Metaphysik, ist es wichtig, sich die Unterschiede zwischen Religion und Metaphysik klar zu machen – Metaphysik im strikt philosophisch-wissenschaftlichen Sinn. Der erste Unterschied betrifft die Sprache. Die Sprache der Metaphysik ist beschreibend, ebenso wie die in anderen philosophischen und wissenschaftlichen Disziplinen. Die Aussagen sollen Informationen über die Wirklichkeit liefern, und dafür kommt es darauf an, dass sie einen begrifflich klar bestimmten Inhalt haben. Die Aussagen der Religion wollen hingegen oft keine sachlichen Informationen geben, sondern das, wovon sie reden, dem Erleben nahe bringen. Eine religiöse Weltanschauung ist keine Theorie – auch in existentiell wichtigen Fragen sind ihre Auskünfte oft erstaunlich dürftig –, sondern vermittelt eine Sichtweise der Wirklichkeit und eine Haltung zu ihr. Die Erzählung der Genesis von der Erschaffung der Welt ist keine Naturgeschichte, ihre zentrale Aussage ist vielmehr, dass die Welt ein Werk Gottes ist, das gut und sinnvoll ist. [...] In ihren Bildern vermittelt die Erzählung [...] die Sicht der Welt als einer vernünftigen Ordnung und eine Haltung der Verantwortung für sie vor Gott.

Franz von Kutschera, Die großen Fragen, 170f.

M4 Religion als wissenschaftliches Konstrukt

Was also ist „Religion"? Zunächst ein wissenschaftliches Konstrukt, das ein ganzes Bündel von Bestimmungen funktionaler und inhaltlicher Art umfasst, mit dem zusammengehörige Elemente und Ausdrucksformen in einem Raster als Gegenstandsbereich religionswissenschaftlicher (und anderer) Forschung – als „Religion" – erfasst werden können. Hierzu gehören u. a. Dimensionen der Ethik und des sozialen Handelns (Normen und Werte, Verhaltensmuster, Lebensformen), rituelle Dimensionen (kultische und andere symbolische Handlungen), kognitive und intellektuelle Dimensionen (Lehr- und Glaubenssysteme, Mythologien, Kosmologien etc., also das gesamte „religiöse" Wissen), sozio-politische und institutionelle Dimensionen (Organisationsformen, Recht, religiöses Expertentum usw.), symbolisch-sinnliche Dimensionen (Zeichen und Symbole, religiöse Kunst, Musik etc.) und Dimensionen der Erfahrung (Berufungs- und Offenbarungserlebnisse, Gefühle mystischer Einheit, Heilungs- und Heilserlebnisse, Gemeinschafts- und Verschmelzungserfahrungen ...).

Klaus Hock, Einführung in die Religionswissenschaft, S. 20

M5 Ein anderer Weg zum Heil

Wie nun gehen die Religionen vor, um uns vor der äußersten Bedrohung zu bewahren, wie sie es uns verheißen? Dazu braucht es im Wesentlichen den Glauben. Er und er allein ist es in Wirklichkeit, der die Gnade Gottes über uns bringen kann: Wenn du an Gott glaubst, wird er dich retten, sagen sie, womit sie vor jeder anderen Tugend die *Demut* einfordern, die in ihren Augen – das wiederholen unablässig die größten christlichen Denker, von Augustinus bis Pascal – genau das Gegenteil der Arroganz und Eitelkeit der Philosophie ist. Woher kommt diese Verdammung des freien Denkens? Ganz einfach daher, dass auch dieses in Anspruch nimmt, uns zu retten, wenn nicht vor dem Tod selbst, so doch wenigstens vor den mit ihm verbundenen Ängsten, *jedoch aus eigener Kraft und einzig vermöge unserer Vernunft*. Da haben wir, zumindest aus religiöser Sicht, den philosophischen Hochmut schlechthin, die unerträgliche Dreistigkeit, wie sie schon bei den ersten Philosophen im antiken Griechenland, mehrere Jahrhunderte vor Christus, zu finden ist.

Luc Ferry, Leben lernen, S. 18

1 Interpretieren Sie das Bild – was bedeutet für Sie Aufstieg zur Wahrheit? ➜ M1
2 Erläutern Sie, worin die „absolute Autorität" von Religion begründet liegt. ➜ M2
3 Erklären Sie den Unterschied zwischen Religion, Metaphysik und Weltanschauung. ➜ M3
4 Formulieren Sie eine eigene These: Religion ist ... ➜ M4
5 Grenzen Sie die religiöse „Demut" vom philosophischen „Hochmut" ab. Beachten Sie dabei die normativen Ansprüche beider Denkrichtungen. ➜ M5
6 Bilden Sie ein Diskussionsforum über verschiedene Wege zum „Heil". ➜ M1–5

3 Glaube und Vernunft

M1 Das Dilemma der Vernunft

Die menschliche Vernunft hat das besondere Schicksal in einer Gattung ihrer Erkenntnisse: dass sie durch Fragen belästigt wird, die sie nicht abweisen kann, denn sie sind ihr durch die Natur der Vernunft selbst aufgegeben, die sie aber auch nicht beantworten kann, denn sie übersteigen alles Vermögen der menschlichen Vernunft. Dies betrifft drei Gegenstände: die Freiheit des Willens, die Unsterblichkeit der Seele und das Dasein Gottes. *nach Immanuel Kant, Kritik der reinen Vernunft, S. 7*

M2 Gott: Hypothese oder Wirklichkeit?

Für die theistischen Denker ist Gott in der Tat eine unumstößliche Gewissheit. Für die meisten materialistischen Philosophen und für alle Empiristen, die als einzige Erkenntnisquelle die Sinneserfahrung zulassen (man spricht oft auch von „Pragmatikern"), ist Gott nichts anderes als eine dumme Hypothese, von den Menschen erfunden, um sich zu schützen und es sich gemütlich zu machen in ihrer „existentiellen" Angst.
Denis Huisman, Philosophie für Einsteiger, S. 25, 32

M3 Glauben und Vernunft in Harmonie

Der Glaube an Gott wird gemeinhin als Ergebnis des Aufwachsens in einer bestimmten Kultur angesehen und weniger als ein durch philosophische Argumentation erworbener Glaube. Trotzdem gibt es die lange Tradition einer „natürlichen Theologie", die Gottes Existenz durch streng rationale Mittel zu beweisen sucht. Obwohl es in unserer gegenwärtigen Kultur ein grundsätzliches Fragezeichen hinter der Existenz Gottes gibt: Für die mittelalterlichen Denker, die die Fundamente der philosophischen Theologie legten, stand Gott fest im Zentrum ihrer Weltsicht. Für sie hatte die rationale Debatte die Aufgabe, das Verständnis von Gottes Existenz und Natur zu verbessern und sie nicht in Frage zu stellen. [...]

Die klassische Darstellung des Verhältnisses von Vernunft und Glauben geht zurück auf Thomas von Aquin, der behauptete, dass beide sich ergänzen. Einige religiöse Überzeugungen (wie die Existenz Gottes) könnten durch den „natürlichen Verstand" gesetzt werden, während andere (so die „geoffenbarten Wahrheiten" des Christentums, etwa die Trinitätslehre) des Glaubens bedürfen. Nach Thomas verhalten sich Vernunft und Glauben harmonisch zueinander, da man an beide Arten der Wahrheit glauben kann. Außerdem lehrte er, dass auch die Wahrheiten des natürlichen Verstandes zuweilen durch den Glauben begründet werden – so bei denen, die nicht die Zeit haben, den entsprechenden Argumenten zu folgen.

David Papineau (Hg.), Philosophie, S. 113

M4 Vernunft und Glaube im 21. Jahrhundert

In einer Rede vor Wissenschaftlern warnte Papst Benedikt XVI. 2006 vor einer positivistischen Verkürzung von Wissenschaft und Vernunft, die die Fragen der Religion ausklammert.

Das Große der modernen Geistesentwicklung wird ungeschmälert anerkannt: Wir alle sind dankbar für die großen Möglichkeiten, die sie dem Menschen erschlossen hat und für die Fortschritte an Menschlichkeit, die uns geschenkt wurden. Das Ethos der Wissenschaftlichkeit ist im übrigen Wille zum Gehorsam gegenüber der Wahrheit und insofern Ausdruck einer Grundhaltung, die zu den Grundentscheiden des Christlichen gehört. Nicht Rücknahme, nicht negative Kritik ist gemeint, sondern um Ausweitung unseres Vernunftbegriffs und -gebrauchs geht es. Denn bei aller Freude über die neuen Möglichkeiten des Menschen sehen wir auch die Bedrohungen, die aus diesen Möglichkeiten aufsteigen, und müssen uns fragen, wie wir ihrer Herr werden können. Wir können es nur, wenn Vernunft und Glaube auf neue Weise zueinanderfinden; wenn wir die selbstverfügte Beschränkung der Vernunft auf das im Experiment Falsifizierbare überwinden und der Vernunft ihre ganze Weite wieder eröffnen. [...] Nur so werden wir auch zum wirklichen Dialog der Kulturen und Religionen fähig, dessen wir so dringend bedürfen. In der westlichen Welt herrscht weithin die Meinung, allein die positivistische Vernunft und die ihr zugehörigen Formen der Philosophie seien universal. Aber von den tief religiösen Kulturen der Welt wird gerade dieser Ausschluss des Göttlichen aus der Universalität der Vernunft als Verstoß gegen ihre innersten Überzeugungen angesehen. Eine Vernunft, die dem Göttlichen gegenüber taub ist und Religion in den Bereich der Subkulturen abdrängt, ist unfähig zum Dialog der Kulturen. Dabei trägt, wie ich zu zeigen versuchte, die moderne naturwissenschaftliche Vernunft mit dem ihr innewohnenden platonischen Element eine Frage in sich, die über sie und ihre methodischen Möglichkeiten hinausweist. Sie selber muss die rationale Struktur der Materie wie die Korrespondenz zwischen unserem Geist und den in der Natur waltenden rationalen Strukturen ganz einfach als Gegebenheit annehmen, auf der ihr methodischer Weg beruht. Aber die Frage, warum dies so ist, die besteht doch und muss von der Naturwissenschaft weitergegeben werden an andere Ebenen und Weisen des Denkens – an Philosophie und Theologie. Für die Philosophie und in anderer Weise für die Theologie ist das Hören auf die großen Erfahrungen und Einsichten der religiösen Traditionen der Menschheit, besonders aber des christlichen Glaubens, eine Erkenntnisquelle, der sich zu verweigern eine unzulässige Verengung unseres Hörens und Antwortens wäre. [...] Mut zur Weite der Vernunft, nicht Absage an ihre Größe – das ist das Programm, mit dem eine dem biblischen Glauben verpflichtete Theologie in den Disput der Gegenwart eintritt. „Nicht vernunftgemäß, nicht mit dem Logos handeln ist dem Wesen Gottes zuwider."

Benedikt XVI., Gott und die Vernunft, S. 135-137

M5 Dialektik zwischen Vernunft und Glauben

Es besteht eine eigentümliche Dialektik zwischen dem philosophisch aufgeklärten Selbstverständnis der Moderne und dem theologischen Selbstverständnis der großen Weltreligionen, die als das sperrigste Element aus der Vergangenheit in diese Moderne hineinragen. Es geht nicht um einen schwiemeligen Kompromiss zwischen Unvereinbarem. Wir dürfen uns um die Alternative zwischen anthropozentrischer Blickrichtung und dem Blick aus der Ferne des theo- oder kosmozentrischen Denkens nicht herumdrücken. Aber es macht einen Unterschied, ob man miteinander spricht oder nur übereinander. Dafür müssen zwei Voraussetzungen erfüllt sein: Die religiöse Seite muss die Autorität der „natürlichen" Vernunft als die fehlbaren Ergebnisse der institutionalisierten Wissenschaften und die Grundsätze eines universalistischen Egalitarismus in Recht und Moral anerkennen. Umgekehrt darf sich die säkulare Vernunft nicht zum Richter über Glaubenswahrheiten aufwerfen, auch wenn sie im Ergebnis nur das, was sie in ihre eigenen, im Prinzip allgemein zugänglichen Diskurse übersetzen kann, als vernünftig akzeptiert. So wenig die eine Voraussetzung aus theologischer Sicht trivial ist, so wenig ist es die andere aus philosophischer Sicht.

Jürgen Habermas, Ein Bewusstsein von dem, was fehlt, S. 27

1 Kant unterscheidet zwischen Verstand (Erkenntnis der Wirklichkeit) und Vernunft. Zeigen Sie, inwiefern die drei Fragen nicht durch den Verstand beantwortet werden können (vgl. hierzu auch S. 210f.). ➜ M1
2 Überlegen Sie die Folgen, die sich aus Pierre-Simon Laplaces (1749-1827) Aussage ergeben. ➜ M2
3 Begründen Sie, warum es für die mittelalterlichen Denker eine Harmonie von Glauben und Vernunft geben muss. ➜ M3
4 Prüfen Sie die Argumente, die Papst Benedikt XVI. für die notwendige Ausweitung des Vernunftbegriffs anführt, auf ihre Plausibilität. ➜ M4
5 Zeigen Sie, inwiefern nicht Gegensatz, sondern Dialektik das Verhältnis zwischen Vernunft und Glauben bestimmt. ➜ M5

4 Gottesbeweise

M1 (K)ein Platz für GOTT?

William Blake (1757-1827)

D. van Ravenswaay in: bild der wissenschaft 7/2008

M2 Gott als Ursache und Ziel der Welt

Aristoteles führte einen anderen berühmten Beweis an für die Existenz Gottes. Er sprach von einem „ersten Grund". Seine Idee ist einfach: Das Universum kann nicht existieren, ohne am Anfang in die Planetenbahn gesetzt, entworfen und hergestellt worden zu sein. Es kann nicht aus dem Nichts geboren sein. Auf lateinisch heißt das: *ex nihilo*. So sagt auch ein lateinisches Sprichwort: *ex nihilo nihil*, aus dem Nicht-Sein kann nichts entstehen. Es muss also am Anfang einen Architekten, einen Ingenieur, einen Arbeiter gegeben haben, der den ersten Anstoß gab. [...] Die Welt könnte nicht existieren, wenn es nicht am Anfang ein höheres Wesen gegeben hätte, das sie „in Gang" gesetzt hat. Der Einfachheit halber wollen wir dieses höhere Wesen „Gott" nennen und sagen, dass Gott die Welt erschaffen hat. [...] Eine Argumentation, die mit der vom „Anfang der Welt" übereinstimmt, ist der *teleologische Beweis* (telos, griech.: Ziel, Zweck). Unser Universum ist eine Welt, die gut organisiert und entworfen ist; sie ist konstruiert in Abhängigkeit von einer leitenden Idee, einem wohlbestimmten Ziel, einem Endzweck. Das heißt auch, sie enthält mehr Gutes als Schlechtes. Es ist eine gute, harmonische Welt.

Denis Huisman, Philosophie für Einsteiger, S. 36-38

M3 Fünf Wege für einen Beweis Gottes

Thomas von Aquin, der einflussreichste Philosoph und Theologe des Mittelalters, unternimmt in seiner Summa Theologiae *den Versuch, die Existenz Gottes anhand von verschiedenen Anzeichen in der Welt zu beweisen.*

Es kann auf fünf Wegen bewiesen werden, dass Gott existiert.

Der erste und recht offenkundige ist der, der von der Bewegung ausgeht. Denn es ist sicher und wird durch die Sinneswahrnehmung bestätigt, dass einiges in dieser Welt bewegt wird. Alles aber, was in Bewegung ist, wird von etwas Anderem bewegt. [...] Also müssen wir unbedingt zu einem ersten Bewegenden kommen, das von keinem bewegt ist – und dieses erste Bewegende meinen alle, wenn sie von „Gott" sprechen.

Der zweite Weg geht vom Gedanken einer bewirkenden Ursache aus. Wir finden nämlich innerhalb der sinnlich wahrnehmbaren Dinge eine gewisse Ordnung von bewirkenden Ursachen; es ist jedoch nie festgestellt worden und ist auch nicht möglich, dass etwas seine eigene bewirkende Ursache ist, da es dann ja früher als es selbst existiert haben müsste – was unmöglich ist. Es ist aber ebenso unmöglich, dass die bewirkenden Ursachen ins Unendliche gehen. [...] Also müssen wir etwas als erste bewirkende Ursache annehmen – und die nennen alle „Gott".

Der dritte Weg ist aus dem Möglichen und dem Notwendigen hergeleitet [...]. Wir finden nämlich unter den Dingen welche, denen es möglich ist zu existieren und nicht zu existieren. [...] Also ist nicht alles Seiende nur möglich, sondern es muss unter den Dingen etwas Notwendiges geben. [...] Also müssen wir etwas annehmen, das durch sich selbst notwendig ist und das den Grund für seine Notwendigkeit nicht von anderswoher hat, sondern das selbst der Grund für die Notwendigkeit aller anderen notwendigen Wesen ist – und das nennen alle „Gott".

Der vierte Weg geht von den Abstufungen aus, die wir in den Dingen finden. Es findet sich nämlich in den Dingen mehr oder weniger Gutes, Wahres, Edles und von anderem dieser Art. [...] Also gibt es etwas, das für alles Seiende die Ursache des Seins ist: Und das nennen wir „Gott".

Der fünfte Weg geht aus von der Weltordnung. Wir sehen nämlich, dass einiges, das der Vernunft entbehrt, zum Beispiel natürliche Körper, dennoch auf ein festes Ziel hin tätig sind. Das zeigt sich darin, dass sie immer oder regelmäßig in derselben Weise tätig sind, sodass sich daraus das Beste ergibt. Daher ist offensichtlich, dass sie nicht zufällig, sondern absichtlich zu einem Ziel gelangen. Die Dinge aber, die keine Vernunft haben, sind nur deshalb auf ein Ziel hin tätig, weil sie von etwas Vernünftigem und Erkennendem gelenkt werden, so wie ein Pfeil von einem Schützen. Es muss also etwas Erkennendes geben, von dem alle natürlichen Dinge auf ein Ziel hin geordnet werden: Und das nennen wir „Gott".

Thomas von Aquin, Summa theologiae, I 2, 3

M4 Argumente für den göttlichen Plan

Der vielleicht populärste Grund, die Existenz Gottes anzunehmen, leitet sich aus der Überzeugung ab, dass das Universum eine Ordnung, einen Plan oder Zweck offenbart. Thomas beobachtete, dass zielgerichtetes Verhalten überall in der Welt zu finden ist (Wurzeln suchen Wasser, Blätter öffnen sich dem Licht), und er folgerte daraus, dass „Dinge, die kein Wissen haben, auch keinem Ziel zustreben; es sei denn, sie werden von einer Intelligenz geleitet, so wie ein Pfeil vom Bogenschützen". Der Zweck scheint in der Natur weit verbreitet zu sein; außerdem scheinen selbst unbelebte Dinge für viele eine Art innerer Harmonie oder Ordnung aufzuweisen. [...]

Der berühmte schottische Philosoph David Hume war gegenüber solchen Plan-Argumenten höchst skeptisch. Er sagte, dass wir, da wir nie zugeschaut haben, wie eine Welt entstand, nicht behaupten können, die in unserer Welt vorgefundene Ordnung müsse einen göttlichen Verstand als Ursprung haben. Ein weiterer Schlag gegen die Plan-Argumente wurde durch Darwins Theorie der natürlichen Auslese geführt, die besagte, dass komplexe Lebensformen auch aus dem blinden Prozess der zufälligen Variation sowie dem Überlebenskampf entstehen könnten, ohne dass in diesem Zusammenhang eine leitende Intelligenz angenommen werden muss.

David Papineau (Hg.), Philosophie, S. 109f.

1. Vergleichen Sie die beiden Darstellungen des Anfangs unseres Weltalls und diskutieren Sie die Konsequenzen für das Welt- und Menschenbild. → M1
2. Führen Sie ein Sokratisches Gespräch (s. Methoden-Baustein, S. 314f.) durch mit dem Thema: Aus Nichts kann nichts entstehen. → M2
3. Bilden Sie fünf Gruppen, in denen Sie jeweils einen Gottesbeweis bearbeiten. Finden Sie ergänzende Argumente aus dem alltäglichen menschlichen Denken oder dem Bereich der Naturwissenschaften. → M3
4. Begründen Sie die Popularität des teleologischen Gottesbeweises (heute oft „intelligent design" genannt). → M4
5. Diskutieren Sie, ob durch Hume und Darwin diese Art von Gottesbeweisen widerlegt ist. → M4

*5 Gott ist tot oder eine Illusion

M1 Wir Furchtlosen

Das größte neuere Ereignis – dass „Gott tot ist", dass der Glaube an den christlichen Gott unglaubwürdig geworden ist – beginnt bereits seine ersten Schatten über Europa zu werfen. Für die wenigen wenigstens, deren Augen, deren *Argwohn* in den Augen stark und fein genug für dies Schauspiel ist, scheint eben irgendeine Sonne untergegangen, irgendein altes tiefes Vertrauen in Zweifel umgedreht: ihnen muss unsre alte Welt täglich abendlicher, misstrauischer, fremder, „älter" scheinen. In der Hauptsache aber darf man sagen; das Ereignis selbst ist viel zu groß, zu fern, zu abseits vom Fassungsvermögen vieler, als dass auch nur seine Kunde schon *angelangt* heißen dürfte; geschweige denn, dass viele bereits wüssten, was eigentlich sich damit begeben hat – und was alles, nachdem dieser Glaube untergraben ist, nunmehr einfallen muss, weil es auf ihm gebaut, an ihn gelehnt, in ihn hineingewachsen war: zum Beispiel unsre ganze europäische Moral. Diese lange Fülle und Folge von Abbruch, Zerstörung, Untergang, Umsturz, die nun bevorsteht. [...]

Stehen wir vielleicht zu sehr noch unter den *nächsten Folgen* dieses Ereignisses – und diese nächsten Folgen, seine Folgen für *uns* sind, umgekehrt als man vielleicht erwarten könnte, durchaus nicht traurig und verdüsternd, vielmehr wie eine neue schwer zu beschreibende Art von Licht, Glück, Erleichterung, Erheiterung, Ermutigung, Morgenröte... In der Tat, wir Philosophen und „freien Geister" fühlen uns bei der Nachricht, dass der „alte Gott tot" ist, wie von einer neuen Morgenröte angestrahlt; unser Herz strömt dabei über von Dankbarkeit, Erstaunen, Ahnung, Erwartung – endlich erscheint uns der Horizont wieder frei, gesetzt selbst, dass er nicht hell ist, endlich dürfen unsre Schiffe wieder auslaufen, auf jede Gefahr hin auslaufen, jedes Wagnis des Erkennenden ist wieder erlaubt, das Meer, *unser* Meer liegt wieder offen da, vielleicht gab es noch niemals ein so „offnes Meer".

Friedrich Nietzsche, Werke, Bd. II, S. 126-128, 205f.

M2 Zurück zur Fackel der Aufklärung

*Der französische Philosoph Michel Onfray (*1959) über Glaube, Lügen und Gewalt:*

Spiegel: Monsieur Onfray, wenn wir hier wären, Ihnen den Tod Gottes zu verkünden, würden Sie Champagner bestellen?

Onfray: So weit wird es nie kommen. Solange die Menschen sterben müssen, wird es Gott geben. Er existiert als Ausflucht vor der existentiellen Furcht, der Unfähigkeit, zu akzeptieren, dass wir und die Menschen, die wir lieben, verschwinden werden. Das ist die Qual, die Menschen dazu bringt, sich eine „Hinterwelt" zu erschaffen, wie Nietzsche es nannte.

Spiegel: Und weil Gott nichts ist als eine Ausflucht, ist er unsterblich?

Onfray: Ein Mythos lässt sich nicht töten – so wenig wie ein Kindermärchen.

Spiegel: Gott, Allah, Jahwe – nichts als Ausgeburten einer globalen Neurose? Sie beleidigen Abermillionen Gläubige.

Onfray: Gott kann das Meer in zwei Teile teilen, er kann am Kreuz sterben und drei Tage später wiederauferstehen – solche Geschichten sind Märchen für die Kinder der Religion, das Äquivalent der Weihnachtsmann-Story für die wirklich Kleinen. Wieso gilt es als beleidigend, diese Tatsache zu benennen? [...]

Spiegel: Machen Sie es sich nicht zu leicht? Vieles in der Bibel ist schlicht Lyrik, Allegorie, Symbolik ...

Onfray: ... was einem Freifahrtschein gleichkommt, sich seine Religion à la Carte zusammenzustellen. Meine katholischen Freunde sagen: Also was der Papst über die Treue sagt, über die Ehe, über das Kondom, nein, das akzeptiere ich nicht. Und die Jungfrauengeburt, die Hölle, das Fegefeuer, das sind alles bloß Symbole. Aber wenn all das gar nicht so gemeint ist, wozu dann überhaupt noch Religion?

Spiegel: Vielleicht, weil sie Millionen Menschen Trost und Halt gibt?

Interview: Rafaela von Bredow, Stefan Simons, in: Der Spiegel 22/2007, S. 60f.

M3 Religion als Illusion

Die religiösen Vorstellungen, die sich als Lehrsätze ausgeben, sind nicht Niederschläge der Erfahrung oder Endresultate des Denkens, es sind Illusionen, Erfüllungen der ältesten, stärksten, dringendsten Wünsche der Menschheit; das Geheimnis ihrer Stärke ist die Stärke dieser Wünsche. Wir wissen schon, der schreckende Eindruck der kindlichen Hilflosigkeit hat das Bedürfnis nach Schutz – Schutz durch Liebe – erweckt, dem der Vater abgeholfen hat, die Erkenntnis von der Fortdauer dieser Hilflosigkeit durchs ganze Leben hat das Festhalten an der Existenz eines – aber nun mächtigeren Vaters – verursacht. Durch das gütige Walten der göttlichen Vorsehung wird die Angst vor den Gefahren des Lebens beschwichtigt, die Einsetzung einer sittlichen Weltordnung versichert die Erfüllung der Gerechtigkeitsforderung, die innerhalb der menschlichen Kultur so oft unerfüllt geblieben ist, die Verlängerung der irdischen Existenz durch ein zukünftiges Leben stellt den örtlichen und zeitlichen Rahmen bei, in dem sich diese Wunscherfüllungen vollziehen sollen. Antworten auf Rätselfragen der menschlichen Wissbegierde, wie nach der Entstehung der Welt und der Beziehung zwischen Körperlichem und Seelischem, werden unter den Voraussetzungen dieses Systems entwickelt; es bedeutet eine großartige Erleichterung für die Einzelpsyche, wenn die nie ganz überwundenen Konflikte der Kinderzeit aus dem Vaterkomplex ihr abgenommen und einer von allen angenommenen Lösung zugeführt werden. [...]
Die vom Druck der religiösen Lehren befreite Erziehung wird vielleicht nicht viel am psychologischen Wesen des Menschen ändern, unser Gott *Logos* ist vielleicht nicht sehr allmächtig, kann nur einen kleinen Teil von dem erfüllen, was seine Vorgänger versprochen haben. Wenn wir es einsehen müssen, werden wir es in Ergebung hinnehmen. Das Interesse an Welt und Leben werden wir darum nicht verlieren, denn wir haben an einer Stelle einen sicheren Anhalt, der Ihnen fehlt. Wir glauben daran, dass es der wissenschaftlichen Arbeit möglich ist, etwas über die Realität der Welt zu erfahren, wodurch wir unsere Macht steigern und wonach wir unser Leben einrichten können. Wenn dieser Glaube eine Illusion ist, dann sind wir in derselben Lage wie Sie, aber die Wissenschaft hat uns durch zahlreiche und bedeutsame Erfolge den Beweis erbracht, dass sie keine Illusion ist. *Sigmund Freud, in: Norbert Hoerster, Glaube und Vernunft, S. 177, 183*

M4 Grundlagen der spirituellen Bedürfnisse

Geo: Der Religionskritiker Sigmund Freud sah Gott als vergrößerte Vaterfigur; als erbarmungslosen Richter, der den Gläubigen in kindlichen Ängsten fesselt.
Murken: Ich teile diese simple Sicht nicht. Aber es stimmt: Die Beziehungserfahrungen der Kindheit prägen maßgeblich die späteren spirituellen Bilder und Bedürfnisse. Bei manchen Menschen spiegelt die Beziehung zum Übersinnlichen das, was sie früher erfahren haben. Also etwa: Ich fühle mich geliebt und aufgehoben – ebenso baut mein Verhältnis zu Gott auf Vertrauen auf. Oder: Ich bin misstrauisch, empfinde meine Eltern als strafende Instanz – und ebenso Gott. Der „Glaubensstil" eines Menschen kann aber auch schlechte Erfahrungen, die er als Kind gemacht hat, kompensieren. Wenn Sie immer nur verprügelt worden sind und dann hören, dass Jesus jeden liebt, egal woher er kommt, wird diese Botschaft vielleicht Ihr Leben verändern. *Geo kompakt, Nr. 16/2008 S. 57*

1. Stellen Sie die negativen und positiven Folgen dar, die sich aus dem Tod Gottes ergeben. → M1
2. Zeigen Sie, inwiefern der von Nietzsche beschriebene Nihilismus zu einer Befreiung werden kann. → M1
3. Antworten Sie dem Philosophen Onfray auf seine religionskritischen Äußerungen. → M2
4. Diskutieren Sie die Erziehungsfunktion der Religionen, die sowohl in Neurosen enden, aber auch eine positive Funktion im Sozialisationsprozess haben kann. → M3
5. Prüfen Sie Freuds Auffassung, dass es sich bei der Religion um eine Illusion aus der Kinderzeit handelt. Können Erwachsene auf diese Illusion verzichten? → M3
6. Freud will die Religion durch Wissenschaft ersetzen. Beurteilen Sie, ob er damit der Illusion entgeht. → M3
7. Nehmen Sie Stellung zu den positiven und negativen Folgen des Gottvertrauens, die der Religionspsychologe Sebastian Murken benennt. → M4

*6 Religion als Ersatz oder Droge

M1 Gott als menschliches Selbstbewusstsein

Wie der Mensch denkt, wie er gesinnt ist, so ist sein Gott: So viel Wert der Mensch hat, so viel Wert und nicht mehr hat sein Gott. *Das Bewusstsein Gottes ist das Selbstbewusstsein des Menschen, die Erkenntnis Gottes die Selbsterkenntnis des Menschen.* Aus seinem Gotte erkennst du den Menschen, und wiederum aus dem Menschen seinen Gott; beides ist eins. Was dem Menschen *Gott* ist, das ist *sein Geist, seine Seele,* und was des *Menschen Geist, seine Seele, sein Herz,* das ist sein Gott: Gott ist das *offenbare* Innere, das *ausgesprochne* Selbst des Menschen; die Religion die feierliche Enthüllung der verborgenen Schätze des Menschen, das Eingeständnis seiner innersten Gedanken, das *öffentliche Bekenntnis seiner Liebesgeheimnisse.* [...]

Die Religion, wenigstens die christliche, ist *das Verhalten des Menschen zu sich selbst,* oder richtiger: *zu seinem Wesen,* aber das Verhalten zu seinem Wesen *als zu einem andern Wesen. Das göttliche Wesen ist nichts andres als das* menschliche Wesen oder besser: *das Wesen des Menschen,* abgesondert von den Schranken des individuellen, das heißt wirklichen, leiblichen Menschen, vergegenständlicht, das heißt *angeschaut* und *verehrt als ein andres, von ihm unterschiednes, eignes Wesen* – alle *Bestimmungen* des göttlichen Wesens sind darum Bestimmungen des menschlichen Wesens. [...]

Du glaubst an die Liebe als eine göttliche Eigenschaft, weil du selbst liebst, du glaubst, dass Gott ein weises, ein gütiges Wesen ist, weil du nichts Besseres von dir kennst als Güte und Verstand, und du glaubst, dass Gott existiert, dass er also Subjekt oder Wesen ist – was existiert, ist Wesen, werde es nun als Substanz oder Person oder sonstwie bestimmt und bezeichnet–, weil du selbst existierst, selbst Wesen bist. Du kennst kein höheres menschliches Gut, als zu lieben, als gut und weise zu sein, und ebenso kennst du kein höheres Glück, als überhaupt zu existieren, Wesen zu sein; denn das Bewusstsein alles Guten, alles Glückes ist dir an das Bewusstsein des Wesenseins, der Existenz gebunden. [...]

Du bist *Wesen* nur als *menschliches* Wesen; die Gewissheit und Realität deiner Existenz liegt nur in der Gewissheit und Realität deiner menschlichen Eigenschaften. *Ludwig Feuerbach, in: Norbert Hoerster (Hg.), Glaube und Vernunft, S. 170-172*

M2 Religion ist das Opium des Volks

Der Mensch, der in der phantastischen Wirklichkeit des Himmels, wo er einen Übermenschen suchte, nur den Widerschein seiner selbst gefunden hat, wird nicht mehr geneigt sein, nur den Schein seiner selbst, nur den Unmenschen zu finden, wo er seine wahre Wirklichkeit sucht und suchen muss.

[...] Der Mensch macht die Religion, die Religion macht nicht den Menschen. Und zwar ist die Religion das Selbstbewusstsein und das Selbstgefühl des Menschen, der sich selbst entweder noch nicht erworben oder schon wieder verloren hat. Aber der Mensch, das ist kein abstraktes, außer der Welt hockendes Wesen. Der Mensch, das ist die Welt des Menschen, Staat, Sozietät. Dieser Staat, diese Sozietät produzieren die Religion, ein verkehrtes Weltbewusstsein, weil sie eine verkehrte Welt sind. Die Religion ist die allgemeine Theorie dieser Welt, ihr enzyklopädisches Kompendium, ihre Logik in populärer Form, [...] ihr allgemeiner Trost- und Rechtfertigungsgrund. Sie ist die phantastische Verwirklichung des menschlichen Wesens, weil das menschliche Wesen keine wahre Wirklichkeit besitzt. Der Kampf gegen die Religion ist also mittelbar der Kampf gegen jene Welt, deren geistiges Aroma die Religion ist.

Das religiöse Elend ist in einem der Ausdruck des wirklichen Elendes und in einem die Protestation gegen das wirkliche Elend. Die Religion ist der Seufzer der bedrängten Kreatur, das Gemüt einer herzlosen Welt, wie sie der Geist geistloser Zustände ist. Sie ist das Opium des Volks.

Die Aufhebung der Religion als des illusorischen Glücks des Volkes ist die Forderung seines wirklichen Glücks: Die Forderung, die Illusionen über seinen Zustand aufzugeben, ist die Forderung, einen Zustand aufzugeben, der der Illusionen bedarf. Die Kritik der Religion ist also im Keim die Kritik des Jammertales, dessen Heiligenschein die Religion ist.
Die Kritik hat die imaginären Blumen an der Kette zerpflückt, nicht damit der Mensch die phantasielose, trostlose Kette trage, sondern damit er die Kette abwerfe und die lebendige Blume breche. Die Kritik der Religion enttäuscht den Menschen, damit er denke, handle, seine Wirklichkeit gestalte wie ein enttäuschter, zu Verstand gekommener Mensch, damit er sich um sich selbst und damit um seine wirkliche Sonne bewege. Die Religion ist nur die illusorische Sonne, die sich um den Menschen bewegt, solange er sich nicht um sich selbst bewegt.

Karl Marx, Zur Kritik der Hegel'schen Rechtsphilosophie, MEW 1, S. 378f.

M3 Entlarvung der Moral

Das zentrale Argument der marxistischen Moralkritik hat die Form einer Entlarvung [...]: Moral und Moralphilosophie gehören zu jenen theoretischen Gebilden und Normensystemen, denen zwar gemeinhin Wahrheit bzw. Objektivität attestiert werden, die tatsächlich aber falsch bzw. interessenabhängig sind. Sie sind Formen von „falschem Bewusstsein", „Ideologie". [...] Ideologien enthalten keine zutreffenden Aussagen über die Wirklichkeit. Religion, Moralphilosophie und Metaphysik sind vielmehr jeweils Systeme von Aussagen über etwas, das es nach Marx und Engels nicht gibt. Die Religion trifft Aussagen über Gott, der nach Marx und Engels nicht existiert; die Philosophie hat es mit Hirngespinsten wie „Substanz", „Subjekt", „Geist" oder „Freiheit" zu tun; und bei der Moral, von der die Moralphilosophen sprechen, handelt es sich in Wahrheit um ein System von imaginären Werten, Pflichten und Tugenden, die bloße „Nebelbildungen" des Bewusstseins sind. Falsch ist [...] der der Moral zugeschriebene Anspruch auf universelle Geltung, d. h. die Prätention, „ihr Interesse" sei „das gemeinschaftliche Interesse aller Mitglieder der Gesellschaft". Dieser Anspruch kommt darin zum Ausdruck, dass die Ideologen „ihren Gedanken die Form der Allgemeinheit" geben und sie als die „einzig vernünftigen allgemein gültigen" darstellen. In Wirklichkeit aber sind Ideologen partikularistisch, sie sind der ideelle Ausdruck der Interessen ganz bestimmter Gruppen bzw. Klassen. Inhalt der „Moral sind bürgerliche Vorurteile, hinter denen sich bürgerliche Interessen verstecken". Damit ist die Moral zeitgebunden; sie ist dem Wandel der Verhältnisse unterworfen. Es gibt keine „ewigen Wahrheiten, wie Freiheit, Gerechtigkeit usw., die allen gesellschaftlichen Zuständen gemeinsam sind". [...] Seit Platon, der die „Barbaren" aus der moralischen Gemeinschaft ausschloss, weil sie und die Griechen „von Natur einander verfeindet" seien, und Aristoteles, der meinte, dass jemand ein Sklave sei, liege in der Natur des Betreffenden, gibt es zahllose Beispiele eines interessengebundenen, sich aber autonom und objektiv wähnenden Denkens. Marx und Engels wollen mit ihrem ideologiekritischen Einwand nicht bloß auf bestimmte Instrumentalisierungen der Moral aufmerksam machen. Sie sprechen ein Verdikt über die Moral überhaupt aus. Der Erklärungsanspruch der Ideologiekritik ist total: Die Moral ist „nichts als der ideelle Ausdruck der herrschenden materiellen Verhältnisse".

Winfried Schröder, Moralischer Nihilismus, S. 113-115

1. Erläutern Sie den Satz: „Die Erkenntnis Gottes ist die Selbsterkenntnis des Menschen." ➜ M1
2. Zeigen Sie an verschiedenen Religionen, inwiefern Gott als Projektion des idealen Menschen gesehen werden kann. ➜ M1
3. Entwerfen Sie – gemäß Feuerbach – eine „Religion" der Zukunft. ➜ M1
4. Erläutern Sie, welche Funktion Karl Marx der Religion zuschreibt und welche Wirkung er von einer Kritik der Religion erwartet. ➜ M2
5. Prüfen Sie, inwiefern Religion, Moralphilosophie und Metaphysik als Ideologien bezeichnet werden können. Diskutieren Sie die These, dass Ideologien, also Religionen und Weltanschauungen, keine universalen Wahrheitsansprüche erheben können. ➜ M3

1 Kunst erkennen

M1 Was ist Kunst?

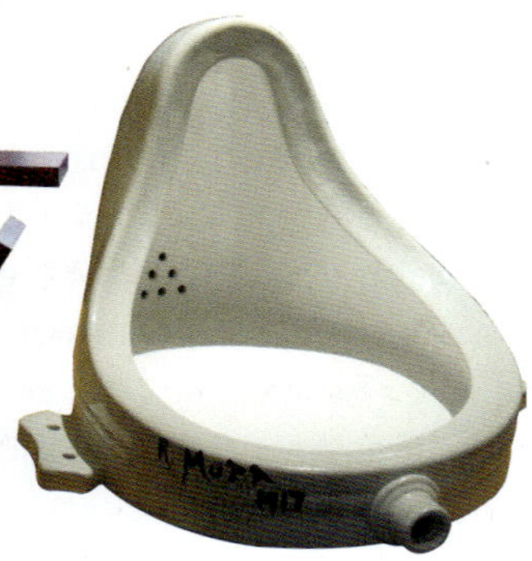

M2 Kunst ist ... ein Versuch

Wir wollen nun [...] eine Definition von „Kunst“ versuchen, indem wir den Satz: „Etwas ist ein Kunstwerk, wenn und nur wenn ...“ ergänzen. Wir geben uns also nicht damit zufrieden, Kunst zu „definieren“, indem wir mit dem Finger auf einige Beispiele zeigen. [...] Wir wollen vielmehr wissen, was für ein Kunstwerk *wesentlich* ist. Wir wollen wissen, was in jedem denkbaren Zusammenhang für alle Kunstwerke und nur für Kunstwerke gilt. Um es im Jargon der Philosophen zu sagen: Wir wollen sowohl die notwendigen als auch die hinreichenden Bedingungen herausfinden, die etwas zum Kunstwerk machen.

Stephen Law, Warum die Kreter lugen, wenn sie die Wahrheit sagen, S. 115f.

M3 Design ist keine Kunst

Die Idee von der Autonomie und der Aura der Kunst ist angesichts ihrer heutigen Formen und Medien und angesichts der zunehmenden – intendierten wie erzwungenen – Vermischungen dessen, was einst in U und E geschieden schien, fragil geworden.

Ganz anders, aber ebenfalls neu zu bestimmen, sind die Perspektiven im Design. Längst geht es um mehr als die Gestaltung von einzelnen Dingen oder Produktgruppen. Design strukturiert Information, Kommunikation und deren Schnittstellen, ist Konzept und Prozess viel eher als Objekt, es vermittelt und vernetzt Ökonomie und Ökologie, Technik, Medien und Dienstleistung, Kultur und Sozialität. [...]

Die meisten Menschen würden der Aussage bedingungslos zustimmen, dass Gebrauchsgegenstände, die sie alltäglich in ihrem Leben benutzen, praktisch, nützlich und funktional sein sollten. [...] Die Form folgt aus der Funktion – das war und ist eine der großen Bedingungen, die viele Designer sich seit dem Bauhaus und dann wieder seit den fünfziger Jahren zum Maßstab genommen haben.

Uta Brandes, Design ist keine Kunst, S. 9, 111

M4 Kunstwerke sind keine physischen Objekte

Am nächsten dürfte es wohl liegen, Kunstwerke als eine besondere Klasse von wahrnehmbaren physischen Gegenständen anzusehen, die von Menschen hergestellt worden sind, um sich und anderen ästhetische Erfahrungen verfügbar zu machen. Aber wenn wir dies verallgemeinern wollen und die Gleichsetzung von Kunstwerken mit physischen Gegenständen für alle Kunstwerke in Anspruch nehmen, gibt es Schwierigkeiten: Wie steht es mit den Kunstwerken, die wir der Gattung nach Opern, Sinfonien, Gedichte, Dramen und Romane nennen? In irgendeinem Sinne kann man wohl auch die Aufführung eines musikalischen oder sprachlichen Kunstwerks einen raumzeitlichen Vorgang, einen physischen Gegenstand nennen. Aber nicht diese Aufführung, die ich heute Abend sehen werde, ist die Oper. Das Kunstwerk kann also mit einer bestimmten Realisierung nicht identisch sein. Es ist vielmehr das, was bei dieser Aufführung realisiert wird. Ähnlich ist es auch bei Dichtungen, die gelesen werden. Nicht dies Exemplar des *Mannes ohne Eigenschaften* von Musil ist der Roman, das literarische Kunstwerk. Dies Exemplar, das auf meinem Tisch liegt, kann verlorengehen, ohne dass deshalb das Kunstwerk verloren ginge. Literarische Kunstwerke sind ihrer Art nach daher abstrakte Gegenstände. Sie würden nach Frege dem Bereich des Objektiv-Nichtwirklichen [z. B. Zahlen, der Gedanke des pythagoreischen Lehrsatzes] angehören; freilich wären Sie in ihrer Existenz fundiert in raum-zeitlichen Manifestationen. Bei Gemälden, Statuen und dergleichen sieht die Sache auf den ersten Blick weniger kompliziert aus. Altdorfers *Alexanderschlacht* hängt in der Alten Pinakothek in München. Hier haben wir doch eindeutig jeweils einen physikalischen Gegenstand, an dessen Vorhandensein Existenz und Nichtexistenz des Kunstwerks hängen. Richard Wollheim führt einige Einwände an. Sie konzentrieren sich auf den Nachweis, dass Kunstwerke als solche Eigenschaften haben, die physische Gegenstände als solche nicht haben können.

nach Günther Patzig,
Über den ontologischen Status von Kunstwerken,
in: Reinold Schmücker, Identität und Existenz, S. 109-115

M5 Kunst im Kontext

Die Gründe, die angeführt werden, um einem Ding den Status des Kunstwerks zu verweigern, können einen Hinweis darauf geben, welche Bedingungen ein Objekt erfüllen muss, um als Kunst zu gelten. So würden manche Menschen die meisten Architekturen oder keramischen Produkte nicht als Kunst bezeichnen, da sie meist dem praktischen Gebrauch unterliegen. Damit haben wir die unausgesprochene Annahme, dass Kunst keinen nützlichen Zweck hat – sie muss nicht in erster Linie dafür gemacht worden sein. Das legt wiederum die Ansicht nahe, dass Kunst um ihrer selbst willen wertgeschätzt wird, nicht wegen ihres praktischen Nutzens. [...]

Heute wird Kunst also sowohl einer konventionellen philosophischen Analyse unterworfen als auch einer Reihe neuerer ausgefeilter Kritiken: Sie kann auch begriffen werden als von kulturellen Haltungen bestimmt und als Beziehungen fördernd, jeweils mit Erklärungen nach Begriffen der Psychoanalyse und Kulturtheorie. Eine andere zeitgenössische Position versucht, diesen begrifflichen Kontroversen auszuweichen, und sagt, dass Kunst schlicht das ist, was in Kunstgalerien ausgestellt wird (die „Kontext"-Theorie), oder – eine verwandte Ansicht – dass alles, was jemand für Kunst hält, auch Kunst ist.

David Papineau (Hg.), Philosophie, S. 174f.

1 Stellen Sie sich eine sehr große Halle vor, die mit allen möglichen Dingen gefüllt ist, z. B.: Bilder jeder Art, Noten für musikalische Werke, Möbel, Werkzeuge, Bücher, Plastiken, Kleidungsstücke usw. Sie erhalten die Aufgabe, alle Kunstwerke herauszubringen. Woran würden Sie sie erkennen? → M1

2 Versuchen Sie eine Definition: Kunst ist ... → M2

3 Zeigen Sie an einem Beispiel die Schwierigkeit, Design von Kunst zu unterscheiden. → M3

4 Erläutern Sie, inwiefern nach Patzig Kunstwerke Eigenschaften haben, die physische Gegenstände als solche nicht haben können. → M4

5 Prüfen Sie die These, dass Kunst um ihrer selbst willen geschätzt wird. → M5

6 Diskutieren Sie die Ansicht, dass alles, was jemand für Kunst hält, auch Kunst ist, an selbstgewählten Beispielen. → M5

2 Kunst als Nachahmung oder Erkenntnis der Wirklichkeit

M1 Kunst als Nachahmung des Scheins

In seinem Dialog Politeia *kritisiert Platon die Kunst, weil der Maler nur den Schein abbildet und nicht das Wesen der Dinge erfasst.*

Maler, Tischler, Gott, diese drei sind die Meister von drei Arten von Stühlen. [...] Ob nun Gott selbst nicht wollte oder ob er unter einer zwingenden Notwendigkeit stand, nicht mehr als einen wesenhaften Stuhl zu machen, jedenfalls schuf er nur einen, jenen wesenhaften Stuhl. [...] – *Wieso?*

Wenn er je auch nur zwei hätte machen wollen, wäre es offensichtlich wieder nur einer, von dem jene beiden ihre Gestalt hätten, und so wäre wieder nur einer der wahrhaft Seiende, nicht die zwei. – *Richtig.* [...]

Sollen wir ihn nun als den Wesensschöpfer bezeichnen oder so ähnlich? – *So mag es stimmen; denn er hat ja dies und alles andere wesenhaft erschaffen.*

Und wie nennen wir den Tischler? Etwa den Handwerksmeister des Stuhles? [...] Und den Maler einen Handwerksmeister und Schöpfer dieses Dinges? – *Keineswegs!*

Wie könnte man seine Beziehung zum Stuhl denn bezeichnen? – *Am besten bezeichnen wir ihn als den Nachahmer der Erzeugnisse der Handwerker.*

Gut! [...] Über den Nachahmer sind wir uns einig! Nun sag mir vom Maler dies! Versucht er deiner Meinung nach jenes Wesenhafte nachzuahmen oder die Werke der Handwerker? – *Das Letztere!*

Wie sie sind oder wie sie ihm erscheinen? [...] – *Wie meinst du das?*

So: Wenn du einen Stuhl von der Seite oder von vorne oder sonstwie ansiehst, dann ändert er sich doch nicht? Vielmehr bleibt er selber gleich, erscheint aber anders, nicht? Und ebenso bei andern Dingen. – *So ist es: Er erscheint anders, ohne sich zu ändern.*

Nun bedenke dies! Wie verhält sich die Malerei zu jedem Ding? Schafft sie ihre Nachahmung nach dem wirklichen Objekt oder nach seiner Erscheinung, ist sie also Nachahmung der Realität oder des Scheinbildes? – *Des Scheinbildes!*

Platon, Der Staat, Zehntes Buch, 597b-598b, S. 434-436

M2 Kunst als Wesenserkenntnis

Nach Aristoteles ist die Nachahmung (mimesis) das Grundprinzip aller Kunst, die er nach Mitteln (Farben, Formen, Tönen, Rhythmus und Wort) sowie nach Gegenständen und Art der Nachahmung einteilt [...], weil sie nicht das durch den Zufall bestimmte und begrenzte Einzelne darstellt, sondern das Wesenhafte, Allgemeine, das überall geschehen kann oder muss. Hiermit hat Aristoteles ein Hauptproblem der Ästhetik formuliert und die Kunst rehabilitiert, indem er ihr eine *Wesens*erkenntnis zugesteht; ihr Gegenstand ist nicht mehr ein bloßes Schattenbild der eigentlichen Wirklichkeit, sondern die sich durch die Verbindung von Form und Materie konstituierende Natur, deren Ziel und Wesen im Artefakt dargestellt werden kann.

S.-A. Jørgensen, Nachahmung der Natur, in: Historisches Wörterbuch der Philosophie, Band 6, Sp. 338

M3 Der ideale Kunstrichter

Nach Hume gibt es bei aller Verschiedenheit des Geschmacks „bestimmte allgemeine Gesetze“, auf denen das Urteil beruht und damit „bestimmte Formen und Qualitäten“, die gefallen. Den Grund für Differenzen in den Geschmacksurteilen sieht er in unterschiedlichen ästhetischen Kompetenzen der Urteilenden. Ein „wahrer Kunstrichter“ benötigt Hume zufolge:

> ein feines Unterscheidungsvermögen, das an passenden Beispielen geschult ist
> die Fähigkeit, vorurteilsfrei zu urteilen
> einen klaren Verstand, der die „Schönheiten planvoller Gestaltung“ erkennen kann

Solche Betrachter sind nach Hume zwar selten anzutreffen, aber durch ihre „überlegenen geistigen Fähigkeiten“ leicht zu erkennen. „Durch die Vorrangstellung, die sie erlangen, erhält die lebhafte Zustimmung, mit der sie ein Werk des Genies aufnehmen, allgemein Anerkennung und Vorherrschaft“. Dadurch bildet das „vereinte Urteil solcher Kritiker“ den wahren Maßstab des Geschmacks.

nach David Hume, Über den Maßstab des Geschmacks, S. 82-96

M4 Die Wirkung eines Kunstobjekts

Denis Huisman, Philosophie für Einsteiger, S. 108

M5 Ästhetisch urteilen muss jeder selbst

Wenn jemand ein Gebäude, eine Aussicht, ein Gedicht nicht schön findet, so lässt er sich erstlich den Beifall nicht durch hundert Stimmen, die es alle hoch preisen, innerlich aufdringen. Er mag sich zwar stellen, als ob es ihm gefalle, um nicht für geschmacklos angesehen zu werden; er kann sogar zu zweifeln anfangen, ob er seinen Geschmack, durch Kenntnis einer genugsamen Menge von Gegenständen einer gewissen Art auch genug gebildet habe [...]. Das sieht er aber doch klar ein: dass der Beifall anderer gar keinen für die Beurteilung der Schönheit gültigen Beweis abgebe, dass andere allenfalls für ihn sehen und beobachten mögen, und was viele auf einerlei Art gesehen haben, als hinreichender Beweisgrund für ihn, der es anders gesehen zu haben glaubt, zum theoretischen, mithin logischen, niemals aber das, was anderen gefallen hat, zum Grunde eines ästhetischen Urteils dienen könne. Das uns ungünstige Urteil anderer kann uns zwar mit Recht in Ansehung des unsrigen bedenklich machen, niemals aber von der Unrichtigkeit desselben überzeugen. Also gibt es keinen empirischen Beweisgrund, das Geschmacksurteil jemandem abzunötigen.

Immanuel Kant, Kritik der Urteilskraft, S. 284

M6 Wandel der ästhetischen Kultur

Eine [...] Herausforderung an die ästhetische Theorie stellt der wachsende Einfluss der „Kulturindustrie" oder der unterschiedlichen Massenmedien und ihrer medial sich differenzierenden Bildproduktion dar [...]. Kunsttheorie hat nicht zuletzt unter diesem Einfluss ihren Zuständigkeitsbereich erweitern müssen. Die traditionellen Künste sind heute nur dann angemessen bestimmbar, wenn sie im Ensemble sämtlicher ästhetischen, speziell visuellen Medien und Praxen verortet werden. Ästhetische Kultur kann nicht mehr auf künstlerische Kultur im alten – idealistischen – Sinne eingegrenzt werden [...]. [...]

Die immer spitzfindigeren Differenzierungen zwischen optisch ununterscheidbaren Gebrauchsgegenständen und künstlerischen Objekten, zwischen massenmedialen und museumswürdigen Bildern, die immer wieder versuchen, eine kategoriale Grenze zwischen Kunst und Nicht-Kunst, allem Augenschein zum Trotz aufrecht zu erhalten, muten nur noch wie ein Nachhutgefecht an. Nicht wenige Künstler haben dieses Terrain, wo es allein um das Austesten der Grenzen von Kunst geht, verlassen und sich Problemen zugewandt, die nicht das System der Künste, sondern die außerästhetische Wirklichkeit vorgibt.

Jutta Held / Norbert Schneider, Grundzüge der Kunstwissenschaft, S. 52, 59

1 Zeigen Sie, wie Platon Malerei definiert und wie er sie bewertet. Erläutern Sie den Unterschied zwischen einer Nachahmung des „Wesenhaften", der „Realität" und des „Scheinbildes". ➜ M1
2 Zeigen Sie, in welcher Weise Mimesis als Nachahmung über das Gegebene hinausgeht, und vergleichen Sie Aristoteles' Antwort mit Platon. ➜ M1/2
3 Erklären Sie, warum es nach Hume so schwer ist, sich in Geschmacksfragen zu einigen. ➜ M3
4 Erläutern Sie die Fähigkeiten, die ein wahrer Kunstrichter benötigt, an einem Kunstbeispiel Ihrer Wahl. ➜ M3
5 Begründen Sie, warum sich ein ästhetisches Urteil nicht „aufdringen" lässt. ➜ M4/5
6 Erstellen Sie eine Mindmap zum Thema Wirklichkeit, in der die Unterpunkte Kunst, Nicht-Kunst und Massenmedien enthalten sind. ➜ M6

3 Wirklichkeit in den Medien

M1 Die Mondlandung fand nicht statt!

Nach amerikanischer Zeitrechnung betrat Neil Armstrong am 20. Juli 1969 als erster Mensch den Mond. Aber hat die Mondlandung wirklich stattgefunden oder wurde sie nur in Hollywood inszeniert? Beweise für die „Mondlandungslüge" sind z. B.

Beispiel 1:

Auf dem Mond gibt es keine Atmosphäre, folglich auch keinen Wind, so dass die amerikanische Flagge nach unten hängen müsste. Außerdem wirft die Flagge keinen Schatten.

Beispiel 2:

Auf dem Bild sollen links oben Teile der Deckenkonstruktion und ein Scheinwerfer des Filmstudios erkennbar sein, nicht zu sehen sind dagegen Sterne.

Vertreter dieser Theorie behaupten, dass folgende Motive die Amerikaner zur Mondlandungslüge bewegt haben:

1. Der technologische Sieg gegenüber der Sowjetunion war eine wichtige Machtdemonstration.
2. Die Mondlandung sollte von den Problemen im Vietnamkrieg ablenken.
3. Die NASA musste aufgrund ihres hohen Budgets Erfolge vorweisen.

nach http://www.geschichteinchronologie.ch

M2 Mozzarellamond

Der Mond besteht aus Käse – genauer gesagt, aus Mozzarella. Vielleicht handle ich mir durch diese Aussage mein Todesurteil ein, denn eigentlich sollten wir das nicht wissen. Sie werden behaupten, ich sei verrückt. Doch wie Kurosawa ganz richtig sagte: „In einer verrückten Welt sind nur die Verrückten normal."

„Aber es waren doch schon Menschen auf dem Mond", werden Sie sagen. Ach was. Das war gefälscht, von der NASA in einem Studio gefilmt.

„Es war nicht nur ein bemannter Mondflug", wenden Sie nun ein. Tja, die anderen waren auch fast alle Fälschungen, aber es gab ein paar echte, und von denen haben die Astronauten Materialproben mitgebracht, die die Mozzarellatheorie bestätigen. Natürlich hält man diese Ergebnisse unter Verschluss.

„Aber die Menschen beobachten den Mond doch mit Hilfe von Teleskopen." Und so soll sich feststellen lassen, ob der Mond aus hartem Gestein oder weichem Käse besteht?

„Wenn Ihre Theorie stimmen würde, hätte sie sich doch sicher längst herumgesprochen." Nun, würden Sie wohl eher schweigen, wenn man Ihnen einen ordentlichen Betrag bietet, oder sich als Wahnsinniger abstempeln oder umbringen lassen?

Denken Sie doch mal drüber nach: Wie sollte Elvis da oben ohne ordentlichen Vorrat an Käse überleben?

Verrückt, nicht? Aber was ist mit den etwa zwanzig Prozent der Amerikaner, die tatsächlich glauben, die Mondlandungen hätten nie stattgefunden? Sind sie alle verrückt? Wenn nicht: Was macht aus ihrer Überzeugung eine vernünftige Ansicht und aus unserer Mozzarellamondhypothese Humbug? [...] Was erhebt nun die eine Theorie über die andere? Wieso erscheint die von der Evolution überzeugend und die, dass die Mondlandungen fingiert waren, absurd? Darauf gibt es keine simple Antwort, was vielleicht erklärt, warum fast die Hälfte aller Amerikaner die Evolutionstheorie für Unfug hält. *Julian Baggini, Das Schwein, das unbedingt gegessen werden möchte, S. 191-193*

M3 Die Globalisierung von Öffentlichkeit

Das Klonen von Menschen, Sterbehilfe, der Golfkrieg, die Rückkehr des Krieges nach Europa oder der Angriff auf das World Trade Center sind Themen, die die meisten Menschen aus den Medien und nicht aus eigener, primärer Erfahrung kennen. Es sind „Medien-Ereignisse" wie der Untergang der Kursk, die Geiselnahme auf Jolo oder die Anklage gegen den ehemaligen Diktator Pinochet, durch welche die sonst abstrakte „Globalisierung von Kommunikation und Information" für Menschen in technisch entwickelten Gesellschaften tatsächlich erfahrbar wird.

Was diese Art der Erfahrung von Globalisierung bedeutet, scheint in medienethischer Hinsicht auf der Hand zu liegen: Sie wirft etwa die Fragen auf, ob über den Golfkrieg „objektiv" berichtet wurde, ob und wie stark bei der Berichterstattung über den Untergang der Kursk die Sensation die Information dominierte, ob bei der Berichterstattung über die Geiselnahme auf Jolo die Quote oder die Qualität im Vordergrund standen usf. Diese Fragen gehören zum täglichen Reflexionspensum von Medienethik. In diesem Kontext bedeutet Globalisierung keine neue, sondern eine bestenfalls erweiterte Herausforderung an Medienethik.

Die neue Herausforderung liegt in der grenz- und kulturüberschreitenden Natur der globalen Medienkommunikation selbst. Damit rücken Fragen nach kultureller Diversifizität und Kulturimperialismus, Fragen nach Möglichkeiten und Grenzen interkultureller Verständigung und Fragen nach der kritischen Reflexion der Ursachen und Bedingungen der globalen Medienkommunikation in den Mittelpunkt. [...]

Die in den Medien angebotenen Realitätskonstruktionen haben – auch über Grenzen von Nationen, Geschlecht, Klassen usf. – durchgreifende Auswirkungen auf das, was als Freiheit beobachtet werden kann. In gegenwärtigen Gesellschaften bestimmen zunehmend Medienunternehmen über diese Möglichkeiten der Produktion von Orientierungen und Alternativen – und zwar unter kommerziellen Gesichtspunkten. Sie und ihre Angebote bestimmen wesentlich mit darüber, wie Chancen, personal zurechenbar zu handeln, in Gesellschaften verteilt sind.

Die Einsicht in diesen Zusammenhang kann aus ethischer Perspektive nur bedeuten, eben diese (auch identitätsstiftenden) Kriterien der kommerziellen Realitätskonstruktion zum Objekt medienethischer Analysen zu machen. Das entscheidende Problem in der ethischen Analyse der Globalisierung der Medienkultur ist also aus dieser Perspektive nicht, welche Mechanismen und Kommunikationsparameter der Produktion von Medienangeboten sich zur sog. „objektiven" Welt wie verhalten, sondern welche Funktionen sie haben und über welche Mechanismen und Funktionen Medienangebote und damit Medienunternehmungen Realität konstruieren. Kurz: Es geht also um eine ethische Reflexion der Kriterien, die als ökonomische Selektoren darüber entscheiden, was in welcher Form unter den Bedingungen des zunehmenden Wettbewerbs in kommerziellen Medienkulturen öffentlich wird und was nicht. Dass diese Kriterien insbesondere unter den angesprochenen Bedingungen eines zunehmend globalen Wettbewerbs (wenn auch nicht ausschließlich) wirtschaftlichen Ursprungs sind, überrascht nicht sonderlich.

Matthias Karmasin / Carsten Winter, Medienethik vor der Herausforderung der globalen Kommerzialisierung von Medienkultur, S. 9f., 19

1 Zeigen Sie am Beispiel der „Mondlandungslüge" die Probleme der Wirklichkeitskonstruktionen in den Medien. → M1

2 Finden Sie weitere Themen, die die meisten Menschen aus den Medien und nicht aus eigener, primärer Erfahrung kennen. → M1

3 Analysieren Sie die Mozarellamondtheorie und führen Sie einen Gegenbeweis. Diskutieren Sie die Schlüssigkeit beider Theorien. → M2

4 Prüfen Sie bekannte Medien-Ereignisse auf ihre Glaubwürdigkeit hin. → M3

5 Erörtern Sie die Chancen und Gefahren der in den Medien angebotenen Realitätskonstruktionen. → M3

6 Diskutieren Sie, inwiefern die Globalisierung der Medienkultur neue ethische Überlegungen notwendig macht. → M3

4 Virtuelle Welten

M1 Virtuell oder wirklich?

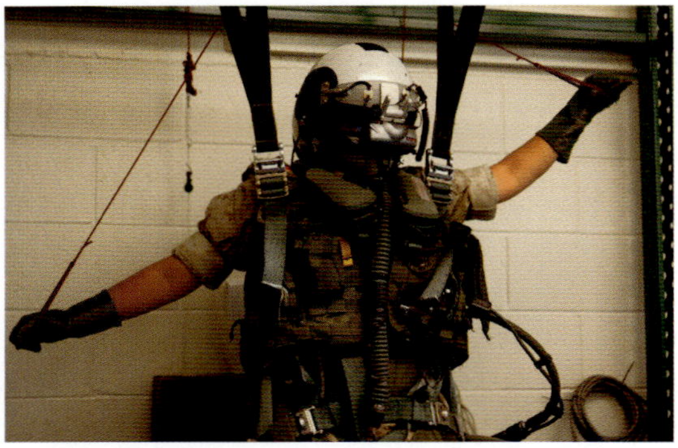

Ein Einsatzgebiet der virtuellen Realität ist die Pilotenausbildung in Flugsimulatoren: Amerikanische Fallschirmspringer bereiten sich virtuell auf ihren ersten Einsatz vor.

M2 Komm, flieg mit mir

In Second Life kann man schwerelos über Inseln, Wüsten und Meere fliegen.

M3 Second Life, Third Dimension

Second Life ist ein Muster dafür, wie die nächste Stufe des Internet, das Web 3.0 aussehen könnte. [...] Klickt man dann auf den Browser, wird man von seinem Avatar begrüßt, der über die eigenen Körpermaße, Kontoverbindungen, kulinarischen und musikalischen Vorlieben verfügt. [...] Dass man seinen Avatar zur Bank schickt, um ein Konto zu eröffnen und Geldgeschäfte abzuwickeln, wird in einem künftigen 3D-Intemet eine Selbstverständlichkeit sein.

Sandra Murr, Second Life,Third Dimension, in: bild der wissenschaft 10/07, S. 96

M4 Die virtuelle Realität

In der wohlhabenden westlichen Welt vergessen wir manchmal, in welchem Grad unsere Erfahrung bereits virtuell ist. Das Radio, das wir im Auto anstellen, die Musik in unseren Kopfhörern, der Fernsehapparat, den wir einschalten, wenn wir nach Hause kommen, sogar das Gedruckte, das wir in Büchern und Zeitungen lesen, sind sämtlich Mittel zur Simulierung menschlicher Gesellschaft. Wir können Filme, Musik und Bücher kaufen und herunterladen; wir können online fernsehen; wir können mit unseren Handys Radio hören. Durch die Technologie haben wir uns im Zentrum eines Reiches der Wahlfreiheit und des Selbst platziert. Wir wählen unsere Gesellschaft unter bemerkenswerten, über die ganze Welt verteilten Menschen aus, statt uns mit normalen Personen in unserer Nähe abzufinden. [...] Das Merkmal des Internets – und selbst der neuen Social-Networking-Sites – besteht darin, dass niemand wirklich dort ist. Wir sehen die Spuren, die jemand hinterlässt – die Buchrezensionen, die Tagebucheinträge, die Fotos auf einer MySpace-Seite –, doch zu keinem Zeitpunkt begegnen wir den Menschen persönlich. Virtuelle Welten dagegen sind anders. [...] Wenn man eine virtuelle Welt zum ersten Mal betritt, formt man sein virtuelles Selbst, um festzulegen, wie andere einen wahrnehmen sollen. In manchen Welten ist es ein schlichtes Verfahren: Man wählt unter einer Reihe vorgefertigter Charaktere und dann unter bereits existierenden Bäuchen, Kinnen und Frisuren. Es handelt sich um so etwas wie einen virtuellen Mr. Potato Head, was zu einer Welt aus seltsam gleichförmigen Menschen führen kann. In anderen Welten, etwa in Second Life, ist das Verfahren komplizierter. Dort kann man Hunderte von Einzelheiten – Augenfarbe, Gesichtsform, Größe, Schmerbauchbreite – modifizieren, um sein ideales Selbstbildnis anzufertigen.

Tim Guest, Die Welt ist nicht genug, S. 28f., 33, 50f.

M5 Die Grenze virtueller Welten

Nun könnten die Propheten der virtuellen Welt freilich entgegnen, dass das Verschwinden der alten Wirklichkeit erst mit dem allgemeinen freien Eintritt in die Weiten des Cyberspace eintreten werde. Sie könnten – mit Recht, wie ich meine – darauf hinweisen, dass der virtuelle Raum des Cyberspace gerade kein Bildraum ist, sondern ein Phänomen sui generis. Wir begegnen hier nicht, wie im Bild, (Zeichen von) Gegenständen oder Zuständen, die das Bild auf einer sichtbaren Fläche zur Erscheinung bringt. Wir explorieren einen Raum von Erscheinungen, der sich in vielen Aspekten nicht von dem Erscheinungsraum unterscheidet, der als Umgebung des Leibes erfahren wird. Es ist ein Raum, der (weitgehend) *wie* der Raum ist, in dem wir leiblich anwesend sind. – Die Grenze aber zwischen dem Raum, der *wie* jener ist, in dem wir sind, und jenem, in dem wir *sind*, dürfte erneut nicht zu überspringen sein – weder in der medial aufgerüsteten Praxis noch in der Theorie dieser Praxis. Denn sobald wir nicht länger wüssten, dass der Raum, den wir in unserem integrierten Fernsehsessel erfahren, nicht der Raum ist, in dem wir faktisch sind, wäre das, was wir erfahren, nicht länger ein anderer Raum, sondern allein ein chaotisches Andrängen von visuellen Impulsen, dem wir ohne Ordnungsmöglichkeit – ebenso hilflos wie angstvoll – ausgeliefert wären. Raumwahrnehmung ist nur möglich, wo das Subjekt dieser Wahrnehmung die Position seines Leibes kennt, wo es in einem minimalen Sinn weiß, wo es ist (andernfalls wäre es nicht einmal fähig, sich zu verirren). Daher ist keine Welt möglich, die vollständig oder auch nur in erster Linie eine virtuelle Welt wäre. Wie Bildwahrnehmung nur als eine Modifikation des räumlichen Sehens möglich ist, so ist der virtuelle Raum nur als eine Modifikation des Raums leiblicher Anwesenheit möglich. Trotzdem kann der Satz stehenbleiben, den ich vorhin zur Beschreibung der medialen Revolution gebraucht habe, die sich um uns herum vollzieht: „Es wird zu einer alltäglichen Grundsituation des Menschen am Ende des 20. Jahrhunderts, über die Situation seiner leiblichen Anwesenheit hinaus zu sein".

Martin Seel, Medien der Realität und Realität der Medien, in: Sybille Krämer (Hg.), Medien, Computer, Realität, S. 264f.

M6 Aufklärerische Wirkung

Dass die elektronischen Medien zu einer Virtualisierung unseres Realitätsbewusstseins führen, ist oft festgestellt und beklagt worden. Ich halte diese Diagnose für richtig, ihre pauschale Negativbewertung jedoch für falsch. Meines Erachtens kommt der Erfahrung der Medien und der künstlichen Welten auch eine geradezu aufklärerische Wirkung zu, sofern sie uns den grundsätzlich konstruktivistischen Charakter von Wirklichkeit, die Interpretativität all unserer Wirklichkeitsauffassungen zu Bewusstsein bringt. [...] Dank des Umgangs mit den medialen Wirklichkeiten begreifen wir, dass Wirklichkeit immer schon (jedenfalls zu großen Teilen) eine Konstruktion war, dass man sich dies nur früher nicht eingestehen mochte. [...] Was ich bislang sagte, könnte nach einer Apologie der elektronischen Welten und ihrer künstlichen Paradiese klingen – aber zuletzt will ich auf etwas anderes hinaus, will einen Gegenakzent setzen. Ich möchte darauf hinweisen, dass die Dominanz der elektronischen Welten im kulturellen Haushalt heute zugleich zu einer komplementären Neuschätzung, einer Revalidierung nicht-elektronischer Erfahrungsformen führt.

Wolfgang Welsch, Eine Doppelfigur der Gegenwart, S. 241f.

1 Versetzen Sie sich in die Rolle des Fallschirmspringers und erörtern Sie Vor- und Nachteile der Computersimulation. → M1
2 Erläutern Sie das Erleben von Körperlichkeit und Identität in der virtuellen Realität und vergleichen Sie es mit unserer empirischen Erfahrung. → M2/3
3 Kennzeichnen Sie die Grenze zwischen unserem Lebensraum und dem Raum des Cyberspace. → M4
4 Erläutern Sie die These Martin Seels, dass für uns „keine Welt möglich" sei, „die vollständig oder auch nur in erster Linie eine virtuelle Welt wäre" (vgl. Z. 31-32). → M5
5 Geben Sie die Thesen Wolfgang Welschs von der aufklärerischen Wirkung der Medien in eigenen Worten wieder und beurteilen Sie diese. → M6
6 Finden Sie Beispiele für die These Welschs von der „Revalidierung von nichtelektronischen Erfahrungsformen" (vgl. Z. 21-22). → M6

5 Realität und Objektivität in den Medien

M1 Die Seifenblase zerplatzt

Die Mitglieder der bizarren Weatherfield-Sekte lebten zurückgezogen im St.-Hilda-Hogden-Haus. Allen außer dem Anführer war jeglicher Kontakt zur Außenwelt strikt verboten, und wer der Sekte angehörte, lernte dort, dass die Realität derjenigen von Seifenopern entspreche – andere Fernsehsendungen durfte niemand sehen. Für die Weatherfieldianer waren diese Soaps keine Fiktion, sondern Dokumentarfilme. Da die meisten von ihnen in der Kommune geboren worden und aufgewachsen waren, fiel es nicht schwer, die Täuschung aufrechtzuerhalten.
Eines Tages jedoch beschloss der für seine Aufmüpfigkeit bekannte Kenneth, das St.-Hilda-Hogden-Haus zu verlassen und all die Orte zu besuchen, die er aus den Seifenopern kannte. Was er draußen sah, erstaunte ihn, besonders die Tatsache, dass die Seifenopern samt und sonders im Studio gedreht worden waren.
Als er zu der Sekte zurückkehrte und den anderen von seinen Erlebnissen erzählte, taten sie diese als Hirngespinste ab. „Du hättest nicht rausgehen sollen", sagten sie. „Da draußen spielt die Phantasie einem Streiche!"
Und sie verbannten ihn aus der Kommune.

Erhebt sich die Frage, welche Entsprechung das St.-Hilda-Hogden-Haus in der Realität hat. Normalerweise geschieht die Beschränkung unserer Erfahrung auf bedeutend subtilere Weise als durch räumliche Isolation. Wenn Sie beispielsweise immer nur eine einzige Zeitung lesen, begrenzen Sie bewusst Ihren intellektuellen Horizont. Und wenn Sie politische Diskussionen ausschließlich mit Leuten führen, die Ihre Überzeugungen teilen, und niemals versuchen, die Welt aus dem Blickwinkel eines anderen zu sehen, errichten Sie einen weiteren geistigen Zaun um Ihre kleine Insel. *Julian Baggini, Das Schwein, das unbedingt gegessen werden möchte, S. 62f.*

M2 Realitätsterror

Absolute Maßstäbe wie Wahrheit und Objektivität und der Anspruch, mit den Mitteln des Journalismus Wirklichkeit abzubilden, sind nicht zu vereinbaren mit den empirisch gewonnenen Erkenntnissen zur menschlichen Wahrnehmung und Kommunikation, die Biologen, Psychologen und Kybernetiker anbieten. Menschen orientieren sich eben nicht an den Maßstäben absoluter Erkenntnis, sondern an relativen Maßstäben, die es ihnen erlauben, in der Umwelt klarzukommen. Was sich in den Köpfen abspielt, ist also ganz pragmatisch ausgerichtet an den Anforderungen von Lebenssituationen, in denen man sich bewegt. Wirklichkeitskonstruktion macht handlungsfähig, wobei gewiss die Medien eine zunehmend wichtige Rolle spielen. Diese Wirklichkeitskonstruktionen sind subjektabhängig, aber deshalb nicht willkürlich. Sie müssen mit anderen abgestimmt werden; Wirklichkeit ist sozial konstruiert. Absolute Realität als Maßstab durchzusetzen bedeutet, Machtfragen zu stellen. „Realitätsterror" ist somit ein ethisches Problem.

Siegfried Weischenberg, Medienethik, S. 226

M3 Die „Objektivität in Klammern"

Das bis jetzt vorgestellte Verständnis von Journalismus hat zwei Folgen: Erstens repräsentieren Journalisten in ihren Aussagen nicht die Welt, sondern konstruieren Weltbilder; sie sind Beobachter (zweiter Ordnung), die Ergebnisse von Unterscheidungen präsentieren, die sie selbst gemacht haben. Medien sind keine Fotoapparate; auch Fotografen sind keine Fotografen. Journalisten stellen auf der Grundlage dieser Unterscheidungen Beziehungen und damit am Ende Konstruktionen her, die sie selbst gemacht haben. Zweitens entscheidet letztlich der einzelne Journalist, in welcher Weise welchen Ereignissen welche Bedeutung zugewiesen wird. Dies bedeutet, dass sich Journalisten nicht hinter dem Begriff „Objektivität" verstecken können.

Wie man dem scheinbaren Dilemma, dass Wirklichkeiten unhintergehbar von Beobachtern konstruiert werden und dass diese Konstruktionen jedoch deshalb nicht willkürlich und unverbindlich sind, begegnen kann, zeigt der chilenische Biologe Humberto Maturana, der zwischen Objektivität mit und ohne Klammern unterscheidet. Objektivität ohne Klammern bedeutet in seinem Verständnis, die „Welt-an-sich“ darstellen zu wollen, d. h. den Anspruch zu erheben, dass Erkenntnis – unabhängig vom Beobachter – die objektive Realität erfassen und Sprache sie bezeichnen könne. Objektivität in Klammern ist die relative Objektivität des Beobachters, der Wirklichkeit konstruiert. (Objektivität) ist die Objektivität des Journalisten. Die Konsequenz dieser Objektivität in Klammern ist, dass jeder für seine Wirklichkeitsentwürfe die Verantwortung übernimmt. Auch Journalisten tragen in diesem Sinne die Verantwortung für die Wirklichkeitsentwürfe, die sie anbieten. Diese Wirklichkeitsentwürfe werden freilich durch professionelle Regeln und Schemata geleitet, die von Journalisten im Laufe der beruflichen Sozialisation entwickelt und „abgelegt“ worden sind. Und durch die Strukturen der Medienbetriebe, in denen sie arbeiten; sie werden durch ökonomische, politische und technische Bedingungen in erheblichem Maße beeinflusst.

Siegfried Weischenberg, Medienethik, S. 227

M4 Digital Content – Wahrheit im Internet

Die Auswahl von Information und ihre Umwandlung in relevantes Wissen wird auf der inhaltlichen Seite vor allem dadurch kompliziert, dass es selbst für kompetente Benutzer oft sehr schwierig ist, *Wahrheitsgehalt und Glaubwürdigkeit* einer Website zu beurteilen. Dies hängt zum einen damit zusammen, dass sich feste und zuverlässige Indikatoren für Wahrheit im Internet noch nicht in dem Maß entwickelt haben, wie in den konventionellen Massenmedien. Zum anderen erzeugt, wie bereits gesagt, schon allein die grafische Erscheinungsform des World Wide Web die Illusion von Zuverlässigkeit und Authentizität, was die Unterscheidung zwischen wahren bzw. relevanten und erfundenen oder gefälschten Informationen sehr erschwert. Durch die Hypertextualität des www können beliebige Inhalte unabhängig von ihrem Wahrheitsgehalt in ein selbstreferentielles Netzwerk von Querverweisen eingebunden werden, was den Anschein gut belegter Wahrheit erweckt. Hinzu kommt, dass das Internet aufgrund seiner niedrigen Publikationsschwelle und seiner Anonymität eine ideale Brutstätte für die ungeregelte Verbreitung von Klatsch und Gerüchten, Verleumdungen und Lügen, Verschwörungstheorien und Wahnideen darstellt. Die für die Beurteilung von Wahrheitsansprüchen wesentliche Zuschreibbarkeit von Aussagen zu einem Autor ist im Internet oft nicht gegeben. Dieses Zuschreibungsproblem wird durch die hypertextuell gestützte Dekontextualisierung noch verstärkt: Was im Ursprungskontext noch eine stimmige und gültige Information sein mag, kann im nächsten Kontext bereits zu ganz anderen, gegenläufigen Zwecken verwendet werden. Insgesamt gesehen entsteht auf diese Weise die Tendenz einer kaum zu entflechtenden Vermischung von Realität und Virtualität. Deshalb muss vor allem auf der Benutzerseite auf die Ausbildung von kritischer Medienkompetenz hingewirkt werden. Dies könnte auf Anbieterseite durch ein System der freiwilligen Selbsteinstufung im Hinblick auf Seriosität und Zuverlässigkeit ergänzt werden, allerdings ist hier das Problem der Kriterienvielfalt und des mit der Einstufung verbundenen Aufwandes zu berücksichtigen.

Bernhard Debatin, „Digital Divide“ und „Digital Content“: Grundlagen der Internetethik, S. 225f.

1 Finden Sie Beispiele in der Realität (Medien u. ä.), die der Situation des St.-Hilda-Hogden-Hauses entsprechen. → M1
2 Erörtern Sie die Probleme, die bei dem Versuch entstehen, mit den Mitteln des Journalismus Wirklichkeit abzubilden. → M2
3 Unterscheiden Sie die verschiedenen Bedeutungen von Objektivität in Bezug auf die Verantwortung des Journalisten. → M3
4 Prüfen Sie an Beispielen Wahrheitsgehalt und Glaubwürdigkeit einer Website. → M4

*6 Kunst und Moral

M1 Kunst oder Pornographie?

Günter Grass, Verfasser übelster pornographischer Ferkeleien und Verunglimpfungen der katholischen Kirche

Kurt Ziesel, in: Der Prozess Grass gegen Ziesel, S. 11

Dass Grass in einigen indiskutablen Szenen, die entsetzlich schamlos und mehr als anstößig Intimitäten beschreiben, unmöglich ist, bestätigt nur die fatale Verwechslung von „Offenheit" mit rustikalem Wälzen in Ferkelhaftigkeit.

Eßlinger Zeitung vom 16.01.1960, in: Franz Josef Görtz (Hg.), „Die Blechtrommel". Attraktion und Ärgernis, S. 123

Das Sexuelle beherrscht weite Romanstrecken in einer solchen deftigen Nacktheit und grandiosen Un-Verschämtheit, dass man manchmal kaum weiterlesen kann.

Deutsches Pfarrblatt vom 01.04.1960, in: Franz Josef Görtz (Hg.), „Die Blechtrommel". Attraktion und Ärgernis, S. 139

Es geht im Fall Grass nicht um nur literarische Qualitäten – sie sind auch für mich unbestritten –, es geht darum, ob ein Mann mit solchem Einfluss und solcher weltweiten Wirkung vor allem aus der Sicht von Christen auch an jene sittliche Verantwortung gebunden ist, ohne die wir – wozu wir ja schon auf dem besten Wege sind – in sittliche Anarchie und in die Rückkehr des Menschen zum Tier abgleiten.

Kurt Ziesel, in: Der Prozess Grass gegen Ziesel, S. 82f.

Böse ist *Die Blechtrommel* allerdings, böse und gar nicht besonders sympathisch ist ihr Held. Oskar ist freilich nicht der „reine Tor", der von den bösen Zeitläuften gebeutelt wird. Der Bosheit, dem großen, schlimmen Ärgernis dieser Zeit, der mörderischen Unflätigkeit dieser Welt antwortet er nicht gerade mit humanistischem Feinsinn. Er tut es umso weniger, als sie sich ja gerade schöngeistig so besonders gerne schminkt. Das Drastische, das Eklige, ja, das Obszöne und selbst die Blasphemie werden so zu, wenn auch rüden, Trotzgebärden der Wahrhaftigkeit.

Rolf Becker, in: Franz Josef Görtz (Hg.), „Die Blechtrommel". Attraktion und Ärgernis, S. 59

M2 Kunst ist Lüge und Verführung

In seinem Dialog Politeia *fordert Platon, dass die Kunst aus einem idealen Staat vertrieben werden müsse: Der Maler täuscht und der Dichter verdirbt die Seele.*

So können wir mit Recht ihn [den Dichter] tadeln und ihn dem Maler an die Seite stellen. Denn er gleicht ihm darin, dass er an der Wahrheit gemessen Wertloses schafft, und er ähnelt ihm auch darin, dass er sich an jenen andern Teil der Seele wendet, nicht an den besten. Und deshalb werden wir ihn mit Recht nicht in den Musterstaat der Zukunft aufnehmen, weil er den schlechteren Seelenteil aufreizt und nährt und kräftig macht und dadurch den Vernunftteil vernichtet, wie wenn einer im Staat die schlechten Menschen hochkommen ließe und ihnen den Staat übergäbe, die anständigen aber vernichtete. Ebenso schafft der nachahmende Dichter in der Seele jedes Einzelnen eine schlechte Verfassung, wenn er sich dem unvernünftigen Teil in ihr gefällig erweist, der weder Großes noch Kleines unterscheiden kann, sondern dasselbe bald für groß, bald für klein hält; so ist der Dichter nur ein Bildner von Bildern, weitab von der Wahrheit entfernt.

Platon, Der Staat, Zehntes Buch, 605a-c, S. 446f.

M3 L'art pour l'art

Der Kampf gegen den Zweck in der Kunst ist immer der Kampf gegen die m o r a l i s i e r e n d e Tendenz in der Kunst, gegen ihre Unterordnung unter die Moral. L'art pour l'art heißt: „Der Teufel hole die Moral!" – Aber selbst noch diese Feindschaft verrät die Übergewalt des Vorurteils. Wenn man den Zweck des Moralpredigens und Menschen-Verbesserns von der Kunst ausgeschlossen hat, so folgt daraus noch lange nicht, dass die Kunst überhaupt zwecklos, ziellos, sinnlos, kurz l'art pour l'art – ein Wurm, der sich in den Schwanz beißt – ist. „Lieber gar keinen Zweck als einen moralischen Zweck!"

Friedrich Nietzsche, Götzendämmerung, S. 146

M4 Im Dauerkonflikt

Was künstlerisch erlaubt sein darf, ja bisweilen gar geboten erscheint, muss nicht immer das ethisch Gute und Richtige sein. Diese Zumutung liefert Zündstoff für Provokationen – bis heute. Heute lächeln wir darüber, dass Gustave Flauberts Roman *Madame Bovary* (1857) von wütenden Zeitgenossen als Aufruf zur Unzucht gebrandmarkt wurde. Wir schmunzeln mit verständiger Kennermiene über verklemmte Spießer, die Günter Grass' *Blechtrommel* (1959) als unanständig ablehnten. Damals waren die Spießer in der Mehrheit, heute sind es die Literaturliebhaber, die *Blechtrommel* und *Bovary* selbstverständlich zur Weltliteratur rechnen.

Die Beispiele zeigen, dass sich Maßstäbe der Moral wie der Kunst ändern können, bisweilen gar in ihr Gegenteil umschlagen. Das Publikum vergisst allzu gern gröbste Verfehlungen von Künstlern und genießt die Schönheit ihrer Werke. Richard Wagners Verschwendungssucht? Kein Problem mehr: *Ring* und *Tristan* klingen einfach zu schön. Caravaggios Totschlag? Vergessen: Die Gemälde des Barockgenies verzaubern. Menschliche Schwächen, Charakterfehler, Delikte gar – das moralische Manko behindert den Kunstgenuss nicht. Oft genug steigert der Kitzel des Verruchten noch die Lust an Musik, Bild oder Literatur.

Dennoch gibt es Grenzen. Sie sind dort markiert, wo kapitale Verbrechen vorliegen, Menschen zu Opfern gemacht werden. Der Missbrauch gehört genau in diesen Bereich. Die Performances des Wiener Aktionisten Otto Mühl – um nur dieses Beispiel zu nennen – sind deshalb nicht einfach nur Kunst, sondern auch Missbrauchsfälle. Da greift das Verdikt. Konflikte von Kunst und Moral liefern hingegen Anlässe, um Freiheitsräume und die Gültigkeit von Regeln immer neu auszuloten. Kunst fordert heraus, weil sie mit den Regeln bricht, Freiheit so neu definiert. Heute gehört der inszenierte künstlerische Tabubruch zur Wahrnehmungs- und Debattenroutine einer medialisierten Gesellschaft. Der Künstler kann deshalb kein Konformist sein. Missbrauchen darf er dennoch nicht. Kunst fordert das Wagnis. Verbrechen legitimiert sie nicht.

Stefan Lüddemann, Kunst und Moral sind im Dauerkonflikt, in: Neue Osnabrücker Zeitung vom 18.01.2013, www.noz.de

M5 Die Schnittmenge von Kunst und Moral

Wenn wir Moral als die Gesamtheit der Normen und Einstellungen definieren, die unser Handeln in der Rücksichtnahme auf den Lebensvollzug Dritter leiten und kontrollieren; und wenn wir Kunst als das Tun definieren, sinnliche Erfahrungen in formal stimmigen Gebilden zu verdichten, die ebensolche Erfahrungen für den Betrachter bereithalten – dann stellen wir fest, dass es zwischen Kunst und Moral unmittelbar keine Schnittmenge gibt. Denn welcher Lebensvollzug Dritter wird durch die so oder anders vollzogene Verfertigung eines Kunstwerks betroffen, ja sogar eingeschränkt oder missachtet? So gesehen bleibt künstlerisches Tun tatsächlich folgenlos, verglichen mit dem Tun in Politik, Rechtsprechung oder Ökonomie. Auf die formale und inhaltliche Optimierung des Werks ausgerichtet, *eröffnet* die Kunst Möglichkeiten, wobei sich auch diese – als Erkenntnisse oder als Gefühle von Lust oder Unlust – nur mittelbar lebenspraktisch auswirken. Die Betrachter und Betrachterinnen müssen selbst bereit sein, das Kunstwerk auf sich wirken zu lassen, von sich aus erzielt es keine Wirksamkeit.

Michael Lüthy, Straßenkinder im Museum, in: ZeitSchrift/Reformatio, Jg. 46, Nr. 1, 1997, S. 55-63

1. Recherchieren Sie, warum das Erscheinen der „Blechtrommel" 1959 einen Skandal verursachte. ➜ M1
2. Fassen Sie die Gründe zusammen, die Platon gegen die Kunst in einem idealen Staat vorbringt. ➜ M2
3. Diskutieren Sie aktuelle Beispiele, in denen die Kunst mit der Staatsräson in Konflikt geraten ist. ➜ M2
4. Erörtern Sie Nietzsches Interpretation des Ausspruchs „l'art pour l'art". ➜ M3
5. Zeigen Sie an selbstgewählten Beispielen, wie die Maßstäbe der Moral die der Kunst ändern können. ➜ M4
6. Diskutieren Sie, ob es in der Kunst auch Grenzen des Erlaubten (Bsp. Otto Mühl) gibt. ➜ M4
7. Prüfen Sie die These, dass es zwischen Kunst und Moral unmittelbar keine Schnittmenge gibt. ➜ M5

1 Übernatürliches

M1 Gott in der Natur

Sonnenwendfeier im steinzeitlichen Stonehenge in Südengland

M2 Esoterik und Okkultismus

Der Begriff Esoterik wird heute als Sammelbegriff für die unterschiedlichsten weltanschaulichen Lebenssinn-Angebote gebraucht. Ein Blick auf die Vielfalt der Themen, mit denen große Verlage im Rahmen von Esoterikreihen aufwarten, macht deutlich, dass es meist um Geheimwissen, geheime Lebenshilfen und Geheimwissenschaften für jedermann geht. Ursprünglich diente „geheimes Wissen" nach neueren ethnologischen Erkenntnissen schriftlosen Kulturen zum Überleben. Verbunden mit geheimnisvollen Riten sollte das „Überlebenswissen" dem Stamm oder dem Clan erhalten bleiben, um Macht über die Natur und menschliche Feinde zu behalten. Solche Traditionen können heute, wenn überhaupt, nur fragmentarisch erfasst werden. Ihre Bedeutung für die Probleme des heutigen Menschen ist fraglich. Trotzdem bemühen sich die Esoteriker intensiv, solche Erkenntnisse aus den unterschiedlichsten Kulturkreisen in Erfahrung zu bringen, um anschließend die Ergebnisse in ihre Weltanschauung einzuordnen. Wichtig ist den Esoterikern die praktische Verwendung für ihre eigene innere Entwicklung. [...]

Okkultismus ist der zusammenfassende Begriff für alle Richtungen und Praktiken, die behaupten, Verbindungen zum Geheimnisvollen, Dunklen und Verborgenen herstellen zu können. Eine okkult geprägte Weltsicht findet sich sowohl bei der Wahrsagerin um die Ecke als auch in mehr oder weniger seriösen esoterischen Gemeinschaften. Im Mittelpunkt der okkulten Praxis steht die Vorstellung von einer geheimnisvollen Kraft, „Magie" genannt. Mit Hilfe der „Magie" wird versucht, außerhalb nachprüfbarer Zusammenhänge durch Rituale, Formeln oder Zaubermittel besondere Wirkung zu erzielen. Dabei gibt der Kundige vor, „weiße Magie" zum Nutzen und „schwarze Magie" zum Schaden des Betroffenen anzuwenden. Der „Magier" oder „Hexer" benutzt oft alte Spruchsammlungen, Beschwörungsformeln und Zauberbücher [...]. Dies lässt erkennen, dass eine Verbindung zu uralten abergläubischen Praktiken gesucht wird.

Manche sind auch bereit, blutige Rituale an besonderen „starken Kultplätzen" durchzuführen. Der Okkultist geht von der Vorstellung aus, Mittel und Wege gefunden zu haben, mit einer „unheimlichen jenseitigen Welt" Verbindungen herstellen zu können und damit zum mächtigen Partner dieser anderen Wirklichkeit zu werden. Dabei kann es auch zum okkulten Gebrauch von Versatzstücken des christlichen Glaubens kommen, wenn Zaubersprüche im Namen des dreieinigen Gottes propagiert oder Gebete und Bibelzitate wunderwirksam eingesetzt werden. Durch sein Denken und seine Handlungsweise macht der Okkultist deutlich, dass er von der Vorstellung ausgeht, sich mit Gott auf eine Stufe stellen und ihn manipulieren zu können.

Joachim Keden et al., Sekten, Geister, Wunderheiler, S. 64-66

M3 Spiritualität und Aufklärung

Immer mehr Menschen begeben sich auf die Suche nach der „spirituellen Dimension" ihres Lebens: Ihnen scheint etwas zu fehlen, das alle Bestandteile ihres Daseins miteinander verbinden und ihm so „Sinn" verleihen könnte. Aufgrund des großen Spektrums, in dem sich die Suche nach dem Sinn vollzieht, hat sich der Begriff der Spiritualität gegenüber dem der Religiosität oder Frömmigkeit im Sinne von Lebensgestaltung aufgrund von Gottesglauben durchgesetzt. Als „geistige" Orientierung und Lebensform schließt sie die unterschiedlichsten Formen der Erfahrung einer transzendenten Wirklichkeit ein.

Gesucht wird die spirituelle Dimension des eigenen Lebens heute nicht mehr allein bei den „klassischen Sinnanbietern" wie etwa den christlichen Kirchen. Dies kann dadurch erklärt werden, dass nach wie vor ein geistig-geistliches Bedürfnis bei den Menschen vorhanden ist, zugleich aber die Ablehnung institutionell verfasster, normativ strukturierter und der Form und dem Inhalt nach traditioneller Angebote vorherrscht. Es kommt dem modernen, individualisierten Menschen daher entgegen, dass er inzwischen aus einer breiten Palette von Angeboten wählen kann, um seinen ganz eigenen, persönlichen Weg zu finden. Von dem jeweiligen Angebot erhofft er sich eine Form der spirituellen Erfüllung: eine gesteigerte Erfahrungstiefe des Lebens, inneren Halt sowie Geduld und Gelassenheit im Umgang mit sich selbst, seinen Mitmenschen und den Anforderungen des alltäglichen Lebens – vielleicht aber auch ein besonderes Glücksgefühl.

Das Spirituelle kann zunächst als Gegenpol zum Materiellen verstanden werden. Im Grunde meint es jedoch nicht nur die geistige bzw. geistliche Komponente des Lebens. Vielmehr bezieht es sich auf eine ganzheitliche Disposition des Menschen, die Denken, Fühlen, Sprechen und Handeln umfasst und in der die Erfahrung gegenüber der Reflexion Vorrang hat. [...]

Eine der modernsten spirituellen Entwicklungen ist die esoterisch geprägte weltanschauliche New-Age-Bewegung. Sie sieht die Gegenwart als kosmische Wendezeit, in der die „Wiederverzauberung der Welt", das heißt ihre Umgestaltung zu einer spirituellen Einheit mit neuen Lebens- und Technologieformen, beginnen soll. Man spricht geradezu von einer neuen, synkretistischen Spiritualität des New Age. Die Bewegung verbindet östliche Heilswege mit Elementen westlicher Psychologie und therapeutischen, zum Teil auch in den Aberglauben hineinreichenden Ansätzen. Die Konzentration richtet sich vorrangig auf eine kosmische Energie, die zum Wirken gebracht werden soll und im Dienste der Selbstverwirklichung und persönlichen Sinnfindung steht.

Wie immer Spiritualität gelebt wird, setzt sie eine Form des Glaubens oder der Frömmigkeit voraus. Hier setzen die Kritiker an: Sie sehen in ihr eine moderne Variante der Religiosität und damit einen Rückfall hinter die Gedanken der europäischen Aufklärung. Hatte diese nicht die Menschheit gelehrt, dass der Glaube grundsätzlich durch Wissen überwunden werden sollte? Sollte nicht, was unbeweisbar ist, auch nicht „geglaubt" werden?

Die Gefahr ist in der Tat groß, dass das menschliche Bedürfnis nach Metaphysik, dass der Wunsch nach einem „Sinn des Lebens", nach Orientierung in der unüberschaubaren Vielfalt möglicher Lebensentwürfe die Verlockung auslöst, Antworten Glauben zu schenken, die dem Einzelnen nicht im besten Sinne zur geistigen, intellektuellen Autonomie verhelfen, sondern seine ganz persönliche Aufklärung hintertreiben. Geschäftstüchtige „Sinnstifter" haben darin jedenfalls längst ihre Chance erkannt.

Der Brockhaus. Philosophie, S. 322f.

1 Finden Sie Gründe für die Faszination, die alte Kultorte auf heutige Menschen ausüben. → M1
2 Grenzen Sie Esoterik und Okkultismus voneinander ab. → M2
3 Diskutieren Sie, inwiefern Esoterik oder Okkultismus weltanschauliche Lebenssinn-Angebote liefern können. → M2
4 Zeigen Sie, inwiefern Spiritualität als geistige Orientierungsform verstanden werden kann (vgl. hierzu auch S. 198f.). → M3
5 Informieren Sie sich über die „New-Age"-Bewegung. → M3
6 Erörtern Sie die Chancen für die Lebensgestaltung, aber auch die Gefahren, die das Bedürfnis nach Spiritualität in sich birgt. → M3

2 Transzendente Erfahrung

M1 Die Antenne zu Gott

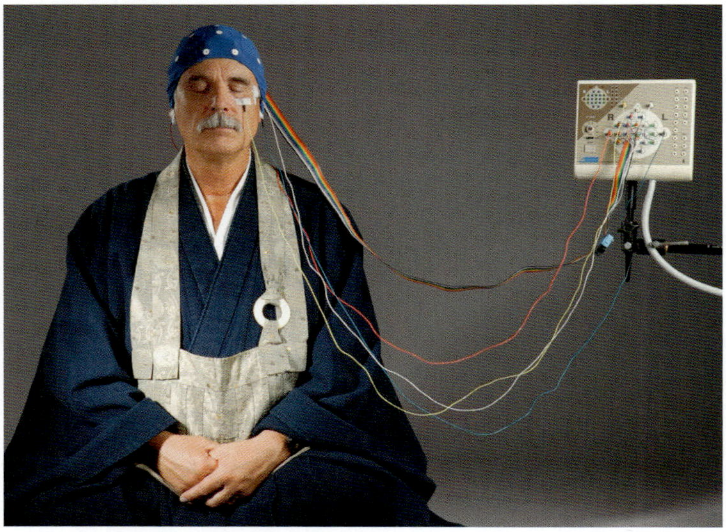

Meditation als Form spirituellen Erlebens: Anhand von Hirnstromkurven belegen Wissenschaftler, dass sich dieser deutsche Zen-Meister in einer Art hochkonzentrierten Wachschlafs befindet. Offenbar gibt es besondere Zustände des Gehirns, die für das Erfahren einer transzendenten Welt wichtig sind.

Geo kompakt, Nr. 16/2008, S. 60

M2 Erfahrungen des Göttlichen

Dass es religiöse Erfahrungen gibt, ist keine Frage, wenn man darunter nicht etwas von vornherein ganz Unplausibles versteht, wie etwa Beobachtungen Gottes. Als religiöse Erfahrungen werden meistens Erlebnisse angeführt, in denen sich in konkreten Ereignissen eine größere Wirklichkeit andeutet. Eine Begegnung kann als schicksalhaft erfahren werden, im Scheitern einer großen Unternehmung kann die Nichtigkeit menschlichen Tuns und Planens deutlich werden, eine Katastrophe kann als Gericht erlebt werden. Solche Erfahrungen haben einen spezifisch religiösen Gehalt, wenn die größere Wirklichkeit als etwas Göttliches erscheint. Man erlebt z. B. eine nicht mehr zu erwartende Heilung oder Errettung aus Gefahr als Eingreifen Gottes und eine Wende des Lebens als seine Fügung. [...] Der Glaubende erlebt die Welt schon im Licht seines Glaubens und deutet seine religiösen Erfahrungen mit dessen Vorstellungen. Ein anderer sieht dasselbe Ereignis, spürt darin aber nicht die Gegenwart eines Göttlichen oder erlebt es im Licht eines anderen Glaubens inhaltlich völlig anders.

Franz von Kutschera, Die großen Fragen, S. 184

M3 Woher kommen religiöse Erfahrungen?

Für viele Menschen besteht der Hauptgrund, an Gott zu glauben, darin, dass sie eine religiöse Erfahrung gemacht haben – selbst oder vermittelt durch andere Erfahrungen, die beispielsweise in heiligen Schriften und den Schriften der Heiligen und Mystiker berichtet wurden. Die Berichte beschreiben so etwas oft als überwältigende und den Glauben zwingend nahe legende Erlebnisse. Trotzdem kann man deren Status als Beweis für die Wahrheit religiöser Aussagen kaum beurteilen, weil sich derartige Erfahrungen oft auch im Zusammenhang mit emotional gesteigerten Zuständen ereignen, was Zweifel an der Objektivität der Zeugnisse aufkommen lässt. Zusätzlich wird der Skeptiker auch leicht andere und nichtreligiöse Erklärungen für die fraglichen Ereignisse finden. [...]

Neuerdings hat unsere wachsende Kenntnis der Hirnfunktionen die Ansicht plausibel gemacht, dass es eine neurologische Basis für religiöse Erfahrung geben könne und dass wir sogar in der Lage seien, solche Zustände künstlich, z. B. durch Drogen, herbeizuführen. Es ist jedoch seit langem bekannt, dass chemische Veränderungen (wie sie auch durch Fasten verursacht werden) religiöse Erfahrungen erleichtern können. Solche Entdeckungen können keineswegs die Frage klären, ob eine objektive Realität hinter dem steht, was das Subjekt wahrzunehmen glaubt.

David Papineau (Hg.), Philosophie, S. 110

M4 Religion entsteht im Gehirn

Der Begriff Neurotheologie wurde 1984 von dem amerikanischen Theologen James B. Ashbrook geprägt. Neurotheologie untersucht, wie die Gehirnaktivitäten und deren evolutionäre Grundlagen mit Religiosität und Spiritualität zusammenhängen – das hat also wenig mit Theologie im klassischen Sinn zu tun. Der Theologe Eugen Drewermann begrüßt die Erklärungsversuche der Neurotheologie.

bild der wissenschaft: Ist es eine vermessene Grenzüberschreitung der Wissenschaft, wenn Forscher jetzt nach Gott im Gehirn zu suchen beginnen?

Drewermann: Das ist zunächst die Frage nach einer brauchbaren Definition von Religion. Wenn man jeden drogeninduzierten Zustand von Halluzination bereits als religiöse Erfahrung interpretiert, ist das Feld möglicher Zusammenhänge von Neurologie und Religionen natürlich riesig. Leider macht auch die offizielle katholische Theologie den Fehler, dass sie alle innerseelischen Erfahrungen – Marienerscheinungen zum Beispiel – für objektive Tatsachen erklärt. Unter Religion sollte eine Antwort auf die radikale Zufälligkeit und Ungesichertheit unseres Daseins verstanden werden, die Vertrauen ermöglicht und die das Ich des Menschen stärkt. [...]

bdw: Wie sehen Sie das Verhältnis von Gehirn und Glauben?

Drewermann: Religion entsteht aus Fragen, die das vordere Stirnhirn stellt, dessen Verschaltungen sich unter ständigen Lernerfahrungen im Rahmen kultureller Vorgaben prägen. Schon die Idee scheint methodisch absurd, man könnte ein so komplexes Phänomen wie das religiöse Bewusstsein auf die Wirkung einzelner Hirnstrukturen zurückführen. Ganz grob müsste man wahrscheinlich sagen: Die Religion besteht darin, mit den Mitteln der Assoziationscortices, vor allem des vorderen Stirnhirns, auf Fragen der Daseinsbegründung zu antworten, indem sie die Ängste des limbischen Systems, besonders des Mandelkerns, mit Mitteln des limbischen Systems und der rechten Hirnhälfte zu beruhigen versucht: mittels symbolischer Bilder und Vorstellungen. Religion ist gebunden an die Aktivierung so gut wie aller Teile unseres Gehirns.

M4/5: bild der wissenschaft 7/2005, S. 30, 44f.

M5 Hotline zum Himmel?

Mit magnetischen, elektrischen oder biochemischen Hirnstimulationen lassen sich tief greifende, von den Menschen häufig sehr spirituell gedeutete und metaphysisch interpretierte Erlebnisse hervorrufen.

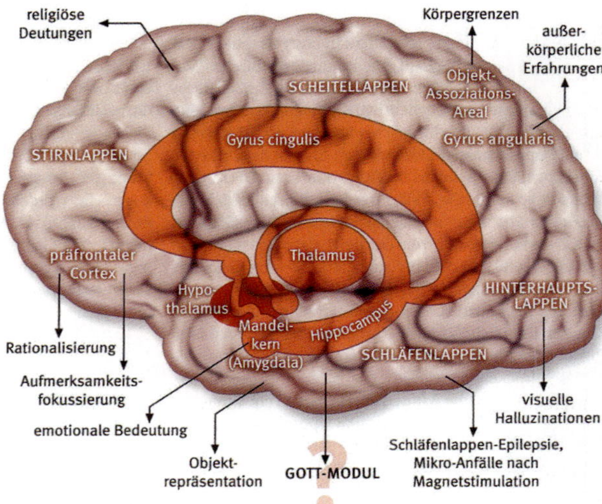

Ergebnisse:

- Starke Religiosität geht oft mit überaktiven Schläfenlappen des Großhirns einher.
- Wenn Meditationen das „Orientierungszentrum" ausschalten, kommt es zu mystischen Zuständen.
- Auch Jenseitsvisionen und außerkörperliche Erfahrungen sind ins Visier der Hirnforscher gerückt.

1 Beschreiben Sie den Eindruck, den die Darstellung eines Meditierenden auf Sie macht. Beziehen Sie in Ihre Überlegung die Ergebnisse der Hirnforschung (s. S. 170f.) mit ein. → M1

2 Stellen Sie die Merkmale religiöser Erfahrung zusammen. → M2/3

3 Bilden Sie zwei Gruppen und nehmen Sie Stellung zu einem „Wunder" (Errettung aus Gefahr) aus der Sicht eines Gläubigen und eines Nichtgläubigen. → M2

4 Erarbeiten Sie den Unterschied zwischen religiösen Erfahrungen und einem Drogenrausch u. Ä. → M3

5 Erörtern Sie, ob die Ergebnisse der Hirnforscher uns bei der Frage nach der Religiosität des Menschen weiterbringen können. → M4/5

6 Diskutieren Sie die These, dass der Nachweis eines religiösen Zentrums im Gehirn weder einen Beweis für noch gegen die Existenz Gottes darstellt. → M4/5

3 Religion und Wissenschaft

M1 Der Lückenbüßer-Gott

Als Nikolaus Kopernikus, Johannes Kepler und Galileo Galilei die Erde aus dem Zentrum stießen, war das nicht nur ein naturwissenschaftlicher Durchbruch. Es war der Umsturz eines Weltbildes und zugleich ein Zusammenprall zwischen einer neuen Methode des Erkenntnisgewinns auf der einen Seite und religiösen Traditionen und Doktrinen auf der anderen Seite. [...] Weitere Konfrontationen folgten – insbesondere im Gefolge von Darwins Evolutionstheorie –, und die theologischen Lehrmeinungen mussten den Wissenschaften immer mehr das Feld räumen. Gott wurde vielfach zum Lückenbüßer für ungeklärte Sachverhalte, aber mit jeder neuen Erkenntnis einen Schritt weiter vertrieben.

[...] Der Fortschritt der Wissenschaften hat die Welt immer weiter entzaubert. Und selbst die enorme Komplexität von Erscheinungen, die sich einer Berechenbarkeit weitgehend entziehen, ist häufig schon so gut verstanden, dass keine prinzipiellen Wissenslücken mehr klaffen. Wissenschaftler können mittlerweile sogar erforschen, wo und warum ihr Wissen an Grenzen stößt. Für einen Lückenbüßer-Gott ist es eng geworden. Zwar gibt es noch immer Lücken im wissenschaftlichen Weltbild, und das wird sich auch niemals ändern, da wir aus prinzipiellen erkenntnistheoretischen Gründen keine letzten Erklärungen finden können. Doch von der früher verbreiteten Ansicht, Gott stecke gleichsam in diesen Lücken als des Rätsels Lösung, haben die meisten heute Abstand genommen. Zu frappierend verlief die Geschichte der Vertreibungen, und ein Gott, dem nur noch außerhalb des Universums – zum Beispiel „vor" dem Urknall – eine Heimstatt bleibt, ist für viele auch kein tröstlicher Gedanke. [...] „Wenn das Universum sich erschöpfend durch eine einheitliche Theorie beschreiben ließe, so hätte dies tiefgreifende Auswirkungen auf Gottes Rolle als Schöpfer", meint Stephen Hawking. Er hat ein Weltmodell entwickelt, das ein Universum ohne mysteriöse Anfangssingularität der klassischen Urknall-Theorie beschreibt. Wo wäre dann noch Raum für einen Schöpfer? Quantenkosmologen benötigen keinen „Ersten Beweger", um zu verstehen, wie ein Universum aus einem amorphen, zeitlosen Quantenvakuum hervorgehen könnte.

Rüdiger Vaas, Der Glaubensstreit, in: bild der wissenschaft, 12/99, S. 42-44

M2 Gott als Weltformel?

*Der inzwischen vollständig gelähmte britische Kosmologe Stephen Hawking (*1942) erforscht in Gedanken das Universum, von der Zeit vor dem Urknall bis zum Ende in Schwarzen Löchern.*

Spiegel: Die Urknall-Theorie besagt, dass das Universum mit der Explosion einer urzeitlichen Singularität begann. Das würde natürlich zugleich bedeuten, dass irgendwer oder irgendetwas diese urzeitliche Singularität geschaffen haben muss. Sie umgehen dieses Problem, indem Sie behaupten, das Universum oder vielmehr die urzeitliche Energie, die zu seiner Erschaffung nötig war, seien ewig. Damit erwecken Sie den Eindruck, als würden Sie versuchen, die Nichtexistenz Gottes mathematisch zu beweisen.

Hawking: Ich habe gezeigt, dass die Entstehung des Universums so ablaufen kann, dass sie den Gesetzen der Physik folgt. In diesem Fall wäre es überflüssig, Gott anzurufen, um zu erfahren, wie das Universum begann. Das ist kein Beweis, dass es Gott nicht gibt. Es bedeutet nur, dass Gott nicht notwendig ist.

Spiegel: Glauben Sie an Gott oder an die Vorstellung irgendeiner höheren Macht?

Hawking: Ich glaube nicht an einen persönlichen Gott.

Spiegel: Heißt das, dass Sie an einen unpersönlichen Gott glauben?

Hawking: Wenn Sie wollen, können Sie sagen, Gott sei die Verkörperung der physikalischen Gesetze. Aber das ist nur verwirrend, da die meisten Menschen das Wort Gott mit einem Wesen verbinden, zu dem man eine persönliche Beziehung haben kann. Die Gesetze der Physik aber haben wenig Persönliches.

Der Spiegel 42/1988, S. 267

M3 Mikroevolution und Makroevolution

In den USA ist die Schöpfungslehre auf dem Vormarsch. (R)evolution im Klassenzimmer: Religiöse Fundamentalisten haben durchgesetzt, dass die Evolutionstheorie aus dem Biologie-Pflichtstoff in Kansas verschwindet. Auch geologische und kosmologische Erkenntnisse sollen den Schülern vorenthalten werden. Schwärt ein neuer Konflikt zwischen Religion und Wissenschaft?

Hinter den Kreationisten verbirgt sich eine inhomogene Gruppierung von Christen, die die Bibel, insbesondere das Buch Genesis wörtlich nehmen. Darin heißt es, Gott habe das Universum in sieben Tagen erschaffen, einschließlich der Erde und aller ihrer Kreaturen. Bibelinterpreten errechneten das Alter der Erde auf höchstens 10 000 Jahre. Kreationisten akzeptieren „Mikroevolution", das heißt die Anpassung einer Spezies an bestimmte Umweltbedingungen und daraus resultierende Veränderungen innerhalb der eigenen Art. Sie zweifeln aber an einer „Makroevolution", nach der das Leben auf unserem Planeten mit einfachen Formen wie Bakterien und Algen begann und sich daraus allmählich zu komplexeren Arten entwickelte. Die verschiedenen Lebensformen auf der Erde seien zu komplex, als dass sie „von alleine" entstanden wären, so Frank Sherwen. Nur eine intelligente, übernatürliche Macht könne ein solches Werk vollbracht haben. [...] Doch damit nicht genug. Kreationisten kritisieren, dass es für die Urknall-Theorie keine Beweise gäbe, fossile Funde Lücken in der Systematik aufwiesen, die Methoden zur Bestimmung des Erdalters Fehler enthielten und DNA- und RNA-Vergleiche zwischen verwandten und nichtverwandten Spezies inkonsistent seien. Deswegen dürfe man diese Themen im Unterricht nicht als Tatsachen präsentieren, argumentierte das Kansas Board of Education. Robin Jackson, Biologie-Lehrerin in Kansas, will der Empfehlung des Board folgen: „Wir Lehrer haben eine große Verantwortung, den Schülern die Wahrheit zu vermitteln. Und die besteht darin, dass sich hinter Evolution nur eine Theorie verbirgt." [...]
Dass die Anti-Darwin-Bewegung landesweit so erfolgreich ist, mag daran liegen, dass sich so viele Amerikaner als Kreationisten sehen. Nach einer Studie des Politologen George Bishop, Professor an der Universität Cincinnati, glauben 45 Prozent der amerikanischen Bevölkerung an den kreationistischen Ursprung unserer Welt. Sie glauben, dass Gott in einem einzigen Schritt den Menschen in seinem jetzigen Zustand vor gut 10000 Jahren geschaffen hat. An eine „theistische Evolution" glauben rund 40 Prozent der Bevölkerung. Hiernach hat sich der Mensch aus niederen Lebensformen über Millionen von Jahren entwickelt und wurde dabei von einer göttlichen Macht begleitet. Nur etwa ein Zehntel der Amerikaner sieht die Evolution aus Darwins weltlicher Perspektive. *Désirée Karge, Kansas bannt Darwin, in: bild der wissenschaft 12/1999, S. 52-54*

1 Zeigen Sie an der Entwicklung der Naturwissenschaften, dass der Lückenbüßer-Gott durch empirische Erklärungen der Natur immer mehr vertrieben wird (z. B. Zeus – Blitz, Wotan – Donner). → M1
2 Recherchieren Sie in Gruppen die neuesten Erkenntnisse der Kosmologie, Astrophysik und Astronomie. → M1
3 Diskutieren Sie die Auffassung, dass Gott die „Verkörperung aller physikalischen Gesetze" sein könnte. → M2
4 Überlegen Sie, warum die meisten Menschen einen persönlichen Gott brauchen. → M2
5 Recherchieren Sie die Bewegung der Kreationisten und schreiben Sie einen Bericht für Ihre Schülerzeitung mit Argumenten für und gegen die Auffassung, dass die Evolutionslehre nicht als Tatsache, sondern nur als Theorie gelten dürfe. → M3

4 Ganzheitliches Denken

M1 Das Systembild des Lebens

Die neue Sicht der Wirklichkeit [...] beruht auf der Erkenntnis, dass alle Phänomene – physikalische, biologische, psychische, gesellschaftliche und kulturelle – grundsätzlich miteinander verbunden und voneinander abhängig sind. Sie transzendiert die gegenwärtigen disziplinären und begrifflichen Grenzen und wird in neuen Institutionen zur Anwendung kommen. Im Augenblick gibt es noch keinen theoretisch oder institutionell ausreichenden Rahmen, den man nutzen könnte, um ein neues Paradigma auszuformulieren. Doch entwickeln bereits viele Einzelne und Gemeinschaften neue Denkformen und organisieren sich nach neuen Prinzipien, wodurch langsam die Umrisse eines solchen Rahmens entstehen.

In dieser Situation könnte ein *bootstrap*-Ansatz, wie er von der zeitgenössischen Physik entwickelt wurde, besonders gute Dienste leisten. Man müsste dazu schrittweise ein Netz von ineinandergreifenden Ideen und Modellen formulieren, während gleichzeitig die entsprechenden gesellschaftlichen Organisationen entwickelt werden. Keine dieser Theorien und keines dieser Modelle dürfte wichtiger sein als die anderen, und alle müssten miteinander übereinstimmen. Alle würden die konventionellen Abgrenzungen überwinden und würden sich jeweils derjenigen Sprache bedienen, mit der sich die verschiedenen Aspekte des vielschichtigen, engverknüpften Gewebes der Wirklichkeit am besten beschreiben lassen. Dementsprechend wäre keine der neuen gesellschaftlichen Institutionen dann der anderen überlegen oder wichtiger als die anderen, und sie alle würden voneinander wissen und miteinander kommunizieren und kooperieren. [...]

Die menschliche Evolution schreitet also fort durch das Zusammenspiel der inneren und äußeren Welt, von Individuen und Gemeinschaften, von Natur und Kultur. Alle diese Bereiche sind lebende Systeme in wechselseitiger Einwirkung aufeinander mit ähnlichen Strukturen der Selbstorganisation.

Fritjof Capra, Wendezeit, S. 293, 331

M2 Kosmisch-evolutionäre Stufen

Eines der ältesten philosophischen Dogmen lässt sich durch den Ausspruch des Predigers Salomo wiedergeben: „Es gibt nichts Neues unter der Sonne." Aber auch der Materialismus vertritt dieses Dogma, vor allem die älteren Formen des Atomismus und auch sogar noch des Physikalismus. Die Materialisten sind – oder waren – der Meinung, dass die Materie ewig ist und dass alle Veränderung durch die Bewegung von Materieteilchen und durch die daraus resultierenden Veränderungen ihrer Anordnungen erklärt werden muss. Die modernen Physiker sind in der Regel der Meinung, dass die physikalischen Gesetze ewig seien. [...]

Allen diesen Ansichten gegenüber schlage ich vor, anzunehmen, dass das Universum in seiner Evolution schöpferisch ist und dass die Evolution empfindender Lebewesen mit bewussten Erlebnissen etwas ganz Neues zu Tage gebracht hat. Diese Erlebnisse waren wohl anfangs von sehr rudimentärer Art, aber sie entwickelten sich; und so entstanden schließlich jene Formen des Ich-Bewusstseins und der geistigen Kreativität, die wir beim Menschen finden. Mit dem Auftauchen des Menschen wird die Kreativität des Universums meiner Meinung nach offensichtlich. Denn der Mensch hat eine neue objektive Welt geschaffen, die Welt der Erzeugnisse des menschlichen Geistes; eine Welt der Mythen, der Märchen und der wissenschaftlichen Theorien, der Dichtung, der Kunst und der Musik. (Ich nenne das „Welt 3", im Unterschied zur physikalischen Welt 1 und der subjektiven psychologischen Welt 2.) Die Existenz großartiger und fraglos schöpferischer Werke der Kunst und der Wissenschaft beweist die Kreativität des Menschen – und damit des Universums, das den Menschen hervorgebracht hat.

Was ich mit dem Wort „kreativ" andeute, wird von Jacques Monod mit der Unvoraussehbarkeit des Entstehens von Leben auf der Erde umschrieben, mit der Unvoraussehbarkeit der Entwicklung der verschiede-

Tabelle 1: Einige kosmisch-evolutionäre Stufen

Welt 3 (die Erzeugnisse des menschlichen Geistes)	❺ Kunstwerke; wissenschaftliche Entdeckungen ❻ Menschliche Sprachen; Theorien (Mythen) über uns selbst und über den Tod
Welt 2 (die Welt der subjektiven Erlebnisse)	❹ Ich-Bewusstsein und Wissen über den Tod ❸ Empfindung (tierisches Bewusstsein)
Welt 1 (die Welt der physikalischen Gegenstände)	❷ Lebende Organismen ❶ Die schwereren Elemente; Flüssigkeiten und Kristalle ⓿ Wasserstoff und Helium

nen Arten und vor allem der menschlichen Art: „... wir waren nicht voraussehbar, bevor wir erschienen", sagt er.

Wenn ich die etwas vage Idee einer kreativen oder „emergenten", einer Neues schaffenden Evolution aufnehme, so denke ich zumindest an zwei verschiedene Dinge. Erstens denke ich an die Tatsache, dass in meinem Universum, in dem es (nach unseren gegenwärtigen Theorien) zu Beginn nichts gab als Wasserstoff, Helium, Neutrinos und Strahlung, kein Theoretiker, der die damals in diesem Universum wirkenden und nachweislichen physikalischen Gesetze gekannt hätte, die Eigenschaften oder überhaupt die Entstehung der noch nicht existierenden schwereren Elemente hätte voraussagen können, auch nur die Eigenschaften selbst der einfachsten zusammengesetzten Moleküle wie Wasser. Zweitens denke ich daran, dass es zumindest die folgenden Stufen in der Evolution des Universums zu geben scheint, in jeder von denen Dinge mit Eigenschaften entstanden sind, die gänzlich unvoraussehbar oder emergent waren: (1) die Erzeugung der schwereren Elemente (einschließlich der Isotope) und die Entstehung von Flüssigkeiten und Kristallen; (2) die Entstehung von Leben; (3) die Entstehung von Empfindungen oder Gefühlen; (4) die Entstehung (zusammen mit den Anfängen der menschlichen Sprache) des Ich-Bewusstseins und des Todesbewusstseins; (5) die Entstehung der menschlichen Sprache und von Theorien (Mythen) über uns selbst und über den Tod; (6) die Entstehung solcher Erzeugnisse des menschlichen Bewusstseins wie erklärende Mythen, wissenschaftliche Theorien und Kunstwerke.

Es ist aus verschiedenen Gründen zweckmäßig, einige dieser kosmisch-evolutionären Stufen in der [obigen] Tabelle anzuordnen (sie ist von unten nach oben zu lesen). Man sieht sofort, dass aus dieser Tabelle Vieles weggelassen wurde und dass sie stark vereinfacht ist. Sie hat jedoch den Vorzug, einige der wohl größeren Ereignisse der schöpferischen oder emergenten Evolution knapp zusammenzufassen.

Karl Popper / John Eccles, Das Ich und sein Gehirn, S. 34-38

1 Erarbeiten Sie aus dem Capra-Text die neue Art eines ganzheitlichen Denkens. → M1
2 Nehmen Sie zur Argumentation des Textes kritisch Stellung und formulieren Sie gegebenenfalls alternative Thesen aus einer mechanistischen Weltsicht (s. S. 308f.). → M1
3 Beschreiben Sie die beiden Theorien, gegen die Popper sich wendet. Suchen Sie Beispiele im Bereich der Physik oder Biologie. → M2
4 Erarbeiten Sie die Merkmale eines schöpferischen Universums und erläutern Sie, wie Popper seine These stützt. → M2
5 Erörtern Sie, worin der Sprung zum Menschen in den kosmisch-evolutionären Stufen besteht. → M2

*5 Das mechanistische Weltbild

M1 Die drei Säulen des mechanistischen Weltbilds

Das Weltbild der klassischen Physik, das in der Beherrschung des Denkens weit über die Fachwissenschaft Physik hinausreichte, beruht auf dreierlei: auf dem *Prinzip der Kausalität*, auf dem mit ihm verbundenen *Prinzip des Determinismus* und auf dem *Prinzip der Objektivierbarkeit*.

Die klassische Physik sagt: Alles Geschehen läuft nach dem Kausalitätsprinzip ab, d. h., unter gleichen Umständen führen die Naturgesetze zu gleichen Ergebnissen. [...] Dieses Denken in Kausalzusammenhängen, das der klassischen Physik zugrunde liegt, entspricht weitgehend der täglichen Erfahrung: keine Wirkung ohne Ursache. [...] Das Kausalitätsprinzip der klassischen Physik ist daher mit dem Prinzip des Determinismus eng verknüpft. [...] Alles Geschehen in der Welt ist durch (kausale) Gesetzmäßigkeiten in seinem Verlauf unabänderlich bestimmt. [...] Der französische Mathematiker Laplace (1749-1827) hat dem Determinismus mit dem Bild vom *Laplace'schen Dämon* den klassischen Ausdruck gegeben: „Wenn der Zustand der Welt bei ihrer Erschaffung einem unendlich begabten und unendlich fleißigen Mathematiker bis in alle Einzelheiten dargelegt worden wäre, so müsste ein solches Wesen imstande sein, daraus die ganze folgende Weltgeschichte abzuleiten. Für ihn würde es keine Unsicherheit geben und Zukunft sowohl wie Vergangenheit wären seinen Augen allgegenwärtig."

Die klassische Physik geht schließlich aus von dem Prinzip der Objektivierbarkeit. [...] Der beobachtete Naturvorgang läuft unabhängig und unbeeinflusst vom Beobachter ab. Das Naturgeschehen ist objektivierbar, es lässt sich unabhängig vom Beobachter objektiv beschreiben.

Joachim Grehn/Joachim Krause (Hrsg.), Metzler Physik, S. 107

M2 Witzig?

Maria Sebald

M3 Ganz unterschiedliche Betrachtungsweisen

Was heißt nun aber: Ein Vorgang, ein Ereignis, eine Handlung erfolgt mit gesetzlicher Notwendigkeit, ist kausal determiniert? Und wie stellt man die gesetzliche Notwendigkeit eines Vorganges fest? Ich wüsste nicht, wie man für die Notwendigkeit eines Vorganges einen deutlicheren und überzeugenderen Nachweis erbringen kann als dadurch, dass die Möglichkeit besteht, das Eintreten des betreffenden Vorganges vorauszusehen. [...]

Nach dem Ergebnis unserer Untersuchung ist der Gegensatz zwischen strenger Kausalität und Willensfreiheit nur ein scheinbarer, die Schwierigkeit liegt lediglich in der sinngemäßen Formulierung des Problems. Denn die Antwort auf die Frage, ob der Wille kausal gebunden ist oder nicht, lautet verschieden, je nach dem Standort, der für die Betrachtung gewählt wird. Von außen, objektiv betrachtet, ist der Wille kausal gebunden; von innen, subjektiv betrachtet, ist der Wille frei. Oder anders gefasst: Fremder Wille ist kausal gebunden, jede Willenshandlung eines anderen Menschen lässt sich, wenigstens grundsätzlich, bei

hinreichend genauer Kenntnis der Vorbedingung, als notwendige Folge aus dem Kausalgesetz verstehen und in allen Einzelheiten vorausbestimmen. Inwieweit das praktisch geschehen kann, ist lediglich eine Frage der Intelligenz des Beobachters. Der eigene Wille dagegen ist nur für vergangene Handlungen kausal verständlich, für zukünftige Handlungen ist er frei, eine eigene zukünftige Willenshandlung lässt sich unmöglich, auch bei noch so hoch ausgebildeter Intelligenz, rein verstandesmäßig aus dem gegenwärtigen Zustand und den Einflüssen der Umwelt ableiten. [...]
Die objektive Betrachtungsweise, wie sie die Wissenschaft anwenden muss, entspricht dem Standpunkt des absolut passiv bleibenden Beobachters. Für ihn herrscht das Kausalgesetz in voller Allgemeinheit, der menschliche Wille ist, wie jegliches Geschehen, streng determiniert. Das gilt bis hinauf zu den feinsten Vorgängen in der Welt des Geistes. [...] Aber der objektiv-wissenschaftliche Standpunkt, der Standpunkt der höchsten Intelligenz, ist nicht der einzig berechtigte oder gar der selbstverständliche. Er ist nicht einmal der ursprüngliche; denn er muss erst mehr oder weniger mühsam erarbeitet werden. Ganz ebenso berechtigt und sogar unmittelbar gegeben ist der subjektiv-persönliche Standpunkt, der allerdings für jeden von uns ein verschiedener ist und daher für wissenschaftliche Betrachtungen nicht ausreicht. Von ihm, d. h., von uns selbst aus gesehen, ist, wie wir ausdrücklich festgestellt haben, der eigene Wille undeterminierbar, also frei. Dieser Satz steht mit der objektiven Determiniertheit des Willens ebenso wenig in Widerspruch wie die [...] subjektive Bewegung der Sonne mit ihrer objektiven Ruhe. Bei der Selbstbeobachtung handelt es sich ja nicht darum, dass wir frei sind, sondern darum, dass wir uns frei fühlen. Mag man diese Art von Freiheit immerhin als eine Illusion bezeichnen. Dann ist aber überhaupt jedes Gefühl eine Illusion. Denn auch die Gefühle lassen sich niemals objektiv-wissenschaftlich erfassen, sie können nur persönlich erlebt werden, und wenn sie erlebt werden, sind sie einfach unmittelbar gegeben und tun ihre Wirkung, einerlei wie von andern über sie geurteilt wird.

Max Planck, Vom Wesen der Willensfreiheit, S. 5, 20-23

M4 Gibt es überhaupt eine Wirklichkeit?

„Was, wenn alles nur eine Illusion wäre und nichts existierte? Dann hätte ich für meinen Teppich eindeutig zu viel bezahlt", befand einmal Woody Allen. Tatsächlich hätte er ruhig versuchen sollen, mit seinem Einrichtungshaus einen Rabatt auszuhandeln. Denn selbst wenn es seinen Teppich gibt, so hat er doch möglicherweise weder Form noch Farbe. Jedenfalls nicht, wenn man gerade nicht hinsieht.
Denn schon seit Jahrzehnten gibt es gewisse Zweifel, ob die Dinge, die wir gerade nicht beobachten, wirklich jene Eigenschaften haben, welche wir im Falle einer Beobachtung an ihnen wahrnehmen. Freilich gilt das weniger für Teppiche als für Elementarteilchen, deren Verhalten durch die Quantentheorie beschrieben wird. Und mit solchen Teilchen, genauer gesagt mit polarisierten Lichtteilchen, hat nun eine Gruppe Physiker um Anton Zeilinger von der Universität Wien ein Experiment gemacht, dessen [...] in der Zeitschrift „Nature" veröffentlichtes Resultat dazu angetan ist, diese Zweifel zu verstärken.

Ulf von Rauchhaupt, Die Wirklichkeit, die es nicht gibt. In: Frankfurter Allgemeine Sonntagszeitung, 22.04.2007

1 Erläutern Sie, wodurch das mechanistische Weltbild geprägt ist. Erstellen Sie dazu auch ein Schaubild. ➜ M1
2 Sammeln Sie zunächst in der Gruppe vertraute, alltägliche Beispiele von Ursache und Wirkung. Nehmen Sie dann an, das Prinzip von Ursache und Wirkung wäre ein Witz: Welche skurrilen Situationen könnten dadurch im Alltag auftreten? ➜ M1/2
3 Stellen Sie Plancks Grundgedanken des objektiv-wissenschaftlichen und des subjektiv-persönlichen Standpunkts und deren Bedeutung für die Willensfreiheit zusammen. ➜ M3
4 Überlegen Sie: Gibt es überhaupt eine objektiv-wissenschaftliche Wirklichkeit der Dinge, wenn deren Eigenschaften nur beim Beobachten „existieren"? ➜ M4
5 Sammeln Sie in Gruppenarbeit Informationen über Anton Zeilinger und sein Forschungsgebiet und präsentieren Sie Ihre Ergebnisse. Suchen Sie bei Ihrer Recherche auch nach den Begriffen „Teleportation" und „Beamen". ➜ M4

*6 Ordnung und Chaos

M1 Gerührt und nicht gemixt

Eine zähe, klare Flüssigkeit – Glycerin – befindet sich in einem quaderförmigen Trog und wird an zwei entfernten Stellen mit Farbtropfen grün und rot markiert. Danach wird kräftig durchgerührt. Dabei werden aber nicht alle Bereiche gleichmäßig durchmischt und die stark durchmischten zeigen chaotische Strukturen.

M2 Chaos – eine ordentliche Unordnung

Die Fähigkeit, die Zukunft eines physikalischen Systems vorhersagen zu können, ist in der Physik von zentraler Bedeutung. Bei geeigneten Anfangswerten kann man die Flugbahn eines Fußballs, die Umlaufbahn eines Satelliten oder die Bewegung eines Uhrenpendels berechnen. Diese Art von Untersuchungen beherrschen die Physik so sehr, dass man manchmal geneigt ist, dem französischen Mathematiker Pierre Simon de Laplace zuzustimmen, der behauptete, bei gegebenen Anfangsbedingungen des Universums sei dessen Zukunft für alle Zeiten vorhersagbar. Doch selbst wenn wir die Anfangswerte jedes Teilchens des Universums bestimmen und speichern könnten und die Probleme aufgrund der quantenmechanischen Unbestimmtheit beiseite lassen, kommen wir immer noch an einem grundlegenden Phänomen nicht vorbei, welches verhindert, dass wir die Zukunft vorhersagen können – das Chaos.

Chaos ist gemäß vielen Lexika ein Zustand vollständiger Unordnung oder Verwirrung – also ein guter Ausgangspunkt dafür, die Zukunft zu verschleiern. In der Physik oder Mathematik versteht man unter Chaos etwas Ähnliches, der Begriff ist aber präziser gefasst. Beispielsweise wiederholt sich die Bewegung eines chaotischen Systems niemals, sondern verändert sich stetig, so dass sein Verhalten ziemlich zufällig und ungeordnet erscheint. Gleichwohl sind chaotische Bewegungen weit davon entfernt, vollständig ungeordnet zu sein. Im Gegenteil, sie zeigen eine wohldefinierte Struktur, die leicht erfassbar ist.

Ein weiteres Merkmal des Chaos ist die extreme Empfindlichkeit gegenüber einer Änderung der Anfangswerte. Stellen Sie sich vor, Sie sollten eine Stecknadel auf ihre Spitze stellen. Wenn sie genau senkrecht steht, ist sie im Gleichgewicht. Dieses Gleichgewicht ist jedoch instabil und die kleinste Störung – der leiseste Lufthauch – wird sie in die eine oder andere Richtung umfallen lassen. Die senkrecht stehende Stecknadel ist ein Beispiel für Zustände, die extrem empfindlich gegenüber Änderungen der Anfangswerte sind. Wird hier auch nur der kleinste Luftstoß durch den Flügelschlag eines Schmetterlings im Zimmer vernachlässigt, dann ist es unmöglich vorherzusagen, in welche Richtung die Stecknadel fallen wird. Chaotische Systeme reagieren zu jedem Zeitpunkt ihrer Bewegung ebenso empfindlich auf Änderungen wie die auf der Spitze stehende Stecknadel. Daher führt schon die kleinste Unsicherheit bei der Messung der Anfangswerte eines chaotischen Systems zu enormen Unsicherheiten in der Voraussage seiner zeitlichen Entwicklung. [...]

Die Unvorhersagbarkeit des Wetters ist ein typisches Beispiel chaotischen Verhaltens, das mit dem Wärmehaushalt der Atmosphäre verbunden ist. Obwohl langfristige Wettervorhersagen nicht möglich sind, können allgemeine Merkmale des Wetters – nämlich das Klima – gut durch ein ihm zugrunde liegendes chaotisches System beschrieben werden. Von vielen mechanischen Systemen, angefangen bei so alltäglichen Dingen wie einem tropfenden Wasserhahn bis hin zu weiter abliegenden Beispielen wie der Taumelbewegung des Saturnmondes Hyperion, weiß man, dass sie chaotisch sind. Darüber hinaus findet sich chaotisches Verhalten bei der Populationsdynamik von Tieren oder in elektrischen Stromkreisen. Ja selbst in unserem eigenen Körper, bei Systemen wie unserem Herz oder unserem Gehirn, gibt es Hinweise auf chaotisches Verhalten.

James S. Walker, Essay: Chaos – eine unordentliche Ordnung, S.411

M3 Zwei Spielarten des Zufalls

Nach der Definition Heisenbergs unterscheidet man zwei Arten von Zufällen, den *subjektiven* und den *objektiven* Zufall. Unter dem *subjektiven* Zufall versteht man die scheinbare Zufälligkeit, welche aufgrund von Informationsmangel über die exakten Anfangsbedingungen, unter denen ein physikalischer Prozess stattfindet, entsteht. [...]

Als bekanntes Beispiel sei hier der klassische subjektive Zufall beim Würfel- oder Lottospiel genannt. Auf diesen subjektiven Zufall sich beziehende Wahrscheinlichkeitsberechnungen [...] sind daher nur nötig, weil die genauen Ausgangswerte jenes wohlgemerkt vollkommen deterministischen Vorgangs nicht bekannt sind. Es wird hierbei jedoch immer von der uneingeschränkten Gültigkeit der *Kausalität*, des zwingenden Zusammenhangs von Wirkung und Ursache, ausgegangen. [...]

Der subjektive Zufall basiert also nur auf der Unkenntnis der genaueren Bedingungen, unter denen ein komplexer Prozess geschieht, aber trotzdem wird dabei sehr wohl davon ausgegangen, dass die physikalischen Vorgänge *an sich determiniert*, also dem Gesetz der Kausalität unterworfen sind.

Als *objektiver* Zufall wird – im extremen Gegensatz zum gerade Dargelegten – ein wirklich *absolut zufälliges* Geschehen bezeichnet, das keinen, nicht einmal einen durch unser Unwissen verborgenen Grund hat. Diese Zufälligkeit ist daher, ungleich dem subjektiven Zufall, nicht ein Resultat eines Mangels an Informationen über die genauen Umgebungsbedingungen des Prozesses, sondern er ist real zufällig, das bedeutet, hier gibt es wahrhaftig keinen zwingenden Zusammenhang zwischen Ursache und Wirkung mehr. Der objektive Zufall steht daher im direkten Widerspruch zum Prinzip der Kausalität, denn Ursache und Wirkung sind nicht mehr zwingend kausal verknüpft. Dieser Punkt ist es, der den *qualitativen* Unterschied zwischen dem objektiven und dem subjektiven Zufall ausmacht.

Silvia Arroyo Camejo, Skurrile Quantenwelt, S.120f.

1. Erläutern Sie, warum das Chaos im physikalischen Sinn nicht der Kausalität und dem Determinismus widerspricht. ➜ M1/2
2. Arbeiten Sie heraus, worauf beim deterministischen Chaos die scheinbare Zufälligkeit beruht. ➜ M3
3. Sammeln Sie weitere einfache Versuche und alltägliche Beispiele, die dem „Stecknadel-Versuch" entsprechen und damit chaotisches Verhalten zeigen. ➜ M2
4. Zeigen Sie den Unterschied zwischen Wettervorhersagen und Klimaprognosen. ➜ M2
5. Charakterisieren Sie die Unterschiede zwischen subjektivem und objektivem Zufall. In welchen Bereichen der Physik spielen sie jeweils die wesentliche Rolle? ➜ M3
6. Suchen und sammeln Sie in der Gruppe Beispiele für zufällige Ereignisse (wie ausgeteilte Karten beim Kartenspiel oder radioaktiver Zerfall) und ordnen Sie diese der jeweiligen Art des Zufalls zu. Präsentieren Sie Ihre Ergebnisse, beispielsweise auf einem Plakat. ➜ M3
7. Stellen Sie gemeinsam in einer Zusammenfassung dem mechanistischen Weltbild alle Entwicklungen der modernen Physik gegenüber, die zu einer Neubewertung und Interpretation von Wirklichkeit Anlass geben.

4 Fragen nach Wissen und Glauben

Pflichtmodul: Wahrheitsansprüche

Im Alltag unterscheiden wir mit **Glauben – Meinen – Wissen** verschiedene Formen des Für-Wahr-Haltens. Das philosophische **Wahrheitsproblem** entspringt dem menschlichen Lebensinteresse am Verlässlichen. Verlässlich ist unsere Weltorientierung, wenn sie auf einer Erkenntnis der **Wirklichkeit** beruht. Eine Erkenntnis der Wirklichkeit ist nur dann wahr, wenn Sein und Wissen übereinstimmen. Auf der Suche nach der Gewissheit aller Erkenntnis macht *René Descartes* den radikalen methodischen Zweifel zum Ausgang seines Denkens und die im Vollzug des Zweifels gewonnene Gewissheit im Denken *(cogito ergo sum)* zum Grundsatz seiner Philosophie. Die Untersuchung der Bewusstseinsinhalte führt ihn dann zur zwingenden Gewissheit in den „eingeborenen Ideen" (Gott, mathematische Sätze), deren Gewissheitsgründe zu Kriterien jeder wahren Erkenntnis wurden. Durch den Zweifel an der physischen und psychischen Existenz kommt er zu der Gewissheit der eigenen Existenz als geistiges Wesen. Damit ist der neuzeitliche Dualismus *(res extensa – res cogitans)* begründet.

Nach den englischen Philosophen *John Locke* und *David Hume* erlangen wir die Inhalte des Bewusstseins durch innere und äußere Wahrnehmung. Die Sinneseindrücke sind die Quelle unseres Wissens. Gedanken sind Spiegel/Abbilder der Gegenstände außerhalb unseres Bewusstseins. Bewusstseinsinhalte (Perzeptionen) unterteilt Hume in unmittelbare Eindrücke (Wahrnehmungen) und mittelbare Vorstellungen (Gedanken). Das Denken verarbeitet lediglich Wahrnehmungen auf verschiedene Weise und in verschiedenen Zusammensetzungen. Auf Gegenstände bezogenes Denken ist erfahrungsabhängig, erfahrungsunabhängig ist nur die reine Denktätigkeit (Mathematik), die aber keine Aussagen über die Wirklichkeit machen kann. Notwendige Verknüpfungen von Ursache und Wirkung sind **subjektiv**, nicht **objektiv**; die Vorstellung resultiert aus Gewohnheit, eine letzte Gewissheit bleibt uns verschlossen.

Dem von Hume aufgeworfenen Problem der **Induktion** begegnet *Immanuel Kant* in der transzendentalen **Deduktion.** Nach seiner kopernikanischen Wende wird das Denkvermögen als eine Instanz betrachtet, welche die Tatsachen ihrer eigenen Gesetzgebung unterwirft, ihnen ihre Regeln und die Bedingungen vorschreibt, unter denen sie als Erscheinungen, als Gegenstände erfasst werden. Aller Erkenntnis liegen dabei apriorische Formen sowohl der Anschauung (Raum und Zeit) als auch des Verstandes **(Kategorien)** zugrunde; Verstand und Sinnlichkeit können nur in wechselseitiger Beziehung aufeinander gültige Erkenntnis konstituieren.

Die verschiedenen *Wahrheitstheorien* stellen ein Kriterium bereit, anhand dessen man die Wahrheit oder Falschheit einer Aussage feststellen kann.

Nach den *Adäquations- und Korrespondenztheorien* ist eine Aussage dann wahr, wenn sie mit dem behaupteten Sachverhalt übereinstimmt. Der Grundgedanke ist, dass unser Erkenntnisvermögen – Verstand, Vernunft, Intellekt – Übereinstimmung, Angleichung mit den behaupteten Sachverhalten anstreben muss.

Die *Kohärenztheorie* begnügt sich damit zu fordern, dass Aussagen mit anderen Aussagen nicht in Widerspruch treten dürfen. Treten also innerhalb einer wissenschaftlichen Theorie logische Widersprüche auf, muss etwas falsch sein an der Theorie: Sie ist dann „inkohärent".

Die *Konsenstheorien* verstehen Wahrheit im Sinne einer allgemeinen Übereinstimmung. Wenn Menschen über eine Sache verhandeln und eine Übereinstimmung, einen **intersubjektiven** „Konsens", erreicht haben, müssen sie der Wahrheit zumindest nahe sein. Voraussetzung dieser Theorie ist allerdings, dass Menschen verhandlungsfähige Vernunft und Kommunikationsfähigkeit besitzen und keine Beeinflussungen oder Drohungen entstehen.

Auf der Suche nach außerrationalen Wahrheiten zeigt sich die Grenze wissenschaftlicher Erkenntnis.

Wahlmodul 1: Wahrheit in den Wissenschaften

Allen Wissenschaften gemeinsam ist die Suche nach Wahrheit und, im Unterschied zu Mythos, Kunst und Religion, die Ausrichtung auf logische Begründung und Überprüfbarkeit. Wissenschaft ist ein als gesichert angesehenes, in einen Begründungszusammenhang von Sätzen gestelltes und damit kommunizierbares und nachprüfbares Wissen, das bestimmten wissenschaftlichen Kriterien wie z. B. Allgemeingültigkeit und Systematisierbarkeit Genüge tun soll.

Die wissenschaftlichen Methoden richten sich nach den jeweiligen Gegenständen, wobei sich v. a. zwei Traditionen herausgebildet haben. So sind für die Naturwissenschaften Beobachtung, Hypothesenbildung, Experiment und Theoriebildung charakteristisch.

Im Unterschied hierzu bezieht sich die geisteswissenschaftliche Methode auf die Bedeutungszuweisung und das Sinnverstehen im Rahmen historisch-kultureller Zusammenhänge.

Wahlmodul 2: Glaubenswahrheiten

Glaube ist festes und überzeugtes Vertrauen in die Existenz eines Gottes oder göttlicher Kräfte. Als *Gottesbeweise* bezeichnet man Versuche, das Dasein Gottes allein aus Gründen der Vernunft zu konstituieren: So leitet der teleologische Beweis von *Aristoteles* und *Thomas von Aquin* aus der Überzeugung, dass das Universum eine Ordnung, einen Plan oder Zweck offenbart, die Existenz Gottes ab. Die Dialektik zwischen dem philosophisch aufgeklärten Selbstverständnis der Moderne und dem theologischen Selbstverständnis der großen Weltreligionen führt zur Infragestellung der Glaubenswahrheiten. *Friedrich Nietzsches* These „Gott ist tot" behauptet, dass die Abkehr vom Glauben an den christlichen Gott neue Freiheit und Erkenntnis bringt. Für *Sigmund Freud* ist Religion eine Illusion und infantile Sehnsucht nach einem allmächtigen Vater. *Ludwig Feuerbach* interpretiert Religion als Projektion menschlicher Sehnsüchte und Gott als das vergegenständlichte Wesen des Menschen. *Karl Marx* bezeichnet Religion als Opium des Volkes, als entlastende Illusion und Unterdrückungsinstrument der Herrschenden.

Wahlmodul 3: Wahrheit in Kunst und Medien

Ästhetische Alltagsurteile sind subjektiv und selten verallgemeinerbar. Dagegen fragt die philosophische Ästhetik nach dem Verhältnis der Kunst zur Wahrheit, nach dem Geltungsanspruch, den Kunstwerke erheben, und inwiefern Kunstwerke Wahrheit erschließen können.

Die Suche nach Wahrheit in den Medien zeigt eine zusätzliche Schwierigkeit, da Medienwirklichkeit auch als Konstruktion von Realität zu verstehen ist. Dies wird insbesondere an der sog. virtuellen Realität und der Revolution medial vermittelter Welten im 21. Jahrhundert deutlich. Von den Medien wird häufig die Herstellung von Wahrheit und Objektivität in der Berichterstattung gefordert; es ist umstritten, wonach sie sich messen lässt und ob es eine objektive journalistische Berichterstattung gibt. Das Problem von Glaubwürdigkeit und Wahrheitsgehalt zeigt sich besonders in der Beurteilung einer Internet-Website, hier fehlen feste und zuverlässige Indikatoren, wie sie für die konventionellen Massenmedien vorliegen.

Seit der Antike wird das Problem von Kunst und Moral diskutiert, schon Platon achtete Kunst als Medium der Erkenntnis gering.

Wahlmodul 4: Wahrheit in Grenzbereichen

Häufig spricht man von Esoterik, wenn man die Theorie meint, und von Okkultismus, wenn es um die Umsetzung in die Praxis geht. Nach der Animismus-Theorie sind auch okkulte Phänomene auf natürliche Weise zu erklären und auf physikalische oder seelische Kräfte zurückzuführen. Die Neurotheologie untersucht, wie die Gehirnaktivitäten und deren evolutionäre Grundlagen mit Religiosität und Spiritualität zusammenhängen. Gegen das analytische Denken entwickelt sich im 20. Jahrhundert eine ganzheitliche und letztlich indeterministische Weltsicht und ein Menschenbild, das nicht durch mechanistische Gesetzmäßigkeiten gekennzeichnet ist. Die moderne Physik des 20./21. Jahrhunderts zeigt den begrenzten Gültigkeitsbereich der klassischen Physik und eines rein mechanistischen Weltbildes auf.

1 Auf zum Diskurs!

Abendlicher Wortwechsel

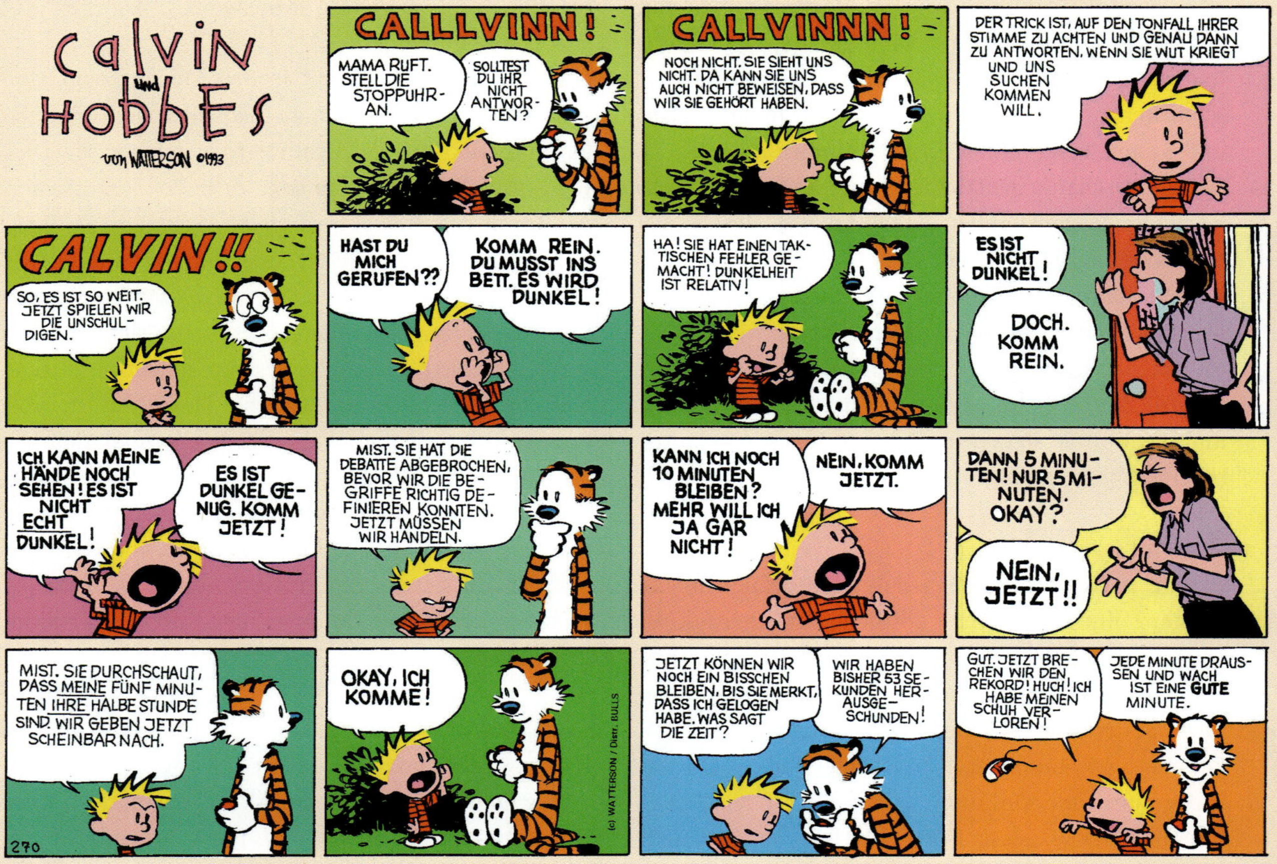

Bill Watterson, Calvin und Hobbes

Der Begriff „Diskurs"

Unter „Diskurs" finden wir in vielen Fremdwörterbüchern Begriffe wie „Gespräch" oder „Auseinandersetzung". Genauer charakterisieren philosophische Lexika dasjenige Denken in Gesprächen als „diskursiv, das von einer bestimmten Vorstellung zu einer bestimmten anderen logisch fortschreitet und dabei das ganze Gedankengebilde aus seinen Teilen aufbaut" (Heinrich Schmidt: Philosophisches Wörterbuch. Stuttgart [22]1991). An den Diskurs als „Methode" des Philosophierens werden also besondere Anforderungen gestellt, die z. B. Ihre Gespräche im Unterrichtsfach Werte und Normen bestimmen könnten.

Regeln des Sokratischen Gesprächs

Jürgen Habermas formuliert, wie Sie wissen, für die Diskursethik als theoretische Grundannahme eine „ideale Sprechsituation". Folgender Entwurf eines „Sokratischen Gesprächs" strebt eine größtmögliche Annäherung an dieses Ideal an. Dabei sind einige Regeln grundlegend:

1. *Jeder* Mensch als vernunftfähiges Wesen, das gutwillig und bereit ist, sich auf die folgenden Regeln einzulassen, kann an einem Sokratischen Gespräch teilnehmen.
2. Aufgabe eines Sokratischen Gesprächs ist die Bearbeitung eines *philosophischen*, d. h. eines auf Grundlegendes, Allgemeines abzielenden *Problems*.

Das Problem wird durch das Thema bestimmt, das nach Möglichkeit in Form einer Frage gestellt wird.

3. Gesprächs*grundlage* ist die (eigene) Erfahrung: „Fuß fassen im Konkreten" [...].
4. Gesprächs*ziel* ist eine Wahrheitserkenntnis bzw. eine Problemlösung; sie dokumentiert sich in einem Konsens aller am Gespräch Beteiligten, der auf eigener Einsicht und Zustimmung beruht. [...]
5. Jede Person bemüht sich um eine klare und verständliche Sprache und um Klärung der eigenen Gedanken.
6. Jede Person bemüht sich um genaues Zuhören, Auffassen und Verstehen der Äußerungen der anderen Gesprächsteilnehmer und -teilnehmerinnen. Jede Person versucht, den anderen gegebenenfalls zur inhaltlichen Klärung und besseren Formulierung ihrer Gedanken zu verhelfen: die Sokratische Maieutik („Hebammenkunst").
7. Jede Person sollte so viel sagen, wie notwendig ist, und so wenig, wie möglich ist, um gemeinsam der Wahrheit bezüglich des behandelten Problems näher zu kommen. Kurz: Beschränkung auf das Wesentliche, aber Sachangemessenheit.
8. *Aufrichtigkeit:* Jede Person stellt nur solche Behauptungen (inklusive Bezweiflungen) auf, hinter denen sie steht, d. h., von denen sie zum Zeitpunkt der Äußerung ernsthaft überzeugt ist und die sie argumentativ zu verteidigen bereit ist.
9. Jeder Einzelne, der eine Behauptung aufstellt, übernimmt die Verpflichtung, sie auf Nachfrage zu begründen. Dazu gehören folgende beiden Denkrichtungen [...]:
   - Abstrakte Aussagen sollen im Prinzip am Konkreten erläutert werden können, so dass die Zuhörer die Probe aufs Verstehen machen können. [...]
   - Umgekehrt soll man auch nicht beim konkret Erfahrenen stehen bleiben, sondern [...] die zugrunde liegenden allgemeinen Prinzipien und Überzeugungen aufsuchen und im Weiteren überprüfen.
10. Die Gesprächs*gruppe* ist gemeinsam verantwortlich für den Erkenntnisprozess, in dem jeweils nach der Phase des Auffassens des Singulären und Aufsuchens des Allgemeinen die Gültigkeitsprüfung vorzunehmen ist: so unvoreingenommen wie möglich Gründe und Gegengründe für aufgestellte Behauptungen gemeinsam zu untersuchen. Das Gespräch ist als Hilfsmittel zur Klärung und Vertiefung voll auszuschöpfen. Die Gruppe übernimmt die Verpflichtung, allen Widersprüchen in der Sache sowie ernsthaft geäußerten Einwänden von Teilnehmern und Teilnehmerinnen in gemeinsamer Prüfung nachzugehen, wenn möglich so lange, bis sie behoben sind. Über innere Zustimmung hat jeder allein, aber aufrichtig zu entscheiden.
11. Autorität für die Gültigkeit von Argumenten ist nicht: eine Person oder eine Gruppe, was man gelesen oder gehört hat, eine Lehre, sondern: das „Selbstvertrauen der Vernunft" [...] und der Logos-Grundsatz: der „eigentümlich zwanglose Zwang des besseren Arguments" (Habermas), aus Letzterem folgt:
12. *Revisionsbereitschaft:* Wer eine neue Einsicht gewonnen, gegebenenfalls einen alten Irrtum erkannt hat oder bemerkt, dass eine frühere Behauptung einzuschränken oder abzuwandeln ist, der sollte die Bereitschaft aufbringen, dies um der Wahrheit willen mitzuteilen und dem Gespräch zugutekommen zu lassen.
13. Abgesehen von der Nötigung der Vernunft ist keinerlei Zwang erlaubt [...]. Alle Gesprächsteilnehmer und -teilnehmerinnen bemühen sich um eine möglichst gute Annäherung der realen Gesprächsbedingungen an die „ideale Sprechsituation" [...].

nach Gisela Raupach-Strey, Sokratische Didaktik, S. 138 ff.

2 Mit Gedanken arbeiten

Brainstorming

Oft schießen uns spontan Ideen und Gedanken durch den Kopf, die wir nur flüchtig wahrnehmen und selten festhalten. Die Methode des Brainstormings will uns helfen, diesen Gedankensturm auch in einer Gruppe zu bändigen.

Brainstorming ist ein schneller Weg, Gedanken und Ideen zu einer Frage oder einem Problem zu sammeln. Dabei sind alle [...] einbezogen. In der ersten Phase äußern die Teilnehmerinnen und Teilnehmer alle Einfälle und Gedanken zu einem Thema, und seien diese noch so „abwegig". Hierzu ist ein offenes Gruppenklima Voraussetzung. Eine Gruppe sollte dann zum Brainstorming greifen, wenn neue, unkonventionelle Ideen gefragt sind. [...]

Ablauf eines Brainstorming

> Das Problem, die Frage, zu dem/der Einfälle gesammelt werden sollen, muss klar benannt werden.

> Eine Zeitbegrenzung sollte festgelegt werden (5-10 Minuten).

> Es muss festgelegt werden, wer die Einfälle wie festhält. Am besten eignet sich eine große Tafel oder eine Wandzeitung.

> Die Teilnehmerinnen und Teilnehmer sollen nun alle Gedanken äußern, die ihnen zu dem Thema einfallen. Diese sollten am besten in Form eines Stichwortes benannt werden. Gelächter, Beifall usw. wirkt in dieser Phase störend.

> Alle Ideen werden so festgehalten, dass jede bzw. jeder sie sehen kann. Nach dieser Kreativphase kommt es in der Auswertungsphase darauf an, die Einfälle zu erläutern, sie zu ordnen und zu bewerten.

Günther Gugel, Methoden-Manual „Neues Lernen", S. 154

Mindmap oder Gedankenlandkarte

Bevor wir ein Problem logisch durchdringen können, hilft es manchmal, die vorhandenen Gedanken assoziativ (verknüpfend) in Beziehung zu setzen. Hierzu gibt es verschiedene Methoden. Das im Folgenden vorgestellte Verfahren der Mindmap erhebt den Anspruch, an die Arbeitsweise unseres Gehirns angelehnt vorzugehen.

Auf einer Tafel oder einem großen Bogen Papier wird das Thema oder der Ausgangsbegriff geschrieben und umrandet. Die zentralen Aspekte des Themas werden in Form von Linien („Hauptästen"), die von diesem Zentrum ausgehen, festgehalten. Die Hauptäste können nun in Nebenäste weitergeführt werden. Man kann nun an jeder beliebigen Stelle ergänzen und einfügen. Neben Begriffen können auch Symbole, Piktogramme[1], Zeichnungen, Fotos, Bilder usw. verwendet werden.

Günther Gugel, Methoden-Manual „Neues Lernen", S. 80f.

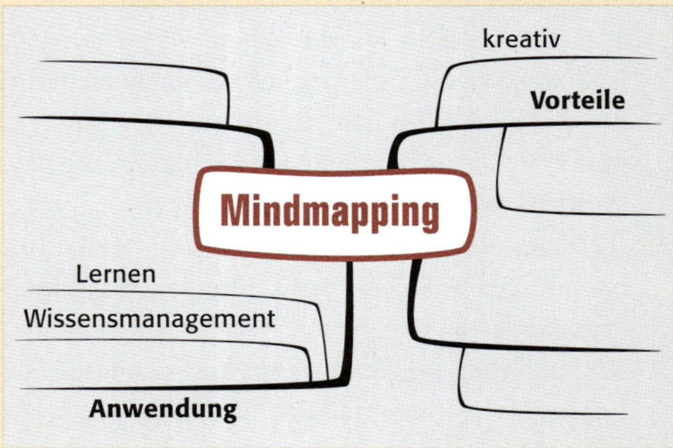

Das Denken soll wie eine Landkarte abgebildet werden. Unsere Gedanken springen von einem zentralen Thema zu einem anderen, befassen sich dazwischen mit einer Detailfrage oder streifen ganz entfernte Bereiche. Wir verfolgen Gedankenpfade, stellen Gabelungen und Verzweigungen her, verlassen plötzlich diesen Weg, suchen einen anderen auf, um dann wieder beim ersten oder bei einem anderen weiterzudenken. Und trotzdem bleibt der Überblick über das

[1] Piktogramm: eindeutiges, einfaches Bildzeichen (Gefahrensymbol, Verkehrszeichen etc.)

Ganze erhalten. Dieser komplexe Vorgang lässt sich mit linearen, logisch stringent geordneten Schreibtechniken nur ungenau abbilden, Gedanken müssen erst in Texte umgearbeitet werden. Dabei geht bisweilen viel Inhalt verloren. [...] Im Mindmapping-Prozess werden Gedanken nicht verarbeitet, sondern einfach notiert, so wie sie aus dem Kopf kommen. [...] Anwenden lässt sich diese Mindmapping-Technik überall da, wo Ideen produziert, geordnet und notiert werden sollen: Planungen, Manuskripte, Konzepte für Veranstaltungen, Redeunterlagen, Briefe, Prüfungsvorbereitungen usw.

Traute Langner-Geißler/Ulrich Lipp, Pinwand, Flipchart und Tafel, S. 66

Gedankenexperimente

Experimente sind ein allgemein anerkanntes Vorgehen, um Erkenntnisse zu gewinnen oder zu bestätigen. Allerdings werden sie zumeist mit den Naturwissenschaften in Verbindung gebracht. In der Philosophie und ihrem Gegenstand bekommen sie in der Tat eine andere Form.

Von der Wirklichkeit laufen unendlich viele Fäden in mögliche Welten, in denen der menschliche Geist auf Entdeckungs- und Abenteuerreisen gehen kann. Für diese Expeditionen in mögliche Welten benötigt der Reisende erfahrene Reiseführer; wo fände er kundigere als unter den großen Philosophen, den Spezialisten für Gedankenexperimente und „mögliche Welten"? [...] Um eine für den Erkenntnisprozess wesentliche Vorstellungskraft zu bezeichnen, prägte Leonardo da Vinci[2] die Formel „exakte Phantasie" und Robert Musil[3] in seinem Romanwerk *Der Mann ohne Eigenschaften* den Begriff des „Möglichkeitssinns". „Wer ihn besitzt, sagt beispielsweise nicht: Hier ist dies oder das geschehen, sondern er erfindet: Hier könnte, sollte oder müsste geschehen ... Nun, es könnte wahrscheinlich auch anders sein... [Das ist] die Fähigkeit, alles, was ebenso gut sein könnte, zu denken, und das, was ist, nicht wichtiger zu nehmen als das, was nicht ist. Man sieht, dass die Folgen solcher schöpferischen Anlage bemerkenswert sein können."

Wenn wir ein Gedankenexperiment anlegen, denken wir hypothetisch, wir halten das Urteil darüber, ob unsere Setzungen wahr sind, absichtlich in der Schwebe; wir sagen dann etwa: *gesetzt den Fall, dass ...; angenommen, dass ...; stellen wir uns vor ...; es sei ...; tun wir so, als ob ...* oder gebrauchen ähnliche hypothetische Formulierungen. Während der Naturwissenschaftler im realen Experiment die Setzungen in Form von Eingriffen in die Natur realisiert, die Folgen, die diese Eingriffe hervorbringen, beobachtet und eine gedankliche Brücke zwischen den willkürlichen Veränderungen und ihren Folgen schlägt, ist der Philosoph, wenn er Gedankenexperimente ausführt, allein auf sein Vorstellungsvermögen, das ihm die möglichen Folgen einer Annahme, Unterstellung oder Setzung vor Augen führt, und das analytische Denken angewiesen. Erst über den Umweg des Nichtseienden durchbricht das erkennende Subjekt die Oberfläche der erscheinenden Wirklichkeit. [...] Viele spekulative Gedankenexperimente werden mit der Formel *Was wäre, wenn ... (nicht)* eingeleitet; dabei wird etwas, das den „Fakten" widerspricht, das sogenannte Kontrafaktische, als gegeben unterstellt, und es werden die Konsequenzen, die sich aus dieser Annahme ergeben, untersucht. [...]

Die Philosophie kann wie andere Wissenschaften auch Schwieriges dadurch vereinfachen, dass sie die Abstraktionen, mit denen sie arbeitet, so oft wie möglich mit Anschauung und Leben erfüllt, durch den Rückgriff auf Bilder, Metaphern, konkrete Beispiele, Fallgeschichten, Gleichnisse, Sinngeschichten und nicht zuletzt durch Gedankenexperimente, das Durchspielen von kontrafaktischen Setzungen und das Experimentieren mit willkürlich veränderten Wirklichkeiten.

Hans-Ludwig Freese, Abenteuer im Kopf, S. 13, 19, 27, 30, 33f.

---

[2] Leonardo da Vinci (1452-1519): italienischer Maler, Bildhauer, Naturforscher und Ingenieur

[3] Robert Musil (1880-1942): österreichischer Schriftsteller

3 Begriffe klären I

Rationalität – eine Definition

Voraussetzung für die Arbeit mit Begriffen und den kritischen Umgang mit Argumenten ist eine Selbstverpflichtung auf Rationalität als Grundhaltung. Doch was heißt das?

Rationalität ist ein Ideal. Standards für die Rationalität zu formulieren, heißt zu beschreiben, wie wir denken und handeln würden, wenn wir die Art und Weise auswählen könnten, wie unser Gehirn arbeitet. Eine rationale Art, Überzeugungen zu erlangen, gäbe uns die größte Chance, wahre, nützliche und erklärende Überzeugungen zu gewinnen, und es würden Illusionen, Fehler und Trugschlüsse auf ein Minimum eingeschränkt. Das Ideal [...] ist allerdings ziemlich zweideutig: Ist es so wichtig, korrekt zu sein oder zu begreifen oder praktische Resultate zu erzielen? Ist es bei einer begrenzten Anzahl von Beweisen am rationalsten, die Schlüsse zu ziehen, die am sichersten sind und daher vermutlich am wenigsten falsch; oder die, die am stärksten zu einer Erklärung von Dingen beitragen, die uns verwirren; oder jene, die uns am meisten nützen? Es klingt plausibel, zu sagen, dass wir auf eine Kombination aller drei Wege aus sein sollten und dass es unterschiedliche Kombinationen gibt, die man rational für sich auswählen kann.
Es gibt aber noch zusätzliche Zwänge bei der Auswahl unserer Überzeugungen, sofern wir als rationale Denker gelten wollen. Ein grundsätzlicher Aspekt von Rationalität ist der Zusammenhang. Wir alle haben einen gewissen Grad an Zusammenhanglosigkeit in unseren Überzeugungen, aber ein rationaler Mensch sollte versuchen, sich in Richtung zusammenhängender Glaubensstrukturen zu bewegen. Wenn Überzeugungen kohärent, zusammenhängend sind, widersprechen sie einander nicht. Wenn also eine Person glaubt, alle Männer seien Monster, und zugleich, dass ihre drei Söhne perfekte Menschen seien, so enthalten ihre Überzeugungen einen auffälligen Grad an Inkohärenz. [...]
Kein Mensch kann aber ein Ideal der vollkommenen Rationalität leben, weil wir alle innerhalb der Grenzen unserer Erinnerungen und Aufmerksamkeitsspannen leben.

David Papineau (Hrsg.), Philosophie, S. 100f.

Begriffe bewusst machen

Ein bestimmtes Gebiet zu kartographieren, heißt im Grunde, ebenso wie die nähere Beschäftigung mit Begriffen, sich seiner alltäglichen „Umgebung" bewusster zu werden. Uns mag ein Gebiet durchaus vertraut sein, weil wir dort gewesen sind und uns auskennen. Wir haben es aber nie so bewusst aufgenommen, dass wir eine Karte davon anfertigen könnten. Wir finden wahrscheinlich den Weg von einer Stadt zur anderen, und wir wissen vielleicht auch, dass bestimmte Gegenden des Gebietes hügelig, andere bewaldet sind usw., trotzdem können wir es nicht genau zu Papier bringen, denn wir kennen die Landschaft einfach nicht in der Weise, wie es dafür erforderlich ist. Ebenso sind wir unser ganzes Leben mit Wörtern umgegangen, haben sie erfolgreich in der Kommunikation mit unseren Freunden angewendet, und dennoch ist uns ihre Bedeutung nicht bewusst geworden.

John Wilson, Begriffsanalyse, S. 26

Definitionen

Ein Wort hat eine Bedeutung, wenn es eine *Konvention*[1] gibt, die ihm seine Bedeutung verleiht. Die Konvention kann mittels einer Definition formell vereinbart worden sein oder sich durch gewohnheitsmäßige Verwendung zwanglos entwickelt haben. [...] Es gibt viele Arten, die Bedeutungen von Wörtern anzugeben; folglich gibt es viele verschiedene Typen von Definitionen. Zunächst einmal können wir die Bedeutung eines Wortes durch seine Extension[2] oder durch seine Intension[3] angeben. Deshalb unterscheidet man

[1] Konvention (lat.): allgemein gültige Übereinkunft
[2] Extension (lat.): Ausdehnung
[3] Intension (lat.): Sinn, Inhalt

grundsätzlich zwischen *extensionalen Definitionen und intensionalen Definitionen.*

Die Extension eines Wortes ist die Menge der *Dinge*, auf die das Wort zutrifft; die Intension eines Wortes ist die Menge der *Eigenschaften*, die die Dinge festlegen, auf die das Wort zutrifft.

Es gibt zwei ganz unterschiedliche Methoden, die *Extensionen* von Wörtern anzugeben. Erstens können wir einfach auf Dinge aus der Extension des Wortes zeigen. Um die Bedeutung des Wortes „Hund" einzugrenzen, können wir auf verschiedene Hunde hinweisen. Diese Methode, die Extension des Wortes anzugeben, bezeichnet man als „Hinweisdefinition". Eine andere Methode besteht darin, einige der Dinge aus der Extension des Wortes zu nennen (wenn die Dinge aus der Extension Eigennamen besitzen). Man kann deshalb Beispiele aus der Extension des Wortes „Hund" anführen, indem man verschiedene Hunde beim Namen nennt: Fido, Rover, Spot, Rex, Beauregard usw. [...] Man braucht so etwas wie eine Hinweisdefinition, um einige der Wörter mit Dingen in Beziehung zu setzen; es genügt nicht, wenn man bloß alle Wörter miteinander in Beziehung setzt.

Intensionale Definitionen sind sprachlicher Art. [...] Zum Beispiel:

„Verlogen" bedeutet „unehrlich".

„Pentagon" bedeutet „Fünfeck".

„Junggeselle" bedeutet „unverheirateter männlicher Erwachsener".

Das Wort, das definiert wird, steht immer auf der linken Seite; man bezeichnet es als das *Definiendum*. Das Wort oder die Wortverbindung auf der rechten Seite ist das Definierende; man bezeichnet es als das *Definiens*. [...] Wenn eine Definition gegeben wird, dann darf sie weder *zu weit* noch *zu eng* sein. Die Definition ist *zu weit*, wenn sie einige Dinge in die Extension einschließt, die mit Sicherheit außerhalb der Extension liegen. Die Definition ist *zu eng*, wenn sie Dinge von der Extension ausschließt, die mit Sicherheit zur Extension zählen. Man beachte, dass eine Definition gleichzeitig zu weit und zu eng sein kann. Zum Beispiel wurde die Definition „‚Mensch' bedeutet ‚vernünftiges Tier'" vorgeschlagen. Es gibt Grund zu der Annahme, dass sie in einigen Aspekten zu weit und in anderen zu eng ist. Wir würden normalerweise Säuglinge oder Geisteskranke für Menschen halten. Es ist jedoch zweifelhaft, ob solche Wesen vernünftig sind, so dass sie von der vorgeschlagenen Definition offenbar nicht zur Extension von „Mensch" gerechnet werden. Deshalb ist die Definition zu eng. Gleichzeitig scheinen bestimmte Affen ziemlich intelligent und zu elementaren Denkprozessen fähig zu sein. Solche Geschöpfe, die eindeutig nicht zur Extension von „Mensch", so wie wir das Wort verstehen, gehören, würden von der vorgeschlagenen Definition dazugezählt werden. In dieser Hinsicht ist die Definition zu weit.

Wenn es uns gelungen ist, eine intensionale Definition aufzustellen, die weder zu weit noch zu eng ist, dann müssen wir immer noch prüfen, wie sie mit den *Grenzfällen* fertig wird. Um zu unserem vorhergehenden Beispiel zurückzukehren: Wir stoßen auf Grenzfälle, wenn wir nach dem Zeitpunkt fragen, zu dem ein Organismus zu einem Menschen wird. Wird ein Individuum erst im Augenblick der Geburt zu einem menschlichen Wesen? Ist ein ungeborenes Kind ein menschliches Wesen? Wird ein Fetus zu einem Menschen, wenn die Mutter zum ersten Mal „Leben fühlt"? Ist das befruchtete Ei vom Augenblick der Befruchtung an ein menschliches Wesen? Das sind keine rein akademischen Fragen. Es geht um Probleme der folgenden Art. Besitzt ein ungeborenes Kind irgendwelche gesetzlichen Rechte? Kann ein ungeborenes Kind Geld erben oder der Begünstigte in einer Lebensversicherungspolice sein? Ist Abtreibung Mord? (Es ist per definitionem[4] unmöglich, etwas Nicht-Menschliches zu ermorden.) [...]

Einige der wichtigsten philosophischen Probleme sind im Grunde Definitionsprobleme. Philosophen fragen: Was ist Gerechtigkeit? Was ist Kunst? Was ist Religion? Was ist Wissen? Was ist Wahrheit? In allen diesen Fällen kann man die Frage umformulieren: Wie sollen wir das Wort „Gerechtigkeit" definieren? Wie sollen wir das Wort „Kunst" definieren?

Wesley C. Salmon, Logik, S. 247-263

---

[4] per definitionem (lat.): (schon) durch die Definition (des Begriffs)

4 Begriffe klären II

Klassifizieren

Bill Watterson, Calvin und Hobbes

Was sind analytische Aussagen?

a) Alle Junggesellen sind unverheiratet.

Es ist nicht nötig, dass man eine große Anzahl von Junggesellen beobachtet, um die Wahrheit von (a) in Erfahrung zu bringen. Weil ein Junggeselle per definitionem ein unverheirateter männlicher Erwachsener ist, kann man das Wort „Junggeselle" auf keine Person korrekt anwenden, die nicht unverheiratet ist. Aussagen dieses Typs, deren Wahrheit aus den Definitionen der in ihnen vorkommenden (logischen und nichtlogischen) Wörter folgt, bezeichnet man als analytische Aussagen. *Wesley C. Salmon, Logik, S. 265*

Notwendige und hinreichende Bedingungen

Aus wie vielen Teilen besteht die Definition? Männlich, Person, unverheiratet, im heiratsfähigen Alter, insgesamt also vier Bedingungen. Jede ist für eine vollständige Definition von Junggeselle notwendig. Es ist nicht möglich, Junggeselle und gleichzeitig nicht männlich zu sein. Das alleine ist jedoch noch nicht hinreichend. Mein Hund ist auch männlichen Geschlechts; man muss also außerdem auch ein Mensch sein. Ich jedoch bin ein männlicher Mensch und doch kein Junggeselle. Also ist auch dies noch keine hinreichende Bedingung. Ein Mann muss zusätzlich noch unverheiratet sein. Ein kleines männliches Baby wiederum kann unverheiratet und trotzdem kein Junggeselle sein. Also ist eine weitere Bedingung notwendig. Ein unverheirateter Mann muss im heiratsfähigen Alter sein, um ein Junggeselle sein zu können. Jede der vier Bedingungen ist notwendig; alle vier zusammen (gemeinsam) sind hinreichend für die Definition von Junggeselle. Philosophen verwenden dasselbe Analyseverfahren auch, um wichtige Begriffe wie z. B. Erkenntnis, Freiheit oder Gott zu erklären und schließlich zu verstehen.

Tom Morris, Philosophie für Dummies, S. 63

Vagheit

Ein Wort ist vage, wenn es Dinge gibt, von denen man mit Sicherheit weder sagen kann, dass sie zu seiner Extension gehören, noch dass sie nicht dazu gehören. Definitionen haben häufig die Aufgabe, vage Worte präziser zu machen. Zum Beispiel ist das Wort „reich" vage. Manche Leute besitzen sehr wenig Geld; sie sind mit Sicherheit nicht reich. Andere besitzen Millionen; sie sind mit Sicherheit reich. Nun gibt es aber manche Leute, die eine ganze Menge Geld haben, ohne dabei über ein sagenhaftes Vermögen zu verfügen. Selbst wenn wir wüssten, wie viel Geld so jemand besitzt, könnten wir wegen der Vagheit des Wortes „reich" nicht sagen, ob er reich ist oder nicht.

Wesley C. Salmon, Logik, S. 257

Schritte der Begriffsanalyse

1 **DAS ISOLIEREN VON BEGRIFFSFRAGEN.** Als Erstes müssen wir Begriffsfragen von anderen Fragen trennen. Es kommt nur selten vor, dass eine Begriffsfrage in reiner Form vorliegt, insofern ist es zwar möglich, aber unwahrscheinlich, dass man gefragt wird: „Was ist die logische Eigenart des Begriffs ‚Strafe'?" Man sieht sich fast immer mit einer viel verwirrenderen und komplexeren Frage konfrontiert wie zum Beispiel: „Sollten Menschen in Anstalten für geistig Behinderte jemals bestraft werden?" Hier muss man nun verschiedene Spiele spielen. Um die Frage erschöpfend zu beantworten, muss man (a) den Begriff „Strafe" analysieren, (b) über Angaben verfügen, welche Menschen sich tatsächlich in Anstalten für geistig Behinderte befinden, und (c) eine moralische Stellungnahme abgeben, ob diese Menschen überhaupt bestraft werden sollten. Diese Frage schließt also nicht nur eine begriffliche Analyse ein, sondern auch Tatsachenüberlegungen ebenso wie Überlegungen in Bezug auf Werte. [...] Trotz eines einzigen Fragezeichens werden im Grunde oft mehrere Fragen gestellt. Wir können demnach keiner gerecht werden, wenn wir sie nicht zuvor unterschieden haben. Deshalb müssen wir erst die Begriffsfragen herauslesen und sie vorrangig behandeln. [...]

2 **EIGENTLICHE UND UNEIGENTLICHE FÄLLE.** [...] In einigen Anwendungsfällen des Begriffs kommen wir dem Begriffskern näher als in anderen. Untersuchen wir zum Beispiel den Begriff „Wahrheit". Wir könnten da an drei Beispiele für das Wort „wahr" denken: (a) wenn wir eine Feststellung oder Aussage als „wahr" bezeichnen, (b) wenn wir von einem „guten und wahren Menschen" oder von einem „wahren Freund" sprechen, und (c) wenn wir zum Beispiel sagen: „Dort befanden sich wahre Menschenmassen." Es ist nicht schwer zu erkennen, dass der erste Fall dem Kern des Begriffs am nächsten kommt. Wahr sind in erster Linie Feststellungen oder Aussagen, und wenn wir auch von einem „wahren Freund" oder von „wahren Menschenmassen" sprechen können, so sind dies doch Erweiterungen oder Verschiebungen des eigentlichen Gebrauchs. [...]

3 **MODELLFÄLLE.** Besonders wenn uns der Begriffsumfang unsicher macht, sollten wir am besten mit einem Modellfall beginnen, d. h. mit einem Beispiel, das nicht in Zweifel zu ziehen ist und von dem wir sagen könnten: „Wenn *das* kein Beispiel für das und das ist, dann gibt es überhaupt keines." Wenn wir also dem Begriff „Strafe" nachgehen, könnten wir einen Fall nehmen, in dem jemand absichtlich gegen eine wichtige Vorschrift verstoßen hat und ihm dafür durch eine Autorität Leiden zugefügt wird: Stellen wir uns einen Jungen vor, der eine Fensterscheibe in der Schule eingeschlagen hat und dafür vom Schulleiter einen Verweis erhält. Hier handelt es sich sicherlich um einen Fall von Strafe. Wir können jetzt die Merkmale des Falles ansehen und herauszufinden versuchen, welche für den Gebrauch des Wortes „Strafe" wesentlich sind. [...] Dann könnten wir andere Modellfälle heranziehen, zum Beispiel jemanden, der einen Diebstahl begeht und durch einen Richter zu einer Strafe verurteilt wird, und sehen, ob all die Merkmale, die wir im ersten Fall festgestellt haben, wieder auftauchen. Wenn nicht, könnte es ein Zeichen dafür sein, dass die nicht vorkommenden Merkmale nicht wesentlich sind, denn wären sie es, würden sie vielleicht in allen Modellfällen auftauchen. Wir können also unsere Suche nach wesentlichen Merkmalen dadurch begrenzen, dass wir die unwesentlichen aussondern.

4 **ENTGEGENGESETZTE FÄLLE.** Das Gleiche lässt sich durch entgegengesetztes Vorgehen erreichen, indem wir Fälle nehmen, von denen wir sagen können: „Was immer das und das sein mag, *dies* ist kein Beispiel dafür." Angenommen, wir wären uns über den Begriff „Gerechtigkeit" im Unklaren. Dann würden wir uns einen Fall vornehmen, bei dem wir eindeutig sagen könnten, dass jemand ungerecht behandelt wurde. [...]

5 **VERWANDTE FÄLLE.** Nur selten können wir einen Begriff analysieren, ohne andere Begriffe einzubeziehen, die ihm verwandt oder ähnlich sind oder in irgendeiner wesentlichen Beziehung zu ihm stehen. [...]

6 **GRENZFÄLLE.** Es ist auch hilfreich, sich gerade solche Fälle vorzunehmen, bei denen wir nicht sicher sind, um zu sehen, was dabei herauskommt. Nehmen wir an, ein Kind berührt eine elektrische Leitung, obwohl es auf die Gefahr hingewiesen wurde, und bekommt einen leichten Schlag. Ist das eine „Strafe"? Dieser Fall hat einige Merkmale mit den Modellfällen von Strafe gemeinsam, aber vielleicht doch nicht genug. Versuchen wir deshalb herauszubekommen, welches wichtige Merkmal fehlt. [...]

7 **ERDACHTE FÄLLE.** Manchmal ist es erforderlich, sich Fälle auszudenken, die ganz außerhalb unserer üblichen Erfahrung liegen, weil uns nämlich unsere Alltagserfahrung nicht genügend Beispiele liefert, um den Begriff klären zu können.

nach John Wilson, Begriffsanalyse, S. 26-37

5 Argumente verwenden

Die drei Ks

In der Philosophie werden Meinungen oder Ansichten bewertet, indem man Beweise fordert, die ihre Wahrheit plausibel erscheinen lassen. Dabei vergleichen wir die zu bewertende Aussage mit anderen Aussagen, von deren Plausibilität oder sogar Wahrheit wir schon überzeugt sind. Bei der Beurteilung einer Weltanschauung oder einer wichtigen philosophischen Lehrmeinung (ebenso bei der Beurteilung von ganz allgemeinen Dingen des täglichen Lebens) müssen die folgenden drei Grundfragen gestellt werden. Wir wollen sie die drei Ks nennen:

K1 Besteht Kohärenz? Sind die verschiedenen Teile der geäußerten Anschauung oder Meinung logisch miteinander vereinbar? Sind sie auf sinnvolle und sich nicht gegenseitig ausschließende Weise miteinander verknüpft? Sind sie kohärent, d. h. in sich schlüssig?

K2 Sind sie komplett? Beinhalten die Aussagen und Behauptungen zu einem Thema alle für dieses Thema relevanten und unbedingt zu berücksichtigenden Aspekte, oder gibt es irgendwo Lücken oder blinde Flecken in der Argumentation?

K3 Sind sie korrekt? Es ist für Aussagen nicht genug, nur vollständig und in sich schlüssig zu sein. Es müssen außerdem genügend Beweise für ihre Wahrheit verfügbar sein. Schlüssigkeit ist notwendig; Vollständigkeit ist wichtig, aber nur die Korrektheit, der Wahrheitsgehalt einer Aussage erfüllt zusätzlich die Bedingung, die man an sie zu stellen hat. Mit einer in sich stimmigen Aussage, die jedoch nicht mit äußeren Tatsachen übereinstimmt, kann man für den praktischen Gebrauch wenig anfangen. [...] Ein Argument im philosophischen Sinne ist eine durchdachte Anordnung von Sätzen, vermittels derer man Beweise für die Wahrheit einer Schlussfolgerung vorbringt.

Tom Morris, Philosophie für Dummies, S. 46f.

Prämissen

„Prämissen" nennt man die Voraussetzungen, von denen die Schlussfolgerungen abgeleitet sind. Prämissen sind die Teile eines Arguments, die die Begründung geben für die Überzeugung, dass die Schlussfolgerung wahr oder falsch ist.

Nigel Warburton, Thinking from A to Z, S. 95f.

Vollständigkeit und Gültigkeit von Argumenten

Im wirklichen Leben ist die Struktur von Argumenten gar nicht so leicht zu erkennen. Gewöhnlich ist zumindest eine der Prämissen eher mitgedacht als explizit formuliert; Schlussfolgerungen kommen nicht immer hinter den Prämissen, sondern werden oft vorangestellt und sind selten durch Signalwörter gekennzeichnet wie „deshalb" oder „also". Daher ist es häufig notwendig, die präzise Beziehung zwischen Prämissen und Konklusion zu klären, bevor man versucht, irgendein Argument zu bewerten. Zum Beispiel könnten Sie Folgendem begegnen:

„Sie sollten Ihr Kind nicht diesen Film *A Clockwork Orange* ansehen lassen. Er ist so gewalttätig."

Nach weiterem Nachfragen mag zutage treten, dass das enthaltene Argument war:

„Gewalttätige Filme anzusehen verursacht, dass Kinder gewalttätig werden."

„Sie sollten Kinder davon abhalten, irgendetwas zu tun, was sie gewalttätig macht."

„Sie können Ihr Kind daran hindern, einen Film zu sehen."

„*A Clockwork Orange* ist ein gewalttätiger Film."

„Deshalb sollten Sie Ihr Kind davon abhalten, den Film *A Clockwork Orange* anzuschauen."

[...] Beachten Sie, dass, wenn beim obenstehenden Argument die Prämissen wahr sind, dann die Konklusion wahr sein muss: Da ist keine mögliche Situation, in der alle Prämissen wahr sind und dennoch die Konklusion falsch. Das liegt daran, dass die Struktur des Arguments eine gültige ist.

Nigel Warburton, Thinking from A to Z, S. 17f.

Fünf häufige Argumenttypen

DAS DU-AUCH-ARGUMENT

Dieses Argument entspricht der Aussage: „Diese Kritik ist nicht nur auf meine Position anwendbar; sie trifft ebenso auf deine eigene zu."

DER ANALOGIE-SCHLUSS

Bill Watterson, Calvin und Hobbes

DIE REDUCTIO AD ABSURDUM

Ein Beweisverfahren, das zeigt, dass eine Position falsch ist oder letztlich unhaltbar, indem es aufweist, dass, wäre sie wahr, sie zu absurden Konsequenzen führte. [...] Dies ist eine häufig und mit hohem Effekt angewandte Methode, um eine Position zu widerlegen. Wenn z. B. jemand behauptet, dass jeder, der bewusstseinsverändernde Drogen zu sich nimmt, eine Gefahr für die Gesellschaft sei und weggeschlossen gehörte, dann ist es leicht, ihn zu widerlegen, indem man eine Reductio ad absurdum unternimmt. Alkohol ist eine bewusstseinsverändernde Droge, die viele der größten Förderer der westlichen Tradition gelegentlich benutzt haben. Müssen wir dann jeden wegschließen, der jemals Alkohol genossen hat? Offensichtlich wäre das absurd. So können wir überzeugt sein, dass die Verallgemeinerung, die zu der Schlussfolgerung geführt hat, dass wir so handeln sollten, unhaltbar ist.

Nigel Warburton, Thinking from A to Z, S. 1

DAS ARGUMENT DER SCHLÜPFRIGEN BAHN

Ein Argumentationstyp, der auf der Prämisse beruht, dass, wenn man eine kleine Bewegung in eine bestimmte Richtung macht, es dann äußerst schwierig oder sogar unmöglich sein wird, einer weitaus substanzielleren Bewegung in dieselbe Richtung vorzubeugen. Wenn man einen Schritt hinab auf einem schlüpfrigen Hang tut, riskiert man, sich selbst hinabschliddern zu sehen mit einer stets wachsenden Geschwindigkeit, bis man den Grund erreicht. Je weiter man die Bahn hinabgerät, desto schwieriger ist es abzustoppen. Nach einer Weile kann man es nicht mehr, selbst wenn man es verzweifelt versucht. Diese Metapher einer schlüpfrigen Bahn [slippery sloap] wird oft entweder explizit oder implizit gebraucht als ein Weg, Leute zu überzeugen, dass die Akzeptanz einer relativ harmlosen Praxis unausweichlich zur Legitimation äußerst wenig wünschenswerter Verhältnisse führen wird.

Nigel Warburton, Thinking from A to Z, S. 108f.

DAS DILEMMA

Gewöhnlich sagen wir, dass sich jemand in einem Dilemma befindet, wenn er zwischen zwei in gleicher Weise unangenehmen Dingen wählen muss oder soll. [...] Das Dilemma ist bei Meinungsverschiedenheiten oder Auseinandersetzungen ein äußerst wirkungsvoller Argumentationstyp. [...] Das alte theologische Problem des Übels in der Welt kann als Dilemma dargestellt werden. Man argumentiert folgendermaßen: Die Welt ist voller Übel. Das bedeutet, dass Gott entweder die Übel nicht verhindern kann oder dass er die Übel nicht verhindern will. Wenn Gott die Übel nicht verhindern kann, dann ist er nicht allmächtig. Wenn Gott die Übel nicht verhindern will, dann ist er nicht gütig. Deshalb ist Gott entweder nicht allmächtig, oder er ist nicht gütig.

Wesley C. Salmon, Logik, S. 68f.

6 Das ABC der Bilder I

Was ist eigentlich ein Bild?

1. Machen Sie einmal das Experiment und notieren Sie jeder für sich eine Erklärung des Begriffs „Bild". Versuchen Sie dann, im Austausch miteinander zu einer brauchbaren Definition zu kommen. Überprüfen Sie Ihr Ergebnis mithilfe der in Wesley Salmons Erläuterung zu Definitionen (s. S. 318f.) gegebenen Kriterien.
2. Gibt es bereits jetzt für Sie sichtbare Unterschiede zwischen den Medien „Text" und „Bild"? Welche Vorteile – denken Sie – haben Bilder gegenüber Texten? Welche Nachteile?
3. Diskutieren Sie, ob man die Arbeit *Untitled* von Barbara Kruger als „Bild" bezeichnen kann. Finden Sie eine Definition, die „den Fall Kruger" einschließt? Wo ziehen Sie Ihre Grenzen?
4. Überlegen Sie, wo die Arbeit Barbara Krugers aufgestellt oder abgebildet werden könnte und wie sich entsprechend die Bedeutung des Werkes verschieben könnte.
5. Begründen Sie: Spielt es eine Rolle, dass die Arbeit von einer Frau stammt?
6. Löschen Sie die erste Zeile des Textfeldes bei Kruger und füllen Sie sie mit einem eigenen Angebot. Diskutieren Sie Ihre Vorschläge.

Barbara Kruger, Untitled, 1987

Krugers Arbeit scheint eine klare Aussage zu machen: „I shop therefore I am." Dennoch könnten über die Intention des Werkes die Meinungen auseinander gehen – oder?

Bilder, so zeigt sich selbst in einem so klaren Fall wie dem Barbara Krugers, sind mehrdeutig: Sie lassen mehrere Interpretationen nebeneinander zu und haben häufig zusätzlich mehrere Bedeutungsebenen. Das heißt allerdings nicht, dass eine falsche Bilddeutung nicht aufgrund ihrer schlechten Begründung und Widersprüchlichkeit von möglichen richtigen Deutungen unterscheidbar wäre. Eine Bilddeutung ist eine Art Hypothese; sie kann mehr oder weniger begründet sein durch Einzelbeobachtungen am Bild und über das Bild hinaus.

Wie kommt Philosophie ins Bild?

Sicherlich ist Ihnen schon aufgefallen, dass Sie bereits mit Barbara Krugers Bild *Untitled* philosophiert haben. Auch haben Sie vielleicht eine philosophische Problemebene im Bild entdeckt. Wie gelingt es eigentlich Bildern, sich von einer Abbildung einer konkreten Situation zu entfernen und Allgemeineres zu formulieren – eine notwendige Bedingung für „Philosophie in Bildern"? Zum Beispiel so:

Text-Bild-Interferenz

Das Bild *Untitled* enthält verbalsprachliche Elemente. Sie öffnen den Weg zu grundsätzlicheren Statements und kanalisieren die Deutungsrichtung. Man spricht in solchen Fällen von einer „Text-Bild-Interferenz"[1]. Eine ähnliche Funktion kann der Titel übernehmen, die Bildunterschrift oder auch die Sprechblase in Comics. Das Bild kann zum Text beispielsweise auch in Widerspruch stehen, in ironischer Spannung, es kann bestätigen, konkretisieren oder ergänzen.

[1] Interferenz (lat.): Überlagerung

Ikonizitätsgrad

Die Schwächung des Ikonizitätsgrads, d. h. die zunehmende Abstraktion und Reduzierung individueller Merkmale, ist ein zusätzliches Mittel, auf eine allgemeinere Bedeutungsebene hinzuweisen. Der Philosoph Charles W. Morris, der den Begriff 1946 in seinem Buch *Zeichen, Sprache, Verhalten* zuerst verwendete, schreibt: „Das Porträt einer Person ist in hohem Maße ikonisch[2], da die bemalte Leinwand nicht die Beschaffenheit der Haut oder die Fähigkeit zu sprechen oder sich zu bewegen hat. Ein Film ist ikonischer, aber er ist nicht völlig ikonisch. Ein völlig ikonisches Zeichen würde in jedem Fall denotieren[3], da es selbst ein Denotat[4] wäre."

Abstraktion und Universalität

Exemplifikation

Ein gegenstandsloses Bild bildet keinen Gegenstand ab, es bezieht sich auf andere Weise auf die Wirklichkeit. Der Gegenwartsphilosoph Nelson Goodman prägte 1968 in seinem Buch *Sprachen der Kunst* in Reaktion auf die Entwicklungen der modernen Kunst den Begriff „Exemplifikation": Wie ein Stoffmuster etwas über die Qualität des Stoffes auf einem Stoffballen aussagt, indem es auf seine Eigenschaften Bezug nimmt und diesen Aspekt an sich herausstellt, so kann ein abstraktes graues Bild die Farbe Grau exemplifizieren – und, wie Goodman seine Analyse verlängert, es kann zusätzlich sein, dass ein graues Bild „metaphorisch exemplifiziert", und zwar ein Gefühl: Traurigkeit. Form und Farbe können so gesteigert werden, dass sie beim Betrachter gezielt Empfindungen auslösen. Man spricht hier auch vom Ausdruckswert des Bildes.

Metaphorik

Wenn wir nach der übertragenen Bedeutung eines Bildes suchen, stellen wir die Frage nach seiner metaphorischen Deutungsebene. In der Geschichte der Bildgestaltung haben sich bestimmte Darstellungskonventionen für Ideen, Allgemeinbegriffe, ethische und erkenntnistheoretische Ideale und deren Gegenteil immer wieder durchgesetzt. Eine besonders beliebte Darstellungsform ist die Personifikation oder Allegorie, die Begriffe als Personen mit festgelegten Kennzeichen sichtbar macht: So wird die Wahrheit gerne als unbekleidete junge Frau dargestellt, die Täuschung durch ein schönes Mädchen mit zwei linken Händen und Krähenfüßen, die Zeit durch einen weißbärtigen Greis mit Sanduhr und Sense usw. Allegorische Darstellungen waren besonders beliebt vom 15. bis zum 17. Jahrhundert. Ein Beispiel ist der abgebildete Holzschnitt aus Sebastian Brandts 1494 erschienenem Buch *Das Narrenschiff.*

Ideen werden in Bildern auch durch Gegenstände oder einfache graphische Zeichen symbolisiert: So kann eine Seifenblase die Vergänglichkeit symbolisieren, das Rad kann Schicksal oder auch Wiedergeburt bedeuten. Zu beachten ist allerdings, dass der Symbolwert kontextabhängig ist, d. h., über seine schließliche Bedeutung entscheidet der Bildzusammenhang und die überlieferte Darstellungskonvention: Rot kann in einem Bild Liebe symbolisieren, in einem anderen höllische Verdammnis.

---

[2] ikonisch (gr.): bildhaft

[3] denotieren (lat.): bezeichnen

[4] Denotat (lat.): das Bezeichnete

7 Das ABC der Bilder II

Die Botschaft der Bilder

Um einen unvoreingenommenen Zugang zu einer begründeten Bilddeutung zu finden, kann es nützlich sein, sich einem Bild zunächst ohne Beachtung des Titels zu nähern und seine Gesamtwirkung durch verschiedene „Brillen" gesondert zu untersuchen. Hilfreich ist hierbei, sich zu jedem Schritt Notizen zu machen, da unsere Einzelbeobachtungen dazu dienen werden, in der Interpretationsphase die Qualität unserer Gesamtdeutung zu überprüfen.

erster Eindruck

Betrachten Sie das Bild zunächst nur ca. drei Sekunden und halten Sie Ihren ersten Eindruck des Bildes kurz schriftlich fest.
Untersuchen Sie jetzt schrittweise das Bild unter folgenden Aspekten:

inhaltliche Analyse

Gibt es eindeutig identifizierbare Personen, Handlungen, Gegenstände? In welchem situativen Bezug stehen sie? Welche Hinweise entnehmen Sie der Mimik und Körpersprache, welche der Kleidung und den Attributen? Gibt es aus Kunst und/oder Literatur Ihnen schon bekannte Motive? Was macht besondere Schwierigkeiten?

metaphorische Analyse

Ist es denkbar, dass Gegenstände oder Gegenstandsbeziehungen, Farben, Licht, Komposition, Räumlichkeit, Zeitstruktur oder die Betrachterbeziehung eine symbolische Bedeutungsebene haben? Haben Gegenstandsform, Farben, Licht, Raum einen besonderen Ausdruckswert?

formale Analyse

1. Gegenstandsform. Gibt es Auffälligkeiten hinsichtlich der Form, Größe, Kontur, Farbe, Stofflichkeit, Körperhaftigkeit der Bildgegenstände? Wie würden Sie den Abstraktionsgrad und die Abstraktionsart bestimmen? Welche formalen Beziehungen der Bildgegenstände zueinander sind auffällig?

2. Farbigkeit. Ist das Bild harmonisch, kontrastreich oder monochrom in der Farbwirkung? Dominieren einzelne Farben durch Qualität oder Quantität? Gibt es auffällige Farben (Quantität, Qualität) oder Farbbeziehungen (Wiederholungen, Variationen, Kontraste)?

3. Licht. Wo liegt die Lichtquelle? Gibt es eine eindeutige Beleuchtungsrichtung? Lässt sich die Lichtart näher bestimmen? Gibt es auffällige Licht- oder Schattenzonen?

4. Komposition. Welches Format hat das Bild? Wirkt es eher geschlossen oder ausschnitthaft? Wo liegt das Hauptgewicht des Bildes? Werden bestimmte Richtungen betont? Wird mit dem Bildaufbau eher Stabilität, Labilität, Ordnung, Chaos, Unruhe, Erregung, Verlorenheit, Bedrohung, Geschwindigkeit, Enge, Weite etc. assoziiert?

5. Raum. Wirkt das Bild auf Sie eher räumlich oder flächig? Durch welche Mittel wird Räumlichkeit erreicht? Gibt es Spannungen zwischen räumlichen und flächigen Bildelementen? Gibt es sonstige Irritationen der Raumwirkung?

6. Zeit. Vermittelt die Darstellung einen Eindruck der Dauer, Geschwindigkeit, des Momentanen, der Ewigkeit?

7. Betrachter. Wie ist die Position des Betrachters zu Bildgegenständen bzw. zum Bildraum?

Interpretation

Welche Einzelbeobachtungen verstärken sich gegenseitig und ermöglichen eine fundierte Gesamtdeutung? Stimmt das Analyseergebnis mit dem notierten ersten Gesamteindruck überein? Wird er präzisiert, differenziert, korrigiert etc.? Welche Informationen beinhaltet der Bildtitel? Wie steht er zur Bildgestaltung (bestätigend, konkretisierend, kontrastierend, ironisch etc.)? Gibt es Informationen zum Autor, zur Entstehungszeit, zur Stil- oder Motivgeschichte, die das Ergebnis modifizieren oder bestätigen könnten? Gibt es Bezugspunkte zur Zeitgeschichte, Literatur, Philosophie, Theologie, Psychologie, die zur Bildinterpretation hergestellt werden können? Lassen sich ursprüngliche Bildfunktion und Aufstellungsort ermitteln?

Wirkungen

Fragen an Karikaturen

Bei Karikaturen setzen die Zeichner nicht nur die Kenntnis des dargestellten Sachverhalts voraus, sondern auch die für Karikaturen typische Symbol- und Bildersprache wie Symbole und Metaphern (Waage für Gerechtigkeit), Personifikation und Allegorie („Uncle Sam" für die USA), visualisierte Redensarten („alle sitzen in einem Boot") oder historische Bildzitate („Die Freiheit führt das Volk").

Formale Kennzeichen (falls ersichtlich)

- Wer hat die Karikatur geschaffen oder in Auftrag gegeben?
- Wann und wo ist sie entstanden bzw. veröffentlicht worden?

Bildinhalt

- Wen oder was zeigt die Karikatur?
- Was wird thematisiert?
- Welche Werte und Wertvorstellungen enthält die Karikatur?
- Welche Darstellungsmittel werden verwendet und was bedeuten sie?

Philosophischer Kontext

- Auf welches moralisch relevante Ereignis oder welche Person bezieht sich die Karikatur?
- Auf welche ethische (politische) Diskussion spielt sie an?
- Wozu nimmt der Karikaturist konkret Stellung?

Intention und Wirkung

- An welche Adressaten wendet sich die Karikatur?
- Welchen Standpunkt nimmt der Karikaturist ein?
- Welche Aussageabsicht verfolgt er (z. B. auch bezüglich der enthaltenen Werte)?
- Inwiefern unterstützt ein eventueller Text die Wirkung der Zeichnung?
- Welche Wirkung wollte der Karikaturist beim Betrachter erzielen?

Bewertung und Fazit

- Wie lässt sich die Aussage der Karikatur insgesamt einordnen und bewerten?
- Wurde das Thema sinnvoll und überzeugend gestaltet?
- Welche Auffassung vertreten Sie zu der Karikatur?

8 Arbeit mit Texten

Texte als Gesprächspartner

Texte sind wichtig im Ethikunterricht! Aber warum eigentlich?

Philosophieren geschieht im Gespräch, weil ein Denken [...] Erfahrungen und Einsichten anderer berücksichtigen muss. Dabei ist es für die argumentative Debatte über die Sache zunächst unerheblich, ob dieses Gespräch mit einem gegenwärtigen oder einem historischen Gesprächspartner (Text) geführt wird. [...] In der Rolle als *Helfer* unterstützt der Partner die Klärung schon erkannter Probleme, z. B. durch begrifflich präzise Fassung von Unterscheidungen. Er verhilft dazu, einen Sachverhalt „auf den Begriff zu bringen", den das Subjekt bisher so klar terminologisch strukturiert noch nicht gesehen hat. [...] In der Rolle des *Förderers* eröffnet der Partner neue Problemhorizonte und regt dazu an, den eigenen Denkhorizont um bisher nicht gesehene Problemstellungen zu erweitern. [...] Begreift man Texte in der dargestellten Weise als historische Gesprächspartner, können Texte „als Verbündete im Geschäft des Selbstdenkens erfahren" werden, so dass „ein dialogisches Verhältnis zur Tradition" verwirklicht werden kann.

Klaus Langebeck, Verfahren der Texterschließung im Philosophieunterricht, S. 3f.

Bezeichnung von Sprechakten

Im Deutschunterricht wird Textarbeit allgemein beleuchtet. Besonders wichtig für die Textarbeit im Ethikunterricht ist das Erkennen der Argumentationsstruktur eines Textes. Hier hilft die Analyse von sogenannten „Sprechakten".

Der englische Sprachphilosoph John Langshaw Austin (1911-1960) führte den Begriff „Sprechakt" ein, um Handlungsakte sprachlicher Äußerungen zu bezeichnen. Gemeint ist damit, dass man mit einer Äußerung nicht nur deren Inhalt kundtut. Indem etwas gesagt wird, wird etwas getan. So wird z. B. mit einer Äußerung eine Frage gestellt, eine Warnung ausgesprochen oder ein Versprechen gegeben. Dies nennt Austin „illokutionäre" Akte. Mit folgender Sammlung aus der Unterrichtspraxis können Sprechakte in philosophischen Texten näher bezeichnet werden. Wenn deren Anwendung auf einen Text bzw. bei dessen Wiedergabe gelingt, ist bereits ein wichtiger Schritt zur Erfassung der Argumentationsstruktur geleistet.

ohne beschreibende Qualität: Der Autor...

> sagt
> schreibt

mit beschreibender Qualität: Der Autor...

> folgert (häufig zu erkennen an „deshalb" oder „daher")
> begründet (häufig zu erkennen an „weil")
> behauptet
> berichtet
> setzt voraus
> erläutert durch ein Beispiel
> wendet an
> stellt als Ursache fest
> zeigt Zusammenhänge auf
> zeigt Widersprüche auf
> widerlegt eine andere Auffassung
> vertritt den Standpunkt
> kritisiert
> untermauert seine Behauptung
> stellt in Frage
> führt eine Aussage auf ihre Voraussetzung zurück
> setzt in seiner Begründung neu an
> referiert den Standpunkt eines anderen
> distanziert sich
> erläutert
> greift zurück auf zuvor Gesagtes
> warnt
> äußert die Vermutung
> charakterisiert
> analysiert
> ...

Philosophische Schreibanlässe

Selbst schreiben kann in der Schule und im Ethikunterricht viele Anlässe und Formen haben. Von der Hausaufgabe bis zur Klausur, von der Textwiedergabe bis hin zum selbst erdachten philosophischen Essay reicht die Palette. Hier einige Anregungen für spezifisch philosophische Anlässe bzw. Schreibformen:

> Das Fortschreiben einer angedachten Handlung oder Problemstellung, deren Ausgangssituation geschildert wurde („Gedankenexperiment"; s. S. 317).

> Ein philosophisches Tagebuch ermöglicht die Fortschreibung begonnener Überlegungen. Hier wird das Schreiben zur Erlangung neuer Klarheit genutzt.

> Dialogisches Schreiben ermöglicht es, dass unterschiedliche Sichtweisen, sich widersprechende Argumente und Überzeugungen sowie einseitige Darstellungen von strittigen Problemen zusammengeführt werden können. Die fiktiven (ausgedachten) oder realen Gesprächspartner (z. B. historische Persönlichkeiten, die sich real nie begegneten) können dabei unter Umständen zu argumentativen Lösungen kommen, die in der Realität nur schwer zu finden wären.

> Der Essay ist eine recht komplexe Form des philosophischen Schreibens, die einerseits formal recht frei ist, andererseits hohe Anforderungen an den Überblick des Schreibers stellt, wenn sie gut gelingen soll (s. S. 330f.).

Jörg Knobloch, Referate halten lernen, S. 5

Erörterndes Schreiben

Ein wichtiger Schritt hin zum Schreiben in der Philosophie kann die Form der Erörterung sein:

Unter einer schriftlichen Erörterung versteht man in der Regel eine systematische Abfolge von Denkoperationen. Ein solches Erörtern bedeutet

> ein Problem in seinem logischen Kern zu erfassen,
> es von verwandten Problemstellungen abzugrenzen,
> es in eine Reihe von Einzelfragen aufzugliedern,
> unterschiedliche Antworten auf diese Fragen gegenüberzustellen,
> diese Antworten mit Argumenten zu begründen,
> die Argumente durch Beispiele anschaulich zu machen und
> abschließend die dargestellten Positionen persönlich zu bewerten.

Heinrich Biermann/Bernd Schurf (Hrsg.), Texte, Themen und Strukturen, S. 490

Themenbezogenes Erörtern

Folgende Arbeitsschritte sollten erfolgen:

- **Thema analysieren:** Reichweite erfassen, zentrale Begriffe bestimmen
- **Stoff sammeln:** Vorwissen aktivieren, möglichst viele Aspekte des Themas erfassen, durch Antworten auf W-Fragen erweitern
- **Stoffsammlung strukturieren:** zusammengehörende Stichpunkte unter Oberbegriffen erfassen, Gliederungslogik entwickeln
- **Grobgliederung erstellen:** Thesen formulieren; Argumente, Beispiele und Belege zuordnen; sachlogisch anordnen; ähnliche Zahl von Unterpunkten anstreben
- **Einleitung formulieren:** gestelltes Thema am Ende nennen; Überleitung zum Hauptteil; Hinweis auf Aktualität des Themas oder auf eigene Erfahrungen, ohne Argumente vorwegzunehmen
- **Hauptteil verfassen:** auf differenzierte und umfassende Argumentation achten; Thesen durch Argumente erhärten und mit Beispielen und Belegen stützen; mögliche Gegenargumente einbeziehen; eigene Werthaltung deutlich machen; auf flüssige Überleitungen achten

Vermittlung von Widersprüchen

Wenn in der Erörterung unterschiedliche Antworten gegenübergestellt werden, dann haben wir es in der Regel mit sich widersprechenden Aussagen zu tun. Wie geht der philosophierende Schreiber damit um? Ein Vorschlag stammt aus der „dialektischen Logik":

Die „dialektische Vermittlung" solcher Widersprüche besteht meist darin, zu zeigen, dass beide Behauptungen in einer gewissen Weise berechtigt sind, das heißt, ein „Moment von Wahrheit" enthalten. Die dialektische Vermittlung oder – wie man unverfänglicher sagen könnte – die nähere Analyse widersprüchlicher Aussagen führt zur differenzierteren Beurteilung beider Behauptungen, das heißt zur Präzisierung beider Aussagen und damit ebenfalls zur Beseitigung des Widerspruchs. *Christof Helberger, Marxismus als Methode, S. 122*

9 Schreiben im Unterrichtsfach Werte und Normen

Philosophische Essays

Das wichtigste Medium zur Entfaltung einer philosophischen Dialektik ist der philosophische Essay. [...] Es gibt viele verschiedene Arten philosophischer Essays. Jede hat ihre eigene charakteristische Struktur. [...]

A. Wie man eine Ansicht kritisch prüft

[...] Die kritische Prüfung einer Ansicht setzt natürlich voraus, dass da eine Ansicht ist, die es kritisch zu prüfen gilt. Das heißt, zunächst sind Sie mit etwas konfrontiert, das im Grunde *selbst* die Form eines philosophischen Essays hat: ein Stück Text, in dem eine Behauptung oder These aufgestellt wird sowie Überlegungen vorgebracht werden, die eine Annahme oder Übernahme der Behauptung befürworten. Dementsprechend kann man in der kritischen Prüfung einer Ansicht grob zwei Teile unterscheiden: Darstellung und Kritik. Die Darstellung besteht darin, die fragliche Ansicht, Position, Behauptung oder These zusammen mit der Struktur der Argumentation, die zu ihrer Stützung angeboten wird, zur Untersuchung und Diskussion zu stellen. Die Kritik übernimmt die Beurteilung und Bewertung jener Ansicht, indem sie die Struktur und den Inhalt der sie stützenden Argumentation untersucht. [...]

B. Wie man einen philosophischen Streit entscheidet

[...] Hier fungiert der Essayschreiber als Schiedsrichter in einem philosophischen Streit und versucht, zu einer Bewertung der Stärken und Schwächen der konkurrierenden Positionen zu gelangen. Zweckmäßig gliedert man einen solchen Essay in sechs Teile:

1. Formulierung des Problems
2. Darstellung der 1. Position
3. Bewertung der 1. Position
4. Darstellung der 2. Position
5. Bewertung der 2. Position
6. Entscheidung

Die Anordnung der einzelnen Schritte ist jedoch nicht zwingend. [...]

1. Die Problemformulierung stellt oft hohe Anforderungen an unsere Interpretationsfertigkeit. [...] Und es bedarf einer sorgfältigen und gründlichen Lektüre beider Texte, um aus den textimmanenten[1] Anhaltspunkten, wie sie sich aus den einzelnen Argumentationsschritten ergeben, zu entscheiden, ob die Schlüsselbegriffe von beiden Parteien gleich verstanden und gebraucht werden. [...]

2. und **4.** [...] Die Aufgabe besteht darin, die beiden Argumentationsstrukturen, die jeweils eine Ansicht zu dem strittigen Problem stützen, so zu präsentieren, dass man sehen kann, wie die Überlegungen, die beide Parteien zur Untermauerung ihrer eigenen Ansichten vorbringen, auf das Problem bezogen sind. [...]

3. und **5.** [...] Im urteilenden oder richtenden Essay soll die Angemessenheit einer jeden Position vom Standpunkt der jeweils *anderen* Position aus bewertet werden. [...] Dazu muss sich ein möglicher Schiedsrichter in Gedanken in die Rolle des anderen Philosophen versetzen, dazu muss man sich in den systematischen Standpunkt hineindenken, von dem der Text ausgeht, und muss versuchen, die argumentativen Möglichkeiten dieses Standpunktes zur Basis einer kritischen Beurteilung zu machen. Und das erfordert ein gewisses Einfühlungsvermögen. [...]

6. Nur selten wird die Entscheidung schließlich zu dem Urteil führen, dass die eine oder die andere der widerstreitenden Positionen völlig richtig ist. Häufiger wird es zu einer sorgfältigen Verflechtung komplementärer[2] Einsichten kommen, unter Umständen ergänzt durch manche eigene Einsicht. [...]

---

[1] textimmanent (lat.): dem Text innewohnend, im Text enthalten

[2] komplementär (lat.): ergänzend

C. WIE MAN EIN PROBLEM LÖST. Unser dritter Typ eines philosophischen Essays ist, wie der zweite, problemorientiert. Doch beruht die Lösung eines Problems viel stärker auf Selbständigkeit und kreativer Einsicht als auf Auslegungs- und Interpretationsfertigkeiten.

[...] Der Essay, dessen Aufgabe die Lösung eines Problems ist, lässt sich wie der urteilende oder richtende Essay sinnvollerweise in sechs Teile gliedern:

1. Formulierung und Analyse des Problems
2. Entwicklung von Kriterien für eine adäquate [angemessene] Lösung
(3. Untersuchung möglicher, aber inadäquater Lösungen)
4. Entfaltung der vorgeschlagenen Lösung
5. Prüfung der Adäquatheit der vorgeschlagenen Lösung
(6. Antworten auf erwartbare Kritik)

Auch hier sollten Sie nicht meinen, diese Gliederung sei für immer und ewig in Granit gemeißelt. [...]

D. WIE MAN EINE EIGENE THESE VERTEIDIGT. Wahrscheinlich werden Sie [...] nicht in die Lage kommen, eine ganz neue philosophische Konzeption formulieren und verteidigen zu müssen. Und das ist gut so. Anders als in den bisher betrachteten Formen philosophischer Essays lässt sich für die Verteidigung einer eigenen These kein Rezept aufstellen. [...] Oft wird der Verfasser einer solchen Verteidigung auch erwartbare Kritik an seiner Position vorwegnehmen und beantworten wollen; er wird gewisse Missverständnisse vermeiden oder die philosophischen Folgen (vielleicht sogar die praktischen Folgen), die sich aus einer Annahme ergeben, ausführlich behandeln wollen. [...] Kommen wir von Kritik, Entscheidung und Problemlösung zum Thema Kreativität in der Philosophie, dann überschreiten wir, wie das in jeder Disziplin der Fall ist, den Punkt, bis zu welchem unser Gegenstand lehrbar ist. Ich kann Ihnen keine Anleitung geben, wie man solche Werke schreibt.

Jay F. Rosenberg, Philosophieren – ein Handbuch für Anfänger, S. 81f., 135ff., 139, 152f.

Kriterien zur Beurteilung eines philosophischen Essays

+ positiv +	– negativ –
+ philosophisch	- unphilosophisch
+ fragend, suchend, experimentierend	- thetisch (behauptend), dogmatisch
+ Selbstdistanz beweisend, über das Dargestellte reflektierend	- unkritisch sich selbst gegenüber
+ redlich, die eigenen Möglichkeiten richtig einschätzend	- anmaßend, übersteigert
+ aus der eigenen Erfahrung, authentisch	- bloß angelesen, nicht angeeignet, bloß ausgedacht, altklug
+ zusammenhängend, folgerichtig, stringent	- unzusammenhängend, sprunghaft, additiv, z. T. unfunktional, inkonsequent, widersprüchlich
+ logisch korrekt	- logisch fehlerhaft
+ rational	- nur Gefühle ausdrückend und ansprechend, bloß appellativ
+ argumentierend	- bloß behauptend
+ auch anschaulich	- nur abstrakt
+ auch abstrakt	- nur konkret
+ terminologisch scharf, treffend, genau	- verschwommen, unpräzise, vieldeutig
+ differenziert, reich	- undifferenziert, dürftig
+ gut lesbar: u. a. durch Angaben zum Vorgehen, durch explizite Formulierung von Sprechakten; Zusammenhänge klar durch Gebrauch treffender Konjunktionen und genauer Pronomina	- das Lesen erschwerender Satzbau, verworrene Darstellung, Fehlen expliziter Verbindungen, Unklarheit hinsichtlich der Intention
+ gedanklich und formal originell	
Falls auf andere Autoren verwiesen wird:	
+ Korrektheit der Wiedergabe, genaues Zitieren, gelungener Einbau der Zitate, richtiger Gebrauch performativer Ausdrücke	- verfälschende Wiedergabe, nachlässiges Zitieren, unbeholfener Einbau der Zitate, ungenauer, nichtssagender Gebrauch performativer Verben

Helmut Engels, Schreiben von Essays im Philosophieunterricht, S. 22

10 Präsentationen

PRÄSENTIEREN

Präsentationsformen

- *mündlich:* Vortrag, Referat
- *schriftlich:* Thesenpapier, Website, Seminararbeit, CD-Rom, Wandzeitung
- *visuell:* Beamer, Folie, Flip-Chart, Website, Plakat, Schaubild, Graphik, Mindmap, Fotos, Video, Tafelbild, Diagramm, Overhead-Projektor, Modell
- *interaktiv:* Diskussion, Unterrichtsstunde, Rollenspiel, Podiumsgespräch

Grundfragen jeder Präsentation

1. Welches Ziel verfolgen wir?
2. Welches sind unsere zentralen Aussagen?
3. Welche Aspekte des Themas wählen wir aus?
4. Wie gliedern wir unsere Präsentation?
5. Welches Vorwissen und welches Interesse hat unser Publikum?
6. Wie viel Zeit steht zur Verfügung?
7. Welche Medien setzen wir ein?
8. Wie können wir Zusammenhänge visualisieren?
9. Welche technischen Hilfsmittel und Geräte benötigen wir?
10. Wie gestalten wir den Präsentationsraum?

Elemente einer gelungenen Präsentation

Die gelungene Präsentation

Redestruktur
- motivierende Einleitung
- Formulierung des Redeziels
- logische Argumentation
- resümierender oder offener, weiterführender Schlusssatz

Inhalte
Relevanz und sachliche Richtigkeit

Körpersprache
- Blickkontakt mit Publikum
- Offenheit, Natürlichkeit, Freundlichkeit ausstrahlen
- natürliche Handbewegungen
- Fluchttendenzen vermeiden
- gerader Oberkörper
- ruhiges Stehen

Redetechnik
- Rücksichtnahme auf Zuhörer:
  - Verständlichkeit
  - angemessenes Tempo
  - klare Artikulation
  - Stimmmodulation
  - lebendige Sprache
  - Pausen
- anschauliche Sprache
- freies Sprechen

Zuhörerorientierung
- emotional
- kognitiv

Visualisierung
- keine Effekthascherei
- funktionaler Einsatz von Farben
- Anschaulichkeit, Übersichtlichkeit
- Lesbarkeit von Folien und Plakaten
- maximal 9 Zeilen pro Folie beschreiben

Übersicht: Vor- und Nachteile verschiedener Präsentationsmedien

VORTEILE (+)

Tageslichtprojektor	Flipchart	Moderationswand	Tafel/Whiteboard	Computer/Beamer
• Einfache Herstellung und Handhabung von Folien • Relativ einfache Technik, Einsatz auch vor großem Publikum möglich • Blickkontakt möglich • Folien können vorbereitet werden • Verwendbarkeit von Folien • Integration von Bildern, Grafiken etc. • Transportabel • Wiederverwendung von vorbereiteten Folien • Überraschungseffekt	• Einfache Handhabung • Kein Strom notwendig • Möglichkeiten zur Entwicklung von Sinnzusammenhängen • Blätter können vorbereitet werden • Ergänzungen (fast) jederzeit und ohne Aufwand möglich • Flexibler Einsatz möglich • Bereits präsentierte Blätter können für alle sichtbar an die Wand geheftet werden • Transportabel • Wiederverwendung von bereits vorbereiteten Folien	• Einfache Handhabung • Kein Strom notwendig • Möglichkeit zur Entwicklung von Sinnzusammenhängen • Kärtchen, Plakate etc. können vorbereitet werden • Ergänzungen jederzeit und ohne Aufwand möglich • Transportabel • Wiederverwendung von vorbereiteten Folien • Überraschungseffekt	• Einfache Handhabung • Kein Strom notwendig • Möglichkeiten zur Entwicklung von Sinnzusammenhängen • Veränderbarkeit des Tafelanschriebs	• Hoher Grad an Anschaulichkeit • Viele Effekte möglich • Möglichkeit zur Entwicklung von Sinnzusammenhängen • Ergänzungen jederzeit und ohne Aufwand möglich • Wiederverwendung von vorbereiteten Dateien möglich • Überraschungseffekte • Integration von Bildern, Grafiken, Filmausschnitten, Hörbeispielen etc. • Vorbereitung problemlos möglich

VISUALISIERUNGSMEDIEN

NACHTEILE (−)

Tageslichtprojektor	Flipchart	Moderationswand	Tafel/Whiteboard	Computer/Beamer
• Ergänzungen nur bedingt möglich • Stromanschluss notwendig • Projektionsfläche notwendig • Nur eine Folie und nur für die Dauer der Projektion sichtbar • Tücken der Technik	• Verlust des Blickkontakts beim Schreiben • Übung notwendig (Schrift) • Begrenzte Teilnehmerzahl (20-30 Personen), da Lesbarkeit begrenzt • Bilder und Grafiken nur bedingt darstellbar (Größe) • Keine Überraschungseffekte möglich	• Verlust des Blickkontakts beim Anheften • Übung notwendig (Schrift) • Begrenzte Teilnehmerzahl (20-30 Personen), da Lesbarkeit begrenzt • Relativ hoher Materialaufwand (Kärtchen, Nadeln…)	• Verlust des Blickkontakts beim Anschreiben • Übung notwendig (Schrift) • Begrenzte Teilnehmerzahl (20-30 Personen), da Lesbarkeit begrenzt • Keine Vorbereitung möglich • Wenig Flexibilität • Bilder und Grafiken nur bedingt darstellbar (Größe) • Nicht transportabel • Keine Überraschungseffekte möglich • Keine Wiederverwendung	• Tücken der Technik • Technisches Wissen notwendig • Gefahr von Effekthascherei • Hohe Anschaffungskosten

Sigune Barsch-Gollnau u. a., Erfolgreich lernen – kompetent handeln, Lehrerband, S. 40

1 Fragen nach Individuum und Gesellschaft

Pflichtmodul: Recht und Gerechtigkeit

Aristoteles: Nikomachische Ethik. Übersetzt von Franz Dirlmeier. Stuttgart 1994. Reclam

Bielefeldt, Heiner / Trisch, Oliver: Unterrichtsmaterialien zur Menschenrechtsbildung. Deutsches Institut für Menschenrechte. Ausgabe1 /Juli 2006

Böckenförde Ernst-Wolfgang: Menschenwürde: „Dasein um seiner selbst willen", in: Deutsches Ärzteblatt 2003; 100: A 1246–1249 [Heft 19]

Bundesminister der Justiz (Hg.): Im Namen des Deutschen Volkes. Justiz und Nationalsozialismus. Katalog zur Ausstellung des Bundesministers der Justiz. 3. Auflage. Köln 1994. Verlag Wissenschaft und Politik

Fenner, Dagmar: Ethik. Wie soll ich handeln? Tübingen, Basel 2008. Francke (UTB)

Forschner, Maximilian: Naturrecht, in: Höffe, Otfried (Hg.): Lexikon der Ethik. 6. Auflage. München 2002. C.H. Beck

Forst, Rainer: Kontexte der Gerechtigkeit. Frankfurt am Main 1996. Suhrkamp

Geo Nr. 10/2007: Gerechtigkeit. Hamburg. Gruner + Jahr

Götz, Eva-Maria: Schuldgefühl und Schuldbewusstsein. Feature im Deutschlandradio vom 20.11.2008, www.dradio.de/dlf/sendungen/studiozeit-ks/878790/ (Stand: 02.12.09)

Herrmann, Axel: Menschenrechte und Weltprobleme im 21. Jahrhundert, in: Informationen zur politischen Bildung Nr. 297: Menschenrechte. Bonn 2008 (Bundeszentrale für politische Bildung) Online: www1.bpb.de/publikationen/2BW1XX,0,0,Menschenrechte.html

Höffe, Otfried (Hg.): Lexikon der Ethik. 6. Auflage. München 2002. C.H. Beck

Hoerster, Norbert: Recht und Moral, Stuttgart 1990. Reclam

Kant, Immanuel: Grundlegung zur Metaphysik der Sitten. Kants Werke. Akademie Textausgabe. Band IV. Berlin 1968. de Gruyter

Kant, Immanuel: Metaphysik der Sitten. Kants Werke. Akademie Textausgabe. Band VI. Berlin 1968. de Gruyter

Kühl, Kristian: Recht und Moral, in: Düwell, Marcus/Hübenthal, Christoph/Werner, Micha H. (Hg.): Handbuch Ethik. Stuttgart, Weimar: Metzler 2002.

Limberg, Margarete: Justiz als Täter, in: Deutschlandradio/Teil 1, 21.06.2007, www.dradio.de/dlf/sendungen/kulturheute/638375/ (Stand: 13.01.2010)

Loeck, Gottfried: Im Sog des Rechtsnihilismus, in: Preußische Allgemeine Zeitung vom 12.02.2005, s. auch http://www.ostpreussen.de/textarchiv (Stand: 04.06.2013)

Müller-Ballin, Gabi: Die Nürnberger Prozesse 1945 – 1949. Vorgeschichte – Verlauf – Ergebnis – Dokumente, http://www.bz.nuernberg.de/gesellschaft-und-kultur/archiv.html (Stand: 04.06.2013)

Ostendorf, Heribert: Vom Sinn und Zweck des Strafens, in: Informationen zur politischen Bildung. Heft 248: Kriminalität und Strafrecht. Hrsg. von der Bundeszentrale für politische Bildung / bpb, Bonn, www.bpb.de/publikationen/MOXTL4,4,0,Vom_Sinn_und_Zweck_des_Strafens.html#art4 (Stand: 02.12.2009)

Radbruch Gustav: Rechtsphilosophie. Studienausgabe. Hrsg. von Ralf Dreier und Stanley L. Paulson. Heidelberg 1999. C. F. Müller

Rawls, John: Eine Theorie der Gerechtigkeit. Übersetzt von Hermann Vetter. Frankfurt am Main 1979. Suhrkamp

Restany, Pierre: Straße der Menschenrechte, Nürnberg, in: Dani Karavan: Eine ausdrücklich politische Kunst, www.kunst.uni-stuttgart.de/seminar/karavan/environ.html#e6 (Stand: 02.12.2009)

Schiller, Friedrich: Wilhelm Tell. Stuttgart 1987. Reclam

Stay, Jochen: Wo Recht zu Unrecht wird. Ziviler Ungehorsam in der Anti-AKW-Bewegung, in: Friedensforum (Zeitschrift von Netzwerk Friedenskooperative), Nr. 5/2004, http://www.friedenskooperative.de/ff/ff04/5-73.htm (Stand: 01.04.2009)

Tugendhat, Ernst: Vorlesungen über Ethik. Frankfurt am Main 1993. Suhrkamp

Wesel, Uwe: Fast alles, was Recht ist. Jura für Nicht-Juristen. 6. Auflage. Frankfurt am Main 1999. Eichborn

Wetz, Franz Josef: Die Würde des Menschen: antastbar? Niedersächsische Landeszentrale für politische Bildung. Hannover 2002, www.nibis.de/nli1/rechtsx/nlpb/pdf/Pol-Bildung/menschenwurde.pdf (Stand: 01.12.2009)

Wetz, Franz Josef: Die Würde der Menschen ist antastbar. Eine Provokation. Stuttgart 1998. Klett-Cotta

Wolf, Ursula: Aristoteles' „Nikomachische Ethik". Werkinterpretation. 2. Auflage. Darmstadt 2007. Wissenschaftliche Buchgesellschaft

Wahlmodul 1: Pluralismus

Beck, Ulrich: Vom Verschwinden der Solidarität, in: ders.: Die feindlose Demokratie. Ausgewählte Aufsätze. Stuttgart 1995. Reclam

Denso, Christian: Haben Rechte Rechte? Die Kölner verhindern eine fremdenfeindliche, aber legale Demonstration, in: Die Zeit Nr. 40 vom 25. September 2008

Forst, Rainer: Das Recht auf Rechtfertigung. Elemente einer konstruktivistischen Theorie der Gerechtigkeit. Frankfurt am Main 2007. Suhrkamp

Forst, Rainer: Einleitung, in: ders. (Hg.): Toleranz. Philosophische Grundlagen und gesellschaftliche Praxis einer umstrittenen Tugend. Frankfurt am Main / New York 2000. Campus

Geo-Wissen Gespräch: „Moral ist nicht in steinerne Tafeln gemeißelt". Moderation: Wolfgang Michal, Claus Peter Simon, in: Geo Wissen, Nr. 35/2005: Sünde und Moral. Wie weit dürfen wir gehen? Hamburg. Gruner + Jahr

Habermas, Jürgen: Erläuterungen zur Diskursethik. Frankfurt am Main 1991. Suhrkamp

Habermas, Jürgen: Fundamentalismus und Terror, in: ders.: Der gespaltene Westen. Kleine politische Schriften X, Frankfurt am Main 2004. Suhrkamp

Hauke, Thomas/ Würger, Hubert: Gibt es moralische Normen, die kein Mensch bestreiten kann? In: Ethik & Unterricht 2/1994

Jacobsen, Lenz / Wittrock, Philipp: Köln lässt Rechtspopulisten abblitzen, (Artikel vom 20.09.08), www.spiegel.de/politik/deutschland/0,1518,579458,00.html (Stand: 03.04.2009)

Rawls, John: Eine Theorie der Gerechtigkeit. Frankfurt am Main 1979. Suhrkamp

Rorty, Richard: Der Vorrang der Demokratie vor der Philosophie, in: Zeitschrift für philosophische Forschung, Bd. 42 / H. 1, 1988

Sandel, Michael J.: Die Grenzen der Gerechtigkeit und das Gute der Gemeinschaft, in: Pauer-Studer, Herlinde (Hg.): Konstruktionen praktischer Vernunft. Philosophie im Gespräch. Frankfurt am Main 2000. Suhrkamp

Shell-Jugendstudie, www.21-kom.de/fileadmin/user_upload/PDFs/03_Jugendliche/05_Reinders_-_Jugend_-_Werte_-_Zukunft.pdf (Stand: 03.04.2009)

Statista 2009, www.statista.com/statistik/daten/studie/6410/umfrage/bau-von-moscheen-generell-verbieten/#info (Stand: 30.11.2009)

Stelzer, Tanja / Stolz, Matthias: Dialog der Kulturen, in: Die Zeit vom 11.01.2007

Verfassungsschutzbericht des Landes Nordrhein-Westfalen über das Jahr 2008. Hrsg. vom Innenministerium des Landes Nordrhein-Westfalen, http://www.mik.nrw.de/uploads/media/Verfassungsschutzbericht_2008.pdf (Stand: 27.06.2013)

Weixler-Schürger, Maria Anna: Gemeinderat: Wird in der Waldburgstraße eine Moschee gebaut?, in: Schwäbische Zeitung vom 23.04.1997

Weixler-Schürger, Maria Anna: Podiumsdiskussion: Kirchenglocken und der Ruf des Muezzin, in: Schwäbische Zeitung vom 16.10.1997

Wahlmodul 2: Staatliche Gemeinschaft

Arendt, Hannah: Macht und Gewalt. München 1970. Piper

Aristoteles: Politik. Übers. und hrsg. v. Olof Gigon. München 2003. dtv

Böckenförde, Ernst-Wolfgang: Die Entstehung des Staates, in: ders.: Recht, Staat, Freiheit. Studien zur Rechtsphilosophie, Staatstheorie und Verfassungsgeschichte. Erweiterte Ausgabe, Frankfurt am Main 2006 Suhrkamp

Brozus, Lars / Zürn, Michael: Regieren im Weltmaßstab, in: BpB, Informationen zur politischen Bildung: Globalisierung. Heft 280/2003. www.bpb.de/publikationen/EYRTL9,0,Regieren_im_Weltma%DFstab.html (Stand: 01.12.2009)

Habermas, Jürgen: Vorpolitische Grundlagen des demokratischen Rechtsstaates?, in: Habermas, Jürgen / Ratzinger, Joseph: Dialektik der Säkularisierung. Über Vernunft und Religion. Mit einem Vorwort herausgegeben von Florian Schuller. Bonn 2005. Bundeszentrale für politische Bildung

Herzog, Roman: Laudatio anlässlich der Verleihung des Friedenspreises des deutschen Buchhandels an Frau Annemarie Schimmel in Frankfurt, 15.05.1995, www.bundespraesident.de/Reden-und-Interviews/Reden-Roman-Herzog-,11072.12136/Laudatio-von-Bundespraesident-.htm?global.back=/Reden-und-Interviews/-%2c11072%2c11/Reden-Roman-Herzog.htm%3flink%3dbpr_liste (Stand: 09.04.2009)

Hobbes, Thomas: Leviathan. Hrsg. u. eingeleitet v. Iring Fetcher. Übers. v. Walter Euchner. Neuwied und Berlin 1966. Luchterhand

Höffe, Otfried: Demokratie im Zeitalter der Globalisierung. München 1999. C.H. Beck

Kant, Immanuel: Zum ewigen Frieden. Königsberg 1795. Friedrich Nicolovius. Hier zitiert nach: www.philosophiebuch.de/ewfried.htm (Stand: 02.12.2009)

Kersting, Wolfgang: Thomas Hobbes zur Einführung. Hamburg 2002, Junius

Locke, John: Über die Regierung. Hrsg. v. Peter Cornelius Mayer-Tasch. Übersetzt v. Dorothee Tidow. Stuttgart 1974. Reclam.

Osborne, Richard: Philosophie. Eine Bildergeschichte für Einsteiger. Aus dem Englischen von Birger Brinkmeier. München 1996. Fink

Platon: Der Staat. Übers. v. Rudolf Rufener. Zürich und München 1991. Artemis

Rousseau, Jean-Jacques: Schriften zur Kulturkritik. Hrsg. u. übers. von Kurt Weigand. Hamburg 51995. Meiner

Rousseau, Jean-Jacques: Vom Gesellschaftsvertrag. Hrsg. u. übers. von Hans Brockard. Stuttgart 1977. Reclam

Schuler, Katharina: Karikaturenstreit. Das Recht zu kränken. www.zeit.de/online/2006/07/Ayaanhirsiali (Stand: 09.04.2009)

Uchatius, Wolfgang: Kapitalismus in der Reichtumsfalle, in: DIE ZEIT, Nr. 46 vom 10.11.2011

Weber, Max: Wirtschaft und Gesellschaft. Grundriss der verstehenden Soziologie. Erster Halbband. Köln, Berlin 1964. Kiepenheuer und Witsch

Wahlmodul 3: Religion und Gesellschaft

Durckheim, Emile: Definition des religiösen Phänomens und der Religion, in: Geyer, Carl-Friedrich. Religionsphilosophie der Neuzeit. Klassische Texte aus Philosophie, Soziologie und Politischer Philosophie. Darmstadt 1999. Wissenschaftliche Buchgesellschaft

Ebach, Jürgen / Przybylski, Hartmut: Einleitung, in: Oelmüller, Willi / Dölle-Oelmüller, Ruth / Ebach, Jürgen / Przybylski, Hartmut (Hg.): Diskurs: Religion. Paderborn, 3. Aufl. 1995. Schöningh (UTB)

Grabner-Haider, Anton / Prenner, Karl (Hg.): Religionen und Kulturen der Erde. Ein Handbuch. Darmstadt 2004. Wissenschaftliche Buchgesellschaft

Habermas, Jürgen: Ein Bewusstsein von dem, was fehlt, in: Ein Bewusstsein von dem, was fehlt. Eine Diskussion mit Jürgen Habermas. Hrsg. von Michael Reder und Josef Schmidt. Frankfurt am Main 2008. Suhrkamp

Hock, Klaus: Einführung in die Religionswissenschaft. 3. Auflage, Darmstadt 2008. Wissenschaftliche Buchgesellschaft

Höffe, Otfried (Hg.): Lexikon der Ethik. 2. Auflage. München 1980. Beck

Kant, Immanuel: Was ist Aufklärung? Kants Werke. Akademie Textausgabe. Band VIII. Berlin 1968. de Gruyter

Kritias: Entstehung der Religion, in: Die Vorsokratiker. Die Fragmente und Quellenberichte. Übersetzt und eingeleitet von Wilhelm Capelle. Stuttgart 1968. Kröner

Küng, Hans: Projekt Weltethos. 5. Auflage, München 1993. Piper

Pieper, Annemarie: Aufstand des stillgelegten Geschlechts. Einführung in die feministische Ethik. Freiburg 1993. Herder

Schülerduden Religion und Ethik. Bibliographisches Institut & F. A. Brockhaus AG, Mannheim 2009

Shell-Jugendstudie – Jugend 2006, www.shell.de/home/content/deu/aboutshell/our_commitment/shell_youth_study/2006/religion (Stand: 25.09.2009)

Sloterdijk, Peter: Du musst dein Leben ändern. Über Anthropotechnik. Frankfurt/Main 2009. Suhrkamp

Vaas, Rüdiger: Lohnender Luxus, in: bild der wissenschaft 2/2007

Weber, Max, in: Oelmüller, Willi / Dölle-Oelmüller, Ruth / Ebach, Jürgen / Przybylski, Hartmut: Diskurs: Religion. 3. Aufl. 1995. Schöningh Paderborn (UTB)

Xenophanes: Gegen den anthropomorphen Polytheismus, in: Die Vorsokratiker. Die Fragmente und Quellenberichte. Übersetzt und eingeleitet von Wilhelm Capelle. Stuttgart 1968. Kröner

Wahlmodul 4: Anspruch und Wirklichkeit individueller Glücksvorstellungen

Bien, Günther: Über das Glück, in: Schummer, Joachim (Hg.): Glück und Ethik. Würzburg 1998. Königshausen und Neumann

Cicero: Vom pflichtgemäßen Handeln 1, 14-17; 1, 101-124, in: Weinkauf, Wolfgang (Hg.): Die Philosophie der Stoa. Ausgewählte Texte. Stuttgart 2001. Reclam

Csikszentmihalyi, Mihaly: Flow. Das Geheimnis des Glücks. Aus dem Amerikanischen übersetzt von Annette Charpentier. Stuttgart 2004. Klett-Cotta

Epikur: Philosophie der Freude. Übersetzt von Johannes Mewaldt. Stuttgart 1973. Kröner

Hossenfelder, Malte: Antike Glückslehren. Kynismus und Kyreanismus, Stoa, Epikureismus und Skepsis. Quellen in deutscher Übersetzung mit Einführungen. Stuttgart 1996. Kröner

Im Fokus: Glücksforschung, in: http://www.gehirn-und-geist.de/alias/dachzeile/gluecksforschung/860782, 21.12.2006 (Beitrag von Katja Gaschler)

Passeron, Roger: Chagall. Aus dem Französischen von Roswitha Beyer. Zürich und Schwäbisch Hall 1985. Office du Livre, Fribourg, und Orell Füssli Verlag

Sax, Monika: Positive Psychologie, www.planetwissen.de/alltag_gesundheit/psychologie/glueck/positive_psychologie.jsp (Stand: 02.02.2010)

Schmid, Wilhelm: Glück. Alles, was sie darüber wissen müssen, und warum es nicht das Wichtigste im Leben ist. Frankfurt am Main und Leipzig 2007. Insel

Schopenhauer, Arthur: Die Welt als Wille und Vorstellung. Schopenhauer Werkausgabe. Zweiter Band. Zürich 1988. Haffmans Verlag

Seligman, Martin E. P.: Der Glücks-Faktor. Warum Optimisten länger leben. Aus dem Englischen von Siegfried Brockert. 6. Auflage. Bergisch Gladbach 2009. Bastei Lübbe

Sen, Amartya: Der Lebensstandard. Aus dem Englischen von Ilse Utz. Herausgegeben und mit einem Nachwort von Otto Kallscheuer. Mit Beiträgen und Erwiderungen von Keith Hart und Bernard Williams. Hamburg 2000. Rotbuch

Seneca, Über das glückliche Leben, in: Weinkauf, Wolfgang (Hg.): Die Philosophie der Stoa. Ausgewählte Texte. Stuttgart 2001. Reclam

Watzlawick, Paul: Anleitung zum Unglücklichsein. 51. Auflage. München 1998. Piper

2 Fragen nach dem guten Handeln

Pflichtmodul: Grundpositionen ethischen Argumentierens

Aristoteles: Nikomachische Ethik. Übersetzt von Franz Dirlmeier. Stuttgart 1983. Reclam

Baggini, Julian: 100 philosophische Gedankenspiele. Aus dem Englischen von Sonja Hauser. München / Zürich 2007. Piper

Bentham, Jeremy: Eine Einführung in die Prinzipien der Moral und der Gesetzgebung. Aus dem Englischen übersetzt und herausgegeben von Otfried Höffe, in: Höffe, Otfried (Hg.): Einführung in die utilitaristische Ethik. 3. akt. Aufl., Tübingen und Basel 2003. A. Francke

Die Bibel. Einheitsübersetzung der Heiligen Schrift. Gesamtausgabe. Stuttgart 2007. Verlag Katholisches Bibelwerk GmbH

Frankena, William K.: Analytische Ethik. Eine Einführung. Herausg. u. übers. v. Norbert Hoerster. 5. Aufl., München 1994. dtv

Hartmann, Nicolai: Einführung in die Philosophie. Überarbeitete, vom Verfasser genehmigte Nachschrift der Vorlesung im Sommersemester 1949 in Göttingen. Hannover o. J. Luise Hanckel Verlag

Höffe, Otfried: Einleitung, in: ders. (Hg.): Einführung in die utilitaristische Ethik. Klassische und zeitgenössische Texte. 3. aktualisierte Aufl., Tübingen u. Basel. 2003. A. Francke

Hoerster, Norbert: Ethik und Moral, in: Birnbacher, Dieter/Hoerster, Norbert (Hg.): Texte zur Ethik. 6. Auflage. München 1987. dtv

Hoerster, Norbert: Moralbegründung ohne Metaphysik, in: Aufklärung und Kritik, Zeitschrift für freies Denken und humanistische Philosophie, hrsg. v. d. Gesellschaft für kritische Philosophie Nürnberg, Sonderheft 7/2003

Hubig, Christoph / Lenk, Hans / Maring, Matthias: Technikethik aus dem Elfenbeinturm. Forderungen an die Ethik, in: Funkkolleg Technik: einschätzen – beurteilen – bewerten. Hrsg. vom Deutschen Institut für Fernstudienforschung an der Universität Tübingen. Studienbrief 2. Tübingen 1994

Kant, Immanuel: Grundlegung zur Metaphysik der Sitten. Kants Werke. Akademie Textausgabe. Band IV. Berlin 1968. de Gruyter

Kant, Immanuel: Kritik der praktischen Vernunft. Kants Werke. Akademie Textausgabe. Band V. Berlin 1968. de Gruyter

Luther, Martin: Von der Freiheit eines Christenmenschen, in: ders.: An den christlichen Adel deutscher Nation, Von der Freiheit eines Christenmenschen. Sendbrief vom Dolmetschen. Mit einer kurzen Biographie und einem Nachwort hrsg. von Ernst Kähler. Stuttgart 1988. Reclam

Martini, Carlo Maria / Eco, Umberto: Woran glaubt, wer nicht glaubt? Aus dem Italienischen von Burkhart Kroeber und Karl Pichler. München 1999. dtv

Mill, John Stuart: Der Utilitarismus. Übersetzung, Anmerkungen und Nachwort von Dieter Birnbacher. Stuttgart 2002. Reclam

Patzig, Günther: Ethik ohne Metaphysik. Göttingen 1971. Vandenhoeck

Pieper, Annemarie: Einführung in die Ethik. 3. überarbeitete Auflage. Tübingen, Basel 1994. Francke (UTB)

Scarano, Nico, in: Düwell, Marcus / Hübenthal, Christoph / Werner, Micha H. (Hg.): Handbuch Ethik. Stuttgart und Weimar, 2. Auflage 2006. J. B. Metzler

Singer, Peter: Praktische Ethik. Aus dem Englischen übersetzt von Oscar Bischoff, Jean-Claude Wolf, Dietrich Klose, Susanne Lenz. 3. rev. und erw. Ausgabe, Stuttgart 2013. Reclam

Strawson, Peter F.: Der ethische Intuitionismus. Übersetzt von Georg Meggle. In: Sprache und Ethik. Hrsg. von Günther Grewendorf und Georg Meggle. Frankfurt am Main 1974. Suhrkamp

Thomas von Aquin: Das natürliche Gesetz als Grundlage der Ethik; Alles Seiende strebt nach dem Guten; Über den Unterschied von menschlichem und göttlichem Willen, in: Otfried Höffe (Hg.): Lesebuch zur Ethik. Philosophische Texte von der Antike bis zur Gegenwart. Fünfte, durchgesehene Auflage. München 2012. C.H. Beck

Weber, Max: Politik als Beruf, in: Sänger, Monika (Hg.): Verantwortung. Arbeitstexte für den Unterricht. Stuttgart 1991. Reclam

Williams, Bernard: Der Begriff der Moral. Eine Einführung in die Ethik. Übersetzt von Eberhard Bubser. Stuttgart 1986. Reclam

Wahlmodul 1: Ethik in Medizin und Wissenschaft

Ach, Johann S. / Marckmann, Georg: Transplantationsmedizin, in: Wiesing, Urban, unter Mitarbeit von Johann S. Ach, Matthias Bormuth und Georg Marckmann (Hg.): Ethik in der Medizin. Ein Studienbuch. Stuttgart 2004. Reclam

Bahnsen, Ulrich / Spiewak, Martin: Die Zukunftskinder. Die Medizin verhilft nicht nur unfruchtbaren Paaren zu Nachwuchs, sie entwickelt auch Instrumente, um das Kind zu optimieren. Wird der Mensch neu erfunden?, in: Die Zeit Nr. 23/2008

Birnbacher, Dieter: Organtransplantation, in: Wiesing, Urban, unter Mitarbeit von Johann S. Ach, Matthias Bormuth und Georg Marckmann (Hg.): Ethik in der Medizin. Ein Studienbuch. Stuttgart 2004. Reclam

Bundesärztekammer: Richtlinien zur Feststellung des Hirntodes. Dritte Fortschreibung 1997 mit Ergänzungen gemäß Transplantationsgesetz (TPG). In: Deutsches Ärzteblatt 95, Heft 30, 24. Juli 1998, A-1861-1868. http://www.bundesaerztekammer.de/downloads/Hirntodpdf.pdf (Zugriff am 13.06.2013)

Deutsches Ärzteblatt, Jg. 108, Heft 7, 18.02.2011

Deutsches Referenzzentrum für Ethik in den Biowissenschaften (DRZE): Blickpunkt Sterbehilfe,http://www.drze.de/im-blickpunkt/sterbehilfe (Stand: 05.06.2013)

Feuerstein, Günter / Kollek, Regine: Vom genetischen Wissen zum sozialen Risiko: Gendiagnostik als Instrument der Biopolitik, in: Aus Politik und Zeitgeschichte, B 27/2001

Golombok, Susan: Auf die Liebe kommt es an. Künstlich gezeugte Kinder entwickeln sich ganz normal. Aber sie wollen um ihre Herkunft wissen. Ein Gespräch mit der britischen Psychologin Susan Golombok, in: Die Zeit 23/2008

Henn, Wolfram / Meese, Eckart: Was stimmt? Humangenetik. Die wichtigsten Antworten. Freiburg i. Brsg 2007. Herder

Hick, Christian (Hg.): Klinische Ethik, unter Mitarbeit von Michael Gommel, Andrea Ziegler und Peter W. Gaidzik. Heidelberg 2007. Springer Medizin

Jonas, Hans: Das Prinzip Verantwortung. Frankfurt am Main 1979. Suhrkamp

Jonas, Hans: Naturwissenschaft versus Natur-Verantwortung?, in: Böhler, Dietrich (Hg.): Ethik für die Zukunft. München 1994. C.H. Beck

Locke, John, in: Brasser, Martin (Hg.): Person. Philosophische Texte von der Antike bis zur Gegenwart. Stuttgart 1999. Reclam (= Abdruck aus: Locke, John: Versuch über den menschlichen Verstand. In vier Büchern. Band II, Buch III und IV. Übersetzt von Carl Winckler. Philosophische Bibliothek. Band 76. Hamburg 1988. Felix Meiner)

Metz, Johanna: Das Recht auf Nichtwissen. Auswirkungen der Gentechnik auf den Versicherungs- und Arbeitsmarkt., in: Das Parlament 56. Jg. / Nr. 10 vom 06.03.2006

Pöltner, Günther: Grundkurs Medizin-Ethik. Wien 2002. Facultas (UTB)

Quante, Michael: Menschenwürde und personale Autonomie. Hamburg 2010. Meiner

Sass, Hans-Martin: Medizinethik, in: Pieper, Annemarie / Thurnherr, Urs (Hg.): Angewandte Ethik. Eine Einführung. München 1998. C. H. Beck

Schöne-Seifert, Bettina: Grundlagen der Medizinethik. Stuttgart 2007. Kröner

Schöne-Seifert, Bettina: Medizinethik, in: Nida-Rümelin, Julian (Hg.): Angewandte Ethik. Die Bereichsethiken und ihre theoretische Fundierung. Ein Handbuch. Stuttgart 1996. Kröner

Vasec, Thomas: Damit die Würde bleibt, in: DIE ZEIT, Nr. 20/2011 vom 12.05.2011

Wüsthoff, Achim: Entscheidung an der Wiege, in: Die Zeit, Nr. 6/2005 vom 03.02.2005, www.zeit.de/2005/06/M?Sterbehilfe_Kinder (Stand: 05.01.2008)

www.standard-patientenverfuegung.de/erfahrungen.htm (Stand: 02.07.2009), Beitrag von Frank Spade

Zoglauer, Thomas: Konstruiertes Leben. Ethische Probleme der Humangenetik. Darmstadt 2002. Wissenschaftliche Buchgesellschaft

Wahlmodul 2: Ökologische Ethik

Birnbacher, Dieter: Mensch und Natur. Grundzüge der ökologischen Ethik, in: Bayertz, Kurt: Praktische Philosophie. Grundorientierungen angewandter Ethik. Reinbek bei Hamburg 1991. Rowohlt

Cholet, Jerome: Das Für und Wider der Grünen Gentechnik. Nebenwirkungen (noch) unbekannt, in: Das Parlament, Thema: Chancen und Risiken der Gentechnik, Nr. 10 / 56. Jg., 06.03.2006

Cohen, Carl: Haben Tiere Rechte?, in: Interdisziplinäre Arbeitsgemeinschaft Tierethik Heidelberg (Hg.): Tierrechte. Eine interdisziplinäre Herausforderung. Erlangen 2007. Harald Fischer

Dehmer, Dagmar: Fünf Fragen an Christel Happach-Kasan, in: Das Parlament, Nr. 43 / 57 Jg., 22.10.2007

Dschen, Meili: Forschung: Der Glaubenskrieg um die Gen-Maus. Beobachter 5/2000, www.beobachter.ch/leben-gesundheit/artikel/forschung-der-glaubenskrieg-um-die-gen-maus/ (Stand: 27.09.2009)

Focus-Money Nr. 39/2007, www.focus.de/finanzen/news/ethisches-investment-mit-gutem-gewissen-geld-verdienen_aid_260198.html (Stand: 01.04.2009)

Frankena, William K.: Ethik und die Umwelt, in: Krebs, Angelika (Hg.): Naturethik. Grundtexte der gegenwärtigen tier- und ökoethischen Diskussion. Frankfurt am Main 1997 Suhrkamp

Habermas, Jürgen: Erläuterungen zur Diskursethik. Frankfurt am Main 1991. Suhrkamp

Heine, Nicole u. a. (Hg.): Basisreader der Moderation zum Diskurs Grüne Gentechnik des Bundesministerium für Verbraucherschutz, Ernährung und Landwirtschaft – BMVEL April 2002, www.transgen.de | Portal Diskurs (Stand: 20.09.2008)

Hoerster, Norbert: Haben Tiere eine Würde? Grundfragen der Tierethik. München 2004. C. H. Beck

Institut für Betriebswirtschaftslehre, Universität Kassel, Forschungsgruppe Betriebliche Umweltpolitik 2003, www.ibwl.uni-kassel.de/fnu/start-up-to-sustain/welcome/unachhalt.htm (Stand: 01.04.2009) und www.ibwl.uni-kassel.de/fnu/start-up-to-sustain/Dokumente/Checkliste_nachhaltige%20Unternehmensgruendung.pdf (Stand: 01.04.2009)

Kopatz, Michael: Nachhaltige Entwicklung: Das Leitbild für eine ökologisch-tragfähige und generationengerechte Entwicklung, in: Online-Akademie der Friedrich-Ebert-Stiftung. November 2005, www.fes-online-akademie.de/modul.php?md=6&c=texte&id=103 (Stand: 01.04.2009)

Krebs, Angelika: Naturethik im Überblick, in: dies. (Hg.): Naturethik. Grundtexte der gegenwärtigen tier- und ökoethischen Diskussion. Frankfurt am Main 1997. Suhrkamp

Krebs, Angelika: Ökologische Ethik I: Grundlagen und Grundbegriffe, in: Nida-Rümelin, Julian (Hg.): Angewandte Ethik. Die Bereichsethiken und ihre theoretische Fundierung. Ein Handbuch. Stuttgart 1996. Alfred Kröner

Lenk, Hans / Ropohl, Günter (Hg.): Technik und Ethik. 2. revidierte und erweiterte Auflage. Stuttgart 1993. Reclam

Regan, Tom: Wie man Rechte für Tiere begründet, in: Krebs, Angelika (Hg.): Naturethik. Grundtexte der gegenwärtigen tier- und ökoethischen Diskussion. Frankfurt am Main 1997. Suhrkamp

Ropohl Günter: Neue Wege, die Technik zu verantworten, in: Lenk, Hans / Ropohl, Günter (Hg.): Technik und Ethik. 2. revidierte und erweiterte Auflage. Stuttgart 1993. Reclam

Singer, Peter: Alle Tiere sind gleich, in: Krebs, Angelika (Hg.): Naturethik. Grundtexte der gegenwärtigen tier- und ökoethischen Diskussion. Frankfurt am Main 1997. Suhrkamp

Tugendhat, Ernst: Wer sind alle?, in: Krebs, Angelika (Hg.): Naturethik. Grundtexte der gegenwärtigen tier- und ökoethischen Diskussion. Frankfurt am Main 1997. Suhrkamp

Uexküll, Ole von: Gentechnik?Streit. Minderwertige Natur? Für die Ablehnung der grünen Gentechnik gibt es gute Argumente. Wer die Gentechnik richtig einschätzen will, muss ganzheitlich denken können. Eine Antwort auf Andreas Sentker, in: Die Zeit Nr. 44/2007

http://www.uni-heidelberg.de/studium/journal/2007/10/herzklappen.html (Stand: 04.06.2013)

Wahlmodul 3: Medienethik

Anders, Günther: Die Antiquiertheit des Menschen. Band 1. Über die Seele im Zeitalter der zweiten industriellen Revolution. 7. Auflage. München 1985. C.H. Beck

Becker, Tobias: Auf die Länge kommt es an, in: Kultur-SPIEGEL 9/2012

Bolz, Norbert: Der geschwätzige Affe, in: Der Spiegel 12/2001

Capurro, Rafael: Führt die digitale Weltvernetzung zu einer globalen Informationsethik?, in: Concilium. Internationale Zeitschrift für Theologie, 1/2005

Funiok, Rüdiger: Medienethik: Trotz Stolpersteine ist der Wertediskurs über Medien unverzichtbar, in: Karmasin, Matthias (Hg.): Medien und Ethik. Stuttgart 2002. Reclam

Gäbler, Bernd: Journalisten. Botschafter des Terrors, in: Geo Wissen 5/2005. Hamburg. Gruner + Jahr

Heesen, Jessica: Die Gegenstandsbereiche der Medienethik, in: Düwell, Marcus / Hübenthal, Christoph / Werner,

Micha H. (Hg.): Handbuch Ethik. Stuttgart und Weimar, 2. Auflage 2006. J. B. Metzler

Kant, Immanuel: Beantwortung der Frage: Was ist Aufklärung?, Kants Werke. Akademie Textausgabe. Band VIII. Berlin 1968. de Gruyter

Leyendecker, Hans: V wie Vierte Gewalt, in: SZ-Magazin, Heft 19/2009

Postman, Neil: Das Technopol. Die Macht der Technologien und die Entmündigung der Gesellschaft. Aus dem Amerikanischen von Reinhard Kaiser. Frankfurt am Main. Fischer 1992.

Rath, Matthias: Medienqualität zwischen Empirie und Ethik: Zur Notwendigkeit des normativen und empirischen Projekts „Media Assessment", in: Medien und Ethik. Hrsg. von Matthias Karmasin. Stuttgart 2002. Reclam

Teichert, Will: Journalistische Ethik, in: Annemarie Pieper / Urs Thurnherr (Hg.), Angewandte Ethik. Eine Einführung. München 1998. C. H. Beck

Thomas, Barbara: Berufliche Sozialisation und Ethik, in: Karmasin, Matthias (Hg.): Medien und Ethik. Stuttgart 2002. Reclam

Tuma, Thomas: iPhone, also bin ich, in: Der Spiegel 27/2012 vom 02.07.2012

Wefing, Heinrich: Wir! Sind! Wütend!, in: DIE ZEIT vom 01.03.2012

Weischenberg, Siegfried: Medienethik, in: Annemarie Pieper / Urs Thurnherr (Hg.), Angewandte Ethik. Eine Einführung. München 1998. C. H. Beck

Wahlmodul 4: Wirtschaftsethik

Biervert, Bernd u. a.: Vom Beerensammeln zum Aktienmarkt, in: Funkkolleg Der Mensch. Studienbrief 6, Studieneinheit 17. Tübingen 1993. Deutsches Institut für Fernstudien an der Universität Tübingen

Browne, John: The purpose of Business, www.bp.com/genericarticle.do?categoryId=98&contentId=7017837 (Stand 22.09.2007), übersetzt von Jörg Peters, in: Bernd Rolf / Jörg Peters (Hg.): philopraktisch 3. Bamberg 2008. C.C. Buchner

Bund, Kerstin / Heuser, Uwe Jean / Kunze, Anne: Wollen die auch arbeiten?, in: Die Zeit vom 07.03.2013

Castellucci, Lars: Zur Zukunft des „Rheinischen Kapitalismus", in: Bundeszentrale für politische Bildung (Hg.): Aus Politik und Zeitgeschichte. B6-7/2001

Ebkurs, Magazin der EB Zürich. Kantonale Berufsschule für Weiterbildung. Nr. 19/2008

Eine Welt Netz NRW – Projekt für fairen Handel, zitiert nach: Online-Flyer Nr. 74 vom 12.12.2006 der NRhZ-Online – Neue Rheinische Zeitung, www.nrhz.de/flyer/beitrag.php?id=10416 (Stand: 01.04.2009)

Gordon, Tina: Schritt für Schritt. Fair trade – ein Beitrag zu den Milleniums-Entwicklungzielen, in: DED (Deutscher Entwicklungsdienst Dienst), Brief 1/2006

heise-online.de vom 18.01.2008, www.heise.de/newsticker/Politiker-wechseln-aus-Protest-gegen-Nokia-ihre-Handymarke-/meldung/102000 (Stand: 01.04.2009)

Meinberg, Eckhard: Homo oecologicus. Das neue Menschenbild im Zeichen der ökologischen Krise. Darmstadt 1993. Wissenschaftliche Buchgesellschaft

Meran, Josef: Wirtschaftsethik. Über den Stand der Wiederentdeckung einer philosophischen Disziplin, in: Hans Lenk / Matthias Maring (Hg.): Wirtschaft und Ethik. Stuttgart 1992. Reclam

Nutzinger, Hans G.: Einleitung: Gerechtigkeit und/oder Ökonomie, in: ders. (Hg.): Gerechtigkeit in der Wirtschaft – Quadratur des Kreises? Marburg 2006. Metropolis

Rohrbeck, Felix, Wertevolle Zukunft, Stiftung für ethisches Handeln, Hamburg, www.wertevolle-zukunft.de/index.php?section=29 (Stand: 01.04.2009)

Schieritz, Mark: Zwischen belohnen und begrenzen, Deutschlandradio vom 09.03.2013, http://www.dradio.de/dlf/sendungen/themenderwoche/2035230/ (Stand: 09.04.2013)

Spiegel Online, http://www.spiegel.de/wirtschaft/soziales/verdienste-unter-6-50-euro-deutschland-verkommt-zum-billiglohnland-a-806175.html (Stand: 09.04.2013)

Statista, http://de.statista.com/statistik/daten/studie/163233/umfrage/gehalt-der-dax-vorstandschefs/ (Stand: 09.04.2013)

Statistisches Bundesamt: Durchschnittliche Verdienste und Arbeitszeiten nach Wirtschaftszweigen. Vorläufige Ergebnisse für das 3. Quartal 2008. www.destatis.de/jetspeed/portal/cms/Sites/destatis/Internet/DE/Content/Statistiken/VerdiensteArbeitskosten/Bruttoverdienste/Tabellen/Content100/VollTeilzeitVerdiensterhebung__Q,templateId=renderPrint.psml (Stand: 01.04.2009)

taz (die tageszeitung) vom 07.07.2008, Interview mit Karl Homann

Uchatius, Wolfgang: Jan Müller hat genug, in: Die Zeit vom 28.02.2013

unipublik, Zeitschrift der Universität Zürich vom 23.01.2008 http://www.unipublic.uzh.ch/magazin/gesellschaft/2008/2792.html (Stand: 01.04.2009)

3 Fragen nach dem Wesen des Menschen

Pflichtmodul: Formen der Selbstinterpretation

Aronson, Elliot / Wilson, Timothy D. / Akert, Robin M.: Sozialpsychologie. Übersetzt von Eva Aralikatti. 4. aktualisierte Auflage. München 2004. Pearson Studium

Bauer, Joachim: Die Entdeckung des „Social Brain". Der Mensch aus neurobiologischer Sicht, in: Ganten, Detlev u. a. (Hg.): Was ist der Mensch? Berlin / New York 2008. de Gruyter

Die Bibel, Einheitsübersetzung der Heiligen Schrift, Gesamtausgabe, Verlag Katholisches Bibelwerk GmbH, Stuttgart 2007

Der Brockhaus. Philosophie, Ideen, Denker und Begriffe. Hrsg. von der Lexikonredaktion des Verlags F.A. Brockhaus. Mannheim 2004

Brooks, David: Das soziale Tier. Übersetzt von Thorsten Schmidt. München 2011. Deutsche Verlags-Anstalt

Dahrendorf, Ralf: Homo sociologicus, in: ders.: Pfade aus Utopia. Arbeiten zur Theorie und Methode der Soziologie. München 1967. Piper

Darwin, Charles: Die Abstammung des Menschen, in: ders.: Gesammelte Werke, übers. v. J. Victor Carus. Frankfurt am Main 2006. Zweitausendeins

Diebitz, Stefan: Glanz und Elend der Philosophie. Stuttgart 2007. omega

Diemer, Alwin: Elementarkurs Philosophie. Philosophische Anthropologie. Düsseldorf/Wien 1978. Econ

dtv-Atlas Philosophie. München [11]2003. dtv

Engels, Eve-Marie: Evolution und Ethik im 19. Jahrhundert, in: Düwell, Marcus / Hübenthal, Christoph / Werner, Micha H. (Hg.): Handbuch Ethik. Stuttgart und Weimar, 2. Auflage 2006. J. B. Metzler

Freud, Sigmund: Vorlesungen zur Einführung in die Psychoanalyse [1917], in: ders.: Gesammelte Werke, Bd. 11. Frankfurt am Main 1999. Fischer Taschenbuch

Freud, Sigmund: Abriss der Psychoanalyse [1938], in: ders.: Gesammelte Werke, Bd. 17. Frankfurt am Main 1999. Fischer Taschenbuch

Funkkolleg Der Mensch: Anthropologie heute. Deutsches Institut für Fernstudien an der Universität Tübingen. Tübingen 1992

Gehlen, Arnold: Anthropologische Forschung. Reinbek bei Hamburg 1961. Rowohlt

Gehlen, Arnold: Der Mensch. Seine Natur und seine Stellung in der Welt [1940]. 13. Aufl., Wiesbaden 1997. Quelle und Meyer

Gerhardt, Volker: Selbstbestimmung. Das Prinzip der Individualität. Stuttgart 1999. Reclam

Habermas, Jürgen: Kultur und Kritik. 2. Auflage. Frankfurt am Main 1977. Suhrkamp

Herder, Johann Gottfried: Abhandlung über den Ursprung der Sprache [1770]. Stuttgart 1993. Reclam

Irlenborn, Bernd: Der Mensch als zweiter Gott? Anmerkungen zur imago dei-Lehre des Nikolaus von Kues, in: Freiburger Zeitschrift für Philosophie und Theologie 47 (2000). https://www.thf-paderborn.de/fileadmin/philosophiegeschichte/Aufsaetze/Imago_Dei_-_FZPhTh.pdf (Stand: 09.04.2013)

Jaspers, Karl: Einführung in die Philosophie. München 1971. Piper

Kant, Immanuel: Anthropologie in pragmatischer Hinsicht. Kants Werke. Akademie Textausgabe. Band VII. Berlin 1968. de Gruyter

Kraft, Ulrich: Schöne Neue Neuro-Welt, in: Gehirn & Geist Nr. 6/2004, Heidelberg. Spektrum der Wissenschaft

Kutschera, Franz von, Die großen Fragen. Philosophisch-theologische Gedanken. Berlin 2000. de Gruyter

Landmann, Michael: Philosophische Anthropologie. Berlin 1969. de Gruyter

Lenk, Hans: Das flexible Vielfachwesen. Einführung in die moderne philosophische Anthropologie zwischen Bio-, Techno- und Kulturwissenschaften. Weilerswist 2010. Velbrück Wissenschaft

Luckner, Andreas: Werde, der du bist! Echtheit, Authentizität, Eigentlichkeit, in: der blaue Reiter – Journal für Philosophie Nr. 24 (2/2007). Stuttgart. omega

Malerba, Luigi: Wahrhaftige Gespenster. Geschichten. Übers. v. Karin Fleischanderl. Berlin 1990. Wagenbach

Meinberg, Eckhard: Homo Oecologicus. Das neue Menschenbild im Zeichen der ökologischen Krise. Darmstadt 1995. Wissenschaftliche Buchgesellschaft

Monyer, Hannah / Rösler, Frank / Roth, Gerhard u. a.: Das Manifest. Elf führende Neurowissenschaftler über Gegenwart und Zukunft der Hirnforschung, in: Gehirn & Geist Nr. 6/2004. Heidelberg. Spektrum der Wissenschaft

Paetzold, Heinz: Der Mensch, in: Philosophie. Ein Grundkurs. Hrsg. von Ekkehard Martens, Herbert Schnädelbach. Band 2. Reinbek bei Hamburg 1998. Rowohlt

Pauen, Michael: Eine unbekannte Spezies? Alltagserfahrung und neurowissenschaftliche Erkenntnis, in: Ganten, Detlev u. a. (Hg.): Was ist der Mensch?, Berlin / New York 2008. de Gruyter

Precht, Richard David: Wer bin ich – und wenn ja, wie viele? Eine philosophische Reise, 13. Aufl., München 2007. Goldmann

Reichholf, Josef H.: Nachwort: Die Macht der Evolution, in: Sentker, Andreas / Wigger, Frank (Hg.): Triebkraft Evolution. Vielfalt, Wandel, Menschwerdung. Hamburg / Heidelberg 2008. Spektrum Akademischer Verlag Heidelberg und Zeitverlag Gerd Bucerius GmbH & Co. KG

Renn, Ortwinn: Wir sind das Frühwarnsystem. Gespräch mit Geo-Redakteur Jens Schröder, in: Geo kompakt Nr. 3/2005: Das Abenteuer Technik. Hamburg. Gruner + Jahr

Roth, Gerhard / Welzer, Harald: Sigmund Freud. Die Seele gehört nicht mir, in: Die Zeit vom 23.02.2006, www.zeit.de/2006/09/F-Welzer_2fRoth (Stand: 29.05.2009)

Scheler, Max: Die Stellung des Menschen im Kosmos [1928]. 10. Aufl., Bern 1983. Francke

Schmidt, Artur, P.: Der Wissensnavigator. Das Lexikon der Zukunft. Stuttgart 1999. Deutsche Verlags-Anstalt

Schnädelbach, Herbert: Vernunft, in: Martens, Ekkehard / Schnädelbach, Herbert: Philosophie. Ein Grundkurs. Reinbek b. Hamburg 1985. Rowohlts Enzyklopädie

Schülerduden Philosophie. Mannheim 1985. Bibliographisches Institut & F. A. Brockhaus AG

Simonis, Walter: Über Gott und die Welt. Gottes- und Schöpfungslehren. Düsseldorf 2004. Wissenschaftliche Buchgesellschaft

Simon-Schaefer, Roland: Kleine Philosophie für Berenike. Stuttgart 2006. Reclam

Singer, Wolf: Selbsterfahrung und neurobiologische Fremdbeschreibung. Zwei konfliktträchtige Erkenntnisquellen, in: Duncker, Hans-Rainer (Hg.): Beiträge zu einer aktuellen Anthropologie. Stuttgart 2006. Franz Steiner

Stubhann, Matthias (Hg.): Die Bibel von A-Z. Das aktuelle Lexikon zur Bibel. Erlangen o.J. Karl Müller Verlag

Thyen, Anke: Wer sind wir? Zum Streit über das Lebewesen Mensch, in: Herbert Schnädelbach et al.: Was können wir wissen, was sollen wir tun? Zwölf philosophische Antworten. Reinbek 2009. Rowohlt www.schnawwl.de/unsere_stuecke/unsere_stuecke.php (Stand: 27.05.2009)

Zeitschrift MAX 1997. MAX Future Guide II. Hamburg 1997. Verlagsgruppe Milchstraße

Wahlmodul 1: Selbstbewusstsein

Alain: 81 Kapitel über den menschlichen Geist. Aus dem Französischen von Frauke Hamann und Peter Hammans. Hamburg 2000. Junius

Aristoteles: Über die Seele. Übersetzt und herausgegeben von Gernot Krapinger. Stuttgart 2011. Reclam

Beckermann, Ansgar: Gehirn, Ich, Freiheit. Neurowissenschaften und Menschenbild. Paderborn 2008. mentis

Bischof, Norbert: Psychologie. Ein Grundkurs für Anspruchsvolle. Stuttgart 2008. W. Kohlhammer

Damasio, Antonio R.: Descartes' Irrtum. Übersetzt von Hainer Kober. München 1997. List

Descartes, René: Meditationes de Prima Philosophia. Meditationen über die Erste Philosophie. Lateinisch / Deutsch. Übersetzt und herausgegeben von Gerhart Schmidt. Stuttgart 1986. Reclam

Fuchs, Thomas: Kosmos im Kopf? Zur Kritik des Cerebrozentrismus, in: Scheidewege 33 (2003/2004)

Gehlen, Arnold: Der Mensch – Seine Natur und Stellung in der Welt. 9. Auflage. Frankfurt am Main 1971. Athenäum

Greshake, Gilbert / Weismyer, Josef (Hg.): Quellen geistlichen Lebens. Band II: Das Mittelalter. Mainz 1985. Matthias-Grünewald-Verlag

Heiler, Friedrich: Die Religionen der Menschheit. Hrsg. von Kurt Goldammer. 6. Auflage, Stuttgart 1999. Reclam

Hock, Klaus: Einführung in die Religionswissenschaft. 3. Auflage, Darmstadt 2008. Wissenschaftliche Buchgesellschaft

Hoerster, Norbert: Abtreibung im säkularen Staat. Frankfurt am Main 1991. Suhrkamp

Huisman, Denis: Philosophie für Einsteiger. Aus dem Französischen von Ludwig Fehlen und Ute Penner. Reinbek bei Hamburg 1984. Rowohlt

Jackson, Frank: What Mary Didn't Know, in: Julian Baggini: Das Schwein, das unbedingt gegessen werden möchte. 100 philosophische Gedankenspiele. Aus dem Englischen von Isolde Matkey. München 2007. Piper

Jaspers Karl: Einführung in die Philosophie. 20. Auflage. München 1980. Piper

Kant, Immanuel: Anthropologie in pragmatischer Hinsicht. Kants Werke. Akademie Textausgabe. Band VII. Berlin 1968. de Gruyter

Law, Stephen: Philosophie. Abenteuer Denken. Aus dem Englischen von Anne Braun. 2. Aufl. Würzburg 2004. Arena

Libet, Benjamin: Mind Time. Wie das Gehirn Bewusstsein produziert. Übers. v. Jürgen Schröder. Frankfurt am Main 2005. Suhrkamp

Lorenz, Konrad: Die Rückseite des Spiegels. München, Zürich 1973. Piper

Morris, Tom: Philosophie für Dummies. Übersetzt aus dem Amerikanischen von Aref Banakonandeh. Sonderausgabe. Weinheim 2005. Wiley-Vch Verlag

Nagel, Thomas: Was bedeutet das alles? Eine ganz kurze Einführung in die Philosophie. Aus dem Englischen übersetzt von Michael Gebauer. Stuttgart 1990. Reclam

Popper, Karl / Eccles, John: Das Ich und sein Gehirn. Übersetzt von Willy Hochkeppel und Angela Hartung. München 1982. Piper

Roth, Gerhard: Wahrnehmung, Abbildung oder Konstruktion? In: Wahrnehmung, Kognition, Ästhetik: Neurobiologie und Medienwissenschaften. Hrsg. von Ralf Schnell. Bielefeld 2005. Transcript Verlag

Williams, Bernard: Probleme des Selbst. Philosophische Aufsätze 1965-1972. Aus dem Englischen übersetzt von Joachim Schule. Stuttgart 1978. Reclam

Wahlmodul 2: Willensfreiheit

Aristoteles: Nikomachische Ethik. Übersetzt von Franz Dirlmeier. Stuttgart 1983. Reclam

Beckermann, Ansgar: Gehirn, Ich, Freiheit. Neurowissenschaften und Menschenbild. Paderborn 2008. mentis

Bieri, Peter: Unser Wille ist frei, in: Der Spiegel Nr. 2 vom 10.01.2005

Dörner, Dietrich: Bauplan für eine Seele. Reinbek bei Hamburg 1999. Rowohlt

Fenner, Dagmar: Ethik. Wie soll ich handeln? Tübingen 2008. Francke

Fried, Erich: Liebesgedichte. Berlin 1980. Wagenbach

Gazzaniga, Michael: Wir sind nur Maschinen. Spiegel-Gespräch mit den Redakteuren Philip Bethge und Gerald Traufetter, in: Der Spiegel 50/2011 (Zitat auf S. 150)

Grabes, Herbert: Witzig oder hirnrissig?, Leserbrief in: Frankfurter Allgemeine Zeitung vom 18.12.2003

Heisenberg, Werner: Das Naturbild der heutigen Physik. Hamburg 1956. Rowohlt

Kant, Immanuel: Grundlegung zur Metaphysik der Sitten. Kants Werke. Akademie Textausgabe. Band IV. Berlin 1968. de Gruyter

Kant, Immanuel: Kritik der reinen Vernunft. Kants Werke. Akademie Textausgabe. Band III. Berlin 1968. Walter de Gruyter

Meyer, Clemens: Als wir träumten. Frankfurt am Main 2006. S. Fischer

Papineau, David (Hg.): Philosophie. Eine illustrierte Reise durch das Denken. Übersetzt von Nikolaus de Palézieux. Darmstadt 2006. Wissenschaftliche Buchgesellschaft

Pothast, Ulrich: Einleitung, in: ders. (Hg.): Seminar: Freies Handeln und Determinismus. Frankfurt am Main 1978. Suhrkamp

Prinz, Wolfgang: Freiheit oder Wissenschaft? Zum Problem der Willensfreiheit, in: Cranach, Mario v. / Foppa, Klaus (Hg.): Freiheit des Entscheidens und Handelns. Heidelberg 1996. Asanger (Zitat auf S. 87)

Roth, Gerhard: Fühlen, Denken, Handeln. Wie das Gehirn unser Verhalten steuert. Frankfurt am Main 2001. Suhrkamp (Zitat auf S. 453)

Roth, Gerhard/Schockenhoff, Eberhard: „Das Hirn trickst das Ich aus“. Spiegel-Streitgespräch, in: Der Spiegel, 20.12.2004

Schlink, Bernhard: Der Vorleser. Zürich 1997. Diogenes

Schopenhauer, Arthur: Die beiden Grundprobleme der Ethik: Über die Freiheit des menschlichen Willens. Zürich 1977. Diogenes

Searle, John, in: Blackmore, Susan: Gespräche über Bewusstsein. Aus dem Englischen von Frank Born. Frankfurt am Main 2007. Suhrkamp

Singer, Wolf: Verschaltungen legen uns fest: Wir sollten aufhören von Freiheit zu sprechen, in: Geyer, Christian (Hg.): Hirnforschung und Willensfreiheit. Zur Deutung der neuesten Experimente. Frankfurt am Main 2004. Suhrkamp (Zitat auf S. 30)

Vossenkuhl, Wilhelm: Philosophie für die Westentasche, in: Göttermann, Lilo (Hg.): Denkanstöße 2006. Ein Lesebuch aus Philosophie, Kultur und Wissenschaft. 3. Aufl., München / Zürich 2005. Piper

Weischedel, Wilhelm: Skeptische Ethik. Frankfurt am Main 1980. Suhrkamp

Wörterbuch der philosophischen Begriffe, hrsg. v. Arnim Regenbogen / Uwe Meyer, Hamburg 1998. Meiner

Wuketits, Franz M.: Der freie Wille. Die Evolution einer Illusion. Stuttgart 2007. S. Hirzel

Zagal, Héctor / Galindo, José: Ethik für junge Menschen. Grundbegriffe – Positionen – Probleme. Aus dem Spanischen übersetzt von Bernd Goebel. Stuttgart 2000. Reclam

Wahlmodul 3: Zeitlichkeit

Augustinus: Bekenntnisse. 11. Buch, 14./15. Kapitel. Übertragen und eingeleitet von Hermann Hefele. Köln 1958. Eugen Diederichs

Benjamin, Walter: Geschichtsphilosophische Thesen, in: ders.: Zur Kritik der Gewalt und andere Aufsätze. Frankfurt am Main 1971. Suhrkamp

Camejo, Silvia Arroyo: Skurrile Quantenwelt. Frankfurt am Main 2007. Fischer

Cohen, Martin: 99 philosophische Rätsel. Aus dem Englischen von Dirk Oetzmann. 10. Auflage. München 2006. Piper

Eagleman, David / Leick, Romain: Spiegel-Gespräch: Das Ich ist ein Märchen, in: Der Spiegel 7/2012

Heisenberg, Werner: Atomforschung und Kausalgesetz, in: ders.: Schritte über Grenzen. Gesammelte Reden und Aufsätze. 2. erweiterte Auflage. München 1973. Piper

Höffe, Otfried: Immanuel Kant. Becksche Reihe Denker. München 2007. C.H. Beck

Jansen, Ludger: Zeit und Gemeinschaft. Soziale Geschichtlichkeit und geschichtliche Sozialität, in: Zeit und Geschichte. Beiträge des 28. Internationalen Wittgenstein-Symposiums. Hrsg. von Friedrich Stadler und Michael Stöltzner. Kirchberg am Wechsel 2005. Franz Universum

Kant, Immanuel: Kritik der reinen Vernunft. Kants Werke. Akademie Textausgabe. Band III. Berlin 1968. Walter de Gruyter

Kassung, Christian (Humboldt Universität Berlin): online Seminarmaterial, 2007. www.culture.hu-berlin.de (Stand: 09.04.13)

Klein, Olaf Georg: Wie lang ist die Gegenwart?, in: Psychologie heute. 09/2007

Koselleck, Reinhart: Geschichte, Historie, in: Otto Brunner / Werner Conze / Reinhart Koselleck (Hg.): Geschichtliche Grundbegriffe. Historisches Lexikon zur politisch-sozialen Sprache in Deutschland. Band 2. Stuttgart 1975. Klett

Krämer, Hans: Integrative Ethik. Frankfurt am Main 1995. Suhrkamp

Locke, John: Versuch über den menschlichen Verstand. Band 1. Buch I und II. Übersetzt von Carl Winckler. 4., durchges. Auflage. Hamburg 1981. Meiner

MacIntyre, Alasdair: Der Verlust der Tugend. Zur moralischen Krise der Gegenwart. Übersetzt von Wolfgang Rhiel. Frankfurt am Main 1995. Suhrkamp

Nortmann, Ulrich: Unscharfe Welt? Was Philosophen über Quantenmechanik wissen möchten. 2. Auflage. Darmstadt 2009. Wissenschaftliche Buchgesellschaft

Rohbeck, Johannes: Geschichtsphilosophie. Handwörterbuch der Philosophie. UTB, http://www.philosophie-woerterbuch.de (Stand: 09.04.2013)

Wimmer, Franz M.: Typen und Theorien von Geschichtsphilosophie, in: Mitteilungen des Instituts für Wissenschaft und Kunst. Wien 43/1988, H. 4

Wahlmodul 4: Sprache

Bachmann, Ingeborg: Frankfurter Vorlesungen: Probleme zeitgenössischer Dichtung, I Fragen und Scheinfragen, in: Christine Koschel / Inge von Weidenbaum / Clemens Münster (Hg.): Ingeborg Bachmann – Werke. Vierter Band: Essays, Reden, Vermischte Schriften. München und Zürich 1978. Piper

Beauvoir, Simone de, http://www.zitate-online.de/sprueche/kuenstler-literaten/16996/der-mensch-ist-ein-sprachbegabtes-tier-und.html (Stand: 16.05.2012)

Berman, John: Interview mit Kanzi – einem Bonobo, http://brightsblog.wordpress.com/2007/06/02/interview-mit-kanzi-einem-bonobo/ (Stand: 16.05.2012)

Bertram, Georg W.: Sprachphilosophie zur Einführung. Dresden 2011. Junius

Bichsel, Peter: Kindergeschichten. Darmstadt 1986. Luchterhand

Celan, Paul: Ausgewählte Gedichte. Nachwort von Beda Allemann. Frankfurt am Main 1970. Edition Suhrkamp

Descartes, René: Bericht über die Methode – Französisch-Deutsch. Übersetzt und herausgegeben von Holger Ostwald. Stuttgart 2001. Reclam

Humboldt, Wilhelm von: Über die Verschiedenheit des menschlichen Sprachbaues und ihren Einfluss auf die geistige Entwicklung des Menschengeschlechtes (d. i. Einleitung zu: Über die Kawi-Sprache auf der Insel Java; 1836), in: ders.: Schriften zur Sprache. Hrsg. von Michael Böhler. Stuttgart 1992. Reclam

Kierkegaard, Søren, zitiert nach: Horst Hanisch: Das große Buch der Rhetorik. Zweite Auflage. Bonn 2012. Books on Demand

Lewandowski, Theodor: Linguistisches Wörterbuch in drei Bänden. Band 3: S-Z. Artikel zum Stichwort „Sprachfunktionen". Heidelberg und Wiesbaden, 5. Aufl. 1990. Quelle & Meyer

Locke, John: Versuch über den menschlichen Verstand. In vier Büchern. Band II, Buch III und IV. Übersetzt von Carl Winckler. Philosophische Bibliothek. Band 76. Hamburg, 4., durchges. Auflage 1981. Felix Meiner

Maak, Niklas: Wolkig ist besser. FAZ am Sonntag vom 24.07.2011, http://m.faz.net/aktuell/feuilleton/apple-headquarter-wolkig-ist-besser-11113306.html (Stand: 17.01.2013)

Perse, Saint-John, zitiert nach: Horst Hanisch: Das große Buch der Rhetorik. Zweite Auflage. Bonn 2012. Books on Demand

Pfister, Jonas: Philosophie – Ein Lehrbuch. Stuttgart 2006. Reclam

Platon: Kratylos oder über die Richtigkeit der Namen, 1-2, in: ders.: Sämtliche Dialoge. Band 2. Herausgegeben von Otto Apelt. Hamburg 1993. Felix Meiner

Prechtel, Peter: Artikel „Privatsprache", in: Glück, Helmut (Hg.): Metzler Lexikon Sprache. Stuttgart und Weimar, 3. Aufl. 2005. J. B. Metzler

Quine, Willard Van Orman: Theorien und Dinge. Übersetzt von Joachim Schulte. Frankfurt am Main 1985. Suhrkamp

Traufetter, Gerald: Stimmen aus der Steinzeit, in: Der Spiegel 43/2002

Tugendhat, Ernst: Anthropologie statt Metaphysik. München 2007. C. H. Beck

Seel, Martin: Ist die Sprache ein Medium?, in: Die Zeit 05/1999 vom 28.01.1999

Shakespeare, William: Romeo und Julia. Zweisprachige Ausgabe. Übersetzt von Frank Günther. München 1995. dtv

Spiegel Special 04/2003

Swedenborg, Emanuel: Himmel und Hölle. Übersetzt von Johann Friedrich Immanuel Tafel im Jahre 1873. Herausgegeben von Hans J. Hube. Wiesbaden 2005. Marix

Wittgenstein, Ludwig: Philosophische Untersuchungen, in: Rush Rees (Hg.): Ludwig Wittgenstein – Schriften in acht Bänden. Band 1. Frankfurt am Main 1964. Suhrkamp

Zeit online / dpa: „Döner-Mord" ist Unwort des Jahres, http://www.zeit.de/gesellschaft/2012-01/unwort-des-jahres (Stand: 17.01.2013)

4 Fragen nach Wissen und Glauben

Pflichtmodul: Wahrheitsansprüche

Albert, Hans: Traktat über kritische Vernunft. Stuttgart 1991. UTB

Andre, Thomas: Der Siegeszug von Wikipedia – Die Demokratisierung des Wissens, in: Hamburger Abendblatt vom 02.01.2010

Aquin, Thomas von: Von der Wahrheit. De veritate. Lat.-deutsch. Hrsg. von Albert Zimmermann. Hamburg 1986. Meiner

Aristoteles: Metaphysik. Neubearbeitung der Übersetzung von Hermann Bonitz . Gr.-dt. Hamburg 1991. Meiner

Bräuer, Holm: Was ist Wahrheit – Einführung in die Theoretische Philosophie, Folie 255, http://tu-dresden.de/die_tu_dresden/fakultaeten/philosophische_fakultaet/iph/thph/braeuer/lehre/theophil_4/ET2%20SS%202007.pdf (Stand: 08.05.2012)

Carnap, Rudolf: Einführung in die Philosophie der Naturwissenschaft. München, 2. Auflage 1974. Nymphenburger

Cathcart, Thomas / Klein, Daniel: Platon und Schnabeltier gehen in eine Bar.... München 2010. Goldmann

Coyne, George V.: Was wusste Gott?, in: Der Spiegel 52/2000 vom 22.12.2000, http://www.spiegel.de/spiegel/print/d-18124579.html (Stand: 08.05.2012)

Darwin, Charles: Die Abstammung des Menschen. Mit einer Einführung von Christian Vogel. Übersetzt von Heinrich Schmidt. Stuttgart 1982. Kröner

Descartes, René: Meditationes de Prima Philosophia. Meditationen über die Erste Philosophie. Lateinisch / Deutsch. Übersetzt und herausgegeben von Gerhart Schmidt. Stuttgart 1986. Reclam

Ernst, Gerhard: Einführung in die Erkenntnistheorie. 4. Auflage. Darmstadt 2012. Wissenschaftliche Buchgemeinschaft

Feyerabend, Paul: Wider den Methodenzwang. Frankfurt am Main 1986. Suhrkamp

Figal, Günther: Was ist Wissen? Die Frage des Sokrates, in: Der blaue Reiter. Wissen. Ausgabe 21/2006. Stuttgart 2006. Omega

Gloy, Karen: Wahrheitstheorien. Tübingen 2004. Francke

Habermas, Jürgen: Wahrheitstheorien, in: Helmut Fahrenbach (Hg.): Wirklichkeit und Reflexion. Walter Schulz zum 60. Geburtstag. Pfullingen 1973. Neske

Hawking, Stephen: Die kürzeste Geschichte der Zeit. Deutsch von Hainer Kober. Hamburg 2005. Rowohlt

Hildebrand, Florian: Der Kosmos und sein großes Rätsel, in: br-online am 18.03.2009, http://www.ardmediathek.de/ard/servlet/content/3517136?documentId=10037590 (Stand: 08.05.2012)

Höffe, Otfried: Immanuel Kant, in: ders. (Hg.): Klassiker der Philosophie II. München 1995. C.H. Beck

Holton, Gerald: Thematische Analyse der Wissenschaften. Frankfurt am Main 1981. Suhrkamp

Hume, David: Eine Untersuchung über den menschlichen Verstand. Übersetzt und herausgegeben von Herbert Herring. Stuttgart 1982. Reclam

James, William: Was will der Pragmatismus? Übersetzt von Wilhelm Jerusalem, in: Hans-Georg Gadamer: Philosophisches Lesebuch, Band 3. Frankfurt am Main, 2. Auflage 2007. Fischer

Kant, Immanuel: Anthropologie in pragmatischer Hinsicht. Kants Werke. Akademie Textausgabe. Band VII. Berlin 1968. de Gruyter

Kant, Immanuel: Kritik der reinen Vernunft. Kants Werke. Akademie Textausgabe. Band III. Berlin 1968. Walter de Gruyter

Kant, Immanuel: Prolegomena, Kants Werke. Akademie Textausgabe. Band IV. Berlin 1968. Walter de Gruyter

Kleist, Heinrich von: Sämtliche Werke und Briefe II. 5. Auflage. München 1970. Hanser

Kues, Nicolaus von: De docta ignorantia 1,3. Philosophische Werke. Lat.-dt. Eing. von Karl Bormann. Band I. Hamburg 2002. Meiner

Law, Stephen: Philosophie. Kompakt & Visuell. Übersetzt von Klaus Bindner und Bernd Leineweber. München 2008. Dorling Kindersley Verlag GmbH

Lubbadeh, Jens: Darwins Gegner holen zum Gegenschlag aus, in: Spiegel online am 23.02.2009, http://www.spiegel.de/wissenschaft/mensch/0,1518,609344,00.html (Stand: 08.05.2012)

Osborne, Richard: Philosophie. Eine Bildergeschichte für Einsteiger. Aus dem Englischen von Birger Brinkmeier. München 1996. Fink

Popper, Karl R.: Die deduktive Überprüfung der Theorien, in: David Miller (Hg.): Karl Popper Lesebuch. Tübingen 1995. UTB

Reichenbach, Hans: Der Aufstieg der wissenschaftlichen Philosophie. Herausgegeben von Maria Reichenbach und Andreas Kamlah. Braunschweig, 2. Auflage 1968. Vieweg

Rescher, Nicholas: Kritik an der Korrespondenztheorie, in: Jakob Ossner / Michael Rumpf / Joachim Vahland: Kurs Erkenntnis- und Wissenschaftstheorie. Heidelberg 1984. Quelle & Meyer

Rilke, Rainer Maria: Gesammelte Werke in fünf Bänden. Band I. Hrsg. von Manfred Engel, Ulrich Fülleborn, Horst Nalewski, August Stahl. Frankfurt am Main 2003. Insel

Saltzwedel, Johannes: Märchen des Geistes, in: Der Spiegel 07/1999 vom 15.02.1999

Schnädelbach, Herbert: Erkenntnistheorie zur Einführung. Hamburg 2002. Junius

Schneider, Reto U.: Das neue Buch der verrückten Experimente. München 2011. Goldmann

Schülerduden Philosophie. Mannheim 2009. Bibliographisches Institut & F. A. Brockhaus AG

Tammer, Teresa: Welchen Zweck hat Wahrheit?, in: Tabula Rasa No 42 (08/2009), http://www.tabularasa-jena.de/artikel/artikel_1143/ (Stand: 08.05.2012)

Tarski, Alfred: Die semantische Konzeption der Wahrheit und die Grundlagen der Semantik, in: Gunnar Skirbeck (Hg.): Wahrheitstheorien – Eine Auswahl aus den Diskussionen über Wahrheit im 20. Jahrhundert. Frankfurt am Main 1977. Suhrkamp

Warnock, Geoffrey James: Englische Philosophie im 20. Jahrhundert. Übers. von Eberhard Bubser. Stuttgart 1971. Reclam

Zitelmann, Arnulf: Nur dass ich ein Mensch sei. Die Lebensgeschichte des Immanuel Kant. Weinheim 1996. Beltz

Wahlmodul 1: Wahrheit in den Wissenschaften

Die Bibel. Einheitsübersetzung der Heiligen Schrift. Gesamtausgabe. Stuttgart 2007. Verlag Katholisches Bibelwerk GmbH

Capelle, Wilhelm (Hg.): Die Vorsokratiker. Stuttgart, 9. Auflage 2008. Kröner

Chalmers, Alan Francis: Wege der Wissenschaft. Einführung in die Wissenschaftstheorie. Herausgegeben und übersetzt von Niels Bergemann und Jochen Prümper. Berlin 1986. Springer (Die überarbeitete 7. Auflage des Bandes erscheint 2013.)

Dilthey, Wilhelm: Der Aufbau der geschichtlichen Welt in den Geisteswissenschaften. Frankfurt am Main 1970. Suhrkamp

Du Bois-Reymond, Emil: Kulturgeschichte und Naturwissenschaft, in: Estelle Du Bois-Reymond (Hg.): Reden von Emil Du Bois-Reymond in zwei Bänden. Band 1. Leipzig 1912. Verlag Veit & Comp

Einstein, Albert: Physik und Realität (Franklin Institute Journal 1936), in: ders.: Aus meinen späten Jahren. Frankfurt am Main / Berlin, 4. Auflage 1993. Ullstein

Fehr, Benedikt: Die Demokratisierung der Mathematik, in: FAZ am Sonntag vom 22.01.2012

Fischer, Ernst Peter: Die andere Bildung – Was man von den Naturwissenschaften wissen sollte. Berlin 2003. Ullstein

Klein, Michael / Rietschel, Ernst Theodor: Schnittstellen zwischen Geistes- und Kulturwissenschaften, in: Aus Politik und Zeitgeschichte (APuZ), Ausgabe 46/2007, http://www.fu-berlin.de/sites/dhc/dokumente/APuZ-GW.pdf?1307218860 (Stand: 07.05.2012)

Kuhn, Thomas S.: Die Struktur wissenschaftlicher Revolutionen. Übersetzt von Kurt Simon und Hermann Vetter. Frankfurt am Main, 2. revidierte und um das Postskriptum von 1969 ergänzte Auflage 1976. Suhrkamp

Kutschera, Franz von: Die falsche Objektivität. Berlin 1993. de Gruyter

Popper, Karl R.: Objektive Erkenntnis – Ein evolutionärer Entwurf. Hamburg, 2. Auflage 1994. Hoffmann und Campe

Pulte, Helmut: Originalbeitrag

Quine, Willard Van Orman: Von einem logischen Standpunkt – Neun logisch-philosophische Essays. Übersetzt von Peter Bosch. Frankfurt am Main 1979. Ullstein

Schäfer, Lothar: Das Bacon-Projekt – Von der Erkenntnis, Nutzung und Schonung der Natur. Berlin 1999. Suhrkamp

Schneider, Reto U.: Das neue Buch der verrückten Experimente. München 2011. Goldmann

Scholz, Gunter: Zur Bedeutung der Geistes- oder Kulturwissenschaften, in: Volker Steenblock: Die großen Themen der Philosophie. Darmstadt, 2. Auflage 2011. Primus

Schwanitz, Dietrich: Bildung – Alles, was man wissen muss. München 2002. Goldmann

Steenblock, Volker: Arbeit am Logos – Aufstieg und Krise der wissenschaftlichen Vernunft. Münster 2000. LIT-Verlag

Watzlawick, Paul: Anleitung zum Unglücklichsein. München 1993. dtv

Wahlmodul 2: Wahrheit in Religionen und Weltanschauungen

Antes, Peter: Religionen im Vergleich, in: Ethik und Unterricht 3/02. Seelze 2002. Friedrich Verlag

Aquin, Thomas von: Die Gottesbeweise. Hrsg. von Horst Seidl. Hamburg 1982. Meiner

Benedikt XVI.: „Der Vernunft ihre ganze Weite wieder eröffnen". 12. September 2006, Treffen mit den Vertretern aus dem Bereich der Wissenschaften, Universität Regensburg, in: ders.: Gott und die Vernunft. Aufruf zum Dialog der Kulturen. Augsburg 2007. Sankt Ulrich Verlag GmbH

Die Bibel. Einheitsübersetzung der Heiligen Schrift. Gesamtausgabe. Stuttgart 2007. Verlag Katholisches Bibelwerk GmbH

Bredow, Rafaela von / Simons, Stefan: Interview mit Michel Onfray, in: Der Spiegel 22/2007

Ferry, Luc: Leben lernen: Eine philosophische Gebrauchsanweisung. Aus dem Französischen von Lis Künzli. Verlag Antje Kunstmann. o. J.

Feuerbach, Ludwig: Gott als Projektion des idealen Menschen, in: Hoerster, Norbert (Hg.): Glaube und Vernunft. Texte zur Religionsphilosophie. Stuttgart 1988. Reclam

Freud, Sigmund: Der illusionäre Charakter religiösen Glaubens, in: Hoerster, Norbert (Hg.): Glaube und Vernunft. Texte zur Religionsphilosophie. Stuttgart 1988. Reclam

Geo kompakt, Nr. 16/2008: Glaube und Religion. Hamburg. Gruner + Jahr

Habermas, Jürgen: Ein Bewusstsein von dem, was fehlt, in: Ein Bewusstsein von dem, was fehlt. Eine Diskussion mit Jürgen Habermas. Hrsg. von Michael Reder und Josef Schmidt. Frankfurt am Main 2008. Suhrkamp

Hick, John: Verifikationen im Jenseits, in: Hoerster, Norbert (Hg.): Glaube und Vernunft. Texte zur Religionsphilosophie. Stuttgart 1988. Reclam

Hock, Klaus: Einführung in die Religionswissenschaft. 3. Auflage, Darmstadt 2008. Wissenschaftliche Buchgesellschaft

Huisman, Denis: Philosophie für Einsteiger. Aus dem Französischen von Ludwig Fehlen und Ute Penner. Reinbek bei Hamburg 1984. Rowohlt

Ishaq, Ibn: Das Leben des Propheten. Aus dem Arabischen übertragen und bearbeitet von Gernot Rotter. Kandern, 5. Auflage, 1999. Spohr

Kant, Immanuel: Kritik der reinen Vernunft. Kants Werke. Akademie Textausgabe. Band III. Berlin 1968. de Gruyter

Küng, Hans: Projekt Weltethos. 5. Auflage, München 1993. Piper

Kutschera, Franz von: Die großen Fragen. Philosophisch-theologische Gedanken. Berlin 2000. de Gruyter

Schröder, Winfried: Moralischer Nihilismus. Radikale Moralkritik von den Sophisten bis Nietzsche. Stuttgart 2005. Reclam

Schülerduden Religion und Ethik. Bibliographisches Institut & F. A. Brockhaus AG, Mannheim 2009

Marx, Karl: Zur Kritik der Hegelschen Rechtsphilosophie, in: Marx-Engels-Werke (= MEW). Hrsg. vom Institut für Marxismus-Leninismus beim ZK der SED. Band 1. Berlin/DDR 1976. (Karl) Dietz Verlag

Nietzsche, Friedrich: Werke in drei Bänden. Hrsg. von Karl Schlechta. Darmstadt 1960. Wissenschaftliche Buchgesellschaft

Papineau, David (Hg.): Philosophie. Eine illustrierte Reise durch das Denken. Übersetzt von Nikolaus de Palézieux. Darmstadt 2006. Wissenschaftliche Buchgesellschaft

Wahlmodul 3: Wahrheit in Kunst und Medien

Baggini, Julian: Das Schwein, das unbedingt gegessen werden möchte. 100 philosophische Gedankenspiele. Aus dem Englischen von Sonja Hauser. München 2007. Piper

Brandes, Uta: Design ist keine Kunst. Regensburg 1998. Lindinger + Schmid Verlag

Debatin, Bernhard: „Digital Divide" und „Digitel Content": Grundlagen der Internetethik, in: Medien und Ethik. Hrsg. v. Matthias Karmasin. Stuttgart 2002. Reclam

Görtz, Franz Josef (Hg.): „Die Blechtrommel". Attraktion und Ärgernis. Ein Kapitel deutscher Literaturkritik. Darmstadt 1984. Luchterhand

Guest, Tim: Die Welt ist nicht genug. Übersetzt von Bernd Rullkötter. Berlin 2008. Rogner und Bernhard

Held, Jutta / Schneider, Norbert: Grundzüge der Kunstwissenschaft. Gegenstandsbereiche – Institutionen – Problemfelder. Köln 2007. UTB, Böhlau Verlag

Hume, David: Über den Maßstab des Geschmacks, in: ders.: Vom schwachen Trost der Philosophie. Auswahl, Übersetzung und Nachwort von Jens Kulenkampff. Göttingen 1990. Steidl

Jørgensen, S.-A.: Nachahmung der Natur, in: Historisches Wörterbuch der Philosophie. Hrsg. von Joachim Ritter, Karlfried Gründer und Gottfried Gabriel. Darmstadt 1983/84. Wissenschaftliche Buchgesellschaft

Kant, Immanuel: Kritik der Urteilskraft, in: ders.: Kants Werke. Akademie Textausgabe. Band V. Berlin 1968. Walter de Gruyter

Karmasin, Matthias / Winter, Carsten: Medienethik vor der Herausforderung der globalen Kommerzialisierung von Medienkultur, in: Medien und Ethik. Hrsg. von Matthias Karmasin. Stuttgart 2002. Reclam

Law, Stephen: Warum die Kreter lügen, wenn sie die Wahrheit sagen. Eine Anleitung zum Philosophieren. Übersetzt von Carl Freytag. Frankfurt am Main 2010. Eichborn

Lüddemann, Stefan: Kunst und Moral sind im Dauerkonflikt, in: Neue Osnabrücker Zeitung vom 18.01.2013, www.noz.de/deutschland-und-welt/kultur/69016255/kunst-und-moral-sind-im-dauerkonflikt (Stand: 29.01.2013)

Lüthy, Michael: Straßenkinder im Museum, in: ZeitSchrift/Reformatio, Jg. 46, Nr. 1, Februar 1997 (Sondernummer „Moralismus")

Murr, Sandra: Second Life, Third Dimension, in: bild der wissenschaft, 10/2007

Nietzsche, Friedrich: Götzendämmerung. Werke in drei Bänden. Hrsg. von Karl Schlechta. Darmstadt 1960. Wissenschaftliche Buchgesellschaft

Papineau, David (Hg.): Philosophie. Eine illustrierte Reise durch das Denken. Übersetzt von Nikolaus de Palézieux. Darmstadt 2006. Wissenschaftliche Buchgesellschaft

Patzig, Günther: Über den ontologischen Status von Kunstwerken, in: Reinold Schmücker: Identität und Existenz. Paderborn, 3. Auflage 2009. Mentis

Platon: Der Staat (Politeia). Übersetzt und herausgegeben von Karl Vretska. Durchgesehene, verbesserte und bibliographisch ergänzte Ausgabe. Stuttgart 1982. Reclam

Seel, Martin: Medien der Realität und Realität der Medien, in: Medien, Computer, Realität. Wirklichkeitsvorstellungen und Neue Medien. Hrsg. von Sybille Krämer. Frankfurt am Main 1998. Suhrkamp

Weischenberg, Siegfried: Medienethik, in: Angewandte Ethik. Eine Einführung. Hrsg. v. Annemarie Pieper und Urs Thurnherr. München 1998. Beck

Welsch, Wolfgang: Eine Doppelfigur der Gegenwart, in: Wolfgang Welsch / Gianni Vattimo: Medien-Welten-Wirklichkeiten. München 1998. Wilhelm Fink Verlag

www.geschichteinchronologie.ch/USA/mondluege-fotos-Links2005.html (Stand: 11.04.2013), Beitrag von Michael Palomino

Ziesel, Kurt, in: Kunst oder Pornographie? Der Prozess Grass gegen Ziesel. Eine Dokumentation. 2. Auflage, München 1969. Lehmanns Verlag

Wahlmodul 4: Wahrheit in Grenzbereichen

bild der wissenschaft 7/2005

Brockhaus Philosophie. Ideen, Denker, Begriffe. Mannheim 2004. Hrsg. von der Lexikonredaktion des Verlags F.A. Brockhaus

Camejo, Silvia Arroyo: Skurrile Quantenwelt. Frankfurt am Main 2007. Fischer

Capra, Fritjof: Wendezeit. Bausteine für ein neues Weltbild. Übersetzt von Erwin Schuhmacher. 4. Auflage. Bern. München, Wien 1983. Scherzverlag

Der Spiegel 42/1988. Interview mit Stephen Hawking

Geo kompakt, Nr. 16/2008: Glaube und Religion. Hamburg 2008. Gruner + Jahr

Grehn, Joachim / Krause, Joachim (Hg.): Metzler Physik. 4. Auflage. Hannover 2008. Schroedel

Karge, Désirée: Kansas bannt Darwin, in: bild der wissenschaft 12/1999

Keden, Joachim et al.: Sekten, Geister, Wunderheiler. Orientierungshilfen für den Markt der Sinnanbieter. Neukirchen-Vluyn 1995. Aussaat Verlag

Kutschera, Franz von: Die großen Fragen. Philosophisch-theologische Gedanken. Berlin 2000. de Gruyter

Papineau, David (Hg.): Philosophie. Eine illustrierte Reise durch das Denken. Übersetzt von Nikolas Palézieux. Darmstadt 2006. Wissenschaftliche Buchgesellschaft

Planck, Max: Vom Wesen der Willensfreiheit. Nach einem Vortrag in der Ortsgruppe Leipzig der Deutschen Philosophischen Gesellschaft am 27. November 1936. 4. Auflage. Leipzig 1945. Johann Ambrosius Barth

Popper, Karl / Eccles, John: Das Ich und sein Gehirn. München 1982. Piper

Rauchhaupt, Ulf von: Die Wirklichkeit, die es nicht gibt, in: Frankfurter Allgemeine Sonntagszeitung 22.04.2007

Vaas, Rüdiger: Der Glaubensstreit, in: bild der wissenschaft 12/1999

Walker, James S.: Essay: Chaos – eine unordentliche Ordnung. In: Tipler, Paul A.: Physik. Aus dem Amerikanischen übersetzt von Michael Baumgartner. Hrsg. der dt. Ausgabe Dieter Gerlich und Götz Jerke. Heidelberg, Berlin, Oxford 1995 (korrigierter Nachdruck der 1. Auflage 1994). Spektrum Akademischer Verlag

Methoden-Bausteine

Barsch-Gollnau, Sigune u. a.: Erfolgreich lernen – kompetent handeln. Lehrerband. Bamberg 2006. C.C. Buchner

Biermann, Heinrich/Schurf, Bernd (Hg.): Texte, Themen und Strukturen. Berlin 2000. Cornelsen

Engels, Helmut: Schreiben von Essays im Philosophieunterricht – Ein Reader, in: Der Vorstand des Landesverbandes Philosophie in Nordrhein-Westfalen, Dr. Bernd Rolf (Hg.): Philosophieunterricht in Nordrhein-Westfalen. Beiträge und Informationen Nr. 36: Neue Arbeitsformen im Philosophieunterricht. Kevelaer 2001. Selbstverlag

Freese, Hans-Ludwig: Abenteuer im Kopf – Philosophische Gedankenexperimente. Weinheim, Berlin 1995. Quadriga

Gugel, Günther: Methoden-Manual „Neues Lernen" – Tausend Praxisvorschläge für Schule und Lehrerbildung. Weinheim, Basel 1997. Beltz

Helberger, Christof: Marxismus als Methode. Frankfurt am Main 1974. Fischer Athenäum

Knobloch, Jörg: Referate halten lernen – Inhaltsangabe, Protokoll, Referat, Facharbeit. Lichtenau 1998. AOL Verlag

Langebeck, Klaus: Verfahren der Texterschließung im Philosophieunterricht, in: Zeitschrift für Didaktik der Philosophie 01/1985.

Langner-Geißler, Traute / Lipp, Ulrich: Pinwand, Flipchart und Tafel. Mit den Augen lernen. Band 3. 2. Auflage. Weinheim, Basel 1994. Beltz

Morris, Tom: Philosophie für Dummies. Übersetzung aus dem Amerikanischen von Aref Banakonandeh. Sonderausgabe. Weinheim 2005. Wiley-Vch Verlag

Papineau, David (Hg.): Philosophie. Eine illustrierte Reise durch das Denken. Unter Mitwirkung von Tim Crane, Jesse Prinz, Adam Morton, John Cottingham, Brenda Almond und Jonathan Wolff. Übersetzt von Nikolaus de Palézieux. Darmstadt 2006. Wissenschaftliche Buchgesellschaft

Raupach Strey, Gisela: Sokratische Didaktik – Die didaktische Bedeutung der Sokratischen Methode in der Tradition von Leonard Nelson und Gustav Heckmann. Münster 2002. LIT [Sokratisches Philosophieren – Schriftenreihe der Philosophisch-Politischen Akademie (PPA) und der Gesellschaft für Sokratisches Philosophieren (GSP), hrsg. von Dieter Krohn, Barbara Neißer, Nora Walter, Band 10]

Rosenberg, Jay F.: Philosophieren – ein Handbuch für Anfänger. Übersetzt von Brigitte Flickinger. Frankfurt am Main 1986. Vittorio Klostermann

Salmon, Wesley C.: Logik. Übersetzt von Joachim Buhl. Stuttgart 1983. Reclam

Warburton, Nigel: Thinking from A to Z. New York 1996. Routeledge. (Übersetzt von Stefan Maeger)

Wilson, John: Begriffsanalyse. Übersetzt von Karin Guth. Stuttgart 1984. Reclam

Die Beiträge der Seiten „Das ABC der Bilder I" (S. 324f.) und der Beitrag M1 der Seite „Das ABC der Bilder II" (S. 326) stammen von Stefan Maeger. Der Beitrag M2 der Seite „Arbeit mit Texten" (S. 328) stammt von Klaus Draken. Die Beiträge der Seite „Präsentation" (S. 332) stammen von Volker Herrmann.

Agentur Focus/SPL/Detlev van Ravenswaay – S. 282

akg-images, Berlin – Inhaltsverzeichnis, S. 169, 194, 206, 238/239, 276

akg-images/Laurent Lecat – Einband, S. 190

Artothek, Weilheim – S. 196

Baaske Cartoons/Thomas Plassmann – S. 122, 273

Baumann, Ulrich u.a., Was damals Recht war ..., be.bra Verlag, Berlin 2008 – S. 12

Benjamin Franklin Tercentenary, Philadelphia – S. 270

Bild der Wissenschaft 12/1999, S. 53 – S. 305

Bild der Wissenschaft 7/2005, S. 33 – S. 303

Bild vom 15.12.2012 – S. 142

Brandt, Sebastian, Das Narrenschiff, Reclam Verlag, Stuttgart 1964, S. 257 – S. 325

Breuer, Martin, Framersheim – S. 261

CALVIN AND HOBBES ©(1990, 1994, 1996, 2001) by Bill Watterson. Reprinted with permission of UniversalUClick. All rights reserved. – S. 314, 320, 323

Carnegie, Dale, Sorge dich nicht – lebe! Scherz Verlag, München, 73. Aufl. 1995 – S. 72

Chagall, Marc, Bonheur ©VG Bild-Kunst, Bonn 2013 – S. 82

Chagall, Marc, Moses empfängt die Gesetzestafeln ©VG Bild-Kunst, Bonn 2013 – S. 276

Cinetext, Frankfurt am Main – S. 54, 225

Cranach, Lucas d.Ä., Das Paradies (Ausschnitt), 1530 Wien, Kunsthistorisches Museum – S. 164

CREO, Bamberg – S. 26, 134

Dalí, Salvador, Die zerrinnende Zeit ©VG Bild-Kunst, Bonn 2013 – S. 219

Das Fotoarchiv, Essen/Richard Howard – S. 126

Der Spiegel, Hamburg – S. 66, 136, 262

Dörner, Prof. Dr. Dietrich, Bamberg – S. 208

DPA picture alliance, Frankfurt am Main – S. 44

DPA picture alliance/AAP Image Lloyd Jones – S. 62

DPA picture alliance/akg-images – S. 48, 260

DPA picture alliance/Claus Felix – S. 34

DPA picture alliance/dap-Report/Tim Brakemeier – Inhaltsverzeichnis, S. 86/87

DPA picture alliance/dpaweb/Tate/Modern – S. 188

DPA picture alliance/epa efe Antonio Aragon – S. 112

DPA picture alliance/EPA/Asahi Shimbun – S. 112

DPA picture alliance/epa/Christophe Karaba – S. 48

DPA picture alliance/epa-Bildfunk/Roy-Kilcullen – S. 300

DPA picture alliance/Joel Robine – S. 112

DPA picture alliance/Maurizio Gambarini – S. 26

DPA picture alliance/ZB/Jürgen Lösel – S. 138

Dubuffet, Jean, Mémoration XXII ©VG Bild-Kunst, Bonn 2013 – S. 214

Ernst, Max, Der Hausengel ©VG Bild-Kunst, Bonn 2013 – S. 169

Felix-Nussbaum-Haus, Kulturgeschichtliches Museum, Osnabrück, 3628/13 – S. 56

Fondation Dubuffet/A.D.A.G.P., Paris – S. 214

Fotolia.com – S. 120, 164, 206

Fotolia/eyewave – S. 22

Fotolia/Gernot Krautberger – S. 74

Fotolia/Jan Quist – S. 180

Fotolia/Manuel Tennert – S. 180

Fotolia/Martina Berg – S. 125

Fotolia/Martina Strumpp – S. 64

Fotolia/mtu 1969 – S. 154

Fotolia/Nikon Steff – S. 74

Fritsch, Katharina / Tischgesellschaft ©VG Bild-Kunst, Bonn 2013 – S. 44

Galerie Beckel-Odille-Boïcos, Paris (2) – S. 114

Galerie Vladimira Renčina – S. 182

Getty Images/AFP/Quique /Garcia – S. 48

Getty Images/AFP/Saeed Khan – S. 140

Getty Images/Alinari Archives/Mauro Maglinani – S. 198

Getty Images/Bloomberg/Scott Eells – S. 48

Getty Images/DEA Picture Library/De Agostini – S. 276

Getty Images/Gamma-Rapho/A163 – S. 48

Getty Images/Gamma-Rapho/Patrick PIEL – S. 188

Getty Images/Kevork Djansezian – S. 158

Getty Images/NASA/Handout – S. 292

Getty Images/Stocktrek Images – S. 294

Getty Images/Universal History Archive – S. 288

Great Ape Trust – S. 224

Groß, Friederike, Karikatur in: Landeszentrale für politische Bildung Baden-Württemberg, Politik und Unterricht 3/4, S. 10, Stuttgart, – S. 78

Grün, Anselm, Das Buch der Lebenskunst, Herder, Freiburg im Breisgau, 1. Aufl. 2002 – S. 72

Gruner + Jahr AG, Hamburg – S. 202

Günter Grass, Die Blechtrommel, Fischer Taschenbuch, Frankfurt am Main 1962 – S. 298

Haitzinger, Horst, München – S. 252

Hirschhausen, Dr. med. Eckart, Glück kommt selten allein, Rowohlt Verlag, Reinbek 2009 – S. 72

Historical Picture Archive/CORBIS – S. 242

Huisman, Denis, Philosophie für Einsteiger, mit Zeichnungen von Martin Berthommier ©Rowohlt Taschenbuch Verlag GmbH, Reinbek bei Hamburg 1983, S. 25, 93, 108 – S. 193, 280, 291

Kahlo, Frida, Die gebrochene Säule ©VG Bild-Kunst, Bonn 2013 – S. 188

KITTIHAWK, Berlin – S. 146

Koller, Frühwerke von Anselm Kiefer, Zürich – S. 100

Laif, Köln – S. 302

Laif/Klein, Köln – S. 186

Leemage/ecole-du-regard – S. 188

Lichtenstein, Roy, Self Portrait ©VG Bild-Kunst, Bonn 2013 – S. 188

LindenLab, Boston – S. 294

Magritte, René, Das Meisterwerk oder Geheimnisse des Horizonts ©VG Bild-Kunst, Bonn 2013 – S. 69

Magritte, René, Le château des Pyrénées ©VG Bild-Kunst, Bonn 2013 – S. 246

Majewski, Janusz – S. 36

Mauritius/Mode images – S. 74

McCloud, S., Comics richtig lesen, Carlsen Verlag, Hamburg 1994, S. 140 – S. 325, 327

Medienservice Bernd M. Schöppe, Köln – S. 38

Museum für moderne Kunst, Frankfurt am Main – S. 44

Museum of Fine Art, Berlin – Inhaltsverzeichnis, S. 162/163

Museum of Modern Art, New York – S. 219

Osborne, Richard, Philosophie. Eine Bildergeschichte für Einsteiger. Illustrationen von Ralph Edney, Wilhelm Fink Verlag, München, 2. Aufl. 1997, S. 21, 107, – S. 50, 248

Ostkreuz/Maurice Weiss – S. 64

Ottino, J.M., The Mixing of Fluids, Scientific American 260, S. 57 – S. 310

Pahl, Rainer, Hitzacker – S. 18

Passeron, Roger, Chagall – Meister der Grafik, Orell Füssli Verlag, Zürich, 1985 – S. 82

Paul Klee Zentrum, Bern – S. 278

Perscheid/Distr. Bulls – S. 269

Peschel, Viktor, www.1a-fotogalerie.de – S. 28

photothek.net/Ute Grabowski, Radevormwald – S. 204

Photothèque R. Magritte/ADAGP Paris 2002 – S. 69

PopArtUK – S. 164

Pulte, Prof. Dr. Helmut, Universität Bochum – S. 268

Sajtinac, Borislav, Ökofreak ©VG Bild-Kunst, Bonn 2013 – S. 106

Sammlung Harry Torczyner, New York – S. 246

SCALA group, Florenz - Inhaltsverzeichnis, S. 8/9

Sebald, Maria, Bamberg – S. 308

Seligman, Martin E.P., Der Glücksfaktor, BASTEI LÜBBE, Verlagsgruppe Lübbe, Bergisch Gladbach, Ausg. 2003 – S. 72

15. Shell Jugendstudie 2006 – S. 60

Spektrum der Wissenschaft, Darwin: Ein Leben für die Evolutionstheorie, Verlagsgesellschaft-mbH, Heidelberg 2009 – S. 164, 166

Sporting Gallery, BAL Wingfield, London – S. 210

Stangos, N. (Hrsg.), Concepts of modern Art. Thomas and Hudson Ltd., 1994, Abb. 131, London – S. 324

Stückelberg, Ernst, www.geschichte-schweiz.ch – S. 17

The National Gallery, London/wikimedia – S. 212

Thinkstock/Zoonar – S. 228

Topkapi Saray Museum – S. 276

Watzlawick, Paul, Anleitung zum Unglücklichsein, R. Piper & Co. Verlag, München 1993, Cover – S. 83

Wikimedia/C:\Fibonacci/Group Firenze – S. 274

wikimedia/Lienhard Schulz – S. 266

wikimedia/Micha L. Rieser – S. 288

wikimedia/NEUROtiker – S. 226

wikimedia/Pieter Brueghel d.Ä. – S. 264

wikimedia/Sailko – S. 288

wikipedia/Manfred Bückels – S. 232

wikipedia/NASA – S. 292

Witt, Stefanie, Bamberg – S. 256

www.kunstsam.de / Frank Speth, norddt. Bildhauer und Maler, Quickborn – S. 240